Martschink

Heimrecht im Freistaat Sachsen

Kommentierung des Sächsischen Wohnteilhaberechts
(SächsWTG und der SächsWTVO)
mit Wohn- und Betreuungsvertragsgesetz (WBVG)
und weiteren bundesrechtlichen Vorschriften

Handbuch für die Praxis

SV SAXONIA VERLAG
für Recht, Wirtschaft
und Kultur GmbH

Redaktion: Dipl.-Jur. Insa Malberg

Redaktionsschluss: 28. November 2025

SV SAXONIA VERLAG für Recht, Wirtschaft und Kultur GmbH
Ludwig-Hartmann-Straße 40, 01277 Dresden
Tel. 0351 48526-0, Fax 0351 48526-61
E-Mail: office@saxonia-verlag.de
Internet: www.laenderrecht.de

Druck:
PRINT GROUP Sp. z o. o., ul. Księcia Witolda 7, 71-063 Szczecin (Polen)

ISBN: 978-3-949409-48-6

Inhaltsverzeichnis

Vorwort

Die vorliegende Kommentierung soll dem Praxisanwender[1] die sich aus der Anwendung des landesgesetzlichen **Sächsischen Wohnteilhabegesetzes (SächsWTG)**[2] und der hierzu ergangenen **Sächsischen Wohnteilhabeverordnung (SächsWTVO)**[3] ergebenden Anforderungen an den Betrieb der dem Gesetz unterfallenden Wohn-Pflege-Formen erläutern. Zugleich soll dieses Handbuch die weiteren bundesrechtlichen regulatorischen Anforderungen des Leistungsrechts aber auch des Zivilrechts darstellen, um die verschiedenen Rechtskreise im Gesamtpaket abzubilden.

Ziel des Handbuches ist es, die sich in der Praxis häufig stellenden Fragen bei der Anwendung und Auslegung der relevanten Normen des „Heimrechts" zu beantworten. Eine umfassende Kommentierung, die auch akademische – aber häufig nicht praxisrelevante – „Probleme" aufgreift und einer Lösung zuzuführen versucht, kann und soll dieses Handbuch nicht leisten.

Im **I. Teil** werden zusammenfassend die wesentlichen Anforderungen des Ordnungs- und Zivilrechts unter Berücksichtigung allgemeiner Grundsätze im Heimrecht überblicksmäßig dargestellt. Zur Verdeutlichung werden anhand von Beispielsfällen in der Praxis häufig auftretende Problemfelder kurz und prägnant besprochen, sodass das Handbuch nicht nur für den Praktiker, sondern auch in der Rechtsausbildung eine Hilfestellung und Orientierung geben kann.

Das Handbuch bietet sodann im **II. Teil** eine umfassende Kommentierung des **SächsWTG** und der **SächsWTVO** sowie des **Wohn- und Betreuungsvertragsgesetz (WBVG)**[4]. Es berücksichtigt die mehrdimensionale Struktur des „Heimrechts", das an der Schnittstelle von öffentlich-rechtlichen, bürgerlich-rechtlichen und sozialrechtlichen (leistungsrechtlichen) Normen mehrere Rechtsgebiete miteinander vereint.

In die Darstellung integriert sind daher im **III. Teil** in Auszügen die für die Praxis maßgeblichen weiteren bundesrechtlichen Vorschriften aus dem **Bürgerlichen Gesetzbuch (BGB)**[5], **Elften Buch Sozialgesetzbuch (Soziale Pflegeversicherung – SGB XI)**[6], **Zwölften Buch**

1 Soweit personenbezogene Bezeichnungen in maskuliner Form erscheinen, sind sie generisch zu verstehen und beziehen sich auf alle Geschlechter. Abweichungen bzw. geschlechtsneutrale Formulierungen kommen dort vor, wo dies aus Gründen der Verständlichkeit, Gesetzes- oder Zitiernähe angemessen erscheint.

2 Sächsisches Wohnteilhabegesetz v. 20.03.2024 (SächsGVBl. S. 325), das durch Art. 2 Absatz 2 des Gesetzes v. 22.07.2024 (SächsGVBl. S. 673) geändert worden ist.

3 Sächsische Wohnteilhabeverordnung v. 18.12.2024 (SächsGVBl. 2025 S. 6).

4 Wohn- und Betreuungsvertragsgesetz v. 29.07.2009 (BGBl. I S. 2319), das zuletzt durch Art. 12 des Gesetzes v. 30.11.2019 (BGBl. I S. 1948) geändert worden ist.

5 Bürgerliches Gesetzbuch in der Fassung der Bekanntmachung v. 02.01.2002 (BGBl. I S. 42, 2909; 2003 I S. 738), das zuletzt durch Artikel 1 des Gesetzes v. 17.07.2025 (BGBl. 2025 I Nr. 163) geändert worden ist.

6 Das Elfte Buch Sozialgesetzbuch – Soziale Pflegeversicherung – (Artikel 1 des Gesetzes v. 26.05. 1994, BGBl. I S. 1014, 1015), das zuletzt durch Art. 4 des Gesetzes v. 30.05.2024 (BGBl. 2024 I Nr. 173) geändert worden ist.

Sozialgesetzbuch (Sozialhilfe – SGB XII)[7], der **Datenschutz-Grundverordnung (DSGVO)**[8] sowie dem **Unterlassungsklagengesetz (UKlaG)**[9].

Das Werk beleuchtet die komplexe Verzahnung dieser Regelungsbereiche insbesondere im Hinblick auf Vertragsgestaltung, Anwendbarkeit der einzelnen Normen entsprechend der mannigfaltigen Wohn-Pflege-Formen im *senior/assisted living* (einschließlich des Service-Wohnens), Investitionskosten, Entgelterhöhungen, behördliche Zuständigkeiten und Schiedsverfahren.

Mit Blick darauf, dass es sich bei diesem Handbuch um die erste Kommentierung des Sächsischen Heimrechts nach der Ende 2024 abgeschlossenen Gesetzesnovelle zur Reform desselbigen handelt und Rechtsprechung zu diesem Gesetz bisher nur in sehr kleinem Umfang vorliegt,[10] ist es nicht Anspruch des Werks, die „richtige" Lösung zu präsentieren. Das Handbuch soll Argumentationshilfe sein und einen Überblick zum Sächsischen Heimrecht sowie dem WBVG und weiteren bundesgesetzlichen Normen vermitteln. Mit Blick darauf, dass es nicht die eine „absolut richtige" Lösung im rechtswissenschaftlichen Diskurs gibt, ist der Autor an weiterführender Kritik und Anregung interessiert.

Danken möchte ich an dieser Stelle meinen Kolleginnen und Kollegen bei KMR Rechtsanwälte PartGmbB in Leipzig für den täglichen, anregenden und intensiven Austausch über die Praxisprobleme des Heimrechts – jenem Spagat zwischen Leistungs- und Ordnungsrecht – sowie die zeitliche Unterstützung während der Arbeit an diesem Handbuch. Vor allen anderen – die hier nicht alle namentlich erwähnt werden können – danke ich meiner geliebten Ehefrau für ihre Geduld, ihren Zuspruch, ihr Verständnis und ihren Rückhalt – ohne sie wäre dieses Handbuch in dieser Form neben der anwaltlichen Praxis nicht möglich gewesen.

Daniel Martschink (Rechtsanwalt) Leipzig, Oktober 2025

7 Das Zwölfte Buch Sozialgesetzbuch – Sozialhilfe – (Artikel 1 des Gesetzes v. 27.12. 2003, BGBl. I S. 3022, 3023), das zuletzt durch Art. 8 Absatz 1 des Gesetzes v. 23.12.2024 (BGBl. 2024 I Nr. 449) geändert worden ist.

8 Verordnung Nr. 2016/679 des Europäischen Parlaments und Rates v. 27.04.2016 (Amtsblatt L 119 v. 04.05.2016, S. 1, ber. Amtsblatt L 314 vom 22.11.2016, S. 72, Amtsblatt L 127 v. 23.05.2018, S. 2).

9 Unterlassungsklagengesetz in der Fassung der Bekanntmachung v. 27.08.2002 (BGBl. I S. 3422, 4346), das zuletzt durch Art. 18 des Gesetzes v. 06.05.2024 (BGBl. 2024 I Nr. 149) geändert worden ist.

10 Soweit ersichtlich hat sich bisher erstmals (und einmalig) das OVG Bautzen, Beschl. v. 19.06.2024 – 6 B 31/24 – mit Verpflichtungen des SächsWTG zum Personaleinsatz in ambulant betreuten Wohngemeinschaften zu einem Bescheid, der noch unter Anwendung der Vorgängereregelung des SächsBeWoG erging, auseinandergesetzt.

I. Teil
Überblick

1. Einleitung

Das Heimrecht ist von einer mannigfaltigen rechtlichen Ausgestaltung geprägt. Jeder Leistungserbringer[10] im Bereich des Heimrechts steht vor der Herausforderung, eine Vielzahl an rechtlichen Vorgaben aus unterschiedlichen (Landes- und Bundes-)Gesetzen zu berücksichtigen.

Hierbei besteht die Besonderheit, dass seit der Föderalismusreform I im Jahr 2006 die Zuständigkeit für den ordnungsrechtlichen Teil des Heimrechts als Teil der öffentlichen Fürsorge auf die Länder übergegangen ist. Dem Bund hingegen verbleibt weiterhin die Regelungskompetenz für den bürgerlich-rechtlichen (zivilrechtlichen) Teil des Heimrechts. Die Kompetenz für das bürgerliche Recht beschränkt sich hierbei nicht auf das Bürgerliche Gesetzbuch (BGB), das im **II. Teil** auszugsweise kommentiert wird, sondern umfasst auch die Nebengesetze des Privatrechts außerhalb des BGB[11].

Neben diesen beiden Dimensionen ist das Heimrecht maßgeblich vom bundesgesetzlichen Leistungsrecht des SGB XI und SGB XII geprägt. Das Auseinanderfallen der Gesetzgebungskompetenzen im Bereich des Heimrechts hat zu einer Zersplitterung der Rechtslage geführt. Die Herausforderung in der Praxis besteht darin, die unterschiedlichen Regelungsmaterien mit dem Gebot der Einheit der Rechtsordnung nicht in Widerspruch zu setzen. Dabei ist jedoch zu beachten, dass alle vorgenannten Regelungen das Heimrecht und die ihnen zu Grunde liegenden Wohn-Pflege-Formen zunächst in der ihr zugewiesenen Dimension (Ordnungs-, Zivil-, Sozialrecht) eigenständig regeln. Dies führt dazu, dass „Heime" im ordnungsrechtlichen Sinne nicht gleichbedeutend sein müssen mit „Heimen" (Einrichtungen) im leistungsrechtlichen oder zivilrechtlichen Sinne. Maßgeblich liegt dies darin begründet, dass die Ausrichtungen der genannten Gesetze unterschiedlich sind.

Das vorliegende Handbuch soll daher nicht nur die rechtliche Dimension im Freistaat Sachsen, die seit dem 13.04.2024 im **Sächsischen Wohnteilhabegesetz (SächsWTG)**[12] geregelt ist, kommentieren, sondern auch die leistungsrechtlichen sowie zivilrechtlichen und weiteren bundesrechtlichen Bezüge im Blick behalten. Wie sich auch aus den bundesgesetzlichen Regelungen ergibt, ist der tradierte Begriff des „Heimrechts" inzwischen weitestgehend abgelöst. Ungeachtet dessen spricht das Grundgesetz von „Heimrecht" (Art. 74 Abs. 1 Nr. 7 GG).

10 Soweit personenbezogene Bezeichnungen in maskuliner Form erscheinen, sind sie generisch zu verstehen und beziehen sich auf alle Geschlechter. Abweichungen bzw. geschlechtsneutrale Formulierungen kommen dort vor, wo dies aus Gründen der Verständlichkeit, Gesetzes- oder Zitiernähe angemessen erscheint.

11 BT-Drs. 16/12409, S. 10 li. Sp.

12 Gesetz zur Reform des Sächsischen Heimrechts v. 20.03.2024 (SächsGVBl. S. 325), in Kraft getreten am 13.04.2024.

Dieser – auch in der Praxis noch immer gängige – verfassungsrechtliche Begriff wird daher bei diesem Handbuch beibehalten.

Auch mit Blick auf die sich aus dem Grundgesetz ergebende Gesetzgebungskompetenz für den Freistaat Sachsen zur Regelung des ordnungsrechtlichen Teils des Heimrechts (Art. 70 GG) wird dieser Begriff als verfassungsrechtlich geprägter Begriff weiterhin verwendet. Der Begriff des „Heims“ kann vom Landesgesetzgeber nicht den sich am Markt wandelnden Wohn-Pflege-Formen angepasst werden. Es handelt sich beim „Heimrecht“ seit der Föderalismusreform I im Jahr 2006 um einen verfassungsrechtlichen Begriff, der nicht durch landesgesetzliche Wertungen bestimmt werden kann (*arg.* Art. 31 GG). Der Landesgesetzgeber kann daher „Heime“ zwar als „Einrichtungen“ oder „anbieterverantwortete ambulant betreute Wohngemeinschaften“ bezeichnen, er kann indes Wohn-Pflege-Formen, die verfassungsrechtlich keine „Heime“ sind, nicht seiner staatlichen Aufsicht unterwerfen. Jedwede Ausweitung des Anwendungsbereichs auf Formen der ambulanten Leistungserbringung werfen daher verfassungsrechtliche Zweifel hinsichtlich der Landesgesetzgebungskompetenz auf.

Ungeachtet der auf Teilhabe und Selbstbestimmung ausgerichteten Landesheimgesetze darf nicht aus dem Blick geraten, dass die Länder gemäß Art. 70; 74 Abs. 1 Nr. 7 GG lediglich die Gesetzgebungskompetenz für den Teil der öffentlichen Fürsorge haben, der auf das „Heimrecht“ in seiner Dimension als Gefahrenabwehrrecht (Ordnungsrecht) entfällt.[13] Führt man sich diesen verfassungsrechtlichen Ausgangspunkt vor Augen, so verdeutlicht sich, dass eine Ausweitung des ordnungsrechtlichen Schutzes auf Wohn-Pflege-Formen, die keine „Heime“ im klassischen Sinne sind, von der verfassungsrechtlichen Gesetzgebungskompetenz für den Freistaat Sachsen nicht gedeckt ist. Es steht nicht im Belieben des Landesgesetzgebers zu bestimmen, was nach seiner Sicht „Heime“ sind. In den letzten Jahren hat es sich in allen Bundesländern in verfassungsrechtlich bedenklicher Weise jedoch zum fraglichen Usus entwickelt, den ordnungsrechtlichen Schutz der jeweiligen Landesheimgesetze extensiv nicht nur auf klassische „Heime“ zu erstrecken. Das Sächsische Wohnteilhabegesetz erstreckt seinen Anwendungsbereich – wie auch schon die abgelöste Vorgängerregelung des Sächsischen Betreuungs- und Wohnqualitätsgesetzes[14] – auch auf ambulante Wohngemeinschaften und nunmehr ausdrücklich auf Intensivpflege-Wohngemeinschaften. Damit hält es sich noch im verfassungsrechtlichen Rahmen.

Der sperrige Titel des Gesetzes ist auf den im bundesgesetzlichen SGB IX vollzogenen Paradigmenwechsel mit Inkrafttreten des **Gesetzes zur Stärkung der Teilhabe und Selbstbestimmung von Menschen mit Behinderungen (Bundesteilhabegesetz – BTHG)**[15] zu

13 Degenhart, in: Sachs, Art. 74 GG, 9. Aufl. 2021, Rn. 37; Uhle, in: Maunz/Dürig, Art. 74 GG, Rn. 187; Bachem/Hacke, WBVG, Einf. Rn. 9 f.

14 Sächsisches Betreuungs- und Wohnqualitätsgesetz v. 12.07.2012 (SächsGVBl. S. 397), das zuletzt durch das Gesetz v. 06.06.2019 (SächsGVBl. S. 466) geändert worden ist und außer Kraft mit Ablauf des 12.04.2024.

15 Bundesteilhabegesetz v. 23.12.2016 (BGBl. I S. 3234), das zuletzt d. Art. 8 des Gesetzes v. 02.06.2021 (BGBl. I S. 1387) geändert worden ist.

begründen.[16] Auch die Bundesländer Baden-Württemberg[17], Berlin[18], Rheinland-Pfalz[19], NRW[20], Sachsen-Anhalt[21] und Thüringen[22] haben sich für die Begrifflichkeit der „Wohnteilhabe" entschieden. Der Begriff Wohnteilhabe verweist auf den zentralen Schutzzweck des Gesetzes (§ 1 SächsWTG). Es geht nicht lediglich um die Unterbringung von Menschen, sondern um die Verwirklichung ihres Rechts auf selbstbestimmtes Wohnen und Leben in Einrichtungen oder anderen Wohn-Pflege-Formen. An die Stelle der überholten Vorstellung einer rein versorgungsorientierten „Satt-und-sauber-Pflege" in einem „Fürsorgesystem" tritt das Leitbild von Selbstbestimmung und Wohnteilhabe, das die Einbindung der Bewohnerinnen und Bewohner in ihr Lebensumfeld und die Förderung ihrer Teilhabechancen betont. Es ist personenzentriert und nicht institutionszentriert. Es verfolgt im Wesentlichen folgende Ziele:

- Selbstbestimmung: Bewohner sollen ihr Leben nach eigenen Vorstellungen führen können. Die Einrichtung ist kein „Fremdraum", sondern soll ein selbstbestimmter Lebensmittelpunkt sein.
- Partizipation: Wohnteilhabe umfasst Mitwirkungsrechte an der Gestaltung von Alltag, Gemeinschaft, Pflege/Betreuung und Wohnumfeld. Sie grenzt sich damit von der überholten Vorstellung bloßer (objektbezogener) „Satt-und-sauber-Versorgung" (Verwahrung) oder (fremdbestimmter) Fürsorge ab.
- Soziale Integration: Der Gesetzgeber hebt hervor, dass Wohnen auch Teilhabe am sozialen Leben bedeutet; Isolation oder „reine Verwahrung" widersprechen diesem Ansatz und sind zu vermeiden.
- Qualitätssicherung: Wohnteilhabe verpflichtet die Träger von Wohn-Pflege-Formen zu Qualitätsmindestanforderungen, die Grundlage für den Zugang zu Teilhabechancen darstellen.

Der Begriff der Wohnteilhabe hat damit eine Doppelrolle. Er ist zum einen ein „Schutzbegriff" (Wahrung der Rechte der Bewohner) und zum anderen „Gestaltungsbegriff", der die Akteure in die Pflicht nimmt, Wohnbedingungen zu schaffen, die soziale Teilhabe ermöglichen. Ungeachtet des Umstandes, dass der Gesetzestitel nur auf den Bereich „Wohnen"(Wohnteilhabe) Bezug nimmt, gilt dies auch für die pflegerischen und betreuerischen Aspekte. Erst die Verknüpfung von „Wohnen" und „Pflege/Betreuung" führt zu einem Schutzbedürfnis der Zielgruppe, das den Anwendungsbereich des SächsWTG eröffnet.

16 Gesetzentwurf der Staatsregierung LT-Drs. 7/14987, Abschn. B Ziff. 1.

17 Gesetz für unterstützende Wohnformen, Teilhabe und Pflege (Wohn-, Teilhabe- und Pflegegesetz – WTPG) v. 20.05.2014 (GBl. S. 241).

18 Wohnteilhabegesetz (WTG) v. 04.05.2021 (GVBl. Seite 417).

19 Landesgesetz über Wohnformen und Teilhabe (LWTG) v. 22.12.2009 (GVBl. 2009, 399).

20 Wohn- und Teilhabegesetz (WTG) v. 02.10.2014 (GV. NRW. 2014, 625) – eingehend hierzu Kassen/Fahnenstich, Wohn- und Teilhabegesetz Nordrhein-Westfalen, 4. Aufl. 2025.

21 Gesetz über Wohnformen und Teilhabe des Landes Sachsen-Anhalt (Wohn- und Teilhabegesetz – WTG LSA) v. 17.02.2011 (GVBl. 2011, 136).

22 Thüringer Gesetz über betreute Wohnformen und Teilhabe (Thüringer Wohn- und Teilhabegesetz – ThürWTG) v. 10.06.2014 (GVBl. 2014, 161).

2. Historische Entwicklung des Heimrechts

Die „Altenpflege“ war bis ins 19. Jahrhundert zuvörderst familiäre Aufgabe und das „Heimrecht“ in seiner heutigen sehr detaillierten Ausgestaltung nicht kodifiziert. Die Einrichtungen, die bis zum 19. Jahrhundert bestanden, waren als reine „Verwahranstalten“ auf die Unterbringung ausgelegt. Eine personenzentrierte Teilhabe und Selbstbestimmung, wie sie nunmehr im SächsWTG ausdrücklich als Zweckbestimmung beschrieben wird (§ 1 Satz 1 SächsWTG), war dem institutionalisierten Heimrecht fremd.[23]

Im damaligen Kurfürstentum Sachsen bestand eine der ersten staatlich errichteten Landeseinrichtungen. Auf Geheiß des Kurfürsten Friedrich August I. von Sachsen (vlg. „August der Starke“) wurde 1710 ein „Armen-, Waysen-, Zucht- und Tollhaus“ (heutige Justizvollzugsanstalt) in Waldheim – das älteste noch in Betrieb befindliche Gefängnis Deutschlands – errichtet und 1716 eröffnet. Das ehemalige Schloss in Waldheim diente neben der Unterbringung von zu Zuchthaus verurteilten Männern und Frauen u. a. auch der Unterbringung von „Presshaften“[24]. Einem Übersichtsplan von 1775 lässt sich entnehmen, dass dort auch 26 alte kranke Männer untergebracht waren. Die Notwendigkeit einer spezialisierten Versorgung und Betreuung pflegebedürftiger Menschen unter Berücksichtigung von deren Bedürfnissen wurde im 18. Jahrhundert noch nicht erkannt. Vielmehr wurden Menschen mit körperlichen Gebrechen oder psychischen Beeinträchtigungen mit Kriminellen gleichgesetzt, da ihnen kein Wert für die Gesellschaft zugemessen wurde und diese daher untergebracht werden sollten. Diese Stigmatisierung dauerte noch lange Zeit an.

Zunächst wurde der Schutz pflegebedürftiger Menschen, die in Kranken- und Pflegeanstalten lebten – in denen die heutige Behandlungspflege nach dem SGB V im Vordergrund stand – nur über das allgemeine Gewerbeordnungsrecht sichergestellt. Dieser fragmentarische Schutz, den die **Gewerbeordnung** bot, stellte sich jedoch als unzureichend heraus.

Am 01.01.1975 trat das **Gesetz über Altenheime, Altenwohnheime und Pflegeheime für Volljährige (Heimgesetz – HeimG)**[25] in Kraft. Damit änderte sich auch der Blickwinkel der staatlichen Aufsicht über „Heime“. Während bis zum Inkrafttreten des (Bundes-)Heimgesetzes der unzuverlässige Gewerbetreibende im Mittelpunkt stand, war es zunächst die den Bewohner aufnehmende Einrichtung und sodann der Bewohner.

In dem für „Heime“ geltenden Heimgesetz wurden Heime in § 1 Abs. 1 Satz 2 HeimG definiert als:

> *„Einrichtungen, die dem Zweck dienen, ältere Menschen oder pflegebedürftige oder behinderte Volljährige aufzunehmen, ihnen Wohnraum zu überlassen sowie Betreuung und Verpflegung zur Verfügung zu stellen oder vorzuhalten, und die in ihrem Bestand von Wechsel*

23 Vgl. auch Dickmann, Heimrecht, Kap. 1 Abschn. C., Rn. 12 ff.

24 Altdeutsche Bezeichnung im 18./19. Jh. für mit Gebrechen behaftete Personen, unter Einfluss von „pressen“ umgebildet aus dem mhd. „bresthaft“.

25 Gesetz v. 07.08.1974, BGBl. I S. 1873.

und Zahl der Bewohnerinnen und Bewohner unabhängig sind und entgeltlich betrieben werden."

Die Föderalismusreform I im Jahr 2006 führte zu einer Verlagerung der Gesetzgebungskompetenz für das „Heimrecht" auf die Länder. Rechtstechnisch hat der Verfassungsgeber den Bereich des „Heimrechts" aus dem Kompetenztitel der öffentlichen Fürsorge ausgeklammert. Art. 74 Abs. 1 Nr. 7 GG lautet nunmehr:

„*(1) Die konkurrierende Gesetzgebung erstreckt sich auf folgende Gebiete:*
[...]
7. die öffentliche Fürsorge (ohne das Heimrecht);
[...]."

Was auf den ersten Blick banal erscheint, führt bei näherer Betrachtung zu einer Vielzahl an Abgrenzungsschwierigkeiten. Während der zivilrechtliche und leistungsrechtliche Teil weiterhin Bundeskompetenz ist, liegt das (Heim-)Ordnungsrecht als Teil des sich aus dem Gewerberecht verselbständigten Gefahrenabwehrrechts in der Kompetenz der Länder.

Im Gesetzgebungsverfahren zum **Gesetz zur Regelung von Verträgen über Wohnraum mit Pflege- oder Betreuungsleistungen (Wohn- und Betreuungsvertragsgesetz – WBVG)** hat es der Abgeordnete Grübel für den zivilrechtlichen Teil des Heimrechts auf den Punkt gebracht:

„*Wir haben es hier [...] mit einer sehr trockenen und zum Teil hoch komplexen Materie des Zivilrechts zu tun, bei der sich in Detailfragen manchmal nur noch spezialisierte Rechtsanwälte auskennen. Dabei dürfen wir das zentrale Ziel nicht aus dem Auge verlieren: mehr Verbraucherschutz für die Seniorinnen und Senioren, aber nicht zulasten der Anbieter und vor allem nicht mehr Bürokratie. Es darf keinen ‚Überschutz' geben.*"[26]

Die Komplexität der rechtlichen Grundlagen eines „Heimbetriebs" hat in den vergangenen Jahren – insbesondere aufgrund der Vielzahl der Rechtsänderungen in allen Materien des Heimrechts immer mehr zugenommen. Das **Sächsische Wohnteilhabegesetz (SächsWTG)**, das am 13.04.2024 in Kraft getreten ist, ersetzt das **Gesetz zur Regelung der Betreuungs- und Wohnqualität im Alter, bei Behinderung und Pflegebedürftigkeit im Freistaat Sachsen (Sächsisches Betreuungs- und Wohnqualitätsgesetz – SächsBeWoG)** vom 12.07.2012 vollständig und regelt das sächsische Heimordnungsrecht grundlegend neu.

26 Grübel, Deutscher Bundestag – 16. Wahlperiode – 214. Sitzung. Berlin, 26.03.2009, Erste Beratung des von den Fraktionen der CDU/ CSU und der SPD eingebrachten Entwurfs eines Gesetzes zur Neuregelung der zivilrechtlichen Vorschriften des Heimgesetzes nach der Föderalismusreform, – Drucksache 16/12409 –, S. 23268, 23270 (A). Bereits Bierlein bezeichnete das „Heim" als „eine der am stärksten überregulierten Institutionen in Deutschland", Gemeinsame öffentliche Anhörung des Rechtsausschusses des Deutschen Bundestages und des Ausschusses für Innere Angelegenheiten des Bundesrates zur Föderalismusreform, Stenografischer Bericht, 19. Sitzung. Berlin, 02.06.2006, S. 28 (A) li. Sp.

3. Mehrdimensionalität des Heimrechts

Heimrecht umfasst sowohl öffentliches als auch privates Recht. Aufgrund des Auseinanderfallens der Gesetzgebungskompetenzen durch die Föderalismusreform I (2006) zwischen dem Bund und den Ländern obliegt dem Bund die Gesetzgebung für den bürgerlich-rechtlichen Teil (Zivilrecht) sowie den leistungsrechtlichen Teil (Sozialrecht) und dem Freistaat Sachsen der öffentlich-rechtliche Teil (Gefahrenabwehrrecht) des „Heimrechts“. Die Regelungskreise sind voneinander unabhängig und bedingen sich doch zugleich.

Das „Heimrecht“ weist Bezüge zum Baurecht (Heimmindestbauverordnung[27] und SächsWTVO), des „klassischen“ Gefahrenabwehrrechts (SächsWTG), des Gewerberechts (Gewerbeordnung)[28], des Heimvertragsrechts (WBVG) einschließlich des vertraglichen Verbraucherschutzrechts[29], des Leistungsrechts (SGB V – Gesetzliche Krankenversicherung, SGB IX – Rehabilitation und Teilhabe von Menschen mit Behinderung, SGB XI – Soziale Pflegeversicherung, SGB XII – Sozialhilfe) [30], des Förderrechts, des allgemeinen und besonderen Verwaltungsrechts und auch des Steuerrechts (§ 33 Abs. 1 EStG, §§ 33a, 35a EstG) auf.[31]

Diese Mehrdimensionalität bedingt Wechselwirkungen zwischen den einzelnen Rechtsgebieten, die auf den ersten Blick teilweise zu Widersprüchen führen können. Führt Bundes- und Landesrecht zu widerstreitenden Ergebnissen, gilt die Kollisionsregelung des Art. 31 GG zu Gunsten des Bundesrechts (Bundesrecht bricht Landesrecht). Es ist jedoch im Einzelnen verfassungsrechtlich höchst umstritten, wie mit solchen Normenkonflikten – die sich im Föderalismus nicht ausschließen lassen – praktisch umzugehen ist.

Das Bundesverfassungsgericht hat hierzu grundsätzlich ausgeführt, dass „den Normadressaten nicht gegenläufige Regelungen erreichen [dürfen], die die Rechtsordnung widersprüchlich machen.“[32] Sowohl Bundes- als auch Landesgesetzgeber sind daher in die Pflicht genommen, Widersprüche in den Regelungskonzeptionen zu vermeiden.[33] Hierzu dienen bspw. die Rechtsharmonisierungsregelungen der § 4 Abs. 2, § 9 Abs. 4, § 11 Abs. 1 Satz 5, § 13 Abs. 1 Satz 2, Abs. 2 Satz 2 Nr. 2, § 15 Abs. 2 Satz 1, § 25 Abs. 4, § 26 Abs. 2 und 3 SächsWTG.

Auch wenn das Heimordnungsrecht vom Leistungs- und Zivilrecht zu trennen ist und jeweils eigene Regelungskonzeptionen in unterschiedlichen kompetenziell verschiedenen

27 Verordnung über bauliche Mindestanforderungen für Altenheime, Altenwohnheime und Pflegeheime für Volljährige (Heimmindestbauverordnung – HeimMindBauV) i. d. F. v. 03.05.1983 (BGBl. I 1983 S. 550), die zuletzt d. Art. 5 der Verordnung v. 25.11.2003 (BGBl. I 2003 S. 2346) geändert worden ist.

28 Vgl. zum Bezug zum Recht der Wirtschaft Richter, in: Richter/Doering-Striening/Schröder/Schmidt, Seniorenrecht, § 3 Rn. 51.

29 Ebenso Degenhart, in: Sachs, GG, Art. 74, Rn. 37.

30 VGH Kassel, Beschl. v. 24.03.2015 – 10 A 272/14 –; VG Würzburg, Beschl. v. 01.09.2014 – W 3 S 14.778 –; Drasdo, in: BeckOGK-BGB § 1 WBVG Rn. 23.

31 Zur Mehrdimensionalität eingehend Martschink, Der Eingriff der Heimaufsicht, Kap. A. III.

32 BVerfG, Urt. v. 27.10.1998 – 1 BvR 2306/96 u. a. – BVerfGE 98, 265, 301; ablehnend Stephan, Die Interpretation von Gesetzgebungskompetenzen, 405 ff.

33 BVerfG, Urt. v. 07.05.1998 – 2 BvR 1991/95 –, BVerfGE 98, 106-134, juris Rn. 57 f.

Rechtskreisen darstellt, erfordert es der Grundsatz der Rechtstaatlichkeit – schon vor dem Hintergrund des Gebots der Widerspruchsfreiheit der Rechtsordnung, der Normenklarheit und der Normenwahrheit (Art. 1 Satz 2 SächsVerf) – pragmatische Lösungen zu finden.

Der KSV Sachsen als zuständige Heimaufsichtsbehörde hat ungeachtet dessen das SächsWTG zu vollziehen, ohne Überlegungen zur Praktikabilität, Umsetzbarkeit, Refinanzierung oder gar Erforderlichkeit der gesetzlichen Regelung anzustellen – all diese Überlegungen obliegen allein der Einschätzungsprärogative des (Landes-)Gesetz- und Verordnungsgebers.

Ob eine Wohn-Pflege-Form unter den Anwendungsbereich des SächsWTG fällt, lässt die leistungsrechtliche Einordnung[34] sowie die zivilrechtliche Einordnung, ob es sich bei dem zugrundeliegenden Vertrag um einen Wohn- und Betreuungsvertrag nach dem WBVG handelt, unberührt. Dies führt dazu, dass beispielsweise Einrichtungen betrieben werden, die ordnungsrechtlich als Einrichtung nach § 2 SächsWTG zu qualifizieren sind und zugleich leistungsrechtlich als ambulant eingestuft werden.[35] § 2 Abs. 1 Satz 4 SächsWTG bezweckt jedoch eine Harmonisierung mit § 1 WBVG, indem es diesen im wesentlichen Ergebnis übernimmt. In der Praxis kommt es beim Service-Wohnen und anderen Wohn-Pflege-Formen außerhalb „klassischer" Pflegeheime zu erheblichen Abgrenzungsproblemen. Da es sich beim bundesrechtlichen WBVG jedoch um Zivilrecht und beim SächsWTG um landesgesetzliches Ordnungsrecht handelt, kann ein gegebenenfalls auftretender Widerspruch zwischen Bundes- und Landesrecht rechtstatsächlich nicht aufgelöst werden. Zwar bricht Bundesrecht Landesrecht, allerdings nicht, wenn es sich um unterschiedliche Regelungsbereiche handelt. Dies ist jedoch ein weiterer Anhaltspunkt dafür, den Anwendungsbereich des SächsWTG nicht über den des ersetzten (Bundes-)Heimgesetzes hinaus auf ambulante Versorgungssettings auszudehnen.

Fallbeispiel I „Die WG, die keine ist"

Sachverhalt
Die Sachsen Senior Living Gruppe[36] betreibt eine Vielzahl an Wohn-Pflege-Formen im gesamten Bundesgebiet und auch in Sachsen. Unter anderem vermietet sie in einem ehemaligen Hotel in Bautzen Wohnungen. Auf jeder der drei Etagen wohnen – voneinander abgetrennt und nur durch die vier Seiteneingänge separat zu erreichen – jeweils 12 Personen zusammen, die sich eine gemeinsame Küche und einen gemeinsamen Aufenthaltsraum teilen. Der KSV Sachsen meint, es handelt sich hierbei um ein „Heim" (Einrichtung i. S. d. § 2 SächsWTG) und beabsichtigt daher – entsprechend der ordnungsrechtlichen Anforde-

34 Vgl. ausdrücklich § 1 Abs. 3 ThürWTG; § 2 Abs. 4 WTG NRW; § 2 Abs. 3 BremWoBeG; statt vieler Dickmann, Heimrecht, Kap. 3 Abschn. B Rn. 30 ff.; a. A. zur Indizwirkung der ordnungsrechtlichen Einordnung für die leistungsrechtliche Einordnung LSG Essen, Urt. v. 21.02.2018 – L 12 SO 222/14 –, juris, Rn. 28 f.

35 Ordnungsrechtliche Befreiungen hinsichtlich des Anwendungsbereichs können nicht ergehen (vgl. Erprobungs- und Befreiungsregelungen gem. § 30 Abs. 2 SächsWTG).

36 Alle in diesem Handbuch dargestellten Fallbeispiele und Unternehmensbezeichnungen, insbesondere die wiederkehrende Bezeichnung Sachsen Senior Living Gruppe, sind frei erfunden und dienen ausschließlich der Veranschaulichung. Jegliche Übereinstimmungen mit tatsächlich existierenden Unternehmen, Einrichtungen oder Personen sind zufällig und nicht beabsichtigt.

rungen an „Einrichtungen" u. a. eine Anordnung zur Benennung einer Einrichtungsleitung und einer Pflegedienstleitung zu erlassen. Die Geschäftsführerin der Sachsen Senior Care GmbH, die als Tochtergesellschaft die ambulante Pflege übernimmt, findet das „systemfremd" und verweist auf ihre „Senioren-WGs" in Celle. Dort seien diese ebenfalls als „WGs" anerkannt und eine Einrichtungsleitung und Pflegedienstleitung nur für diese WG sei nicht erforderlich. Auch der Einsatz einer Pflegefachkraft als aktive Nachtwache – auf dessen Erfordernis der KSV Sachsen nun auch schon „vorsorglich" hingewiesen hat – sei mit dem leistungsbezogenen ambulanten Modell nicht zu vereinbaren. **Wie ist die Rechtslage?**

Leistungsrechtlich handelt es sich bei den vier WGs mit jeweils max. 12 Personen um jeweils eigenständige „ambulant betreute Wohngruppen" in einer gemeinsamen Wohnung[37] zum Zweck der gemeinschaftlich organisierten pflegerischen (ambulanten) Versorgung. Hierfür wäre es auch unschädlich, wenn es sich um „trägerverantwortete" WGs handeln würde, solange Wahlfreiheit hinsichtlich der Pflege- und Betreuungsleistungen besteht.[38] Die Bewohner können daher den Wohngruppenzuschlag nach § 38a Abs. 1 SGB XI i. H. v. 224 € (seit 01.01. 2025) monatlich gegenüber ihrer Pflegekasse beanspruchen und der Pflegedienst kann seine Leistungen ambulant erbringen und abrechnen.

Zivilrechtlich ist bei der gewählten Konstruktion von einem Mietvertrag auszugehen, der ggf. um allgemeine Unterstützungsleistungen im Sinne eines Dienstvertrages und einem hiervon unabhängigen Pflegevertrag ergänzt wird. Das WBVG findet keine Anwendung.

Ordnungsrechtlich hat der sächsische Landesgesetzgeber jedoch die Entscheidung getroffen, die drei WGs einer „Einrichtung" gleichzustellen. Nach § 3 Abs. 3 Satz 3 SächsWTG darf in unmittelbarer räumlicher Nähe Wohnraum für höchstens 24 Bewohner in ambulant betreuten Wohngemeinschaften von einem Leistungsanbieter bereitgestellt werden. Die Überschreitung dieser (landes-)gesetzlichen Kapazitätsgrenze führt nach § 3 Abs. 3 Satz 4 SächsWTG dazu, dass es sich um eine Einrichtung nach § 2 Abs. 1 SächsWTG handelt. In der Konsequenz muss die „Einrichtung" nach § 15 Abs. 1 SächsWTG unter der Leitung einer persönlich und fachlich geeigneten Person (Einrichtungsleitung) stehen. Der Träger hat diese nach § 7 Abs. 1 Satz 2 Nr. 4 Halbsatz 1 SächsWTG ggü. dem KSV Sachsen zu benennen. Eine verantwortliche Pflegefachkraft (Pflegedienstleitung) ist hingegen nach § 15 Abs. 2 Satz 1 SächsWTG nur für „stationäre Pflegeeinrichtungen" erforderlich. Vorliegend kann der KSV Sachsen eine solche daher nicht verlangen. Der Landesgesetzgeber hat bei dieser Differenzierung bewusst auf die leistungsrechtliche Formulierung „stationäre Pflegeeinrichtung" (§ 71 Abs. 2 SGB XI) in Abgrenzung zu „ambulante Pflegeeinrichtung" (§ 71 Abs. 1 SGB XI) abgestellt. Das SächsWTG unterscheidet zwischen „Einrichtungen", „stationären Pflegeeinrichtungen", „anbieter- und selbstverantworteten ambulant betreuten Wohngemeinschaften" und „Intensivpflege-Wohngemeinschaften".

37 Siehe hierzu BSG, Urt. v. 10.09.2020 – B 3 P 1/20 R –.
38 Vgl. LSG Mainz, Urt. v. 07.01.2016 – L 5 P 25/15 –, juris Rn. 50.

Zutreffend ist in der vorliegenden „Einrichtung" auch der Einsatz einer Pflegefachkraft als aktive Nachtwache nach § 15 Abs. 6 Satz 4 SächsWTG erforderlich. Nach § 15 Abs. 9 SächsWTG kann die Sachsen Senior Care GmbH für diese „Einrichtung" jedoch eine Befreiung von dieser personellen Anforderung beantragen.

Zutreffend ist die Rechtslage bspw. in Niedersachsen anders. Nach § 2 Abs. 5 Satz 1 Niedersächsisches Gesetz über unterstützende Wohnformen (NuWG) sind die „gleichen" WGs in Niedersachsen keine „Heime", da die Wahlfreiheit gewährleistet ist und nicht mehr als 12 Personen in einer WG zusammenwohnen. Eine darüberhinausgehende Kapazitätsgrenze für den räumlichen Verbund hat Niedersachsen im NuWG nicht normiert, sodass es dabei bleibt, dass die „WGs" in Celle „ambulant betreute Wohngemeinschaften" sind, die nicht den strengen personellen Anforderungen unterliegen. Diese Unterschiede zwischen den Bundesländern sind Resultat der jeweils – kritisch zu betrachtenden – eigenständigen Landesgesetzgebungskompetenz für das Heimordnungsrecht.

4. Überblick über das Heimrecht im Freistaat Sachsen

a. Zweck des SächsWTG

Die Reform des sächsischen Heimrechts zielte auf die Umsetzung eines modernen zukunftsfähigen Leitbildes für den Lebensalltag pflege- und betreuungsbedürftiger volljähriger Menschen oder assistenzbedürftiger Menschen mit Behinderung in stationären und ambulanten Wohnformen.[39]

Vorbild bei der Umsetzung dieses Leitbildes war dabei das **Übereinkommen der Vereinten Nationen über die Rechte von Menschen mit Behinderung (UN-Behindertenrechtskonvention – UN-BRK)**, welches im Jahr 2008 von Deutschland ratifiziert wurde und seit dem 26.03.2009 in Kraft ist.[40] Nach Art. 12 Abs. 2 UN-BRK verpflichten sich die Mitgliedsstaaten, dass Menschen mit Behinderung in allen Lebensbereichen gleichberechtigt Rechts- und Handlungsfähigkeit gegenüber anderen haben und als Rechtssubjekt anerkannt werden.[41] Mithin muss gewährleistet sein, dass bei den Maßnahmen die Rechte, der Wille und die Präferenzen der einzelnen Person geachtet werden und dass es nicht zu Interessenkonflikten und missbräuchlicher Einflussnahme kommt (Art. 12 Abs. 4 Satz 2 UN-BRK).

Die Reform des SächsWTG sollte zudem den Paradigmenwechsel im Rahmen der Wohnformen und der Assistenzleistungen in der Eingliederungshilfe, welche seit dem 01.01.2020 durch das **Gesetz zur Stärkung der Teilhabe und Selbstbestimmung von Menschen mit Behinderung – Bundesteilhabegesetz (BTHG)** – im zweiten Teil des SGB IX geregelt, abbilden.[42]

39 Gesetzentwurf der Staatsregierung LT-Drs. 7/14987, Vorblatt.
40 Gesetz zur Ratifikation des „Übereinkommens über die Rechte der Menschen mit Behinderung" v. 21.12.2008, BGBl. II 2008, S. 1419.
41 UN-Fachausschuss für die Rechte von Menschen mit Behinderung, General Comment Nr. 1, Art. 12 UN-BRK, 2014, S. 1.
42 Gesetzentwurf der Staatsregierung LT-Drs. 7/14987, Vorwort; BT-Drs. 18/9522.

Einrichtungen und gemeinschaftliche Wohnformen sollen Orte sein, an denen Wille und Präferenzen der Bewohner handlungsleitend für die individuelle Lebensgestaltung sind, Gewalt, Missbrauch und Diskriminierung wirksam verhindert werden und Teilhabe im Gemeinwesen selbstverständlich ist. Das Ziel sind *personenzentrierte* Wohn- und Pflegeformen, die eine bedarfsgerechte Versorgung und eine hohe Qualitätssicherung gewährleisten. Damit steht nicht die Einrichtung als Institution im Mittelpunkt, sondern die versorgte und betreute Person. Die Abkehr vom tradierten Heimverständnis als Institution, in dessen Betrieb sich der Bewohner durch den Akt der „Aufnahme" einzugliedern hat, zeigt sich beispielsweise deutlich in dem Gesetzeszweck, ein selbstbestimmtes, eigenverantwortliches und selbstständiges Leben der Bewohner zu ermöglichen (§ 1 Satz 1 SächsWTG). Zwar war dies auch schon Zweck der Vorgängerregelung des SächsBeWoG (§ 1 Abs. 1 Nr. 2 SächsBeWoG), das auch ausdrücklich auf die „Charta der Rechte hilfe- und pflegebedürftiger Menschen" sowie die UN-BRK Bezug nahm, allerdings enthält das SächsWTG erstmals detaillierte Regelungen zur Stärkung der Stellung der Bewohner (bspw. Gewaltschutzkonzept, Beschwerdeverfahren).

Leitbild des SächsWTG ist darüber hinaus die Berücksichtigung der **Pflegestärkungsgesetze (PSG)**[43] und die Umsetzung des **Gesetzes zur Stärkung von intensivpflegerischer Versorgung und medizinischer Rehabilitation in der gesetzlichen Krankenversicherung (Intensivpflege und Rehabilitationsstärkungsgesetz – GKV-IPReG)**.

Mit dem im Jahr 2020 in Kraft getretenen GKV-IPReG wurde die außerklinische Intensivpflege aus den Regelungen der häuslichen Krankenpflege (HKP) herausgelöst und in § 37c SGB V als Sachleistungsanspruch der Versicherten auf außerklinische Intensivpflege erstmals eigenständig geregelt.[44] Der Landesgesetzgeber sah sich daher veranlasst, Regelungen zu Intensivpflege-Wohngemeinschaften auch in das SächsWTG (§ 4) aufzunehmen – bedurft hätte es dieser eigenständigen Definition nicht.

In der strukturellen Umsetzung zielt das WTG mit einem abgestuften Schutzniveau dem Grunde nach auf eine Differenzierung nach Einrichtungen und selbstverantworteten bzw. anbieterverantworteten ambulant betreuten Wohngemeinschaften. Zu letzteren gehören auch Intensivpflege-Wohngemeinschaften. Je stärker der Grad der Abhängigkeit der Bewohner vom Unternehmer, desto höher sind die Anforderungen an den Betrieb der Einrichtung, um dem höheren Schutzbedarf der Bewohner aus Gründen der öffentlichen Fürsorge gerecht zu werden. Erstmals gesetzlich vorgesehene Zuordnungsprüfungen (§ 24 SächsWTG) durch die zuständige Heimaufsichtsbehörde sollen mehr Rechtssicherheit im Bereich der ambulanten Versorgungsstrukturen schaffen.[45] Darüber hinaus etabliert das SächsWTG verbindliche Strukturen der Zusammenarbeit der einzelnen Behörden. Der Ausbau von Informations- und Beratungspflichten für die Träger und verantwortlichen Leistungsanbieter erhöht die Transparenz und Teilhabe für die Bewohner und Angehörigen.[46] Verpflichtende Beschwerdeverfahren

43 BT-Drs. 18/1798 Erstes Pflegestärkungsgesetz; BT- Drs. 18/5926 Zweites Pflegestärkungsgesetz; BT-Drs. 18/9518 Drittes Pflegestärkungsgesetz.

44 BT-Drs. 86/20, S. 2.

45 Gesetzentwurf der Staatsregierung LT-Drs. 7/14987, S. 86.

46 Gesetzentwurf der Staatsregierung LT-Drs. 7/14987, Vor.

eröffnen niedrigschwellige, weniger formalisierte Meldewege vor Ort und stärken damit Schutzmechanismen im Sinne von Art. 12 Abs. 4 UN-BRK.[47] Daneben wird die Selbstbestimmung und Teilhabe des Einzelnen im Alltag durch verstärkte Mitwirkungsrechte und die übergreifende Zusammenarbeit der Bewohnervertretungen gesichert.[48]

Zweck des SächsWTG ist es im Konkreten, älteren Menschen, pflegebedürftigen Volljährigen und Volljährigen mit psychischen Erkrankungen oder mit Behinderungen als Bewohnerinnen und Bewohner in Einrichtungen und in ambulant betreuten Wohngemeinschaften ein möglichst selbstbestimmtes, eigenverantwortliches und selbstständiges Leben zu ermöglichen, sie vor Beeinträchtigung zu schützen und sie dabei zu unterstützen, Gesellschaft zu erleben, mitzugestalten und nach Möglichkeit ihren Interessen und Bedürfnissen gerecht zu werden (§ 1 Satz 1 SächsWTG).

Die einzelnen Schutzziele des SächsWTG werden in § 1 Satz 1 Nummern 1 bis 7 genauer definiert.

Diese Ziele werden über die von den Leistungsanbietern zu erstellenden Konzeptionen der Leistungserbringung – die dem Zweck nach § 1 SächsWTG entsprechen müssen – sodann zu Anforderungen im Sinne der §§ 17 und 23 SächsWTG, die bei Nichteinhaltung mit ordnungsrechtlichen Mitteln durchsetzbar sind.[49]

Auch die UN-BRK sowie das unionsrechtliche Leitbild des „*vulnerable consumer*" haben auf das (deutsche) Heimrecht Einfluss. Neben den in § 1 SächsWTG genannten Zwecken – insbesondere der Prävention und Abwehr von Gefahren für Bewohner – ist weiterer staatlicher Auftrag die Umsetzung des **Übereinkommens der Vereinten Nationen über die Rechte von Menschen mit Behinderungen vom 13.12.2006 (UN-Behindertenrechtskonvention – UN-BRK)**.[50]

Sachsen hatte zunächst in der Vorgängerregelung des § 1 Abs. 1 SächsBeWoG (außer Kraft seit 13.04.2024) ausdrücklich auf die UN-BRK Bezug genommen. In der Neuregelung des § 1 SächsWTG[51] ist diese Inbezugnahme gestrichen worden. [52]

47 Gesetzentwurf der Staatsregierung LT-Drs. 7/14987, S. 7.

48 Gesetzentwurf der Staatsregierung LT-Drs. 7/14987, S. 5.

49 Gesetzentwurf der Staatsregierung LT-Drs. 7/14987, Zu § 1 S. 40.

50 Gesetz zu dem Übereinkommen der Vereinten Nationen v. 13.12.2006 über die Rechte von Menschen mit Behinderungen sowie zu dem Fakultativprotokoll v. 13.12.2006 zum Übereinkommen der Vereinten Nationen über die Rechte von Menschen mit Behinderungen v. 21.12.2008, BGBl. II 2008 S. 1419 f., in Kraft getreten am 23.03.2009, BGBl. II 2009 S. 812.

51 Sächsisches Wohnteilhabegesetz v. 20.03.2024 (SächsGVBl. S. 325), in Kraft seit dem 13.04.2024.

52 Im Gesetzentwurf der Staatsregierung (LT-Drs. 7/14987) wird jedoch weiterhin betont: „[das] Wohnteilhabegesetz berücksichtigt das Anliegen der Behindertenrechtskonvention im Bereich des Schutzes vor Gewalt und Diskriminierung, den Paradigmenwechsel im Bereich der Eingliederungshilfe für Menschen mit Behinderungen durch das Bundesteilhabegesetz und die Wirkungen der Pflegestärkungsgesetze im Bereich der Pflege (Vorblatt). Zum Zweck des Gesetzes wird ausgeführt, dass die gesetzlich normierten Ziele des SächsWTG „in wesentlichen Teilen" die UN-BRK, die Charta der Rechte hilfe- und pflegebedürftiger Menschen sowie das Übereinkommen des Europarats zur Verhütung und Bekämpfung von Gewalt gegen Frauen und häuslicher Gewalt (Istanbul-Konvention) berücksichtigen (zu § 1, S. 40).

Nach Art. 4 Abs. 1 Satz 1 UN-BRK verpflichten sich die Vertragsstaaten,

> *„die volle Verwirklichung aller Menschenrechte und Grundfreiheiten für alle Menschen mit Behinderungen ohne jede Diskriminierung aufgrund von Behinderung zu gewährleisten und zu fördern."*

Die UN-Behindertenrechtskonvention, die in Deutschland seit dem 26.03.2009 als Bundesgesetz gilt[53], kann als Auslegungshilfe für unbestimmte Rechtsbegriffe im SächsWTG – wie beispielsweise „Interessen und Bedürfnisse der Bewohnerinnen und Bewohner" – herangezogen werden.[54]

Fallbeispiel II „Am Anfang das Ende"

Sachverhalt

In der Pflegeresidenz de Saxe, die von der Sachsen Senior Living Gruppe betrieben wird, möchte der Bewohner Herr Frei die Assistenz eines Sterbehilfevereins in Anspruch nehmen. Nach langer Abwägung des Für und Wider hat er für sich aufgrund seiner zunehmenden Pflegebedürftigkeit, die seinem eigenen Selbstbild widerstrebt, die Entscheidung zu einem freiverantwortlich gewählten Suizid getroffen. Der Träger der Einrichtung verbietet dies. Der Wunsch des Bewohners widerspreche seiner eigenen Philosophie und Weltanschauung. In allen Häusern der Sachsen Senior Living Gruppe werde dies nicht geduldet, schließlich habe man sich – nicht nur aus Nächstenliebe – für eine Pflege und Betreuung bis ans Lebensende verpflichtet. Zudem würde der „Besuch" einer Sterbehilfeorganisation zu Verwirrung unter den anderen Bewohnern führen. „Solche Leute sollen nicht in unseren Häusern ein- und ausgehen", sagt die Geschäftsführerin. Als an einem Morgen die gewählte Sterbehilfeorganisation mit einem kleinen Team an der Einrichtung eintrifft, wird ihr der Zutritt durch den Portier der Residenz verwehrt. Der Bewohner Herr Frei ist verzweifelt und wendet sich fragend an den KSV Sachsen. **Muss die Heimaufsicht einschreiten?**

Ja. Das Bundesverfassungsgericht hat in seinem Urteil vom 26.02.2020 – 2 BvR 2347/15 u. a. – zur Verfassungswidrigkeit des § 217 StGB (Verbot der geschäftsmäßigen Förderung der Selbsttötung) entschieden, dass das allgemeine Persönlichkeitsrecht (Art. 2 Abs. 1 i. V. m. Art. 1 Abs. 1 GG) als Ausdruck persönlicher Autonomie auch das Recht auf selbstbestimmtes Sterben umfasst. Die damit einhergehende Freiheit, selbstbestimmt das eigene Leben zu beenden, schließt auch die Möglichkeit ein, hierfür die Hilfe Dritter in Anspruch zu nehmen. Auch in seinem Beschluss vom 31.01.2025 – 2 BvR 1290/24 – hat das Bundesverfassungsgericht dies nochmals klargestellt:

> *„Die Entscheidung, das eigene Leben zu beenden, ist von existentieller Bedeutung für die Persönlichkeit eines Menschen. Sie ist Ausfluss des eigenen Selbstverständnisses und*

53 BGBl. II 2009 S. 812.

54 Vgl. VG Würzburg, Urt. v. 17.12.2020 – W 3 K 19.99 –, juris Rn. 104; vgl. auch grundsätzlich BVerfG, Beschl. v. 14.10.2004 – 2 BvR 1481/04 –, BVerfGE 111, 307, 317 f., juris Rn. 31 ff. – Görgülü-Beschluss, Umgangsrecht des Kindesvaters; BVerfG, Beschl. v. 23.03.2011 – 2 BvR 882/09 –, juris Rn. 52 f. – medizinische Zwangsbehandlung, Maßregelvollzug.

grundlegender Ausdruck der zu Selbstbestimmung und Eigenverantwortung fähigen Person.“[55]

Die Heimaufsicht befindet sich jedoch in einem Dilemma. Sie hat zum einen den gesetzlichen Auftrag (§ 1 SächsWTG) das Leben der Bewohner zu schützen, zum anderen hat sie jedoch auch die Selbstverantwortlichkeit und Selbstbestimmung zu schützen. Gem. § 1 Satz 2 Nr. 7 SächsWTG ist Zweck des Gesetzes u. a., ein Sterben in Würde zu ermöglichen und die Wünsche der Sterbenden zu beachten sowie allgemein nach § 1 Satz 2 Nr. 1 SächsWTG die Würde der Bewohner zu achten und zu schützen.

Nach § 12 Abs. 2 SächsWTG üben Bewohner das Hausrecht für Räume, die sie als persönlichen Wohnraum nutzen, aus. Es obliegt daher allein dem Bewohner Herrn Frei, ob und wem er Zutritt gewährt. Dies ist auch verfassungsrechtlich durch Art. 13 Abs. 1 GG (Unverletzlichkeit der Wohnung) gesichert. Indem die Einrichtung der Sterbehilfeorganisation den Zugang zum Bewohnerzimmer – indirekt durch die Weigerung überhaupt Zutritt zur Einrichtung zu erhalten – verwehrt, weicht sie von den gesetzlichen Anforderungen des SächsWTG ab (sog. Mangel).

Die Heimaufsicht hat daher den Träger nach § 25 Abs. 2 Satz 1 SächsWTG dahingehend zu beraten, dass eine Sterbehilfe in Form eines assistierten Suizids im Bewohnerzimmer zu dulden ist. Der Frage, ob dem Entschluss des Suizidwilligen ein autonom gebildeter, freier Wille zugrunde liegt und eine am eigenen Selbstbild ausgerichtete Abwägung des Für und Wider getroffen wurde, hat die Heimaufsicht nur dann nachzugehen, wenn aufgrund einer kognitiven Beeinträchtigung (bspw. dementielle Erkrankung) die Fähigkeit, einen eigenen freien und unbeeinflussten Willen zu bilden, fraglich ist. Diese Einschätzung obliegt zudem dem behandelnden Arzt und nicht der Einrichtung.

Der zuständige Sachbearbeiter beim KSV Sachsen sieht sich aufgrund dieses Vorfalls veranlasst, zugleich anzuordnen, dass der Träger bei Suizidwünschen von Bewohnern diese zu unterstützen hat bspw. durch die Vermittlung von Sterbehilfeorganisationen. **Zu Recht?**

Nein. Der Träger hat ein selbstbestimmtes Sterben zu dulden – aktiv unterstützen muss er nicht. Er darf stets eine lebensbejahende Haltung einnehmen und zum (Weiter-)Leben ermutigen, solange dies nicht faktisch in ein Verhindern des Grundrechts des Bewohners mündet. Soweit die Einrichtung an einem freiverantwortlichen Suizid nicht beteiligt ist, hat sie auch keine Pflicht, die Voraussetzungen zu prüfen. Etwas anderes gilt nur dann, wenn offensichtlich – das heißt anhand objektiv erkennbarer Umstände – ein eigener und unbeeinflusster Wille nicht vorliegt. Bestehen ernsthafte – objektive – Zweifel an der Entscheidungsfreiheit des Bewohners, hat die Einrichtung einzugreifen und den behandelnden Arzt und ggf. das Betreuungsgericht hinzuzuziehen. Sie muss dann weder die Selbsttötung noch eine – in diesem Fall

55 BVerfG, Beschl. v. 31.01.2025 – 2 BvR 1290/24 – juris Rn. 23.

mangels freiem Willensentschluss – rechtswidrige (strafbare) Tötung unter Beteiligung eines Dritten hinnehmen.

b. Anwendungsbereich und Abgrenzung einzelner Wohn-Pflege-Formen

Fallbeispiel III „Die Mega-WG im Bauernhof"

Sachverhalt
Die Sachsen Senior Living Gruppe beabsichtigt ihr Portfolio zu erweitern. Neben dem bereits leistungsrechtlich durch Versorgungsvertrag als vollstationäre Pflegeeinrichtung nach § 72 SGB XI zugelassenen „Pflegeheim" möchte sie jetzt noch vier Wohngemeinschaften gründen und durch den eigenen ambulanten Pflegedienst versorgen. Hierfür hat sie über ihr Tochterunternehmen, die Sachsen Property GmbH & Co. KG, kurz vor Leipzig in idyllischer Dorflage einen ehemaligen Dreiseithof gekauft. Drei WGs für „rüstige", aber pflegebedürftige Rentner mit zweimal 8 Plätzen und zweimal 5 Plätzen sollen in Leipzig gegründet werden. Die WG 1 (8 Plätze) und 2 (8 Plätze) sollen im rechten Flügel – dem ehemaligen Wohnhaus der Bauernhofanlage – die WG 3 (5 Plätze) und 4 (5 Plätze) in der ausgebauten ehemaligen Scheune einziehen. Die Pflege und Betreuung der Mieter erfolgt durch die Sachsen Care GmbH – ebenfalls eine 100%ige Tochtergesellschaft der Sachsen Senior Living Gruppe GmbH. **Unterfallen die WGs dem Anwendungsbereich des SächsWTG?**

Ja. Es handelt sich um eine (zusammengefasste) „Einrichtung" i. S. d. SächsWTG. Der Leistungsanbieter darf nach § 3 Abs. 3 Satz 3 und 4 SächsWTG in unmittelbarer räumlicher Nähe Wohnraum für höchstens 24 Bewohnerinnen und Bewohner in ambulant betreuten Wohngemeinschaften bereitstellen. Andernfalls handelt es sich um eine Einrichtung nach § 2 Absatz 1 SächsWTG. Vorliegend befinden sich 26 Plätze in unmittelbarer räumlicher Nähe, sodass die gesetzliche Kapazitätsgrenze überschritten ist.

Ändert sich an der Qualifikation als „Einrichtung" etwas, wenn die WG 1 mit 8 Plätzen zunächst nicht belegt wird?

Nein. Für die Qualifikation einer Wohn-Pflege-Form kommt es nicht auf die tatsächliche Belegung an, sondern ausschließlich darauf, ob die entsprechenden Plätze „bereitgestellt" werden. Nimmt die Sachsen Senior Living Gruppe jedoch davon Abstand, die WG 1 mit 8 Plätzen zu gründen, handelt es sich bei den drei WGs 2, 3 und 4 jeweils um eigenständige „anbieterverantwortete ambulant betreute Wohngemeinschaften" i. S. d. § 3 Abs. 3 Satz 1 SächsWTG. In unmittelbarer räumlicher Nähe wohnen dann nur noch 18 Bewohner. Die ehemalige Begrenzung der Vorgängerregelung des SächsBeWoG auf maximal zwei WGs im räumlichen Verbund wurde aufgegeben. Es gilt nur noch die Kapazitätsgrenze von insgesamt 24 Bewohnern.

Der Anwendungsbereich des Gesetzes bezieht sich nur auf Einrichtungen (einschließlich Hospize) und ambulant betreute Wohngemeinschaften für Volljährige. Formen des

Service-Wohnens (Betreutes Wohnen) werden nicht erfasst.[56] Die bisher im SächsBeWoG enthaltene Differenzierung zwischen (Pflege-)Wohngemeinschaft und Wohngruppen als gemeinschaftlich betreute Wohnformen für volljährige Menschen mit Behinderung wurde aufgegeben. Nunmehr sind auch betreute Wohngruppen (bisher § 2 Abs. 3 SächsBeWoG) als Wohngemeinschaften zu qualifizieren.

Wohngemeinschaften können je nach der Art der Initiierung als selbstverantwortet oder trägerverantwortet betrieben werden. Der Landesgesetzgeber bezweckte eine klare Trennung zwischen (stationären) Einrichtungen und (ambulanten) Wohngemeinschaften.[57]

Das Merkmal der Volljährigkeit dient der Abgrenzung zu Kinder- und Jugendhilfeeinrichtungen i. S. d. SGB VIII. Für diesen Bereich bestünde auch keine Gesetzgebungskompetenz der Länder. Für ambulant betreute Wohngemeinschaften, in denen generationenübergreifend voll- und minderjährige Personen leben, kommt es auf die konkret für den jeweiligen Personenkreis bestimmten Plätze an. Kann keine Abgrenzung vorgenommen werden – was der Regelfall sein dürfte – finden die Vorschriften des SächsWTG auf die gesamte Wohn-Pflege-Form Anwendung. Die Ausführungen in der Gesetzesbegründung, die auf eine Verteilung „zu etwa gleichen Anteilen"[58] abstellen, ist irreführend. Der ordnungsrechtliche Schutz der Volljährigen gilt unabhängig davon, ob auch Minderjährige betreut werden. Das heißt, dass neben den personellen Anforderungen auch die baulichen Anforderungen erfüllt sein müssen. Auf der anderen Seite verbleibt es jedoch dabei, dass für den Personenkreis der Minderjährigen durch das SächsWTG keine Vorgaben gemacht werden. Deren Schutz richtet sich maßgeblich nach dem bundesgesetzlichen SGB VIII.

Einrichtungen dienen dem Zweck, älteren Menschen, pflegebedürftigen Volljährigen und Volljährigen mit psychischen Erkrankungen oder mit Behinderungen Wohnraum zu überlassen sowie mit der Wohnraumüberlassung verpflichtend Betreuungs-, Assistenz- und Pflegeleistungen mit umfassendem Versorgungscharakter zur Verfügung zu stellen oder vorzuhalten. Mit dieser ordnungsrechtlichen Definition der Einrichtung stellt das SächsWTG in Anlehnung an die zivilrechtlichen Regelungen des § 1 WBVG auf den „umfassenden Versorgungscharakter" in Abgrenzung zu ambulanten Wohn-Pflege-Formen ohne umfassenden Versorgungscharakter ab.

Unproblematisch gelten zunächst (voll)stationäre Pflegeeinrichtungen (Pflegeheime) i. S. d. § 71 Abs. 2 SGB XI (einschließlich der Kurzzeitpflege) sowie Hospize als Einrichtungen im ordnungsrechtlichen Sinne. Ungeachtet der unterschiedlichen Terminologie für die Bezeichnung der entsprechenden Zielgruppe verwendet das SächsWTG einheitlich die Begriffe Bewohnerinnen und Bewohner. Auf Tages- und Nachtpflegeeinrichtungen als teilstationäre Einrichtungen i. S. d. § 71 Abs. 2 Nr. 2 SGB XI findet das SächsWTG hingegen ausdrücklich keine Anwendung (§ 2 Abs. 2 Satz 3 SächsWTG). Der Grund liegt darin, dass ein besonderes

56 Klarstellend Gesetzentwurf der Staatsregierung LT-Drs. 7/14987, Zu § 1 S. 41.
57 Gesetzentwurf der Staatsregierung LT-Drs. 7/14987, Abschn. B Ziff. 4
58 Gesetzentwurf der Staatsregierung LT-Drs. 7/14987, S. 45.

Schutzbedürfnis für eine zeitlich limitierte Versorgung nur nachts oder tagsüber nicht besteht. Der Tages- oder Nachtpflegegast verlagert seinen Lebensmittelpunkt nicht auf Dauer in eine „fremde“ Einrichtung, weshalb er unter dem Gesichtspunkt der öffentlichen Fürsorge nicht unter besonderen Schutz gestellt werden muss.

Ebenfalls als Einrichtung gelten besondere Wohnformen der Eingliederungshilfe, in denen Menschen mit Behinderung entweder 24/7 die erforderliche Hilfe durch Betreuung erhalten (ehemals Wohnheim) oder zu bestimmten Zeiten (ehemals Außenwohngruppe). Ungeachtet der leistungsrechtlichen Unschärfen in der Abgrenzung einzelner Wohnformen für Menschen mit Behinderung differenziert das SächsWTG nach objektiven – an den räumlichen Gegebenheiten und dem Leistungsangebot ausgerichteten – Kriterien. In der Gesetzesbegründung wird zutreffend darauf hingewiesen, dass es im „Ordnungsrecht der Beschreibung nachvollziehbarer Anknüpfungspunkte und Fallkonstellationen unabhängig von der leistungsrechtlichen Ausrichtung bedarf.“[59]

Eine Einrichtung liegt allerdings auch dann vor, wenn sich der umfassende Versorgungscharakter daraus ergibt, dass sich Mieter oder Käufer von abgeschlossenen Wohnungen mit der Wohnraumüberlassung vertraglich dazu verpflichten, über bestimmte allgemeine Unterstützungsleistungen hinausgehend Pflege-, Assistenz- oder Betreuungsleistungen von bestimmten Pflege-, Assistenz- oder Betreuungsdienstleistern abzunehmen. Dabei nennt § 1 Abs. 1 Satz 4 SächsWTG nicht abschließend Regelbeispiele, nämlich Notrufdienste, die Vermittlung von Dienst- und Pflegeleistungen, Betreuungsleistungen, Leistungen der hauswirtschaftlichen Versorgung oder Informationen und Beratungsleistungen. Ebenso sind allgemeine Unterstützungsleistungen Hausmeisterdienste und klassische Concierge-Services. Damit übernimmt das SächsWTG in modifizierter Form die Regelung des § 1 Abs. 1 WBVG zur Abgrenzung einer Einrichtung vom Bereich des Service-Wohnens. Die rechtlich bindende Verknüpfung zwischen Wohnraumüberlassung und Betreuungs-, Assistenz- oder Pflegeleistungen löst den besonderen ordnungsrechtlichen Schutz aus und qualifiziert eine Wohn-Pflege-Form als Einrichtung. Dabei ist zu berücksichtigen, dass bereits die vertraglich vereinbarte Verpflichtung zum Vorhalt nur einer einzigen Pflege-, Assistenz- oder Betreuungsleistung mit der Verknüpfung der Wohnraumüberlassung den Anwendungsbereich des SächsWTG eröffnet.[60]

Zu berücksichtigen ist, dass die ordnungsrechtliche Einordnung die bundesgesetzliche Einordnung im zivilrechtlichen und leistungsrechtlichen Sinne unberührt lässt. Auch kann der ordnungsrechtlichen Einordnung keine Indizwirkung für die zivilrechtliche oder leistungsrechtliche Einordnung und andersherum zukommen. Weder kann sich die Auslegung des ordnungsrechtlichen Landesrechts nach dem Bundesrecht richten und erst recht aufgrund des Rangverhältnisses zwischen Landes- und Bundesrecht nicht andersherum. Dies führt in der Praxis zu den Besonderheiten, dass „Einrichtungen“ i. S. d. § 3 Abs. 3 Satz 3 SächsWTG wegen Überschreitens der ordnungsrechtlichen Kapazitätsgrenze von 24 Plätzen in ambulant

59 Gesetzentwurf der Staatsregierung LT-Drs. 7/14987, S. 44.
60 Vgl. zur insoweit im Ergebnis gleichen (zivilrechtlichen) Regelung des § 1 Abs. 1 WBVG LG Hamburg, Beschl. v. 06.05.2024 – 311 S 5/24 –, juris Rn. 5 ff.

betreuten Wohngemeinschaften in unmittelbarer räumlicher Nähe leistungsrechtlich trotzdem als ambulante Wohnform – das heißt Versorgung in der Häuslichkeit – gelten. Ob das WBVG auf den bestehenden zivilrechtlichen Vertrag Anwendung findet, richtet sich hingegen ausschließlich nach § 1 WBVG.

Der Anwendungsbereich erstreckt sich neben stationären Einrichtungen auch auf nicht selbstorganisierte andere Wohn-Pflege-Formen, namentlich ambulant betreute Wohngemeinschaften. Das ist zunächst insoweit nicht zu beanstanden, als „stationäre Einrichtungen“ ebenfalls nicht selbstorganisierte, sondern trägerverantwortete Einrichtungen sind.[61] Eine Wohngemeinschaft liegt jedoch erst ab drei Personen vor.

Soweit der Anwendungsbereich sich auch auf *selbstorganisierte* Wohnformen zumindest teilweise erstreckt, ist dies ein Verstoß gegen die grundgesetzliche Kompetenzverteilung. Unter keinem Gesichtspunkt können diese Wohn-Pflege-Formen als „Heime“ im verfassungsrechtlichen Sinne angesehen werden.

Die Erstreckung des Anwendungsbereichs auf ambulant (!) betreute Wohngemeinschaften ergibt sich nach dem SächsWTG zunächst unabhängig davon, ob diese selbstverantwortete, anbieterverantwortete oder Intensivpflege-Wohngemeinschaften sind. Damit geht das SächsWTG, wie auch schon die Vorgängerregelung des SächsBeWoG, in seinem Anwendungsbereich hinsichtlich der „selbstorganisierten“ ambulant betreuten Wohngemeinschaften weit über das verfassungsrechtliche „Heimrecht“ im Sinne des Grundgesetzes (Art. 74 Abs. 1 Nr. 7 GG) hinaus. Selbstverantwortete Wohngemeinschaften können nicht als „Heime“ angesehen werden. Es handelt sich hierbei um privatrechtliche Zusammenschlüsse mehrerer Personen zur eigenverantwortlichen Organisation von Pflege, Assistenz und Betreuung in einem gemeinsamen Haushalt. Damit hat der Freistaat Sachsen – in Anlehnung an das Wohnteilhabegesetz Berlin (WTG Berlin) vom 04.05.2021 – in den Gesetzgebungsbereich des Bundes für die Pflegeversicherung übergegriffen.

Zwar sind diese Wohngemeinschaften frei in der Gestaltung des Zusammenlebens, der Auswahl und der Gestaltung der Räumlichkeiten für die Wohngemeinschaft sowie der Organisation der Pflege, Betreuung und Assistenz und nicht an Qualitätsmindestanforderungen gebunden (§ 18 Satz 1 SächsWTG), sie unterliegen jedoch trotzdem der Heimaufsicht, da sie zur Zuordnungsprüfung und anlassbezogen geprüft werden können (§ 23 Abs. 3 Satz 5 SächsWTG[62]). Darüber hinaus müssen die Bewohner an einer Pflichtberatung nach § 23

61 Vgl. zur Abgrenzung einer „Seniorenwohngemeinschaft“ zu einer „stationären Einrichtung i. S. d. § 2 Abs. 1 SächsBeWoG a. F., VG Chemnitz, Urt. v. 23.05.2017 – 6 K 260/15 – (vgl. nunmehr im Wesentlichen inhaltsgleich § 2 Abs. 1 SächsWTG).

62 Vgl. auch die Vorgängerregelung § 19 Abs. 5 SächsBeWoG (außer Kraft seit 13.04.2024): „Die Prüfung durch die Behörde […] soll in diesen Fällen anlassbezogen stattfinden und sich auf Beratungen beschränken, soweit nicht Gefahr für Leib und Leben eines Bewohners droht oder die ambulant betreute Wohngemeinschaft einen Träger erhält.“.

Abs. 2 SächsWTG teilnehmen, dessen Unterlassen eine bußgeldbewehrte Ordnungswidrigkeit darstellt (§ 33 Abs. 1 Nr. 4 SächsWTG[63]).

c. Anforderungen an Einrichtungen und Befugnisse der Heimaufsicht

Fallbeispiel IV „Haltegriffe und Verbrühschutz – und nun noch eine Fäkalienspüle?"

Sachverhalt
Die Sachsen Senior Living Gruppe hat sich entschlossen, ihre Mega-WG im Dreiseithof in die Tat umzusetzen. Ordnungsgemäß hat sie diese beim KSV Sachsen als „Einrichtung" angezeigt, da sie die Kapazitätsgrenze von 24 Bewohnern überschreitet. Im Rahmen einer ersten Prüfung durch die Heimaufsicht wird festgestellt, dass in den großzügig ausgestatteten Bädern der einzelnen Bewohner im Zimmer 13 an dem Waschbecken kein Haltegriff installiert ist. Zudem ist das Wasser, das aus der Dusche fließt, 43 °C heiß. **Die Heimaufsicht fragt sich, ob dies einen „Mangel" darstellt.**

Ja. Die Anforderungen an die Wohnqualität in „Einrichtungen", insbesondere an sanitäre Anlagen und Sanitärobjekte nach § 9 SächsWTVO, beinhalten die Vorgabe, dass alle Sanitärobjekte über Haltegriffe verfügen müssen (§ 9 Abs. 2 Satz 6 SächsWTVO). Zudem ist bei Badewannen- und Duscharmaturen ein Verbrühschutz (§ 9 Abs. 2 Satz 8 SächsWTVO) erforderlich. Ein Verbrühschutz bedeutet, dass an Entnahmestellen durch bauliche Maßnahmen die maximale Temperatur des Warmwassers so begrenzt wird, dass keine Schädigungen durch Verbrühungen auftreten können (42 °C).

In Sachsen ist jedoch – anders als beispielsweise in Sachsen-Anhalt – ein individuell nicht verstellbarer Verbrühschutz nach DIN EN 806-2: 2005-06, Technische Regeln für Trinkwasser-Installationen – Teil 2: Planung, nicht erforderlich.

Die Sachsen Senior Living Gruppe findet das alles nicht sachgerecht, zu teuer, technisch nicht umsetzbar und ohnehin seien die Senioren doch noch alle „fit". Daher wollen Sie nun doch vom Vorhaben der vier WGs Abstand nehmen, schließlich sind ja auch noch nicht alle Zimmer belegt. Sie entscheidet sich daher dafür, nun doch nur die WG 2, 3 und 4 mit insgesamt 18 Plätzen in Betreib zu nehmen. **Sie fragt sich, ob nun alles „passt"?**

Nein. Zwar handelt es sich dann nur noch um drei selbständige anbieterverantwortete ambulant betreute Wohngemeinschaften, allerdings gelten auch für diese § 9 Abs. 2 Satz 4–8 SächsWTVO i. V. m. § 13 Abs. 2 SächsWTVO.

Wenn die Sachsen Senior Living Gruppe nun nicht um die Installation des Haltegriffs und des Verbrühschutzes herumkommt, dann müssen die Kosten hierfür aber auch refinanziert

63 Zutreffend hat Berlin zumindest den Bußgeldtatbestand des § 38 Abs. 2 Satz 1 Nr. 5 WTG Berlin beschränkt: „soweit es sich nicht um zukünftige Nutzerinnen und Nutzer handelt".

werden. Hierzu überlegt sie, dann doch auch die WG 1 zu eröffnen. Wenig später stellt der KSV Sachsen fest, dass ein Fäkalienspülraum – bzw. sogar zwei Fäkalienspülräume (nämlich in jedem Stockwerk einer) nicht vorhanden ist. Räume, die noch ausgebaut werden könnten, gibt es auch nicht mehr. Das versteht die Sachsen Senior Living Gruppe nun gar nicht mehr. Die Versorgung erfolge ambulant nach entsprechend beauftragten Leistungskomplexen. Die Nutzung eines Fäkalienspülraums ist leistungsrechtlich nicht vorgesehen. Im Übrigen haben alle Bewohner nur Pflegegrad 2 oder 3. **Kann eine Befreiung beantragt werden?**

Ja. Nach § 47 Abs. 1 SächsWTVO kommt auf Antrag des Trägers eine Befreiung von der baulichen Anforderung eines Fäkalienspülraums nach § 9 Abs. 4 Satz 1 SächsWTVO in Betracht. „Aus wichtigem Grund“ kann der Träger von den in Teil 2 der SächsWTVO genannten baulichen Anforderungen befreit werden, wenn die Befreiung mit den Interessen und Bedürfnissen der Bewohner vereinbar ist und die Art und Schwere der Pflegebedürftigkeit oder Behinderung der Bewohner sowie die fachliche Konzeption der Einrichtung der Befreiung nicht entgegenstehen.

Das SächsWTG normiert präventive Qualitätsmindestanforderungen an den Betrieb.[64] Es kommt daher nicht auf individuelle Bedürfnisse der Bewohner, sondern auf ein abstraktes Schutzbedürfnis der Zielgruppe an. Die Anforderungen bestimmen sich abstrakt-generell.[65] Aus Gründen der öffentlichen Fürsorge soll den Bewohnern ein staatlich überwachter und geschützter Mindestqualitätsstandard gewährt werden.

Dieser ist abhängig von der baulichen und räumlichen Gestaltung, der Konzeption der Wohn-Pflege-Form und dem Adressatenkreis, der in der Wohn-Pflege-Form betreut werden soll. Der pflegerische, behinderungs- und altersbedingte Bedarf der Bewohner ist nicht bezogen auf den einzelnen Bewohner, sondern für den angesprochenen gesamten Adressatenkreis einer Wohn-Pflege-Form zu berücksichtigen

Das Heimordnungsrecht unterscheidet hinsichtlich seiner Anforderungen an Leistungserbringer nicht nach dem leistungsrechtlichen Kostenträger oder deren Qualifikation. Dies würde einer effektiven Gefahrenabwehr zuwiderlaufen. Die normierten Qualitätsmindestanforderungen bestehen unabhängig vom Kostenträger – dessen Verhältnis zum Unternehmer sozialrechtlich determiniertes Leistungsrecht ist. Die Anforderungen knüpfen an das Schutzbedürfnis des jeweiligen (Heim-)Bewohners, der sich teilweise in die strukturelle Abhängigkeit zum Unternehmer begibt, an. Ein geringeres Schutzniveau für Selbstzahler oder Privatversicherte ist dem Gefahrenabwehrrecht ebenso fremd. Hoheitlicher Schutz aus Gründen der öffentlichen Fürsorge ist nicht abhängig von der eigenen finanziellen Leistungsfähigkeit, da die Rechtsgüter der körperlichen Unversehrtheit, Leib und Leben von allen Bewohnern gleichermaßen zu schützen sind.

64 Zum Umstand, dass es sich bei den heimordnungsrechtlichen Anforderungen um Mindestanforderungen handelt, OVG Bautzen, Beschl. v. 28.09.2023 – 6 B 25/23 –, juris Rn. 8.

65 Vgl. VG Dresden, Beschl. v. 31.07.2024 – 1 L 509/24 –, juris Rn. 24 zur Frage der „Eignung“ von Haltegriffen in Sanitärräumen.

Der Anwendungsbereich des SächsWTG knüpft in § 1 Satz 1 SächsWTG an die „Institution“ der „Einrichtung“ und „ambulant betreuten Wohngemeinschaft“ (vgl. „Heim“) an und nicht – wie dies im zivilrechtlichen Kontext der Fall ist – an die bürgerlich-rechtliche Vertragssituation (den Wohn- und Betreuungsvertrag nach § 1 Abs. 1 WBVG) oder das sozialrechtlich determinierte Leistungsrecht.

Der Grund der ordnungsrechtlichen Überwachung liegt nicht im bürgerlich-rechtlichen Vertragsverhältnis oder in der sozialrechtlich gestalteten leistungsrechtlichen Beziehung zwischen Leistungserbringer und Kostenträger, sondern knüpft allein an das Schutzbedürfnis („sie vor Beeinträchtigung zu schützen“, § 1 Satz 1 SächsWTG) der Zielgruppe an. Dieser fürsorgliche Schutzauftrag ist unabhängig von vertraglichen Beziehungen und Kostenerstattungen. Bereits das verfassungsrechtlich verbürgte Gleichbehandlungsgebot des Art. 3 GG sowie der durch die UN-Behindertenrechtskonvention ergänzend gewährleistete Schutzauftrag für Menschen mit Behinderung verlangt, dass der Schutz nicht abhängig von der eigenen Wirtschaftskraft ist.[66]

Die im SächsWTG normierten Qualitätsmindestanforderungen zielen auf die Steuerung der Leistungsbeziehung zwischen Träger und Bewohner. Durch die Instrumentarien des Gefahrenabwehrrechts wird deren Einhaltung hoheitlich überwacht und bei Verstößen eingeschritten. Es handelt sich – zur Sicherung einer dem allgemein anerkannten Stand der jeweiligen fachlichen Standards entsprechenden barrierefreien Betreuung, Assistenz und Pflege sowie Wohnqualität (§ 1 Satz 2 Nr. 3 SächsWTG) – um

- bauliche,
- gewerbliche,
- personelle,
- pflegefachliche und
- teilhabefördernde

öffentlich-rechtliche Anforderungen. Für „Einrichtungen“ und „anbieterverantwortete ambulant betreute Wohngemeinschaften“ bestehen aufgrund des unterschiedlichen Schutzniveaus der jeweiligen Benutzergruppe unterschiedliche Anforderungen.

Die wichtigsten baulichen Anforderungen – die sich konkretisierend aus Teil 2 der SächsWTVO ergeben – sind:

- Barrierefreiheit (§ 14 Abs. 1 SächsWTG; § 7 SächsWTVO),
- Einzelzimmerquoten und Verbot von Drei-Bett und Mehrbett-Zimmern (§ 14 Abs. 4 SächsWTG, § 5 Abs. 2 Satz 3 SächsWTVO) und der Empfehlung 80 % Einzelzimmer vorzuhalten (§ 14 Abs. 3 Satz 2 SächsWTG),

66 Klarstellend Gesetzentwurf der Staatsregierung LT-Drs. 7/14987, Zu § 1, S. 40.

- Mindestgröße der Wohn-Schlaf-Räume (exklusive Sanitärbereich und ggf. Vorraum) von 14 m² (Einzelzimmer) und 22 m² (Doppelzimmer) (§ 5 Abs. 2 Satz 1 und 2; 12 SächsWTVO),[67]
- Telekommunikationsanschlüsse (§ 4 Abs. 3 SächsWTVO),
- Ausstattung der sanitären Anlagen und Sanitärobjekte (§§ 9, 13 SächsWTVO),
- Beleuchtung (§ 4 Abs. 2 SächsWTVO) und
- Angemessenes Raumklima und Hitzeschutz (§ 4 Abs. 1 SächsWTVO).

Die wichtigsten personellen Anforderungen – die sich konkretisierend aus Teil 3 der SächsWTVO ergeben – sind

- Einsatz einer zuverlässigen – insbesondere fachlich geeigneten – Einrichtungsleitung und Pflegedienstleitung (ggf. in Personalunion) (§ 23f.; 28 SächsWTVO)
- Ausschließlicher Einsatz von Pflegefachkräften für Vorbehaltsaufgaben (§ 16 Abs. 2 SächsWTVO)
- Sicherstellung der Fort- und Weiterbildung der Beschäftigten (Fort- und Weiterbildungskonzept)
- Schulung zum Gewaltschutzkonzept nach § 11 SächsWTG (§ 17 Abs. 2 SächsWTVO)

Die Fachkraftquote wurde mit § 15 Abs. 4 SächsWTG abgeschafft, der eine Angleichung – und damit eine Rechtsvereinheitlichung zwischen bundesgesetzlichem Leistungs- und landesgesetzlichem Ordnungsrecht – an die Personalbemessung des § 113c SGB XI vorsieht. Dies ist mit Blick auf die Rechtsvereinheitlichung zielführend, übergeht jedoch, dass das Leistungsrecht keine „Mindestvorgaben“ normiert; der Landesgesetzgeber hätte daher beim „Mindestniveau“ unter den leistungsrechtlichen Vorgaben bleiben können. Nunmehr gilt jedoch in Sachsen, dass die in der Pflegesatzvereinbarung nach § 84 Abs. 5 Satz 2 Nr. 2 i. V. m. mit § 113c Abs. 5 Satz 1 Nr. 1 SGB XI vereinbarte Personalausstattung hinsichtlich Anzahl und Qualität die unterste Grenze darstellt. Jedweder leistungsrechtliche Verstoß hiervon führt auch zu ordnungsrechtlichen Sanktionen.

d. Mitwirkung der Bewohner

Fallbeispiel V
„Das wäre ja noch schöner, wenn alle mitreden“

Sachverhalt
Die Sachsen Senior Living Gruppe hat gehört, dass sie in ihren WGs eine „Bewohnervertretung“ wählen lassen soll. Nachdem sie sich nun nach dem neuen SächsWTG schon für eine „anbieterverantwortete“ WG entschieden hat, meint sie, sie braucht dieses „Selbstbestimmungsgremium“ nicht; die Verantwortung liege schließlich bei ihr. **Stimmt das?**

67 Für die Berechnung der Wohnfläche gelten nach § 5 Abs. 3 Satz 1 SächsWTVO die Vorschriften der Wohnflächenverordnung v. 25.11.2003 (BGBl. I S. 2346). Abweichend hiervon werden Wintergärten und ähnliche nach allen Seiten geschlossene Räume sowie Balkone, Loggien, Dachgärten und Terrassen nicht angerechnet.

Nein. Das SächsWTG normiert, dass anbieterverantwortete ambulant betreute Wohngemeinschaften (§ 22 SächsWTG) eine Wohngemeinschaftsvertretung bilden können. Ab sechs Bewohnern muss der Leistungsanbieter die Bildung einer Wohngemeinschaftsvertretung unterstützen (§ 22 Abs. 2 SächsWTG). Einrichtungen müssen hingegen eine Bewohnervertretung nach § 26 SächsWTG wählen. Der Träger darf diese bei der Erfüllung ihrer Aufgaben nicht behindern. Kommt die Wahl einer Bewohnervertretung in einer Einrichtung nicht zustande, bestellt der KSV Sachsen nach Beratung mit den Bewohnern zum Zweck ihrer Mitwirkung einen oder mehrere ehrenamtliche Bewohnersprecher.

Drei Bewohner der als „Einrichtung" qualifizierten Mega-WG im Dreiseithof melden sich sofort und teilen mit, dass sie sich um die Wahl kümmern und gern als Wahlausschuss fungieren. Die anderen Bewohner sind damit einverstanden. Für die Vorbereitung der Wahl sollen Aushänge und Stimmzettel gedruckt werden. Der Bewohner Herr Müßig bittet daher die Verwaltung dies zu übernehmen. Die Verwaltung der Sachsen Senior Living Gruppe sieht allerdings nicht ein, auch noch für die Kosten aufkommen zu müssen und lehnt dies ab. Im Übrigen sei die Wahl und die Bewohnervertretung Sache der Bewohner. **Stimmt das?**

Nein. Der Träger und die Einrichtungsleitung haben nach § 35 Abs. 4 SächsWTVO die Vorbereitung und Durchführung der Wahl im erforderlichen Maß personell und mit Sachmitteln zu unterstützen und die erforderlichen Auskünfte zu erteilen. Zudem hat der Träger die erforderlichen Kosten der Wahl zu übernehmen (§ 35 Abs. 1 Satz 4 SächsWTG).

Um die Teilhabe der Bewohner zu stärken, konkretisiert Teil 4 der SächsWTVO, wie die Mitwirkung durch Bewohnervertretungen/Wohngemeinschaftsvertretungen – die §§ 16, 22 SächsWTG vorsehen – sicherzustellen ist.

Aus Art. 2 Abs. 1 GG und der Achtung der Menschenwürde gemäß Art. 1 Abs. 1 GG wird das allgemeine Persönlichkeitsrecht hergeleitet. Unter den Schutzbereich dieses Grundrechts fallen u. a. der Schutz der persönlichen Identität und der freien Entfaltung der Persönlichkeit. Dieses Grundrecht soll den engen persönlichen Lebensbereich der einzelnen Person und deren freie Entfaltung stützen. Aus völkerrechtlicher Perspektive erfährt das Recht auf Selbstbestimmung durch die UN-Behindertenrechtskonvention im Rahmen von Pflege und Betreuung eine weitere Konkretisierung. Gemäß Art. 12 Abs. 1, 2 UN-BRK verpflichten sich die Mitgliedsstaaten, dass Menschen mit Behinderung in allen Lebensbereichen gleichberechtigt Rechts- und Handlungsfähigkeit gegenüber anderen haben und als Rechtssubjekt anerkannt werden. Art. 12 Abs. 4 Satz 2 UN-BRK normiert, dass der Wille und die Präferenzen der Personen bei allen sie betreffenden Maßnahmen gewährleistet werden müssen. Daraus resultiert ein personenzentrierter Ansatz mit den Leitprinzipien Selbstbestimmung, Teilhabe, Nichtdiskriminierung und Barrierefreiheit. Diesen greift das SächsWTG auf und zielt darauf ab, die Informations-, Beratungs-, Beschwerde-, Beteiligungs- und Mitwirkungsrechte der Bewohnerinnen und Bewohner zu sichern und zu stärken.

Unter der Begrifflichkeit von Beteiligung lassen sich somit eine Vielzahl von Partizipationsmöglichkeiten zusammenfassen. Die Landesgesetze gehen bei deren Differenzierung verschieden vor und gestalten die Beteiligungsrechte unterschiedlich aus. Neben den individuellen Beteiligungsrechten der einzelnen Bewohner und Bewohnerinnen, welche in § 12 SächsWTG geregelt sind, sehen § 16 SächsWTG und § 22 SächsWTG die kollektiven Beteiligungsmöglichkeiten der Bewohner durch gewählte Gremien und Vertreter vor. Diese Teilnahmerechte werden im Einzelnen durch die SächsWTVO konkretisiert.

Fallbeispiel VI
„Nicht ohne meinen Steuerberater"

Sachverhalt

Die Sachsen Senior Living GmbH kündigt für die von ihr geführte vollstationäre Pflegeeinrichtung „Sächsische Seniorenresidenz" zum 01.12. des laufenden Geschäftsjahres eine Entgelterhöhung mit folgendem Schreiben an und legt die wesentlichen Berechnungsgrundlagen für die Entgelterhöhungen bei.

> *„Ankündigung der Erhöhung der Entgelte für Pflege,*
> *Unterkunft und Verpflegung nach § 9 Wohn- und Betreuungsvertragsgesetz (WBVG) mit Wirkung ab dem 1.12.*
> *Wie alle Verbraucher und Unternehmen sehen auch wir uns mit Kostensteigerungen für beispielsweise Personal, Energie und Pflegeprodukte konfrontiert. Wir sind daher gezwungen, die Entgelte für Pflege, Unterkunft und Verpflegung anzupassen. Mit diesem Schreiben möchten wir Sie rechtzeitig darüber informieren, dass wir die zuständigen Kostenträger (Verbände der Pflegekassen sowie die zuständigen Sozialhilfeträger) zu Pflegesatzverhandlungen aufgefordert haben. Die neue Vereinbarung soll zum 1.12.2025 abgeschlossen werden. Die mit den öffentlichen Leistungsträgern vereinbarten Entgelte gelten dann auch im Verhältnis zu den Verbrauchern gemäß § 7 Abs. 2 Satz 2 Wohn- und Betreuungsvertragsgesetz (WBVG) als angemessen. […]"*

Der Bewohnerbeirat möchte einen externen Steuerberater zur Prüfung dieser Entgelterhöhung beauftragen. **Zu Recht?**

Ja. Die Bewohnervertretung ist verpflichtend rechtzeitig vor Aufnahme von Vergütungsverhandlungen anzuhören (§ 16 Abs. 7 Satz 1 SächsWTG). Dabei sind ihnen die Unterlagen zur Begründung der kalkulierten Entgelterhöhung zu erläutern und zur Einsichtnahme zur Verfügung zu stellen, um eine schriftliche Stellungnahme abgeben zu können. Die Stellungnahme ist den Kostenträgern rechtzeitig *vor* Beginn der Verhandlungen zuzuleiten (§ 33 Abs. 2 Satz 3 SächsWTVO). Die Interessenvertretung der Bewohner können in einem gemeinsamen Gespräch über die beabsichtigte Erhöhung der Entgelte und die Kalkulation informiert werden. Zur Wahrnehmung ihrer Aufgaben kann das Gremium – nach eigenem Ermessen – fach- und sachkundige Personen ihres Vertrauens hinzuziehen (§ 16 Abs. 4 Satz 1 SächsWTG). Diese sind zur Verschwiegenheit verpflichtet.

Als fach- und sachkundige Personen kommen Pflegeexpertinnen und Pflegeexperten, Betreuungsexpertinnen und Betreuungsexperten, Wirtschaftsprüferinnen und Wirtschaftsprüfer,

Buchprüferinnen und Buchprüfer, sowie Rechtsanwältinnen und Rechtsanwälte in Betracht, wenn eine solche Hinzuziehung zur Aufgabenwahrnehmung geeignet, erforderlich und angemessen ist.[68] Der Träger und die Einrichtungsleitung haben zu gewährleisten, dass die Bewohner über ihre individuellen Mitwirkungsrechte im Rahmen ihrer Tätigkeit als Mitglieder der Bewohnervertretung informiert sind und bei der Ausübung ihres Amtes unterstützt werden (§ 33 Abs. 1 Nr. 1 SächsWTVO).

Der Bewohnerbeirat möchte die Kosten für die Beratung und ein schriftliches Gutachten eines beauftragten Rechtsanwalts von der Sachsen Senior Living GmbH erstattet erhalten. Zudem will er – um zukünftig up to date zu sein – Mitglied bei der BIVA werden. Die Kosten der Mitgliedschaft soll auch der Träger übernehmen. Darauf angesprochen, weigert sich die Sachsen Senior Living GmbH. Bei Fragen könne die Einrichtungsleitung unterstützen. Mitgliedschaft in Interessensvertretungen/Vereinen sei „privates Vergnügen“ und nicht vom Träger zu refinanzieren. Der Vorsitzende des Bewohnerbeirats wendet sich an den KSV Sachsen und beschwert sich. **Zu Recht?**

Ja. Der Träger hat die Tätigkeit der Bewohnervertretung bei der Wahrnehmung ihrer Aufgaben zu unterstützen (§ 16 Abs. 6 Satz 1 SächsWTG). Hinsichtlich der im Rahmen der Tätigkeit anfallenden Kosten hat der Träger diese im angemessenen Umfang zur Verfügung zu stellen. Für die Beratung durch sach- oder fachkundige Personen hat der Träger *mindestens* den Betrag zu entrichten, der die Kosten einer Rechtsberatung und einer Mitgliedschaft in einem Interessenverband im Jahr deckt (§ 33 Abs. 2 Satz 2 Nr. 7 SächsWTVO). Es steht der Bewohnervertretung frei, diesen Betrag auch für die Beratung durch einen Steuerberater zu verwenden, um die wirtschaftliche Notwendigkeit einer Entgelterhöhung nachzuvollziehen.

e Maßnahmen der Heimaufsicht

Fallbeispiel VII
„Das Hypnotikum zum Beschäftigungsverbot“

Sachverhalt
Die Sachsen Care GmbH, die die Pflege und Betreuung in der neuen erzgebirgischen anbieterverantworteten Wohngemeinschaft übernimmt, sieht sich mit einer Vielzahl anonymer Beschwerden beim KSV Sachsen konfrontiert. Neben angeblichen Grundpflegen zur Nachtzeit, fehlenden Reinigungen der Gemeinschaftsräume und überzogenen Entgelten soll sich die Geschäftsführerin nun auch noch zur Prüfung eines Beschäftigungsverbots für die Pflegefachkraft („Pflegefachfrau“) Schnell äußern. Diese wurde vom Amtsgericht Aue-Bad Schlema wegen Körperverletzung (§ 223 StGB) in Tatmehrheit mit Freiheitsberaubung (§ 239 StGB) zu einer Geldstrafe von 90 Tagessätzen rechtskräftig verurteilt. Sie hatte während der Großen Morgentoilette einer dementen Bewohnerin mit der flachen Hand auf das Gesäß geschlagen und diese sodann an die Duschwand gedrückt, als diese bei der

68 Gesetzentwurf der Staatsregierung LT-Drs. 7/14987, S. 75.

Körperpflege nach Aussage von Frau Schnell nicht zügig genug „mitwirkte“. Zur Nachtzeit gab sie der Bewohnerin ein in den Tee gemischtes Hypnotikum „damit diese nicht ständig die Rufklingel betätige“. **Wäre ein Beschäftigungsverbot rechtmäßig?**

Ja. Der Leistungsanbieter von anbieterverantworteten ambulant betreuten Wohngemeinschaften hat sicherzustellen, dass die von ihm eingesetzten Personen, insbesondere die Pflege-, Betreuungs- oder Assistenzkräfte über die erforderliche persönliche und fachliche Eignung verfügen (§ 21 Abs. 1 Satz 1 Nr. 1 SächsWTG). Die zur Leistungserbringung direkt eingesetzten Personen dürfen nicht eingesetzt oder beschäftigt werden, wenn Tatsachen vorliegen, die die Annahme rechtfertigen, dass sie für die Leitung oder die Ausübung ihrer Tätigkeit ungeeignet sind. Ungeeignet ist insbesondere, wer wegen einer Straftat gegen das Leben, die körperliche Unversehrtheit, die sexuelle Selbstbestimmung oder die persönliche Freiheit zu einer Freiheitsstrafe von mindestens drei Monaten oder zu einer Geldstrafe von mindestens 90 Tagessätzen verurteilt worden ist, sofern die Tilgung im Zentralregister noch nicht erledigt ist (§ 18 Abs. 1 Satz 3 Nr. 1 i. V. m. § 29 Abs. 1 SächsWTVO i. V. m. § 34 Nr. 2 SächsWTG).

Die Sachsen Care GmbH ist als Leistungserbringerin verpflichtet, sich bei den bestehenden Zweifeln an der Eignung der eingesetzten Pflegefachkraft ein Führungszeugnis vorlegen zu lassen. Die Strafe erfüllt eines der Regelbeispiele der Ungeeignetheit. Die Heimaufsicht hat neben der normkonkretisierenden Regelbeispiele („insbesondere“) in § 18 Abs. 1 SächsWTVO eine eigene Bewertung und Prognoseentscheidung zur persönlichen Eignung vorzunehmen. Im vorliegenden Fall erfolgte die Straftat direkt bei der pflegerischen Leistungserbringung, sodass eine negative Prognose hinsichtlich der Eignung gerechtfertigt und ein Beschäftigungsverbot nach § 27 Abs. 1 SächsWTG zu erlassen ist.

Die Sachsen Care GmbH konfrontiert in einem Personalgespräch Frau Schnell mit dem Vorwurf und fordert diese auf, ein Führungszeugnis vorzulegen und sich zum Sachverhalt zu äußern. Frau Schnell berichtet ihrer disziplinarischen Vorgesetzten über den Sachverhalt und die Verurteilung. Derartiges Verhalten duldet die Sachsen Senior Living Gruppe nicht und ist entsetzt.
Wie kann sie sich verhalten?

Arbeitsrechtlich können sowohl die Straftaten – von denen die Sachsen Care GmbH als Arbeitgeberin nunmehr erstmalig Kenntnis hat – als auch ein behördliches Beschäftigungsverbot als solches – das gegenüber dem Träger/Leistungserbringer ergeht – eine Kündigung des Arbeitsvertrages rechtfertigen.[69] Durch eine sofortige Freistellung kann der Leistungserbringer ein (kostenpflichtiges) Beschäftigungsverbot vermeiden und den Schutz der Bewohner/Pflegekunden gewährleisten. Das Verfahren zur Prüfung eines Beschäftigungsverbotes ist dann durch die Heimaufsicht einzustellen.

69 Vgl. zur ordentlichen, personenbedingten Kündigung LAG Köln, Urt. v. 09.06.2016 – 7 Sa 1008/15 –, juris Rn. 25 ff.

Dem zuständigen Sachbearbeiter beim KSV Sachsen geht das alles nicht schnell genug. Er vermutet zudem „strukturelle Defizite“ in der Wohngemeinschaft. Bei einer unangekündigten Nachschau trifft er zufällig die Geschäftsführerin und ordnet mündlich einen „Aufnahmestopp“ an. **Zu Recht?**

Nein. Zwar kann die Heimaufsicht einen Aufnahmestopp in Einrichtungen oder anbieterverantworteten ambulant betreuten Wohngemeinschaft nach § 28 SächsWTG anordnen, wenn eine den Anforderungen des SächsWTG entsprechende Pflege und Betreuung oder Assistenz der Bewohner nicht sichergestellt werden kann. Bevor eine solche Anordnung ergeht, hat jedoch eine Beratung nach § 25 Abs. 2 SächsWTG zu erfolgen sowie eine Anhörung, damit sich der Leistungsanbieter zu den entscheidungserheblichen Tatsachen äußern kann. Für eine ausnahmsweise sofortige Anordnung – ohne Beratung und ohne Anhörung – ist vorliegend keine Gefahr im Verzug ersichtlich. Selbst wenn man diese annehmen würde, hätte die Geschäftsführerin mündlich angehört/beraten werden können und müssen. Ungeachtet dessen, ist ein „Aufnahmestopp“ ein präventives und kein repressives Eingriffsmittel. Die Heimaufsicht hat daher zu ermitteln, ob – ungeachtet der Straftaten in der Vergangenheit – aktuell noch ein „Mangel“ besteht.

Als zentrale Norm der Aufsichtstätigkeit normiert § 26 Abs. 1 Satz 1 und 2 SächsWTG, dessen Regelung aus § 11 sowie § 19 Absatz 3 SächsBeWoG übernommen wurde, das gefahrenabwehrrechtliche Einschreiten zum Abwenden von Qualitätsmängeln (Ermächtigungsgrundlage).

> *„Werden festgestellte Mängel […] nicht abgestellt, **kann** die zuständige Behörde gegenüber dem Träger oder Leistungsanbieter Anordnungen erlassen, die zur Beseitigung einer eingetretenen oder zur Abwendung einer drohenden Beeinträchtigung oder einer Gefährdung des Wohls der Bewohnerinnen und Bewohner oder zur Sicherung der Einhaltung der dem Träger oder Leistungsanbieter gegenüber den Bewohnerinnen und Bewohnern obliegenden Pflichten erforderlich sind […].“*

Der Heimaufsicht stehen – in Abhängigkeit von der Mängelintensität – abgestufte spezielle gefahrenabwehrrechtliche Instrumentarien zur Verfügung, die als „Standardbefugnisse“ neben der Generalklausel des § 26 SächsWTG normiert sind. Diese sind:

- Beschäftigungsverbot und kommissarische Leitung (§ 27 SächsWTG),
- Aufnahmestopp (§ 28 SächsWTG) sowie
- Untersagung des Betriebs einer Einrichtung (§ 29 SächsWTG).

Im gesamten Heimrecht gilt der Grundsatz „Beratung vor Überwachung“[70], der in § 26 Abs. 1 Satz 1 i. V. m. 25 Abs. 2 SächsWTG („nach einer Beratung“) zum Ausdruck kommt. Hiervon kann nur dann abgewichen werden, wenn „erhebliche Mängel“ festgestellt werden (§ 25 Abs. 1 Satz 2 SächsWTG). Die Formulierung ist leider missverständlich. Denn liegt ein nur unerheblicher Mangel vor, so wird die Heimaufsicht im Rahmen der Ermessensausübung regelmäßig

70 Siehe bereits zum Bundesheimgesetz BT-Drs. 14/5399, S. 21 li. Sp zu § 4 HeimG Drittes Gesetz zur Änderung des Heimgesetzes.

zu prüfen haben, „*ob*“ sie überhaupt einschreitet. Dies darf jedoch nicht derart missverstanden werden, dass die Heimaufsicht bei geringen Abweichungen von Qualitäts*mindest*anforderungen nicht einschreiten darf, wenn diese nicht abgestellt und damit nicht nur kurzzeitig auftreten. So ist beispielsweise jede Unterschreitung der Personalmindestvorhalte – auch im Bereich von 0,1 VZÄ – ein Mangel. Tritt dieser jedoch nur kurzzeitig auf, dürfte im Regelfall eine Beratung/Hinweis zur Sicherstellung des Personalvorhalts ausreichend sein.

Aus der Gesetzesbegründung geht hervor, dass der Landesgesetzgeber vielmehr „gravierende“ Mängel mit Gefahr für Leib, Leben oder Freiheit meinte:

> *„Eine vorherige Beratung ist nicht erforderlich, wenn erhebliche Gefahren für bedeutende Rechtsgüter von den Mängeln ausgehen.“*[71]

Ein Rückgriff auf die polizeiliche Generalklausel des § 2 des Gesetzes über die Aufgaben, Organisation, Befugnisse und Datenverarbeitung der Polizeibehörden im Freistaat Sachsen (Sächsisches Polizeibehördengesetz – SächsPBG) ist aufgrund der spezielleren Regelungen des SächsWTG nicht möglich (*lex specialis derogat legi generali*).

„Mangel“ ist jede Abweichung von den ordnungsrechtlichen Qualitätsmindestanforderungen.

Anordnungen der Heimaufsicht sind Verwaltungsakte (§ 35 Satz 1 VwVfG[72]) gegen die grundsätzlich der Widerspruch und sodann die Anfechtungsklage statthaft sind. Über den Widerspruch entscheidet der KSV Sachsen selbst. Die Klage ist beim zuständigen Verwaltungsgericht (Chemnitz, Dresden oder Leipzig je nach Ort der Einrichtung) zu erheben.

f. Bestandsschutz und Übergangsregelungen

Fallbeispiel VIII
„Früher wollte das auch keiner“

Sachverhalt
In ihrem Pflegeheim aus den 90er-Jahren gibt es für die Sachsen Senior Living Gruppe nun auch noch Ärger mit dem KSV Sachsen. Die Zimmer seien zu klein (sie haben eine Größe von 18 m²) und in den Therapie- und Gemeinschaftsräumen sei keine Rufanlage installiert. Der KSV Sachsen beabsichtigt daher eine Anordnung zur Angleichung zu erlassen. Doppelzimmer müssten nach § 5 Abs. 2 Satz 1 SächsWTG mind. 22 m² groß sein und die Rufanlage müsse nach § 10 Satz 1 SächsWTG in Wohn-, Sanitär-, Gemeinschafts- und Therapieräumen, die von Bewohnern genutzt werden, installiert sein. **Ist das rechtmäßig?**

Nein. Nach den Übergangsregelungen des § 52 SächsWTVO gelten für bestehende Einrichtungen, die vor dem 06.09.2014 die Betriebsaufnahme angezeigt haben oder die zumindest

71 Gesetzentwurf der Staatsregierung LT-Drs. 7/14987, Zu § 26 Zu Absatz 1, S. 88.
72 Hier und im Folgenden i. V. m. § 1 Satz 1 Verwaltungsverfahrensgesetz (SächsVwVfG).

zu diesem Zeitpunkt eine Baugenehmigung beantragt hatten, die Anforderungen nach der Heimmindestbauverordnung in der Fassung der Bekanntmachung vom 3. Mai 1983 (BGBl. I S. 550), die durch Artikel 5 der Verordnung vom 25. November 2003 (BGBl. I S. 2346) geändert worden ist (Bestandsschutz). Demnach genügt eine Rufanlage in den Wohnräumen (§ 7 HeimMindBauVO) und auch eine Zimmergröße von 18 m² (§ 14 Satz 1 HeimMindBauVO) ist ausreichend.

Muss die Einrichtung irgendwann eine Angleichung vornehmen?

Ja. Einrichtungen, die zum Zeitpunkt des Inkrafttretens der SächsWTG einen gültigen Bestandsschutz haben, genießen diesen im Hinblick auf die Anforderungen an die Wohnqualität nach § 14 SächsWTG weiterhin für längstens 25 Jahre.

Für bereits bei Inkrafttreten des SächsWTG bestehende Einrichtungen und ambulant betreute Wohngemeinschaften, die unter der Beachtung der Anforderungen an die Wohnqualität des Heimgesetzes, der Heimmindestbauverordnung (HeimMindBauV) oder an das Sächsische Betreuungs- und Wohnqualitätsgesetz (SächsBeWoG) in Betrieb, im Bau oder im baureifen Planungsstadium waren, wurden Übergangs- und Bestandsschutzregelungen in § 35 SächsWTG sowie in § 52 SächsWTVO normiert. Damit wird dem verfassungsrechtlich erforderlichen Bestandsschutz aus dem Grundrecht der Berufsfreiheit nach Art. 12 Abs. 1 GG und auf Eigentum nach Art. 14 Abs. 1 GG gerecht. Der Bestandsschutz verhindert, dass eine rechtmäßig errichtete bauliche Anlage rechtswidrig wird, auch wenn sich das maßgebende Recht später ändert und das Gebäude nun dem geltenden Recht widerspricht. Dieser Bestandsschutz gewährleistet zudem, dass es nicht zu einer zwangsweisen Reduzierung des Angebots an Wohn-Pflege-Formen kommt. Mit Blick darauf, dass es sich bei den Anforderungen des SächsWTG nicht um solche handelt, die die Vergangenheit abändern (sog. „echte Rückwirkung“), sondern um solche, die lediglich an Ereignisse vor dem Inkrafttreten anknüpfen (sog. „unechte Rückwirkung“), genügt es dem rechtsstaatlich erforderlichen Vertrauensschutz, unter Berücksichtigung der gesetzlich verfolgten sozialpolitischen Ziele als legitimes Gemeinwohlziel, Bestandsschutz- und Übergangsregelungen zu normieren. Das SächsWTG vom 20.03.2024 trat am 13.04.2024 in Kraft. Der Bestandsschutz hinsichtlich der Wohnqualität nach § 14 SächsWTG (und den konkretisierenden Vorgaben der SächsWTVO) endet spätestens nach 25 Jahren mit Ablauf des 13.04.2049. Dabei ist zu berücksichtigen, dass die Aufgabe einer Nutzung, ein wesentlicher Umbau oder ein Ersatzbau zum Verlust des Bestandsschutzes führen. Ein Trägerwechsel („*change-of-control*“) führt hingegen zu keinem Verlust des Bestandsschutzes, da dieser maßgeblich an die Immobilie anknüpft und sich diese allein durch den – gesellschaftsrechtlichen – Wechsel des Trägers nicht ändert.

Bei baulichen Änderungen an einer Einrichtung, die nur einen Teil der Immobilie betreffen, ist darauf abzustellen, ob eine isolierte Betrachtung nur dieses Gebäudeteils möglich ist. Ist dies möglich, entfällt der Bestandsschutz nur für diesen Gebäudeteil. Im Übrigen gilt der Bestandsschutz des weiteren Gebäudes weiter.[73]

Auch für personelle Anforderungen enthält das SächsWTG Bestandsregelungen (§ 36 SächsWTG).

Diese Regelung begründet Bestandschutz für alle Pflegekräfte, die nach altem Recht als „Fachkräfte" galten und etwa bei der Ermittlung der abgeschafften Fachkraftquote berücksichtigt worden sind. Hierzu zählen insbesondere solche, die auf Grundlage von § 18 SächsBeWoGDVO (Anlage, sog. „Fachkraftliste") als Fachkraft anerkannt wurden. Dies gilt allerdings nur „soweit und solange ihre Tätigkeit nicht Anlass zur Beanstandung in Form von entsprechenden ordnungsbehördlichen Anordnungen gibt" (§ 36 Abs. 1 a. E. SächsWTG). Befreiungen, die unter der Geltung des SächsBeWoG nach § 3 Absatz 3 Nr. 2, 4. Teilsatz SächsBeWoG erteilt wurden, gelten ebenfalls weiter. Dies kann beispielsweise die Befreiung vom Fachkrafteinsatz in der Nacht oder der ständigen Anwesenheit einer Fachkraft sein. Die Heimaufsicht hat jedoch die Möglichkeit die erteilte Befreiung aufzuheben.

Überblicksmäßig bestehen folgende Übergangsfristen (§ 35 SächsWTG):

- Angleichung an Anforderungen an die Wohnqualität nach § 14 SächsWTG für Bestandseinrichtungen bis 13.04.2049
- Ambulant betreute (Bestands-)Wohngemeinschaften mit > 24 Personen in unmittelbarer räumlicher Nähe gelten bis 05.07.2029 als anbieterverantwortete ambulant betreute Wohngemeinschaften und danach als Einrichtungen
- Bisher selbstverantwortete ambulant betreute Wohngemeinschaften nach dem SächsBeWoG mussten bis 13.10.2024 als „selbstverantwortet" angezeigt werden – wurde diese Frist versäumt, gelten diese nunmehr kraft gesetzlicher Fiktion als anbieterverantwortete ambulant betreute Wohngemeinschaften
- Ambulant betreute Wohngemeinschaften (sowohl für Pflegebedürftige als auch für Volljährige mit Behinderungen) mit > 12 Personen gelten bis 05.07.2029 als ambulant betreute Wohngemeinschaft. Diese Übergangsfrist geht jedoch ins Leere. Mangels gesetzlicher Regelung, wonach WGs mit > 12 Personen als Einrichtung gelten, verbleibt es gem. § 3 Abs. 3 Satz 3 und 4 SächsWTG dabei, dass lediglich bei Überschreiten der Kapazitätsgrenze von 24 Bewohnern in unmittelbarer räumlicher Nähe eine Einrichtung kraft gesetzlicher Fiktion vorliegt. Andernfalls müssen die Voraussetzungen einer Einrichtung i. S. d. § 2 SächsWTG erfüllt sein. „Einrichtungen" sind nicht der Auffangtatbestand für alle Wohn-Pflege-Formen. Es handelt sich wohl um ein gesetzliches Redaktionsversehen.

73 Zutreffend Gesetzentwurf der Staatsregierung LT-Drs. 7/14987, Zu § 35 Zu Absatz 2, S. 95.

g. Regelungen zur Durchführung des SächsWTG (SächsWTVO)

Auf Grund der Verordnungsermächtigung des § 34 SächsWTG hat das zuständige Staatsministerium für Soziales und Gesellschaftlichen Zusammenhalt die Verordnung des Sächsischen Staatsministeriums für Soziales und Gesellschaftlichen Zusammenhalt zur Durchführung des Sächsischen Wohnteilhabegesetzes (Sächsische Wohnteilhabeverordnung – SächsWTVO) vom 18.12.2024 verordnet. Diese trifft Regelungen zur Durchführung des SächsWTG in den Bereichen:

- Wohnqualität
- Eignung des Personals
- Mitbestimmung der Bewohner

Die Rechtsverordnung konkretisiert die gesetzlichen Anforderungen, um den Vollzug des Gesetzes zu vereinheitlichen und zu erleichtern.

Fallbeispiel IX
„Master of Science Sportwissenschaften (M.Sc.), Juristen und Theologen als neue Einrichtungsleiter“

Sachverhalt
Für die neue Premiumresidenz de Saxe II der Senior Living Gruppe soll Frau Stark als neue Einrichtungsleiterin eingesetzt werden. Nach ihrem Masterabschluss Sportwissenschaften im Profil „Klinische Rehabilitation/Prävention“ an der Uni Leipzig will sie ihre Kenntnisse im Bereich der Prävention nun in der Pflege einbringen. Im konsekutiv anwendungsorientierten Masterstudiengang Sportwissenschaft – Rehabilitation und Prävention – werden sport- und gesundheitswissenschaftliche sowie rehabilitationsmedizinische Kompetenzen zu Diagnostik, darauf aufbauende präventive und therapeutisch-rehabilitative Interventionen sowie deren Evaluation vermittelt. Der Abschluss befähigt insbesondere, unter Anwendung medizinischer und sportwissenschaftlicher Erkenntnisse, selbstständig diagnostische Maßnahmen, Interventionen und Evaluationen durchzuführen. Nachdem der Träger die neue Einrichtungsleitung als solche beim KSV Sachsen angezeigt hat, teilt dieser mit, dass sie fachlich nicht geeignet sei. Der Träger ist entsetzt – schließlich wisse er, dass in Sachsen-Anhalt sogar Theologen als Einrichtungsleiter eingesetzt werden dürfen[74]. Die Regelungen in Sachsen seien eindeutig, meint der KSV Sachsen. Er beabsichtigt einen Feststellungsbescheid mit dem Regelungsinhalt, dass Frau Stark nicht über die fachliche Eignung gem. § 23 SächsWTVO verfüge und nicht als Einrichtungsleitung eingesetzt werden dürfe. **Zu Recht?**

Ja. Nach § 15 Abs. 1 Satz 1 SächsWTG muss die Einrichtung unter der Leitung einer persönlich und fachlich geeigneten Person stehen. § 23 SächsWTVO konkretisiert sodann die Anforderungen an die fachliche Eignung. Zwar hat Frau Stark ein abgeschlossenes Studium im Bereich Sozial- und Gesundheitswesen nach § 23 Abs. 1 Satz 1 Nr. 1 SächsWTVO, jedoch fehlt ihr eine mindestens zweijährige hauptberufliche Tätigkeit in einer stationären, teilstationären

74 § 4 Abs. 2 Satz 1 Halbsatz 1 Nr. 2 WTG-PersVO.

oder ambulanten Pflegeeinrichtung oder in einer vergleichbaren Einrichtung (§ 23 Abs. 1 Satz 1 Nr. 2 SächsWTVO).

Um das Problem der fehlenden Einrichtungsleitung – zumindest für die nächsten zwei Jahre – zu beheben, wird nun die Unternehmensjuristin Frau Genau benannt. Bevor sie bei der Senior Living Gruppe als Group Legal Counsel eingestiegen ist, war sie zuvor zwei Jahre hauptberuflich in der Rechtsabteilung einer Klinik für Personalangelegenheiten und Grundsatzthemen zuständig. Auch bei ihr hat der KSV Sachsen allerdings Zweifel an der fachlichen Eignung. **Zu Recht?**

Nein. Frau Genau verfügt über ein abgeschlossenes Studium der Rechtswissenschaft (§ 23 Abs. 1 Satz 1 Nr. 1 SächsWTVO) sowie über die weiteren für die Leitung erforderlichen Kenntnisse und Fähigkeiten, die sie durch ihre zweijährige Tätigkeit in einer „vergleichbaren Einrichtung“ (§ 23 Abs. 1 Satz 1 Nr. 2 SächsWTVO) – nämlich einem Krankenhaus – erworben hat. Entscheidend ist, dass sie im Rahmen ihrer juristischen Tätigkeit im Krankenhaus die für die Leitung erforderlichen Kenntnisse und Fähigkeiten erlangt hat.

5. Heimvertragsrecht als zivilrechtliche Dimension des Heimrechts

Die zivilrechtliche Dimension des Heimrechts liegt in der Gesetzgebungskompetenz des Bundes und ist maßgeblich im Wohn- und Betreuungsvertragsgesetz (WBVG) geregelt. Auch das WBVG verwendet in Abkehr zum (Bundes-)Heimgesetz nicht mehr den Begriff des „Heims", sondern stellt stattdessen als Anknüpfungspunkt auf den „Wohn- und Betreuungsvertrag" (ehemals Heimvertrag) ab. Der ordnungsrechtliche Charakter einer Einrichtung ist dabei nicht entscheidend,[75] was im Hinblick auf die Regelungsmaterie des WBVG – nämlich des Vertragstypus[76] – überzeugend ist. Für die Frage der Eröffnung des Anwendungsbereichs kommt es allein auf diese Vertragssituation an. Dabei ist das WBVG auf Verträge anzuwenden, bei denen eine Verknüpfung von Wohnraumüberlassung und Erbringung von Pflege- oder Betreuungsleistungen, die über allgemeine Pflege- oder Betreuungsleistungen hinausgehen, vorliegt. Das Zivilrecht regelt die Beziehung Unternehmer-Verbraucher (B2C), während das öffentlich-rechtliche Ordnungsrecht auf die Beziehung zwischen Unternehmer und Staat abstellt. Zivilrechtliche Fragen entziehen sich daher der Kompetenz der Heimaufsicht.

Das WBVG definiert die Leistungspflichten der Vertragsparteien, regelt Begründung, Änderung und Beendigung des Vertrages, den Umgang mit Leistungsstörungen und normiert als Verbraucherschutzgesetz eine Vielzahl an Transparenz- und Informationspflichten zugunsten des Verbrauchers.

Fallbeispiel X
„(K)ein Aufzug, kein Geld"

Sachverhalt
Herr Kurz lebt seit nunmehr fünf Jahren in einem der Pflegeheime der Sachsen Senior Living Gruppe. Bisher hatte er wenig Grund für Beanstandungen, in diesem Jahr kommt jedoch einiges zusammen. Zunächst soll er knapp 300 € monatlich mehr für „die Pflege" bezahlen, das hat man ihm vor vier Wochen schriftlich mitgeteilt. Dem hat er auch zugestimmt. Allerdings ist nun einer der beiden Aufzüge in der Einrichtung defekt – gerade der, den er aufgrund seiner Gehbehinderung immer nutzt. Er fordert eine 15 %ige Minderung seines Eigenanteils. Der Träger weist das Begehren mit der Begründung zurück, dass in der Beschreibung der Ausstattung des Gebäudes sowohl vorvertraglich als auch im Wohn- und Betreuungsvertrag lediglich ein Aufzug beschrieben wird. Der zweite war bisher immer zusätzlich. Dass er nun defekt ist, kann dem Träger nicht angelastet werden. Herrn Kurz stehe kein Minderungsrecht zu. **Stimmt das?**

Ja. Erbringt der Unternehmer die vertraglichen Leistungen ganz oder teilweise nicht oder weisen sie nicht unerhebliche Mängel auf, kann der Verbraucher unbeschadet weitergehender zivilrechtlicher Ansprüche bis zu sechs Monate rückwirkend eine angemessene Kürzung des

75 Zutreffend Drasdo, in: BeckOGK-BGB, § 1 WBVG, Rn. 1.

76 Zum Wohn- und Betreuungsvertrag als eigenständiger Vertragstypus BGH, Urt. v. 12.05.2016 – III ZR 279/15 –, NJW-RR 2016, 944, 945, Rn. 20; Weidenkaff, in: GrünHome Teil III, WBVG, § 1 Rn. 3.

vereinbarten Entgelts verlangen. Dies setzt voraus, dass die IST-Beschaffenheit von der SOLL-Beschaffenheit abweicht. Sofern bauliche Gegebenheiten nicht als SOLL vereinbart wurden, kann deren Fehlen oder Mangelhaftigkeit nicht zu einer Kürzung des Entgelts führen.

Herrn Kurz stört aber auch noch, dass es vor sechs Monaten aufgrund eines Wasserschadens zu einer einwöchigen Sanierung des Badezimmers gekommen ist. Hierfür will er nun einen „Ersatz" und fordert eine Kürzung um 20 %. **Zu Recht?**

Ja. Grundsätzlich ist es im Anwendungsbereich des WBVG – abweichend vom Mietrecht – erforderlich, dass eine angemessene Kürzung des Entgelts aufgrund eines Mangels verlangt wird. Im Mietrecht tritt die Kürzung automatisch ein. Eine Kürzung des Entgelts kann auch bis zu sechs Monate rückwirkend verlangt werden. Die Höhe der Kürzung muss angemessen sein. Hierbei kommt es auf den jeweiligen Einzelfall an. Vorliegend erscheint eine 20 %ige Kürzung des Entgelts, das auf die Unterkunft entfällt, für jeden Tag der Unbenutzbarkeit des Badezimmers als angemessen.[77] Eine Kürzung des gesamten Entgelts kann er hingegen nicht verlangen.

77 Vgl. zu einer Mietrechtssache bei Mängelbeseitigungsarbeiten im Bad LG Berlin, Urt. v. 10.07.1998 – 64 S 21/98 – .

II. Teil
Kommentierung

1. Sächsisches Wohnteilhabegesetz (SächsWTG)[77]

Aus dem Schrifttum zum Heimrecht: Dickmann, Heimrecht, 2025 – Korbmacher, Grundfragen des öffentlichen Heimrechts, 1989 – Martel, Der Schutz des Verbrauchers im Heimrecht, 2012 – Martschink, Der Eingriff der Heimaufsicht in den zivilrechtlichen Wohn- und Betreuungsvertrag, Diss. (eingereicht Martin-Luther-Universität Halle-Wittenberg 2024) – Martschink, Fachkraftquote gestrichen, Altenheim, Lösungen fürs Management 6/2024, S. 40 ff. – Martschink/Schmidt, Datenschutz und die Einsichtnahme, Altenheim 10/2024, S. 30 f. – Kassen/Fahnenstich, Wohn- und Teilhabegesetz Nordrhein-Westfalen, 4. Aufl., 2025.

Teil 1
Allgemeiner Teil

Abschnitt 1
Allgemeine Vorschriften

Einführung
Zweck des Gesetzes | Anwendungsbereich

Abschnitt 1 des SächsWTG (§§ 1–6) beschreibt am Anfang des Allgemeinen Teils vorangestellt den Zweck des Gesetzes, umgrenzt den Anwendungsbereich und definiert die einzelnen Wohn-Pflege-Formen.[78] Das „volle" Ordnungsrecht findet auf stationäre Einrichtungen Anwendung und auf weitere Wohn-Pflege-Formen nur ein abgestuftes Ordnungsrecht mit geringeren Anforderungen an die Leistungsanbieter dieser.[79]

Zudem wird die Informations- und Beratungspflicht der zuständigen Behörde – dem KSV Sachsen – Fachbereich 3 (Teilhabe am Arbeitsleben), Fachdienst 350 (Heimaufsicht) – sowie deren Zusammenarbeit und Datenübermittlung mit und an die unteren Brandschutz-, Rettungsdienst- und Katastrophenschutzbehörden, geregelt. Das SächsWTG verfolgt das Ziel, die Würde, Selbstbestimmung, Teilhabe und Sicherheit von Menschen zu schützen, die aufgrund

77 Sächsisches Wohnteilhabegesetz (SächsWTG) erlassen als Art. 1 des Gesetzes zur Reform des Sächsischen Heimrechts v. 20.03.2024, (SächsGVBl. 2024 S. 325), in Kraft getreten am 13.04.2024, das zuletzt durch Art. 2 Abs. 2 des Sächsisches Gesetz zur Reform der Hilfen und Schutzmaßnahmen bei psychischen Erkrankungen vom 22.07.2024 (SächsGVBl. 2024 S. 673) geändert worden ist.

78 In diesem Handbuch wird die Bezeichnung „Wohn-Pflege-Form" als Obergriff für ambulante und stationäre Angebote im Bereich der Pflege, Assistenz und Betreuung in Kombination mit dem Zurverfügungstellen von Wohnraum verwendet.

79 Eingehend zu diesem Erfordernis Martschink, Der Eingriff der Heimaufsicht, Kap. D.

von Alter, Behinderung oder Pflegebedürftigkeit Betreuungs-, Assistenz- oder Pflegeleistungen in Anspruch nehmen. Es konkretisiert die in Art. 1 Abs. 1 GG und Art. 7 und 14 SächsVerf[80] sowie in der UN-Behindertenrechtskonvention[81] verankerten Grundrechte auf Achtung der Menschenwürde und Selbstbestimmung. Zugleich sollen Gewalt, Missbrauch und Diskriminierung verhindert werden. § 2 definiert den Einrichtungsbegriff. Erfasst sind Wohn-Pflege-Formen, in denen Träger Wohnraum mit Betreuungs-, Assistenz- oder Pflegeleistungen verpflichtend zu einer umfassenden Versorgungsgarantie verbinden und hierfür die Gesamtverantwortung tragen. Nicht erfasst sind rein ambulante Angebote (Pflege- und Betreuungsdienste), Einrichtungen zur Kurzzeitaufnahmen bis zu 3 Monaten sowie Tages- und Nachtpflegeeinrichtungen. § 3 differenziert ambulant betreute Wohngemeinschaften. Diese bestehen aus drei bis zwölf volljährigen Personen, die einen gemeinsamen Haushalt führen und externe Betreuungs- Assistenz- oder Pflegeleistungen in Anspruch nehmen. Diese Wohngemeinschaften können selbstverantwortet – mit getrennter Vertragsgestaltung zwischen Wohnraumüberlassung und Dienstleistungen und Selbstbestimmungsgremium als Auftraggebergemeinschaft– oder anbieterverantwortet – wenn der Leistungsanbieter die bauliche, organisatorische und wirtschaftliche Verantwortung trägt – geführt werden. Familiäre Wohnformen sind vom Anwendungsbereich ausgenommen.

Inkrafttreten | Gesetz zur Reform des Sächsischen Heimrechts

Das SächsWTG ist als Art. 1 des Gesetzes zur Reform des Sächsischen Heimrechts vom 20.03.2024 (SächsGVBl. S. 325) gem. Art. 3 Abs. 1 am 13.04.2024 in Kraft getreten. Gleichzeitig ist das Sächsische Betreuungs- und Wohnqualitätsgesetz vom 12.07.2012 (SächsGVBl. S. 397), das zuletzt durch das Gesetz vom 06.06.2019 (SächsGVBl. S. 466) geändert worden ist, nach Art. 3 Abs. 2 außer Kraft getreten.

§ 1
Zweck des Gesetzes

[1]Zweck dieses Gesetzes ist es, älteren Menschen, pflegebedürftigen Volljährigen und Volljährigen mit psychischen Erkrankungen oder mit Behinderungen als Bewohnerinnen und Bewohner in Einrichtungen und in ambulant betreuten Wohngemeinschaften ein möglichst selbstbestimmtes, eigenverantwortliches und selbstständiges Leben zu ermöglichen, sie vor Beeinträchtigung zu schützen und sie dabei zu unterstützen, Gesellschaft zu erleben, mitzugestalten und nach Möglichkeit ihren Interessen und Bedürfnissen gerecht zu werden. [2]Zweck des Gesetzes ist es insbesondere,

1. **die Würde der Bewohnerinnen und Bewohner zu achten und zu schützen,**
2. **ihre Selbstständigkeit, Selbstbestimmung, Selbstverantwortung sowie ihre Lebensqualität zu wahren und zu fördern und ihnen eine angemessene individuelle**

80 Verfassung des Freistaates Sachsen v. 27.05. 1992 (SächsGVBl. 1992 S. 243).

81 Übereinkommen der Vereinten Nationen v. 13.12.2006 über die Rechte von Menschen mit Behinderungen (BGBl. 2008 II S. 1419, 1420).

Lebensgestaltung zu ermöglichen, soweit erforderlich, möglich und zumutbar mit der Unterstützung technischer und digitaler Assistenzsysteme,
3. **eine dem allgemein anerkannten Stand der jeweiligen fachlichen Standards entsprechende barrierefreie Betreuung, Assistenz und Pflege sowie Wohnqualität zu sichern,**
4. **sie vor Missbrauch, Ausbeutung, Gewalt und Diskriminierung zu schützen sowie ihre sexuelle Orientierung, geschlechtliche Identität und diversitätsspezifischen Bedürfnisse zu achten,**
5. **freiheitsbeschränkenden sowie freiheitsentziehenden Maßnahmen nach § 1831 des Bürgerlichen Gesetzbuches vorzubeugen und diese zu vermeiden,**
6. **die Informations-, Beratungs-, Beschwerde-, Beteiligungs- und Mitwirkungsrechte der Bewohnerinnen und Bewohner zu sichern und zu stärken,**
7. **ein Sterben in Würde zu ermöglichen und die Wünsche der Sterbenden zu beachten.**

Allgemeines (Satz 1)

Als Teil der öffentlichen Fürsorge i. S. d. Art. 74 Nr. 7 GG, die zugleich die Gesetzgebungskompetenz des Freistaats Sachsen für den ordnungsrechtlichen Teil des „Heimrechts" normiert, ist es originärer Zweck, Mindestqualitätsanforderungen an „Heime" zu normieren und diese hoheitlich abzusichern. Zielgruppe sind ältere Menschen, pflegebedürftige Volljährige und Volljährige mit psychischen Erkrankungen oder mit Behinderungen als Bewohnerinnen und Bewohner in Einrichtungen und in ambulant betreuten Wohngemeinschaften. Zweck des SächsWTG ist es, die in Satz 1 beschriebene Zielgruppe unter staatlichen Schutz (öffentliche Fürsorge) zu stellen. Der vom SächsWTG verfolgte Schutzzweck zielt darauf, der geschützten Zielgruppe ein möglichst selbstbestimmtes, eigenverantwortliches und selbstständiges Leben zu ermöglichen, sie vor Beeinträchtigung zu schützen und sie dabei zu unterstützen, Gesellschaft zu erleben, mitzugestalten und nach Möglichkeit ihren Interessen und Bedürfnissen gerecht zu werden. Die Erreichung der mit dem Gesetz verfolgten Schutzzwecke zu Gunsten der Bewohner kann nicht von zivilrechtlichen oder leistungsrechtlichen Entscheidungen des Leistungsanbieters oder der Kostenträger abhängen.[82] Vor diesem Hintergrund ist die Normierung eines öffentlich-rechtlichen heimordnungsrechtlichen Schutzes geboten.

§ 1 enthält dabei allgemeine Programmsätze und Zielvorstellungen. Verbindliche Anforderungen, deren Nicht-Erfüllung gegebenenfalls auch heimaufsichtsrechtlich durchgesetzt werden könnten, sind damit nicht verbunden. Vielmehr dient die Beschreibung des Zwecks des Gesetzes als Auslegungshilfe der nachfolgenden Anforderungen. Konkrete Anforderungen ergeben sich in der Zusammenschau mit normierten Anforderungen im Abschnitt 2 sowie im Besonderen Teil des SächsWTG.

Nach der zusammenfassenden Würdigung des Verwaltungsgerichts Dresden zur Vorgängerregelung des SächsBeWoG ist die Zwecksetzung des sächsischen Heimrechts, die „vulnerable

82 Vgl. zum BHeimG BVerwG, Beschl. v. 12.02.2004 – 6 B 70/03 –, juris Rn. 9.

Gruppe der Bewohner mit einem typisierenden, die sie in herausgehobener Weise betreffenden Gefahren in den Blick nehmenden Zusatzschutz aus[zu]statte[n]"[83].

Dabei geht es um den staatlichen Schutz dieser vulnerablen Gruppe, der anderen – weniger vulnerablen Gruppen – nicht zugutekommt. Das Ordnungsrecht normiert jedoch lediglich „Mindestqualitätsanforderungen". Es geht daher nicht um zusätzliche Rechte (vgl. Art. 7 Abs. 2 SächsVerf), sondern lediglich um das „Mindestmaß", das aus Gründen der öffentlichen Fürsorge durch die staatliche Heimaufsicht geschützt werden soll.

Konkrete Zwecke (Satz 2)

Satz 2 beschreibt beispielhaft konkrete Zwecke des Gesetzes als Teil der öffentlichen Fürsorge. Dabei wird die Charta der Rechte hilfe- und pflegebedürftiger Menschen und die UN-Behindertenrechtskonvention anders als noch beim SächsBeWoG nicht mehr in Bezug genommen.[84]

Nr. 1 (Würde)

Das SächsWTG verfolgt als vordersten Zweck in Übereinstimmung mit Art. 1 Abs. 1 i.V.m. Art. 2 Abs. 1 GG; Art. 7 und 14 SächsVerf sowie der UN-BRK und der EMRK[85] die Würde, die Interessen und die Bedürfnisse der Bewohner vor Beeinträchtigungen zu schützen. Damit wird die Abkehr vom institutionalisierten Heim im tradierten Sinne, in dem sich der Bewohner in den Heimalltag unterzuordnen hatte und in eine fremdbestimmte Institution „aufgenommen" wurde, verdeutlicht. Dies stellt den Bewohner in den Mittelpunkt und verbietet, diesen zum bloßen zu betreuenden bzw. pflegenden Objekt herabzuwürdigen.

Nr. 2 (Selbstständigkeit, Selbstbestimmung, Selbstverantwortung)

Nr. 2 verdeutlicht den Zweck der Wahrung und Förderung der Selbstständigkeit, Selbstbestimmung und Selbstverantwortung. Zugleich wird dieser Zweck um technische und digitale Assistenzsysteme, die in den pflegerischen und betreuerischen Alltag integriert werden können, erweitert. Dadurch wird verdeutlicht, dass das Gesetz entsprechenden Assistenzsystemen offen gegenübersteht (bspw. Pflegeroboter oder Caretables) und deren Einsatz explizit befürwortet. Soweit erforderlich soll dieser Einsatz in allen Bereichen, in denen es möglich und zumutbar ist, erfolgen, um die Lebensqualität der Zielgruppe zu wahren und zu fördern.

Der GKV-Spitzenverband hat in seiner Schriftenreihe „Modellprogramm zur Weiterentwicklung der Pflegeversicherung"[86] bereits 2019 den Entwicklungsstand und die Wirkung digitaler

83 VG Dresden, Beschl. v. 31.07.2024 – 1 L 509/24 –, juris Rn. 23 a. E.
84 In § 1 Abs. 1 SächsBeWoG hieß es ausdrücklich „in Übereinstimmung mit [...]".
85 Europäische Menschenrechtskonvention (Konvention zum Schutze der Menschenrechte und Grundfreiheiten) v. 04.11.1950.
86 Band 15: Digitalisierung und Pflegebedürftigkeit – Nutzen und Potenziale von Assistenztechnologien, 2019.

Assistenzsysteme umfassend untersucht. Zentrales Ergebnis ist das Nutzenmodell NAAM, das drei Ebenen unterscheidet:

1. Individuelle Ebene (Selbstständigkeit, Teilhabe, Sicherheit, Autonomie),
2. Struktur- und Prozessebene (Organisation, Personal, Arbeitsabläufe),
3. Nutzungsbedingungen (Akzeptanz, Technikkompetenz, Wohnumfeld, Datenschutz, ethische Fragen).

Assistenzsysteme bieten erhebliche Potenziale zur Entlastung und Unterstützung. Diese Wirkung ist jedoch stark vom Anwendungskontext und den Rahmenbedingungen ihres konkreten Einsatzes abhängig. Besonders bedeutsam sind Fragen der Finanzierung, der Nutzerkompetenz, der Integration in bestehende Strukturen sowie der rechtlichen und ethischen Absicherung. Für die Auslegung der Nr. 2 bedeutet dies, dass die gesetzliche Unterstützung digitaler und technischer Assistenzsysteme nicht auf die bloße Anschaffung oder Installation reduziert werden darf. Erfasst ist vielmehr auch deren unabdingbare Integration in Versorgungsprozesse, die Schulung des Personals, die Sicherung der Akzeptanz bei Pflegebedürftigen und Angehörigen sowie die Berücksichtigung ethisch-rechtlicher Standards. Die Integration entsprechender Assistenzsysteme bedarf daher einer ganzheitlichen konzeptionellen Umsetzung, um die in der Studie beschriebenen Potenziale auch tatsächlich auszuschöpfen.

Nr. 3 (Barrierefreiheit)

Nr. 3 beschreibt als Zweck die Sicherung der barrierefreien Betreuung, Assistenz und Pflege sowie Wohnqualität. Der Gesetzgeber hat es bewusst offengelassen, welche Anforderungen an die „Barrierefreiheit" zu stellen sind.

Barrierefreie Wohnqualität bedeutet dabei nach den engen Vorgaben der SächsWTVO die Umsetzung der technischen Vorgaben der DIN 18040-2 Barrierefreies Bauen – Planungsgrundlagen – Teil 2: Wohnungen[87] (vgl. § 7 SächsWTVO) für Wohnräume. Für die übrigen Räumlichkeiten, Verkehrsflächen sowie die sanitären und technischen Anlagen gilt nach § 7 Satz 1 SächsWTVO der Maßstab der Barriefreiheit des § 3 Sächsisches Inklusionsgesetz[88]. Danach sind barrierefrei alle baulichen und sonstigen Anlagen, Verkehrsmittel, technische Gebrauchsgegenstände, Systeme der Informationsverarbeitung, akustische und visuelle Informationsquellen und Kommunikationseinrichtungen sowie andere gestaltete Lebensbereiche, „wenn sie für Menschen mit Behinderungen in der allgemein üblichen Weise, ohne besondere Erschwernis und grundsätzlich ohne fremde Hilfe auffindbar, zugänglich und nutzbar sind. Hierbei ist die Nutzung behinderungsbedingt notwendiger Hilfsmittel zulässig."

Barrierefreiheit im Übrigen umschreibt ein umfassendes Zugänglichkeits- und Teilhabekonzept. Betreuung, Assistenz und Pflege müssen so ausgestaltet sein, dass sie keine Person

87 Online unter https://www.stmb.bayern.de/assets/stmi/buw/baurechtundtechnik/planungsgrundlagen_barrierefreies_bauen.pdf

88 Gesetz zur Stärkung der Inklusion von Menschen mit Behinderungen im Freistaat Sachsen (Sächsisches Inklusionsgesetz – SächsInklusG) erlassen als Art. 1 des Gesetzes zur Unterstützung der selbstbestimmten Teilhabe von Menschen mit Behinderungen im Freistaat Sachsen v. 02.07.2019.

ausschließen oder beeinträchtigen. Hierzu gehören genutzte Systeme der Informationsverarbeitung, akustische und visuelle Informationsquellen und Kommunikationseinrichtungen (vgl. auch § 4 Behindertengleichstellungsgesetz – BGG[89]).

Nr. 4 (Schutz vor Gewalt)

Der Schutz der Bewohnerinnen und Bewohner vor Missbrauch, Ausbeutung, Gewalt und Diskriminierung sowie die Verpflichtung des Trägers zur Achtung der sexuellen Orientierung, der geschlechtlichen Identität und diversitätsspezifischer Bedürfnisse der Bewohnerinnen und Bewohner ist im Vergleich zum SächsBeWoG als zusätzlicher Zweck in das SächsWTG aufgenommen wurden. Dieser besondere Schutz[90] vor Gewalt und Diskriminierung verlangt effektive Maßnahmen zum Schutz vor Missbrauch, Ausbeutung, Gewalt, insbesondere körperlicher, seelischer und sexueller Gewalt, sowie Diskriminierung. Dies entspricht Art. 16 Abs. 1 der UN-BRK, wonach alle Mitgliedsstaaten verpflichtet sind, alle geeigneten Maßnahmen zu ergreifen, um Menschen mit Behinderungen vor jeder Form von Ausbeutung, Gewalt und Missbrauch, einschließlich ihrer geschlechtsspezifischen Aspekte, zu schützen.

Die Zweckbestimmung ist weit zu verstehen. Sie schließt alle Arten von Gewalt ein. Die Weltgesundheitsorganisation (WHO) definiert Gewalt gegen ältere Personen als jedwede Handlung im Rahmen einer Vertrauensbeziehung, wodurch einer älteren Person ein (körperlicher) Schaden oder (seelisches) Leid zugefügt wird. Dies kann durch aktives Tun oder durch Unterlassen geschehen. Die Gesetzesbestimmung des SächsWTG schließt jedoch auch Gewalt gegen Mitarbeitende sowie Gewalt zwischen pflegebedürftigen Menschen ein.

Neben dem weit verstandenen Gewaltschutz, der körperliche und psychische (einschließlich verbale) Gewaltformen einschließt als auch Vernachlässigung und sexuellen Missbrauch ist insbesondere auch die sexuelle Orientierung der Bewohner zu achten und geschlechts- und diversitätsspezifische Belange angemessen zu berücksichtigen. Dies folgt bereits aus Art. 2 Abs. 1 i. V. m. Art. 1 Abs. 1 GG. Hierunter fallen auch Sexualassistenz und -begleitung. Aus der Zweckbestimmung lässt sich jedoch kein subjektives Recht der Bewohnerinnen und Bewohner auf ein Vorhalten der entsprechenden Leistungen ableiten.[91] Der Träger ist jedoch verpflichtet, ihre sexuelle Orientierung, geschlechtliche Identität und diversitätsspezifischen Bedürfnisse, soweit dies möglich ist, zu achten und sie bei der Wahrnehmung ihrer sexuellen Selbstbestimmung zu unterstützen.

Dies bedeutet zunächst negativ, dass er in seiner Konzeption weder geschlechtliche Identitäten ausnehmen noch sonst diskriminieren darf und er positiv zu unterstützen hat. Er hat beispielswiese – auf Wunsch und nach eigenen Kapazitäten und organisatorischen

89 Gesetz zur Gleichstellung von Menschen mit Behinderungen (Behindertengleichstellungsgesetz – BGG) v. 27.04.2002 (BGBl. I S. 1467, 1468), das zuletzt durch Art. 7 des Gesetzes v. 23.05.2022 (BGBl. I S. 760) geändert worden ist.

90 Gesetzentwurf der Staatsregierung LT-Drs. 7/14987, Zu § 1 Zu Nummer 4, S. 42.

91 Es besteht auch kein Anspruch auf Kostenersatz gegenüber den Kostenträgern, vgl. hierzu LSG München, Urt. v. 06.02.2020 – L 8 SO 163/17 –.

Möglichkeiten – gleichgeschlechtliche Pflege anzubieten. Allerdings besteht auch hierauf kein gesetzlicher Anspruch.[92]

Nr. 5 (Vorbeugung und Vermeidung freiheitsbeschränkender Maßnahmen)

Freiheitsbeschränkende und freiheitsentziehende Maßnahmen sind Formen von Gewalt und damit bereits nach § 1 Nr. 4 SächsWTG zu vermeiden. Aufgrund der besonderen Bedeutung des Eingriffs in die Freiheit der Person in Pflegeeinrichtungen statuiert Nr. 4 deren Vermeidung nochmals als expliziten Zweck. Nach § 11 Abs. 2 SächsWTG sind im Gewaltschutzkonzept Möglichkeiten zur Vermeidung solcher Maßnahmen aufzuzeigen.

Nr. 6 (Teilhabe)

Nr. 6 bezweckt die Sicherung der Teilhabe der Bewohner durch Informations-, Beratungs-, Beschwerde-, Beteiligungs- und Mitwirkungsrechte. Durch entsprechende Transparenz- und Informationspflichten soll die vulnerable Zielgruppe in die Lage versetzt werden, ihren Teilhabeanspruch umzusetzen.

Nr. 7 (Sterben in Würde)

Das SächsWTG garantiert Bewohnern auch in der letzten Lebensphase in ihrer verfassungsrechtlich geschützten unverletzlichen Würde geachtet und auch im Sterben durch den Träger begleitet zu werden.[93] Zweck des SächsWTG ist es, als Teil des selbstbestimmten Lebens auch ein Sterben in Würde zu ermöglichen und die Wünsche der Sterbenden zu beachten.[94] Damit werden zwei zentrale Aspekte am Ende des Lebens als Gesetzeszweck normiert. Zum einen soll eine Begleitung am Lebensende erfolgen – beispielsweise durch palliativmedizinische Symptomkontrolle – zum anderen soll die Selbstbestimmtheit auch bei der Frage nach einem selbstverantwortlichen Tod beachtet und beispielsweise auch ein assistierter Suizid ermöglicht werden.

Das Bundesverfassungsgericht hat in seinem Urteil zur Verfassungswidrigkeit des § 217 StGB (Geschäftsmäßige Förderung der Selbsttötung)[95] ausgeführt, dass aus Art. 2 Abs. 1 GG i. V. m. Art. 1 Abs. 1 GG ein existenziell bedeutsames Recht auf selbstbestimmtes Sterben als Aspekt des allgemeinen Persönlichkeitsrechts folgt:

---

92 Auch § 2 Abs. 2 Satz 3 SGB XI eröffnet keinen Individualanspruch, sondern stellt nur einen Unterfall des Wunschrechts in § 2 Abs. 2 Satz 2 SGB XI dar, LSG München, Beschl. v. 06.05.2024 – L 2 U 116/24 B ER –, juris Rn. 43.

93 Zur Unzulässigkeit der Verhinderung eines assistierten Suizids in Einrichtungen Dittke/Guttmann, Zur rechtlichen Unzulässigkeit von Verboten der Suizidassistenz in kirchlichen Pflegeeinrichtungen – eine Gegenrede, GesR 2/2024, S. 69 ff.; a. A. für kirchliche Einrichtungen unter Verweis auf das kirchliche Selbstbestimmungsrecht Rixen, Rechtliche Zulässigkeit des Verbots der Suizidhilfe in katholischen Einrichtungen, GesR 2/2023, S. 69 ff.

94 Gesetzentwurf der Staatsregierung LT-Drs. 7/14987, Zu § 1 Zu Nummer 7, S. 43.

95 BVerfG, Urt. v. 26.02.2020 – 2 BvR 2347/15 u. a. –.

„Die Entscheidung, das eigene Leben zu beenden, ist von existentieller Bedeutung für die Persönlichkeit eines Menschen. Sie ist Ausfluss des eigenen Selbstverständnisses und grundlegender Ausdruck der zu Selbstbestimmung und Eigenverantwortung fähigen Person. Welchen Sinn der Einzelne in seinem Leben sieht und ob und aus welchen Gründen sich eine Person vorstellen kann, ihr Leben selbst zu beenden, unterliegt höchstpersönlichen Vorstellungen und Überzeugungen. Der Entschluss betrifft Grundfragen menschlichen Daseins und berührt wie keine andere Entscheidung Identität und Individualität des Menschen. Das allgemeine Persönlichkeitsrecht in seiner Ausprägung als Recht auf selbstbestimmtes Sterben umfasst deshalb nicht nur das Recht, nach freiem Willen lebenserhaltende Maßnahmen abzulehnen und auf diese Weise einem zum Tode führenden Krankheitsgeschehen seinen Lauf zu […]. Das Recht auf selbstbestimmtes Sterben erstreckt sich auch auf die Entscheidung des Einzelnen, sein Leben eigenhändig zu beenden. Das Recht, sich selbst das Leben zu nehmen, stellt sicher, dass der Einzelne über sich entsprechend dem eigenen Selbstbild autonom bestimmen und damit seine Persönlichkeit wahren kann.“[96]

Der Träger ist damit verpflichtet, die höchstpersönliche Entscheidung eines Bewohners – auch wenn sie eigenen (religiösen) Wert- und Moralvorstellungen zuwiderläuft – zu berücksichtigen, soweit der Bewohner einsichtsfähig ist.

§ 2
Einrichtungen

(1) [1]Einrichtungen dienen dem Zweck, älteren Menschen, pflegebedürftigen Volljährigen und Volljährigen mit psychischen Erkrankungen oder mit Behinderungen Wohnraum zu überlassen sowie mit der Wohnraumüberlassung verpflichtend Betreuungs-, Assistenz- und Pflegeleistungen mit umfassendem Versorgungscharakter zur Verfügung zu stellen oder vorzuhalten. [2]Die Einrichtungen sind in ihrem Bestand vom Wechsel sowie der Anzahl der Bewohnerinnen und Bewohner unabhängig und werden entgeltlich betrieben. [3]Sie stehen unter der Verantwortung eines Trägers und bestehen aus organisatorisch zusammengefassten Wohnräumen an einem Standort. [4]Eine Einrichtung liegt auch vor, wenn sich Mieter oder Käufer von abgeschlossenen Wohnungen mit der Wohnraumüberlassung vertraglich dazu verpflichten, über bestimmte allgemeine Unterstützungsleistungen wie Notrufdienste, die Vermittlung von Dienst- und Pflegeleistungen, Betreuungsleistungen, Leistungen der hauswirtschaftlichen Versorgung oder Informationen und Beratungsleistungen hinausgehende Pflege-, Assistenz- oder Betreuungsleistungen von bestimmten Pflege-, Assistenz- oder Betreuungsdienstleistern abzunehmen. [5]Dienstleister ist, wer Hilfe, Betreuung und Assistenz für ältere Menschen, pflegebedürftige Volljährige und Volljährige mit psychischen Erkrankungen oder mit Behinderungen erbringt, um ihre Alltagsfähigkeiten zu erhalten oder zu verbessern.

96 BVerfG, Urt. v. 26.02.2020 – 2 BvR 2347/15 –, juris Rn. 209.

(2) [1]Auf Einrichtungen oder Teile von Einrichtungen im Sinne von Absatz 1, die der vorübergehenden Aufnahme von Bewohnerinnen und Bewohnern dienen, sowie auf stationäre Hospize finden § 10 Absatz 2 Nummer 3 und Absatz 3 sowie § 16 Absatz 1 keine Anwendung. [2]Als vorübergehend im Sinne dieses Gesetzes ist ein Zeitraum von bis zu drei Monaten anzusehen. [3]Auf Einrichtungen der Tages- und Nachtpflege findet dieses Gesetz keine Anwendung.

Allgemeines

Der Anwendungsbereich des SächsWTG erstreckt sich nach Abs. 1 Satz 1 zunächst auf „Einrichtungen", die klassische „Heime" im verfassungsrechtlichen Sinne des Art. 74 Abs. 1 Nr. 7 GG einschließen, jedoch darüber hinausgehen. Damit hat der Landesgesetzgeber in Abkehr vom tradierten verfassungsrechtlichen Begriff des „Heims" neben der klassischen Wohn-Pflege-Form einer vollstationären Versorgung i. S. d. § 71 Abs. 2 SGB XI und der besonderen Wohnform der Eingliederungshilfe für Menschen mit Behinderungen (ehemals vollstationäre Einrichtungen der Behindertenhilfe/Wohnheim, vgl. § 71 Abs. 4 Nr. 3 SGB XI i. V. m. § 42a SGB IX) auch Formen des Service-Wohnen/Senior/Assisted Livings[97], die über allgemeine Unterstützungsleistungen hinausgehen (Abs. 1 Satz 4) dem Anwendungsbereich des Gesetzes unterworfen. Eine Unterscheidung nach Wohn-Pflege-Formen für ältere Menschen oder pflegebedürftige Volljährige mit psychischen Erkrankungen oder mit Behinderungen erfolgt nicht. Auf eine leistungsrechtliche Zulassung kommt es nicht an. Auch „Einrichtungen", die – obwohl dies leistungsrechtlich ggf. erforderlich wäre – keine Zulassung nach § 72 SGB XI durch Versorgungsvertrag haben, unterfallen der ordnungsrechtlichen Kontrolle.

Einrichtungen im Sinne des SächsWTG können neben klassischen stationären Pflegeeinrichtungen (Pflegeheimen) i. S. d. § 71 Abs. 2 SGB XI – die leistungsrechtlich durch Versorgungsvertrag nach § 72 Abs. 1 Satz 1 SGB XI zugelassen sind – und auf die auch die Gesetzesbegründung Bezug nimmt,[98] auch die weiteren unterstützenden Wohnformen nach § 3 (ambulant betreute Wohngemeinschaften) und § 4 (Intensivpflege-Wohngemeinschaften als Sonderfall der ambulant betreuten Wohngemeinschaft) sein, wenn die Voraussetzungen des § 2 kumulativ vorliegen. Bei all diesen Wohn-Pflege-Formen handelt es sich ordnungsrechtlich in Sachsen um solche, die der staatlichen Aufsicht unterliegen.

97 Unter dem in der Praxis verbreiteten Begriff *Senior Living* werden Wohnmodelle verstanden, die zwischen selbstständigem Wohnen und stationärer Pflege angesiedelt sind. Sie ermöglichen älteren Menschen ein eigenverantwortliches Leben mit optionalen Unterstützungs-, Betreuungs- oder Serviceleistungen. Juristisch handelt es sich regelmäßig um Mietverhältnisse i. S. d. §§ 535 ff. BGB, ergänzt um schuldrechtlich gesonderte Dienst- oder Betreuungsverträge. Ziel dieser Wohnform ist die Verwirklichung von Wohnteilhabe unter Wahrung der Selbstbestimmung der Bewohnerinnen und Bewohner. Anders als im klassischen Heimrecht steht nicht die pflegerische Versorgung, sondern das Wohnen mit Wahlleistungen im Vordergrund. Sofern die angebotenen bzw. vorgehaltenen Dienstleistungen über allgemeine Unterstützungsleistungen hinausgehen, kommt die Eröffnung des Anwendungsbereichs des SächsWTG (und zivilrechtlich des WBVG) in Betracht.

98 Gesetzentwurf der Staatsregierung LT-Drs. 7/14987, Zu § 2 Zu Absatz 1, S. 43.

Zunächst ist zu berücksichtigen, dass die leistungsrechtliche Einordnung (SGB IX, SGB XI und SGB XII) von der ordnungsrechtlichen Einordnung (SächsWTG) strikt zu trennen ist.[99] Eine ambulante Leistungserbringung in einer Wohn-Pflege-Form und eine fehlende Zulassung nach § 72 Abs. 1 Satz 1 SGB XI haben keinen indiziellen Charakter dafür, dass es sich auch im landesgesetzlichen Ordnungsrecht um eine ambulante Versorgung handelt. Auch kommt es nicht darauf an, welche Begrifflichkeiten der Leistungsanbieter der Wohnraumüberlassung und des Pflege-, Assistenz- oder Betreuungsangebots verwendet[100] oder er subjektiv der Wohn-Pflege-Form zugrunde legt, wenn dies mit den objektiven Gegebenheiten nicht übereinstimmt.[101] Ob eine Wohn-Pflege-Form als „Seniorenresidenz", „Betreutes Wohnen", „Wohnstift", „Wohnheim", „Pflegeheim" oder „Wohngemeinschaft" o. Ä. bezeichnet wird, ist für die ordnungsrechtliche Qualifikation irrelevant; ebenso welche Leistungen dem Unternehmer durch die Kostenträger vergütet werden oder ob den Pflegebedürftigen ein Wohngruppenzuschlag gewährt wird.

Auch kommt es nicht darauf an, ob die Bewohner/Angehörigen eine „heimmäßige" Unterbringung wünschen oder nicht,[102] da sich der staatliche Schutzauftrag aus Gründen der öffentlichen (paternalistischen) Fürsorge unabhängig vom Willen des Einzelnen der Zielgruppe erstreckt.

Schließlich ist auch die Einordnung der abgeschlossenen oder abzuschließenden zivilrechtlichen Verträge – die allein das bürgerlich-rechtliche Verhältnis zwischen Unternehmer/Träger/ Leistungsanbieter und Verbraucher/Bewohner/Pflegekunde (B2C) regeln und sich ausschließlich nach den Vorgaben des BGB und ggf. dem Gesetz zur Regelung von Verträgen über Wohnraum mit Pflege- oder Betreuungsleistungen (WBVG) richten – nicht entscheidend für die (selbständige) ordnungsrechtliche Einordnung der Wohn-Pflege-Form im Verhältnis Unternehmer – Staat. Die zivilrechtliche Einordnung (WBVG, BGB) lässt die ordnungsrechtliche Qualifikation unberührt. Die durch bürgerlich-rechtliche Vereinbarungen angebotenen bzw. erbrachten Leistungen des Unternehmers bieten jedoch – anders als die bloße leistungsrechtliche Einordnung – Anhaltspunkte für den konkreten Leistungsumfang, der auch zur Beurteilung der ordnungsrechtlichen Einordnung relevant ist.[103]

99 OVG Bautzen, Urt. v. 10.09.2015 – 5 A 70/15 –, juris Rn. 38.

100 VGH Mannheim, Urt. v. 16.01.2020 – 6 S 1006/19 –, juris Rn. 36.

101 BVerwG, Beschl. v. 12.02.2004 – 6 B 70/03 –, juris Rn. 5; vgl. auch VGH Mannheim, Urt. v. 12.09.2003 – 14 S 718/03 –, juris Rn. 36; VG Karlsruhe, Beschl. v. 12.04.2024 – 2 K 411/24 –, juris Rn. 36 („Es kommt dabei allerdings nicht auf den vom Träger ausgesprochen oder unausgesprochen mit der Einrichtung verfolgten Zweck an, wenn dieser nicht in den objektiven Gegebenheiten, namentlich der personellen und sächlichen Ausstattung der Einrichtung sowie den erbrachten Leistungen gegenüber den Bewohnern, zum Ausdruck kommt, sondern vielmehr auf den Zweck, dem die Einrichtung in Wirklichkeit dient").

102 OVG Lüneburg, Beschl. v. 25.05.2011 – 4 LA 306/08 –, juris Rn. 9 a. E.; vgl. auch VGH Mannheim, Urt. v. 12.09.2003 – 14 S 718/03 –, juris Rn. 36.

103 VGH Mannheim, Urt. v. 12.09.2003 – 14 S 718/03 –, juris Rn. 36 („Bei der rechtlichen Einordnung der Anlage ist deshalb auch in erster Linie hierauf abzustellen, ergänzend sind daneben aber auch die Aussagen der Beteiligten über deren faktische Handhabung von Bedeutung."); VG Karlsruhe, Beschl. v. 12.04.2024 – 2 K 411/24 –, juris Rn. 37 („sind insbesondere die mit den einzelnen Bewohnern geschlossenen Verträge heranzuziehen und daneben die Angaben der Beteiligten über den mit der Einrichtung angesprochenen Adressatenkreis und die dort tatsächlich erbrachten Leistungen zu berücksichtigen").

Definition Einrichtung

„Einrichtungen" – die über den Bereich leistungsrechtlich zugelassener vollstationärer Pflegeeinrichtungen nach § 72 Abs. 1 Satz 1 SGB XI (Pflegeheime) hinausgehen – sind nach Abs. 1 Einrichtungen für pflegebedürftige Volljährige und Volljährige mit psychischen Erkrankungen oder mit Behinderungen, die in ihrem Bestand unabhängig von Wechsel und Zahl der Bewohnerinnen und Bewohner (Abs. 1 Satz 2) dem Zweck dienen, diesen gegen Entgelt:

- Wohnraum zu überlassen und
- mit der Wohnraumüberlassung verpflichtend Betreuungs-, Assistenz- und Pflegeleistungen mit umfassendem Versorgungscharakter zur Verfügung zu stellen oder vorzuhalten (Abs. 1 Satz 1)

Das Vorliegen eines Heimbetriebs setzt nicht voraus, dass Wohnraumüberlassung (Unterkunft) sowie Betreuungs-, Assistenz- und Pflegeleistungen (Betreuung und Pflege) von einem Unternehmen übernommen werden.[104] Der Anwendbarkeit des SächsWTG kann sich nicht dadurch entzogen werden, dass durch rechtliche Konstruktion die heimmäßigen Leistungen aufgespalten und von mehreren Unternehmen – die jedoch zusammenwirken – erbracht werden. Lediglich wenn die Unternehmen nicht zusammenwirken und es damit an der heimmäßigen Verklammerung der Leistungen fehlt, liegt keine Einrichtung vor.

Nach Abs. 1 Satz 3 steht eine Einrichtung

- unter der Verantwortung eines Trägers und
- besteht aus organisatorisch zusammengefassten Wohnräumen an einem Standort.

Der Einrichtungsbegriff des SächsWTG orientiert sich – ohne die Terminologie zu übernehmen – an den Tatbestandsmerkmalen des „Heimbegriffs" nach dem abgelösten Heimgesetz des Bundes (§ 1 HeimG)[105]. Maßgebendes Kriterium im ordnungsrechtlichen Sinne ist zunächst die Zwecksetzung einer Einrichtung, älteren Menschen, pflegebedürftigen Volljährigen und Volljährigen mit psychischen Erkrankungen oder mit Behinderungen Wohnraum zu überlassen sowie mit der Wohnraumüberlassung verpflichtend Betreuungs-, Assistenz- und Pflegeleistungen mit umfassendem Versorgungscharakter zur Verfügung zu stellen oder vorzuhalten.[106] Abweichend von der bisherigen Regelung des Anwendungsbereichs nach § 2 Abs. 1 SächsBeWoG kommt es auf eine formalisierte „Aufnahme" des Bewohners nicht mehr an.

In der Gesetzesbegründung zum SächsWTG wird ausgeführt, dass Einrichtungen

> *„im Sinne des Gesetzes […] stationäre Pflegeeinrichtungen (Pflegeheime) im Sinne des § 71 Absatz 2 Nr. 1 Elftes Buch Sozialgesetzbuch, das heißt selbständig wirtschaftende*

104 VGH Mannheim, Urt. v. 06.07.2001 – 8 S 717/01 –, juris Rn. 22.

105 Heimgesetz in der Fassung der Bekanntmachung v. 05.11.2001 (BGBl. I S. 2970), das zuletzt durch Art. 3 Satz 2 des Gesetzes v. 29.07.2009 (BGBl. I S. 2319) geändert worden ist.

106 Zutreffend zur Abgrenzung einer ambulant betreuten Wohngemeinschaft von einer Einrichtung auf den Zweck abstellend OVG Bautzen, Beschl. v. 19.06.2024 – 6 B 31/24 –, juris Rn. 5.

Einrichtungen, in denen Pflegebedürftige unter ständiger Verantwortung einer ausgebildeten Pflegefachkraft ganztätig (stationär) untergebracht und gepflegt werden können"[107] sind. Der Verweis auf die leistungsrechtliche Zuordnung ist jedoch zu kurz gegriffen. Beim kumulativen Vorliegen der Tatbestandsmerkmale des Abs. 1 handelt es sich bei Wohn-Pflege-Formen um Einrichtungen i. S. d. SächsWTG.

Im ordnungsrechtlichen Sinne sind Einrichtungen:
- vollstationäre Pflegeeinrichtungen i. S. d. § 71 Abs. 2 SGB XI (§ 2 Abs. 1 Satz 1),
- besondere Wohnformen der Eingliederungshilfe,
- Service-Wohnen mit umfassendem Versorgungscharakter (Abs. 1 Satz 4).

Ebenfalls Einrichtungen – jedoch mit abweichenden Anforderungen an den Betrieb – sind:
- Kurzzeitpflegeeinrichtungen (einschließlich stationäre Verhinderungspflege) zur vorübergehenden Aufnahme bis zu 3 Monaten[108] (Abs. 2 Satz 2) und
- stationäre Hospize.

Diese Einrichtungen müssen keine Bewohnervertretung nach § 16 Abs. 1 vorhalten. Zudem gilt das Verbot des § 10 Abs. 1 (Verbot der Annahme zusätzlicher Leistungen) erweitert auch für Leistungen die Überlassung eines Platzes in der Einrichtung betreffend sowie für Leistungen zum Erwerb, zum Bau, zur Instandsetzung, zu Ausstattung oder zum Betrieb der Einrichtung (§ 10 Abs. 1 Nr. 3 und Abs. 3).

Keine Anwendung findet das Gesetz auf:
- Tages- und Nachtpflegeeinrichtungen (Anwendungsausschluss nach Abs. 2 Satz 3),
- Rehabilitationseinrichtungen,
- Krankenhäuser,
- (familiäres) Zusammenleben von Angehörigen und
- Service-Wohnen, bei dem lediglich allgemeine Unterstützungsleistungen vertraglich verpflichtend mit der Wohnraumüberlassung gekoppelt sind und
- ambulante Palliativ- und Hospizbetreuung

Der Qualifikation einer Wohn-Pflege-Form als „Einrichtung" steht nicht entgegen, dass die Tatbestandsmerkmale „Wohnraum überlassen" sowie „Pflege- oder Betreuungsleistungen" von zwei verschiedenen Rechtspersonen erbracht werden.[109] Das SächsWTG ordnet nicht an, dass die Leistungen „aus einer Hand" erbracht werden müssen.

Es kommt auch nicht darauf an, ob eine (zivil-)rechtliche Gestaltung der Wohn-Pflege-Form gewählt wird, die formal darauf ausgerichtet ist, die Anwendung des SächsWTG auszuschließen, wenn sich die tatsächlichen Verhältnisse – und nur darauf kommt es im ordnungsrechtlichen

107 Gesetzentwurf der Staatsregierung LT-Drs. 7/14987, zu § 2 Zu Absatz 1, S. 43.

108 Leistungsrechtlich ist die Kurzzeitpflege nach § 42 SGB XI auf 8 Wochen/Kalenderjahr begrenzt. Die Regelung des SächsWTG folgt § 1 Abs. 4 (Bundes-)HeimG.

109 OVG Bautzen, Urt. v. 10.09.2015 – 5 A 70/15 –, juris Rn. 31.; vgl. auch OVG Lüneburg, Beschl. v. 25.05. 2011 – 4 LA 306/08 –, juris Rn. 6; Gesetzentwurf der Staatsregierung LT-Drs. 7/14987, zu § 2 Zu Absatz 1, S. 45.

Sinne entsprechend dem Schutzzweck des Gesetzes an – gleichwohl wie in einem Heim darstellen.[110] Ein auf eine „heimmäßige" Versorgung gerichteter Zweck der Wohn-Pflege-Form liegt dann vor, wenn nach den objektiven Gegebenheiten das Angebot für Unterkunft, Pflege und/oder Betreuung/Assistenz Bestandteil einer dem Bewohner der Wohn-Pflege-Form gewährten „Versorgungsgarantie und Rundumversorgung"[111] ist.

Im Rahmen eines solchen Gesamtkonzepts wird durch die vom Gesetzgeber stillschweigend weiterhin als ungeschriebenes Tatbestandsmerkmal vorausgesetzte „Aufnahme" eine Verklammerung der Leistungen der Wohnraumüberlassung und der Pflege, Betreuung oder Assistenz erreicht. Sowohl in Abs. 2 Satz 1 Halbsatz 2 („vorübergehende Aufnahme") als auch in der Gesetzesbegründung geht der Landesgesetzgeber weiterhin davon aus, dass eine „Aufnahme" in eine Einrichtung als prägendes Merkmal erforderlich ist.[112] In Abgrenzung zu (anbieterverantworteten) ambulant betreuten Wohngemeinschaften i. S. d. § 3, in denen die Bewohner in einer „Haushaltsgemeinschaft" leben, handelt es sich bei einer „Einrichtung" um eine organisatorisch selbständige, an einem Standort befindliche, zusammengefasste Einheit personeller und sächlicher Mittel mit einheitlich gesteuerter Leitungsstruktur und Personalplanung. Auf einen formalisierten „Aufnahmeakt" kommt es hingegen nicht an, wobei – im Umkehrschluss – das Vorliegen eines solchen starkes Indiz für einen tatsächlichen Betrieb einer „Einrichtung" ist.

Dabei kommt es im Rahmen einer Gesamtbetrachtung darauf an, ob durch die objektiven Gegebenheiten, namentlich der sächlichen und personellen Ausstattung der Wohn-Pflege-Form, sowie den erbrachten Leistungen gegenüber den Bewohnern und der damit verbundenen strukturellen Abhängigkeit und fehlenden Autonomie der Bewohner[113], zum Ausdruck kommt, dass ein heimmäßiger Betrieb vorliegt.[114] Der Gesetzgeber bezeichnet die Verklammerung der Leistungen in der Gesetzesbegründung als Leistungserbringung „*wie* aus einer Hand".[115]

Bei getrennten Verträgen bzw. mehreren Leistungsanbietern ist entscheidend, ob eine Abhängigkeit zwischen der Wohnraumüberlassung und der Erbringung von Betreuungs-, Assistenz- und Pflegeleistungen, die geeignet ist, die freie Leistungswahl durch den Leistungsberechtigten einzuschränken, vorliegt. Eine Abhängigkeit liegt vor, wenn zwischen dem Anbieter des

110 In einem *obiter dictum* hat das OVG Bautzen, Beschl. v. 19.06.2024 – 6 B 31/24 –, juris Rn. 5 a. E. angemerkt, dass ein „Mietvertrag über eine Einraumwohnung mit Küche und Bad kein tauglicher Beleg dafür ist, dass die Bewohner der ambulant betreuten Wohngemeinschaft (entsprechend ihrer Bestätigung) nicht mit Abschluss ihrer Mietverträge zugleich zur Inanspruchnahme eines bestimmten Pflegedienstes verpflichtet wurden" vgl. auch bereits zur alten – insoweit wortgleichen – bundeseinheitlichen Regelung des § 1 Abs. 1 Satz 2 HeimG VG Kassel, Beschl. v. 17.05.2011 – 5 L 335/11.KS –, juris Rn. 11 ff.; vgl. auch VGH Mannheim, Urt. v. 12.09.2003 – 14 S 718/03 –, juris Rn. 36 ff.

111 OVG Lüneburg, Beschl. v. 25.05.2011 – 4 LA 306/08 –, juris Rn. 6 a. E.; vgl. auch VGH Mannheim, Urt. v. 12.09.2003 – 14 S 718/03 –, juris Rn. 42 zu § 1 Abs. 1 Satz 2 HeimG („charakteristische Einbindung in die Einrichtung im Wege einer Rundumversorgung").

112 Gesetzentwurf der Staatsregierung LT-Drs. 7/14987, Zu § 10 Zu Absatz 2 Zu Nummer 4 S. 60.

113 Vgl. hierzu LT-Drs. 16/2493, Ziff. 1.3 (Inhaltliche Schwerpunkte) S. 14.

114 Vgl. bereits zur alten – insoweit wortgleichen – bundeseinheitlichen Regelung des § 1 Abs. 1 Satz 2 HeimG BVerwG, Beschl. v. 12.02.2004 – 6 B 70/03 –, juris; Lipp/Ohrt, Betreutes Wohnen als „Heim"?, BTPrax 6/2005, S. 209 ff.

115 Gesetzentwurf der Staatsregierung LT-Drs. 7/14987, Zu § 2 Zu Absatz 1 S. 45

Wohnraums und dem/den Dienstleistungsanbieter(n) eine rechtliche oder tatsächliche Verbundenheit besteht, die geeignet ist, die Entscheidungsfreiheit der Bewohner hinsichtlich der Wahl ihrer Wohn-Pflege-Form zu beeinträchtigen. Eine bloße wirtschaftliche Abhängigkeit genügt hingegen nicht.[116] Diese Definition folgt dem allgemeinen heimgesetzlichen Grundsatz der Trennung von Wohnen und Betreuung, der auf die Sicherung der Selbstbestimmung der Leistungsberechtigten zielt.

Eine solche Verbundenheit zwischen den Leistungsanbietern ist insbesondere anzunehmen, wenn

- Personenidentität besteht, etwa bei Identität der natürlichen oder juristischen Person oder des (Allein-)Gesellschafters sowohl beim Wohnraumanbieter als auch beim Dienstleistungsanbieter
- gesellschafts- oder handelsrechtliche Verflechtungen vorliegen, insbesondere in Form von Tochter-, Mutter- oder Schwesterunternehmen, Beherrschungs- oder Gewinnabführungsverträgen oder faktischen Konzernstrukturen (§§ 15 ff. AktG analog)
- Angehörigenverhältnisse i. S. d. § 20 Abs. 5 VwVfG bestehen (z. B. Ehegatten, Lebenspartner, Eltern-Kind-Verhältnis, Geschwister),
- vertragliche oder tatsächliche Einflussmöglichkeiten bestehen, etwa durch langfristige Pacht-, Gestattungs- oder Kooperationsverträge, gemeinsame Marken- oder Internetauftritte, abgestimmte Werbung oder die Verpflichtung, ausschließlich die Leistungen eines bestimmten Dienstleistungsanbieters in Anspruch zu nehmen.

In der Gesamtschau ist maßgeblich, ob eine objektiv erkennbare Einflussmöglichkeit des einen Leistungserbringers auf den anderen Leistungserbringer besteht, die geeignet ist, die Entscheidungsfreiheit der Leistungsberechtigten einzuschränken. Dabei kommt es – wie auch sonst im Gefahrenabwehrrecht – nicht auf die formale gesellschaftsrechtliche Trennung, sondern auf die tatsächlichen und organisatorischen Gegebenheiten an.

Träger und Leistungsanbieter

Leistungsanbieter einer leistungsrechtlich ambulant betreuten Wohngemeinschaft ist jeweils der Träger des ambulanten Pflege- oder Betreuungsdienstes, der die Dienstleistungen erbringt oder erbringen will. In einer „Einrichtung“ ist Träger derjenige, der die Einrichtung (faktisch) in eigenem Namen betreibt oder betreiben will oder die Aufnahme des Betriebs vorbereitet. In einer nach Leistungsrecht zugelassenen oder ordnungsgemäß angezeigten stationären Einrichtung ist der Träger derjenige, der sich als solcher benennt. Wird mangels Anzeige oder Zulassung im leistungsrechtlichen Sinne kein Träger benannt, so ist diejenige natürliche oder juristische Person oder Personenvereinigung Träger, die die Einrichtung in ihrem Namen, auf ihre Rechnung und in eigener Verantwortung führt (vgl. § 2 Satz 1 Verordnung über die Pflichten der Träger von Altenheimen, Altenwohnheimen und Pflegeheimen für Volljährige im Falle der Entgegennahme von Leistungen zum Zweck der Unterbringung eines Bewohners

116 Gesetzentwurf der Staatsregierung LT-Drs. 7/14987, Zu § 2 Zu Absatz 1, S. 45; vgl. auch § § 3 Abs. 2 Satz 3 und 4 ThürWTG

oder Bewerbers – HeimsicherungsV). Entscheidend ist, wer die unmittelbare tatsächliche Entscheidungsgewalt über den Betrieb der Einrichtung innehat und die wirtschaftlichen Risiken trägt.[117] Das Gesetz misst der Erbringung der Pflege- oder Betreuungsleistungen im Verhältnis zur Überlassung von Wohnraum eine vorrangige Bedeutung zu, die es rechtfertigt, den Pflege- oder Betreuungsdienst als faktischen Träger in die Pflicht zu nehmen.

Dienstleister ist, wer Hilfe, Betreuung und Assistenz für ältere Menschen, pflegebedürftige Volljährige und Volljährige mit psychischen Erkrankungen oder mit Behinderungen erbringt, um ihre Alltagsfähigkeiten zu erhalten oder zu verbessern.

Ambulant betreute Wohngemeinschaften als „Quasi-Einrichtungen"

Nach § 3 Abs. 3 Satz 4 gelten ebenfalls ambulant betreute Wohngemeinschaften als Einrichtungen nach Abs. 1, wenn in „unmittelbarer räumlicher Nähe" Wohnraum für mehr als 24 Bewohner bereitgestellt wird. Es handelt sich um Quasi-Einrichtungen, die zwar nicht die Kriterien der Einrichtung nach Abs. 1 Satz 1, nämlich die Kopplung der Wohnraumüberlassung mit Betreuungs-, Assistenz- und Pflegeleistungen mit umfassendem Versorgungscharakter erfüllen, die jedoch gleichwohl nach dem Willen des Gesetzgebers den Anforderungen an Einrichtungen aufgrund ihrer Größe unterworfen werden sollen.

Der Begriff „Einrichtung" ist seit jeher in der Rechtssprache der Oberbegriff für „Anstalten", „Heime" und „gleichartige Einrichtungen". Dabei handelt es sich um einen in einer besonderen Organisationsform zusammengefassten Bestand von personellen und sächlichen Mitteln unter verantwortlicher Trägerschaft, der auf gewisse Dauer angelegt und für einen wechselnden Personenkreis zugeschnitten ist. Hinzu kommt die räumliche Bindung an ein Gebäude.[118] Das Gebäude bildet die funktional wesentliche Betriebsgrundlage einer „Einrichtung".

Das Kriterium der „unmittelbarer räumlicher Nähe" greift die Bindung an ein Gebäude auf und zielt ausschließlich auf den räumlichen Verbund ab. In § 2 Abs. 2 Satz 3 Nr. 4 SächsBeWoG war noch von „unmittelbarer räumlicher Nähe und organisatorischem Verbund" die Rede. Dadurch, dass der Gesetzgeber das Kriterium des „organisatorischen Verbunds" gestrichen hat, ist für die Auslegung des unbestimmten Rechtsbegriffs nur noch auf den (unmittelbaren) räumlichen Verbund abzustellen. Nach der Gesetzesbegründung gilt in der Regel als räumliche Nähe: „[…] dasselbe Gebäude und mehrere Gebäude (und deren Nebengebäude/Nebenanlagen), die sich auf demselben Grundstück befinden, als auch räumlich überschaubare und zusammenhängende Gelände".[119]

Sinn und Zweck der Regelung ist es, Wohngemeinschaften hinsichtlich der Platzzahl zu limitieren, da der Landesgesetzgeber diese Wohn-Pflege-Form als „kleinteilige Wohnform"

117 OVG Bautzen, Urt. v. 10.09.2015 – 5 A 70/15 –, juris Rn. 47.
118 Für die Definition der Einrichtung i. S. d. Sozialhilferechts LSG Essen, Urt. v. 28.10.2024 – L 20 SO 362/22 –, juris Rn. 64.
119 Gesetzentwurf der Staatsregierung LT-Drs. 7/14987, zu § 35 Abs. 3, S. 95.

ansieht.[120] Hierbei kommt es – abweichend zur alten Regelung nach dem SächsBeWoG – auf eine wertende Gesamtbetrachtung hinsichtlich eines „organisatorischen Verbunds", nämlich ob es sich bei den Wohngemeinschaften um jeweils selbständige Wohngemeinschaften handelt, nicht mehr an.

In der SächsWTVO wird das Merkmal der „räumlichen Nähe" ebenfalls aufgegriffen. Zum einen müssen sich nach § 6 Abs. 1 Satz 5 SächsWTVO Gemeinschafträume in „räumlicher Nähe zu den Wohnräumen" befinden, zum anderen kann nach § 49 Abs. 2 Nr. 1 SächsWTVO ein Nachtbetreuungskonzept genutzt werden, wenn sich die Wohngemeinschaften „im gleichen [sic!] Gebäude in unmittelbarer räumlicher Nähe zueinander" befinden. Die Unterscheidung zwischen „räumlicher Nähe" im gleichen Gebäude und sonst räumlicher Nähe verdeutlicht, dass „räumliche Nähe" i. S. d. § 3 Abs. 3 Satz 3 deutlich weiter – nämlich auch Bereiche außerhalb des Gebäudes – erfasst. Räumliche Nähe liegt daher dann vor, wenn die Wohngemeinschaften in einem örtlich relevanten Bezug zueinanderstehen. Dieser örtlich relevante Bezug wird beispielsweise durch eine Straße, einen Platz, einen Fluss oder sonst eine räumliche Barriere unterbrochen. Nicht unterbrochen wird der örtlich relevante Bezug jedoch durch eine Wiese zwischen zwei Wohngemeinschaften, die von beiden gemeinsam genutzt werden kann. Im Rahmen einer wertenden Gesamtbetrachtung kommt es maßgeblich darauf an, ob eine Interaktion der Wohngemeinschaften untereinander möglich oder aufgrund der örtlichen Entfernung nicht problemlos möglich ist. Auf die personellen Strukturen sowie ggf. einheitliche Leitungsstrukturen kommt es indes entgegen der Vorgängerregelung des SächsBeWoG („organisatorischer Verbund") nicht an.

Beispielsweise liegen Wohngemeinschaften desselben Leistungsanbieters, die sich auf einem Pflege-Campus, in einem Quartier oder einem Dreiseithof befinden in unmittelbarer räumlicher Nähe zueinander.[121] Hingegen ist die Wohngemeinschaft auf der anderen Straßenseite nicht mehr in räumlicher Nähe befindlich, da die räumliche Barriere den örtlich relevanten Bezug unterbricht. Daran ändert auch eine Überquerungsmöglichkeit für Fußgänger nichts. Eine rein bauliche Trennung innerhalb eines Gebäudes unterbricht die räumliche Nähe jedoch nicht. Soweit sich Wohngemeinschaften im selben Gebäude befinden, liegen sie unweigerlich im räumlichen Verbund unabhängig davon, ob sie durch Feuerschutztüren, separate Eingänge oder Treppenhäuser getrennt sind. Damit kann „Umgehungsversuchen" entgegengewirkt werden, bei denen von einem Leistungsanbieter Wohnraum und Dienstleistungen in einem Gebäude für künstlich aufgespaltene Wohngemeinschaften zur Verfügung gestellt wird, gleichwohl dies den Anforderungen des Abs. 1 Satz 1 entsprechen dürfte.

Sofern die Wohngemeinschaften in räumlicher Nähe jedoch von verschiedenen Leistungsanbietern betreut werden, bleiben sie selbständig. Ebenso bleiben die Wohngemeinschaften

120 Gesetzentwurf der Staatsregierung LT-Drs. 7/14987, S. 49.

121 Zur Vorgängerregelung des § 2 Abs. 2 Satz 3 Nr. 4 SächsBeWoG („unmittelbarer räumlicher Nähe und organisatorischem Verbund") hat das OVG Bautzen, Beschl. v. 19.06.2024 – 6 B 31/24 –, juris Rn. 12 ausgeführt, dass auch eine „'Weitläufigkeit' des Gebäudekomplexes, in dem sich auch noch weitere Mieter befinden" die unmittelbare räumliche Nähe nicht ausschließt.

selbständig, wenn diese zwar durch denselben Leistungsanbieter betreut werden, dieser jedoch keinen Wohnraum zur Verfügung stellt, also nicht der Vermieter ist.

Leistungsanbieter i. S. d. SächsWTG ist nämlich nach der ausdrücklichen Regelung des § 3 Abs. 3 Satz 2 nur, wer gemeinschaftlich mit einer anderen natürlichen oder juristischen Person im Rahmen unternehmerischer Tätigkeit älteren Menschen, pflegebedürftigen Volljährigen und Volljährigen mit psychischen Erkrankungen oder mit Behinderungen innerhalb von anbieterverantworteten ambulant betreuten Wohngemeinschaften Pflege-, Assistenz- oder Betreuungsleistungen anbietet und dafür die bauliche, organisatorische und wirtschaftliche Verantwortung übernimmt. Das Vermieten von Wohnraum ist nicht aufgeführt.

§ 3 Abs. 3 Satz 3 stellt sodann klar, dass es bei der Kapazitätsgrenze von 24 Personen indes auf das Bereitstellen von Wohnraum ankommt. Der Leistungsanbieter der Pflege-, Assistenz- oder Betreuungsleistungen kann jedoch nur dann Wohnraum bereitstellen, wenn er als Eigentümer oder Vermieter über die Wohnraumüberlassung verfügen kann. Der Vermieter ist allerdings nach der insoweit eindeutigen Regelung des § 3 Abs. 3 Satz 2 SächsWTG kein (ordnungsrechtlicher) Leistungsanbieter, wenn er nicht auch Pflege-, Assistenz- oder Betreuungsleistungen anbietet.

Die gesamte Regelung zur Kapazitätsgrenze der ambulant betreuten Wohngemeinschaften ist nur schwer verständlich und nicht gelungen. Sie schafft mehr Unsicherheiten und Auslegungsschwierigkeiten als dem Ziel nach Rechtssicherheit zu entsprechen. Die Vorgängerregelung des SächsBeWoG stellte noch darauf ab, ob sich die ambulanten betreuten Wohngemeinschaften in räumlicher Nähe und organisatorischem Verbund „befinden". Nach der nun eindeutigen Regelung des Bereitstellens des Wohnraums liegt es so, dass bei einer Trennung der Miet- und Pflegeverträge durch verschiedene Leistungsanbieter die Wohngemeinschaften in unmittelbarer räumlicher Nähe im ordnungsrechtlichen Sinne nicht mehr als Einrichtung gelten. Zusammenfassend gilt daher:

- Bereitstellen von Wohnraum und Pflege-, Assistenz- oder Betreuungsleistungen für mehr als 24 Personen im räumlichen Verbund führt zu einer Qualifikation der betroffenen (leistungsrechtlich ambulant betreuten) Wohngemeinschaften als Einrichtung i. S. d. Abs. 1. Hierfür kommt es auch nicht darauf an, ob alle „Plätze" belegt sind. Das „Bereitstellen", also Vorhalten, ist ausreichend.
- Bereitstellen von Wohnraum durch einen Vermieter, der nicht der Dienstleistungsanbieter der Pflege-, Assistenz- oder Betreuungsleistungen ist, führt nicht zur Qualifikation als Einrichtung, ungeachtet der Frage, wie viele „Plätze" bereitgestellt werden. Voraussetzung ist eine Trennung der Verträge über die Erbringung der Pflege-, Assistenz- und Betreuungsleistungen einerseits und dem Vertrag über die Wohnraumüberlassung andererseits nach § 3 Abs. 2 Satz 2 Nr. 1.

Abgrenzung „Einrichtung" und „stationäre Pflegeeinrichtung"

Mit Blick auf die einzelnen Anforderungen des SächsWTG an Einrichtungen ist zwischen „Einrichtungen" und „stationären Pflegeeinrichtungen" (vgl. § 7 Abs. 1 Satz 2 Nr. 6) zu differenzieren. Es ist zu berücksichtigen, dass „Einrichtungen“ nach Abs. 1 Satz 4 (Formen des Service-Wohnens) und nach § 3 Abs. 3 Satz 3 und 4 (Quasi-Einrichtung aus mehreren anbieterverantworteten ambulant betreuten Wohngemeinschaften) ungeachtet dessen, dass diese Einrichtungen nach Abs. 1 sind, keine (stationäre) Pflegeeinrichtung i. S. d. § 71 SGB XI werden. Zutreffend differenziert das SächsWTG daher im Bereich der Personalanforderungen an das Leitungspersonal nach § 15 zwischen diesen beiden Einrichtungsformen. Demnach muss jede „Einrichtung“ unter der Leitung einer persönlich und fachlich geeigneten Person stehen (Einrichtungsleitung) – unabhängig davon, ob es sich um eine stationäre Pflegeeinrichtung, ein Service-Wohnen (§ 2 Abs. 2 Satz 4) oder einen Zusammenschluss mehrerer Wohngemeinschaften (§ 3 Abs. 3 Satz 3 und 4) handelt. „Stationäre Pflegeeinrichtungen“ müssen darüber hinaus über eine verantwortliche Pflegefachkraft (Pflegedienstleitung) im Sinne des § 71 Absatz 3 SGB XI verfügen. Diese Anforderung gilt für anbieterverantwortet ambulante betreute Wohngemeinschaften und Formen des Service-Wohnens nicht, sofern neben der Überschreitung der Kapazitätsgrenze oder der angebotenen nicht nur allgemeinen Unterstützungsleistungen nicht noch die weiteren Merkmale einer stationären Pflegeeinrichtung nach Abs. 1 – wie insbesondere der umfassende Versorgungscharakter – kumulativ erfüllt sind.

Anwendungsausschluss für Service-Wohnen

Auf die klassischen Formen des Service-Wohnens, bei denen neben der Wohnraumüberlassung verpflichtend nur allgemeine Unterstützungs- (nicht Betreuungs-)leistungen an den Mietvertrag gekoppelt sind, ist der Anwendungsbereich des SächsWTG nicht eröffnet. Allgemeine Unterstützungsleistungen sind nur solche, die nicht vom Leistungsumfang der Pflege, Assistenz und Betreuung umfasst sind. Beispielhaft („wie“) sind dies nach dem Gesetzeswortlaut Notrufdienste, die Vermittlung von Dienst- und Pflegeleistungen, Leistungen der hauswirtschaftlichen Versorgung oder Informationen und Beratungsleistungen. Zudem werden in Abs. 1 Satz 4, der die allgemeinen Unterstützungsleistungen beschreibt, auch „Betreuungsleistungen“ genannt. Es ist unklar, ob dies ein Redaktionsversehen ist. Denn im zweiten Teil des Satzes, der Leistungen, die zur Qualifikation als Einrichtung führen, nennt, werden ebenfalls „Pflege-, Assistenz- oder Betreuungsleistungen“ genannt. Die Formulierung ist sprachlich widersprüchlich, aber systematisch so auszulegen, dass zwischen allgemeinen, niedrigschwelligen Dienstleistungen (allgemeine Unterstützungsleistungen) und verpflichtend abnahmegebundenen, personenbezogenen Pflege- oder Betreuungsleistungen unterschieden wird. Nur letztere begründen die Einstufung als Einrichtung. Die sich aus dem WBVG ergebende Abgrenzung zur Definition von „allgemeinen Unterstützungsleistungen“ zielt auf eine Abgrenzung der „Unterstützungsleistungen“ von den – leistungsrechtlich definierten – Pflege- und Betreuungsleistungen. Der sächsische Gesetzgeber hat nunmehr jedoch normiert, dass auch Betreuungsleistungen als „allgemeine Unterstützungsleistungen“ anzusehen sind. Grundsätzlich steht es dem Landesgesetzgeber offen, den Anwendungsbereich des „Service-Wohnens“ weiter zu fassen als der Bundesgesetzgeber im WBVG. Ob dies so gewollt war, lässt sich anhand der Gesetzesbegründung nicht zweifelsfrei nachvollziehen. Im Referentenentwurf, der auch zur Bürgerbeteiligung stand, war der Ausschluss des Service-Wohnens nicht ausdrücklich normiert. Dieser ergab sich allein bei einer negativen Abgrenzung vom Einrichtungsbegriff aus dem Nicht-Vorliegen der Tatbestandsmerkmale des Abs. 1. In der Begründung hieß es jedoch: „Das Sächsische Wohnteilhabegesetz findet bei Erfüllen der Kriterien weiterhin Anwendung auf Unterkünfte [...], sofern diese Betreuungsleistungen erhalten"[122] Der Gesetzgeber wollte damit – wohl dem WBVG folgend – Betreuungsleistungen nicht als allgemeine Unterstützungsleistungen ansehen. Denkbar wäre, dass der Landesgesetzgeber eigentlich „Vermittlung von Dienst-, Pflege- und Betreuungsleistungen" statt, „Vermittlung von Dienst- und Pflegeleistungen, Betreuungsleistungen" normieren wollte. Im ersten Referentenentwurf (Stand 20.12.2022) wurde unter § 8 Abs. 1 Satz 3 SächsWTG-E vorgeschlagen: „Werden über [...] allgemeine Unterstützungsleistungen hinausgehend erforderliche Pflege- und Betreuungsleistungen [...] mit angeboten und sind diese [...] nicht frei wählbar, handelt es sich nicht um Betreutes Wohnen".

Unter Berücksichtigung der nachfolgenden Formulierung im Abs. 1 Satz 4 („hinausgehende Pflege-, Assistenz- oder Betreuungsleistungen") kann davon ausgegangen werden, dass es sich um ein bloßes Redaktionsversehen handelt.

Neben den o. g. allgemeinen Unterstützungsleistungen sind jedoch auch ein Concierge-Service, Fahr- und Begleitdienste, Sicherheitsdienste und die Vermittlung von Betreuungsleistungen allgemeine Unterstützungsleistungen.[123]

Der Ausschluss des Service-Wohnens nach Abs. 1 Satz 4 führt in der Praxis für Leistungsanbieter von ambulant betreuten Wohngemeinschaften zu einem Dilemma. Zum einen kann eine 24-Stunden-Betreuung in der Wohngemeinschaft zur Anwendbarkeit der Anforderungen an Einrichtungen führen[124], zum anderen muss nach § 21 Abs. 1 Satz 1 Nr. 3 die ständige Anwesenheit einer zur Erbringung allgemeiner Unterstützungsleistungen geeigneten Person gewährleistet sein. Eine ständige Präsenz einer solchen (Unterstützungs-)Person ist aber schon keine allgemeine Unterstützungsleistung mehr, sondern eine spezielle Rund-um-die-Uhr-Betreuungsleistung.[125]

Anwendungsausschluss für Tages-/Nachtpflege (Abs. 2)

Auf (teilstationäre) Tages- und Nachtpflegeeinrichtungen i. S. d. § 41 Abs. 1 SGB XI findet das Gesetz keine Anwendung.

122 Referentenentwurf zum SächsWTG, S. 51, online abrufbar unter https://buergerbeteiligung.sachsen.de/portal/download/resources/beteiligung/1036498/gegenstand/1055878/datei/3139816_0/Entwurf+Gesetz+zur+Reform+des+Sächsischen+Heimrechts.pdf

123 Siehe hierzu auch § 1 WBVG.

124 Siehe insoweit Referentenentwurf zum SächsWTG S. 54, online abrufbar unter https://buergerbeteiligung.sachsen.de/portal/download/resources/beteiligung/1036498/gegenstand/1055878/datei/3139816_0/Entwurf+Gesetz+zur+Reform+des+Sächsischen+Heimrechts.pdf

125 Siehe eingehend unter § 21 SächsWTG.

Umwandlung von stationären Einrichtungen in ambulante Wohn-Pflege-Form (Ambulantisierung)

Falls eine bestehende (stationäre) Einrichtung i. S. d. Abs. 1 in eine (anbieterverantwortete) ambulant betreute Wohngemeinschaft umgewandelt werden soll, ist es Aufgabe der Heimaufsicht, im Rahmen der Anzeige der Betriebsumstellung, das heißt der Betriebseinstellung und der (neuen) Betriebsaufnahme, zu prüfen, ob es sich bei der Einrichtung ungeachtet des Willens des Trägers und dessen umgestellten Konzepts nicht doch weiterhin um eine Einrichtung handelt. Die Pflegekassen ihrerseits haben bei der Kündigung bzw. einvernehmlichen Aufhebung des Versorgungsvertrages für die vollstationäre Pflege und dem Abschluss eines neuen erforderlichen Versorgungsvertrages für die ambulante Leistungserbringung zu prüfen, ob die jeweiligen Zulassungsvoraussetzungen als ambulante Pflegeeinrichtung gegeben sind.

§ 3
Ambulant betreute Wohngemeinschaften

(1) [1]Eine ambulant betreute Wohngemeinschaft besteht aus drei bis zwölf volljährigen pflegebedürftigen Menschen oder Volljährigen mit psychischen Erkrankungen oder mit Behinderungen, die zusammen in einem Haushalt leben und dort externe Pflege-, Assistenz- oder Betreuungsleistungen in Anspruch nehmen. [2]Eine ambulant betreute Wohngemeinschaft kann selbstverantwortet oder anbieterverantwortet sein.

(2) [1]Eine selbstverantwortete ambulant betreute Wohngemeinschaft liegt vor, wenn sie von Leistungsanbietern unabhängig ist. [2]Dies ist insbesondere der Fall, wenn

1. **die Verträge über die Erbringung der Pflege-, Assistenz- und Betreuungsleistungen einerseits und der Vertrag über die Wohnraumüberlassung andererseits rechtlich und tatsächlich in ihrem Bestand voneinander unabhängig sind,**
2. **die Bewohnerinnen und Bewohner bei der Wahl und dem Wechsel der Leistungsanbieter frei sind,**
3. **die Leistungsanbieter der Pflege-, Assistenz- oder Betreuungsleistungen keine eigenen Büroräume in der ambulant betreuten Wohngemeinschaft haben,**
4. **die ambulant betreute Wohngemeinschaft baulich, organisatorisch und wirtschaftlich selbstständig, insbesondere kein Bestandteil einer Einrichtung ist und**
5. **die Bewohnerinnen und Bewohner das Zusammenleben und die Alltagsgestaltung in der ambulant betreuten Wohngemeinschaft selbst bestimmen und verantworten.**

[3]In der selbstverantworteten ambulant betreuten Wohngemeinschaft wird die interne Qualitätssicherungsfunktion durch ein Selbstbestimmungsgremium sichergestellt. [4]Mitglieder des Selbstbestimmungsgremiums sind ausschließlich die Bewohnerinnen und Bewohner sowie für den Fall, dass diese ihre Angelegenheiten nicht mehr selbstständig regeln können, ihre rechtlichen Vertreterinnen und Vertreter. [5]Das Selbstbestimmungsgremium kann auch beratende, nicht stimmberechtigte Mitglieder haben. [6]Die Selbstbestimmung und die Selbstverantwortung nach Satz 2 Nummer 5 schließen auch das ge-

meinschaftliche Hausrecht in Bezug auf gemeinsam genutzte Räume und Flächen und das gemeinschaftliche Bestimmungsrecht hinsichtlich der Gestaltung und Möblierung der Gemeinschaftsräume und -flächen ein. [7]Neue Bewohnerinnen und Bewohner dürfen nicht gegen den Willen der bereits in der Wohngemeinschaft lebenden Bewohnerinnen und Bewohner aufgenommen werden. [8]Leistungsanbieter dürfen auf einzelne oder gemeinschaftliche Entscheidungen keinen bestimmenden Einfluss haben. [9]Wirkt bei der Gründung einer ambulant betreuten Wohngemeinschaft ein Leistungsanbieter für einen Zeitraum von höchstens sechs Monaten bestimmend mit, kann diese selbstverantwortet sein, wenn nach dieser Zeit die nach Satz 2 Nummer 1 bis 5 genannten Voraussetzungen vorliegen.

(3) [1]Eine anbieterverantwortete ambulant betreute Wohngemeinschaft liegt vor, wenn sie von einem Leistungsanbieter abhängig ist. [2]Leistungsanbieter ist, wer gemeinschaftlich mit einer anderen natürlichen oder juristischen Person im Rahmen unternehmerischer Tätigkeit älteren Menschen, pflegebedürftigen Volljährigen und Volljährigen mit psychischen Erkrankungen oder mit Behinderungen innerhalb von anbieterverantworteten ambulant betreuten Wohngemeinschaften Pflege-, Assistenz- oder Betreuungsleistungen anbietet und dafür die bauliche, organisatorische und wirtschaftliche Verantwortung übernimmt. [3]Der Leistungsanbieter darf in unmittelbarer räumlicher Nähe Wohnraum für höchstens 24 Bewohnerinnen und Bewohner in ambulant betreuten Wohngemeinschaften bereitstellen. [4]Andernfalls handelt es sich um eine Einrichtung nach § 2 Absatz 1. [5]In der Anzeige nach § 7 Absatz 2 hat der Leistungsanbieter die konzeptionelle Ausrichtung der Wohngemeinschaft und die tatsächliche Bewohnerstruktur bei Einzug der Bewohnerinnen und Bewohner darzulegen.

(4) Um keine ambulant betreute Wohngemeinschaft handelt es sich, wenn verheiratete, verwandte oder in einer Partnerschaft lebende Personen in einem gemeinsamen Haushalt leben.

Allgemeines

Ambulant betreute Wohngemeinschaften nach § 3 sind neben den Einrichtungen nach § 2 die zweite Wohn-Pflege-Form, die dem Anwendungsbereich des SächsWTG unterfällt. Dabei findet auf *selbstverantwortete* ambulant betreute Wohngemeinschaften nur ein abgestuftes Ordnungsrecht Anwendung (Anzeigepflichten, Pflichtberatung, § 23 Abs. 2). Im Übrigen sind diese frei in der Gestaltung des Zusammenlebens, der Auswahl und der Gestaltung der Räumlichkeiten für die Wohngemeinschaft sowie der Organisation der Pflege, Betreuung und Assistenz (§ 18 Satz 1).

Definition ambulant betreute Wohngemeinschaften (Abs. 1)

Ambulant betreute Wohngemeinschaften sind nach Abs. 1 räumlich-organisatorische Zusammenschlüsse von drei bis zwölf volljährigen pflegebedürftigen Menschen oder Volljährigen mit psychischen Erkrankungen oder mit Behinderungen (bei Intensivpflegepatienten bereits ab zwei Personen, § 4), die in einem gemeinsamen Haushalt externe Pflege-, Assistenz- oder Betreuungsleistungen in Anspruch nehmen. Dabei unterscheidet das SächsWTG – anders als bisher in § 2 Abs. 2 und 3 SächsBeWoG – zwischen anbieterverantworteten und selbstverantworteten Wohngemeinschaften und stellt maßgeblich darauf ab, wer die Qualitätssicherung (Verantwortung) – Selbstbestimmungsgremium oder Leistungsanbieter – trägt. Wesentliches Merkmal in Abgrenzung zu Einrichtungen ist darüber hinaus die Führung eines gemeinsamen Haushalts und die fehlende Versorgungsgarantie des Leistungsanbieters.

Selbstverantwortete ambulant betreute Wohngemeinschaften (Abs. 2)

Selbstverantwortete Wohngemeinschaften nach Abs. 2 sind dadurch geprägt, dass sie von Leistungsanbietern unabhängig sind. Das SächsWTG nennt Regelbeispiele, wann eine Unabhängigkeit vorliegt (Abs. 2 Satz 2). Im Umkehrschluss liegt beim Nicht-Vorliegen dieser Beispiele regelmäßig eine Abhängigkeit i. S. d. Abs. 3 Satz 1 vor. Aufgrund der in der Vergangenheit unter Geltung des SächsBeWoG bestandenen Unsicherheiten bei der Abgrenzung selbstverantworteter von anbieterverantworteten Wohngemeinschaften und der Überdehnung der Auslegung, wann eine Wohngemeinschaft selbstverantwortet ist, hat der Landesgesetzgeber nunmehr eine klare Definition dieser Wohn-Pflege-Form ins Gesetz aufgenommen. Die Voraussetzungen nach Abs. 2 Satz 2 sind jedoch nicht abschließend („*insbesondere*“). Es kommt maßgeblich darauf an, ob die ambulant betreute Wohngemeinschaft vom Leistungsanbieter unabhängig ist.

Für eine Gründungszeit von bis zu sechs Monaten kann ein Leistungsanbieter bestimmend mitwirken, wenn danach die nach Abs. 2 Satz 2 Nr. 1–5 genannten (Regel-)Voraussetzungen vorliegen.

Ist der Abschluss des Vertrages über die Wohnraumüberlassung (Miet- oder Kaufvertrag) an den Abschluss eines Pflege- oder Betreuungsvertrages oder eines Vertrages über Assistenzleistungen gekoppelt (Kopplungsverbot) führt dies unweigerlich zu einer Abhängigkeit. Dabei gilt das Kopplungsverbot sowohl hinsichtlich der rechtlichen als auch der tatsächlichen Abhängigkeit. Bei trägerverantworteten Wohngemeinschaften – die den Regelfall darstellen – besteht dadurch eine Abhängigkeit vom Leistungsanbieter.

Abweichend von der zivilrechtlichen Regelung des § 1 Abs. 2 Satz 1 Nr. 1 WBVG kommt es im ordnungsrechtlichen Sinne nicht allein darauf an, dass die beiden Verträge nicht miteinander durch (rechtliche) Bedingungen verbunden sind, sondern vielmehr auch darauf an, ob eine tatsächliche Abhängigkeit besteht. Zwar ist dieses Abgrenzungskriterium zu Einrichtungen seit langem anerkannt, es führt in der Praxis jedoch zu einer Vielzahl von Abgrenzungsschwierigkeiten. Eine tatsächliche Abhängigkeit ist anzunehmen, wenn der Bestand des einen Vertrages ohne den anderen keinen Sinn ergibt.

Das SächsWTG unterwirft Konstellationen, in denen rechtliche oder tatsächliche Abhängigkeit der Verträge besteht, den Regelungen für anbieterverantwortete Wohngemeinschaften. Dass es neben der rechtlichen Abhängigkeit noch einer tatsächlichen Abhängigkeit der Verträge bedarf (Abs. 2 Satz 2 Nr. 1), ist wenig nachvollziehbar. Sind die Verträge rechtlich miteinander verbunden, sind sie es auch tatsächlich. Es ist kein Fall vorstellbar, bei welchem trotz rechtlicher Verbundenheit, die tatsächliche Verbundenheit verneint würde. Andersherum genügt eine bloß tatsächliche Verbundenheit ohne rechtliche Verbundenheit nach den Anforderungen des SächsWTG nicht, da beide Voraussetzungen der Kopplung kumulativ vorliegen müssen („*und*"). Im Umkehrschluss liegt dann keine Abhängigkeit i. S. d. Abs. 3 Satz 1 vor.

Darüber hinaus müssen die Bewohnerinnen und Bewohner in der Wahl und des Wechsel des Leistungsanbieters frei sein (Abs. 2 Satz 2 Nr. 2). Aus der rechtlichen und tatsächlichen Unabhängigkeit des Vertrages über die Wohnraumüberlassung und des Vertrages über Pflege-, Assistenz- und Betreuungsleistungen folgt bereits, dass beide Verträge unabhängig voneinander beendet werden können.

Die Leistungsanbieter der Pflege-, Assistenz- oder Betreuungsleistungen dürfen zudem keine eigenen Büroräume in der ambulant betreuten Wohngemeinschaft unterhalten (Abs. 2 Satz 2 Nr. 3). Die Wohngemeinschaft muss baulich, organisatorisch und wirtschaftlich selbstständig, insbesondere kein Bestandteil einer Einrichtung i. S. d. § 2 Abs. 1 sein (Abs. 2 Satz 2 Nr. 4).

Der maßgebliche Unterschied zu anbieterverantworteten ambulant betreuten Wohngemeinschaften liegt maßgeblich im Grad der Selbstbestimmung/Verantwortlichkeit der dort lebenden Menschen. In selbstverantworteten Wohngemeinschaften müssen die Mitglieder das Zusammenleben und die Alltagsgestaltung in der ambulant betreuten Wohngemeinschaft selbst bestimmen und verantworten (Abs. 2 Satz 2 Nr. 5), während in Einrichtungen dies dem „Träger" obliegt oder bei anbieterverantworteten Wohngemeinschaften dem Leistungsanbieter. In der selbstverantworteten ambulant betreuten Wohngemeinschaft wird die interne Qualitätssicherungsfunktion durch ein Selbstbestimmungsgremium sichergestellt (Abs. 2 Satz 3). Anforderungen, wie das Selbstbestimmungsgremium ausgestaltet sein muss, bestehen nicht. Es besteht aus den Bewohnern sowie für den Fall, dass diese ihre Angelegenheiten nicht mehr selbstständig regeln können, ihren rechtlichen Vertretern (bspw. Demenz-Wohngemeinschaften oder Intensivpflege-Wohngemeinschaften). Die Wahl und die Zusammensetzung des Selbstbestimmungsgremiums, das einer Auftraggebergemeinschaft (BGB-Gesellschaft nach § 705 BGB) entspricht, ist in einer Vereinbarung festzulegen – diese muss nicht zwingend schriftlich erfolgen.

Anbieterverantwortete ambulant betreute Wohngemeinchaften (Abs. 3)

Bei anbieterverantworteten ambulant betreuten Wohngemeinschaften steht die Wohngemeinschaft unter der Verantwortung eines Leistungsanbieters. Letztlich handelt es sich um eine negative Abgrenzung zu Abs. 2 Satz 1. Bei der Frage der Beurteilung der (Un-)Abhängigkeit kommt es auf eine wertende Gesamtbetrachtung an. Hierfür bieten die Regelvoraussetzungen der Unabhängigkeit nach Abs. 2 Satz 2 Nr. 1–5 eine Konkretisierung und Auslegungshilfe. Es ist jedoch zu berücksichtigen, dass sich der sächsische Landesgesetzgeber – anders als bspw. in Sachsen-Anhalt (§ 5 Abs. 2 Satz 2 Gesetz über Wohnformen und Teilhabe des Landes Sachsen-Anhalt [Wohn- und Teilhabegesetz – WTG LSA] vom 17. Februar 2011) oder in NRW (§ 24 Abs. 2 Wohn- und Teilhabegesetz [WTG NRW] vom 02. Oktober 2014) nicht für eine abschließende Regelung entschieden hat.

Es sind daher Sachverhaltskonstellationen hinsichtlich der (Selbst-)Organisation einer ambulant betreuten Wohngemeinschaft denkbar, die von dem regelhaften Leitbild abweichen und trotzdem als selbstverantwortet gelten. So könnte beispielsweise das Zusammenleben in der Hausgemeinschaft durch Betreuer oder vertretungsberechtigte Dritte bestimmt und verantwortet werden, wodurch die Wohngemeinschaft jedoch trotzdem unabhängig vom Leistungsanbieter sein könnte und ihre Angelegenheiten im Rahmen einer Auftraggebergemeinschaft regeln würde.

Entscheidend für eine selbstverantwortete Wohngemeinschaft ist jedoch als Ausgangspunkt, dass die Entscheidungs- und Gestaltungsmöglichkeiten den Bewohnern tatsächlich zustehen. Selbstverantwortung, die „nur auf dem Papier" formal existiert, tatsächlich jedoch nicht gelebt wird, genügt den Anforderungen an die Unabhängigkeit vom Leistungsanbieter nicht.[126] Es kommt nach dem Wortlaut und dem Sinn und Zweck der Regelung nicht nur auf eine rechtliche Unabhängigkeit durch vertragliche Gestaltungen an.

Bei betreuten Wohngruppen für Menschen mit Behinderungen kann es sein, dass der Eingliederungshilfeleistungserbringer auch als Pflegedienstleister anerkannt ist und daher die erbrachten Leistungen „aus einer Hand" kommen. Besteht keine Wahlfreiheit hinsichtlich der Leistungen (Abs. 2 Satz 2 Nr. 2), handelt es sich im ordnungsrechtlichen Sinne um eine anbieterverantwortete ambulant betreute Wohngemeinschaft.

Höchstgrenze (Abs. 3)

Unerheblich für die Abgrenzung einer ambulant betreuten Wohngemeinschaft von Einrichtungen nach § 2 ist die Anzahl der Wohngemeinschaften in räumlicher Nähe. Die starre Vorgabe von höchstens zwei anbieterverantworteten Wohngemeinschaften in unmittelbarer räumlichen Nähe, bei deren Überschreiten nach der alten Rechtslage nach § 2 Abs. 2 Satz 4 i. V. m. Satz 3 Nr. 4 SächsBeWoG auf eine ambulant betreute Wohngemeinschaft die – häufig nicht passenden – Bestimmungen für Einrichtungen anzuwenden waren, wurde in Abs. 3 Satz 3 und 4 nicht übernommen. Damit soll nach der Gesetzesbegründung eine Flexibilisierung der Organisation unter weiterer Beibehaltung der Kapazitätsgrenze von 24 Personen erreicht werden.[127] Der Landesgesetzgeber betrachtet diese – fiktive – Höchstgrenze von

126 Vgl. zum Aspekt der tatsächlichen Selbstverantwortung OVG Düsseldorf, Beschl. v. 21.12.2017 – 4 B 1184/17 –, juris Rn. 16.

127 Gesetzentwurf der Staatsregierung LT-Drs. 7/14987, S. 49; das OVG Bautzen, Beschl. v. 19.06.2024 – 6 B 31/24 –, juris Rn. 4 a. E. spricht davon, dass dadurch den Bewohnerbedarfen als auch der wirtschaftlichen Tragfähigkeit für die Leistungsanbieter gerecht werden soll.

24 Personen als Maßstab zur Abgrenzung von Einrichtungen. Dem liegt zugrunde, dass die Begrenzung auf zwei Wohngemeinschaften zu je 12 Personen zwar aufgegeben wurde, die sich daraus ergebende Höchstgrenze jedoch beibehalten werden sollte. Es besteht die gesetzliche Intension, eine häusliche pflegerische Versorgung als Grundlage der Wohngemeinschaft bei mehr als 12 Personen nicht mehr anzunehmen. Der Bundesgesetzgeber folgte in § 38a SGB XI (Wohngruppenzuschlag) den Regelungen einiger Landesgesetzgeber, die diese Grenze gezogen haben; die übrigen Landesgesetzgeber folgen nun ihrerseits dieser – wissenschaftlich nicht belegten – Grenze des Bundesrechts.[128] Der Bundesgesetzgber bezeichnet diese Grenze als „Praxiswert".[129] Diese Rechtsharmonisierung zwischen Bundes- und Landesrecht[130] ist zu begrüßen, führt jedoch zu der nur schwer nachvollziehbaren Konsequenz, dass 25 Personen in unmmitellbarer räumlicher Nähe zwangsläufig als Einrichtung angesehen werden. Diese Grenze als „Regelfall" zu normieren, wäre daher – um auch ausnahmsweise Einzelfällen gerecht zu werden – sinnvoller gewesen.

Für Wohngemeinschaften, in denen mehr als 12 Personen wohnen, enthält das SächsWTG bei genauerer Betrachtung indes keine ausdrückliche Regelung. Im Rahmen der Anhörung zum Referentenentwurf hat der Sächsische Landkreistag in seiner Stellungnahme vom 29.08.2023 vorgeschlagen, die Regelung abzuändern und zu regeln, dass „Wohnraum für höchstens 24 Personen in mindestens zwei ambulant betreuten Wohngemeinschaften [...]"[131] bereitgestellt werden darf – andernfalls vom Vorliegen einer Einrichtung auszugehen sei. Dieser Vorschlag – der auch bei Überschreiten der 24-Personen-Grenze zur Anwendbarkeit der Regelungen für Einrichtungen geführt hätte – wurde indes nicht übernommen. An dieser Stelle bedarf es eines Tätigwerdens des Gesetzgebers, wenn er diese Lücke schließen möchte.

Wenn der Gesetzgeber Wohngemeinschaften mit mehr als 12 Personen und weniger als 25 Personen den Einrichtungen hätte gleichstellen wollen, hätte er, wie auch hinsichtlich der Obergrenze nach Abs. 3 Satz 4 normieren müssen, dass es sich andernfalls um eine Einrichtung handelt. Stattdessen geht auch aus der Gesetzesbegründung hervor, dass Abs. 1 eine klare abschließende Definition der Wohngemeinschaft – auch hinsichtlich der Anzahl der dort lebenden Personen – enthält.[132] Es ist davon auszugehen, dass der Landesgesetzgeber sich hierbei an der leistungsrechtlichen bundesgesetzlichen Vorgabe des § 38a SGB XI (Wohngruppen) orientiert hat, wonach für die Gewährung des monatlichen Wohngruppenzuschlags eine Voraussetzung die Limitierung auf 12 Personen ist. Mit Blick auf die strikte Trennung des bundesgesetzlichen Leistungsrechts und des landesgesetzlichen Ordnungsrechts, wäre eine differenziertere Regelung jedoch möglich und geboten gewesen.

128 Roth, in: Hauck/Noftz, Sozialgesetzbuch (SGB) XI Kommentar – Soziale Pflegeversicherung, März 2025, § 38a SGB 11 Rn. 9.

129 BT-Drs. 18/3449, Zu Nummer 4 Zu Buchstabe a, S. 13 („Die nun als Höchstgrenze bestimmte Zahl von 12 Bewohnerinnen bzw. Bewohnern ist ein Praxiswert, der auch in etlichen heimrechtlichen Regelungen verwendet wird.").

130 Hierzu schon BT-Drs. 18/2909, S. 41 („Zusätzlich wird mit der Einführung einer Kapazitätsgrenze sichergestellt, dass in Wohnformen mit mehr als zehn Personen ein Wohngruppenzuschlag nicht gewährt wird, in denen die für ein gemeinschaftliches Zusammenleben übliche Größe überschritten ist").

131 Gesetzentwurf der Staatsregierung LT-Drs. 7/14987, Stellungnahme Sächsischer Landkreistag, Zu § 5, S. 4.

132 Gesetzentwurf der Staatsregierung LT-Drs. 7/14987, S. 47.

Ambulant betreute Wohngemeinschaften mit mehr als 12 Bewohnern unterfallen daher nur dann den Regelungen für Einrichtungen nach § 2 Abs. 1, wenn sie auch die Tatbestandsmerkmale einer Einrichtung *kumulativ* erfüllen[133] oder die Kapazitätsgrenze von 24 Bewohnern des Abs. 3 Satz 3 überschreiten (gesetzliche Fiktion).

Das Sächsische Oberverwaltungsgericht hat unter systematischer Betrachtung jedoch ausgeführt:

> *„Ambulant betreute Wohngemeinschaften werden von Einrichtungen – neben den in § 2 Abs. 1 SächsWTG bestimmten Merkmalen – über die in § 3 Abs. 1 Satz 1 und Abs. 3 Satz 3 SächsWTG bestimmten Höchstgrenzen abgegrenzt (vgl. § 35 Abs. 3 SächsWTG): Wohnen in einer Wohngemeinschaft mehr als zwölf Bewohner (vgl. § 3 Abs. 1 Satz 1 SächsWTG) oder stellt der Leistungsanbieter Wohnraum in unmittelbarer räumlicher Nähe für mehr als 24 Bewohner bereit (vgl. § 3 Abs. 3 Satz 3 und 4 SächsWTG), so handelt es sich um Einrichtungen […]“.*[134]

Dies mag zwar der Intension des Landesgesetzgebers entsprochen haben, kann den vorgenannten Regelungen des SächsWTG jedoch auch bei extensiver Auslegung nicht mehr entnommen werden. Die vom Sächsischen Oberveraltungsgericht bemühte Verknüpfung der Bestandsschutzregelung mit der Definition der Einrichtung und der – für einen anderen Fall (nämlich > 24 Personen in unmittelbarer räumlicher Nähe) – bestehenden gesetzlichen Fiktion vermag rechtsdogmatisch nicht zu überzeugen. Hierfür fehlt es an der Regelung, dass auch beim Überschreiten der 12-Personen-Kapazitätsgrenze eine Einrichtung vorliegt. Eben diese gesetzliche Fiktion besteht *de lege lata* nicht. Denn bei Abs. 3 Satz 3 und 4 handelt es sich um eine gesetzliche Fiktion, die auf andere Fallkonstellationen nicht übertragen werden kann. Einen Analogieschluss hat das Sächsische Oberverwaltungsgericht auch nicht bemüht. Für Rechtssicherheit und -klarheit kann daher nur der Landesgesetzgeber sorgen.

Der Anwendungsbereich des Gesetzes ist abschließend definiert. Bei systematischer Betrachtung wird mit Blick auf § 35 Abs. 3 Halbsatz 1 deutlich, dass der Gesetzgeber sich der Regelungsmethodik jedoch nicht im Klaren war.

In den Übergangsregelungen wird nämlich u. a. normiert, dass „ambulant betreute Wohngemeinschaften die mit Inkrafttreten dieses Gesetzes nach Absatz 3 Satz 3 Einrichtungen geworden sind, weil in ihnen mehr als zwölf Bewohner […] wohnen, bis 05.07.2029 als anbieterverantwortete ambulant betreute Wohngemeinschaften im Sinne des Absatz 3 Satz 1 gelten, wenn nicht weitere Kriterien des Anwendungsbereiches nach § 2 Absatz 1 erfüllt sind.“

Im Rahmen des Gesetzgebungsverfahrens wurde zur Übergangsregelung des § 35 Abs. 3 ausgeführt:

133 Unklar OVG Bautzen, Beschl. v. 19.06.2024 – 6 B 31/24 –, juris Rn. 4, das offenbar davon ausgeht, dass es sich bei der Höchstgrenze nach Abs. 1 Satz 1 um ein Abgrenzungskriterium zwischen ambulant betreuten Wohngemeinschaften und Einrichtungen handelt.

134 OVG Bautzen, Beschl. v. 19.06.2024 – 6 B 31/24 –, juris Rn. 4.

> *„[...] dass ambulant betreute Wohngemeinschaften, die mit Inkrafttreten dieses Gesetzes nach § 3 Absatz 3 Satz 3 Einrichtungen gleichzustellen sind, weil in ihnen mehr als 12 Bewohnerinnen und Bewohner wohnen oder sich mehr als eine weitere ambulant betreute Wohngemeinschaft desselben Leistungsanbieters in unmittelbarer räumlicher Nähe befindet, gelten bis zum 5. Juli 2029 als anbieterverantwortete ambulant betreute Wohngemeinschaften im Sinne des § 3 Absatz 3, wenn nicht weitere Kriterien des Anwendungsbereiches nach § 2 Absatz 1 erfüllt sind."*[135]

Zu § 3 Abs. 3 Satz 3 führt die Begründung des Referentenentwurfs aus:

> *„Die Regelung des § 3 Absatz 3 Satz 3 greift die Intention des bisherigen § 2 Absatz 2 Satz 3 Nummer 4 SächsBeWoG auf. Derselbe Leistungsanbieter darf in unmittelbarer räumlicher Nähe nur Wohnraum für höchsten 24 Bewohnerinnen und Bewohner bereitstellen. Wird diese Anzahl in unmittelbarer räumlicher Nähe überschritten, liegt eine Einrichtung vor."*[136]

Der Gesetzgeber hat offenbar übersehen, dass Wohngemeinschaften mit mehr als 12 Bewohnern nach der gewählten Regelungstechnik zum Anwendungsbereich aufgrund des Umstandes, dass sie nicht als „ambulant betreute Wohngemeinschaften" i. S. d. Abs. 1 Satz 1 gelten, nicht automatisch als Einrichtungen gelten. Denn § 2 ist kein Auffangtatbestand. Es handelt sich nur dann um eine Einrichtung nach § 2, wenn die Tatbestandsvoraussetzungen erfüllt sind. Mit Blick auf das Erfordernis eines „umfassenden Versorgungscharakters" bei einer Einrichtung i. S. d. § 2 Abs. 1 Satz 1 bis 3 („Pflegeeinrichtung") dürfte dies bei Wohngemeinschaften häufig ausscheiden. Auch eine Einordnung als Einrichtung nach § 2 Abs. 1 Satz 4 SächsWTG („Service-Wohnen") dürfte häufig ausscheiden, wenn keine mit dem Wohnraummietvertrag bestehende „vertragliche Verpflichtung" besteht, über bestimmte allgemeine Unterstützungsleistungen hinausgehende Pflege-, Assistenz- oder Betreuungsleistungen von bestimmten Dienstleistern abzunehmen.

Die somit entstehende „Regelungslücke" für WGs mit mehr als 12 Bewohnern (aber weniger als 25 Bewohnern) kann nicht durch Analogieschluss ausgefüllt werden. Denn bei der Analogie (Gesetzesanalogie) geht es um die ausdehnende Anwendung einer für einen bestimmten Tatbestand angeordneten Regel auf einen anderen rechtsähnlichen Tatbestand. Ein Analogieschluss setzt zunächst voraus, dass die geregelte Norm analogiefähig ist und das Gesetz nach der erkennbaren Regelungsabsicht des Gesetzgebers eine planwidrige Regelungslücke enthält. Eine „planwidrige Regelungslücke" könnte man wohl noch annehmen. Der Gesetzgeber ging möglicherweise – unausgesprochen – davon aus, dass ambulant betreute Wohngemeinschaften mit mehr als 12 Bewohnern als „Einrichtung" gelten. Allerdings verbietet der Vorbehalt des Gesetzes (Art. 20 Abs. 3 GG) eine Analogie in diesem Fall. Im Bereich der Gefahrenabwehr ist eine belastende Analogie – die hier (da zu Lasten des Trägers) nur in Betracht käme, weil sie nicht geregelte Wohn-Pflege-Formen der Aufsicht unterwirft – unzulässig, da sie ohne gesetzliche Ermächtigungsgrundlage in Grundrechte des Unternehmers eingreifen würde. Hierbei gilt auch der Grundsatz der Bestimmtheit (Art. 20 Abs. 3 GG i. V. m. Art. 2 Abs. 1 GG)

135 Gesetzentwurf der Staatsregierung LT-Drs. 7/14987, Zu § 35 Zu Absatz 3, S. 95.
136 Gesetzentwurf der Staatsregierung LT-Drs. 7/14987, Zu § 3 Zu Absatz 3, S. 49.

und dass der Gesetzgeber wesentliche Entscheidungen – ausdrücklich – selbst treffen muss. Der durch §§ 2, 3 und 4 erschöpfend abgesteckte Anwendungsbereich kann daher nicht extensiv erweitert werden.

Fraglich ist zudem, welche Norm überhaupt analog angewendet werden sollte. Denn der Gesetzgeber bezweckte offenbar eine Regelung, wonach ambulant betreute Wohngemeinschaften mit mehr als 12 Personen als Einrichtungen i. S. d. § 2 Abs. 1 SächsWTG gelten. Tatsächlich besteht jedoch nur die folgende Regelung:

- zwei Personen ≠ keine WG
- ab 25 Personen (in räumlicher Nähe) = ggf. Einrichtung bei anbieterverantworteten ambulant betreuten Wohngemeinschaften
- 3–12 Personen = WG

Für den Bereich 13–24 Personen in einer einzigen WG besteht eine Regelungslücke. Eine Auffangregelung besteht nicht. Der Gesetzgeber sollte diese – sofern ungewollte – Lücke schnellstmöglich schließen.

Unzulässig wäre eine Analogie ohnehin hinsichtlich der normierten Ordnungswidrigkeiten-Tatbestände in § 33, da dem das Analogieverbot im Straf- und Ordnungswidrigkeitenrecht (Art. 103 Abs. 2 GG) entgegensteht. Der Wortlaut der Vorschrift darf nicht überschritten werden. Ambulant betreute Wohngemeinschaften mit 13 Personen sind nach dem allgemeinen Sprachgebrauch keine „Einrichtungen", sie erfüllen auch nicht ohne weiteres die kumulativen Tatbestandsvoraussetzungen. Dass sie nunmehr auch nicht mehr als „ambulant betreute Wohngemeinschaften" gelten, ist hinzunehmen. Es wird in diesen Fällen jedoch genau zu prüfen sein, ob die Voraussetzungen des § 2 zur Einordnung als Einrichtung gegeben sind.

Leistungsanbieter in anbieterverantworteten ambulant betreuten Wohngemeinschaften (Abs. 3)

Anders als in Einrichtungen gibt es in Wohngemeinschaften keinen „Träger", sondern einen oder mehrere „Leistungsanbieter". Abs. 3 Satz 2 definiert daher „Leistungsanbieter". Leistungsanbieter ist danach, wer gemeinschaftlich mit einer anderen natürlichen oder juristischen Person im Rahmen unternehmerischer Tätigkeit älteren Menschen, pflegebedürftigen Volljährigen und Volljährigen mit psychischen Erkrankungen oder mit Behinderungen innerhalb von anbieterverantworteten ambulant betreuten Wohngemeinschaften Pflege-, Assistenz- oder Betreuungsleistungen anbietet und dafür die bauliche, organisatorische und wirtschaftliche Verantwortung übernimmt. Diese Definition ist dem Landesgesetzgeber missglückt. Zunächst einmal kann es *de lege ferenda* nicht erforderlich sein, dass die Dienstleistungen „gemeinschaftlich mit einer anderen natürlichen oder juristischen Person" erbracht werden. Denn dies würde dazu führen, dass Komplexanbieter, bei denen die Leistungen „aus einer Hand" kommen, keine Leistungsanbieter sind. Darüber hinaus kann es nicht kumulative Voraussetzung sein, dass der Dienstleister, um als „Leistungsanbieter" im ordnungsrechtlichen Sinne qualifiziert zu werden, „die bauliche, organisatorische und wirtschaftliche

Verantwortung übernimmt". Vielmehr wollte der Landesgesetzgeber zum Ausdruck bringen, dass der „Leistungsanbieter" die Verantwortung *zu übernehmen hat*. In der Gesetzesbegründung heißt es hierzu lediglich:

> *„Zentraler Akteur in einer anbieterverantworteten ambulant betreuten Wohngemeinschaft ist der Leistungsanbieter. Er bietet in der Regel die wichtigen Leistungen der Vermietung, Pflege und Betreuung oder Assistenz sowie der hauswirtschaftlichen Versorgung ‚aus einer Hand' an. Er bietet gemeinschaftlich mit einer anderen natürlichen oder juristischen Person im Rahmen unternehmerischer Tätigkeit innerhalb von anbieterverantworteten ambulant betreuten Wohngemeinschaften für ältere Menschen, pflegebedürftige Volljährige und Volljährige mit psychischen Erkrankungen oder mit Behinderungen Pflege-, Assistenz- oder Betreuungsleistungen an und übernimmt dafür die bauliche, organisatorische und wirtschaftliche Verantwortung."*[137]

Wie sich aus der Gesetzesbegründung ergibt, handelt es sich nach dem Willen des Gesetzgebers um zwei Alternativen des „Leistungsanbieters". Entweder, er erbringt alle Leistungen „aus einer Hand" (Komplexanbieter) oder bietet die Leistungen „gemeinschaftlich" (im Rahmen einer Kooperation) mit einem anderen Leistungsanbieter an. Das Tatbestandsmerkmal „gemeinschaftlich mit einer anderen [...]" ist daher teleologisch zu reduzieren und nicht zwingend. Leistungsanbieter ist, wer als Unternehmer in einer anbieterverantworteten WG Pflege-, Assistenz- oder Betreuungsleistungen erbringt und die Verantwortung für die ordnungsrechtlich relevanten Rahmenbedingungen trägt. Ob dies allein („aus einer Hand") oder gemeinschaftlich mit anderen Unternehmern geschieht, ist – ungeachtet des Wortlauts – unerheblich. Der Gesetzgeber hat durch die missverständliche Formulierung eine kumulative Voraussetzung suggeriert, die so nicht gewollt war.

Bei systematischer Betrachtung mit § 19 Abs. 2 Satz 1–3 wird klar, dass der Landesgesetzgeber eigentlich bezweckte, dass bei mehreren Dienstleistern nur einer der Dienstleister als „Leistungsanbieter" gilt:

> *„Wirken mehrere Dienstleister in einer anbieterverantworteten ambulant betreuten Wohngemeinschaft zusammen, so haben sie abzustimmen und schriftlich festzuhalten, wer für welche Unterstützungsleistungen und Abläufe in der Wohngemeinschaft zuständig ist. Dabei haben sie mindestens festzuhalten, wer die Verantwortung für die Umsetzung der [...] Anforderungen übernimmt. Dieser ist der Leistungsanbieter."*

Das Ordnungsrecht richtet sich jedoch nicht nach der beliebigen Entscheidung des oder der Dienstleister. Das Ordnungsrecht zielt darauf ab, dass immer ein Ordnungspflichtiger/Verantwortlicher greifbar ist, der gegenüber der Aufsicht die Gesamtverantwortung trägt und der für den ordnungsrechtlichen Vollzug in Anspruch genommen werden kann. Um eine effektive Gefahrenabwehr sicherzustellen, kann es jedoch – in Abgrenzung zu stationären Einrichtungen – bei ambulanten Wohn-Pflege-Formen mehrere ordnungspflichtige Leistungsanbieter geben.

137 Gesetzentwurf der Staatsregierung LT-Drs. 7/14987, Zu § 3 Zu Absatz 3, S. 49.

Im Rahmen der Gesetzesbegründung der Anzeigepflichten hat der Landesgesetzgeber darauf hingewiesen, dass in anbieterverantworteten ambulant betreuten Wohngemeinschaften der verantwortliche Leistungsanbieter (vgl. § 19 Abs. 2) und der oder die Erbringer der Dienstleistungen auseinanderfallen können.[138] Der „verantwortliche Leistungsanbieter" soll dann als Pendant zum „Träger" einer Einrichtung erster Ansprechpartner der Heimaufsicht sein ohne dass dies Maßnahmen gegen andere Leistungsanbieter ausschließt.

Ausschluss für familiäre Wohn-Pflege-Formen (Abs. 4)

Abs. 4 stellt klar, dass es sich um keine ambulant betreute – auch nicht um eine selbstverantwortete – Wohngemeinschaft handelt, wenn – unabhängig von deren Anzahl – verheiratete, verwandte oder in einer Partnerschaft lebende Personen in einem gemeinsamen Haushalt leben.

§ 4
Intensivpflege-Wohngemeinschaften

(1) Eine Intensivpflege-Wohngemeinschaft liegt vor, wenn die Pflege und Betreuung von mindestens zwei außerklinisch intensivpflegebedürftigen Bewohnerinnen und Bewohnern in einer ambulant betreuten Wohngemeinschaft vorgesehen ist.

(2) Intensivpflegebedürftigkeit im Sinne von Absatz 1 liegt vor, wenn bei einer Bewohnerin oder einem Bewohner wegen Art, Schwere und Dauer der Erkrankung akute gesundheits- oder lebensgefährdende Veränderungen der Vitalfunktionen zu unvorhersehbaren Zeiten wiederkehrend eintreten können, hierdurch die Notwendigkeit zur durchgehenden Beobachtung und Interventionsbereitschaft mit den notwendigen medizinisch-pflegerischen Maßnahmen besteht und insofern ein besonders hoher Bedarf an medizinischer Behandlungspflege nach § 37c des Fünften Buches Sozialgesetzbuch gegeben ist.

(3) Für Intensivpflege-Wohngemeinschaften finden die für selbstverantwortete oder die für anbieterverantwortete ambulant betreute Wohngemeinschaften geltenden Regelungen dieses Gesetzes Anwendung.

Allgemeines

§ 4 regelt klarstellend, dass auch Intensivpflege-Wohngemeinschaften als ambulant betreute Wohngemeinschaften im Sinne des § 3 gelten. Abweichend zu den Regelungen der ambulant betreuten Wohngemeinschaften liegt eine Intensivpflege-Wohngemeinschaft als spezieller Fall einer ambulant betreuten Wohngemeinschaft nach Abs. 1 dann vor, wenn die Pflege

138 Gesetzentwurf der Staatsregierung LT-Drs. 7/14987, Zu § 7 Zu Absatz 2 Zu Nummer 6, S. 53 a. E.

und Betreuung von mindestens zwei außerklinischen intensivpflegebedürftigen Bewohnern in den Räumlichkeiten einer Wohngemeinschaft vorgesehen ist. Dabei kommt es auf das Bereitstellen der Platzkapazitäten und nicht auf die tatsächliche Belegung an. Fälle, in denen in ambulant betreuten Wohngemeinschaften lediglich ein (zusätzlicher) Bewohner mit außerklinischer Intensivpflege versorgt wird, fallen daher – sofern nicht weitere Plätze für Patienten der außerklinischen Intensivpflege vorgesehen sind – nicht unter den Anwendungsbereich des § 4, sondern unter den Anwendungsbereich des § 3. Soweit Abs. 3 ausführt, dass für Intensivpflege-Wohngemeinschaften die Regelungen für selbstverantwortete oder anbieterverantwortete ambulant betreute Wohngemeinschaften Anwendung finden, dient dies lediglich der Klarstellung, da sich dies bereits aus dem Umstand ergibt, dass auch Intensivpflege-Patienten auf Pflege und Betreuung angewiesen sind. Auch ohne diese explizite Regelung läge es daher so, dass Intensivpflege-Wohngemeinschaften dem Anwendungsbereich des SächsWTG unterfallen würden. Pflege-Wohngemeinschaften für Menschen mit demenziellen Erkrankungen (sog. Demenzwohngemeinschaften) unterfallen weiterhin dem Anwendungsbereich des § 3.[139] Dem SächsWTG ist – abgesehen von der Intensivpflege – eine Zuordnung der Wohn-Pflege-Formen zu einem Krankheitsbild oder einem bestimmten Pflegebedarf fremd.

Definition Intensivpflege-Wohngemeinschaft (Abs. 1)

Einzige Besonderheit der Regelung ist, dass in Abweichung zu § 3 Abs. 1 Satz 1 eine ambulant betreute Wohngemeinschaft nach Abs. 1 (Intensivpflege-Wohngemeinschaft) bereits dann vorliegt, wenn Pflege und Betreuung von mindestens zwei Intensivpflege-Patienten vorgesehen ist (Kapazität). Sofern kein Intensivpflegebedarf vorliegt, gelten andernfalls Wohngemeinschaften erst dann als Wohngemeinschaften im ordnungsrechtlichen Sinne, wenn mindestens drei Bewohner Pflege-, Assistenz- oder Betreuungsleistungen in Anspruch nehmen (tatsächliche Leistungserbringung). Der Landesgesetzgeber hat sich offensichtlich an den bundesgesetzlichen Regelungen (§ 132l Abs. 5 Satz 1 Nr. 1 SGB V) orientiert, wonach Wohneinheiten solche sind, in denen die Versorgung von mindestens zwei Versicherten erfolgt. Eben dies ist auch in den AKI-Rahmenempfehlungen[140] entsprechend geregelt. Ordnungsrechtlich kommt es indes nicht auf die konkrete Versorgung an, sondern darauf, ob die Räumlichkeiten für mindestens zwei Intensivpflegepatienten vorgesehen sind (Kapazität).

Definition Außerklinische Intensivpflege (Abs. 2)

Abs. 2 definiert ordnungsrechtlich den Begriff der Intensivpflegebedürftigkeit. Ungeachtet dessen, dass § 37c SGB V die Intensivpflege leistungsrechtlich regelt, ist die Definition schon deshalb erforderlich, weil das Ordnungsrecht nicht dem Leistungsrecht folgen muss und dies schon mit Blick auf das Rangverhältnis zwischen Landes- und Bundesrecht andernfalls zu Schwierigkeiten bei der Auslegung führen könnte. Im Ergebnis liegt es allerdings so, dass die landesgesetzliche Definition deckungsgleich mit der leistungrechtlichen Definition des § 37c

139 Gesetzentwurf der Staatsregierung LT-Drs. 7/14987, Zu § 4, S. 50.

140 Rahmenempfehlungen nach § 132l Abs. 1 SGB V zur Versorgung mit außerklinischer Intensivpflege v. 03.04.2023 des GKV-Spitzenverbandes und der Leistungserbringerverbände (AKI-RE).

SGB V ist. Um einen Gleichlauf zwischen Ordnungs- und Leistungsrecht hinsichtlich der Frage, ob Intensivpflege vorliegt, zu erreichen, hat der Landesgesetzgeber hinsichtlich des besonders hohen Bedarfs an medizinischer Behandlungspflege (außerklinische Intensivpflege), auch explizit auf § 37c SGB V Bezug genommen.

Außerklinische Intensivpflege liegt vor, wenn ein besonders hoher Bedarf an medizinischer Behandlungspflege besteht. Ein besonders hoher Bedarf an medizinischer Behandlungspflege liegt vor, wenn die ständige Anwesenheit einer geeigneten Pflegefachkraft zur individuellen Kontrolle und Einsatzbereitschaft oder ein vergleichbar intensiver Einsatz einer Pflegefachkraft erforderlich ist (§ 37c Abs. 1 Satz 2 SGB V). Abweichend vom ansonsten in ambulant betreuten Wohngemeinschaften unüblichen – und die Qualifikation als ambulante Versorgung indiziell ausschließenden – 24/7-Einsatz von Pflegekräften ist dies in Intensivpflege-Wohngemeinschaften zwingend erforderlich. Die Abgrenzung zu Einrichtungen erfolgt daher maßgeblich nach dem vereinbarten Leistungsumfang neben der außerklinischen Intensivpflege, insbesondere der Kopplung des Miet- an den Pflegevertrag.

In der Praxis ergeben sich hinsichtlich der Qualifikation der Intensivpflege-Wohngemeinschaften im ordnungsrechtlichen Sinne jedoch unauflösbare Wertungswidersprüche zum Leistungsrecht und Zivilrecht. Die AKI-Rahmenempfehlungen normieren ausschließlich anbieterverantwortete Wohngemeinschaften als „Wohneinheiten“ i. S. d. Leistungsrechts. Ordnungsrechtlich sind jedoch auch selbstverantwortete Wohngemeinschaften entsprechende „Wohneinheiten“.

Intensivpflegezentren, das heißt vollstationäre Pflegeeinrichtungen für Menschen mit Intensivpflegebedarf oder einzelne Abteilungen in vollstationären Pflegeeinrichtungen gelten nicht als Intensivpflege-Wohngemeinschaft, sondern als Einrichtung nach § 2.

Im Bereich der außerklinischen Intensivpflege wird zum Teil unter Hinweis auf die Rahmenempfehlungen nach § 132l Abs. 1 SGB V zur Versorgung mit außerklinischer Intensivpflege (AKI-RE) durch die Kostenträger vertreten, dass der Mietvertrag in einer außerklinischen Intensivpflege-Wohngemeinschaft an den Pflegevertrag gekoppelt sein müsse und damit das WBVG zwangsläufig Anwendung finde. Nach § 37c Abs. 2 Satz 1 SGB V können Versicherte Leistungen der außerklinischen Intensivpflege jedoch u. a. in einer „Wohneinheit“ oder einem „anderer Ort“ – der dann beispielsweise auch eine „selbstverantwortete“ ambulant betreute Wohngemeinschaft sein kann – erhalten.

§ 7 Abs. 2 Satz 1 AKI-RE regelt, dass eine Wohneinheit durch einen Leistungserbringer betrieben wird „wenn sich der Leistungserbringer gegenüber mehreren Versicherten in derselben Wohneinheit zur Überlassung von Wohnraum und zur Erbringung von Leistungen nach § 37c SGB V verpflichtet […]“. Das SächsWTG hat jedoch die ausdrückliche Entscheidung getroffen, dass Intensivpflege-Wohngemeinschaften selbst- oder anbieterverantwortet sein können. An leistungsrechtliche Vorgaben ist der Landesgesetzgeber nicht gebunden.

§ 5
Allgemeine Information und Beratung

(1) Die zuständige Behörde informiert und berät

1. **die Bewohnerinnen und Bewohner sowie ihre rechtlichen Vertreterinnen und Vertreter, das Selbstbestimmungsgremium, die Bewohnervertretung oder die Bewohnersprecherinnen oder Bewohnersprecher über ihre Rechte und Pflichten,**
2. **Personen, die ein berechtigtes Interesse haben, über die Anforderungen an Einrichtungen oder ambulant betreute Wohngemeinschaften sowie über die Rechte und Pflichten des Trägers oder Leistungsanbieters sowie der Bewohnerinnen und Bewohner,**
3. **auf Antrag Personen, Träger oder Leistungsanbieter, die die Schaffung von Einrichtungen oder ambulant betreuten Wohngemeinschaften anstreben oder diese betreiben, bei der Planung und dem Betrieb.**

(2) Die zuständige Behörde fördert die Unterrichtung der Bewohnerinnen und Bewohner sowie der Bewohnervertretung über die Wahl, die Befugnisse und die Möglichkeiten der Bewohnervertretung, um die Interessen der Bewohnerinnen und Bewohner zur Geltung zu bringen.

(3) Die zuständige Behörde kann auf Informations- und Beratungsangebote Dritter, insbesondere die ergänzende unabhängige Teilhabeberatung nach § 32 des Neunten Buches Sozialgesetzbuch verweisen.

Allgemeines

Die Regelungen zur Information und Beratung durch die Heimaufsicht entsprechen im Wesentlichen der Vorgängerregelung des § 14 SächsBeWoG und bauen auf § 4 Bundesheimgesetz (HeimG) auf. Dieser Informations- und Beratungsanspruch ist umfassend. Dazu gehören auch Beratungen zu Befreiungsmöglichkeiten und gesetzlichen Qualitätsanforderungen. Es handelt sich hierbei um ein *lex specialis* zu § 14 Abs. 1 SGB I und § 25 Abs. 1 Satz 2 VwVfG auf dem Gebiet des Ordnungsrechts. Zudem stellt Abs. 3 klar, dass die Heimaufsicht auf Beratungs- und Informationsangebote Dritter verweisen kann. Die Heimaufsicht hatte bereits nach dem Heimgesetz die – ungeschriebene – Befugnis und Pflicht, Bewohner über die Vorschriften des Gesetzes und die Rechtsfolgen deren Nichtbeachtung zu informieren.[141] Der KSV Sachsen als zuständige Heimaufsichtsbehörde bezeichnet sich selbst auch als „Beratungs- und Prüfbehörde."

141 Zu § 11 Abs. 1 Nr. 1 HeimG a.F. OVG Lüneburg, Urt. v. 15.11.2000 – 7 L 3691/95 – juris Rn. 11 bestätigt d. BVerwG, Beschl. v. 16.05.2001 – 6 B 17/01 –.

Vorbeugende Beratung (Abs. 1)

Als allgemeine vorbeugende Beratung bezweckt der Anspruch des Abs. 1 entsprechend dem Grundsatz „Beratung vor Überwachung“[142] eine adressatenbezogene Information. Er bezieht sich daher nicht nur auf einzelne Fragen, sondern schließt allgemeine Informationen ein. Hierzu gehören neben den Rechten und Pflichten des jeweiligen Adressaten auch Informationen zu den Anforderungen an Einrichtungen und Wohngemeinschaften. Bereits im Stadium der Projektplanung können Träger bzw. Leistungsanbieter nach Abs. 1 Nr. 3 „auf Antrag“ die Beratung durch den KSV Sachsen in Anspruch nehmen. Eines förmlichen Antrags bedarf es hierbei nicht. Im Antrag ist jedoch anzugeben, dass die Schaffung von Einrichtungen oder ambulant betreuten Wohngemeinschaften angestrebt wird oder dass bereits eine entsprechende Wohn-Pflege-Form betrieben wird, sofern dies der Heimaufsicht nicht bereits bekannt ist. Das reine Informationsbedürfnis eines Bürgers/Unternehmers ohne konkreten Bezug ist von § 5 indes nicht erfasst.

Die Ablehnung des Antrags auf Beratung stellt einen Verwaltungsakt dar, gegen den Widerspruch und Verpflichtungsklage statthaft sind. Die Beratung als solche muss – wie auch die Beratung bei Mängeln nach § 25 – nicht förmlich erfolgen.[143] Sie ist daher kein Verwaltungsakt i. S. d. § 35 VwVfG.[144] Es handelt sich hierbei um schlicht hoheitliches Verwaltungshandeln (Realakt). Fehlerhafte Beratungen können unter dem Grundsatz des Vertrauensschutzes Amtshaftungsansprüche begründen, jedoch nicht Anordnungen aufgrund von – entgegen einer fehlerhaften Beratung doch bestehenden – Mängeln verhindern. Das Gefahrenabwehrrecht, das den Schutz der Bewohner bezweckt, steht – auch unter Vertrauensschutzgesichtspunkten – nicht zur Disposition der Beteiligten.

Zur Frage der zivilrechtlichen Rechte und Pflichten hat sich die Heimaufsicht der Beratung zu enthalten und stattdessen auf entsprechende Beratungsangebote zu verweisen (Abs. 3). Dies umfasst auch die Prüfung von zivilrechtlichen Verträgen, sofern dies für die Einordnung einer Wohn-Pflege-Form in eine der Aufsicht unterstehenden Wohnform nicht erforderlich ist. Darüber hinaus kann die Heimaufsicht nach eigenem Ermessen auch sonst auf Informations- und Beratungsangebote Dritter, insbesondere die ergänzende unabhängige Teilhabeberatung nach § 32 SGB IX verweisen.

142 Bereits BT-Drs. 14/5399, S. 21 li. Sp zu § 4 HeimG Drittes Gesetz zur Änderung des Heimgesetzes.
143 Dickmann, Heimrecht, Kap. 3 Abschn. K, Rn. 392.
144 Gesetzentwurf der Staatsregierung LT-Drs. 7/14987, Zu § 5 Zu Absatz 1, S. 50.

Beratungen des KSV Sachsen nach dem SächsWTG sind Amtshandlungen im Sinne des SächsVwKG und daher verwaltungskostenpflichtig. Mangels eigenständiger Gebührentatbestände im 10. SächsKVZ ist eine analoge Heranziehung der für das SächsBeWoG vorgesehenen Tarifstellen geboten.

Exkurs
Verwaltungskosten für Prüfungen und Beratungen

Der KSV Sachsen ist als zuständige Heimaufsicht (§ 31 Abs. 1 SächsWTG i.V.m. § 3 Abs. 1 S. 2 Nr. 12, Abs. 2 SächsKomSozVG) berechtigt, für die von ihm durchgeführten Prüfungen und sonstigen Amtshandlungen Verwaltungskosten zu erheben. Rechtsgrundlage hierfür ist das Sächsische Verwaltungskostengesetz (SächsVwKG). Nach § 1 Abs. 1 S. 1 SächsVwKG gilt dieses für Gebühren und Auslagen (Verwaltungskosten) für individuell zurechenbare öffentlich-rechtliche Leistungen der Behörden des Freistaates Sachsen. Öffentlich-rechtliche Leistungen sind hoheitliche Tätigkeiten mit Außenwirkung (§ 2 Abs. 1 Nr. 1 Hs. 1 SächsVwKG), mithin Amtshandlungen. Prüfungen nach § 17 Abs. 3 SächsWTG stellen derartige Amtshandlungen dar, da sie gesetzlich vorgeschriebene hoheitliche Überwachungsmaßnahmen sind, aber auch Beratungen stellen „sonstige Amtshandlungen“ dar. Die Erörterung einer strittigen Sach- oder Rechtsfrage mit dem KSV Sachsen ist indes keine vergleichbare „sonstige Amtshandlung“. Zum Verwaltungsaufwand zählen nicht nur die eigentliche Inaugenscheinnahme vor Ort, sondern auch die vorbereitende Auswertung der vom Träger vorzulegenden Unterlagen (Bewohner- und Personalübersichten, Dienstpläne, Pflegedokumentationen), die Nachbereitung sowie die Erstellung des Prüfberichts (§ 17 Abs. 12 SächsWTG).

Gebührenschuldner ist der Einrichtungsträger (§ 9 Abs. 1 Nr. 1 SächsVwKG). Die Zurechenbarkeit ergibt sich aus seiner besonderen Sachherrschaft. Mit dem Betrieb der Einrichtung verwirklicht er den Tatbestand, an den § 2 ff. SächsWTG die Pflicht der Heimaufsicht zur Durchführung von Prüfungen knüpft. Auf eine Veranlassung durch den Träger kommt es nicht an; die Gebührenerhebung ist auch dann zulässig, wenn die Amtshandlung ausschließlich im öffentlichen Interesse liegt.[145] Bei einer angefragten Beratung ist dies unproblematisch eine individuell zurechenbare öffentlich-rechtliche Leistung.

Die Höhe der Verwaltungsgebühren richtet sich grundsätzlich nach dem Kostenverzeichnis, das durch Rechtsverordnung (§ 4 Abs. 1 SächsVwKG) erlassen wird. Maßgeblich ist derzeit die Zehnte Verordnung über die Bestimmung der Verwaltungsgebühren und Auslagen (10. SächsKVZ). Diese enthält noch keine ausdrücklich auf das SächsWTG zugeschnittenen Gebührentatbestände. Gemäß § 3 Abs. 2 SächsVwKG sind jedoch auch nicht im Kostenverzeichnis enthaltene Amtshandlungen gebührenpflichtig. In diesem Fall ist die Gebühr nach vergleichbaren Amtshandlungen zu bemessen.

145 vgl. OVG Bautzen, Urt. v. 02.03.2015 – 5 A 60/12 – juris Rn. 30 ff.; BVerwG, Urt. v. 25.08.1999 – 8 C 12.98 – juris Rn. 22.

So verweist die Tarifstelle 4 zur lfd. Nr. 31 der Anlage 1 zur 10. SächsKVZ für Überwachungen nach § 9 SächsBeWoG auf eine Rahmengebühr zwischen 135 € und 1.482 €. Dieser Tatbestand ist wegen der funktionalen Vergleichbarkeit (behördliche Qualitätsprüfung von Einrichtungen) analog auf Prüfungen nach § 17 SächsWTG heranzuziehen. Beratungen können unter Rückgriff auf Tarifstellen, die ausdrücklich Beratungsleistungen nach dem SächsBeWoG betreffen (z. B. lfd. Nr. 31, Tarifstelle 13), analog abgerechnet werden. Hier sieht das Kostenverzeichnis einen Stundensatz von 67 € vor. Dabei sind neben der eigentlichen Beratungszeit auch Vorbereitung und Nachbereitung (schriftliche Stellungnahmen, Zusammenfassungen) abrechnungsfähig.

Nach § 4 Abs. 2 SächsVwKG richtet sich die Höhe der Gebühr nach dem Verwaltungsaufwand (Kostendeckungsgebot) und der Bedeutung der Angelegenheit für den Gebührenschuldner. Verwaltungsaufwand umfasst regelmäßig Personal- und Sachaufwendungen. Es gilt das Kostendeckungsprinzip, wovon Ausnahmen nur unter engen Billigkeitsgesichtspunkten zulässig sind. Grundsätzlich gilt daher, dass derjenige, der eine individuell zurechenbare öffentlich-rechtliche Leistung begehrt/erhalten hat, auch die Kosten, die dem Staat hierfür entstanden sind, zu tragen hat.

Information zu Mitwirkungsrechten (Abs. 2)

Die zuständige Behörde hat die Unterrichtung der Bewohner sowie der Bewohnervertretung über die Wahl, die Befugnisse und die Möglichkeiten der Bewohnervertretung zu fördern, um die Interessen der Bewohnerinnen und Bewohner zur Geltung zu bringen. Dies kann durch eigene Beratungsangebote aber auch durch ein Einwirken auf den Träger/Leistungserbringer erfolgen.

Verweis auf externe Beratung durch Dritte (Abs. 3)

Der KSV Sachsen „*kann*“ nach pflichtgemäßem Ermessen auf Informations- und Beratungsangebote Dritter, insbesondere die ergänzende unabhängige Teilhabeberatung nach § 32 SGB IX (EUTB) verweisen, wenn diese den in Abs. 1 und 2 normierten Beratungsanspruch bei bestimmten Fachfragen sachnäher erfüllen können.[146] Dadurch darf sich die Heimaufsicht jedoch nicht ihrer gesetzlichen Verpflichtung zur Beratung und Information entziehen. Bei zivilrechtlichen Aspekten, die nicht in die Gesetzgebungskompetenz der Länder fallen, kann die Heimaufsicht um den Ratsuchenden unterschwellig zu unterstützen, mitunter auf die Verbraucherzentrale, einen Interessensverband oder eine Mieterberatung verweisen, die in fachspezifischen Fragen ggf. auch „besser“ beraten können.

146 Vgl. Gesetzentwurf der Staatsregierung LT-Drs. 7/14987, Zu § 5 Zu Absatz 3, S. 51.

§ 6
Brand- und Katastrophenschutz

[1]Die zuständige Behörde stellt den nach dem Sächsischen Gesetz über den Brandschutz, Rettungsdienst und Katastrophenschutz vom 24. Juni 2004 (SächsGVBl. S. 245, 647), das zuletzt durch das Gesetz vom 8. Januar 2024 (SächsGVBl. S. 2) geändert worden ist, in der jeweils geltenden Fassung, zuständigen unteren Brandschutz-, Rettungsdienst- und Katastrophenschutzbehörden auf Verlangen anonymisierte Daten über Einrichtungen und ambulant betreute Wohngemeinschaften zur Verfügung. [2]Die Daten umfassen die Anschrift der Einrichtung oder der ambulant betreuten Wohngemeinschaft, die Angebotsform und die Anzahl der in der Einrichtung oder der ambulant betreuten Wohngemeinschaft höchstens betreuten Personen sowie eine Darstellung der baulichen Gegebenheiten.

Um eine rechtzeitige Alarmierung und Evakuierung der oftmals in ihrer Selbstrettungsfähigkeit eingeschränkten Bewohner zu erreichen, normiert § 6 die Verpflichtung der Heimaufsicht auf Verlangen der zuständigen unteren Brandschutz-, Rettungsdienst- und Katastrophenschutzbehörden anonymisierte Daten zur jeweiligen Wohn-Pflege-Form zur Verfügung zu stellen. Die Informationen umfassen:
- Anschrift der Wohn-Pflege-Form (nicht Sitz des Trägers/Leistungsanbieters),
- Angebotsform (selbstverantwortete oder anbieterverantwortete ambulant betreute Wohngemeinschaft, Intensivpflege-Wohngemeinschaft oder Einrichtung, vgl. auch § 7 Abs. 1 Satz 2 Nr. 3 „Nutzungsart“),
- Kapazität und
- Darstellung der baulichen Gegebenheiten (Räume sowie deren Lage, Anzahl und Größe).

Abschnitt 2
Anforderungen an Einrichtungen, ambulant betreute Wohngemeinschaften und Intensivpflege – Wohngemeinschaften

Einführung
Allgemeine Anforderungen an alle Wohn-Pflege-Formen

Abschnitt 2 des Allgemeinen Teils des SächsWTG (§§ 7–12) normiert allgemeine Anforderungen an alle dem Anwendungsbereich des SächsWTG unterfallenden Wohn-Pflege-Formen. Neben weitestgehend unveränderten Anzeigepflichten (§ 7) werden nunmehr für alle Versorgungsformen auch Regelungen zur Gewaltprävention (§ 11) getroffen. Die Erweiterung der ordnungsrechtlichen Anforderungen auch auf originär zivilrechtliche Transparenz- und Informationspflichten (§ 8) ist unter verfassungsrechtlichen Gesichtspunkten kritisch zu betrachten. Damit greift der Landesgesetzgeber in die Gesetzgebungskompetenz des Bundes für das Bürgerliche Recht – wozu auch das (zivilrechtliche) Verbraucherschutzrecht gehört – über. Ungeachtet der ordnungsrechtlichen Sanktionsmöglichkeiten bei Verstößen ergeben sich dadurch für Leistungsanbieter jedoch nur geringfügig höhere Anforderungen im Vergleich zu bundesgesetzlichen zivilrechtlichen oder leistungsrechtlichen Anforderungen.

§ 7
Anzeigepflichten

(1) [1]Wer den Betrieb einer Einrichtung nach § 2 Absatz 1 aufnehmen will, hat seine Absicht spätestens drei Monate vor der vorgesehenen Inbetriebnahme der zuständigen Behörde schriftlich oder elektronisch anzuzeigen. [2]Diese Anzeige muss enthalten:

1. den vorgesehenen Zeitpunkt der Betriebsaufnahme,
2. den Namen und die Anschrift der Einrichtung, den Namen und die Anschrift des Trägers sowie Name, Vorname und Anschrift der vertretungsberechtigten Person des Trägers,
3. die Nutzungsart der Einrichtung, insbesondere hinsichtlich ihrer Zielgruppe, der Räume sowie deren Lage, Anzahl und Größe, und die vorgesehene Platzzahl,
4. den Namen, den Vornamen, den Berufs- oder Hochschulabschluss sowie den beruflichen Werdegang der Leiterin oder des Leiters der Einrichtung, bei stationären Pflegeeinrichtungen auch der verantwortlichen Pflegefachkraft,
5. die allgemeine Leistungsbeschreibung sowie die Konzeption der Einrichtung,
6. bei stationären Pflegeeinrichtungen einen Versorgungsvertrag nach § 72 des Elften Buches Sozialgesetzbuch, die wesentlichen Leistungs- und Qualitätsmerkmale der Einrichtung nach § 84 Absatz 5 des Elften Buches Sozialgesetzbuch, soweit vorhanden den Personalabgleich nach § 84 Absatz 6 des Elften Buches Sozialgesetzbuch sowie einen Vertrag zur integrierten Versorgung nach § 92b des Elften Buches Sozialgesetzbuch oder die Erklärung, ob ein solcher Versorgungsvertrag oder eine solche Vereinbarung angestrebt wird, bei stationären Hospizen die Einzelvereinbarungen aufgrund von § 39a des Fünften Buches Sozialgesetzbuch, sowie bei Einrichtungen für Menschen mit Behinderungen die Vereinbarungen nach § 125 des Neunten Buches Sozialgesetzbuch,
7. die Satzung oder einen Gesellschaftsvertrag des Trägers.

(2) [1]Die beabsichtigte Gründung einer ambulant betreuten Wohngemeinschaft ist der zuständigen Behörde einen Monat vor Gründung schriftlich oder elektronisch anzuzeigen. [2]Die Anzeige nimmt bei anbieterverantworteten ambulant betreuten Wohngemeinschaften der Leistungsanbieter und bei selbstverantworteten Wohngemeinschaften das Selbstbestimmungsgremium vor. [3]Dabei sind Angaben zu machen zu

1. der Anschrift der ambulant betreuten Wohngemeinschaft,
2. der tatsächlichen und der höchstmöglichen Anzahl der zu betreuenden Personen,
3. Name und Anschrift des Dienstleisters der Pflege-, Assistenz- und Betreuungsleistungen,
4. den Pflegegraden der jeweiligen Bewohnerinnen und Bewohner zum Zeitpunkt der Gründung,

5. der Nutzungsart der ambulant betreuten Wohngemeinschaft, insbesondere hinsichtlich ihrer Zielgruppe, der Räume sowie deren Lage, Anzahl und Größe, sowie zu der vorgesehenen Platzzahl,
6. Name und Anschrift der oder des Leistungsanbieters in anbieterverantworteten Wohngemeinschaften,
7. Name, Vorname und Anschrift eines der Mitglieder des Selbstbestimmungsgremiums in selbstverantworteten Wohngemeinschaften,
8. den Einzelvereinbarungen nach § 132l Absatz 5 des Fünften Buches Sozialgesetzbuch in Intensivpflege-Wohngemeinschaften oder dazu, ob solche Vereinbarungen angestrebt werden.

(3) [1]Liegen die Informationen nach Absatz 1 oder Absatz 2 zum Zeitpunkt der Anzeige noch nicht vor oder ergeben sich Änderungen bis zur Inbetriebnahme, ist die Mitteilung vor Aufnahme des Betriebs ohne schuldhaftes Zögern nachzuholen. [2]Die zuständige Behörde kann weitere Angaben verlangen, soweit sie zur Prüfung der zweckgerichteten Aufgabenerfüllung erforderlich sind.

(4) Der zuständigen Behörde sind ferner ohne schuldhaftes Zögern anzuzeigen:
1. außergewöhnliche Ereignisse und Entwicklungen in Einrichtungen oder ambulant betreuten Wohngemeinschaften, die sich in erheblichem Maße auf das Wohl von Bewohnerinnen und Bewohnern auswirken oder auswirken könnten, sowie den Betrieb der Einrichtung oder ambulant betreuten Wohngemeinschaft gefährden, insbesondere die Androhung von Gewalt und Gewalteinwirkungen,
2. Änderungen nach Inbetriebnahme, die Angaben nach Absatz 1 oder 2 betreffen.

(5) [1]Wer beschließt, den Betrieb einer Einrichtung oder einer ambulant betreuten Wohngemeinschaft vollständig oder teilweise einzustellen, hat dies der zuständigen Behörde ohne schuldhaftes Zögern, jedoch spätestens sechs Monate vor der tatsächlichen Einstellung schriftlich oder elektronisch anzuzeigen, soweit der Zeitpunkt der tatsächlichen Einstellung dem Träger einer Einrichtung, dem Leistungsanbieter oder dem Selbstbestimmungsgremium einer ambulant betreuten Wohngemeinschaft bekannt ist oder bekannt sein muss. [2]In der Anzeige über die Einstellung oder Teileinstellung des Betriebs einer Einrichtung muss die anderweitige Unterkunft und die dem Bedarf entsprechende Pflege, Assistenz oder Betreuung der Bewohnerinnen und Bewohner nachgewiesen sowie die geplante ordnungsgemäße Abwicklung der Vertragsverhältnisse mit den Bewohnerinnen und Bewohnern angegeben werden.

Allgemeines

Das SächsWTG normiert Anzeigepflichten vor, während und zur Einstellung eines Betriebs. Zu den Anzeigepflichten während des Betriebs gehören zudem die Anzeige von außergewöhnlichen Ereignissen und Entwicklungen, die sich in erheblichem Maße auf das Wohl von Bewohnern auswirken oder auswirken könnten oder den Betrieb der ambulant betreuten

Wohngemeinschaft oder Einrichtung gefährden. Verstöße gegen die Anzeigepflicht sind unverändert bußgeldbewehrt.

Erst die heimaufsichtliche Anzeigepflicht ermöglicht der Heimaufsicht die Kenntnis zur Möglichkeit der Überprüfung ordnungsrechtlicher Anforderungen an den Betrieb der dem SächsWTG unterfallenden Wohn-Pflege-Form. Die Anzeigepflicht des § 7 führt jedoch keine Legalisierungswirkung herbei, sondern soll die Heimaufsicht lediglich informatorisch in die Lage versetzen, zur Sicherstellung ihres gesetzlichen Auftrages geeignete Maßnahmen vor und nach der Betriebsaufnahme ggü. dem Träger bzw. Leistungsanbieter ergreifen zu können. Die „Bestätigung“ der Anzeige ist kein Verwaltungsakt.[147] Dies liegt schon darin begründet, dass es sich beim Betrieb einer Einrichtung oder anderen Wohn-Pflege-Form um ein erlaubnisfreies Gewerbe handelt und nicht etwa um ein Verbot mit Erlaubnisvorbehalt.

Der Anzeigepflichtige ist nicht verpflichtet, die vom KSV Sachsen bereitgestellten Vordrucke[148] zu verwenden. Den Anzeigepflichten kann daher durch formlose – jedoch schriftliche oder elektronische – Mitteilung entsprochen werden. Verwendet der Träger jedoch die vom KSV Sachsen herausgegebenen Vordrucke, kann er sich hierauf verlassen, dass seine Angaben vollständig den gesetzlichen Anforderungen entsprechen (Vertrauensschutz), andernfalls trägt er das Risiko, den gesetzlichen Informationspflichten vollumfänglich nachzukommen. Die Informationen sind auf eigene Kosten dem KSV Sachsen zu übermitteln.

Anzeigepflichtiger und Zeitpunkt (Abs. 1–3)

Bei Einrichtungen ist der Träger Anzeigepflichtiger (Abs. 1 Satz 1), bei anbieterverantworteten ambulant betreuten Wohngemeinschaften der Leistungsanbieter. Bei selbstverantworteten Wohngemeinschaften ist das Selbstbestimmungsgremium nach § 3 Abs. 2 Satz 3 anzeigeverpflichtet (Abs. 2 Satz 2). Grundsätzlich sind die Anzeigen vor Inbetriebnahme bzw. vor Gründung zu erstatten. Hinsichtlich der Frist von 3 Monaten vor Inbetriebnahme einer Einrichtung ist dies für den Träger schon mit Blick auf den Vorlauf zur Regelung der leistungsrechtlichen Anforderungen (Zulassung, Vergütungsverhandlungen) unproblematisch.

Hinsichtlich der Anzeigepflicht mindestens einen Monat vor Gründung einer (selbstverantworteten) Wohngemeinschaft ist dies indes kritisch zu sehen, wenn zu diesem Zeitpunkt noch kein Selbstbestimmungsgremium gegründet wurde.

Liegen die Informationen nach Abs. 1 oder Abs. 2 zum Zeitpunkt der Anzeige noch nicht vor oder ergeben sich Änderungen bis zur Inbetriebnahme, ist die Mitteilung vor Aufnahme des Betriebs ohne schuldhaftes Zögern nachzuholen (Abs. 3 Satz 1). Änderungen der Informationen nach Abs. 1 und Abs. 2 im laufenden Betrieb sind unaufgefordert ohne schuldhaftes Zögern (unverzüglich) anzuzeigen (Abs. 4 Nr. 2).

147 Zutreffend VG Dresden, Beschl. v. 31.07.2024 – 1 L 509/24 –, juris Rn. 26.
148 Die Vordrucke sind online abrufbar unter https://www.ksv-sachsen.de/heimaufsicht.html sowie direkt beim KSV Sachsen zu beziehen.

Die Anzeige hat schriftlich (§ 126 BGB) oder elektronisch (§ 126a BGB) zu erfolgen. Hinsichtlich der elektronischen Form muss der Aussteller der Erklärung seinen Namen hinzufügen und das elektronische Dokument mit seiner qualifizierten elektronischen Signatur versehen. Eine einfache E-Mail genügt nicht.

Umfang der Anzeige (Abs. 1 und 2)

Die mitzuteilenden Informationen für Einrichtungen ergeben sich – nicht abschließend – aus Abs. 1 Satz 2. Die Anzeige muss zwingend „enthalten“:

- vorgesehener Zeitpunkt der Betriebsaufnahme (Nr. 1),
- Namen und Anschrift der Einrichtung (Nr. 2),
- Namen und Anschrift des Trägers sowie Name, Vorname und Anschrift einer vertretungsberechtigten Person des Trägers (bspw. Geschäftsführung, die Angabe einer Person genügt) (Nr. 2),
- Nutzungsart der Einrichtung, insbesondere hinsichtlich ihrer Zielgruppe, der Räume sowie deren Lage, Anzahl und Größe, und die vorgesehene Platzzahl – Anlage R zum Hauptvordruck –, insbesondere auch eines Grundrissplans (Nr. 3),
- Name, Vorname, Berufs- oder Hochschulabschluss sowie beruflicher Werdegang Einrichtungsleitung (Nr. 4),
- allgemeine Leistungsbeschreibung sowie die Konzeption der Einrichtung (Nr. 5) und
- Satzung oder Gesellschaftsvertrag des Trägers (Nr. 7).

Bei stationären Pflegeeinrichtungen sind zusätzlich folgende Angaben erforderlich:

- Name, Vorname, Berufs- oder Hochschulabschluss sowie beruflicher Werdegang (Kurzlebenslauf) der verantwortlichen Pflegefachkraft (Nr. 4),
- Kopie des Versorgungsvertrags nach § 72 SGB XI (Nr. 6) und
- die wesentlichen Leistungs- und Qualitätsmerkmale der Einrichtung nach § 84 Abs. 5 SGB XI, soweit vorhanden den Personalabgleich nach § 84 Abs. 6 SGB XI sowie einen Vertrag zur integrierten Versorgung nach § 92b SGB XI oder die Erklärung, ob ein solcher Versorgungsvertrag oder eine solche Vereinbarung angestrebt wird (Nr. 6).

Bei stationären Hospizen sind abweichend zu stationären Pflegeeinrichtungen die Einzelvereinbarungen aufgrund von § 39a SGB V, sowie bei Einrichtungen für Menschen mit Behinderungen die Vereinbarungen nach § 125 SGB IX in Kopie vorzulegen (Nr. 6).

Für ambulant betreute Wohngemeinschaften ergibt sich der Umfang der Anzeige aus Abs. 2 Satz 3. Es sind folgende „Angaben zu machen“:

- Anschrift der ambulant betreuten Wohngemeinschaft (Nr. 1),
- tatsächliche und höchstmögliche Anzahl der zu betreuenden Personen (Kapazität, Nr. 2),
- Name und Anschrift des beauftragten Dienstleisters der Pflege-, Assistenz- und Betreuungsleistungen (Nr. 3) bzw. des (verantwortlichen) Leistungsanbieters in anbieterverantworteten Wohngemeinschaften (Nr. 6),
- Pflegegrade der jeweiligen Bewohner zum Zeitpunkt der Gründung (Bewohnerstruktur, Nr. 4),

- Nutzungsart der ambulant betreuten Wohngemeinschaft, insbesondere hinsichtlich ihrer Zielgruppe, der Räume sowie deren Lage, Anzahl und Größe, sowie zu der vorgesehenen Platzzahl, insbesondere auch eines Grundrissplans (Nr. 5),
- Name, Vorname und Anschrift eines der Mitglieder des Selbstbestimmungsgremiums in selbstverantworteten Wohngemeinschaften (Nr. 7).

In Intensivpflege-Wohngemeinschaften sind zudem Angaben zu den Einzelvereinbarungen nach § 132l Absatz 5 SGB V (Versorgungsvertrag) oder dazu, ob solche Vereinbarungen angestrebt werden, erforderlich (Nr. 8).

Die Heimaufsicht kann nach Abs. 3 Satz 2 weitere Angaben verlangen, soweit sie zur Prüfung der zweckgerichteten Aufgabenerfüllung erforderlich sind, wie bspw. Urkunden, Unbedenklichkeitsbescheinigungen oder ergänzende Ausführungen zu baulichen Gegebenheiten.

Anzeige außergewöhnlicher Ereignisse (Abs. 4)

Zudem sind außergewöhnliche Ereignisse und Entwicklungen in Einrichtungen oder ambulant betreuten Wohngemeinschaften, die sich in erheblichem Maße auf das Wohl von Bewohnerinnen und Bewohnern auswirken, beziehungsweise auswirken könnten oder den Betrieb der Einrichtung oder ambulant betreuten Wohngemeinschaft gefährden, insbesondere die Androhung von Gewalt und Gewalteinwirkungen nach Abs. 4 der Heimaufsicht ohne schuldhaftes Zögern anzuzeigen.

Im Formular zur Anzeige von außergewöhnlichen Ereignissen und Entwicklungen in Einrichtungen oder ambulant betreuten Wohngemeinschaften gemäß § 7 Abs. 4 Nr. 1 werden unter Übernahme der Beispiele aus der Gesetzesbegründung Sachverhalte aufgeführt, die anzeigepflichtig sind:

„*[…]*

1. *[…] Verdacht einer Straftat gegenüber Bewohnern,*
2. *Strafanzeigen bei Diebstählen und Unterschlagung von nicht geringwertigen Sachen zu Lasten von […] Bewohnern und […] Nutzern,*
3. *Todesursachen von […] Bewohnern mit ungeklärter Ursache oder Fremdverschulden,*
4. *Schwere Unfälle mit erheblichen Folgen für die Bewohner oder Nutzer,*
5. *Sonstige Vorfälle von Missbrauch, Ausbeutung, Gewalt, Diskriminierung gegenüber Bewohnern […] und Nutzern,*
6. *Vermisste […] Bewohner oder […] Nutzer, die nicht innerhalb von 24 Stunden ohne Beeinträchtigungen wieder angetroffen werden oder zu denen eine Vermisstenanzeige bei der Polizei gestellt wurde,*
7. *[…] Ereignisse in der Einrichtung oder ambulant betreuten [Wohngemeinschaft], die zu erheblichen Beeinträchtigungen für die […] Bewohner oder Nutzer […] führen oder eine nicht nur kurzfristige Unterbringung von […] Bewohnern oder […] Nutzern in eine andere Wohnform erforderlich machen,*

8. *[…] Aufkommen von Erregern, die nach § 6 Infektionsschutzgesetz*[149] *[…], in der jeweils gültigen Fassung gegenüber den für Infektionsschutzangelegenheiten zuständigen Gesundheitsämtern meldepflichtig sind.*"[150]

Neben den in der Gesetzesbegründung genannten Beispielen hat der Träger/Leistungsanbieter/Selbstbestimmungsgremium unter Berücksichtigung des Schutzbedürfnisses der Bewohner/Nutzer selbst zu erkennen, welche Ereignisse und Entwicklungen „außergewöhnlich", das heißt, nicht typisch alltagbezogen und wiederkehrend, meldepflichtig sind. Beispielhaft kommen konkretisierend zu den in der Gesetzesbegründung genannten Vorkommnissen in Betracht:

- Verletzung des Brief- und Postgeheimnisses eines Bewohners,
- Misshandlungen von Bewohnern (egal ob durch Mitarbeiter oder andere Bewohner),
- Havarien, die zu wesentlichen Beeinträchtigungen des Betriebs führen (bspw. Stromausfall, Gasaustritt, Rohrbrüche, Heizungsausfälle, Elementarschäden) und
- Ausfall für den Betrieb essenzieller technischer Anlagen (Notrufanlage, Aufzug).

Suizide sind nicht meldepflichtig, sofern keine ungeklärte Todesursache vorliegt und feststeht, dass der Suizid freiverantwortlich durchgeführt wurde. Zwar kann man diese als „außergewöhnliche Ereignisse" einstufen, sie wirken sich jedoch nicht auf das Wohl der Bewohner aus. Das Recht auf selbstbestimmtes Sterben folgt aus der Würde des Menschen und seinem Persönlichkeitsrecht.[151] Ist nicht klar, ob der Suizid freiverantwortlich erfolgte, handelt es sich um ein meldepflichtiges außergewöhnliches Ereignis, das sich in erheblichem Maße auf das Wohl der Bewohner auswirken kann.

Das Unterlassen der Anzeige nach Abs. 4 Nr. 1 ist – ohne Differenzierung zwischen Einrichtungen und ambulant betreuten Wohngemeinschaften – bußgeldbewehrt (vgl. § 33 Abs. Abs. 2 Nr. 1).

Anzeige einer Betriebseinstellung

Nach Abs. 5 ist die Betriebseinstellung anzeigepflichtig. Mit der ordnungsgemäßen Beendigung und Abwicklung der Wohn-Pflege-Form endet die Aufsicht des KSV Sachsen. Wer beschließt, den Betrieb einer Einrichtung oder einer ambulant betreuten Wohngemeinschaft – sowohl anbieterverantwortet als auch selbstverantwortet – vollständig oder teilweise – bspw. hinsichtlich einzelner abtrennbarer Teile (Wohnbereiche, Etagen, Nebengebäuden, einzelner Leistungsformen) – einzustellen, hat dies daher der Heimaufsicht ohne schuldhaftes Zögern, jedoch spätestens sechs Monate vor der tatsächlichen Einstellung schriftlich oder elektronisch anzuzeigen, soweit der Zeitpunkt der tatsächlichen Einstellung dem Träger einer Einrichtung, dem Leistungsanbieter oder dem Selbstbestimmungsgremium einer ambulant betreuten

149 Gesetz zur Verhütung und Bekämpfung von Infektionskrankheiten beim Menschen (Infektionsschutzgesetz – IfSG) v. 20.07.2000 (BGBl. I S. 1045), das zuletzt d. Art. 3a des Gesetzes v. 28.06.2022 (BGBl S. 938) geändert worden ist.

150 Gesetzentwurf der Staatsregierung LT-Drs. 7/14987, Zu § 7 Zu Absatz 4 Zu Nummer 1, S. 54f.

151 Siehe hierzu § 1 Satz 2 Nr. 7 SächsWTG.

Wohngemeinschaft bekannt ist oder bekannt sein muss. Fälle, in denen diese Frist nicht eingehalten werden kann, sind solche, in denen die Entscheidung zur Betriebseinstellung nicht in der Sphäre des Betreibers/Leistungsanbieters/Selbstbestimmungsgremiums liegt (bspw. fristlose Kündigung des Versorgungsvertrages durch die Kostenträger, Versterben der Mitglieder einer selbstverantworteten ambulant betreuten Wohngemeinschaft). Sowohl die unterlassene, nicht vollständige, nicht richtige oder nicht rechtzeitige Mitteilung der Betriebseinstellung einer Einrichtung oder ambulant betreuten Wohngemeinschaft ist bußgeldbewehrt (§ 33 Abs. 1 Nr. 1, Abs. 2 Nr. 2). Bei der nicht rechtzeitigen Mitteilung kann der Betrieb trotzdem zum beabsichtigten Zeitpunkt eingestellt werden, die Ordnungswidrigkeit nach § 33 Abs. 1 Nr. 1 (Einrichtung oder anbieterverantwortete ambulant betreute Wohngemeinschaft) oder Abs. 2 Nr. 2 (selbstverantwortete ambulant betreute Wohngemeinschaft) ist dann jedoch verwirklicht.

Hinsichtlich der Normierung einer Ordnungswidrigkeit auch im Bereich der selbstverantworteten ambulant betreuten Wohngemeinschaften schießt der Gesetzgeber – neben der Pflichtberatung – ein weiteres Mal übers Ziel hinaus. Eine Begründung enthält die Gesetzesbegründung nicht.[152] Es bestehen in verfassungsrechtlicher Hinsicht Zweifel an der Geeignetheit und Erforderlichkeit der Sanktionierung einer unterlassenen Einstellungsanzeige. Bei einer selbstverantworteten ambulant betreuten Wohngemeinschaft führt die Anzeige der Einstellung nicht zu einem aufsichtsrechtlichen Handlungsbedarf, wie dies bei Einrichtungen der Fall ist (ordnungsgemäße Abwicklung der Verträge). Die präventive Schutzfunktion greift hier nur am Rande – es fehlt an einem strukturellen Risiko kollektiver Gefährdung der geschützten Zielgruppe. Den Anzeigepflichten liegt zugrunde, dass diese maßgeblichen und unmittelbaren Einfluss auf die Qualität der Pflege und Betreuung haben oder haben können. Wenn das Selbstbestimmungsgremium jedoch die Entscheidung trifft, zukünftig nicht mehr in einer – im Übrigen privaten – Haushaltsgemeinschaft zu leben, hat der Staat dies zu akzeptieren. Die paternalistische Sicht, die an dieser Stelle stark zum Ausdruck kommt, rechtfertigt keine Sanktionierung durch das Ordnungswidrigkeitenrecht. Zumindest verhältnismäßig im engeren Sinne ist der Bußgeldtatbestand nicht, da hier nur eine formale Meldepflicht sanktioniert wird, die keinen materiellen Schutzwert für die Bewohner erzeugt. Denn deren Entscheidung zur Einstellung/Auflösung der Gemeinschaft steht nicht zur Kontrolle der Heimaufsicht (vgl. § 1 Satz 2 Nr. 2 „*Selbstbestimmung*"). Ob sich die Regelung daher noch im weiten Ermessensrahmen des Landesgesetzgebers befindet und „im gerechten Verhältnis zum Verschulden des Täters" steht,[153] ist fraglich. Zumindest sollte mit Blick darauf, dass im Ordnungswidrigkeitsrecht kein Verfolgungszwang[154] besteht und die zuständige Behörde gemäß § 56 OWiG bei geringfügigen Ordnungswidrigkeiten auch von einem Bußgeld absehen und den Betroffenen verwarnen kann, eine solche Verwarnung (mit oder ohne Verwarnungsgeld bis zu 25 €) in vorgenannten Konstellationen ausreichend sein.

152 Vgl. Gesetzentwurf der Staatsregierung LT-Drs. 7/14987, Zu § 7 Zu Absatz 2 Zu Nummer 1, S. 93.

153 Vgl. zum Maßstab BVerfG, Beschl. v. 23.01.1990 – 1 BvL 4/87 –, juris Rn. 30; allgemein auch Wiss. Dienste des Bundestages, WD 3 – 3000 – 118/22.

154 BVerfG, Beschl. v. 04.02.1959 – 1 BvR 197/53 –, juris Rn. 18.

Der Träger einer Einrichtung hat in der Anzeige über die Einstellung oder Teileinstellung seines Betriebs Folgendes mitzuteilen:
- die anderweitige Unterkunft,
- die anderweitige dem Bedarf entsprechende Pflege, Assistenz oder Betreuung der Bewohner sowie
- die geplante ordnungsgemäße Abwicklung der Vertragsverhältnisse mit den Bewohnern.

Dies ist anhand geeigneter Nachweise zu belegen. Die Heimaufsicht kann diese Informationen durch Anordnung erzwingen. Geeignete Nachweise sind insbesondere vertragliche Regelungen oder Erklärungen der Bewohner. Dabei ist zu berücksichtigen, dass der Unternehmer zivilrechtlich „nur auf Verlangen" des Bewohners zum Leistungsersatz verpflichtet ist (§ 13 Abs. 2 WBVG).

Dieser Regelung liegt zugrunde, dass zivilrechtlich die Verträge nach dem WBVG nicht ohne wichtigen Grund durch den Unternehmer einseitig nach Belieben beendet werden können. Ein wichtiger Grund zur außerordentlichen Kündigung liegt jedoch vor, wenn der Betrieb wesentlich eingeschränkt, in seiner Art verändert oder eingestellt wird und die Fortsetzung des Vertragsverhältnisses für den Unternehmer eine unzumutbare Härte darstellen würde (§ 12 Abs. 1 Satz 3 Nr. 1 WBVG). Insbesondere treffen den Träger dann auch Pflichten zum Leistungsersatz (auf Verlangen des Bewohners) und zur Übernahme der Umzugskosten (§ 13 Abs. 2 WBVG). Aus fürsorglichen Gesichtspunkten hat die Heimaufsicht dem daher nachzugehen, um sicherzustellen, dass der Heimbetrieb ordnungsgemäß abgewickelt wurde, denn die bloße Leistungseinstellung ist keine ordnungsgemäße und organisierte Betriebseinstellung.

§ 8
Transparenz und Informationspflichten, Qualitäts- und Beschwerdeverfahren

(1) Der Träger oder Leistungsanbieter ist vorbehaltlich weitergehender zivilrechtlicher und datenschutzrechtlicher Ansprüche der Bewohnerinnen und Bewohner verpflichtet,
1. **alle Interessierten über sein Leistungsangebot in Textform und leicht verständlicher Sprache nach Art, Umfang und Kosten zu informieren,**
2. **Bewohnerinnen und Bewohner schriftlich vor Vertragsschluss über vorhandene Beratungs- und Beschwerdestellen zu informieren,**
3. **den anonymisierten Prüfbericht der letzten wiederkehrenden Prüfung der zuständigen Behörde am Ort der Einrichtung oder ambulant betreuten Wohngemeinschaft zur Einsichtnahme vorzuhalten und gegenwärtigen oder künftigen Bewohnerinnen und Bewohnern, ihren rechtlichen Vertreterinnen und Vertretern auf Wunsch zur Einsichtnahme vorzulegen,**
4. **Bewohnerinnen und Bewohnern oder ihren rechtlichen Vertreterinnen und Vertretern Einsichtnahme in die sie betreffende Dokumentation zu gewähren.**

(2) [1]Der Träger oder Leistungsanbieter hat ein Beschwerdeverfahren sicherzustellen. [2]Das Verfahren ist in leicht verständlicher Sprache schriftlich zu regeln. [3]Die Regelung muss mindestens beinhalten:

1. **die Information der Bewohnerinnen und Bewohner über ihr Beschwerderecht einschließlich eines Hinweises auf die Erreichbarkeit der zuständigen Behörde,**
2. **die Benennung der für die Bearbeitung der Beschwerden verantwortlichen Person,**
3. **die Bestimmung einer angemessenen Bearbeitungsfrist sowie**
4. **die Dokumentation, Auswertung und Erledigung der Beschwerden.**

Allgemeines

Neben den Informationspflichten ggü. der Heimaufsicht regelt § 8 Informationspflichten ggü. der geschützten Zielgruppe (Abs. 1) sowie die Einrichtung eines Beschwerdeverfahrens (Abs. 2). Damit soll auch Art. 5 UN-BRK entsprochen werden. Die normierte Verpflichtung „hat ein Beschwerdeverfahren sicherzustellen" zielt nicht nur auf die Einrichtung eines solchen, sondern im Sinne einer Verpflichtung des Unternehmers, darauf, diesbezüglich eine innerbetriebliche Compliance-Struktur (etwa im Sinne der § 91 Abs. 2 AktG, § 12 Abs. 1 HinSchG) einzurichten. Den Träger oder Leistungsanbieter treffen damit Organisations- und Überwachungspflichten.

Informationspflichten ggü. Bewohnern/Nutzern (Abs. 1 Nr. 1–3)

Abs. 1 verpflichtet Träger von Einrichtungen und Leistungsanbieter von ambulant betreuten Wohngemeinschaften zur Information über das Leistungsangebot (Nr. 1) und zu Beratungs- und Beschwerdestellen (Nr. 2). Darüber hinaus ist der Prüfbericht der letzten Regelprüfung der Heimaufsicht zur Einsichtnahme vorzuhalten (Nr. 3). Hierbei handelt es sich im Kern um zivilrechtliche Regelungen. Daher ist fraglich, ob Regelungen hierzu aufgrund der Gesetzgebungskompetenz des Bundes nach Art. 74 Abs. 1 Nr. 1 GG für das bürgerliche Recht verfassungswidrig sind.[155] Auf diese Frage kommt es entscheidend jedoch nur für Nr. 1 und Nr. 2 an, nicht jedoch für Nr. 3, da nach § 3 Abs. 2 Nr. 3 WBVG über die Ergebnisse der Qualitätsprüfungen auch zu informieren ist, soweit diese nach „landesrechtlichen Vorschriften zu veröffentlichen sind." Die Verletzung dieser Pflicht ist zudem nach § 33 Abs. 2 Nr. 3 SächsWTG bußgeldbewehrt.

Nach § 3 Abs. 5 WBVG gilt zwar, dass die sich aus anderen Gesetzen – wohl auch Landesgesetzen – ergebenden Informationspflichten unberührt bleiben, jedoch dürfte die Information über Beratungs- und Beschwerdestellen hiervon nicht erfasst sein und über den Gesetzeswortlaut, der sich auf die Vertragsanbahnung und die Vertragsinhalte beschränkt, hinausgehen.[156]

155 Zweifelnd an der Verfassungsgemäßheit auch Bachem/Hacke, WBVG, § 3 Rn. 3; VGH Mannheim, Urt. v. 09.07.2012 – 6 S 773/11 –. Allgemein zur Frage des Eingriffs der Heimaufsicht in das zivilrechtliche Schuldverhältnis siehe auch Martschink, Der Eingriff der Heimaufsicht in den zivilrechtlichen Wohn- und Betreuungsvertrag.

156 Zutreffend Rothe, in: Beetz/Schwedler-Allmendinger, WBVG, § 3 Rn. 62; a. A. Drasdo, in: BeckOGK, WBVG, § 3 Rn. 57f. mit Verweis auf die – insoweit jedoch schweigende – Gesetzesbegründung BT-Drs. 16/12409, S. 18.

Das SächsWTG und die SächsWTVO – ebenso die Gesetzesbegründung – nennen keine konkreten Beratungs- oder Beschwerdestellen. Soweit sich die Verpflichtung auch auf Leistungsanbieter trägerverantworteter ambulant betreuter Wohngemeinschaften erstreckt, ist dies besonders kritisch zu betrachten, da hierfür sogar zivilrechtlich oftmals der Anwendungsbereich des WBVG nicht eröffnet ist. Für den Bereich der Miet- und Dienstverträge kann der Landesgesetzgeber keine Transparenzvorgaben normieren – ihm fehlt hierfür die Gesetzgebungskompetenz.

Für stationäre Pflegeeinrichtungen, die unter den Anwendungsbereich des WBVG fallen, ergibt sich die Pflicht zu vorvertraglichen Informationen bereits zivilrechtlich aus § 3 WBVG. Nr. 1 geht jedoch hierüber hinaus und verpflichtet den Träger dazu, diese Informationen allen „Interessierten“ in Textform in leicht verständlicher Sprache zur Verfügung zu stellen. Zielstellung dieser Transparenzregelung ist eine Vergleichbarkeit der Angebote am Markt.[157] Unter Berücksichtigung des Schutzzwecks nach § 1 Satz 1 („als Bewohnerinnen und Bewohner“) und der Inbezugnahme der weitergehenden zivilrechtlichen und datenschutzrechtlicher Ansprüche „der Bewohnerinnen und Bewohner“ ist der Kreis der „Interessierten“ jedoch eng zu ziehen. „Interessierte“ i. S. d. Abs. 1 sind potenzielle Bewohner in Einrichtungen und in ambulant betreuten Wohngemeinschaften sowie deren rechtliche Vertreter. Die Information erfolgt nur auf Verlangen des Interessierten, andernfalls kann der Informationsverpflichtete nicht feststellen, ob es sich um einen Interessierten handelt. Nicht erforderlich ist indes, dass der potenzielle Bewohner sein Interesse näher begründet. Es genügt, dass er zu dem abstrakten Kreis der älteren Menschen, pflegebedürftigen Volljährigen und Volljährigen mit psychischen Erkrankungen oder mit Behinderungen gehört. Auch eine Markterforschung ist von dem Informationsrecht umfasst. Missbräuchlichen Anfragen muss der Träger/Leistungsanbieter jedoch nicht nachkommen.

Einsichtnahme in bewohnerbezogene Dokumentation (Abs. 1 Nr. 4)

Hinsichtlich der normierten Verpflichtung zur Gewährung der Einsichtnahme in die bewohnerbezogene Dokumentation (bspw. Pflegeplanung, Pflegedokumentation, Nr. 4) ergibt sich ein – weitergehender – Auskunftsanspruch bereits aus Art. 15 DSGVO (Auskunftsrecht der betroffenen Person), der als Unionsrecht Anwendungsvorrang genießt.[158] Der Umfang des weitgefassten Auskunftsrechts – dessen Geltendmachung kein besonderes Interesse erfordert – ergibt sich aus Art 15 Abs. 1 lit. a) bis lit. h) DSGVO[159]. Auch das enger gefasste Einsichtsrecht nach § 630g BGB verpflichtet den Heimträger analog zur Informationsgewährung. Der Landesgesetzgeber hat diese zivilrechtlichen und datenschutzrechtlichen Verpflichtungen dem Heimordnungsrecht unterworfen und damit deren Befolgung auch heimordnungsrechtlich abgesichert, um sie mit Ordnungsmitteln auch erzwingen zu können.

157 Gesetzentwurf der Staatsregierung LT-Drs. 7/14987, Zu § 7 Zu Absatz 1 Zu Nummer 1, S. 56.

158 Siehe Art. 15 DSGVO.

159 Martschink/Schmidt, Datenschutz und die Einsichtnahme, Altenheim 10/2024, S. 30 f. Vgl. auch LG Köln, Urt. v. 22.06.2022 – 25 O 9/22 –, juris Rn. 18 ff. Zum Umstand, dass kein besonderes datenschutzrechtliches Interesse erforderlich ist LG Dresden, Urt. v. 29.05.2020 – 6 O 76/20 –, NJW-RR 2020, 1303; EuGH, Urt. v. 26.10.2023 – C-307/22 [ECLI:EU:C:2023:811], FT (Copies du dossier médical) – Rn. 52.

Sicherstellung Beschwerdeverfahren

Abs. 2 verpflichtet den Träger oder Leistungsanbieter ein Beschwerdeverfahren sicherzustellen und zu stärken (§ 1 Satz 2 Nr. 6) Das Verfahren ist in leicht verständlicher Sprache schriftlich zu regeln. Ergänzend zur Vorgängerregelung des § 3 Abs. 3 Nr. 3 SächsBeWoG, wonach nur ein „Qualitäts- und Beschwerdemanagement“ sicherzustellen war, ohne konkrete Mindestregelungen an dieses vorzusehen, sind nunmehr mindestens nachfolgende Regelungen zu treffen:

- die Information der Bewohner über ihr Beschwerderecht einschließlich eines Hinweises auf die Erreichbarkeit des KSV Sachsen als zuständiger Behörde (Nr. 1),
- namentliche Benennung der für die Bearbeitung der Beschwerden verantwortlichen Person (Nr. 2),
- Bestimmung einer angemessenen Bearbeitungsfrist (Nr. 3), die bei komplexen Anfragen „mehrere Wochen oder Monate“[160] betragen kann sowie
- die Dokumentation, Auswertung und Erledigung der Beschwerden (Nr. 4).

Die Verpflichtung zur „Sicherstellung“ beinhaltet auch, dass die Leitungsperson(en) verpflichtet sind, durch Überwachungsmaßnahmen die Umsetzung eines effektiven Beschwerdeverfahrens zu gewährleisten. Hinsichtlich der Frage, wie das Beschwerdeverfahren schriftlich zu regeln ist, hat der Verpflichtete einen weiten Ermessensspielraum, soweit die Pflichtregelungen der Nr. 1–4 enthalten sind.

Konkretisierend sind nach § 33 Abs. 2 Satz 2 Nr. 8 SächsWTVO Beschwerden der Bewohnervertretung in Einrichtungen und nach § 46 Abs. 1 Satz 1 SächsWTVO der Wohngemeinschaftsvertretung in anbieterverantworteten ambulant betreuten Wohngemeinschaften innerhalb einer angemessenen Frist, spätestens nach sechs Wochen, zu beantworten und Ablehnungen zu begründen.

In Einzelfällen kann es vorkommen, dass eine Beantwortung innerhalb der Frist nicht möglich ist, da die Beschwerde umfangreich und schwierig ist. In diesen Fällen hat zumindest innerhalb der Frist eine Mitteilung zu erfolgen („zu beantworten“), warum sich die abschließende Stellungnahme verzögert und bis wann mit einer solchen zu rechnen ist. Das Verstreichen der 6-Wochen-Frist ist bußgeldbewehrt (§ 52 Nr. 9a und 10 SächsWTVO i. V. m. § 33 Abs. 2 Nr. 6 SächsWTG).

Exzessive, offensichtlich unbegründete und rechtsmissbräuchliche Beschwerden muss der Unternehmer nicht beantworten. Er hat zudem das Recht – innerhalb der Beantwortungsfrist – zu verlangen, dass die Beschwerde konkretisiert wird, wenn er andernfalls auf diese nicht begründet eingehen kann. So genügt bspw. eine Beschwerde, wonach das „Essen schlecht sei“ nicht den Mindestanforderungen an eine Darstellung des zugrundeliegenden Sachverhalts. Der Unternehmer hat in diesen Fällen um Konkretisierung zu bitten.

160 Gesetzentwurf der Staatsregierung LT-Drs. 7/14987, Zu Absatz 2 Zu Nummer 3, S. 57

Eine Verpflichtung, dem zugrundeliegenden begehrten Interesse des Beschwerdeführers nachzukommen, besteht nicht. Der Unternehmer hat jedoch begründete Beschwerden mit Blick auf § 1 Satz 2 Nr. 2 bei seiner weiteren Planung/Organisation in seinen Entscheidungsprozess einzustellen und abzuwägen.

§ 9
Dokumentations- und Aufbewahrungspflichten

(1) [1]Der Träger oder Leistungsanbieter hat nach den Grundsätzen einer ordnungsgemäßen Buch- und Aktenführung Aufzeichnungen über den Betrieb zu machen und die Qualitätssicherungsmaßnahmen und deren Ergebnisse so zu dokumentieren, dass der ordnungsgemäße Betrieb festgestellt werden kann. [2]Es müssen ersichtlich sein:

1. **die wirtschaftliche und finanzielle Lage der Einrichtung oder anbieterverantworteten ambulant betreuten Wohngemeinschaft,**
2. **die Nutzungsart, die Lage, die Anzahl und die Größe der Räume sowie die Belegung der Wohnräume,**
3. **Name, Vorname, Geburtsdatum, Anschrift und Berufs- oder Hochschulabschluss der Beschäftigten, deren regelmäßige Arbeitszeit, die von ihnen in der Einrichtung oder ambulant betreuten Wohngemeinschaft ausgeübte Tätigkeit und die Dauer des Beschäftigungsverhältnisses sowie die Dienstpläne,**
4. **Name, Vorname, Geburtsdatum, Betreuungs- oder Assistenzbedarf der Bewohnerinnen und Bewohner, bei Pflegebedürftigkeit der Pflegegrad sowie Namen und Vornamen der vertretungsberechtigten Personen,**
5. **der Erhalt sowie die Verabreichung von Arzneimitteln einschließlich der Überprüfung der ordnungsgemäßen bewohnerbezogenen Aufbewahrung der Arzneimittel und der Unterweisung der Beschäftigten zum sachgerechten Umgang mit diesen,**
6. **die Maßnahmenplanung, die Pflegeverläufe sowie die fach- und sachgerechte Pflegedokumentation für pflegebedürftige Bewohnerinnen und Bewohner sowie die Betreuungsdokumentation für Menschen mit Behinderungen,**
7. **die Maßnahmen zur Qualitätsentwicklung sowie zur Qualitätssicherung,**
8. **die freiheitsbeschränkenden und die freiheitsentziehenden Maßnahmen nach § 1831 des Bürgerlichen Gesetzbuches bei Bewohnerinnen und Bewohnern einschließlich der Angabe des für die Anordnung der Maßnahme Verantwortlichen, die Dokumentation der Einwilligung der oder des Betroffenen, ihrer Betreuerin oder ihres Betreuers oder seiner Betreuerin oder seines Betreuers nach § 1814 des Bürgerlichen Gesetzbuches oder ihrer oder seines nach § 1831 Absatz 5 des Bürgerlichen Gesetzbuches Bevollmächtigten sowie die Genehmigung des Betreuungsgerichts gemäß § 1831 Absatz 4 in Verbindung mit Absatz 2 des Bürgerlichen Gesetzbuches,**
9. **die bei Bewohnerinnen und Bewohnern ergriffenen ärztlichen Zwangsmaßnahmen einschließlich der Angabe der oder des für die Anordnung der Maßnahme Verantwortlichen, die Einwilligung ihrer oder seines nach § 1814 des Bürgerlichen Gesetzbuches bestellten Betreuerin oder Betreuers oder ihrer oder seines nach § 1832 Absatz 5 des Bürgerlichen Gesetzbuches Bevollmächtigten sowie die Genehmigung des**

Betreuungsgerichts gemäß § 1832 Absatz 4 in Verbindung mit Absatz 2 des Bürgerlichen Gesetzbuches,

10. die für die Bewohnerinnen und Bewohner verwalteten Gelder und Wertsachen sowie die zu Grunde liegenden Verträge, soweit dies vereinbart wurde.

(2) [1]Betreibt der Träger oder Leistungsanbieter mehr als eine Einrichtung oder ambulant betreute Wohngemeinschaft, sind für jede Einrichtung oder ambulant betreute Wohngemeinschaft gesonderte Aufzeichnungen anzufertigen. [2]Die Aufzeichnungen sind am Ort der Einrichtung oder ambulant betreuten Wohngemeinschaft vorzuhalten. [3]Eine Ausnahme bilden Aufzeichnungen nach Absatz 1 Satz 2 Nummer 1 für den Träger, der über eine Zentralverwaltung verfügt. [4]Bei einer ambulant betreuten Wohngemeinschaft beschränkt sich die Verpflichtung zur Vorhaltung der Aufzeichnungen auf die bewohnerbezogenen Unterlagen. [5]Befinden sich Aufzeichnungen nicht am Ort der ambulant betreuten Wohngemeinschaft, sind sie auf entsprechende Anforderung der zuständigen Behörde zu übermitteln. [6]Aufzeichnungen, die für andere Stellen als die zuständige Behörde angelegt worden sind, können zur Erfüllung der Anforderungen des Absatzes 1 verwendet werden. [7]Dem Träger einer Einrichtung bleibt es vorbehalten, seine wirtschaftliche und finanzielle Situation durch Vorlage der im Rahmen der Pflege-Buchführungsverordnung vom 22. November 1995 (BGBl. I S. 1528), die zuletzt durch Artikel 25 Absatz 9 des Gesetzes vom 7. August 2021 (BGBl. I S. 3311) geändert worden ist, in der jeweils geltenden Fassung, geforderten Bilanz sowie der Gewinn- und Verlustrechnung nachzuweisen.

(3) [1]Der Träger oder Leistungsanbieter hat die Aufzeichnungen nach Absatz 1 sowie die sonstigen Unterlagen und Belege über den Betrieb einer Einrichtung oder ambulant betreuten Wohngemeinschaft drei Jahre aufzubewahren. [2]Die Aufzeichnungen nach Absatz 1 sind, soweit sie personenbezogene Daten enthalten, so aufzubewahren, dass nur Berechtigte Zugang haben.

(4) Weitergehende Pflichten des Trägers einer Einrichtung nach anderen Vorschriften oder aufgrund von Pflegesatzvereinbarungen nach § 85 Absatz 4 des Elften Buches Sozialgesetzbuch oder Vereinbarungen nach § 125 des Neunten Buches Sozialgesetzbuch bleiben unberührt.

Allgemeines

§ 9 normiert – in Anlehnung an die bisherige Regelung des § 6 SächsBeWoG und in weitestgehender Übereinstimmung mit § 13 (Bundes-)Heimgesetz – gewerberechtliche Dokumentations- und Aufbewahrungspflichten. Insgesamt schafft § 9 ein einheitliches Dokumentationsregime für Einrichtungen und anbieterverantwortete ambulant betreute Wohngemeinschaften, das sowohl betriebswirtschaftliche als auch qualitätssichernde und bewohnerschützende Funktionen erfüllt. Selbstverantwortete ambulant betreute Wohngemeinschaften müssen keine Aufzeichnungen vorhalten, da sie keinen „Leistungsanbieter“ haben, sondern die

Verantwortung beim Selbstbestimmungsgremium liegt, welches jedoch in § 9 nicht genannt wird. Die Aufzeichnungen sind nach 3 Jahren zu vernichten, soweit andere gesetzliche Aufbewahrungspflichten dem nicht entgegenstehen. Damit verkürzt Abs. 3 Satz 1 die Aufbewahrungsfrist der Vorgängerregelung des § 6 Abs. 3 Satz 1 SächsBeWoG (bisher 5 Jahre).

Umfang der Aufzeichnungspflicht (Abs. 1)

Der Umfang der Aufzeichnungspflicht ergibt sich aus Abs. 1 Satz 2 Nr. 1–10. Diese umfasst alle betrieblich relevanten Aspekte – von der wirtschaftlichen Lage (Nr. 1) über Personal- und Bewohnerdaten (Nr. 3–4) bis hin zu medizinischen, pflegerischen und betreuungsbezogenen Maßnahmen (Nr. 5–9). Insbesondere die Dokumentation freiheitsbeschränkender und ärztlicher Zwangsmaßnahmen (Nr. 8 und 9) stellt eine Konkretisierung der aus § 1831 und § 1832 BGB folgenden Dokumentationspflichten dar und dient zugleich der gerichtlichen und behördlichen Kontrolle dieser besonders eingriffsintensiven Maßnahmen.

Mit Blick auf die Qualitätsentwicklung (Nr. 7) verpflichtet die Norm die Träger, innerbetriebliche Qualitätssicherungsprozesse nachweisbar zu gestalten und fortlaufend zu evaluieren. Die Vorschrift konkretisiert damit die Anforderungen aus § 113 Abs. 1 SGB XI sowie § 37 Abs. 3 SGB IX für den Bereich des Landesrechts.

Örtliche Vorhaltungspflicht (Abs. 2)

Die Aufzeichnungen sind am Ort der Einrichtung oder ambulant betreuten Wohngemeinschaft für jede Wohn-Pflege-Form separat zur Einsichtnahme durch die Heimaufsicht vorzuhalten (Abs. 2 Satz 2). Befinden sich Aufzeichnungen nicht am Ort der ambulant betreuten Wohngemeinschaft, sind sie auf entsprechende Anforderung der Heimaufsicht auf eigene Kosten in Kopie zuzusenden (Abs. 2 Satz 2–5). Abs. 2 dient der Sicherstellung einer effektiven Aufsicht. Bei anbieterverantworteten ambulant betreuten Wohngemeinschaften beschränkt sich die Pflicht auf die bewohnerbezogenen Unterlagen, da sich die Heimaufsicht nicht auf den Betrieb des ambulanten Pflege- oder Betreuungsdienstes erstreckt. Die Verweisung auf die Pflege-Buchführungsverordnung (PflegeBuchV) ermöglicht es, wirtschaftliche Nachweise im vereinheitlichten bundesrechtlichen Format vorzulegen.

Aufbewahrungsfrist (Abs. 3)

Satz 1 normiert eine dreijährige Aufbewahrungsfrist und ersetzt die frühere 5-Jahres-Frist (§ 6 Abs. 3 Satz 1 SächsBeWoG). Sie ist Ausdruck der datenschutzrechtlichen Zweckbindung und Datenminimierung (Art. 5 Abs. 1 lit. b) und c) DSGVO) und soll die Verarbeitung personenbezogener Daten auf den erforderlichen Zeitraum begrenzen. Satz 2 verpflichtet den Träger zum – ohnehin nach der Anwendungsvorrang genießenden DSGVO – zum Schutz personenbezogener Daten.

Bundesrechtliche oder vertragliche Dokumentationspflichten – etwa nach § 85 Abs. 4 SGB XI oder § 125 SGB IX – bleiben unberührt (Abs. 4). Dadurch wird klargestellt, dass die landesrechtliche Regelung nicht abschließend ist.

§ 10
Geld- oder geldwerte Leistungen an Träger, Leistungsanbieter, Beschäftigte und eingesetzte Personen

(1) Dem Träger oder Leistungsanbieter sowie ihren Beschäftigten ist es untersagt, sich von oder zugunsten von Bewohnerinnen und Bewohnern oder Bewerberinnen und Bewerbern um einen Platz in der Einrichtung oder ambulant betreuten Wohngemeinschaft Geld- oder geldwerte Leistungen über das schriftlich vereinbarte Entgelt hinaus versprechen oder gewähren zu lassen.

(2) Dies gilt nicht, wenn

1. **andere als die vertraglich aufgeführten Leistungen des Trägers oder des Leistungsanbieters abgegolten werden,**
2. **geringwertige Aufmerksamkeiten gewährt werden,**
3. **für die Überlassung eines Platzes in der Einrichtung oder ambulant betreuten Wohngemeinschaft Leistungen zum Erwerb, zum Bau, zur Instandsetzung, zu Ausstattung oder zum Betrieb der Einrichtung oder ambulant betreuten Wohngemeinschaft versprochen oder gewährt werden,**
4. **Spenden an gemeinnützige Träger oder Leistungsanbieter sowie Hospize gewährt werden.**

(3) [1]Leistungen im Sinne des Absatzes 2 Nummer 3 sind zurückzugewähren, soweit sie nicht mit dem Entgelt verrechnet worden sind. [2]Sie sind vom Zeitpunkt ihrer Gewährung an zu einem Zinssatz, der dem für Sparanlagen mit dreimonatiger Kündigungsfrist marktüblichen Zinssatz entspricht, zu verzinsen, soweit der Vorteil der Kapitalnutzung bei der Bemessung des Entgeltes nicht berücksichtigt worden ist. [3]Die Verzinsung oder der Vorteil der Kapitalnutzung bei der Bemessung des Entgeltes ist den Bewohnerinnen und Bewohnern gegenüber durch jährliche Abrechnungen nachzuweisen. [4]Die Sätze 1 bis 3 gelten auch für Leistungen, die von oder zugunsten von Bewerberinnen und Bewerbern erbracht worden sind.

(4) [1]Der Leiterin, dem Leiter, den Beschäftigten sowie den sonstigen Mitarbeiterinnen und Mitarbeitern der Einrichtung oder ambulant betreuten Wohngemeinschaft ist es untersagt, sich von oder zugunsten von Bewohnerinnen und Bewohnern neben der vom Träger oder Leistungsanbieter erbrachten Vergütung Geld- oder geldwerte Leistungen für die Erfüllung der Pflichten aus den zwischen dem Träger oder Leistungsanbieter und den Bewohnerinnen und Bewohnern geschlossenen Verträgen versprechen oder gewähren zu lassen. [2]Dies gilt nicht, soweit es sich um geringwertige Aufmerksamkeiten handelt.

(5) Die zuständige Behörde kann in Einzelfällen Ausnahmen von den Verboten der Absätze 1 und 4 zulassen, soweit der Schutz der Bewohnerinnen und Bewohner die Aufrechterhaltung der Verbote nicht erfordert und die Leistungen noch nicht versprochen oder gewährt worden sind.

Allgemeines

§ 10 übernimmt das aus § 14 (Bundes-)HeimG bekannte Verbot der Vorteilsannahme. Träger, Leistungsanbieter und deren Beschäftigte dürfen sich von oder durch Dritte zugunsten von Bewohnern bzw. Bewerbern keine Geld- oder geldwerten Vorteile über das vereinbarte Entgelt hinaus versprechen oder gewähren lassen. Damit soll verhindert werden, dass Bewohner im Zusammenhang mit einer Vorteilsgewährung besser behandelt werden als andere Personen. Das gesetzliche Verbot dient dem Schutz des „Heimfriedens", dem Schutz der Bewohner/Bewerber vor finanzieller Übervorteilung und dem Schutz der Testierfreiheit der Bewohner/Bewerber.[161]

Zulässig bleiben nur eng umgrenzte Ausnahmen wie zusätzliche, gesondert vergütete Leistungen, geringwertige Aufmerksamkeiten, Bau-/Betriebsleistungen für Pflegeplätze, Spenden an gemeinnützige Träger/Leistungsanbieter/Hospize). Die Heimaufsicht kann im Einzelfall Ausnahmen von diesem Verbot genehmigen, sofern der Bewohnerschutz nicht entgegensteht (Abs. 5). Abs. 2 Nr. 3 und Abs. 3 finden auf Einrichtungen nach § 2 Abs. 2 (vorübergehende Aufnahme bis zu 3 Monate und Hospize) keine Anwendung. Diese Einrichtungen dürfen sich daher auch keine Leistungen zum Erwerb, zum Bau, zur Instandsetzung, zur Ausstattung oder zum Betrieb der Einrichtung versprechen oder gewähren lassen.

Zivilrechtliches Verbotsgesetz (Abs. 1 und Abs. 3)

Zivilrechtlich sind Abreden über „Sondervergütungen" nichtig (§ 134 BGB), soweit sie gegen das in § 10 statuierte Verbotsgesetz verstoßen und kein Ausnahmetatbestand vorliegt. Abs. 1 richtet sich unmittelbar an den Unternehmer (Träger, Leistungsanbieter) während Abs. 4 ein Annahmeverbot für die Beschäftigten des Unternehmers statuiert. Das Verbot gilt auch für „sonstige Mitarbeiterinnen und Mitarbeiter" und damit auch für Leiharbeitskräfte, nicht jedoch für externe Kräfte, die nicht in den Einrichtungsalltag eingegliedert werden, wie bspw. Handwerker.

Abs. 1 knüpft die Zulässigkeit von Zahlungen ausdrücklich an schriftlich vereinbarte Entgelte. Dem Träger oder Leistungsanbieter ist es untersagt, sich „über das schriftlich vereinbarte Entgelt" hinaus Geld oder geldwerte Leistungen versprechen oder gewähren zu lassen. Dies geht über bundesrechtliche Vorgaben hinaus. Zwar verlangt das WBVG für Heim-/Betreuungsverträge die Schriftform (§ 6 Abs. 1 WBVG), ein Formverstoß führt aber nicht zur

161 Müller, G., MittBayNot 4/2014, S. 355 (Anm. zu OLG Stuttgart, Beschluss vom 21.03.2013 – 8 W 253/11 –) m. w. N.

Gesamtnichtigkeit, sondern nur zur Unwirksamkeit der Abweichungen zulasten des Verbrauchers – der Vertrag bleibt im Übrigen wirksam. Auch der Pflegevertrag nach § 120 SGB XI kennt kein bundesrechtliches Schriftformerfordernis. Die sächsische Formulierung kann daher in Grenzfällen zu einer übermäßigen Formalisierung führen (etwa wenn Entgeltbestandteile wirksam vereinbart, aber nicht schriftlich fixiert wurden). Im Ergebnis dürften auch diese – mündlich – vereinbarten Entgelte dann ordnungsrechtlich nicht verlangt werden. An dieser Stelle wird man durch eine enge Auslegung jedoch noch annehmen können, dass der Träger/Leistungsanbieter durch nachträgliche schriftliche Fixierung des Vertragsinhalts (vgl. § 6 Abs. 2 Satz 3 WBVG) eine Heilung herbeiführen kann und die erhaltenen Entgelte dann nicht gegen das Vorteilsannahmeverbot verstoßen. Andernfalls wären bei Entgelterhöhungen, bei denen der Bewohner seine Zustimmung verweigert, gleichwohl jedoch mehrfach zahlt und damit nach der Rechtsprechung konkludent zustimmt[162], vom Träger nicht anzunehmen, da er – nach dem engen Wortlaut – ansonsten gegen das gesetzliche Verbot des Abs. 1 verstoßen würde. Eine solche enge Auslegung liefe dem Sinn und Zweck der Regelung jedoch zuwider.

Ausnahmen vom Verbot der Vorteilsannahme (Abs. 2)

Abgeltung anderer Leistungen (Nr. 1)

Ausgenommen vom Verbot sind (Dienst-)Leistungen, die neben den vertraglich vereinbarten Leistungen der Pflege, Betreuung, Assistenz oder Wohnraumüberlassung vereinbart werden. In Betracht kommen hierfür Wahl- und Zusatzleistungen, aber auch Versorgungssetting fremde Leistungen (bspw. Fahrdienste, Kopier- und Schreibarbeiten, Näharbeiten, Catering). Es ergibt sich bereits aus Abs. 1, wonach das Versprechen oder sich gewähren lassen um einen Platz in einer Einrichtung/ambulant betreuten Wohngemeinschaft erfolgen muss, anderweitige zivilrechtliche Verträge unberührt lässt. Nr. 1 dient jedoch der Klarstellung.

Geringwertige Aufmerksamkeiten (Nr. 2)

Geringwertige Aufmerksamkeiten sind vom Verbot – sowohl für den Träger als auch dessen Beschäftigte (Abs. 4 Satz 2) ausgenommen (Nr. 2). Geringwertige Aufmerksamkeiten sind Anstands-/Höflichkeitsgeschenke, wie Blumen, Pralinen und kleine Präsente zu Feiertagen. Eine absolute Wertgrenze nennt die Norm jedoch nicht. Für die Auslegung bietet sich – zur Korruptionsprävention – die Analogie zum öffentlichen Dienst an (§ 42 BeamtStG; § 3 Abs. 3 Satz 1 TV-L), der grundsätzlich Vorteilsannahmen untersagt. Die sächsische VwV „Belohnungen, Geschenke und sonstige Vorteile“[163] lässt ohne Einzelfallgenehmigung nach Ziff. III Nr. 1a lediglich geringwertige Zuwendungen „bis zu einem handelsüblichen Marktwert von im Einzelfall schätzungsweise 20 EUR und jährlich insgesamt höchstens schätzungsweise 60 EUR“ zu. Unter Beachtung des Schutzzwecks des Verbots – die Wahrung des Heimfriedens – erscheint für Einrichtungen und ambulant betreute Wohngemeinschaften ein restrikti-

162 BGH, Urt. v. 11.12.2019 – VIII ZR 234/18 –, Rn. 31 m. w. N.; OLG Dresden, Urt. v. 02.08.2022 – 4 U 143/22 –, juris Rn. 4; hierzu ausführlich Düncher/Schweigler, GuP 2017, 7 m.w.N.

163 Verwaltungsvorschrift der Sächsischen Staatsregierung über das Verbot der Annahme von Belohnungen, Geschenken und sonstigen Vorteilen durch die öffentlich Bediensteten des Freistaates Sachsen (VwV Belohnungen, Geschenke und sonstige Vorteile) v. 12.10.2011 (SächsABl. S. 1531), die durch die Verwaltungsvorschrift v. 05.07.2013 (SächsABl. S. 718) geändert worden ist, zuletzt enthalten in der Verwaltungsvorschrift v. 28.11.2023 (SächsABl. SDr. S. S 238).

ver Maßstab sachgerecht. Als Faustformel kann gelten, dass kleine Sachaufmerksamkeiten wie Blumen/Pralinen/Standard-Sekt geringwertige Aufmerksamkeiten darstellen. Bargeld und Bargeld-Äquivalente wie Prepaid- oder Wertgutscheine stellen ungeachtet ihres Wertes keine geringwertige „Aufmerksamkeit" dar. Trinkgelder sind dem Heimbetrieb fremd, da gerade dies den Heimfrieden stören würde. Eine inflationsbedingte Toleranz bis ca. 25 €[164] im Einzelfall kann vertreten werden. Mit Blick darauf, dass es bei Sachgeschenken auf den handelsüblichen Marktwert ankommt, lassen sich folgende Kategorien als geringwertige Aufmerksamkeit ansehen:

- Lebensmittel/Genussmittel (Blumen, Pralinen, Gebäck, ein Päckchen Kaffee, eine Flasche Sekt oder Wein einfacher Art – nicht jedoch Champagner oder Marken-Spirituosen höherer Preisklasse)
- Gebrauchsgegenstände/Alltagsartikel (Schreibset, Kugelschreiber, Notizblock, Tasse, Kalender, Regenschirm, USB-Stick – nicht jedoch hochwertige Technikartikel)
- Bücher/Medien/Kleingeschenke (Taschenbuch, Bildband, Kalender, CD, Gutschein für Buchhandlung bis 25 € – nicht jedoch hochpreisige Buchausgaben, Prepaid- oder Geldkarten)
- Saisonale Aufmerksamkeiten/Feiertagsgeschenke (kleiner Weihnachtsstern, Osterpräsent, kleiner Frühlingsblumenstrauß – bei wiederkehrenden Gelegenheiten jährlich max. 60 €)

Finanzierungsbeiträge/Nutzerdarlehen (Wohndarlehen) (Nr. 3)

Vom Verbot ausgenommen sind nach Nr. 3 Leistungen im Hinblick auf die Überlassung eines Platzes zum Bau, zum Erwerb, zur Instandsetzung, zur Ausstattung oder zum Betrieb der Einrichtung oder der ambulant betreuten Wohngemeinschaft. Diese Leistungen sind – spätestens zum Vertragsende – zurückzugewähren, soweit sie nicht mit dem Entgelt verrechnet worden sind (Abs. 3 Satz 1). Solche „Wohndarlehen" waren bereits nach der Heimsicherungsverordnung des Bundes[165] zulässig. Sie sind vom Zeitpunkt ihrer Gewährung an zu einem Zinssatz, der dem für Sparanlagen mit dreimonatiger Kündigungsfrist marktüblichen Zinssatz entspricht (marktüblicher Habenzinssatz für kurzfristige Spareinlagen), zu verzinsen, soweit der Vorteil der Kapitalnutzung bei der Bemessung des Entgeltes noch nicht berücksichtigt worden ist (Abs. 3 Satz 2). Die Verzinsung oder der Vorteil der Kapitalnutzung bei der Bemessung des Entgeltes ist den Bewohnern gegenüber durch jährliche Abrechnungen nachzuweisen (Abs. 3 Satz 3). Der marktübliche Zinssatz bemisst sich nach dem von der Deutschen Bundesbank veröffentlichten Durchschnittszins für Spareinlagen mit dreimonatiger Kündigungsfrist (Neugeschäft privater Haushalte). Maßgeblich ist der jeweilige aktuelle Monatswert; aktuell (August 2025) ca. 0,66 % p.a.[166]

164 Ebenso zu dieser Höchstgrenze Kassen/Fahnenstich, Wohn- und Teilhabegesetz Nordrhein-Westfalen, 4. Aufl., 2025, Rn. 341.

165 Verordnung über die Pflichten der Träger von Altenheimen, Altenwohnheimen und Pflegeheimen für Volljährige im Falle der Entgegennahme von Leistungen zum Zweck der Unterbringung eines Bewohners oder Bewerbers (HeimsicherungsV) v. 24.04.1978 (BGBl. I S. 553), die durch Artikel 18 des Gesetzes v. 27.12.2003 (BGBl. I S. 3022) geändert worden ist.

166 Online abrufbar unter https://www.bundesbank.de/de/statistiken/geld-und-kapitalmaerkte/zinssaetze-und-renditen/spareinlagen-mit-3-monatiger-kuendigungsfrist-615016?utm_source=chatgpt.com

Spenden an gemeinnützige Träger/Leistungsanbieter und Hospize (Nr. 4)

Spenden an gemeinnützige Träger, Leistungsanbieter und Hospize sind vom Verbot der Vorteilsannahme ausgeschlossen. Die Gemeinnützigkeit richtet sich nach § 52 ff. Abgabenordnung[167]. Spenden umfassen sowohl Verfügungen zu Lebzeiten als auch Verfügungen von Todes wegen. Anders als bspw. in NRW (§ 7 Abs. 3 WTG NRW) sind an die Verbotsausnahme bei Spenden keine weiteren gesetzlichen Anforderungen zu erfüllen.[168] In der Gesetzesbegründung heißt es hingegen, dass sicherzustellen sei, „dass […] dem Spender oder ihren Angehörigen weder bei der Aufnahme in ein Angebot noch während der Nutzung eines Angebotes eine günstigere oder weniger günstige Behandlung zukommt als jeder anderen Person in einer vergleichbaren Situation".[169] Diese gesetzgeberische Intension hat jedoch keinen Niederschlag im Gesetz gefunden, sodass es bei jedweder Spende bei einer Ausnahme vom Verbot der Vorteilsannahme verbleibt. Damit werden gemeinnützige Einrichtungen zwar gegenüber privatnützigen Einrichtungen bevorzugt, diese gesetzgeberische Entscheidung durfte der Landesgesetzgeber jedoch treffen.

Zeitlicher Anwendungsbereich

Das Verbot knüpft an die Bewohnerstellung an, sodass es nach Beendigung des Vertragsverhältnisses nicht mehr gilt. Nach Vertragsende fällt daher ein Dankesgeschenk – ungeachtet des Wertes – grundsätzlich nicht unter § 10, sofern nicht während der Vertragsbeziehung ein „Versprechen" erfolgte. Eine Bevorzugung und Störung des Heimfriedens ist dann nicht mehr möglich. Ungeachtet dessen können jedoch anderweitige Regelungen der Entgegennahme entgegenstehen (arbeits- oder tarifrechtliche Regelungen).

Zulässigkeit von Verfügungen von Todes wegen

Wird der Träger/Leistungsanbieter in einer Verfügung von Todes wegen eines (ehemaligen) Bewohners bedacht, ist die Annahme eines Vermächtnisses/Erbes als Ausnahme vom Verbot der Vorteilsannahme grundsätzlich nur zulässig, wenn der Träger/Leistungsanbieter zuvor von der Verfügung keine Kenntnis hatte („stilles Testament"). Denn dann kann er nach Sinn und Zweck der Vorschrift den betreffenden Bewohner auch nicht bevorzugen. Bestand jedoch Kenntnis, ist die Verfügung unwirksam.

Der Begriff des „Sich-Gewährenlassens" i. S. d. Abs. 1 setzt voraus, dass der Träger/Leistungsanbieter von der Zuwendung Kenntnis hat. Hieran fehlt es, wenn er bedacht wird, ohne dass er bis zum Eintritt des Erbfalls von der letztwilligen Verfügung Kenntnis erlangt hat. Ist im Testament eines Heimbewohners der Träger der Einrichtung als Erbe eingesetzt – unerheblich ob dies vor oder während des Vertragsverhältnisses mit dem Träger/Leistungsanbieter erfolgte – so ist die letztwillige Verfügung folglich nach § 134 BGB wegen eines Verstoßes gegen das

167 Abgabenordnung (AO) in der Fassung der Bekanntmachung v. 23.01.2025 (BGBl. 2025 I Nr. 24).

168 Ausführlich zur Rechtslage in NRW siehe Kassen/Fahnenstich, Wohn- und Teilhabegesetz Nordrhein-Westfalen, 4. Aufl., Rn. 338 ff.

169 Gesetzentwurf der Staatsregierung LT-Drs. 7/14987, Zu § 10 Zu Absatz 2 Zu Nummer 4, S. 60.

Verbot der Vorteilsannahme nur dann nichtig, wenn die Erbeinsetzung bekannt war.[170] Wird eine letztwillige Verfügung mit „zittriger Hand“ vom Personal des Trägers unterstützt, geschrieben, ist eine enthaltene Verfügung zugunsten der Einrichtung nichtig. Es besteht jedoch die Möglichkeit, nach Kenntnis von einer solchen Verfügung unverzüglich eine Ausnahme bei der Heimaufsicht zu beantragen.[171] Nachträglich ist dies nicht zulässig (arg. „die Leistungen *noch nicht* versprochen oder gewährt worden sind“).

Ausnahmen im Einzelfall (Abs. 5)

Der KSV Sachsen kann in Einzelfällen Ausnahmen von den Verboten der Abs. 1 und 4 zulassen, soweit der Schutz der Bewohnerinnen und Bewohner die Aufrechterhaltung der Verbote nicht erfordert und die Leistungen noch nicht versprochen oder gewährt worden sind

§ 11
Gewaltprävention, freiheitsbeschränkende und freiheitsentziehende Maßnahmen

(1) [1]Der Träger oder Leistungsanbieter trifft geeignete Maßnahmen, um die Bewohnerinnen und Bewohner sowie die Beschäftigten vor jeder Form von Ausbeutung, Gewalt, Missbrauch und Diskriminierung zu schützen und ihre diversitäts- und geschlechtsspezifischen Bedürfnisse zu wahren. [2]Er hat dazu ein Konzept zu erstellen und eine verantwortliche Person für die Aufstellung und Umsetzung der Gewaltschutzmaßnahmen zu benennen. [3]Die Beschäftigten sind mindestens einmal pro Kalenderjahr hinsichtlich des Konzeptes zu schulen. [4]Dies ist zu dokumentieren. [5]§ 37a des Neunten Buches Sozialgesetzbuch bleibt unberührt.

(2) Sofern freiheitsbeschränkende oder freiheitsentziehende Maßnahmen nach § 1831 des Bürgerlichen Gesetzbuches vorgesehen sind, hat der Träger oder Leistungsanbieter im Konzept nach Absatz 1 Satz 2 Möglichkeiten zur Vermeidung dieser Maßnahmen aufzuzeigen.

Allgemeines

§ 11 Abs. 1 Satz 1 verpflichtet den Träger, geeignete Maßnahmen zu ergreifen, um die in der Einrichtung versorgten Personen sowie die Beschäftigten vor jeder Form von Ausbeutung, Gewalt, Missbrauch und Diskriminierung zu schützen. Gleichzeitig sind diversitäts- und geschlechtsspezifische Bedürfnisse zu berücksichtigen. Der Schutzauftrag dient der Umsetzung des in § 1 Satz 2 normierten Gesetzeszwecks, wonach insbesondere Selbstbestimmung, Schutz

170 Vgl. BGH, Beschl. v. 26.10.2011 – IV ZB 33/10 –, juris Rn. 18; BayObLG München, Beschl. v. 28.06.1991 – BReg 1 a Z 3/90 –, juris zum § 14 HeimG; OLG Stuttgart, Beschl. v. 21.03.2013 – 8 W 253/11 –, juris Rn. 18ff. ; OLG Karlsruhe, Beschl. v. 09. 12.2010 – 11 Wx 120/09 –, juris Rn. 30ff.

171 Vgl. KG Berlin, Beschl. v. 14.05.1998 – 1 W 3540/97 –, juris Rn. 11 m. w. N.

und Unterstützung der Betroffenen gewährleistet werden sollen. Die Norm stellt damit einen zentralen Baustein des präventiven Gewaltschutzes dar und konkretisiert die Anforderungen an eine gewaltfreie Pflege und Betreuung.

Der Träger hat zur Umsetzung dieser Verpflichtung ein Gewaltschutzkonzept zu erstellen. Dieses ist ein einrichtungsspezifischer Organisationsstandard, der sowohl präventive Maßnahmen als auch Regelungen für den Interventions- und Nachsorgefall enthält. Einzelne Maßnahmen ohne konzeptionellen Rahmen zu ergreifen, reicht nicht aus.[172] Geeignet ist der Gewaltschutz nur dann, wenn er allumfassend ist.

Zudem ist eine verantwortliche Person für die Erstellung, Umsetzung und Überprüfung des Konzeptes zu benennen. Die Funktion kann durch eine Pflege- oder Verwaltungskraft, aber auch durch eine externe, fachlich geeignete Person übernommen werden. Dass es sich um eine fachlich geeignete Person handeln muss, ergibt sich bereits daraus, dass andernfalls keine „geeignete" Maßnahme i. S. d. § 1 Abs. 1 Satz 1 durch den Träger ergriffen wird.

Gewaltschutzkonzept (Abs. 1 Satz 2)

Die konkrete Ausgestaltung des Gewaltschutzkonzeptes muss verschiedene Handlungsfelder abdecken: Zunächst ist eine wohnform- und zielgruppenspezifische Risiko- und Gefährdungsanalyse durchzuführen. Auf dieser Grundlage sind Handlungsanweisungen und Zuständigkeiten festzulegen sowie Fort- und Weiterbildungsmöglichkeiten für das eingesetzte Personal zu entwickeln. Das Konzept muss weiterhin die Darstellung eines Beschwerdeverfahrens enthalten, welches klare Vorgaben zu Meldeketten, Fristen und Verantwortlichkeiten macht. Zudem ist eine Interventionsstrategie für den Ernstfall zu formulieren, die einen verbindlichen Handlungsablauf in den Stadien Prävention, Intervention und Nachsorge vorsieht. Schließlich sind die Einbindung von Angehörigen, Betreuern und externen Fachstellen sowie Informationsmöglichkeiten über Beratungs-, Schutz- und Hilfsangebote sicherzustellen.

Der präventive Ansatz des § 11 erfordert praktische Präventionsmaßnahmen, insbesondere in der Milieugestaltung, etwa durch eine räumliche Trennung von Bewohnergruppen mit erhöhtem Konfliktpotenzial, sowie in betreuungsbezogenen Strategien zur Deeskalation und Konfliktvermeidung.

Ebenso bedeutsam ist die Einbindung von Bewohnervertretungen, Angehörigen und Betreuern in Entwicklung, Implementierung und Evaluation der Konzepte. Für besonders vulnerable Gruppen – hierzu zählen insbesondere Menschen mit Demenz, nicht sprachfähige oder in besonderem Maße abhängige Personen – sind spezifische Schutzvorkehrungen vorzusehen. Dazu gehören etwa das Vier-Augen-Prinzip, eine engmaschige Beobachtung und Begleitung sowie erleichterte Beschwerdewege.

172 Vgl. auch zu § 39a SGB IX Schaumberg, jurisPR-SozR 15/2021 Anm. 1.

Besonderes Gewicht kommt der Pflicht zur Darstellung von Alternativen zu freiheitsbeschränkenden und freiheitsentziehenden Maßnahmen zu (Abs. 2). Der Träger muss aufzeigen, mit welchen Mitteln derartige Maßnahmen vermieden werden können, sofern solche nach § 1831 BGB grundsätzlich in Betracht kommen. Die Konkretisierung hat durch die Benennung spezifischer Deeskalationspfade zu erfolgen, die verschiedene Eskalationsstufen umfassen, etwa durch Anpassung der Umgebung, strukturierte Tagesabläufe, intensive Betreuung und Begleitung oder durch therapeutische Interventionen. Jede freiheitsbeschränkende oder freiheitsentziehende Maßnahme ist auf ihre Erforderlichkeit – im Einzelfall – zu prüfen und zu dokumentieren.

Ein weiteres zentrales Element ist das Beschwerdemanagement. Dieses muss unabhängig, transparent und barrierefrei ausgestaltet sein und Bewohnern, Angehörigen, Beschäftigten sowie Dritten gleichermaßen offenstehen (§ 8 Abs. 2). Ein Mehrkanalsystem ist vorzusehen, das sowohl analoge (z. B. Briefkasten, persönliche Sprechstunden, Telefon) als auch digitale Möglichkeiten einschließt und anonyme Meldungen ermöglicht. Im Konzept ist festzulegen, welche Zuständigkeiten bestehen, welche Bearbeitungsfristen einzuhalten sind, welche Rückmeldepflichten bestehen und wie eine systematische Auswertung im Team erfolgt. Für Fälle sexualisierter Gewalt und vergleichbare Deliktbereiche sind gesonderte, besonders sensible Meldewege vorzusehen.

Ungeachtet der Regelungen zum Gewaltschutzkonzept sind nach § 7 Abs. 4 Nr. 1 der Heimaufsicht außergewöhnliche Ereignisse und Entwicklungen in Einrichtungen oder ambulant betreuten Wohngemeinschaften, die sich in erheblichem Maße auf das Wohl von Bewohnern auswirken oder auswirken könnten sowie den Betrieb der Einrichtung oder ambulant betreuten Wohngemeinschaft gefährden, insbesondere die Androhung von Gewalt und Gewalteinwirkungen, ohne schuldhaftes Zögern anzuzeigen.

Für Verdachts- oder Schadensfälle sind verbindliche Handlungsleitlinien aufzustellen, die Schutzmaßnahmen, Meldeverfahren, Dokumentationspflichten, interne Aufklärungsmechanismen, die Einbindung externer Stellen sowie die Nachsorge und gegebenenfalls die Einhaltung strafrechtlicher Anzeigepflichten regeln.

Von zentraler Bedeutung ist die Dokumentation. Diese umfasst den Umfang, die Form, den Ort und die Dauer der Aufzeichnungen über Vorfälle, Schulungen, Maßnahmen und ggf. freiheitsbeschränkende Eingriffe. § 9 regelt insoweit ergänzend die allgemeinen Dokumentationspflichten. Daneben sind datenschutzrechtliche Anforderungen strikt zu beachten.

Schließlich ist das Gewaltschutzkonzept regelmäßig einer Qualitätssicherung und Fortschreibung zu unterziehen. Hierfür ist eine verbindliche Überprüfungsfrequenz – in der Regel jährlich und anlassbezogen – festzulegen. Verantwortlichkeiten für die Überprüfung und Aktualisierung sind eindeutig zu bestimmen. Änderungen und Anpassungen des Konzeptes sind gegenüber den Beschäftigten, Bewohnern und Angehörigen transparent bekanntzugeben, um eine fortlaufende Wirksamkeit und Akzeptanz der Maßnahmen zu sichern.

Insgesamt zeigt sich, dass § 11 bei systematischer Betrachtung der weiteren gesetzlichen Vorgaben zu Beschwerdeverfahren und Meldepflichten nicht nur eine abstrakte Pflicht zum Gewaltschutz normiert, sondern ein differenziertes System an Präventions-, Interventions- und Nachsorgemaßnahmen verlangt. Hinsichtlich der Meldewege ist zu beachten, dass diese niedrigschwellig und barrierearm auszugestalten sind, um gerade der besonders zu schützenden Zielgruppe einen effektiven Zugang zu ermöglichen. Damit trägt die Norm wesentlich dazu bei, Einrichtungen zu einem geschützten Lebens- und Arbeitsraum für Bewohner und Beschäftigte auszugestalten.

Inhalte des Gewaltschutzkonzepts

Das vom Träger nach Abs. 1 Satz 2 zu erstellende Gewaltschutzkonzept als einrichtungsspezifischer Organisationsstandard zur Prävention, Intervention und Nachsorge sollte – damit es den o. g. gesetzlichen Anforderungen genügt – zusammenfassend nachfolgende Bestandteile enthalten:

- Wohnform- und zielgruppenspezifische Risiko- und Gefährdungsanalyse
- Handlungsanweisungen, Zuständigkeiten und Fort- und Weiterbildungsmöglichkeiten des eingesetzten Personals,
- Darstellung des Beschwerdeverfahrens im Umgang mit Gewaltvorkommnissen (mit klaren Handlungsanweisungen zu Meldeketten und Fristen)
- Maßnahmen zur Aufklärung und Information der Bewohner,
- Interventionsstrategie in Form eines Handlungsplanes bei Vorkommnissen in Form eines verbindlichen Handlungsablaufs in einzelnen Stadien (Prävention, Intervention, Nachsorge),
- Einbindung von Angehörigen, Betreuern und anderen externen Personen sowie
- Informationsmöglichkeiten zu externen Beratungs-, Schutz- und Hilfsangeboten und Vernetzung mit diesen.

Schulung (Abs. 1 Satz 3)

Die Beschäftigten sind nach § 11 Abs. 1 Satz SächsWTG i. V. m. § 17 Abs. 2 SächsWTVO mindestens einmal jährlich zu schulen. Die Schulungsinhalte müssen insbesondere den Umgang mit herausfordernden Verhaltensweisen, Maßnahmen der Gewaltprävention und Deeskalation sowie Möglichkeiten zur Vermeidung freiheitsbeschränkender und freiheitsentziehender Maßnahmen umfassen. Dabei ist zu berücksichtigen, dass eine Maßnahme i. S. d. § 11 bereits dann als „vorgesehen" gilt, wenn sie in einem denkbaren Handlungsspielraum liegt; eine konkrete Einzelfallplanung ist nicht erforderlich, da ansonsten der präventive Charakter des Gewaltschutzkonzeptes nicht zur Geltung käme.

Die Nachweisführung über die erfolgte Schulung hat nach Abs. 1 Satz 4 durch geeignete Dokumentation zu erfolgen, die auf Verlangen der Heimaufsicht vorzulegen ist. Damit wird die Kontrollmöglichkeit der Aufsichtsbehörden gestärkt und zugleich die Rechenschaftspflicht des Trägers betont.

Rechtsfolgen eines fehlenden Gewaltschutzkonzepts oder unterlassener Schulung

Kommt der Träger seiner gesetzlichen Verpflichtung zur Erstellung eines Gewaltschutzkonzeptes nicht nach, liegt ein Mangel vor, der die Heimaufsicht berechtigt, Anordnungen zur Mängelbeseitigung zu erlassen. Zuvörderst ist unter Fristsetzung anzuordnen, ein Gewaltschutzkonzept zu erstellen. Kommt der Träger auch dieser Anordnung zur Herstellung der gesetzlichen Mindestanforderungen nicht nach, so kommt zur Erstellung des Konzepts eine Ersatzvornahme (§ 24 SächsVwVG[173]) in Betracht. Weigert sich die Leitung danach, dieses Konzept zu implementieren, kommt als äußertes Mittel sodann der Einsatz einer kommissarischen Leitung in Betracht (§ 27 Abs. 2), deren Auftrag sodann – zeitlich begrenzt – darin besteht, das im Wege der Ersatzvornahme erstellte Konzept zu implementieren.

Sofern die gesetzlich vorgesehenen Pflichtschulungen des – gesamten – Personals nicht durchgeführt werden, ist der Träger ebenfalls unter Fristsetzung hierzu durch hoheitliche Anordnung aufzufordern. Kommt er dieser Anordnung nicht nach, ist im Wege der Ersatzvornahme nach § 24 SächsVwVG durch eigenes Personal oder durch eine geeignete externe Person auf Kosten des Trägers eine Pflichtschulung des Personals durchzuführen. Der Träger als Arbeitgeber hat dies zu dulden.

Betrifft die fehlende Pflichtschulung lediglich einzelne Mitarbeiter, kommt ein befristetes Beschäftigungsverbot § 27 Abs. 1 – unter der auflösenden Bedingung der erfolgreich durchgeführten Teilnahme an der Pflichtschulung – in Betracht.

Die Bedeutung des Gewaltschutzkonzeptes ist nicht zu unterschätzen. Es handelt sich hierbei nicht um ein bloßes *nice-to-have*, sondern um einen verpflichtenden Qualitätsmindeststandard als Teil der „fachlichen Konzeption“ des § 13 Abs. 2 Satz 2 Nr. 11 und damit im Ergebnis um eine allgemeine Anforderung, ohne deren Vorliegen ein ordnungsgemäßer Betrieb nicht möglich ist. Sofern der Träger bei der Anzeige eines Betriebs ein entsprechendes Konzept noch nicht erstellt hat, kommt daher auch in Betracht, den Betrieb vorläufig – bis zur Umsetzung – nach § 29 Abs. 3 Satz 1 i. V. m. Abs. 1 i. V. m. § 13 zu untersagen, da es sich insoweit um eine allgemeine Anforderung handelt, die in § 11 lediglich spezifiziert wurde.

§ 12
Beteiligungs- und Einsichtsrechte

(1) [1]Die Bewohnerinnen und Bewohner haben bei der individuellen Pflege- und Betreuungsmaßnahmenplanung oder Teilhabe- und Gesamtplanung sowie deren Durchführung ein Recht auf Selbstbestimmung. [2]Sie sind rechtzeitig zu informieren und die geäußerten Wünsche sind zu berücksichtigen. [3]Sie haben ein Recht auf Einsichtnahme in die sie betreffenden Dokumentationen und Unterlagen.

173 Verwaltungsvollstreckungsgesetz für den Freistaat Sachsen (SächsVwVG) in der Fassung der Bekanntmachung v. 11.04.2024 (SächsGVBl. S. 396).

(2) Bewohnerinnen und Bewohner besitzen das Hausrecht in Bezug auf Räumlichkeiten, die sie als persönlichen Wohnraum nutzen.

(3) [1]Bewohnerinnen und Bewohner haben das Recht, Räumlichkeiten, die sie als persönlichen Wohnraum nutzen, selbst zu gestalten und zu möblieren. [2]Dieses Recht darf nur aus pflegerischen, betreuungsbedingten oder medizinischen Gründen eingeschränkt werden, wobei die einschränkenden Maßnahmen erforderlich und wirtschaftlich angemessen sein müssen. [3]Für diesen Fall ist die betroffene Bewohnerin oder der betroffene Bewohner rechtzeitig anzuhören und ihre oder seine Wünsche sind in Bezug auf die geplante Veränderung zu berücksichtigen.

(4) [1]Die betroffenen Bewohnerinnen und Bewohner haben bei der Belegung von Räumlichkeiten, die als persönlicher Wohnraum zu zweit genutzt werden sollen, ein Recht auf Anhörung. [2]Absatz 3 Satz 3 gilt entsprechend.

(5) [1]Bei anbieterverantworteten ambulant betreuten Wohngemeinschaften haben die Bewohnerinnen und Bewohner hinsichtlich des Einzuges von Bewohnerinnen und Bewohnern sowie hinsichtlich der Gestaltung und Möblierung von Gemeinschaftsräumen und -flächen ein Mitentscheidungsrecht. [2]Zur Wahrnehmung dieses Rechts hat der Leistungsanbieter die Bewohnerinnen und Bewohner rechtzeitig anzuhören und ihnen Gelegenheit zu geben, zu seinen Vorschlägen innerhalb einer angemessenen Frist Stellung zu nehmen und eigene Vorschläge zu unterbreiten.

(6) [1]Zum Einsatz von künstlicher Intelligenz oder Robotern in der Pflege und Betreuung von Bewohnerinnen und Bewohnern ist die Einwilligung der betroffenen Bewohnerinnen und Bewohner erforderlich. [2]Vor dem Einsatz sind die betroffenen Bewohnerinnen und Bewohner insbesondere über Zweck und Art des Einsatzes sowie die Funktionsweise der eingesetzten Technik aufzuklären. [3]Im Fall der gesetzlichen Vertretung ist der Wunsch der betreuten Person ausdrücklich zu beachten.

Allgemeines

§ 12 regelt verschiedene Beteiligungsmöglichkeiten für die Bewohner, die sich in aktive und passive Partizipationsmöglichkeiten teilen lassen und somit verschiedene Anforderungen an die Leistungserbringer stellen.

Recht auf Selbstbestimmung (Abs. 1)

Abs. 1 Satz 1 und 2 regeln einen Anspruch auf Selbstbestimmung bei der Pflege und Betreuungsplanung und Durchführung und setzen zu deren Gewährleistung auf eine rechtzeitige Information und Berücksichtigung der geäußerten Wünsche. Daneben ist ein – wie auch schon in § 8 Abs. 1 Nr. 4 normiertes – Recht auf Einsicht in Dokumentationen und Unterlagen – vorwiegend die Pflegedokumentation – normiert, welches das Auskunftsrecht der betroffenen

Person nach Art. 15 DSGVO und den Anspruch einer ersten kostenlosen Kopie nach Art. 15 Abs. 3 DSGVO allerdings unberührt lässt.[174] Die DSGVO genießt ohnehin als Unionsrecht Anwendungsvorrang.

Das Recht zur Einsichtnahme nach § 12 Abs. 1 WTG ist allerdings nicht unbegrenzt. Bei offenkundig unbegründeten oder insbesondere im Fall von häufiger Wiederholung exzessiver Anträge kann analog Art. 15 Abs. 3 Satz 2 DSGVO die Auskunft verweigert werden.[175] Zudem kann es als sachgerecht erachtet werden im Wohn- und Betreuungsvertrag ein Einsichtsrecht mit dem Zusatz:

„Die bewohnerbezogenen Unterlagen können jederzeit nach Vorankündigung in den Geschäftsräumen eingesehen werden."

umzusetzen.

Das Auskunftsrecht der betroffenen Person nach Art. 15 DSGVO und der Anspruch auf eine kostenlose erste Kopie nach Art. 15 Abs. 3 DSGVO bleiben von dem Einsichtsrecht nach § 12 unberührt. Der Unterschied zwischen beiden Rechtsgrundlagen besteht darin, dass die DSGVO voraussetzt, dass es sich um personenbezogene Daten handelt, während Abs. 1 von den die Person „betreffenden Dokumentationen und Unterlagen" spricht. Dem Grunde nach kann dieser Anspruch daher weiter gefasst sein als der datenschutzrechtliche Auskunftsanspruch. Allerdings ist stets zu berücksichtigen, dass die Auskunft nicht gegen Rechte Dritter verstoßen darf.

Hausrecht (Abs. 2)

Das in Abs. 2 geregelte Hausrecht im persönlichen Wohnraum gilt für sämtliche durch die Bewohner individuell genutzten Wohnräume und resultiert aus Art. 13 Abs. 1 GG.[176] Dieses aktive Partizipationsrecht kann in der Gewährleistung mit den Rechten anderer Bewohner kollidieren, z. B. wenn Doppelzimmer genutzt werden und das Bedürfnis von Ruhe- und/oder Besuchszeiten zwischen den Bewohnern auseinanderfallen. Hierbei bedarf es der aktiven Förderung des Trägers/Leistungsanbieters Kompromisslösungen anzubahnen.[177] Einschränkungen des Hausrechts können sich auch bei der Vornahme erforderlicher Überwachungs-, Betreuungs- und Pflegeleistungen durch das Pflegepersonal ergeben.[178]

Gestaltungsrecht hinsichtlich des Wohnraums (Abs. 3)

Nach Abs. 3 steht den Bewohnern ein Gestaltungs- und Möblierungsrecht des privaten Wohnraums in Einrichtungen und ambulant betreuten Wohnformen zu. Einschränkungen sind nur in engen Grenzen möglich und müssen unter Abwägung der Erforderlichkeit und

174 Gesetzentwurf der Staatsregierung LT-Drs. 7/14987, S. 63.
175 Gesetzentwurf der Staatsregierung LT-Drs. 7/14987, S. 64.
176 Dazu vertiefend BMFSFJ/Höfling, in: Hausrecht in Heimen, 2004, S. 35.
177 So BMFSFJ/Höfling, in: Hausrecht in Heimen, 2004, S. 42.
178 OVG Berlin-Brandenburg, Beschl. v. 16.10.2009 – 6 N 25/08 –, NZM 2010, 675, 676.

Wirtschaftlichkeit angemessen sein. Hierbei sind ebenfalls Informations- und Anhörungsrechte zur Beteiligung rechtlich verankert. Die Nutzung von privaten Räumlichkeiten durch zwei Personen bedarf ebenfalls der Gewährleistung dieser Partizipationsmöglichkeiten (Abs. 4).

Anhörungsrecht (Abs. 4)

Abs. 3 und 4 regeln im Rahmen der Gestaltung des individuellen Wohnraums eine ausdrückliche Beteiligung durch rechtzeitige Anhörung und Berücksichtigung der geäußerten Wünsche. Beabsichtigt der Träger/Leistungsanbieter im Zimmer eines an Demenz erkrankten Bewohners gegen dessen Willen eine Änderung des Wohnumfeldes vorzunehmen, sind die Eingriffsbefugnisse im privaten Wohnraum nur eingeschränkt. Dies ist ausnahmsweise anzunehmen, wenn die Maßnahmen auch nach den bürgerlich-rechtlichen Vorschriften von einer Mieterin oder einem Mieter zu dulden wären oder dringende pflegerische, betreuungsbedingte oder medizinische Gründe dafürsprechen und die Maßnahmen erforderlich und wirtschaftlich angemessen sind.[179] Bevor Änderungen umgesetzt werden oder die (Neu-)Belegung des Doppelzimmers ansteht, muss der betroffene Bewohner rechtzeitig angehört werden und seine Wünsche müssen in Bezug auf die geplante Veränderung Berücksichtigung finden.

Das Anhörungsrecht setzt voraus, dass die Bewohner zunächst rechtzeitig vor der (endgültigen) Entscheidung des Trägers informiert und anschließend angehört werden.[180] Die Informationen müssen dabei adressatengerecht und ohne Zeitdruck übermittelt werden. In diesem Kontext kann auch an das Verbildlichen durch Zeichnungen oder digitale Visualisierungen für das bessere Verständnis und das Hinzuziehen einer Person bei der Unterstützung in der Kommunikation („barrierefrei") gedacht werden. Ist die betroffene Person aktuell nicht in der Lage ihre Wünsche zu äußern, muss auch auf antizipiert geäußerte Wünsche und die Befragung von Angehörigen zurückgegriffen werden (vgl. §§ 1827 Abs. 2, 1816 Abs. 2 Satz 4 BGB) [181]. Für die nötige Zeit zur Ausübung des Teilnahmerechts („rechtzeitige Anhörung") nennt Abs. 3 Satz 3 keine starre Frist. Diese sollte vor der Umsetzung der Maßnahme in Abwägung des Einzelfalls die Auseinandersetzung mit der Materie ermöglichen. In der Gesetzesbegründung wird als Regelzeitrahmen mindestens vierzehn Tage angegeben.[182]

Bei der Berücksichtigung der Wünsche ist zu verdeutlichen, dass die Wünsche unabhängig vom Vorliegen des freien Willens – der Geschäftsfähigkeit nach §§ 104 ff. BGB und der Einwilligungsfähigkeit nach § 630d Abs. 1 Satz 2 BGB – zu ermitteln und beachten sind.[183] Die Wünsche können sowohl mündlich, schriftlich als auch nonverbal z. B. durch einfaches Nicken,

179 Gesetzentwurf der Staatsregierung LT-Drs. 7/14987, S. 64; vgl. auch BGH, Urt. v. 14.01.2021 – III ZR 168/19 –, NJW 2021, 1463.
180 Gesetzentwurf der Staatsregierung LT-Drs. 7/14987, S. 64.
181 Vgl. Platt, Die Beteiligung von Kindern und Jugendlichen bei Gesundheitsbehandlungen, 2025, S. 113.
182 Gesetzentwurf der Staatsregierung LT-Drs. 7/14987, S. 64.
183 BT-Drs. 19/24445, S. 250.

geäußert werden.[184] Dieses Anhörungsrecht und die geäußerten Wünsche sind allerdings von einem unmittelbaren Entscheidungsrecht abzugrenzen.[185]

Bereits vor dem Einzug des Bewohners in die Einrichtung kann die Einschränkung des Gestaltungsrechts durch die Verwendung von Allgemeinen Geschäftsbedingungen im zivilrechtlichen Wohn- und Betreuungsvertrag, unter Abwägung der objektiven Schutzinteressen des Leistungserbringers, für den Bewohner und das Personal mit Abs. 3 Satz 1 vereinbar und sachgerecht sein. Beispielsweise hinsichtlich der Aufstellung elektrischer Heiz- und Kochgeräte:

> *„Die Aufstellung und Benutzung elektrischer Heiz- und Kochgeräte sowie sonstiger Geräte, die eine Brandgefahr darstellen können, bedürfen einer besonderen, jederzeit widerrufbaren Zustimmung durch die Einrichtung. Die von dem Bewohner eingebrachten elektrischen Geräte müssen vor der Nutzung nachweislich elektrisch überprüft worden sein. Weitere regelmäßige Überprüfungen finden kostenpflichtig für den Bewohner durch die Einrichtung statt. Dem Bewohner steht es frei, auf eigene Kosten eine fachliche Überprüfung vornehmen zu lassen.“*

Einzug neuer Bewohner in anbieterverantworteten ambulant betreuten Wohngemeinschaften (Abs. 5)

Abs. 5 normiert für Bewohner in anbieterverantworteten ambulant betreuten Wohngemeinschaften ein weitreichendes, über ein bloßes Anhörungsrecht hinausgehendes, (kollektives) Mitentscheidungsrecht über den Einzug weiterer Bewohner sowie über die Gestaltung und Möblierung von Gemeinschaftsräumen und Flächen.

Zur Gewährleistung des Partizipationsrechts muss der Leistungserbringer rechtzeitig anhören und die Gelegenheit zur Stellungnahme innerhalb einer angemessenen Frist geben und eigene Vorschläge der Bewohner ermöglichen. Nach Abschluss des Anhörungsverfahrens trifft allerdings der Träger oder Leistungsanbieter unter Abwägung der unternehmerischen Freiheitsrechte die abschließende Entscheidung.[186] Zur Umsetzung kann das Anhörungsanliegen auf einem Formularblatt konkretisiert und an die Bewohner bzw. die Bewohnervertreter ausgeteilt und Gelegenheit zur Stellungnahme gegeben werden.

Einsatz künstlicher Intelligenz und Robotik (Abs. 6)

Abs. 6 normiert ein Einwilligungserfordernis bei der Nutzung von Technik und künstlicher Intelligenz im Bereich Pflege und Betreuung. Diese Einwilligung stellt keine rechtsgeschäftliche Willenserklärung, sondern eine eigenständige rechtsgeschäftsähnliche Handlung dar. Das bedeutet in der praktischen Umsetzung, dass die Abgabe der Einwilligung nicht in die allgemeinen Geschäftsbedingungen zum Vertragsschluss des Wohn- und Betreuungsvertrages mit aufgenommen werden kann. Erforderlich ist eine separate Einwilligung der Bewohner.

184 Beetz, Stellvertretung als Instrument der Sicherung und Stärkung der Patientenautonomie, S. 49.
185 Kempchen, in: Dickmann, Heimrecht, Kap. 5 Abschn. D, Rn. 77 ff.
186 Gesetzentwurf der Staatsregierung LT-Drs. 7/14987, S. 65.

Dabei empfiehlt es sich, die Einwilligung gesondert als Anlage zum Vertrag aufzunehmen. Für die Wirksamkeit der Einwilligung ist nicht auf die Geschäftsfähigkeit nach §§ 104 ff. BGB, sondern auf die Fähigkeit, die Bedeutung der Zustimmung zur Datenverarbeitung zu erkennen, abzustellen. Unter Datenverarbeitung ist das Erheben, Speichern, Verändern, Übermitteln, Sperren, Löschen sowie Nutzen personenbezogener Daten zu verstehen. Im Weiteren können nur aufgeklärte und somit informierte Bewohner über Zweck, Art und Funktionsweise der Technik eine freiwillige wirksame Entscheidung für oder gegen die Verwendung treffen.[187] Danach sind den Bewohnern die wesentlichen Umstände für die Einwilligung entsprechend ihres Verständnisses zu erläutern, soweit sie aufgrund ihrer Verständnismöglichkeit in der Lage sind, diese aufzunehmen.[188]

Teil 2
Besonderer Teil

Abschnitt 1
Anforderungen an Einrichtungen

Einführung

Abschnitt 1 (§§ 13–17) eröffnet den Besonderen Teil des SächsWTG, der spezifische Anforderungen an die jeweiligen dem Anwendungsbereich unterworfenen Wohn-Pflege-Formen normiert. Abschnitt 1 gilt ausschließlich für Einrichtungen i. S. d. § 2 Abs. 1.[189] Neben grundsätzlichen Anforderungen zur Zuverlässigkeit (§ 13) werden Anforderungen an die Wohnqualität (§ 13), das Personal (§ 14), die Mitwirkung der Bewohner (§ 15) und die behördliche Qualitätssicherung durch den KSV Sachsen (§ 16) geregelt.

§ 13
Grundsätzliche Anforderungen

(1) [1]Der Träger muss die notwendige Zuverlässigkeit, insbesondere auch die wirtschaftliche Leistungsfähigkeit, zum Betrieb einer Einrichtung besitzen. [2]Von der erforderlichen wirtschaftlichen Leistungsfähigkeit ist in der Regel auszugehen, wenn eine Vereinbarung nach § 39a des Fünften Buches Sozialgesetzbuch, nach § 125 des Neunten Buches Sozialgesetzbuch oder nach § 85 des Elften Buches Sozialgesetzbuchvorliegt.

(2) [1]Der Träger, die Leiterin oder der Leiter einer Einrichtung haben sicherzustellen, dass die Leistungen an den individuellen Interessen und Bedürfnissen der Bewohnerinnen und

187 Gesetzentwurf der Staatsregierung LT-Drs. 7/14987, S. 65.
188 Vgl. Vertiefend zu Aufklärungserfordernissen bei Einwilligungsunfähigen Platt, Beteiligung von Kindern und Jugendlichen bei Gesundheitsbehandlungen, 2025, S. 28.
189 Klarstellend OVG Bautzen, Beschl. v. 19.06.2024 – 6 B 31/24 –, juris Rn. 9; eine analoge Anwendung von Anforderungen verbietet sich.

Bewohner und ihrem Pflege-, Betreuungs- oder Assistenzbedarf ausgerichtet sind und eine dem allgemein anerkannten Stand fachlicher Erkenntnisse entsprechende angemessene Qualität der Pflege, Betreuung und Assistenz sichergestellt ist. [2]Sicherzustellen ist insbesondere, dass

1. **die Würde sowie die Interessen und Bedürfnisse der Bewohnerinnen und Bewohner vor Beeinträchtigungen geschützt sowie ihre Selbständigkeit, Selbstbestimmung und Selbstverantwortung gewahrt wird,**
2. **die nach dem Fünften, Neunten, Elften oder Zwölften Buch Sozialgesetzbuch vereinbarten Qualitätsmaßstäbe in der Pflege und Betreuung oder Assistenz eingehalten werden und die interkulturelle Kompetenz der Pflege- und Betreuungskräfte gefördert wird,**
3. **eine dem Pflege- und Betreuungsbedarf entsprechende, selbständige und selbstbestimmte Lebensgestaltung ermöglicht wird und die erforderlichen Hilfen gewährt werden, insbesondere die Eingliederung und selbstbestimmte Teilhabe von behinderten und psychisch kranken Bewohnerinnen und Bewohnern am Leben in der Gemeinschaft unter Einbeziehung der sozialräumlichen Angebote und Netzwerke gefördert und dabei die kulturellen und religiösen Belange der Bewohnerinnen und Bewohner berücksichtigt werden,**
4. **eine angemessene Qualität der Pflege, Betreuung oder Assistenz sichergestellt ist, die Verpflegung der Bewohnerinnen und Bewohner von diesen selbst oder in angemessener anderer Weise sowie die hauswirtschaftliche Versorgung und eine angemessene Qualität des Wohnens gewährleistet wird,**
5. **die Pflege, Betreuung oder Assistenz in der Regel mit festen Bezugspersonen erfolgt und dem Wunsch nach gleichgeschlechtlicher, kultur- und diversitätssensibler Pflege, Betreuung oder Assistenz nach Möglichkeit entsprochen wird,**
6. **für pflegebedürftige Bewohnerinnen und Bewohner Maßnahmenplanungen aufgestellt und deren Umsetzung dokumentiert werden sowie für Bewohnerinnen und Bewohner mit Behinderungen die vereinbarte Betreuung und Assistenz vereinbarungsgemäß durchgeführt und dokumentiert wird,**
7. **ein ausreichender und dem Konzept der Einrichtung angepasster Schutz vor Infektionen gewährleistet wird und von den Beschäftigten die Hygieneanforderungen für ihren Aufgabenbereich eingehalten werden,**
8. **die medizinische Versorgung unterstützt, die Arzneimittel bewohnerbezogen und sachgerecht aufbewahrt und die in der Pflege und Betreuung oder Assistenz tätigen Personen einmal im Jahr über den sachgerechten Umgang mit Arzneimitteln beraten werden sowie § 12a des Apothekengesetzes in der Fassung der Bekanntmachung vom 15. Oktober 1980 (BGBl. I S. 1993), das zuletzt durch Artikel 3 des Gesetzes vom 19. Juli 2023 (BGBl. 2023 I Nr. 197) geändert worden ist, in der jeweils geltenden Fassung, eingehalten wird,**
9. **vor der Anwendung freiheitsbeschränkender und freiheitsentziehender Maßnahmen nach § 1831 des Bürgerlichen Gesetzbuches stets überprüft wird, ob und inwieweit diese durch Pflege und Betreuung oder Assistenz nach dem anerkannten Stand der Erkenntnisse zu vermeiden sind sowie im Fall der Anwendung freiheitsbeschränkender**

und freiheitsentziehender Maßnahmen die inhaltlichen und rechtlichen Voraussetzungen gegeben sind,

10. der Einsatz von künstlicher Intelligenz oder Robotern in der Pflege und Betreuung oder Assistenz verantwortlich erfolgt und der ordnungsgemäße Einsatz in regelmäßigen Abständen überprüft wird,

11. eine fachliche Konzeption, welche die Anforderungen nach den Nummern 1 bis 10 dokumentiert, vorhanden ist und umgesetzt wird.

Allgemeines

Abs. 1 Satz 1 normiert die allgemeine Grundvoraussetzung eines jeden Betriebs einer Einrichtung: die Zuverlässigkeit des Trägers.[190] Der gewerberechtliche unbestimmte Rechtsbegriff der „Zuverlässigkeit" erhält durch Abs. 1 Satz 1 eine heimspezifische, an den Qualitätsanforderungen des SächsWTG orientierte, Ausprägung.[191] Fällt diese Zuverlässigkeit bspw. während des Betriebs weg, ist der Betrieb unmittelbar zu untersagen, wenn keine zuverlässigen Personen ersatzweise eingesetzt werden können, da es dann an der essentiellen Grundlage der Betriebsführung fehlt.

Darüber hinaus muss der Träger – als Ausprägung der „Zuverlässigkeit" – wirtschaftlich leistungsfähig sein, um die Versorgung der vulnerablen Zielgruppe nicht zu gefährden. Er hat eine dem allgemein anerkannten Stand fachlicher Erkenntnisse entsprechende angemessene Qualität der Pflege, Betreuung und Assistenz sicherzustellen (Abs. 2). Hinsichtlich dieser Mindestqualität normiert die Vorschrift in Abs. 2 Satz 2 spezifische Anforderungen, die mindestens sicherzustellen sind.

Zuverlässigkeit

Eine Einrichtung darf nur dann betrieben werden, wenn der Träger die notwendige Zuverlässigkeit besitzt. Zur Zuverlässigkeit gehören neben der fachlichen und persönlichen Eignung auch die wirtschaftliche Leistungsfähigkeit, die das SächsWTG erstmals explizit regelt. Die Zuverlässigkeit ist im Rahmen der zu treffenden Prognoseentscheidung nach objektiven Maßstäben zu beurteilen.[192] Dabei ist nicht auf die juristische Person des Trägers, sondern auf dessen Vertretungspersonen abzustellen. Hinsichtlich der „persönlichen" und „fachlichen" Zuverlässigkeit der auf seine Weisung hin handelnden (Leitungs-)Personen – die nicht zwingend auch Vertretungsorgan des Trägers sein müssen – gilt § 15 Abs. 1 Satz 1 SächsWTG i. V. m. § 18 SächsWTVO (Persönliche Ausschlussgründe).

190 Gesetzentwurf der Staatsregierung LT-Drs. 7/14987, Zu § 13, S. 66 spricht von „zentralen" und „wesensmäßigen Qualitätsanforderungen".

191 Vgl. allgemein VG München, Beschl. v. 26.08.2010 – M 17 S 10.3505 –.

192 Korbmacher, Grundlagen des öffentliches Heimrechts, S. 49.

Nach der klassischen negativen Definition der gewerberechtlichen Zuverlässigkeit in der Rechtsprechung ist ein Träger und damit auch dessen Vertretungsperson unzuverlässig, wenn er nach dem Gesamteindruck ihres Verhaltens nicht die Gewähr dafür bietet, dass der Betrieb der Einrichtung künftig ordnungsgemäß betrieben wird.[193] Im heimspezifischen Kontext gilt aufgrund des drohenden Schadens für die Rechtsgüter der Gesundheit und körperlichen Unversehrtheit oder der Freiheit der Person (Art. 2 Abs. 2 GG) der besonders vulnerablen Zielgruppe (§ 1 Satz 1) ein strengerer Maßstab als sonst im allgemeinen Gewerberecht.[194]

Zuverlässigkeit kann nur vorliegen oder nicht. Demzufolge gibt es keine leichte oder grobe Unzuverlässigkeit.[195] Zuverlässigkeit beinhaltet ein Fähigkeitsurteil. Es gibt daher keinen absoluten abgegrenzten Zuverlässigkeitsbegriff. Zur Beurteilung kommt es im Rahmen einer zu treffenden Prognoseentscheidung auf eine wertende Gesamtschau im Einzelfall an. Im Rahmen dieser sind die persönliche, fachliche und wirtschaftliche Zuverlässigkeit des Trägers zu beurteilen.[196] Zu den Fallgruppen[197] bei der Beurteilung der Zuverlässigkeit gehören insbesondere

- die mangelnde Erfüllung allgemeiner Qualitätsanforderungen an den Betrieb
- fehlende wirtschaftliche Leistungsfähigkeit
- Verstöße gegen zivil- und wettbewerbsrechtliche Vorschriften
- Straftaten und Ordnungswidrigkeiten

Von der erforderlichen Zuverlässigkeit ist in der Regel nicht auszugehen, wenn der Unternehmer die grundlegenden gesetzlichen Anforderungen für den Betrieb einer Einrichtung verfehlt. Dies gilt insbesondere, wenn er den Anwendungsbereich des SächsWTG vorwerfbar verkennt, eine anzeigepflichtige Wohn-Pflege-Form ohne Meldung betreibt oder sich der behördlichen Aufsicht entzieht.[198] Ein vorsätzlicher oder grob fahrlässiger Verstoß schließt regelmäßig die Gewähr ordnungsgemäßer Betriebsführung aus.

Wirtschaftliche Leistungsfähigkeit (Abs. 1 Satz 2)

Von der erforderlichen wirtschaftlichen Leistungsfähigkeit ist nach Abs. 1 Satz 2 regelmäßig auszugehen, wenn eine leistungsrechtliche Vereinbarung nach § 39a SGB V, § 125 SGB IX oder § 72 bzw. § 85 SGB XI besteht. In diesen Fällen haben die Kostenträger (Landesverbände der Kranken- oder Pflegekassen) die Leistungsfähigkeit bereits geprüft, da die vereinbarte Vergütung der Einrichtung bei wirtschaftlicher Betriebsführung ermöglichen muss, „seine Aufwendungen zu finanzieren und seinen Versorgungsauftrag zu erfüllen unter Berücksichtigung einer angemessenen Vergütung ihres Unternehmerrisikos“ (§ 84 Abs. 2 Satz 3 SGB XI), sodass

193 Statt aller BVerwG, Urt. v. 16.03.1982 – 1 C 124/80 –, juris Rn. 15; BVerwG, Urt. v. 02.02.1982 – 1 C 14/78 –, juris Rn. 42
194 Vgl. OVG Koblenz, Urt. v. 07.10.1986 – 7 A 48/86 –; VGH Mannheim, Beschl. v. 18.05.2009 – 6 S 734/09 –; Dickmann, Heimrecht, Kap. 3 Abschn. C Rn. 79.
195 BVerwG, Urt. v. 16.03.1982 – 1 C 124/80 –, juris Rn. 24.
196 Grundlegend VGH Mannheim, Beschl. v. 18.05.2009 – 6 S 734/09 –; Beschl. v. 24.05.2006 – 6 S 2074/05 – zu § 11 Abs. 2 Nr. 1 LHeimG BW a. F.
197 Zu Einzelheiten siehe Martschink, Der Eingriff der Heimaufsicht, Kap. D. II. 2.
198 *Obiter dictum* VGH München, Beschl. v. 14.08.2003 – 22 CS 03.1664 –, juris Rn. 13.

die Heimaufsicht diese Einschätzung grundsätzlich übernehmen kann, wenn diese nicht offensichtlich grob fehlerhaft ist. Fehlt eine solche Vergütungsvereinbarung oder entfällt die wirtschaftliche Leistungsfähigkeit später – etwa bei anhaltender Zahlungsunfähigkeit ohne realistisch umsetzbarer Sanierungsperspektive – kann daraus die Unzuverlässigkeit des Trägers folgen.[199] In diesem Fall ist die Heimaufsicht zum Schutz der Bewohner verpflichtet, ungeachtet einer Reaktion der Pflege- oder Krankenkassen einzuschreiten. Soweit in der Gesetzesbegründung ausgeführt wird, „dass nur Einrichtungen mit einer entsprechenden leistungsrechtlichen Vereinbarung […] inbegriffen sind“[200], das heißt, wirtschaftlich leistungsfähig sind, verkennt dies, dass das Ordnungsrecht losgelöst vom Leistungsrecht die Frage der Zuverlässigkeit in ihrer Ausprägung als wirtschaftlicher Leistungsfähigkeit zu beantworten hat. Es besteht zwar positiv eine Vermutung der bestehenden wirtschaftlichen Leistungsfähigkeit, wenn eine leistungsrechtliche Vergütungsvereinbarung mit den Kostenträgern abgeschlossen wurde, allerdings nicht andersherum. Privateinrichtungen, die auf eine vertragliche Regelung der Pflegevergütung nach den §§ 85 und 89 SGB XI verzichten oder mit denen eine solche Regelung nicht zustande kommt (§ 91 Abs. 1 SGB XI) sind nicht von vornherein wirtschaftlich nicht leistungsfähig. Vielmehr gilt auch für diese Einrichtungen, wenn sie leistungsrechtlich zugelassen sind, die Vermutung der Leistungsfähigkeit, die im Rahmen der Zulassung zu prüfen ist (§ 72 Abs. 3 Satz 1 Nr. 2 SGB XI).

Zivil- oder wettbewerbsrechtliche Verstöße

Zivil- oder wettbewerbsrechtliche Verstöße begründen grundsätzlich keine Unzuverlässigkeit, solange sie keine Straftat oder Ordnungswidrigkeit darstellen. Etwas anderes gilt nur, wenn das Verhalten öffentliche Schutzinteressen berührt und die Durchsetzung über den Zivilrechtsweg für Betroffene unzumutbar wäre. Eine daraus resultierende Unzuverlässigkeit kommt daher nur ausnahmsweise in Betracht – etwa bei hartnäckigen, wiederholten, massenhaften oder sittenwidrigen Geschäftspraktiken, die eine unbestimmte Vielzahl von Bewohnern betreffen und den Eindruck fehlender Redlichkeit begründen.[201] Vereinzelte Pflichtverletzungen, Vertragsstreitigkeiten oder überhöhte Entgeltforderungen reichen nicht aus. Die Heimaufsicht darf nur einschreiten, wenn das Verhalten des Unternehmers beharrlich und systematisch unlauter ist oder ein gravierender Verstoß gegen die guten Sitten (§ 138 BGB) vorliegt. Dann dient das Einschreiten nicht der Sanktionierung vergangener Fehler, sondern dem präventiven Schutz der Allgemeinheit zur Wahrung der Redlichkeit des Rechtsverkehrs.[202] Die erforderliche Zuverlässigkeit des Trägers zielt nicht auf die Regulierung des einzelnen privatrechtlichen Schuldverhältnisses, sie schützt die gesamte Zielgruppe und sichert einen funktions- und leistungsfähigen sowie rechtmäßigen Pflegemarkt. Hartnäckige zivilrechtliche Pflichtverletzungen – etwa die dauerhafte und wiederholte Erhebung unzulässiger Entgelte oder die

199 Vgl. grundlegend BVerwG, Beschl. v. 11.11.1996 – 1 B 226/96 –; BMF-Schreiben v. 19.12.2013 – IV A 3 – S 0130/10/10019, FMNR57e000013 – (BStBl I 2014, 19 Ziff. 2.3).

200 Gesetzentwurf der Staatsregierung LT-Drs. 7/14987, Zu § 13 Zu Absatz 1, S. 66

201 Vgl. VG München, Beschl. v. 26.08.2010 – M 17 S 10.3505 –; Butz, in: Kunz/Butz/Wiedemann, HeimG, § 11, Rn. 20 („eingewurzelter Hang zur Mi[ss]achtung der Berufspflichten“).

202 Zu alledem eingehend Martschink, Der Eingriff der Heimaufsicht, Kap. D. II. 2.

Verwendung rechtswidriger AGB – können ausnahmsweise die Prognoseentscheidung einer Unzuverlässigkeit rechtfertigen.[203]

Einzelne Anforderungen (Abs. 2 Satz 2)

Die Anforderungen nach den Nr. 1–10 sind in einer fachlichen Konzeption festzulegen, die umzusetzen ist (Nr. 11). Der Träger sowie die Leitungspersonen haben mindestens („*insbesondere*") sicherzustellen, dass,

- in Übereinstimmung mit den Zweckbestimmungen des § 1 Satz 2 Nr. 1 und 2 die Würde sowie die Interessen und Bedürfnisse der Bewohner vor Beeinträchtigungen geschützt sowie ihre Selbständigkeit, Selbstbestimmung und Selbstverantwortung gewahrt werden (Nr. 1)
- die leistungsrechtlich vereinbarten Qualitätsmaßstäbe in der Pflege und Betreuung oder Assistenz eingehalten werden (Nr. 2),
- die interkulturelle Kompetenz der Pflege- und Betreuungskräfte gefördert wird (Nr. 2),
- eine dem Pflege- und Betreuungsbedarf entsprechende, selbständige und selbstbestimmte Lebensgestaltung ermöglicht wird und die erforderlichen Hilfen gewährt werden, insbesondere die Eingliederung und selbstbestimmte Teilhabe von behinderten und psychisch kranken Bewohnern am Leben in der Gemeinschaft unter Einbeziehung der sozialräumlichen Angebote und Netzwerke gefördert und dabei die kulturellen und religiösen Belange der Bewohnerinnen und Bewohner berücksichtigt werden (Nr. 3),
- angemessene Qualität in allen Lebensbereichen der Bewohner zu gewährleisten ist (Pflege, Betreuung, Assistenz, hauswirtschaftliche Versorgung, Wohnraumüberlassung und ggf. Verpflegung) (Nr. 4),
- die Pflege, Betreuung oder Assistenz in der Regel mit festen Bezugspersonen erfolgt und dem Wunsch nach gleichgeschlechtlicher, kultur- und diversitätssensibler Pflege, Betreuung oder Assistenz nach Möglichkeit entsprochen wird (Nr. 5),
- für pflegebedürftige Bewohner Maßnahmenplanungen aufgestellt und deren Umsetzung dokumentiert wird sowie für Bewohner mit Behinderungen die vereinbarte Betreuung und Assistenz vereinbarungsgemäß durchgeführt und dokumentiert wird (Nr. 6) – zur „Maßnahmenplanung" gehören die Informationssammlung (Pflegeanamnese, SIS), die Feststellung von Pflegeproblemen, Ressourcen und Pflegezielen, die Planung der Pflegemaßnahmen, der Durchführung der geplanten Maßnahmen, der Beurteilung der Ergebnisse und eventuell die Festlegung neuer Ziele bzw. veränderter Pflegemaßnahmen[204] –
- ein ausreichender und konzeptionell angepasster Infektionsschutz und Einhaltung von Hygieneanforderungen (Nr. 7),
- die medizinische Versorgung unterstützt wird (Nr. 8 Var. 1),
- die Arzneimittel bewohnerbezogen und sachgerecht aufbewahrt werden (Nr. 8 Var. 2)
- die in der Pflege und Betreuung oder Assistenz tätigen Personen einmal im Jahr über den sachgerechten Umgang mit Arzneimitteln beraten werden (Nr. 8 Var. 3),

203 Martschink, Der Eingriff der Heimaufsicht, Kap. D. II. 3; vgl. OVG Bremen, Beschl. v. 12.03.2002 – 1 B 23/02 –, juris Rn. 23 ff.

204 VG Würzburg, Urt. v. 21.09.2023 – W 3 K 21.350 –, juris Rn. 81 mit Verweis auf Pschyrembel, Klinisches Wörterbuch, 260. Aufl. 2004, Stichwort: Pflegeprozess.

- in Übereinstimmung mit dem nach § 11 zu erstellenden Gewaltschutzkonzept vor der Anwendung freiheitsbeschränkender und freiheitsentziehender Maßnahmen nach § 1831 BGB stets überprüft wird, ob und inwieweit diese durch Pflege und Betreuung oder Assistenz nach dem anerkannten Stand der Erkenntnisse zu vermeiden sind sowie im Fall der Anwendung freiheitsbeschränkender und freiheitsentziehender Maßnahmen die inhaltlichen und rechtlichen Voraussetzungen gegeben sind (Nr. 9),
- der Einsatz von künstlicher Intelligenz oder Robotern in der Pflege und Betreuung oder Assistenz verantwortlich erfolgt und der ordnungsgemäße Einsatz in regelmäßigen Abständen überprüft wird (Nr. 10),

Diese Anforderungen sind nicht nur bezogen auf eine einzelne individuell benannte zu pflegende, sondern zielen abstrakt auf alle in der Einrichtung zu versorgenden Personen.[205] Dem Maßstab des Heimordnungsrechts als Mindestqualitätsanforderungen entsprechend, ist der (niedrigste) Standard ausreichend.[206] Bei Nr. 3 ergibt sich dies aus der Formulierung „*erforderliche* Hilfen“ und unter Nr. 4 aus „*angemessene* Qualität“. Beides zielt darauf, dass die „mildeste“, das heißt, den Träger am wenigsten belastende Ausstattung etc., ausreichend ist, soweit diese das Ziel des Gesetzes sowie der Anforderung erfüllt. Auf eine Optimierung der Leistungserbringung ist das Heimordnungsrecht als Gefahrenabwehrrecht nicht ausgelegt.

Lagerung von Betäubungsmitteln (Nr. 8 Var. 4)

Nach Nr. 8 Var. 4 ist zudem sicherzustellen, dass § 12a Abs. 1 Satz 1 des Apothekengesetzes (ApoG) in der jeweils geltenden Fassung eingehalten wird:

> *„(1) [1]Der Inhaber einer Erlaubnis zum Betrieb einer öffentlichen Apotheke ist verpflichtet, zur Versorgung von Bewohnern von Heimen im Sinne des § 1 des Heimgesetzes mit Arzneimitteln und apothekenpflichtigen Medizinprodukten mit dem Träger der Heime einen schriftlichen Vertrag zu schließen. [2]Der Vertrag bedarf zu seiner Rechtswirksamkeit der Genehmigung der zuständigen Behörde. 3Die Genehmigung ist zu erteilen, wenn*
>
> 1. *die öffentliche Apotheke und die zu versorgenden Heime innerhalb desselben Kreises oder derselben kreisfreien Stadt oder in einander benachbarten Kreisen oder kreisfreien Städten liegen,*
> 2. *die ordnungsgemäße Arzneimittelversorgung gewährleistet ist, insbesondere Art und Umfang der Versorgung, das Zutrittsrecht zum Heim sowie die Pflichten zur Überprüfung der ordnungsgemäßen, bewohnerbezogenen Aufbewahrung der von ihm gelieferten Produkte durch pharmazeutisches Personal der Apotheke sowie die Dokumentation dieser Versorgung vertraglich festgelegt sind,*

205 VG Würzburg, Urt. v. 21.09.2023 – W 3 K 21.350 –, juris Rn. 66, wonach die Heimaufsicht – nach Art. 3 Abs. 2 Nr. 8 PfleWoqG (vgl. § 13 Abs. 2 Nr. 6 SächsWTG) – anordnen kann, dass im Rahmen der Wundversorgung und Wunddokumentation bestimmte Handlungen des Trägers für alle Bewohner zu erfüllen sind.

206 Vgl. VG Stade, Beschl. v. 12.03.2024 – 4 B 301/24 –, juris Rn. 44 zur vergleichbaren Regelung des § 5 Abs. 2 NuWG zu allgemeinen Anforderungen, wonach ein „Einbau einer automatischen Schiebetüranlage inklusive Not-Akku und manuellem Bedienfeld“ nicht erforderlich ist, wenn auch ein Türdrücker oder eine Schiebetür mit optischen Markierungen zur Vermeidung von Kollisionen ausreichend ist.

3. die Pflichten des Apothekers zur Information und Beratung von Heimbewohnern und des für die Verabreichung oder Anwendung der gelieferten Produkte Verantwortlichen festgelegt sind, soweit eine Information und Beratung zur Sicherheit der Heimbewohner oder der Beschäftigten des Heimes erforderlich sind,
4. der Vertrag die freie Apothekenwahl von Heimbewohnern nicht einschränkt und
5. der Vertrag keine Ausschließlichkeitsbindung zugunsten einer Apotheke enthält und die Zuständigkeitsbereiche mehrerer an der Versorgung beteiligter Apotheken klar abgrenzt.

[…]

(2) […]

(3) Soweit Bewohner von Heimen sich selbst mit Arzneimitteln und apothekenpflichtigen Medizinprodukten aus öffentlichen Apotheken versorgen, bedarf es keines Vertrages nach Absatz 1.“

Soweit sich die Bewohner nicht selbst mit Arzneimitteln und apothekenpflichtigen Medizinprodukten aus öffentlichen Apotheken versorgen, bedarf es eines schriftlichen Vertrags mit einer öffentlichen Apotheke. Dieser „Heimversorgungsvertrag“ bedarf der Genehmigung der zuständigen Behörde nach dem ApoG. Hierzu ist jede öffentliche Apotheke verpflichtet (Kontrahierungszwang des § 12a Abs. 1 Satz 1 ApoG). § 13 Abs. 2 Satz 2 Nr. 8 inkorporiert diese Verpflichtung in das Heimordnungsrecht und verpflichtet den Träger und die Leitungspersonen die Vorschrift „einzuhalten“. Zu beachten ist das § 12a Abs. 1 Satz 1 ApoG auf § 1(Bundes-) Heimgesetz verweist. Nur „Heime“ i. S. d. § 1 (Bundes-)HeimG[207] sind zum Abschluss eines entsprechenden Vertrages verpflichtet. Daher fallen anbieterverantwortete ambulant betreute Wohngemeinschaften die nach § 1 Abs. 1 i. V. m. § 3 Abs. 3 Satz 3 nur aufgrund einer Kapazitätsüberschreitung als Quasi-Einrichtung gelten nicht unter den Anwendungsbereich des § 12a Abs. 1 Satz 1 ApoG.

Die sachgerechte Aufbewahrung der bewohnerbezogenen Arzneimittel (Nr. 8 Var. 2), wozu auch § 15 Gesetz über den Verkehr mit Betäubungsmitteln (Betäubungsmittelgesetz – BtMG)[208] verpflichtet, wird durch untergesetzliche Normen konkretisiert, die den allgemein anerkannten fachlichen Standard beschreiben. Betäubungsmittel sind bspw. nach den Regelungen der Bundesopiumstelle sicher aufzubewahren und zu verschließen. In den „Richtlinien über Maßnahmen zur Sicherung von Betäubungsmittelvorräten im Krankenhausbereich, in öffentlichen Apotheken, Arztpraxen sowie Alten- und Pflegeheimen“ des Bundesinstitutes für Arzneimittel und Medizinprodukte (Bundesopiumstelle)[209] ist unter Ziff. 2 für „Alten- und Pflegeheime“ geregelt:

207 „Heime im Sinne dieses Gesetzes sind Einrichtungen, die dem Zweck dienen, ältere Menschen oder pflegebedürftige oder behinderte Volljährige aufzunehmen, ihnen Wohnraum zu überlassen sowie Betreuung und Verpflegung zur Verfügung zu stellen oder vorzuhalten, und die in ihrem Bestand von Wechsel und Zahl der Bewohnerinnen und Bewohner unabhängig sind und entgeltlich betrieben werden.“

208 Betäubungsmittelgesetz in der Fassung der Bekanntmachung v. 01.03.1994 (BGBl. I S. 358), das zuletzt d. Art. 1 der Verordnung v. 04.08.2025 (BGBl. 2025 I Nr. 182) geändert worden ist.

209 Az. 4114 – K (8.23) mit Stand v. 01.08.2023.

„Es sind zertifizierte Wertschutzschränke mit einem Widerstandsgrad 0 oder höher nach EN 1143-1 zu verwenden. Wertschutzschränke mit einem Eigengewicht unter 200 kg sind entsprechend der EN 1143-1 zu verankern. Sog. Einmauerschränke sind in eine geeignete Wand fachgerecht einzubauen.
Ausgenommen hiervon sind:

- *Die Aufbewahrung von Betäubungsmittelmengen, die höchstens den durchschnittlichen Tagesbedarf einer Krankenhaus-Teileinheit darstellen und ständig griffbereit sein müssen. Diese sind durch Einschließen so zu sichern, dass eine schnelle Entwendung wesentlich erschwert wird.*
- *Elektronisch gesteuerte Medikamentenaufbewahrungssysteme zur Aufbewahrung von Betäubungsmitteln in Krankenhaus-Teileinheiten, wenn die in der Anlage zu diesen Richtlinien aufgeführten Mindestanforderungen erfüllen werden.*

Die Aufbewahrung der entsprechenden Schlüssel ist durch einen schriftlichen Verteilerplan zu regeln. Die Schlüssel sind von den Berechtigten grundsätzlich in persönlichen Gewahrsam zu nehmen. Bei der Verwendung von Zahlenschlössern ist sinngemäß zu verfahren. Der Code sollte nicht notiert werden. Beim Ausscheiden von berechtigten Mitarbeitenden ist eine Änderung des Codes erforderlich."

Die Regelung des Anwendungsbereichs für „Alten- und Pflegeheime" ist enger als § 1 Abs. 1 und entspricht § 1 Abs. 1(Bundes-)HeimG. Demnach unterfallen nur „klassische" vollstationäre Pflegeeinrichtungen diesen Anforderungen zur Sicherung von Betäubungsmittelvorräten. Anbieterverantwortete ambulant betreute Wohngemeinschaften gelten auch – wenn sie wegen Überschreitens der Kapazitätsgrenze ordnungsrechtlich als Einrichtungen gelten – nicht als „Alten- oder Pflegeheime". Für diese Einrichtungen ist unter Berücksichtigung des spezifischen Versorgungssettings und der Bewohnerstruktur und unter Berücksichtigung der Ausübung des Hausrechts durch die Bewohner und den sich daraus ergebenden Grenzen des Leistungsanbieters eine Prüfung der sicheren Aufbewahrung von Arzneimitteln im Einzelfall vorzunehmen. Grundsätzlich kann in solchen Einrichtungen auch eine Lagerung der Arzneimittel in den Bewohnerzimmern erfolgen. Sofern auch dementiell erkrankte Bewohner in der Wohngemeinschaft leben, ist zum Schutz der übrigen Bewohner besonders zu prüfen, inwieweit der Leistungsanbieter – die zivilrechtlichen Schranken des ambulanten Settings wahrend – eine sichere Lagerung sicherstellen kann. Rechtlich Unmögliches kann vom Leistungsanbieter/Träger nicht verlangt werden.

Das Bundesinstitut für Arzneimittel und Medizinprodukte (BfArM) ist Vollzugsbehörde hinsichtlich der Vorgaben des § 15 BtMG.

§ 14
Anforderungen an die Wohnqualität

(1) Die Gestaltung der Wohn- und Gemeinschaftsräume muss sich im Hinblick auf Wohnlichkeit, Raumangebot, Sicherheit, Barrierefreiheit, Möglichkeiten der Orientierung und das Recht auf Privatsphäre an den Bedürfnissen von pflegebedürftigen Menschen,

Menschen mit psychischen Erkrankungen und Menschen mit Behinderungen auf gleichberechtigte gesellschaftliche Teilhabe ausrichten und soll ein an den Maßstäben des Alltags eines häuslichen Lebens orientiertes Zusammenleben in kleinen Gruppen erlauben und fördern.

(2) [1]Der Standort der Einrichtung soll so gewählt werden, dass den Bewohnerinnen und Bewohnern eine Teilnahme am öffentlichen Leben möglich ist. [2]Eine Einrichtung soll nicht mehr als 80 Plätze umfassen.

(3) [1]Den Bewohnerinnen und Bewohnern ist auf Wunsch bei Verfügbarkeit ein Einzelzimmer zur Verfügung zu stellen. [2]Um dies zu gewährleisten, wird empfohlen, dass der Anteil der Einzelzimmer bei mindestens 80 Prozent innerhalb eines Gebäudes oder eines räumlich verbundenen Gebäudekomplexes liegt. [3]Personen, die in einer Partnerschaft leben, sollte auf Wunsch die gemeinschaftliche Unterbringung in einer Nutzungseinheit ermöglicht werden. [4]Zur Sicherstellung des Rechts auf Privatsphäre müssen Sanitärräume in ausreichender Anzahl in Form von Einzel- oder Tandembädern vorhanden sein, sodass sich höchstens zwei Bewohnerinnen oder Bewohner einen Sanitärraum teilen. [5]Der Zugang zu den Sanitärräumen soll unmittelbar aus den Einzel- oder Doppelzimmern der Bewohnerinnen und Bewohner oder über einen Vorraum möglich sein. [6]Alle Wohn- und Geschäftsbereiche müssen über die technischen Voraussetzungen für die Nutzung eines Internetzuganges verfügen.

(4) Zimmer für mehr als zwei Bewohnerinnen oder Bewohner sind unzulässig.

Allgemeines

§ 14 verfolgt den Zweck, die Wohnsituation in Einrichtungen den allgemeinen Wohnverhältnissen anzugleichen. Damit wird dem Zweck des Gesetzes, ein selbstbestimmtes, eigenverantwortliches und selbstständiges Leben zu ermöglichen (§ 1 Satz 1), entsprochen.

Gestaltung der Wohn- und Gemeinschaftsräume (Abs. 1)

Abs. 1 konkretisiert die Anforderungen an Wohnlichkeit, Sicherheit, Barrierefreiheit, Orientierung und Privatsphäre in Wohn- und Gemeinschaftsräumen in Einrichtungen als maßgebliche Aspekte der Wohnqualität. Die Vorschrift übernimmt im Wesentlichen die bisherige Regelung des § 3 Abs. 1 SächsBeWoGDVO, erweitert sie jedoch um den Teilhabeaspekt. Die räumliche Gestaltung muss sich an den Bedürfnissen pflegebedürftiger Menschen, Menschen mit psychischen Erkrankungen oder Behinderungen orientieren und deren gleichberechtigte gesellschaftliche Teilhabe fördern. Damit wird der Inklusionsgedanke aus Art. 3 Abs. 3 Satz 2 GG und Art. 19 UN-BRK ausdrücklich in das SächsWTG integriert. Träger und Leitung sind verpflichtet, räumliche Strukturen so zu gestalten, dass sie Selbstbestimmung, Orientierung und soziale Integration unterstützen. Neu ist ferner die Anforderung, ein am häuslichen Alltag orientiertes Zusammenleben in kleinen Gruppen zu ermöglichen. Diese Struktur soll familiäre Nähe, Vertrautheit und soziale Stabilität fördern und dem veralteten institutionellen Charakter von Einrichtungen entgegenwirken. Gemeinschaftsräume werden ausdrücklich einbezogen, da sie wesentliche Orte sozialer Teilhabe darstellen. Durch die explizite Nennung des „Zusammenleben in kleinen Gruppen" werden Einrichtungen, bei denen konzeptionell mehrere (kleine) Wohngruppen zusammengefasst werden, in den Blick genommen.

Integration der Einrichtung in den Sozialraum | Kapazitätsbeschränkung (Abs. 2)

Der Standort neu zu errichtender Einrichtungen „soll" so gewählt werden, dass den Bewohnern eine Teilnahme am öffentlichen Leben möglich ist. In der Gesetzesbegründung führt der Landesgesetzgeber seine – ordnungsrechtlich jedoch nicht verbindliche – Wunschvorstellung näher aus:

> *„Vorteilhaft ist eine räumliche Anbindung an Wohnsiedlungen, wobei dem eine Entstehung einer Einrichtung in ländlichen Regionen nicht entgegensteht. Wünschenswert ist zudem eine Lage in der Stadt mit Anschluss an Geschäfte und das öffentliche Leben. Eine gute Infrastruktur, damit die Einrichtung mit dem Auto oder den öffentlichen Verkehrsmitteln erreichbar ist, ist ebenfalls vorteilhaft."*[210]

Ungeachtet dessen, dass es sich bei der Gesetzesbegründung um keine verbindliche Regelung handelt und sich diese nicht im Gesetzeswortlaut niederschlagende Vorstellung des Gesetzgebers ordnungsrechtlich nicht durchsetzbar ist, wird sich jeder Investor im Rahmen seiner Standortanalyse ohnehin mit den vorgenannten Aspekten zur Lage auseinandersetzen.

Eine Einrichtung „soll" zudem nicht mehr als 80 Plätze umfassen. Dabei handelt es sich ebenfalls um eine Soll-Vorschrift, die allerdings im Rahmen leistungsrechtlicher Zulassung nicht berücksichtigt werden kann. Das Leistungsrecht als Bundesrecht enthält keine Beschränkung. Der Anspruch auf Zulassung durch Versorgungsvertrag richtet sich abschließend nach § 72 Abs. 3 Satz 1 SGB XI. In diesem Bereich steht dem Landesgesetzgeber keine Regelungskompetenz zu. Der Betrieb einer Einrichtung ist anzeige- aber nicht genehmigungspflichtig.[211] Die leistungsrechtliche Zulassung einer höheren Platzzahl würde bereits für sich genommen eine Abweichung vom Regelfall („Soll-Vorschrift") begründen.

Einzelzimmerwunsch (Abs. 3)

Gem. Abs. 3 Satz 1 ist Bewohnern auf Wunsch und bei Verfügbarkeit ein Einzelzimmer zur Verfügung zu stellen. Dies war bereits in § 11 Satz 1 SächsBeWoGDVO für Einrichtungen im Sinne der § 2 Absatz 2 SächsBeWoGDVO geregelt. Damit einhergehend haben Bewohner das Recht auf Anhörung nach Abs. 4. In praktischer Hinsicht ist zunächst zu berücksichtigen, dass im Wohn- und Betreuungsvertrag bereits eine zivilrechtlich vertragliche Vereinbarung

210 Gesetzentwurf der Staatsregierung LT-Drs. 7/14987, Zu § 14 Zu Abs. 2 S. 68 f.

211 A. A. zu § 6 Abs. 1 WTG-DVO wohl Kassen/Fahnenstich, Wohn- und Teilhabegesetz Nordrhein-Westfalen, 4. Aufl. Rn. 507 die eine Zulassung der Abweichung von den allgemeinen Anforderungen an die Wohnqualität als erforderlich ansehen.

darüber zu treffen ist, ob die Überlassung des Wohnraums sich auf ein Einzel- oder Doppelzimmer bezieht. Eine Abweichung hiervon würde eine Vertragsänderung voraussetzen, die nur einvernehmlich und nicht einseitig erfolgen kann.

Anhörung (§ 12 Abs. 4 Satz 1 i. V. m. Abs. 3 Satz 3 i. V. m. § 14 Abs. 3)

Hat sich der Träger gegenüber dem Bewohner vertraglich verpflichtet, ein Doppelzimmer zur Verfügung zu stellen, sind beide Bewohner – zuvor – hierzu rechtzeitig anzuhören, ob in der Person des jeweils anderen Gründe liegen, die einer gemeinsamen Bewohnung des Doppelzimmers entgegenstehen (§ 12 Abs. 4 Satz 1 i. V. m. Abs. 3 Satz 3 i. V. m. § 14 Abs. 3). Gleiches gilt für den Fall, dass ein Doppelzimmer erst zu späterem Zeitpunkt durch den geplanten Neueinzug eines zweiten Bewohners doppelt belegt werden soll. Leben nach Inkrafttreten des SächsWTG bereits zwei Bewohner zusammen in einem Doppelzimmer besteht kein Recht auf Anhörung. Diese würde ins Leere laufen. Das Recht auf Anhörung ist darauf gerichtet, dem Bewohner ein Mitwirkungsrecht bei der Belegung bzw. bei der Auswahl der Mitbewohner einzuräumen.[212] Dabei geht es um die Information zu einer beabsichtigten *Änderung* des unmittelbaren Wohnumfeldes. Ist das Doppelzimmer bereits durch zwei Personen belegt, kann dieses Ziel nicht mehr erreicht werden. Eine Nachholung der Anhörung im Interesse des Bewohners käme nur in Einzelfällen in Betracht, bspw. wenn (zivil-)vertraglich kein Überlassen eines Einzel- oder Doppelzimmers konkret vereinbart wurde oder dieser nur „vorläufig" ein bestimmtes Doppelzimmer bewohnt.

In der Gesetzesbegründung heißt es hierzu:

> *„Die jeweils betroffenen Bewohnerinnen und Bewohner sollen Gelegenheit zur Stellungnahme bekommen. Das setzt voraus, dass die Anhörung rechtzeitig vor der (endgültigen) Entscheidung des Trägers oder des Leistungsanbieters durchzuführen ist. Den betroffenen Menschen müssen dabei entscheidungsrelevante Informationen zur Verfügung gestellt werden, so dass sie in die Lage versetzt werden, den Sachverhalt ohne unnötigen Zeitdruck zu prüfen und sich hierzu eine Meinung zu bilden. Je komplexer der Sachverhalt und je weitreichender eine Maßnahme oder Entscheidung ist, desto früher wird eine Beteiligung erforderlich sein. Die betroffenen Bewohnerinnen und Bewohner müssen eine Chance haben, noch Einfluss auf die beabsichtigte Entscheidung nehmen zu können. Gleichwohl sollen beide Seiten den Entscheidungsprozess nicht unnötig verzögern; das entspricht dem Gebot eines fairen Miteinanders. Eine Frist von mindestens 14 Tagen sollte nicht unterschritten werden."*[213]

In der Praxis ist das Recht auf Anhörung daher auf die Fälle beschränkt, in denen ein Vertrag noch nicht abgeschlossen ist bzw. ein Doppelzimmer noch nicht mit einer zweiten Person belegt wurde.

212 Gesetzentwurf der Staatsregierung LT-Drs. 7/14987, S. 65.
213 Gesetzentwurf der Staatsregierung LT-Drs. 7/14987, S. 64 a. E.

Das Recht auf Anhörung beinhaltet

- Information/Unterrichtung der Bewohner und Zugang zu den sie betreffenden Unterlagen unter Wahrung des berechtigten Interesses der Vertraulichkeit sowie des Berufs- und Geschäftsgeheimnisses und
- Gelegenheit zur Stellungnahme.

Mit Blick auf Abs. 3 Satz 1, wonach auf Wunsch je nach Verfügbarkeit ein Einzelzimmer (oder bei in Partnerschaft lebenden Personen ein Doppelzimmer) zur Verfügung zu stellen ist, beinhaltet das Recht auf Anhörung auch die Abfrage eines ggf. bestehenden Einzelzimmerwunsches. Denkbar ist auch der Wunsch nach einem Doppelzimmer, um bspw. einer drohenden Isolation entgegenzuwirken. Diese „Abfrage" kann auch bei Bestandsverträgen erfolgen und erscheint geboten, um der Selbstbestimmung der Bewohner und sich ggf. ändernden Wünschen entsprechen zu können.

Der Träger ist allerdings nur im Rahmen der Kapazitäten verpflichtet, diesem Wunsch nachzukommen. Die Empfehlung, eine 80 %ige Einzelzimmerquote[214] vorzuhalten, führt nicht dazu, dass der Bewohner bei zu wenigen Einzelzimmern Ansprüche auf ein bestimmtes Zimmer geltend machen kann, sofern dies zivilvertraglich nicht vereinbart ist. Es handelt sich bei Abs. 3 Satz 2 um keine Soll-Vorschrift.[215]

Unberührt bleiben die zivilvertraglichen Regelungen zur Verpflichtung des Trägers ein Einzel- oder Doppelzimmer zur Verfügung zu stellen (§ 6 Abs. 3 Nr. 1; § 7 Abs. 1 WBVG). Im Vertrag ist zu regeln, ob ein Einzelzimmer, ein Doppelzimmer zur Mitbenutzung oder ein anderer Wohnraum (bspw. Appartement) zur Verfügung gestellt wird.[216]

Zur Umsetzung des Rechts auf Anhörung empfiehlt es sich, dem Wohn- und Betreuungsvertrag eine Anlage beizufügen. In dieser sollte über den grundsätzlichen Anspruch auf ein Einzelzimmer (je nach Verfügbarkeit) nach § 14 Abs. 3 informiert und – sofern im Vertrag nicht ausdrücklich ein Doppelzimmer vereinbart wird, sondern die zur Verfügungstellung eines Einzel- oder Doppelzimmers je nach Verfügbarkeit – ein ggf. bestehender Einzelzimmerwunsch erfasst werden. Darüber hinaus ist mitzuteilen, welche weitere Person – sofern bereits eine Belegung stattgefunden hat – in dem Doppelzimmer lebt. Mit Blick auf § 1 Satz 2 Nr. 4 ist auf geschlechtliche Identität und diversitätsspezifische Bedürfnisse zu achten. Zwar hat der Bewohner, wenn er sich vertraglich für ein Doppelzimmer entscheidet, keinen Anspruch darauf, zu entscheiden, wer mit ihm zusammenlebt. Er hat jedoch einen Anspruch auf Mitbestimmung und Berücksichtigung seiner Bedürfnisse im Rahmen der vom Träger zu treffenden Entscheidung.

214 Diese Empfehlung wurde aus 4.1 Musterraumprogramm – Raumprogramm der „Bewertungskriterien für Investitionen der stationären Altenpflege im Freistaat Sachsen" (S. 24) von 1998 (!) übernommen.

215 A. A. entgegen des klaren Wortlauts „Empfehlung" statt „soll" Gesetzentwurf der Staatsregierung LT-Drs. 7/14987, Zu § 13 Zu Absatz 3, S. 69.

216 Vgl. Möwisch/Hons, in: Schlegel, Musterverträge im Gesundheitswesen, 36. Lieferung, 11/2022, Muster III Heimvertrag (Kurzversion).

Mehrbettzimmerverbot (Abs. 5)

Abs. 5 normiert zudem ein Mehrbettzimmerverbot. Ein Doppelzimmerverbot ist damit – anders als beispielsweise in Brandenburg (§ 8 Abs. 2 Satz 1 SQV) – indes nicht normiert.[217] Auch in Sonderfällen, wie bspw. bei erforderlichen Modernisierungen/Sanierungen ist eine Zusammenlegung von mehr als zwei Bewohnern ausnahmslos unzulässig. Zulässig ist lediglich die kurzfristige (einen Tag nicht überschreitende) Zusammenlegung von mehr als zwei Bewohnern in Notsituationen, da hierdurch das Zimmer nicht zu einem „Zimmer für mehr als zwei Bewohner" wird, sondern nur kurzzeitig – wie auch bei Besuch – von mehr als zwei Personen genutzt wird.

§ 15
Personelle Anforderungen

(1) [1]Die Einrichtung muss unter der Leitung einer persönlich und fachlich geeigneten Person stehen. [2]Ihre Vertretung ist bei Abwesenheit zu gewährleisten.

(2) [1]Stationäre Pflegeeinrichtungen müssen über eine verantwortliche Pflegefachkraft (Pflegedienstleitung) im Sinne des § 71 Absatz 3 des Elften Buches Sozialgesetzbuch verfügen, welche auch die persönliche Eignung besitzt. [2]Ihre Vertretung ist bei Abwesenheit zu gewährleisten.

(3) Der Träger der Einrichtung hat sicherzustellen, dass

1. **die Anzahl der Beschäftigten und ihre persönliche und fachliche Eignung für die von ihnen zu leistende Tätigkeit ausreicht,**
2. **betreuende, assistierende und pflegerische Tätigkeiten unter angemessener Beteiligung von Fachkräften, mindestens unter Beteiligung einer Fachkraft ausgeführt werden,**
3. **pflegerische Aufgaben nach § 4 Absatz 2 des Pflegeberufegesetzes vom 17. Juli 2017 (BGBl. I S. 2581), das zuletzt durch Artikel 2a des Gesetzes vom 12. Dezember 2023 (BGBl. 2023 I Nr. 359) geändert worden ist, in der jeweils geltenden Fassung, nur von Personen mit einer Erlaubnis nach § 1 Absatz 1 des Pflegeberufegesetzesdurchgeführt werden,**
4. **pflegerische Maßnahmen nur durch für die jeweilige Tätigkeit befähigte Beschäftigte erbracht werden,**
5. **für die Betreuung von Bewohnerinnen und Bewohnern entsprechend qualifiziertes Betreuungspersonal eingesetzt ist.**

(4) In stationären Pflegeeinrichtungen, die Leistungen nach § 43 des Elften Buches Sozialgesetzbuch erbringen, wird der Pflege- und Betreuungsbedarf erfüllt, wenn Anzahl und

217 Zur grundsätzlichen Zulässigkeit eines solchen VG Cottbus, Urt. v. 26.05.2025 – 4 K 1645/20 –.

Qualifikation der in Pflege und Betreuung Beschäftigten der personellen Ausstattung entspricht, die nach § 84 Absatz 5 Satz 2 Nummer 2 in Verbindung mit § 113c Absatz 5 Satz 1 Nummer 1 des Elften Buches Sozialgesetzbuch vereinbart ist.

(5) In anderen als in Absatz 4 Satz 1 genannten stationären Pflegeeinrichtungen gilt, dass betreuende, pflegerische und assistierende Tätigkeiten nur von Fachkräften oder unter angemessener Beteiligung von Fachkräften ausgeführt werden dürfen, sofern mit den jeweiligen Rahmenvertragspartnern nichts anderes vereinbart ist.

(6) [1]In jedem Einzelfall ist durch ein Pflege- und Betreuungskonzept oder entsprechend des vorliegenden Assistenzbedarfes unter Einbeziehung weiterer Kräfte sicherzustellen, dass Bereiche, die aus baulichen Gründen nicht gleichzeitig von einer Person betreut werden können, so überwacht werden, dass eine Notsituation umgehend erkannt und eine Fachkraft schnell hinzugezogen werden kann. [2]Dabei kann das Konzept technische Möglichkeiten unter Beachtung der Persönlichkeitsrechte der betreuten Bewohnerinnen und Bewohner einschließen. [3]Die zuständige Behörde kann bei entsprechendem Bedarf höhere Anforderungen festlegen. [4]In Einrichtungen mit pflegebedürftigen Bewohnerinnen und Bewohnern muss als aktive Nachtwache mindestens eine Fachkraft ständig anwesend sein.

(7) [1]Soweit sich der Träger zur Erbringung hauswirtschaftlicher Leistungen verpflichtet hat, soll diese Leistungserbringung unter Beteiligung einer Hauswirtschaftskraft erfolgen. [2]Hierzu genügt deren verantwortliche Einbindung in die Konzeption und die Überwachung der adäquaten Leistungserbringung.

(8) Der Träger, die Leiterin oder der Leiter haben weiterhin sicherzustellen, dass ein Qualitätsmanagement betrieben wird und bei Bedarf Supervision oder vergleichbare Maßnahmen für die Beschäftigten angeboten werden.

(9) Die zuständige Behörde kann eine Einrichtung auf Antrag des Trägers von den personellen Anforderungen teilweise oder ganz befreien, wenn die Befreiung mit den Interessen und Bedürfnissen der Bewohnerinnen und Bewohner vereinbar ist.

Allgemeines

§ 15 normiert personelle Mindestanforderungen an Einrichtungen, die weitestgehend den leistungsrechtlichen Vorgaben entsprechen. Dabei differenzieren Abs. 1 und Abs. 2 hinsichtlich des Leitungspersonals zwischen „Einrichtungen“ und „stationären Pflegeeinrichtungen“. Für Wohngemeinschaften findet § 15 keine Anwendung.[218]

218 Klarstellend OVG Bautzen, Beschl. v. 19. Juni 2024 – 6 B 31/24 –, juris Rn. 4.

Einrichtungsleitung und Pflegedienstleitung (Abs. 1 und 2)

Jede „Einrichtung" muss unter der Leitung einer persönlich und fachlich geeigneten Person stehen (Einrichtungsleitung) – unabhängig davon, ob es sich um eine stationäre Pflegeeinrichtung, ein Service-Wohnen (§ 2 Abs. 2 Satz 4) oder einen Zusammenschluss mehrerer Wohngemeinschaften (§ 3 Abs. 3 Satz 3 und 4) handelt. „Stationäre Pflegeeinrichtungen" müssen darüber hinaus über eine verantwortliche Pflegefachkraft (Pflegedienstleitung) im Sinne des § 71 Absatz 3 SGB XI verfügen. Diese Anforderung gilt für anbieterverantwortet ambulante betreute Wohngemeinschaften und Formen des Service-Wohnens nicht, sofern neben der Überschreitung der Kapazitätsgrenze oder der angebotenen, nicht nur allgemeinen, Unterstützungsleistungen nicht noch die weiteren Merkmale einer stationären Pflegeeinrichtung – wie insbesondere der umfassende Versorgungscharakter – kumulativ erfüllt sind. Daher ist mit Überschreiten der Kapazitätsgrenze zwar eine Einrichtungsleitung zu benennen, eine Pflegedienstleitung für diese Einrichtung ist jedoch weiterhin nicht erforderlich. Dass diese für den ambulanten Pflegedienst nach leistungsrechtlichen Vorgaben erforderlich ist, bleibt von der ordnungsrechtlichen Regelung unberührt. Es spricht daher nichts dagegen, wenn die PDL des ambulanten Pflegedienstes zugleich in Personalunion die Funktion der Einrichtungsleitung übernimmt. Eine anzeigepflichtige rechtliche Personalunion i. S. d. § 19 Abs. 2 SächsWTVO liegt damit allerdings nicht vor, da die Einrichtungsleitung nicht „zugleich" in dieser Einrichtung die Funktion der PDL übernimmt, da letztere ausschließlich in stationären Pflegeeinrichtungen erforderlich ist.[219]

Zuverlässigkeit aller Mitarbeiter

Einrichtungsleitung und Pflegedienstleitung müssen persönlich und fachlich geeignet, das heißt zuverlässig, sein. Die fachliche Eignung ist durch die entsprechende Ausbildung/Qualifikation nachzuweisen. Darüber hinaus müssen auch alle zur Leistungserbringung direkt eingesetzten Personen fachlich und persönlich geeignet sein. § 18 SächsWTVO normiert persönliche Ausschlussgründe.

Mindestpersonaleinsatz

Grundsätzlich gilt, dass die Anzahl der Beschäftigten und ihre persönliche und fachliche Eignung für die von ihnen zu leistende Tätigkeit ausreichend sein muss (vgl. Abs. 3 Nr. 1–5). Dabei differenziert die Norm sodann zwischen betreuenden, assistierenden und pflegerischen Tätigkeiten. Alle Tätigkeiten müssen mindestens unter Beteiligung einer Fachkraft ausgeführt werden (Abs. 3 Nr. 2). Fachkräfte sind – je nach zu erbringender Leistung – solche

- nach § 20 SächsWTVO für Einrichtungen für pflegebedürftige Menschen und
- nach § 25 SächsWTVO für Einrichtungen für Menschen mit psychischen Erkrankungen oder mit Behinderungen.

219 Gesetzentwurf der Staatsregierung LT-Drs. 7/14987, S. 70.

Für Tätigkeiten, deren Ausübung eine besondere pflegerische Fachkunde erfordert (Vorbehaltsaufgaben, § 16 Abs. 2 Satz 2 und 3 SächsWTVO), dürfen abschließend nur Personen eingesetzt werden, welche Fachkräfte gemäß § 20 Abs. 1 Nr. 1–4 SächsWTVO sind.

Gem. Abs. 4 wird der Pflege- und Betreuungsbedarf in stationären Pflegeeinrichtungen erfüllt, wenn Anzahl und Qualifikation der in Pflege und Betreuung Beschäftigten der personellen Ausstattung entspricht, die nach § 84 Abs. 5 Satz 2 Nr. 2 i. V. m. § 113c Abs. 5 Satz 1 Nr. 1 SGB XI vereinbart ist. Die Streichung der ordnungsrechtlichen Fachkraftquote des SächsBeWoG und die Angleichung an leistungsrechtliche Vereinbarungen (Abs. 4) führt zu einer Rechtsharmonisierung und folgt dem wissenschaftlich fundierten Verfahren zur einheitlichen Bemessung des Personalbedarf durch das Gesetz zur Weiterentwicklung der Gesundheitsversorgung (Gesundheitsversorgungsweiterentwicklungsgesetz – GVWG)[220] vom 11. Juli 2021. Dies führt allerdings zugleich dazu, dass leistungsrechtliche Vereinbarungen, die rückwirkend gelten (bspw. durch Festsetzungen der Schiedsstelle), zu einer ordnungsrechtlichen Unterschreitung des Personalvorhalts führen können. Eine prospektive Besetzung offener Stellen kann nicht in den Monaten vor der Einigung mit den Kostenträgern bzw. der Festsetzung der Schiedssstelle erfolgen. Der Personalvorhalt kann de facto nicht rückwirkend durch den Träger geändert werden, sondern lediglich angeglichen werden. Daher ist einschränkend nicht auf das Inkrafttreten der leistungsrechtlichen Vereinbarungen abzustellen, sondern auf den Zeitpunkt der Einigung/Festsetzung.

Abs. 5 regelt die Fälle, für die keine Personalbemessung nach Abs. 4 Satz 1 gilt. Der Wortlaut ist hierfür missverständlich, da Abs. 4 Satz 1 für „andere als in Abs. 4 Satz 1 genannte stationäre Pflegeeinrichtungen“ gilt. Abs. 4 Satz 1 gilt für „stationäre Pflegeeinrichtungen, die Leistungen nach § 43 SGB XI erbringen“. Eine stationäre Pflegeeinrichtung, die keine Leistungen nach § 43 SGB XI erbringt, ist bspw. eine solitäre Kurzzeitpflege. Gemeint sind indes auch stationäre Pflegeeinrichtungen, die auf eine Vergütungsregelung nach den §§ 85 und 89 SGB XI verzichten (Privateinrichtungen, § 91 Abs. 1 SGB XI). Aus der Gesetzesbegründung ergibt sich zudem, dass der Gesetzgeber auch „Einrichtungen“ meinte: „Dieser Absatz betrifft insbesondere den Bereich der Eingliederungshilfe für Menschen mit Behinderungen, [...].“[221]

Weitere „Einrichtungen“ müssen die allgemeinen Anforderungen nach Abs. 3 erfüllen.

Pflege- und Betreuungskonzept (Abs. 6)

Das Pflege- und Betreuungskonzept muss gewährleisten, dass alle (baulichen) Bereiche der Einrichtung so organisiert oder technisch überwacht sind, dass Notsituationen umgehend – das heißt ohne nennenswerten Zeitverlust – erkannt und eine Fachkraft „schnell“ eingreifen kann. „Schnell“ meint dabei, ohne schuldhaftes Zögern. Bei einer technischen Überwachung sind die Persönlichkeitsrechte der Bewohner zu wahren. Die Heimaufsicht kann bei erhöhtem Risiko weitergehende Anforderungen an die Überwachung und den Mindestpersonaleinsatz

220 Gesetzentwurf der Staatsregierung LT-Drs. 7/14987, Zu § 15 Zu Absatz 4, S. 71.
221 Gesetzentwurf der Staatsregierung LT-Drs. 7/14987, Zu § 15 Zu Absatz 5, S. 72.

festlegen (Satz 3). In „Einrichtungen mit pflegebedürftigen Bewohnern" muss mindestens eine Fachkraft als Nachtwache ständig anwesend sein (Satz 4). § 22 Abs. 3 SächsWTVO konkretisiert, dass bei Einrichtungen für pflegebedürftige Menschen in jedem Gebäude eine Fachkraft als Nachtwache einzusetzen ist. Allerdings muss die weitere Fachkraft nicht zwingend „aktiv" sein. Erforderlich ist mindestens eine „aktive Nachtwache", eine Ruf- und Schlafbereitschaft genügt grundsätzlich nicht.[222] Dies gilt auch für anbieterverantwortete ambulant betreute Wohngemeinschaften für pflegebedürftige Bewohner, die aufgrund des Überschreitens der Kapazitätsgrenze von 24 Personen als „Einrichtung" gelten. Es besteht jedoch die Möglichkeit der Befreiung von der aktiven Nachtwache durch die Heimaufsicht (Abs. 9).

Hauswirtschaftskraft (Abs. 7)

Erbringt der Träger hauswirtschaftliche Leistungen, „soll" deren Durchführung unter fachlicher „Beteiligung" einer Hauswirtschaftskraft erfolgen. Es genügt, wenn diese verantwortlich in die Konzeptentwicklung eingebunden ist und die Qualität sowie Angemessenheit der Leistungen überwacht. Eine ausreichende „Beteiligung" liegt auch bei einer Kooperation mit anderen Einrichtungen oder Diensten vor. [223] Abweichungen von dieser Soll-Vorschrift sind bspw. gerechtfertigt bei sehr geringem Leistungsumfang.

Qualitätsmanagementsystem | Supervision (Abs. 8)

Der Träger sowie die Leitung müssen ein Qualitätsmanagementsystem gewährleisten und bei Bedarf Supervision oder vergleichbare Unterstützungsmaßnahmen für die Beschäftigten anbieten, um Qualität und Arbeitsbelastung dauerhaft zu sichern. Sowohl körperliche als auch psychische Belastungen der Beschäftigten sollen nach der Gesetzesbegründung aufgefangen und einem Burn-out vorgebeugt werden.[224] Die Regelung, sicherzustellen, dass „bei Bedarf Supervision oder vergleichbare Maßnahmen für die Beschäftigten" angeboten werden, verlässt den klassischen Regelungsbereich des Heimordnungsrechts (§ 1 Satz 1 „ältere Menschen, pflegebedürftige Volljährige und Volljährige mit psychischen Erkrankungen oder mit Behinderungen als [...] Bewohner in Einrichtungen und in ambulant betreuten Wohngemeinschaften"). Es handelt sich um eine Arbeitnehmerschutzregelung (Art. 74 Abs. 1 Nr. 12 GG, „Arbeitsrecht, einschließlich Arbeitsschutz"), die in die konkurrierende Gesetzgebungskompetenz des Bundes fällt. Sie ist von der Gesetzgebungskompetenz des Freistaats Sachsen als Annex zum Heimordnungsrecht oder als Kompetenz kraft Sachzusammenhangs – bei allem Verständnis für die Intension des Landesgesetzgebers – nicht mehr umfasst, da sie nicht heimspezifisch ist und nicht zwingend mit den Regelungen der Betriebsorganisation zusammenfällt.[225] Sie ist jedoch trotzdem verfassungsmäßig, weil der Bund von seiner konkurrierenden Gesetzgebungsbefugnis nach Art. 74 Abs. 1 Nr. 12 GG nicht abschließend Gebrauch gemacht hat.

222 Gesetzentwurf der Staatsregierung LT-Drs. 7/14987, Zu § 15 Zu Absatz 6, S. 73.
223 Gesetzentwurf der Staatsregierung LT-Drs. 7/14987, Zu § 15 Zu Absatz 7, S. 73.
224 Gesetzentwurf der Staatsregierung LT-Drs. 7/14987, Zu § 15 Zu Absatz 8, S. 73.
225 Vgl. zum Ladenschlussrecht BVerfG, Beschl. v. 14.01.2015 – 1 BvR 931/12 –, juris Rn. 40 – Thüringer Ladenöffnungsgesetz; a. A. Sächsischer VerfGH, Urt. v. 21.06.2012 – Vf. 77-II-11 –.

Befreiungsmöglichkeit (Abs. 9)

Die Heimaufsicht kann eine Einrichtung auf Antrag des Trägers von den personellen Anforderungen teilweise oder ganz befreien, wenn die Befreiung mit den Interessen und Bedürfnissen der Bewohnerinnen und Bewohner vereinbar ist. Damit eröffnet Abs. 9 unter dem Gesichtspunkt der Verhältnismäßigkeit die – einzige – Möglichkeit, ungeachtet von einer Erprobung oder Entwicklung einer „neuen" Wohn-Pflege-Form (§ 30), zur Befreiung von den personellen Qualitätsmindestanforderungen. Die Befreiungsregelung gilt für alle personellen Anforderungen – ungeachtet ob diese direkt im SächsWTG oder in der SächsWTVO normiert sind. Die Befreiungsnorm unterscheidet diesbezüglich nicht.[226]

Abs. 9 findet analoge Anwendung auf die Befreiung von personellen Anforderungen an anbieterverantwortete ambulant betreute Wohngemeinschaften, da diese nach der Gesetzessystematik ein geringeres Schutzniveau genießen. Wenn Einrichtungen, die das höchste Schutzniveau genießen, sogar vollständig von den personellen Anforderungen befreit werden können, gilt dies erst recht für anbieterverantwortete ambulant betreute Wohngemeinschaften. Vom Wortlaut des Abs. 9, der einer entsprechenden extensiven Auslegung offen gegenübersteht, ist dies umfasst. In der SächsWTVO werden ohnehin nach der Ermächtigung des § 34 nur Regelungen für die Durchführung für die personellen Voraussetzungen an anbieterverantwortete ambulant betreute Wohngemeinschaften nach § 21 normiert.

§ 16
Mitwirkung der Bewohnerinnen und Bewohner

(1) [1]Die Bewohnerinnen und Bewohner wirken in Angelegenheiten des Betriebs der Einrichtung mit. [2]Hierzu wählen sie eine Bewohnervertretung. [3]Die Mitglieder der Bewohnervertretung sind ehrenamtlich und unentgeltlich tätig.

(2) [1]In die Bewohnervertretung einer Einrichtung sollen vornehmlich Bewohnerinnen und Bewohner gewählt werden. [2]Ergänzend können auch Angehörige, Betreuerinnen und Betreuer, sonstige Vertrauenspersonen der Bewohnerinnen und Bewohner, Mitglieder der örtlichen Seniorenvertretung oder des örtlichen Seniorenbeirates, Mitglieder von örtlichen Behindertenorganisationen oder des Behindertenbeirates oder von der zuständigen Behörde vorgeschlagene Personen gewählt werden. [3]Dann müssen die Bewohnerinnen und Bewohner die Mehrheit bilden. [4]Mitglieder der Bewohnervertretung, die keine Bewohnerinnen und Bewohner der Einrichtung sind, dürfen zum Zeitpunkt der Wahl in keinem Abhängigkeitsverhältnis zum Träger der Einrichtung oder zur Einrichtung selbst stehen oder in den letzten zwei Jahren gestanden haben.

226 In der Gesetzesbegründung heißt es missverständlich, dass Befreiungen von „Anforderungen nach § 15 SächsWTG" möglich sind, Gesetzentwurf der Staatsregierung LT-Drs. 7/14987, Zu § 15 Zu Absatz 9, S. 73.

(3) [1]Kommt die Wahl einer Bewohnervertretung in einer Einrichtung nicht zustande, bestellt die zuständige Behörde nach Beratung mit den Bewohnerinnen und Bewohnern zum Zweck ihrer Mitwirkung eine, einen oder mehrere ehrenamtliche Bewohnersprecherinnen oder Bewohnersprecher. [2]Befinden sich in einer solitären Kurzzeitpflegeeinrichtung oder in einem stationären Hospiz in der Regel mindestens sechs Bewohnerinnen und Bewohner, ist für diese Personen zum Zweck ihrer Mitwirkung eine Bewohnersprecherin oder ein Bewohnersprecher zu bestellen. [3]Diese oder dieser nimmt die Aufgaben der Bewohnervertretung wahr.

(4) [1]Die Mitglieder der Bewohnervertretung können zur Wahrnehmung ihrer Aufgaben und Rechte fach- und sachkundige Personen ihres Vertrauens hinzuziehen. [2]Diese sind vorab zur Abgabe einer Verschwiegenheitserklärung verpflichtet.

(5) Die Bewohnervertretung soll die Bewohnerinnen und Bewohner der Einrichtung mindestens einmal im Jahr zu einer Versammlung einladen, zu der jede Bewohnerin und jeder Bewohner eine Vertrauensperson hinzuziehen kann.

(6) [1]Der Träger hat die Tätigkeit der Bewohnervertretung bei der Wahrnehmung ihrer Aufgaben zu unterstützen. [2]Den Mitgliedern der Bewohnervertretung sind diejenigen Kenntnisse zu vermitteln, die für ihre Tätigkeit erforderlich sind.

(7) [1]Der Träger ist verpflichtet, die Mitglieder der Bewohnervertretung rechtzeitig vor der Aufnahme von Verhandlungen über die Pflegesatzvereinbarung nach § 85 des Elften Buches Sozialgesetzbuchoder die Leistungs- und Vergütungsvereinbarung nach § 125 des Neunten Buches Sozialgesetzbuch anzuhören und ihnen unter Vorlage nachvollziehbarer Unterlagen die wirtschaftliche Notwendigkeit und Angemessenheit geplanter Entgelterhöhungen zu erläutern. [2]Außerdem ist er verpflichtet, ihnen Gelegenheit zu einer schriftlichen Stellungnahme zu geben. [3]Diese Stellungnahme gehört zu den Unterlagen, die er rechtzeitig vor Beginn der Verhandlung mit Kostenträgern vorzulegen hat.

Allgemeines

Die kollektive Beteiligung der Bewohner ist in § 16 näher ausgestaltet und regelt das Recht der Bewohner, in Angelegenheiten des Einrichtungsbetriebs mitzuwirken. Dabei wurde die Regelung gegenüber der Vorgängerregelung des § 8 SächsBeWoG wesentlich geändert und neu gefasst.[227] Als ausführendes Gremium ist dazu die sog. Bewohnervertretung verpflichtend zu wählen, um die Wahrnehmung der Selbstbestimmung und Teilhabe der Bewohner und deren Interessen um- und durchzusetzen. Die Zusammensetzung, die Regelungen zum Wahlausschuss, das Wahlverfahren, die Wahlversammlung sowie die Amtszeit werden in den §§ 34 ff. SächsWTVO eingehend und sehr detailliert geregelt.

227 Gesetzentwurf der Staatsregierung LT-Drs. 7/14987, S. 74.

Bewohnervertretung (Abs. 1)

Die Bewohnervertretung nach Abs. 1 ist das zentrale Mitwirkungsorgan der Bewohner. Es handelt sich um ein kollektives ehrenamtliches Organ, das keine eigene Rechtspersönlichkeit besitzt. Hospize und Kurzzeitpflegeeinrichtungen müssen aufgrund des schnelleren Wechsels der Bewohnergemeinschaft keine Bewohnervertretung wählen (§ 2 Abs. 2 Satz 1). Die Bewohnervertretung wird in gleicher, geheimer und unmittelbarer Wahl gewählt (§ 36 Abs. 1 SächsWTVO).

Träger von Einrichtungen können auf Antrag bei der zuständigen Behörde andere als die in § 16 geregelten Mitwirkungsmodelle erproben, einführen oder weiterführen, wenn dies dem Wohl der Bewohner dient und dadurch eine wirksame Interessenvertretung aller Bewohner gewährleistet ist (§ 32 Abs. 1 SächsWTVO).

Die Rechtsnatur der Bewohnervertretung ist ungeklärt. In Betracht käme, sie als Gesellschaft bürgerlichen Rechts (GbR) anzusehen. Allerdings wäre dann zu berücksichtigen, dass es sich bei der Bewohnervertretung um eine nicht rechtsfähige Gesellschaft i. S. d. § 705 Abs. 2 Alt. 2 BGB handeln würde (sog. Innengesellschaft), die allein der Ausgestaltung des Rechtsverhältnisses unter den Beiratsmitgliedern dient. Dem widerspräche jedoch die Möglichkeit des hoheitlichen Eingriffs sowie die Mandatserteilung durch demokratische Wahl. Es spricht daher mehr dafür, die Bewohnervertretung nicht einer zivilrechtlich geprägten Rechtsnatur zuzuordnen, sondern diese als öffentlich-rechtliche Institution anzusehen. Anders als ein Betriebsrat, dessen Organisation durch das Betriebsverfassungsgesetz geregelt ist, handelt es sich bei der Mitgliedschaft in der Bewohnervertretung jeweils um ein „öffentlich-rechtliches Amt" (vgl. § 31 Abs. 2 Satz1; 34 Abs. 3 SächsWTVO). Die Bewohnervertretung ist ein demokratisch gewähltes Kollegialorgan der jeweiligen Einrichtung. Mangels gesetzlicher Regelung ist die Bewohnervertretung nicht rechtsfähig; sie besitzt keine eigene Rechtspersönlichkeit (vergleichbar mit einem Personalrat).

Sie ist nicht rechtsfähig und kann daher für sich genommen bspw. keinen Rechtsanwalt beauftragen. Ihr kommt auch hierfür keine sog. beschränkte Teilrechtsfähigkeit zu.[228] Im Rechtsverkehr tritt sie selbst nicht in Erscheinung, sondern nur durch eines oder mehrerer ihrer Mitglieder. Damit handeln die einzelnen Mitglieder als Verbraucher auf eigene Rechnung.[229] Gegenüber dem Träger besteht sodann in den Grenzen des Abs. 6 i. V. m. § 33 Abs. 2 Satz 2 Nr. 7 SächsWTVO ein Kostenerstattungsanspruch, der sich als gesetzlicher Anspruch auf einen (vorgelagerten) Vorschuss bezieht, über dessen Verbrauch die Bewohnervertretung rechenschaftspflichtig ist.

228 Vgl zur Teilrechtsfähigkeit eines Personalrats OVG Bautzen, Beschl. v. 01.04.2009 – PL 9 A 78/08 –.
229 Bergmann, in: Herberger/Martinek/Rüßmann/Weth/Würdinger, jurisPK-BGB, 10. Aufl., § 705 BGB Rn. 61 m. w. N.

Zusammensetzung des Mitwirkungsorgans (Abs. 2)

Abs. 2 gestaltet die mögliche Zusammensetzung der Vertretungsberechtigten näher aus. Unter Complianceaspekten ist dabei zu beachten, dass Mitglieder, die keine Bewohner sind, in keinem Abhängigkeitsverhältnis zum Träger stehen oder gestanden haben dürfen, um Interessenkollisionen zu vermeiden (Satz 4). Die nähere Zusammensetzung ist in § 34 SächsWTVO geregelt. Die Anzahl der zu wählenden Mitglieder beträgt

- bei bis zu 80 Bewohnern: 3 Mitglieder
- ab 81 Bewohnern: 5 Mitglieder.

Bewohnersprecher (Abs. 3)

Insofern aufgrund der Bewohnerstruktur oder -bereitschaft, z. B. in Einrichtungen mit einem überwiegenden Anteil an Bewohnern mit fortgeschrittener Demenz, keine Bewohnervertretung gestellt werden kann, sind unverzüglich ein bzw. bei > 80 Bewohnern (§ 43 Abs. 1 Satz 2 SächsWTVO) zwei Bewohnersprecher durch den KSV Sachsen zu bestimmen (Abs. 3 Satz 1). Hierzu sind die Bewohner zuvor anzuhören. Befinden sich in einer solitären Kurzzeitpflegeeinrichtung oder in einem stationären Hospiz in der Regel mindestens sechs Bewohner, ist für diese Personen zum Zwecke ihrer Mitwirkung ebenfalls ein Bewohnersprecher zu bestellen (Abs. 3 i. V. m. § 43 SächsWTVO). Diese sollen vermittelnd zwischen Einrichtungsleitung, Einrichtungsträger und den Bewohnern fungieren.[230]

Hinzuziehung fach- und sachkundiger Personen (Abs. 4)

Zur Wahrnehmung Ihrer Aufgaben kann das Gremium fach- und sachkundige Personen Ihres Vertrauens hinzuziehen (Abs. 4 Satz 1). Als fach- und sachkundige Personen kommen bspw. Pflegeexperten, Betreuungsexperten, Wirtschaftsprüfer, Buchprüfer sowie Rechtsanwälte in Betracht, wenn eine solche Hinzuziehung zur Aufgabenwahrnehmung geeignet, erforderlich und angemessen ist.[231] Diese fach- und sachkundigen Personen sind vorab – soweit sie nicht von Berufswegen verpflichtet sind – zur Abgabe einer Verschwiegenheitserklärung verpflichtet. Es obliegt der Verantwortung der Bewohnervertretung, diese einzuholen.

Hinsichtlich der Kosten für die Fachberatung hat der Träger zumindest den Betrag zur Verfügung zu stellen, der die Kosten einer Rechtsberatung im Jahr sowie einer Mitgliedschaft in einem Interessensverband deckt (§ 16 Abs. 6 Satz 1 SächsWTG i. V. m. § 33 Abs. 2 Satz 2 Nr. 7 SächsWTVO). Der Verordnungsgeber hat die konkrete Höhe bewusst offengelassen. Als Teil der durch die Pflegesätze zu refinanzierenden Kosten der „Rechtsberatung" hat der Träger mit durchschnittlichen Kosten in Höhe von 380–420 € zu rechnen und – vorab – „zur Verfügung zu stellen". Über den zur Verfügung gestellten Betrag hat der Bewohnerbeirat Rechenschaft abzulegen. Die Kosten einer Mitgliedschaft des Beirats in der Bundesinteressenvertretung für alte und pflegebetroffene Menschen e. V. (BIVA) beträgt je nach Einrichtungsgröße zwischen

230 Gesetzentwurf der Staatsregierung LT-Drs. 7/14987, S. 75.
231 Gesetzentwurf der Staatsregierung LT-Drs. 7/14987, S. 75.

80–120 € jährlich. Die Kosten einer Rechtsberatung richten sich nach den Vorschriften des § 34 Abs. 1 RVG. Als angemessen gelten Kosten i. H. v. 297,50 € jährlich (250 € zzgl. 19 % USt.)

Für die Beratung muss eine Vereinbarung zwischen dem Bewohnerbeirat und dem zu beauftragenden Rechtsanwalt getroffen werden. Für eine (außergerichtliche) Beratung oder für die Ausarbeitung eines schriftlichen Gutachtens beträgt die Gebühr – wenn Auftraggeber ein Verbraucher i. S.d § 13 BGB ist – nach § 34 Abs. 1 RVG jeweils höchstens 250 € (zzg. USt.). Auftraggeber ist dann das einzelne Mitglied oder alle Mitglieder der Bewohnervertretung.

Jährliche Bewohnerversammlung (Abs. 5)

Die Bewohnervertretung soll mindestens einmal jährlich alle Bewohner und deren Vertrauensperson zu einer Bewohnerversammlung oder Teil-Bewohnerversammlung einladen.

Schulung der Bewohnervertretung | Unterstützung (Abs. 6)

Der Träger und die Einrichtungsleitung haben zu gewährleisten, dass die Bewohner über ihre individuellen Mitwirkungsrechte im Rahmen ihrer Tätigkeit als Mitglieder der Bewohnervertretung informiert sind und bei der Ausübung ihres Amtes unterstützt werden (§ 33 Abs. 1 Nr. 1 SächsWTVO). Neben der Pflicht der Heimaufsicht, die Mitglieder jederzeit zu beraten, ist auch der Träger verpflichtet, die Bewohnervetretung bei der Wahrnehmung ihrer Interessen zu unterstützen. Den Mitgliedern der Bewohnervertretung sind – auf Kosten des Trägers – diejenigen Kenntnisse zu vermitteln, die für ihre Tätigkeit erforderlich sind. An die „erforderlichen Kenntnisse" sind keine überspannten Anforderungen zu stellen. Es genügt, wenn die Mitglieder dem Grunde nach die heimspezifischen Abläufe, Zusammenhänge und Auswirkungen[232] kennen (grundlegende, anwendungsbezogene Kenntnisse). Ein Kurzskript in einfacher Sprache ist ausreichend. Abs. 6 normiert keine bestimmte Form für die Vermittlung der Kenntnisse. Detaillierte (Sach-)Kenntnisse müssen vom Träger nicht vermittelt werden. Diese können durch externe fach- und sachkundige Personen – im Rahmen des zur Verfügung stehenden Budgets – vermittelt werden (vgl. Abs. 4).

Beteiligung bei Entgelterhöhungen (Abs. 7)

Die Bewohnervertretung ist verpflichtend rechtzeitig vor Aufnahme von Vergütungsverhandlungen anzuhören (Abs. 7 Satz 1). Dabei sind ihnen die Unterlagen zur Begründung der kalkulierten Entgelterhöhung zu erläutern und zur Einsichtnahme zur Verfügung zu stellen, um eine schriftliche Stellungnahme abgeben zu können.[233] Die Stellungnahme ist den Kostenträgern rechtzeitig vor Beginn der Verhandlungen zuzuleiten (§ 33 Abs. 2 Satz 3 SächsWTVO). Die Interessenvertretung der Bewohner kann in einem gemeinsamen Gespräch über die beabsichtigte Erhöhung der Entgelte und die Kalkulation informiert werden.

232 Gesetzentwurf der Staatsregierung LT-Drs. 7/14987, Zu § 16 Zu Absatz 6, S. 75 f.
233 Vgl. VG Halle (Saale), Urt. v. 27.06.2024 – 5 A 156/22 HAL –.

§ 17
Behördliche Qualitätssicherung

(1) [1]Die zuständige Behörde prüft die Einrichtungen daraufhin, ob sie die Anforderungen nach diesem Gesetz und den aufgrund dieses Gesetzes erlassenen Rechtsverordnungen einhalten. [2]Der Prüfumfang kann auf bestimmte Prüfschwerpunkte und Prüfinhalte begrenzt werden und umfasst bei anlassbezogenen Prüfungen nicht zwingend nur den Anlass der Prüfung.

(2) [1]Die Aufsicht beginnt mit der Erstanzeige nach § 7 Absatz 1, spätestens jedoch drei Monate vor der vorgesehenen Inbetriebnahme der Einrichtung. [2]Stellt die zuständige Behörde vor Inbetriebnahme Abweichungen von den Anforderungen nach diesem Gesetz und den Rechtsverordnungen nach § 34 fest, die einer Inbetriebnahme entgegenstehen, so hat sie diese dem Träger ohne schuldhaftes Zögern mitzuteilen und ihn hinsichtlich der Beseitigung der Abweichungen zu beraten.

(3) [1]Die zuständige Behörde führt wiederkehrende oder anlassbezogene Prüfungen durch. [2]Hierfür führt sie in jeder Einrichtung im Jahr grundsätzlich mindestens eine Prüfung durch. [3]Die nach § 54 des Infektionsschutzgesetzes vom 20. Juli 2000 (BGBl. I S. 1045), das zuletzt durch Artikel 8v des Gesetzes vom 12. Dezember 2023 (BGBl. 2023 I Nr. 359) geändert worden ist, zuständigen Behörden können anlassbezogen einbezogen werden. [4]Bei Einrichtungen für pflegebedürftige Menschen stimmt sich die zuständige Behörde mit dem Medizinischen Dienst Sachsen oder dem Prüfdienst des Verbandes der Privaten Krankenversicherung e. V. rechtzeitig ab, ob und inwieweit anlassbezogene Prüfungen gemeinsam, gegebenenfalls arbeitsteilig durchgeführt werden können. [5]Wurde innerhalb des letzten Jahres eine Einrichtung vom Medizinischen Dienst Sachsen, vom Prüfdienst des Verbandes der Privaten Krankenversicherung e. V. oder von einer oder einem von den Landesverbänden der Pflegekassen bestellten Sachverständigen geprüft, kann die wiederkehrende Prüfung in größeren Abständen erfolgen, wenn dabei die Anforderungen an den Betrieb einer Einrichtung erfüllt waren. [6]Hierzu stimmen sich die beteiligten Prüfinstitutionen ab. [7]Die zuständige Behörde kann zu ihren Prüfungen weitere fach- und sachkundige Personen hinzuziehen. [8]Diese sind zur Abgabe einer Verschwiegenheitserklärung verpflichtet.

(4) Bei jeder wiederkehrenden Prüfung prüft die zuständige Behörde mindestens das Vorhalten des zu erstellenden Konzeptes zur Gewaltprävention und dessen Umsetzung sowie, ob die vom Träger eingesetzten Personen, insbesondere die Pflege- und Betreuungskräfte für die von ihnen zu leistende Tätigkeit in ausreichender Anzahl sowie mit der erforderlichen persönlichen und fachlichen Eignung vorhanden sind.

(5) [1]Prüfungen werden in der Regel unangemeldet durchgeführt und können jederzeit erfolgen. [2]Prüfungen zur Nachtzeit sind zulässig, wenn und soweit das Überprüfungsziel zu anderen Zeiten mit hinreichender Wahrscheinlichkeit nicht erreicht werden kann.

(6) [1]Die von der zuständigen Behörde mit der Prüfung beauftragten Personen sind berechtigt,

1. **die im Zusammenhang mit dem Betrieb der Einrichtung nutzbaren Grundstücke und Räume zu betreten; soweit diese einem Hausrecht der Bewohnerinnen und Bewohner unterliegen, nur mit deren Einwilligung,**
2. **die Aufzeichnungen nach § 9 einzusehen und Kopien der Aufzeichnungen anfertigen zu lassen,**
3. **die zur Leistungserbringung eingesetzten Personen zu befragen,**
4. **die Bewohnerinnen und Bewohner zu befragen,**
5. **den Pflege- und Betreuungszustand der Bewohnerinnen und Bewohner mit deren Einwilligung in Augenschein zu nehmen und zu dokumentieren sowie**
6. **Auskünfte bei der nach § 16 zur Mitwirkung vorgesehenen Bewohnervertretung einzuholen.**

[2]Der Träger und die zur Leistungserbringung eingesetzten Personen haben die Maßnahmen nach Satz 1 zu dulden. [3]Das Grundrecht der Unverletzlichkeit der Wohnung nach Artikel 13 Absatz 1 des Grundgesetzes für die Bundesrepublik Deutschland und Artikel 30 Absatz 3 der Verfassung des Freistaates Sachsen wird durch das Betretungsrecht des Satzes 1 Nummer 1 erster Halbsatz insoweit eingeschränkt.

(7) Die zuständige Behörde soll den Bewohnerinnen und Bewohnern Gelegenheit geben, sich zu den sie selbst betreffenden Prüfinhalten zu äußern.

(8) [1]Zur Abwendung einer dringenden Gefahr für die öffentliche Sicherheit und Ordnung oder bei Verdacht auf Gefahr für Leib und Leben können die von der zuständigen Behörde mit der Prüfung beauftragten Personen Räume, die einem Hausrecht der Bewohnerinnen und Bewohner unterliegen oder Wohnzwecken der nach Absatz 9 Mitwirkungspflichtigen dienen, jederzeit betreten. [2]Die Bewohnerinnen und Bewohner und die nach Absatz 9 Mitwirkungspflichtigen haben die Maßnahmen nach Satz 1 zu dulden. [3]Das Grundrecht der Unverletzlichkeit der Wohnung nach Artikel 13 Absatz 1 des Grundgesetzes für die Bundesrepublik Deutschland und Artikel 30 Absatz 1 der Verfassung des Freistaates Sachsen wird insoweit eingeschränkt.

(9) [1]Der Träger, die Leiterin oder der Leiter und die von ihnen zur Leistungserbringung eingesetzten Personen haben an den Prüfungen mitzuwirken und dabei die zuständige Behörde zu unterstützen. [2]Sie haben dieser die für die Durchführung der Prüfung erforderlichen mündlichen, schriftlichen und elektronischen Auskünfte ohne schuldhaftes Zögern zu erteilen sowie die zu Prüfzwecken erforderlichen Aufzeichnungen nach § 9 und sonstige Unterlagen zur Verfügung zu stellen. [3]Befinden sich die Aufzeichnungen nicht am Ort, sind diese auf entsprechende Anforderung der zuständigen Behörde ohne schuldhaftes Zögern nach der Prüfung zu übermitteln. [4]Der Träger kann Verbände und Vereinigungen, denen er angehört, zu Prüfungen hinzuziehen. [5]Die Befugnis der zuständigen Behörde, Prüfungen unangemeldet durchzuführen, wird dadurch nicht eingeschränkt.

(10) Widerspruch und Klage gegen Maßnahmen nach den Absätzen 1 bis 9 haben keine aufschiebende Wirkung.

(11) Auskunftspflichtige können die Auskunft auf solche Fragen verweigern, deren Beantwortung sie oder einen der in § 383 Absatz 1 Nummer 1 bis 3 der Zivilprozessordnung bezeichneten Angehörigen der Gefahr strafgerichtlicher Verfolgung oder eines Verfahrens nach dem Gesetz über Ordnungswidrigkeiten aussetzen würde.

(12) [1]Die zuständige Behörde erstellt über die Ergebnisse einer von ihr in einer Einrichtung durchgeführten Prüfung ein Prüfprotokoll. [2]Dieses leitet sie dem Träger zu und gibt ihm Gelegenheit, innerhalb einer angemessenen Frist eine Gegendarstellung abzugeben oder die Mängelbeseitigung nachzuweisen. [3]Nach Eingang der Stellungnahme erstellt die zuständige Behörde in einer für Verbraucherinnen und Verbraucher verständlichen, übersichtlichen, anonymisierten und barrierefreien Form einen abschließenden Prüfbericht.

(13) Die zuständige Behörde legt im Einvernehmen mit der Aufsichtsbehörde Prüfrichtlinien sowie Kriterien für die Prüfungen, für das Verfahren zur Durchführung der Prüfungen und für die Prüfberichte fest.

Allgemeines | Grundsatz

§ 17 steht am Ende des Abschnitts 1 des Besonderen Teils und unterwirft die zuvor normierten Qualitätsanforderungen der behördlichen Qualitätssicherung. Die Norm regelt das Prüfverfahren durch die Heimaufsicht (Abs. 1–5), deren Befugnisse während der Prüfung (Abs. 6) sowie den Abschluss des Prüfverfahrens durch einen Prüfbericht (Abs. 12). Grundlegend wird zwischen wiederkehrenden Prüfungen (Regelprüfungen) und anlassbezogenen Prüfungen unterschieden (Abs. 3 Satz 1).

Die Heimaufsicht überprüft, ob Einrichtungen die gesetzlichen und verordnungsrechtlichen Anforderungen erfüllen. Der Prüfumfang kann auf bestimmte Schwerpunkte oder Themenbereiche beschränkt werden; bei anlassbezogenen Prüfungen darf die Behörde jedoch auch weitere relevante Bereiche einbeziehen („nicht zwingend nur den Anlass der Prüfung", Abs. 1). Gegenüber dem bisherigen Prüfverfahren des § 9 SächsBeWoG ergeben sich für Einrichtungen keine Änderungen.

Zeitraum der Prüfung (Abs. 2 und 3)

Die Aufsicht beginnt mit der Erstanzeige des Betriebs, spätestens drei Monate vor der geplanten Inbetriebnahme. Werden Mängel festgestellt, muss die Heimaufsicht den Träger unverzüglich informieren und ihn zur Mängelbeseitigung beraten (Abs. 2). Mindestens einmal jährlich ist eine Qualitätsprüfung durchzuführen. Es hat eine Kooperation mit dem Medizinischen Dienst Sachsen, dem Prüfdienst des Verbandes der Privaten Krankenversicherung e.V. und einem von den Landesverbänden der Pflegekassen bestellten Sachverständigen zu erfolgen (Abs. 3 Satz 6). Haben diese leistungsrechtlichen Prüfinstitutionen eine Prüfung durchgeführt, kann der Zeitraum der jährlichen Regelprüfung auf einen größeren Zeitraum erstreckt werden, um Doppelprüfungen zu vermeiden (Abs. 3 Satz 5).

Hinzuziehung externer sach- und fachkundiger Personen (Abs. 3 Satz 7 und 8)

Der KSV Sachsen kann zu seinen Prüfungen weitere fach- und sachkundige Personen hinzuziehen. Diese werden dadurch jedoch nicht zu Beliehenen. Es handelt sich um Verwaltungshelfer oder Sachverständige im Auftrag der Heimaufsicht. Abs. 3 Satz 7 und 8 räumt keine eigenständige Entscheidungs- oder Eingriffsbefugnis ein, begründet keine Außenwirkung gegenüber der Einrichtung und überträgt keine hoheitlichen Aufgaben im eigenen Namen (vgl. Art. 33 Abs. 4 GG), sondern dient allein der fachlichen Unterstützung der Heimaufsicht, die sich insoweit fremden Sachverstands bedient. Ihre Tätigkeit beschränkt sich auf Mitwirkung, Beratung oder fachliche Begutachtung innerhalb des Prüfverfahrens. Sie handeln unter der Verantwortung der Behörde. Hinzugezogene fach- und sachkundige Personen haben die Rechte nach Abs. 6 nicht eigenständig, sondern nur in Begleitung und unter Verantwortung der Heimaufsicht. Abs. 6 SächsWTG nennt ausdrücklich die „mit der Prüfung beauftragten Personen“. Dazu zählen:

- eigene Bedienstete des KSV Sachsen und
- bevollmächtigte Prüfer, die formell mit der Durchführung der Prüfung beauftragt sind.[234]

Die in Abs. 3 Satz 7 genannten „hinzugezogenen fach- und sachkundigen Personen“ sind aber nicht selbst mit der Prüfung beauftragt, sondern werden lediglich unterstützend „hinzugezogen“. Die Verpflichtung zur Abgabe einer Verschwiegenheitserklärung nach Abs. 3 Satz 8 bestätigt, dass sie nicht Teil der Behörde KSV Sachsen und nicht beliehen sind, sondern in einer Hilfsfunktion tätig werden. Solche sachkundigen Personen sind bspw. externe Pflegefachkräfte. Der Träger hat einen Anspruch darauf, die Verschwiegenheitserklärung vor Beginn der Prüfung einzusehen. Andernfalls kann er die Mitwirkung dieser externen Personen verweigern.

Prüfungsablauf | Prüfungen bei Nacht (Abs. 4 und 5)

Die Heimaufsicht hat im Einvernehmen mit der Aufsichtsbehörde Prüfrichtlinien sowie Kriterien für die Prüfungen, für das Verfahren zur Durchführung der Prüfungen und für die Prüfberichte festzulegen. Diese sind dem Adressat einer Prüfung bekannt zu machen.

Im Rahmen jeder Regelprüfung kontrolliert die Heimaufsicht mindestens das Vorliegen und die Umsetzung des Gewaltpräventionskonzepts sowie die personelle Besetzung und Qualifikation der eingesetzten Kräfte. Prüfungen erfolgen grundsätzlich unangemeldet und können

234 Vgl. Gesetzentwurf der Staatsregierung LT-Drs. 7/14987, Zu § 17 Zu Absatz 6, S. 77 wonach Abs. 6 die „Berechtigungen der Prüferinnen und Prüfer“ normiert; der Hinzugezogene ist indes kein Prüfer.

jederzeit, bei Bedarf auch zur Nachtzeit, durchgeführt werden, wenn das Prüfziel anders nicht erreicht werden kann (bspw. die Überprüfung des Einsatzes einer „aktiven Nachtwache"). Zur Nachtzeit (21:00–6:00 Uhr, vgl. § 758a Abs. 4 Satz 2 ZPO[235]) ist besonderes Augenmerk auf die Wahrung des Verhältnismäßigkeitsgrundsatzes zu legen. Die Bedürfnisse der Bewohner während der Nacht(ruhe) sind in besonderem Maße zu berücksichtigen. Umfangreiche Einsichtnahmen in Dokumente, Befragungen oder gar Inaugenscheinnahmen sind während der Nachtzeit regelmäßig unverhältnismäßig.

Rechte der Prüfer (Abs. 6)

Die behördlich beauftragten Prüfer verfügen nach Abs. 6 über folgende Befugnisse, die vom Träger und seinen Beschäftigten zu dulden sind:

- Betretungsrecht – Zugang zu den der Einrichtung dienenden Grundstücken und Räumen; Bewohnerzimmer dürfen nur mit der Einwilligung des jeweiligen Bewohners als Hausrechtsinhaber erfolgen (Nr. 1)
- Einsichts- und Dokumentationsrecht – Einsichtnahme in die betrieblichen Aufzeichnungen (§ 9) und Anfertigung von Kopien durch und auf Kosten des Trägers (Nr. 2);
- Befragungsrechte – Anhörung des eingesetzten Personals, der Bewohner sowie Einholung von Auskünften bei der Bewohnervertretung nach § 16 (Nr. 3, 4 und 6).
- Inaugenscheinnahme und Dokumentation des Pflege- und Betreuungszustands der Bewohner mit deren Einwilligung (Nr. 5).

Anhörung der Bewohner (Abs. 7)

Die Heimaufsicht soll den Bewohnern Gelegenheit geben, sich zu den sie selbst betreffenden Prüfinhalten zu äußern. Von dieser Soll-Vorschrift darf nur im Ausnahmefall abgewichen werden, bspw. wenn ersichtlich ist, dass sich der betreffende Bewohner aufgrund kognitiver Beeinträchtigungen nicht äußern kann. Die Anhörung der betroffenen Bewohner ist bei festgestellten Mängeln essentiell, da die Anforderungen des Gesetzes zum Schutz der Bewohner bestehen und diese – schon vor dem Hintergrund ihrer Teilhabe – sich hierzu von allen Beteiligten am besten äußern können. Diese Anhörung stellt eine Informationsquelle dar, die die Heimaufsicht im Regelfall zu nutzen hat. Verstöße hiergegen können einen Verstoß gegen den Untersuchungsgrundsatz nach sich ziehen (§ 24 Abs. 2 VwVfG i. V. m. § 25 Abs. 1 SächsWTG).

Abwendung einer dringenden Gefahr (Abs. 8)

Zur Abwendung einer „dringenden Gefahr" für die öffentliche Sicherheit oder Ordnung sowie beim (begründeten) Verdacht auf Gefahr für Leib und Leben dürfen die mit der Prüfung beauftragten Personen Räume, die dem Hausrecht von Bewohnern oder Beschäftigten (Mitarbeiterwohnungen) unterliegen, jederzeit betreten. Bewohner und Mitwirkungspflichtige müssen dies dulden. Das Betretungsrecht stellt einen gesetzlich zulässigen Eingriff in die

235 Hinsichtlich der Bestimmung der „Nachtzeit" beim personellen Einsatz kommt es hingegen auf die Bestimmungen in der SächsWTVO an, wonach die Nachtzeit bereits 20 Uhr beginnt, vgl. § 49 SächsWTVO.

Unverletzlichkeit der Wohnung (Art. 13 GG, Art. 30 SächsVerf) dar. Dieses Betretungsrecht ist aufgrund der Eingriffsintensität eng auszulegen. Eine Gefahr liegt dann vor, wenn im Zeitpunkt der behördlichen Entscheidung im Rahmen der prognostischen ex-ante-Betrachtung bei ungehindertem Ablauf des zu erwartenden Geschehens der Eintritt eines Schadens hinreichend wahrscheinlich ist. Eine „dringende Gefahr“ liegt vor, wenn eine Sachlage oder ein Verhalten bei ungehindertem Ablauf des objektiv zu erwartenden Geschehens mit hinreichender Wahrscheinlichkeit in allernächster Zukunft ein wichtiges Rechtsgut schädigen wird. Dabei kommt es mit Blick auf die Eilbedürftigkeit maßgeblich auf den zeitlichen Aspekt des drohenden Schadenseintritts an.[236] „Eine ‚dringende Gefahr‘ besteht nicht schon bei einer ‚bevorstehenden‘ oder ‚drohenden Gefahr‘ im polizeirechtlichen Sinne, aber auch nicht erst bei einer ‚unmittelbar bevorstehenden Gefahr‘“[237] „Gefahr für Leib oder Leben“ ist eine Gefahr, bei der eine nicht nur leichte Körperverletzung oder der Tod einzutreten droht. Unter Berücksichtigung des Verhältnismäßigkeitsgrundsatzes ist nach der Rechtsprechung des Bundesverwaltungsgerichts folgendes zu berücksichtigen:

„An die Wahrscheinlichkeit des Schadenseintritts sind nach dem aus dem Grundgesetz ableitbaren Grundsatz der Verhältnismäßigkeit um so geringere Anforderungen zu stellen, je größer und folgenschwerer der möglicherweise eintretende Schaden ist; aus dem Verhältnismäßigkeitsprinzip ergibt sich ferner, da[ss] in die Wohnungsfreiheit nur eingegriffen werden darf, wenn und soweit die Maßnahme zur Gefahrenabwehr geeignet und erforderlich ist, und da[ss] im Einzelfall die rechtsstaatliche Bedeutung der Unverletzlichkeit der Wohnung mit dem öffentlichen Interesse an der Wahrung von Recht und Ordnung abgewogen werden mu[ss].“[238]

Aufgrund der Gefahr im Verzuge hat die Heimaufsicht in solchen Fällen die vorstehenden Erwägungen ad hoc anzustellen. Entscheidend für die Rechtmäßigkeit der Betretung wird es daher häufig darauf ankommen, ob aus der ex ante Sicht ein großer und folgenschwerer Schaden droht, dessen Abwendung keinen weiteren Aufschub duldet.

Kooperationsgebot (Abs. 9)

Träger, Leitung und Beschäftigte sind verpflichtet, an Prüfungen mitzuwirken und die Heimaufsicht zu unterstützen (Kooperationsgebot). Sie müssen alle erforderlichen Auskünfte mündlich, schriftlich oder elektronisch unverzüglich erteilen sowie Aufzeichnungen und Unterlagen bereitstellen oder – wenn sich die Unterlagen nicht am Ort der Prüfung befinden – nach Anforderung unverzüglich nach der Prüfung übermitteln. Der Träger darf Verbände oder Vereinigungen zu Prüfungen hinzuziehen; dies beschränkt die behördliche Prüfungsbefugnis – insbesondere unangemeldete Kontrollen – jedoch nicht. Der KSV Sachsen muss nicht auf deren Eintreffen warten. Die Auskunftspflicht findet ihre Grenze in dem Recht, sich nicht selbst belasten zu müssen. Auskunftspflichtige können daher die Auskunft auf solche Fragen verweigern, deren Beantwortung sie oder einen der in § 383 Abs. 1 Nr. 1 bis 3 ZPO

236 Vgl. OVG Düsseldorf, Beschl. v. 07.11.2007 – 12 A 635/06 –, juris Rn. 9 ff. m. w. N.
237 BVerwG, Urt. v. 06.09.1974 – I C 17.73 –, juris Rn. 23.
238 BVerwG, Urt. v. 06.09.1974 – I C 17.73 –, juris Rn. 23.

bezeichneten Angehörigen der Gefahr strafgerichtlicher Verfolgung oder eines Verfahrens nach dem Gesetz über Ordnungswidrigkeiten aussetzen würde (Abs. 11).

Die Heimaufsicht kann die Pflichten nach Abs. 1 – 9 mittels Verwaltungsakts durchsetzen. Widerspruch und Klage gegen solche Maßnahmen haben keine aufschiebende Wirkung (Abs. 10).

Protokoll und abschließender Prüfbericht (Abs. 12)

Nach Abschluss einer Prüfung erstellt die Heimaufsicht ein Prüfprotokoll und übermittelt es dem Träger (Satz 1). Diesem ist Gelegenheit zu geben, innerhalb angemessener Frist eine Gegendarstellung vorzulegen oder die Beseitigung festgestellter Mängel nachzuweisen (Satz 2). Anschließend erstellt die Heimaufsicht einen abschließenden, anonymisierten und barrierefreien Prüfbericht in verbraucherverständlicher Form.

Abschnitt 2
Anforderungen an ambulant betreute Wohngemeinschaften und Intensivpflege-Wohngemeinschaften

Einführung

Abschnitt 2 regelt Anforderungen (§§ 18–24) an anbieterverantwortete ambulant betreute Wohngemeinschaften (einschließlich Intensivpflege-Wohngemeinschaften) und stellt zu Beginn klar, dass selbstverantwortete ambulant betreute Wohngemeinschaften „frei in der Gestaltung“ sind (§ 18). Im Aufbau folgen die §§ 19–23 dem vorangegangenen Abschnitt 1, der die Anforderungen an Einrichtungen normiert. Für selbstverantwortete ambulant betreute Wohngemeinschaften gilt nur die Anforderung der Pflichtberatung der Gründer durch den KSV Sachsen (§ 23 Abs. 2) und die Befugnisse der Heimaufsicht zur anlassbezogenen Prüfung (§ 23 Abs. 3 Satz 5). Ambulant betreute Wohngemeinschaften für Menschen mit Behinderungen dürfen abweichend nur anlassbezogen geprüft werden (§ 23 Abs. 3 Satz 4). In § 24 werden erstmals Zuordnungsprüfungen (sog. Statusfeststellungsverfahren) gesetzlich normiert, nachdem die Frage, ob solche rechtlich zulässig sind oder nur inzident im Rahmen einer Qualitätsprüfung zur Feststellung der anzuwenden Anforderungen an die Wohn-Pflege-Form zu erfolgen haben, ungeklärt war. Unklar war in Sachsen nach der alten Rechtslage bei der Abgrenzung einer selbstverantworteten von einer trägerverantworteten Wohngemeinschaft (§ 2 Abs. 2 Satz 1–4 SächsBeWoG) zudem, ob es sich um einen Verwaltungsakt handelt und ob vor Erlass von Anordnungen zwingend ein gesondertes Statusfeststellungsverfahren durchzuführen ist. Das SächsBeWoG sah dies nicht vor.[239] Diese Unsicherheit hat der Gesetzgeber nunmehr mit der Normierung der Zuordnungsprüfungen beseitigt.

239 Vgl. OVG Bautzen, Urt. v. 10.09.2015 – 5 A 70/15 –, juris Rn. 22 ff.; OVG Bautzen, Beschl. v. 28.09.2023 – 6 B 25/23 –.

§ 18
Selbstverantwortete ambulant betreute Wohngemeinschaften

[1]Selbstverantwortete ambulant betreute Wohngemeinschaften sind vorbehaltlich anderer gesetzlicher Regelungen frei in der Gestaltung des Zusammenlebens, der Auswahl und der Gestaltung der Räumlichkeiten für die Wohngemeinschaft sowie der Organisation der Pflege, Betreuung und Assistenz. [2]Der in der selbstverantworteten ambulant betreuten Wohngemeinschaft tätige Pflege- oder Betreuungsdienst hat die Pflege-, Assistenz- und Betreuungsleistungen dem allgemein anerkannten Stand der fachlichen Erkenntnisse entsprechend zu erbringen.

Allgemeines

Der Standort der Norm im Anschnitt 2, der Anforderungen an ambulant betreute Wohngemeinschaften und Intensivpflege-Wohngemeinschaften normiert, ist unpassend gewählt. § 18 stellt klar, dass Anforderungen für selbstverantwortete ambulant betreute Wohngemeinschaften – einschließlich selbstverantworteter ambulanter Wohngruppen – nicht bestehen. Während § 3 Abs. 1 Satz 2 regelt, dass ambulant betreute Wohngemeinschaften selbstverantwortet oder anbieterverantwortet sein können und selbstverantwortete ambulant betreute Wohngemeinschaften definiert, stellt § 18 klar, dass selbstverantwortete Wohngemeinschaften „frei in der Gestaltung des Zusammenlebens der Auswahl und der Gestaltung der Räumlichkeiten für die Wohngemeinschaft sowie der Organisation der Pflege, Betreuung und Assistenz sind". In der selbstverantworteten ambulant betreuten Wohngemeinschaft wird die interne Qualitätssicherungsfunktion durch ein Selbstbestimmungsgremium sichergestellt (§ 3 Abs. 2 Satz 3); einer externen Qualitätssicherung durch die Heimaufsicht bedarf es daher nicht. Es gelten lediglich die Anzeigepflichten des § 7 Abs. 2 und der Pflichtberatung nach § 23 Abs. 2.

Anforderungen an Pflege-, Assistenz- und Betreuungsdienste (Satz 2)

Die Regelung des Satz 2, wonach der in der selbstverantworteten ambulant betreuten Wohngemeinschaft beauftragte und tätige Pflege-, Assistenz oder Betreuungsdienst die Pflege-, Assistenz- und Betreuungsleistungen dem allgemein anerkannten Stand der fachlichen Erkenntnisse entsprechend zu erbringen hat, führt dazu, dass das SächsWTG in diesen Konstellationen auch ambulante Dienste der hoheitlichen Heimaufsicht unterwirft, gleichwohl diese dem Anwendungsbereich des § 2–4 nicht unterfallen. Dies begegnet verfassungsrechtlichen Bedenken. Nach Art. 74 Abs. 1 Nr. 7 GG kommt dem Landesgesetzgeber lediglich die Gesetzgebungskompetenz für das Heimrecht zu. Unstrittig sind Regelungen für ambulante Pflegedienste dem Bundesgesetzgeber überlassen. Indem der sächsische Landesgesetzgeber nunmehr die Regelungen des SGB XI/SGB V inkorporiert hat, dürfte er damit seine Gesetzgebungskompetenz überschritten haben. Zutreffend sind selbstverantwortete ambulant betreute Wohngemeinschaften vorbehaltlich bundesgesetzlicher Regelungen frei in der Gestaltung des Zusammenlebens, der Auswahl und der Gestaltung der Räumlichkeiten für die Wohngemeinschaft sowie der Organisation der Pflege, Betreuung und Assistenz. Anordnungen an den ambulanten Pflege- oder Betreuungsdienst können auf dieser Grundlage nicht ergehen.[240] Auch § 26 bietet keine hinreichende Rechtsgrundlage, da danach Anordnungen bei Mängeln nur „gegenüber dem Träger oder Leistungsanbieter" erfolgen können. Der beauftragte ambulante Dienst in einer selbstverantworteten ambulant betreuten Wohngemeinschaft ist jedoch kein „Leistungsanbieter" i. S. d. § 3 Abs. 2 Satz 2 SächsWTG („innerhalb von anbieterverantworteten ambulant betreuten Wohngemeinschaften", vgl. auch § 3 Abs. 2 Satz 1 „Eine selbstverantwortete ambulant betreute Wohngemeinschaft liegt vor, wenn sie von Leistungsanbietern unabhängig ist").

§ 19
Grundsätzliche Anforderungen an anbieterverantwortete ambulant betreute Wohngemeinschaften

(1) Anbieterverantwortete ambulant betreute Wohngemeinschaften sind in den Sozialraum zu integrieren, um eine umfassende Teilhabe der Bewohnerinnen und Bewohner am Leben in der örtlichen Gemeinschaft zu ermöglichen.

(2) [1]Wirken mehrere Dienstleister in einer anbieterverantworteten ambulant betreuten Wohngemeinschaft zusammen, so haben sie abzustimmen und schriftlich festzuhalten, wer für welche Unterstützungsleistungen und Abläufe in der Wohngemeinschaft zuständig ist. [2]Dabei haben sie mindestens festzuhalten, wer die Verantwortung für die Umsetzung der in Absatz 3 festgelegten Anforderungen übernimmt. [3]Dieser ist der Leistungsanbieter. [4]Die Regelung muss den Bewohnerinnen und Bewohnern oder Vertreterinnen und Vertretern bekannt sein.

(3) [1]Im Rahmen der Regelung nach Absatz 2 Satz 1 ist insbesondere festzulegen, dass und durch wen
1. **die medizinische Versorgung der Bewohnerinnen und Bewohner organisiert sowie die Wahrnehmung von hierzu erforderlichen auswärtigen Terminen unterstützt und gefördert werden,**
2. **die Aufstellung und Umsetzung von Pflegeplanungen sowie die Organisation und Durchführung der Leistungen der sozialen Betreuung, bei Bewohnerinnen und Bewohnern mit Behinderungen die Maßnahmenplanung sowie die vereinbarte Betreuung und Assistenz ordnungsgemäß durchgeführt und dokumentiert werden,**
3. **die bewohnerbezogene und ordnungsgemäße Aufbewahrung der Arzneimittel und die regelmäßige Unterweisung der in der Pflege, Betreuung oder Assistenz tätigen Beschäftigten über den sachgerechten Umgang mit Arzneimitteln sichergestellt werden und**
4. **die hauswirtschaftliche Versorgung sichergestellt wird, sofern der Leistungsanbieter sich zu deren Übernahme vertraglich verpflichtet hat.**

240 Vgl. OVG Bautzen, Beschl. v. 19.06.2024 – 6 B 31/24 –, juris Rn. 9, 11.

[2]Auf Wunsch der Bewohnerinnen und Bewohner können diese die Regelungen nach Satz 1 Nummer 1 und 4 auch eigenverantwortlich treffen.

(4) Der Leistungsanbieter hat die Anforderungen nach den Absätzen 1 bis 3 und darüber hinaus insbesondere zu gewährleisten, dass

1. **eine angemessene fachliche Qualität der Betreuung und bei Pflegebedürftigkeit eine fachgerechte Pflege im vereinbarten Umfang sichergestellt ist, die sich am jeweils anerkannten Stand der sozial- und heilpädagogischen sowie der pflegerischen Erkenntnisse orientiert und an den individuellen und sich verändernden Pflege-, Betreuungs- oder Assistenzbedarf der Bewohnerinnen und Bewohner angepasst wird,**
2. **für Menschen mit Behinderungen bei Bedarf eine Rufbereitschaft außerhalb der Betreuungszeiten sichergestellt ist,**
3. **die Teilhabe der Bewohnerinnen und Bewohner am Leben in der Gemeinschaft und ihre selbstständige Lebensführung einschließlich der Haushaltsführung, der Ernährung und Körperpflege unterstützt wird,**
4. **bei zeitlich befristeten Wohnplätzen für Menschen mit Behinderungen entsprechende Trainingsprogramme, die zu einer möglichst selbstständigen und selbstbestimmten Lebensführung befähigen sollen, angeboten werden.**

Allgemeines

§ 19 ist das Pendant zu § 13. Er regelt die allgemeinen Anforderungen an anbieterverantwortete ambulant betreute Wohngemeinschaften.

Integration in den Sozialraum (Abs. 1)

Abs. 1 normiert als grundsätzliche Anforderung die Integration von anbieterverantworteten ambulant betreuten Wohngemeinschaften in den Sozialraum, „um eine umfassende Teilhabe der […] Bewohner in der örtlichen Gemeinschaft zu ermöglichen. Durch die Voranstellung in einen eigenen Absatz wird die Bedeutung der Teilhabe noch einmal hervorgehoben“.[241] Sozialraumintegration bedeutet, dass anbieterverantwortete ambulant betreute Wohngemeinschaften individuell an die Lebensziele, Bedürfnisse und Ressourcen ihrer Bewohner angepasst sind. Sie sollen sich in das soziale und örtliche Umfeld einfügen und die Teilhabe am gesellschaftlichen Leben im jeweiligen Sozialraum fördern.

241 Gesetzentwurf der Staatsregierung LT-Drs. 7/14987, Zu § 19 Zu Absatz 1, S. 79.

Zusammenwirken mehrerer Dienstleister (Abs. 2 und 3)

Wirken in einer anbieterverantworteten ambulant betreuten Wohngemeinschaft mehrere Dienstleister zusammen, müssen sie schriftlich festlegen, wer für welche Dienstleistungen[242] und Abläufe verantwortlich ist. Dabei ist eindeutig zu bestimmen, wer die Gesamtverantwortung für die Einhaltung der gesetzlichen Anforderungen trägt – dieser gilt als Leistungsanbieter. Die getroffene Regelung ist den Bewohnern bzw. wenn diese nicht mehr selbst bestimmen und mitgestalten können[243], ihren Vertretern bekanntzumachen. Können sich die Dienstleister nicht auf einen verantwortlichen Leistungsanbieter verständigen, spricht dies – in den Fällen, in denen die Kapazitätsgrenze von 24 Plätzen nicht überschritten wird – für eine Selbstverantwortung der ambulant betreuten Wohngemeinschaft. In anderen Fällen hat die Heimaufsicht einen verantwortlichen Leistungsanbieter festzustellen. Mit Blick auf das Schutzbedürfnis der Bewohner ist dies regelmäßig der Leistungserbringer der Pflege-, Assistenz- oder Betreuungsleistungen (arg. § 3 Abs. 3 Satz 2)[244]. Werden diese Leistungen durch mehrere Dienstleister erbracht, ist auf den Umfang der erbrachten Leistungen abzustellen. Die erforderlichen Regelungen zur Leistungsaufteilung in der schriftlichen Vereinbarung nach Abs. 2 Satz 1 umfassen nach Abs. 3 insbesondere:

- Medizinische Versorgung und Terminorganisation (Nr. 1),
- Pflege-, Betreuungs- und Maßnahmenplanung/Dokumentation (Nr. 2),
- Arzneimittelmanagement und Mitarbeiterschulung (Nr. 3) und
- Hauswirtschaftliche Versorgung (Nr. 4).

Nr. 1 und 4 können die Bewohner abweichend auf Wunsch auch eigenverantwortlich regeln (Satz 2).

Allgemeine Leistungsanforderungen (Abs. 4)

Der verantwortliche Leistungsanbieter hat neben den Anforderungen der Abs. 1 – 3 folgendes zu gewährleisten:

- Sicherstellung einer angemessenen fachlichen Qualität und individuelle Anpassung der Pflege und Betreuung im mit den Bewohnern vereinbarten Umfang (Nr. 1),
- Rufbereitschaft für Menschen mit Behinderungen außerhalb der Betreuungszeiten (Nr. 2)
- Förderung von Teilhabe und Selbstständigkeit der Bewohner (einschließlich Haushaltsführung, Ernährung und Körperpflege) (Nr. 3) und
- Angebot von Trainingsprogrammen zur selbstbestimmten Lebensführung bei zeitlich befristeten Wohnplätzen für Menschen mit Behinderungen (Nr. 4).

242 Missverständlich bezeichnet § 19 Abs. 2 Satz 1 diese als „Unterstützungsleistungen". Gemeint sind jedoch Pflege-, Assistenz- und Betreuungsleistungen in Abgrenzung zu „allgemeinen" Unterstützungsleistungen nach § 2 Abs. 1 Satz 2.

243 Gesetzentwurf der Staatsregierung LT-Drs. 7/14987, Zu § 19 Zu Absatz 2, S. 80.

244 Der Vermieter kann – wenn er nicht Pflege-, Assistenz- oder Betreuungsleistungen erbringt – nicht Leistungsanbieter sein.

Nr. 1 stellt klar, dass – aufgrund der ambulanten Leistungserbringung Leistungen nicht präsenzbezogen, sondern leistungsbezogen erbracht werden – die angemessene fachliche Qualität der Pflege- und Betreuungsleistungen nur im „vereinbarten Umfang" erfolgt. Dies ist insbesondere bei der Reichweite von Anordnungen der Heimaufsicht zu berücksichtigen. Der Mindestqualitätsstandard ergibt sich dem Umfang nach aus der Vereinbarung zwischen Bewohner und Pflege-/Betreuungsdienst, während sich die Qualität der zu erbringenden Leistungen im engeren Sinne sodann nach dem „fachlichen Standard" richtet.

Zudem folgt im Umkehrschluss aus Nr. 3, dass in ambulant betreuten Wohngemeinschaften für pflegebedürftige Menschen oder für Menschen mit psychischen Erkrankungen keine ständige Rufbereitschaft erforderlich ist (arg. e contrario „Rufbereitschaft für Menschen mit Behinderungen").

§ 20
Anforderungen an die Wohnqualität in Anbieterverantworteten ambulant betreuten Wohngemeinschaften

(1) [1]In den anbieterverantworteten ambulant betreuten Wohngemeinschaften sind grundsätzlich Einzelzimmer für die Bewohnerinnen und Bewohner vorzusehen. [2]Auf ihren Wunsch kann eine gemeinsame Nutzung eines Doppelzimmers erfolgen.

(2) Größe, Anzahl und Gestaltung der Räume haben sowohl dem Anspruch auf Privatsphäre als auch den Erfordernissen einer funktionierenden Wohngemeinschaft zu entsprechen.

(3) Der Leistungsanbieter hat bei anbieterverantworteten ambulant betreuten Wohngemeinschaften und bei Intensivpflege-Wohngemeinschaften die Erfüllung der Anforderungen nach den Absätzen 1 und 2 erforderlichenfalls durch Kooperationsvereinbarungen mit dem Vermieter des Wohnraumes zu gewährleisten.

In anbieterverantworteten ambulant betreuten Wohngemeinschaften sind Einzelzimmer als Regelfall („grundsätzlich") vorzusehen; eine gemeinsame Nutzung von Doppelzimmern ist nur auf Wunsch der Bewohner zulässig. Darin kommt – im Unterschied zu Einrichtungen – zur Geltung, dass in Wohngemeinschaften keine „Eingliederung" in einen (teilweise fremdbestimmten) Einrichtungsbetrieb erfolgt. Die Größe, Anzahl und Gestaltung der Räume müssen sowohl die Privatsphäre der Bewohner als auch das gemeinschaftliche Zusammenleben gewährleisten. Der verantwortliche Leistungsanbieter ist verpflichtet, die Einhaltung dieser Anforderungen – insbesondere bei fremdvermietetem Wohnraum – gegebenenfalls durch vertragliche Kooperationsvereinbarungen mit dem Vermieter sicherzustellen. Hierbei kann es – nach Fertigstellung der Räumlichkeiten – nur noch auf die „Gestaltung der Räume" ankommen.

In der Praxis gestaltet sich dies jedoch zivilrechtlich schwierig, da der Leistungsanbieter regelmäßig nicht Vertragspartei des Mietverhältnisses zwischen Vermieter und Bewohner ist. Er kann daher keine unmittelbaren mietrechtlichen Pflichten ggü. dem Vermieter durchsetzen. Eine rechtssichere Umsetzung ist nur möglich, wenn der Vermieter durch separate Kooperations- oder Gestattungsvereinbarungen mit dem Leistungsanbieter verpflichtet wird, die öffentlich-rechtlichen wohn- und baurechtlichen Anforderungen einzuhalten. Fehlt eine solche Vereinbarung im Mietvertrag, verbleibt die Verantwortung zwar öffentlich-rechtlich beim Leistungsanbieter, dieser ist auch Adressat belastender Anordnungen der Heimaufsicht, er ist jedoch faktisch auf die Mitwirkung des Vermieters – wie auch bei gemieteten Einrichtungen – angewiesen. Die Lösung dieser Gemengelage ist auf zivilrechtlicher Ebene zu treffen. Dem Vermieter obliegt es nach § 535 Abs. 1 Satz 1 (ggf. i. V. m. § 581 Abs. 2) BGB, die öffentlich-rechtlichen Vorgaben einzuhalten. Kommt der Vermieter einer Aufforderung des Mieters (bspw. im Auftrag des Leistungsanbieters) nicht nach, so kommen Schadensersatzansprüche des Leistungsanbieters in Betrracht. Erforderlich ist insoweit auch die Mitwirkung des Bewohners als Mieter und Vertragspartei des Vermieters.

In der Rechtsprechung ist anerkannt, dass öffentlich-rechtliche Beschränkungen einen Mangel darstellen, erst recht, wenn sogar ein Einschreiten der Aufsichtsbehörde zu erwarten ist.[245]

Ergänzend gelten die räumlichen und baulichen Vorgaben der SächsWTGDVO. Darüber hinaus sind die Bestimmungen der Sächsischen Bauordnung (SächsBO) und der Durchführungsverordnung zur SächsBO (DVOSächsBO) für diese „Sonderbauten" verbindlich einzuhalten.

§ 21
Personelle Anforderungen an anbieterverantwortete ambulant betreute Wohngemeinschaften

(1) [1]Der Leistungsanbieter von anbieterverantworteten ambulant betreuten Wohngemeinschaften hat sicherzustellen, dass

1. **die von ihm eingesetzten Personen, insbesondere die Pflege-, Betreuungs- oder Assistenzkräfte für die von ihnen zu leistende Tätigkeit ausreichen und über die erforderliche persönliche und fachliche Eignung verfügen,**
2. **die vom Leistungsanbieter eingesetzten Personen für die von ihnen zu leistenden Tätigkeiten in angemessenem Umfang an Fort- und Weiterbildungsmaßnahmen teilnehmen sowie**
3. **in ambulant betreuten Wohngemeinschaften für pflegebedürftige Volljährige die ständige Anwesenheit einer zur Erbringung allgemeiner Unterstützungsleistungen geeigneten Person gewährleistet ist.**

245 Statt aller OLG Brandenburg, Urt. v. 14.04.2015 – 6 U 77/12 –, juris Rn. 86; vgl. auch zu öffentlich-rechtlichen Beschränkungen OLG Hamm, Urt. v. 19.08.2019 – 18 U 145/16 –.

[2]Erfordert der konkrete Pflege- und Betreuungsbedarf der Bewohnerinnen und Bewohner nicht die ständige Anwesenheit einer Fachkraft, ist durch organisatorische Vorkehrungen sicherzustellen, dass diese im Bedarfsfall in angemessener Zeit erreichbar ist.

(2) [1]Soweit sich der Leistungsanbieter zur Erbringung hauswirtschaftlicher Leistungen verpflichtet hat, muss diese Leistungserbringung unter Beteiligung einer Hauswirtschaftskraft erfolgen. [2]Hierzu genügt deren verantwortliche Einbindung in die Konzeption und Überwachung der hauswirtschaftlichen Leistungserbringung.

Allgemeines

§ 21 regelt den Mindestpersonaleinsatz als „unabdingbare[n] Bestandteil guter Rahmenbedingungen“[246] hinsichtlich Qualifikation und Organisation. Wie auch bei Einrichtungen gilt zunächst grundsätzlich, dass die für die von ihnen zu leistende Tätigkeit eingesetzten Personen ausreichen und über die erforderliche persönliche und fachliche Eignung (Zuverlässigkeit) verfügen sowie in angemessenem Umfang an Schulungen (Fort- und Weiterbildungsmaßnahmen) teilnehmen (Abs. 1 Satz 1 Nr. 1 und 2).[247]

Mindestpersonaleinsatz in Pflege-WGs (Abs. 1 und 3)

Aufgrund der ordnungsrechtlichen Vorgaben ergibt sich nach aktueller ordnungsrechtlicher Rechtslage folgender Personalvorhalt in anbieterverantworteten ambulant betreuten Wohngemeinschaften für pflegebedürftige Menschen:

- ständige Anwesenheit einer zur Erbringung allgemeiner Unterstützungsleistungen geeigneten Person (Satz 1 Nr. 3),
- ständige Rufbereitschaft einer Fachkraft für Zeiten in denen keine Fachkraft ambulante Pflegeleistungen vor Ort erbringt (Satz 2) sowie
- bei der Verpflichtung zur Erbringung hauswirtschaftlicher Leistungen verantwortliche Einbindung einer Hauswirtschaftskraft in Konzeption und Überwachung (Abs. 3)

Ist die anwesende „zur Erbringung allgemeiner Unterstützungsleistungen geeigneten Person“ (Hilfskraft ohne Qualifikation) keine Fachkraft, so ist eine Rufbereitschaft einer Fachkraft sicherzustellen, um in Notsituationen, die die Fähigkeiten der Hilfskraft ohne Qualifikation übersteigen, in angemessener Zeit zu intervenieren. Allerdings spricht der Wortlaut der Norm nicht davon, dass diese in angemessener Zeit Leistungen erbringt, sondern lediglich davon, dass diese „erreichbar“ sein muss. Im Kern geht es bei dieser zusätzlichen Fachkraft-Rufbereitschaft – mit Blick auf die ambulante Leistungserbringung – letztlich darum, der anwesenden geeigneten Person für die allgemeinen Unterstützungsleistungen eine Nachfragemöglichkeit zu eröffnen.

246 Gesetzentwurf der Staatsregierung LT-Drs. 7/14987, Zu § 21 Zu Absatz 1, S. 82.
247 Siehe § 15 Abs. 3 Nr. 1.

Die SächsWTVO kann über diesen gesetzlichen Mindestpersonaleinsatz nicht hinausgehen, da sich die Verordnungsermächtigung nur auf „Regelungen zur Durchführung [...] für die personellen Voraussetzungen an anbieterverantwortete ambulant betreute Wohngemeinschaften nach § 21" (§ 34 Nr. 2 a. E.) erstreckt. Die personellen (Mindest-)Voraussetzungen sind dem Grunde nach abschließend im SächsWTG gesetzlich geregelt. Die SächsWTVO kann keine strengeren Vorgaben „durch die Hintertür" normieren; hierzu wurde das Ministerium nicht vom Gesetzgeber ermächtigt. Nur in atypischen Fällen können – auf Nr. 1 gestützt („ausreichender" Personaleinsatz) – höhere Anforderungen durch die Heimaufsicht angeordnet werden. Die Erforderlichkeit für die zu leistenden Tätigkeiten ist dann besonders zu begründen.

Allgemeine Unterstützungsleistungen

Allgemeine Unterstützungsleistungen (Abs. 1 Satz 1 Nr. 3) sind – wie die beispielhafte Aufzählung in § 2 Abs. 1 Satz 4 zeigt – Notrufdienste, die Vermittlung von Dienst- und Pflegeleistungen, Betreuungsleistungen, Leistungen der hauswirtschaftlichen Versorgung oder Informationen und Beratungsleistungen und damit nicht gleichzusetzen mit Pflegeleistungen, zu deren Erbringung eine Pflege(fach)kraft i. S. des § 34 Nr. 2 i. V. m. §§ 20, 21 SächsWTVO erforderlich ist.[248] Dies ergibt sich auch bei systematischer Betrachtung daraus, dass nach Abs. 1 Satz 2 die ständige Anwesenheit einer Fachkraft nur dann erforderlich ist, wenn der konkrete Pflege- und Betreuungsbedarf dies erfordert. Andernfalls ist durch organisatorische Vorkehrungen sicherzustellen, dass eine solche im Bedarfsfall (im Wege der Rufbereitschaft) in angemessener Zeit „erreichbar ist".

§ 22
Mitwirkung der Bewohnerinnen und Bewohner in anbieterverantworteten ambulant betreuten Wohngemeinschaften

(1) [1]Zum Zweck der Mitwirkung kann für jede anbieterverantwortete ambulant betreute Wohngemeinschaft eine Wohngemeinschaftsvertretung gebildet werden. [2]In die Wohngemeinschaftsvertretung sollen Bewohnerinnen und Bewohner berufen werden. [3]Die Mitglieder werden von den Bewohnerinnen und Bewohnern persönlich bestimmt, dabei soll die Anzahl der Mitglieder der Wohngemeinschaftsvertretung fünf nicht überschreiten. [4]Für den Fall, dass die Bewohnerinnen und Bewohner ihre Interessen nicht selbständig wahrnehmen können, können deren rechtliche Vertreterinnen oder Vertreter oder sonstige Vertrauenspersonen, die in keinem Abhängigkeitsverhältnis zum Leistungsanbieter stehen, berufen werden. [5]Die Mitglieder der Wohngemeinschaftsvertretung sind ehrenamtlich und unentgeltlich tätig.

248 OVG Bautzen, Beschl. v. 19.06.2024 – 6 B 31/24 –, juris Rn. 6.

(2) Ab sechs Bewohnerinnen und Bewohnern muss der Leistungsanbieter die Bildung einer Wohngemeinschaftsvertretung unterstützen.

(3) Durch die Wohngemeinschaftsvertretung wirken die Bewohnerinnen und Bewohner mit bei

1. **allgemeinen Angelegenheiten des Wohnens, der Pflege und Betreuung oder Assistenz, der hauswirtschaftlichen Versorgung, der Verpflegungsplanung, des Alltags und der Freizeit,**
2. **der Durchsetzung der Ziele nach § 1, insbesondere von Selbstbestimmung und Teilhabe am Leben in der Gesellschaft,**
3. **Änderungen der Entgelte, soweit diese nicht ausschließlich durch leistungsrechtliche Vereinbarungen nach dem Fünften, Neunten, Elften oder Zwölften Buch Sozialgesetzbuch oder durch Zustimmungen zur gesonderten Berechnung von Investitionsaufwendungen nach § 82 Absatz 3 des Elften Buches Sozialgesetzbuch bedingt sind,**
4. **umfassenden baulichen Maßnahmen in der Wohngemeinschaftswohnung, soweit der Leistungsanbieter den Raum zum Wohnen überlässt,**
5. **der Erweiterung, Einschränkung oder Einstellung des Wohngemeinschaftsbetriebs,**
6. **Maßnahmen zum Schutz vor Missbrauch, Ausbeutung, Gewalt, insbesondere körperlicher, seelischer und sexueller Gewalt, sowie Diskriminierung und**
7. **Angelegenheiten des Beschwerdemanagements.**

Allgemeines

Anbieterverantworteten ambulant betreuten Wohngemeinschaften ist gemein, dass sie unter der Verantwortung eines Leistungsanbieters stehen. Ungeachtet dessen „kann" zur Wahrnehmung gemeinschaftlicher Interessen nach der Neuregelung des SächsWTG eine Wohngemeinschaftsvertretung gebildet werden, die sich in der Regel aus den Bewohnern zusammensetzt (Abs. 1). Der Leistungsanbieter kann – wenn mind. 6 Bewohner in der Wohngemeinschaft leben – verpflichtet werden, auf die Bildung einer Wohngemeinschaftsvertretung hinzuwirken (Abs. 2).

Mitwirkung (Abs. 3)

Die Bewohner wirken durch die Wohngemeinschaftsvertretung abschließend in den Angelegenheiten nach Abs. 3 mit. Die Wohngemeinschaftsvertretung wirkt insbesondere mit bei Fragen der Pflege, Betreuung und Assistenz, der hauswirtschaftlichen Versorgung, bei (nicht leistungsrechtlich determinierten) Entgeltänderungen, Betriebsänderungen, beim Gewalt- und Diskriminierungsschutz, im Beschwerdemanagement sowie bei umfassenden baulichen Maßnahmen, wenn der Leistungsanbieter zugleich Vermieter ist. Ziel ist die Stärkung von Selbstbestimmung und Teilhabe der Bewohner. Mitwirkung bedeutet hierbei, dass der Leistungsanbieter Vorschläge und Beschwerden bei seiner Betriebsorganisation zu berücksichtigen hat. Er ist nicht verpflichtet, diese „Wünsche" umzusetzen, hat diese jedoch in seinen internen Entscheidungsprozess einzubinden und zu erwägen. Nach § 46 Abs. 1 SächsWTVO hat er Vorschläge, Anträge und Beschwerden innerhalb von sechs Wochen zu beantworten. Kann die Entscheidung über die Ablehnung oder Umsetzung ausnahmsweise aufgrund des Umfangs oder der Komplexität des Anliegens nicht abschließend innerhalb von 6 Wochen erfolgen, so ist die Wohngemeinschaftsvertretung hierüber innerhalb der Frist zu informieren und auf die Gründe für die Verzögerung hinzuweisen. Es handelt sich um keine Ausschlussfrist. Würde man den Leistungsanbieter in jedem Fall zu einer verbindlichen Beantwortung innerhalb der 6-Wochen-Frist zwingen, würde dies eher ablehnende Entscheidungen provozieren – dem Ziel, sich mit Vorbringen der Bewohner eingehend auseinanderzusetzen, würde dies zuwiderlaufen. Keine Gründe für eine verzögerte Bearbeitung sind solche, die allein in der Sphäre des Leistungsanbieters liegen (bspw. Krankheit, Urlaub, personelle Überlastung).

Wird das Anliegen nicht umgesetzt, sind die Gründe hierfür in der Antwort darzulegen. An die Begründungspflicht dürfen keine überhöhten Anforderungen gestellt werden. Mit Blick auf das gesetzliche Recht der Wohngemeinschaftsvertretung auf Mitwirkung genügt es, wenn überhaupt ein Grund angegeben wird. Der Leistungsanbieter verfügt bei der Umsetzung von Vorschlägen (und Beschwerden) über einen weiten unternehmerischen Einschätzungsspielraum, darf diesen jedoch nicht willkürlich („nach Gutdünken“) ausüben, sondern muss seine Entscheidung am Zweck des SächsWTG und an objektiven Maßstäben ausrichten. Gründe, dem Anliegen nicht zu entsprechen, können rechtliche (bspw. Verstoß gegen geltendes Recht oder fehlende Zuständigkeit/Verantwortlichkeit des Leistungsanbieters), wirtschaftliche (bspw. fehlende Refinanzierung), betriebsorganisatorische (bspw. fehlendes zusätzliches Personal) oder andere unternehmerische Gründe (bspw. gegenläufige strategische oder – zulässige – konzeptionelle Erwägungen) sein.

Pflichten des Leistungsanbieters | 6-Wochen-Frist (Abs. 2 und 3)

Ab sechs Bewohnern muss der Leistungsanbieter die Bildung einer Vertretung aktiv unterstützen, um die Mitwirkung der Bewohner zu sichern. Diese Unterstützung kann durch Informationen aber auch durch personelle oder sächliche Mittel erfolgen.

Wird eine Wohngemeinschaftsvertretung gebildet, gelten bezogen auf den Leistungsanbieter die Pflichten ggü. Bewohnervertretungen nach § 33 Abs. 1 Nr. 1 und 2 sowie Abs. 2 Nr. 1, 2, 5 und 9 SächsWTVO entsprechend (§ 46 Abs. 2 SächsWTVO).

Die Verletzung der rechtzeitigen (!) Beantwortungspflicht ist bußgeldbewehrt (§ 52 Nr. 10 SächsWTVO i. V. m. § 33 Abs. 2 Nr. 6 SächsWTG). Auf die Begründung kommt es hierfür nicht an, es genügt zunächst die rechtzeitige Reaktion („beantwortet“), da die Bußgeldvorschrift nicht zwischen einer ablehnenden und einer stattgebenden Antwort differenziert und für letztere eine Begründung schon gar nicht erforderlich ist. Sinn und Zweck dieses Bußgeldtatbestandes ist es, den Leistungsanbieter zu einer Auseinandersetzung mit dem Vorbringen mit Mitteln des Ordnungswidrigkeitenrechts zu zwingen, damit Vorbringen nicht unbeachtet oder unbearbeitet bleiben.

§ 23
Behördliche Qualitätssicherung

(1) Die Aufsicht der zuständigen Behörde beginnt mit der Anzeige nach § 7 Absatz 2.

(2) Die Gründerin oder der Gründer einer ambulant betreuten Wohngemeinschaft muss sich mindestens einen Monat vor der vorgesehenen Inbetriebnahme von der zuständigen Behörde beraten lassen.

(3) [1]Die zuständige Behörde überwacht die anbieterverantworteten ambulant betreuten Wohngemeinschaften durch wiederkehrende oder anlassbezogene Prüfungen. [2]Sie überprüft, ob sie die Anforderungen an den Betrieb einer ambulant betreuten Wohngemeinschaft nach diesem Gesetz erfüllen. [3]Hierfür führt sie im Jahr grundsätzlich eine Prüfung durch. [4]Ambulant betreute Wohngemeinschaften für Menschen mit Behinderungen werden nur anlassbezogen geprüft. [5]Selbstverantwortete ambulant betreute Wohngemeinschaften werden ausschließlich zur Zuordnungsprüfung sowie anlassbezogen geprüft.

(4) [1]Sind bei der letzten wiederkehrenden Prüfung keine erheblichen Mängel festgestellt worden, so kann die wiederkehrende Prüfung in größeren Abständen erfolgen. [2]Prüfungen werden in der Regel unangemeldet durchgeführt und können jederzeit erfolgen. [3]Prüfungen zur Nachtzeit sind nur zulässig, wenn und soweit das Überwachungsziel zu anderen Zeiten nicht erreicht werden kann. [4]Der Leistungsanbieter sowie der Betreuungs- oder Pflegedienst haben der zuständigen Behörde die für die Durchführung dieses Gesetzes und der nach § 34 erlassenen Rechtsverordnungen erforderlichen mündlichen und schriftlichen Auskünfte auf Verlangen unentgeltlich zu erteilen. [5]Bei anbieterverantworteten ambulant betreuten Wohngemeinschaften hat der Leistungsanbieter die Aufzeichnungen nach § 9 grundsätzlich am Ort der Wohngemeinschaft zur Prüfung vorzuhalten.

(5) [1]Die von der zuständigen Behörde mit der Prüfung beauftragten Personen sind berechtigt, die im Zusammenhang mit der ambulant betreuten Wohngemeinschaft nutzbaren Grundstücke und Räume zu betreten. [2]Die zuständige Behörde darf die Räumlichkeiten, die die Bewohnerinnen und Bewohner jeweils individuell als persönliche Wohnräume nutzen, nur mit deren Einwilligung betreten. [3]Abweichend von Satz 1 darf die zuständige Behörde bei selbstverantworteten ambulant betreuten Wohngemeinschaften die Gemeinschaftsräume und -bereiche betreten, wenn die Einwilligung lediglich einer Bewohnerin oder eines Bewohners vorliegt.

(6) § 17 Absatz 1, Absatz 6 Satz 1 Nummer 2 bis 6, Satz 2 und 3 sowie Absatz 7 bis 13 gilt entsprechend.

Allgemeines

§ 23 regelt die behördliche Qualitätssicherung in anbieterverantworteten und selbstverantworteten ambulant betreuten Wohngemeinschaften. § 17 Abs. 1, Abs. 6 Satz 1 Nr. 2–6, Satz 2 und 3 sowie Abs. 7–13 (Behördliche Qualitätssicherung bei Einrichtungen) gelten entsprechend. Abweichend von den Vorschriften für Einrichtungen werden selbstverantwortete ambulant betreute Wohngemeinschaften jedoch ausschließlich anlassbezogen und zur Statusfeststellung im Rahmen einer Zuordnungsprüfung geprüft (Abs. 3 Satz 5). Ambulant betreute Wohngemeinschaften für Menschen mit Behinderungen werden nur anlassbezogen geprüft (Abs. 3 Satz 4).

Betretungsrechte der Heimaufsicht (Abs. 5)

Im Rahmen der behördlichen Qualitätssicherung ist es unerlässlich, die Räumlichkeiten durch die Heimaufsicht in Augenschein zu nehmen. Die mit der Prüfung beauftragten Personen dürfen die für den Betrieb der anbieterverantworteten ambulant betreuten Wohngemeinschaft (Abs. 5 Satz 1) genutzten Grundstücke und Räume betreten. Individuell bewohnte Zimmer („persönliche Wohnräume") dürfen jedoch nur mit Einwilligung der jeweiligen Bewohner betreten werden (Abs. 5 Satz 2). In selbstverantworteten ambulant betreuten Wohngemeinschaften ist abweichend zu Abs. 5 Satz 1 für den Zugang zu gemeinschaftlich genutzten Räumen und Bereichen die Einwilligung eines Bewohners erforderlich, da diese Bereiche dem gemeinschaftlichen Zweck der Wohngemeinschaft dienen.

Exkurs Hausrecht

Alle Mitglieder der Wohngemeinschaft üben das Hausrecht für Gemeinschaftsräume, wie bspw. Flure und Gemeinschaftsküche, gleichrangig aus. Daher kann jeder von ihnen autonom darüber entscheiden, welchen Personen er Zutritt gestattet.[249] Seine Grenze findet dieses Recht in den berechtigten Interessen der anderen WG-Mitglieder. Ist der Aufenthalt eines Dritten für ein anderes WG-Mitglied unzumutbar, kann es der erteilten Zutrittserlaubnis widersprechen. Die Prüfung durch die Heimaufsicht ist aufgrund des gesetzlichen Auftrages von Gesetzes wegen zumutbar, weshalb es ausreichend ist, dass mindestens ein WG-Mitglied den Zutritt gestattet, auch wenn alle anderen widersprechen (ausdrücklich Abs. 5 Satz 3).[250] Wer den Zutritt bei vorliegender Einwilligung eines anderen Bewohners sodann nicht duldet, begeht eine Ordnungswidrigkeit (§ 33 Abs. 1 Nr. 3).

Ob ein WG-Mitglied aufgrund kognitiver Beeinträchtigungen (noch) in der Lage ist, das Hausrecht auszuüben, bestimmt sich nicht allein danach, ob er einen Betreuer hat, sondern

249 Vgl. bereits RG, Urt. v. 10.12.1879 – 562/79 –, RGSt 1, 121–122.
250 Vgl. KG Berlin, Beschl. v. 01.02.2016 – 3 Ws (B) 29/16 –, juris Rn. 2 ff.

maßgeblich danach, ob er (noch) fähig ist, den Sinn des Hausrechts in der konkreten Situation zu begreifen und die Sachlage vernünftig zu beurteilen.[251]

§ 24
Zuordnungsprüfungen

(1) [1]Ambulant betreute Wohngemeinschaften werden von der zuständigen Behörde dahingehend überprüft, ob es sich um eine selbstverantwortete oder anbieterverantwortete Wohngemeinschaft oder Einrichtung im Sinne des § 2 Absatz 1 handelt. [2]Die zuständige Behörde nimmt hierfür innerhalb von acht Wochen, nachdem sie Kenntnis von der Inbetriebnahme erlangt hat, Kontakt mit dem Leistungsanbieter sowie dem Selbstbestimmungsgremium oder den Bewohnerinnen und Bewohnern sowie im Bedarfsfall mit weiteren für die Beurteilung erforderlichen Personen und Institutionen auf.

(2) [1]Bei ambulant betreuten Wohngemeinschaften, die gemäß Absatz 5 als selbstverantwortet festgestellt wurden, nimmt die zuständige Behörde im Abstand von höchstens vier Jahren eine erneute Zuordnungsprüfung vor. [2]Ist in den letzten vier Jahren eine anlassbezogene Zuordnungsprüfung nach Absatz 3 durchgeführt worden, so kann der Zeitpunkt der erneuten Zuordnungsprüfung entsprechend verschoben werden.

(3) Die zuständige Behörde kann eine anlassbezogene Zuordnungsprüfung durchführen, wenn sich bei Wohnformen für ältere Menschen, pflegebedürftige Volljährige und Volljährige mit psychischen Erkrankungen oder mit Behinderungen Zweifel an der Art der Wohnform ergeben.

(4) [1]Die von der zuständigen Behörde mit der Prüfung beauftragten Personen sind berechtigt, die im Zusammenhang mit der zu überprüfenden Wohnform nutzbaren Grundstücke und Räume zu betreten. [2]Die zuständige Behörde darf die Räumlichkeiten, welche die Bewohnerinnen und Bewohner jeweils individuell als persönlichen Wohnraum nutzen, nur mit deren Einwilligung betreten. [3]§ 17 Absatz 6 Satz 1 Nummer 2 bis 4 und 6, Satz 2 und 3 sowie Absatz 7 bis 11 und 13 gilt entsprechend. [4]Soweit zur Durchführung der Zuordnungsprüfung erforderlich, gilt gegenüber dem Anbieter des Raums zum Wohnen § 17 Absatz 6 Satz 1 Nummer 1 bis 4, Satz 2 und 3 sowie Absatz 9 bis 11 entsprechend.

(5) [1]Über das Ergebnis der Zuordnungsprüfung ergeht ein Feststellungsbescheid. [2]Adressaten des Bescheides sind die für die Wohnform rechtlich Verantwortlichen. [3]Widerspruch und Klage gegen den Bescheid haben keine aufschiebende Wirkung.

251 Vgl. zur wirksamen Ausübung des Hausrechts durch ein minderjähriges Kind BGH, Urt. v. 14.12.1966 – 2 StR 346/66 –, juris Rn. 7.

Allgemeines

§ 24 SächsWTG führt erstmals ein gesetzlich geregeltes Zuordnungsverfahren (Statusfeststellungsverfahren) ein, um eindeutig festzustellen, ob eine ambulant betreute Wohngemeinschaft als selbstverantwortet, anbieterverantwortet oder als Einrichtung im Sinne des § 2 Abs. 1 einzuordnen ist. Damit wird die bisherige Rechtsunsicherheit aus dem früheren SächsBeWoG beseitigt, wonach im Rahmen der Qualitätsprüfungen konkludent eine Statusfeststellung vorgenommen wurde.[252] Abgrenzungskriterium war nach der alten Rechtslage maßgeblich, ob ein (aktives) Selbstbestimmungsgremium besteht. Leistungsanbieter wurden vielfach – mit Blick auf die ansonsten anzuwendenden unpassenden Vorschriften des Teil II SächsBeWoG i. V. m. § 2 Abs. 2 Satz 4 SächsBeWoG für Einrichtungen – zur Installation eines solchen Gremiums gedrängt. Der Streit, ob es sich bei der Statusfeststellung um ein Verwaltungsinternum[253] oder um einen Verwaltungsakt i. S. d. § 35 Satz 1 VwVfG handelte, ist durch die Neuregelung – die Rechtssicherheit und -klarheit schafft – zugunsten der Annahme eines Verwaltungsaktes nunmehr geklärt. Bisher aufwändige Feststellungsverfahren, die bereits in der Vergangenheit ohne ausdrückliche konkrete Ermächtigungsgrundlage durchgeführt wurden, werden durch diese Ermächtigungsgrundlage deutlich effektiviert.[254]

Gegenstand und Zweck der Zuordnungsprüfung (Abs. 1)

Die Heimaufsicht ist verpflichtet und zugleich ermächtigt, ambulant betreute Wohngemeinschaften daraufhin zu überprüfen, ob sie als selbstverantwortete oder anbieterverantwortete Wohngemeinschaft oder als Einrichtung im Sinne des § 2 Abs. 1 einzuordnen sind. Sie nimmt hierzu innerhalb von acht Wochen nach Kenntnis der Inbetriebnahme Kontakt mit dem Leistungsanbieter, dem Selbstbestimmungsgremium oder den Bewohnern sowie bei Bedarf mit weiteren für die Beurteilung erforderlichen Personen und Institutionen (z. B. rechtliche Betreuer oder Betreuungsgericht[255]) auf.

Die Zuordnungsprüfung steht im systematischen Zusammenhang mit der Beratungspflicht der Heimaufsicht nach § 5. Sie dient dem Bewohnerschutz, indem frühzeitig geklärt wird, welche gesetzlichen Anforderungen auf die jeweilige Wohn-Pflege-Form Anwendung finden. Die Zuordnungsprüfung erfolgt grundsätzlich von Amts wegen ohne einen konkreten Anlass, da dieser bereits darin liegt, dass die zu qualifizierende Wohn-Pflege-Form existiert. Die Prüfung erfolgt, sobald die Heimaufsicht von einer neuen Wohn-Pflege-Form Kenntnis erlangt. Aus einer Beratung nach § 5 kann sich im Ergebnis der Zuordnungsprüfung ergeben, dass eine erstattete Anzeige nach § 7 Abs. 1 (Einrichtung) oder § 7 Abs. 2 (selbst- bzw.

252 Vgl. Protokollvordruck des KSV Sachsen Abschnitt „I. Statusprüfung“ sowie die damalige standardmäßige Formulierung im Prüfprotokoll „die Prüfung vor Ort beinhaltete eine Prüfung der Organisationsform der Wohngemeinschaft (Statusprüfung)“.

253 VG München, Urt. v. 29.10.2015 l – M 17 K 14.4341 – (dem folgend auch die Auffassung des KSV Sachsen, dessen Verwaltungspraxis nur die Möglichkeit eines gesonderten Feststellungsbescheides in Anwendung des § 4 SächsBeWoG annahm).

254 Gesetzentwurf der Staatsregierung LT-Drs. 7/14987, Zu § 24 Absatz 3, S. 87.

255 Gesetzentwurf der Staatsregierung LT-Drs. 7/14987, Zu § 24 Zu Absatz 1, S. 86.

anbieterverantwortete ambulant betreute Wohngemeinschaft) hinsichtlich der Pflichtinformationen geändert wird.

Wiederkehrende und anlassbezogene Zuordnungsprüfungen (Abs. 2 und 3)

Zur Wahrung der Verhältnismäßigkeit sieht Abs. 2 eine regelmäßige Wiederholungsprüfung im Abstand von höchstens vier Jahren vor. Besteht kein Anlass für eine erneute Zuordnungsprüfung, ist eine solche nicht erforderlich. Ist innerhalb dieses Zeitraums bereits eine anlassbezogene Zuordnungsprüfung nach Abs. 3 erfolgt, kann der Zeitpunkt der erneuten (Regel-) Prüfung entsprechend verschoben werden. Damit soll eine unnötige Doppelprüfung vermieden und zugleich sichergestellt werden, dass Veränderungen in der Organisationsstruktur oder Verantwortungsverteilung rechtzeitig erfasst werden. Bestands-Wohngemeinschaften können nur anlassbezogen nach Abs. 3 geprüft werden. Zweifel an der Art der Wohn-Pflege-Form können sich insbesondere dadurch ergeben, dass das SächsWTG die einzelnen Wohn-Pflege-Formen abweichend zur alten Rechtslage nach dem SächsBeWoG regelt oder bei veränderter Trägerverantwortung, Leistungsstruktur oder Bewohner(un)abhängigkeit. Der Leistungsanbieter hat keinen Anspruch auf Durchführung einer Zuordnungsprüfung.

Wenn sich bei Wohnformen für ältere Menschen, pflegebedürftige Volljährige oder Menschen mit Behinderungen Zweifel an der Art der Wohnform ergeben – etwa wegen veränderter Trägerverantwortung, Leistungsstruktur oder Bewohnerabhängigkeit – kann die Behörde eine anlassbezogene Zuordnungsprüfung durchführen.

Diese Regelung verkürzt frühere, auf unklare Rechtsgrundlagen gestützte Verfahren erheblich und stellt die Rechtsmäßigkeit und Effizienz der Feststellung sicher.

Betretungsrecht (Abs. 4)

Nach Abs. 4 dürfen die mit der Zuordnungsprüfung beauftragten Personen die im Zusammenhang mit der Wohnform genutzten Grundstücke und Räume betreten.

Räume, die dem Hausrecht der Bewohner unterliegen, dürfen nur mit deren Einwilligung betreten werden. Die Vorschriften des § 17 Abs. 6 Satz 1 Nr. 2–4 und 6, Satz 2 und 3 sowie Abs. 7–11 und 13 gelten entsprechend, ebenso gegenüber dem Anbieter des Wohnraums die Regelungen des § 17 Abs. 6 Satz 1 Nr. 1–4 sowie Abs. 9–11. Damit wird klargestellt, dass der Behörde ein umfassendes Betretungs- und Einsichtsrecht zusteht, um sich ein vollständiges Bild zu verschaffen. Die Prüfungen können angemeldet oder unangemeldet erfolgen; der Zugang zu bewohnergenutzten Räumen bleibt jedoch zustimmungsgebunden, um die Unverletzlichkeit der Wohnung zu wahren.

Feststellungsbescheid (Abs. 5)

Über das Ergebnis der Zuordnungsprüfung ergeht ein förmlicher Feststellungsbescheid (Satz 1), der die rechtliche Einstufung der Wohn-Pflege-Form verbindlich festlegt. Adressat ist der „rechtlich Verantwortliche“ (Satz 2). Wer dies ist, richtet sich in der Regel nach dem Ergebnis der Prüfung:

- bei anbieterverantworteten ambulant betreuten Wohngemeinschaften: der Leistungsanbieter,
- bei selbstverantworteten ambulant betreuten Wohngemeinschaften: das Selbstbestimmungsgremium oder, bei dessen Fehlen, alle Bewohner der Wohngemeinschaft einzeln
- bei Einrichtungen: der Träger.

Widerspruch und Klage gegen diesen Bescheid haben keine aufschiebende Wirkung (Satz 3). Der Feststellungsbescheid schafft Rechtsklarheit und Rechtssicherheit für Bewohner, Leistungsanbieter und Aufsichtsbehörde. Er dient als Grundlage für nachfolgende Prüfungen und Anordnungen und beendet die frühere Unsicherheit, ob eine Statusfeststellung nur inzident oder in einem eigenen Verwaltungsverfahren zu treffen ist. Wird der Status einer Wohn-Pflege-Form durch Feststellungsbescheid festgestellt, so ist die Heimaufsicht an diese Einordnung gebunden, bis sie eine anderweitige förmliche Zuordnung trifft.[256]

Die Zuordnungsprüfung ist keine zwingende Voraussetzung für den Erlass einer Anordnung nach § 26. Dies würde ansonsten den Willen des Gesetzgebers zur Unaufschiebbarkeit von Anordnungen (§ 26 Abs. 4) unterlaufen. Die Heimaufsicht kann in dringlichen Fällen auch vor Erlass eines Feststellungsbescheids – die Zuordnungsprüfung hat dann (verwaltungsintern) inzident zu erfolgen – eine Anordnung treffen, wenn Anforderungen des SächsWTG nicht eingehalten werden. Dies insbesondere bei Bestandseinrichtungen, deren Status unstrittig ist. Die Frage des Status der Wohn-Pflege-Form ist im Streitfall über eine Anordnung inzident im Widerspruchsverfahren bzw. im gerichtlichen Verfahren zu klären.

Teil 3
Maßnahmen der zuständigen Behörde

Einführung

Teil 3 („Maßnahmen der zuständigen Behörde“) bildet das Herzstück des behördlichen Eingriffsinstrumentariums der Heimaufsicht. Er enthält die zentralen Ermächtigungsgrundlagen, mit denen die Heimaufsicht die Einhaltung der gesetzlichen Qualitätsmindestanforderungen ggü. Trägern/Leistungsanbietern sicherstellt und bei Verstößen ordnungsrechtlich eingreifen kann. Dafür stehen dem KSV Sachsen abgestufte spezielle gefahrenabwehrrechtliche Instrumentarien zur Verfügung. Ein Rückgriff auf die polizeiliche Generalklausel des § 12 Abs. 1 SächsPBG ist damit nicht mehr möglich (*lex specialis derogat legi generali*). Der bisherige und altbewährte Grundsatz „Beratung vor Überwachung“[257] wird im SächsWTG beibehalten (§ 25). Ebenso die Konkretisierung des Amtsermittlungsgrundsatzes (§ 25 i. V. m §24 VwVfG). Auch die Standardbefugnisse der Heimaufsicht (Beschäftigungsverbot, kommissarische

256 Vgl. OVG Bautzen, Beschl. v. 19.06.2024 – 6 B 31/24 –, juris Rn. 9.
257 Siehe hierzu schon BT-Drs. 14/5399, S. 21 li. Sp zu § 4 HeimG Drittes Gesetz zur Änderung des Heimgesetzes.

Leitung, Aufnahmestopp und Untersagung, §§ 27–29[258]) sind neben der Generalklausel zum Ergreifen aller erforderlichen Anordnungen (§ 26) unverändert übernommen wurden.[259] Die Ordnungsmittel sind vom KSV Sachsen nicht beliebig zu ergreifen, sie stehen in einem abgestuften System („mildestes Mittel"), das dem Verhältnismäßigkeitsgrundsatzes entspricht. Bei der Auswahl des Ordnungsmittels ist zu berücksichtigen, dass einige Standardbefugnisse nicht bei jedem Mangel gleich geeignet sind, die Gefahr zu beseitigen. Neu sind Erprobungs- und Befreiungsregelungen, die mögliche Abweichungen von gesetzlichen Anforderungen enger fassen (§ 30). Widerspruch und Anfechtungsklage gegen Maßnahmen nach § 27–29 haben keine aufschiebende Wirkung. Im Rahmen des vorläufigen Rechtsschutzes kann die aufschiebende Wirkung gemäß § 80 Abs. 5 Satz 1 VwGO jedoch ganz oder teilweise wieder angeordnet werden.

§ 25
Aufklärung und Beratung

(1) Die zuständige Behörde ist berechtigt und verpflichtet, alle notwendigen Maßnahmen zur Aufklärung zu ergreifen, wenn tatsächliche Anhaltspunkte dafür bestehen, dass die Qualitätsanforderungen an den Betrieb von Einrichtungen und ambulant betreuten Wohngemeinschaften im Sinne dieses Gesetzes nicht erfüllt sind.

(2) [1]Sind in einer Einrichtung oder in einer ambulant betreuten Wohngemeinschaft Abweichungen von den Anforderungen (Mängel) festgestellt worden, soll die zuständige Behörde zunächst den Träger, den Leistungsanbieter oder das Selbstbestimmungsgremium über die Möglichkeiten zur Abstellung beraten. [2]Das gleiche gilt, wenn nach einer Anzeige nach § 7 vor der Aufnahme des Betriebs der Einrichtung oder der ambulant betreuten Wohngemeinschaft Mängel festgestellt werden. [3]§ 26 Absatz 2 bleibt unberührt.

(3) Ist den Bewohnerinnen und Bewohnern aufgrund der festgestellten Mängel eine Fortsetzung des Vertrags mit dem Träger oder Leistungsanbieter nicht zuzumuten, hat die zuständige Behörde sie dabei zu unterstützen, eine angemessene anderweitige Unterkunft und Betreuung zu zumutbaren Bedingungen zu finden.

(4) [1]An einer Beratung nach Absatz 2 soll der Träger der Sozialhilfe, mit dem Vereinbarungen nach § 76 des Zwölften Buches Sozialgesetzbuch bestehen, sowie der Träger der Eingliederungshilfe, mit dem Vereinbarungen nach § 125 des Neunten Buches Sozialgesetzbuch bestehen, beteiligt werden. [2]Der Träger der Sozialhilfe oder der Träger der Eingliederungshilfe ist zu beteiligen, wenn die Abstellung der Mängel Auswirkungen auf Entgelte und Vergütungen haben kann. [3]Die Sätze 1 und 2 gelten entsprechend für die Kranken- und Pflegekassen sowie die sonstigen Sozialversicherungsträger, sofern mit ihnen oder ihren Landesverbänden Vereinbarungen nach § 72, § 75 Absatz 1 oder § 85

258 Eingehend zu diesen Standardbefugnissen der Heimaufsicht, Martschink, Der Eingriff der Heimaufsicht, Kap. D. I. 4 b.
259 Vgl. Gesetzentwurf der Staatsregierung LT-Drs. 7/14987, S. 87 ff.

des Elften Buches Sozialgesetzbuch oder § 39a oder § 132l des Fünften Buches Sozialgesetzbuch bestehen. [4]Die Sätze 1 bis 3 gelten nicht bei einer Gefahr für Leben, Gesundheit oder Freiheit der Bewohnerinnen und Bewohner.

Allgemeines

Der Landesgesetzgeber hat die Heimaufsicht im Gesetzgebungsverfahren als „partnerschaftliche[n] Berater denn als Kontrollorgan" bezeichnet.[260] Die Beratung hat einen hohen Stellenwert. Entsprechend des ordnungsrechtlich gestuften Vorgehens der Heimaufsicht ist der Träger/Leistungsanbieter zunächst zur Abstellung der Mängel zu beraten. Darin kommt auch zum Ausdruck, dass Anordnungen keinen sanktionierenden Charakter haben, sondern der zukünftigen Sicherstellung dienen. Diesem Ziel – der zukünftigen Sicherung – kann mit einer Beratung am besten entsprochen werden.

Eine vorherige Beratung ist nicht erforderlich, wenn erhebliche Gefahren für bedeutende Rechtsgüter von den Mängeln ausgehen. Dabei ist die Beratung kein Verwaltungsakt, sondern ein Realakt.[261]

Aufklärungspflicht der Heimaufsicht (Abs. 1)

Die zuständige Behörde ist berechtigt und verpflichtet, allen Hinweisen auf Qualitätsmängel in Einrichtungen und ambulant betreuten Wohngemeinschaften nachzugehen. Sie hat alle notwendigen Maßnahmen zur Sachverhaltsaufklärung zu ergreifen, wenn tatsächliche Anhaltspunkte für Verstöße gegen gesetzliche Anforderungen bestehen. Sie hat alle entscheidungserheblichen Tatsachen – auch zugunsten des Trägers/Leistungsanbieters – zu erforschen. Maßnahme meint hier nicht zwingend einen Verwaltungsakt, sondern umfasst auch informelle oder beratende Schritte zur Aufklärung des Sachverhalts. Es handelt sich hierbei um eine besondere Ausprägung des Untersuchungsgrundsatzes des § 24 Abs. 1 VwVfG, wonach die Behörde den Sachverhalt von Amts wegen ermittelt. Sie bestimmt Art und Umfang der Ermittlungen. An das Vorbringen der Beteiligten ist sie nicht gebunden. Die Vorschrift übernimmt die bisherige Regelung aus § 10 Abs. 1 SächsBeWoG, schafft aber durch die ausdrückliche Einbeziehung der Wohngemeinschaften eine einheitliche Rechtsgrundlage. Die Aufklärung dient dem Bewohnerschutz und der Qualitätssicherung und ist Ausdruck der gesetzlichen Prüf- und Fürsorgepflicht der Heimaufsicht.

„Beratung vor Überwachung" (Abs. 2)

Werden Abweichungen von den gesetzlichen Anforderungen („Mängel") festgestellt, *„soll"* die Heimaufsicht den Träger, Leistungsanbieter oder das Selbstbestimmungsgremium zunächst grundsätzlich beraten. Diese Soll-Vorschrift betont den partnerschaftlichen Ansatz

260 Gesetzentwurf der Staatsregierung LT-Drs. 7/14987, Zu § 25 Zu Absatz 2, S. 88.
261 Gesetzentwurf der Staatsregierung LT-Drs. 7/14987, Zu § 25 Zu Abs. 1 S. 87.

der Heimaufsicht. Vorrang hat die kooperative, beratende Zusammenarbeit vor einem ordnungsrechtlichen Einschreiten. Erst wenn eine Beratung nicht zur Abstellung der Mängel führt, sind Anordnungen nach § 26 zulässig. Ausnahmen von diesem Grundsatz sind möglich. Insbesondere dann, wenn eine Anordnung keinen Aufschub duldet oder der Adressat in der Vergangenheit bereits gezeigt hat, dass er an Beratungen kein Interesse hat.[262] Eine aufgedrängte Beratung würde dem Ziel einer effektiven, das heißt, auch schnellen, Gefahrenabwehr zuwiderlaufen. Die Beratungspflicht besteht auch dann, wenn bereits vor Betriebsaufnahme im Rahmen der Anzeige nach § 7 Mängel festgestellt werden. Damit wird der mit dem SächsBeWoG eingeleitete Paradigmenwechsel – weg von reiner Kontrolle hin zu einem präventiv-kooperativen Aufsichtsverständnis – fortgeführt.[263]

An die zu erfolgende Beratung sind keine zu hohen Anforderungen zu stellen. Die Beratung muss nicht förmlich erfolgen. Zum einen kann die Beratung im Rahmen der Anhörung schriftlich erfolgen, zum anderen sind bei Maßnahmen, bei denen jedem verständigen Adressaten – das heißt einem Unternehmer aus dem Pflege-, Assistenz oder Betreuungsbereich – klar sein muss, welche Maßnahmen zur Mängelabstellung in Betracht kommen, Beratungen entbehrlich.[264] Es genügt auch eine formlose Besprechung, telefonische Erörterung oder Übergabe von Hinweisen;[265] auch bei einer Begehung (Vor-Ort-Termin) kann der Träger auf die Rechtslage und zu ergreifende Maßnahmen hingewiesen werden, sofern dies vom Prüfungsgeschehen getrennt erfolgt.[266] Zur Beratung gehört zwingend ein Hinweis auf die Möglichkeit der Stellung eines Befreiungsantrages, sofern ein solcher in der konkreten Situation rechtlich zulässig ist.[267]

Bittet der Träger jedoch – ungeachtet eines im rechtlichen Sinne bereits als Beratung zu qualifizierenden Hinweises – um eine eingehende Beratung zur Mängelabstellung, so hat die Heimaufsicht – soweit kein Grund dafür vorliegt, dass eine Beratung nicht erforderlich ist – eine solche anzubieten, bevor ordnungsrechtliche Maßnahmen ergehen.[268]

Unterstützung der Bewohner (Abs. 3)

Sind festgestellte Mängel so gravierend, dass den Bewohnern eine Fortsetzung des Vertragsverhältnisses mit dem Träger/Leistungsanbieter nicht zugemutet werden kann, hat die Behörde sie bei der Suche nach einer geeigneten, zumutbaren alternativen Unterkunft und Betreuung zu unterstützen. Diese Pflicht dient der sozialen Abfederung von Aufsichtsmaßnahmen und stellt sicher, dass Bewohner bei gravierenden Missständen nicht schutzlos gestellt sind. Die Regelung übernimmt unverändert § 10 Abs. 3 SächsBeWoG.

262 Zu dieser Grenze der Beratungspflicht auch Kassen/Fahnenstich, Wohn- und Teilhabegesetz Nordrhein-Westfalen, Rn. 887
263 Gesetzentwurf der Staatsregierung LT-Drs. 7/14987, Zu § 25 Zu Absatz 2, S. 88.
264 Vgl. OVG Bautzen, Beschl. v. 19.06.2024 – 6 B 31/24 –, juris Rn. 13 zur Anordnung Desinfektionsmittel vor dem Zugriff dementer Bewohner zu lagern.
265 OVG Düsseldorf, Beschl. v. 11.03.2011 – 12 B 1808/10 – juris, Rn. 9.
266 VG Dresden, Beschl. v. 31.07.2024 – 1 L 509/24 –, juris Rn. 19 f.
267 Offengelassen von OVG Bautzen, Beschl. v. 19.06.2024 – 6 B 31/24 –, juris Rn. 18.
268 Vgl. VG Dresden, Beschl. v. 31.07.2024 – 1 L 509/24 –, juris Rn. 20.

Beteiligung anderer Leistungsträger (Abs. 4)

An der Beratung nach Absatz 2 „*sollen*“ die Träger der Sozialhilfe (§ 76 SGB XII) und der Eingliederungshilfe (§ 125 SGB IX) standardmäßig beteiligt werden, wenn mit ihnen entsprechende Vereinbarungen mit dem Träger/Leistungsanbieter/Leistungserbringer bestehen (Satz 1). Die Beteiligung ist der Regelfall. Der Träger der Sozialhilfe oder der Träger der Eingliederungshilfe „*ist*“ zu beteiligen, wenn die Abstellung der Mängel Auswirkungen auf Entgelte und Vergütungen haben „kann“ (Satz 2). Entsprechende Beteiligungsrechte bestehen für Kranken- und Pflegekassen, mit denen leistungsrechtliche Vereinbarungen bestehen (§§ 72, 75 Abs. 1, 85 SGB XI; §§ 39a, 132l SGB V).

Diese Regelung dient der Koordination zwischen Heimaufsicht und Kostenträgern und soll verhindern, dass Mängelabstellungen zu Konflikten über die (Re-)Finanzierung führen. Damit dient die Norm auch der Rechtsharmonisierung zwischen bundesgesetzlichem Leistungsrecht und landesrechtlichem Heimordnungsrecht. Bei Gefahr für Leben, Gesundheit oder Freiheit der Bewohner entfällt die Beteiligungspflicht – in diesen Fällen hat der Gefahrenabwehrgrundsatz Vorrang. Auf die Beteiligung haben sowohl der Träger/Leistungsanbieter/Leistungserbringer als auch der jeweilige Kostenträger einen öffentlich-rechtlichen Anspruch. Die Beratung hat gemeinsam zu erfolgen (arg. „an einer Beratung nach Absatz 2 […]“, Abs. 4 Satz 1). Die Verletzung dieses Anspruchs kann im weiteren Verwaltungsverfahren einen Anhörungsmangel darstellen und zur formellen Rechtswidrigkeit der Anordnung führen. Aus dem Recht zur Beteiligung folgt jedoch nicht, dass die Heimaufsicht aus Refinanzierungsgründen von einer erforderlichen Anordnung Abstand nehmen könnte – sie hat jedoch bei Refinanzierungskonflikten auf eine die Rechtsordnung in sich nicht widersprüchlich machende Lösung mit den Kostenträgern (ggf. durch Befreiung von gesetzlichen Anforderungen) hinzuwirken. Die unterlassene Beteiligung an einer Beratung führt dazu, dass diese ungenügend ist und sich Anordnungen nach § 26 Abs. 1 Satz 2 richten. Die Beratung kann jederzeit im Verwaltungsverfahren nachgeholt werden. Die Beteiligung der Kostenträger an der Beratung gilt nicht bei einer Gefahr für Leben, Gesundheit oder Freiheit der Bewohner (Satz 4). Dabei ist zu berücksichtigen, dass eine Gefahr für die vorgenannten Rechtsgüter unmittelbar vorliegen muss. Sollen personelle Anforderungen mittels Anordnung durchgesetzt werden, liegt regelmäßig keine entsprechende Gefahr vor – insbesondere dann nicht, wenn die Heimaufsicht dem gesamten Prozess der Beratung einen über sich Monate erstreckenden zeitlichen Rahmen einräumt. Satz 4 ist das Pendant zu § 26 Abs. 2 Satz 3 (Einvernehmen mit Träger der Eingliederungshilfe und dem Träger der Sozialhilfe) sowie zu § 26 Abs. 1 Satz 2, wonach bei „erheblichen Mängeln“ Anordnungen ohne vorhergehende Beratung ergehen können. Hat sich die Heimaufsicht jedoch für den Weg der vorgelagerten Beratung des Trägers entschieden, so hat sie auch – zwingend – bei kostenrelevanten Mängeln die genannten Kostenträger zu beteiligen.

Weitergehendes gesetzliches Anhörungsrecht | Gefahr im Verzug

Unabhängig von einer (vorgelagerten) Beratung gilt die in § 28 Abs. 1 VwVfG i. V. m. § 1 Satz 1 SächsVwVfZG verankerte Pflicht zur Anhörung der Beteiligten vor Erlass eines belastenden

Verwaltungsaktes. Es ist das wichtigste Recht der Beteiligten im Verwaltungsverfahren. Diese Pflicht folgt verfassungsrechtlich aus dem Rechtsstaatsprinzip und dient dem Schutz der materiellen Grundrechtsposition. Der Adressat eines belastenden Verwaltungsaktes soll nicht „bloßes Objekt staatlichen Handelns“ sein. Eine Ausnahme von dieser Verpflichtung der Heimaufsicht kommt nach § 28 Abs. 2 VwVfG nur dann in Betracht, wenn sie nach den Umständen des Einzelfalls nicht geboten ist. Hierfür nennt das Gesetz Regelbeispiele. Der wichtigste Anwendungsfall ist die Notwendigkeit einer sofortigen Entscheidung wegen Gefahr im Verzug oder im öffentlichen Interesse (§ 28 Abs. 2 Nr. 1 VwVfG). Hieran sind jedoch – auch im Bereich der Gefahrenabwehr – strenge Anforderungen zu stellen.

„Gefahr im Verzug“ ist anzunehmen, wenn durch die vorherige Anhörung – auch bei Gewährung kürzester Anhörungsfristen – ein Zeitverlust einträte, der mit hoher Wahrscheinlichkeit zur Folge hätte, dass der Zweck der zu treffenden Regelung nicht oder nur in geringerem Ausmaß als erforderlich erreicht würde.

Dabei ist darauf abzustellen, ob die vorgesehene Maßnahme selbst bei einer sehr kurzen Stellungnahmefrist oder sogar mündlicher (beispielsweise telefonischer) ad-hoc-Anhörung zu spät käme.[269] Entsprechendes gilt für das Vorliegen eines besonderen öffentlichen Interesses für den Erlass des Verwaltungsaktes.[270]

§ 26
Anordnungen bei Mängeln

(1) [1]Werden festgestellte Mängel nach einer Beratung gemäß § 25 Absatz 2 nicht abgestellt, kann die zuständige Behörde gegenüber dem Träger oder Leistungsanbieter Anordnungen erlassen, die zur Beseitigung einer eingetretenen oder zur Abwendung einer drohenden Beeinträchtigung oder einer Gefährdung des Wohls der Bewohnerinnen und Bewohner oder zur Sicherung der Einhaltung der dem Träger oder Leistungsanbieter gegenüber den Bewohnerinnen und Bewohnern obliegenden Pflichten erforderlich sind. [2]Werden erhebliche Mängel festgestellt, können Anordnungen gemäß Satz 1 sofort ergehen. [3]Das Gleiche gilt, wenn Mängel nach einer Anzeige nach § 7 Absatz 1 bis 3 vor Aufnahme des Betriebs festgestellt werden.

(2) [1]Anordnungen gegenüber Trägern von Einrichtungen für Menschen mit Behinderungen gemäß § 2 sind so weit wie möglich in Übereinstimmung mit Vereinbarungen nach § 125 des Neunten Buches Sozialgesetzbuch oder nach § 76 des Zwölften Buches Sozialgesetzbuchauszugestalten. [2]Wenn Anordnungen eine Erhöhung der Vergütung nach § 125 des Neunten Buches Sozialgesetzbuch oder nach § 76 des Zwölften Buches Sozialgesetzbuch zur Folge haben können, ist über die Anordnung Einvernehmen mit dem Träger der Eingliederungshilfe oder mit dem Träger der Sozialhilfe, mit dem Vereinbarungen nach

269 VGH München, Urt. v. 01.06.2017 – 20 B 16.2241 –, juris Rn. 30 m. w. N.
270 VG Regensburg, Beschl. v. 16.07.2024 – RN 5 S 24.865 –, juris Rn. 48 f.

diesen Vorschriften bestehen, herzustellen. [3]Satz 2 gilt nicht, wenn die Anordnungen zur Abwehr einer Gefahr für Leben, Gesundheit oder Freiheit der Bewohnerinnen und Bewohner erforderlich sind. [4]Der Träger der Eingliederungshilfe oder der Träger der Sozialhilfe ist in diesem Fall von der Anordnung schriftlich in Kenntnis zu setzen.

(3) [1]Wenn Anordnungen gegenüber zugelassenen stationären Pflegeeinrichtungen eine Erhöhung der nach dem Elften Buch Sozialgesetzbuch vereinbarten oder festgesetzten Entgelte zur Folge haben können, ist Einvernehmen mit der betroffenen Pflegekasse und sonstigen Sozialleistungsträgern herzustellen. [2]Für Anordnungen nach Satz 1 gilt für die Pflegesatzparteien Absatz 2 Satz 3 und 4 entsprechend. [3]Satz 1 gilt nicht, wenn die Anordnungen zur Abwehr einer Gefahr für Leben, Gesundheit oder Freiheit der Bewohnerinnen und Bewohner erforderlich sind.

(4) Widerspruch und Anfechtungsklage gegen Anordnungen nach den Absätzen 1 bis 3 haben keine aufschiebende Wirkung.

Allgemeines

§ 26 bildet – in weitestgehender Übernahme der bisherigen Regelung des § 11 und § 19 Abs. 3 SächsBeWoG – die zentrale Eingriffsbefugnis der Heimaufsicht und ergänzt § 25. Werden Mängel nach einer Beratung (§ 25 Abs. 2) nicht behoben, kann die Heimaufsicht gegenüber dem Träger oder Leistungsanbieter durch Verwaltungsakt Anordnungen zur Beseitigung oder Verhinderung von Beeinträchtigungen des Bewohnerwohls treffen. Es handelt sich um eine Ermessensvorschrift („*kann*"), die der Heimaufsicht ein Einschreiten erlaubt, dieses jedoch ins pflichtgemäße Ermessen stellt.[271] Anordnungen der Heimaufsicht sind Verwaltungsakte (§ 35 VwVfG), gegen die grundsätzlich der Widerspruch und sodann die Anfechtungsklage statthaft sind. Diese haben keine aufschiebende Wirkung (Abs. 4). Im Rahmen des vorläufigen Rechtsschutzes kann die aufschiebende Wirkung gemäß § 80 Abs. 5 Satz 1 VwGO jedoch ganz oder teilweise wieder angeordnet werden.

Umfang der allgemeinen Eingriffsbefugnis (Abs. 1)

Der KSV Sachsen kann in den Grenzen des Verhältnismäßigkeitsgrundsatzes (Übermaßverbot) beim Vorliegen von Mängeln alle „Anordnungen erlassen, die zur Beseitigung einer eingetretenen oder zur Abwendung einer drohenden Beeinträchtigung oder einer Gefährdung des Wohls der Bewohnerinnen und Bewohner oder zur Sicherung der Einhaltung der dem Träger oder Leistungsanbieter gegenüber den Bewohnerinnen und Bewohnern obliegenden Pflichten erforderlich sind." (Satz 1)

271 Vgl. zur strengeren Rechtslage in NRW, wonach § 15 Abs. 2 Satz 1 WTG die Heimaufsicht regelmäßig zum Einschreiten verpflichtet („Soll-Vorschrift"); diese jedoch trotzdem zur Ermessensausübung verpflichtet VG Aachen, Beschl. v. 24.01.2019 – 8 L 1173/18 –, juris Rn. 8; VG Düsseldorf, Urt. v. 20.01.2025 – 12 K 9196/23 –, juris Rn. 23 ff. Zum eingeschränkten Ermessen in NRW siehe auch Kassen/Fahnenstich, Wohn- und Teilhabegesetz Nordrhein-Westfalen, 4. Aufl., Rn. 891 f.

Der Grundsatz der Verhältnismäßigkeit verlangt, dass ein Grundrechtseingriff einem vom Gesetzgeber definierten legitimen Zweck dient und als Mittel zu diesem Zweck geeignet, erforderlich und angemessen ist. Daher muss jede Anordnung geeignet sein, die Mängel zu beseitigen. Sie muss das mildeste von allen gleich geeigneten Mitteln sein (erforderlich) und bei der Abwägung angemessen (Verhältnismäßigkeit i. e. S.) sein.

Bei der Auslegung einer getroffenen Anordnung ist auf den Standpunkt eines verständigen Empfängers abzustellen. Der Zeitpunkt, ab wann die Anordnung zu erfüllen ist, hat die Heimaufsicht ebenfalls unter Berücksichtigung des Verhältnismäßigkeitsgrundsatzes zu bestimmen. Eine Anordnung „ab sofort“ kann zulässig sein, wenn es dem Adressaten auch objektiv möglich ist, die Anordnung „sofort umzusetzen“.[272] Dies gilt bspw. im Bereich einer Personalunterschreitung, die durch Leiharbeitskräfte zumindest kurzfristig „ab sofort“ ausgeglichen werden kann. Bei baulichen Anforderungen wird hingegen eine ausreichende Angleichungsfrist zu setzen sein.

Der Kreis möglicher Anordnungen ist mannigfaltig. Sie muss jedoch in ihrer konkreten Formulierung als Befehl an den Adressaten so ausgestaltet sein, dass dieser – ohne sich in Widerspruch zu anderen Pflichten zu setzen – weiß, welche Anforderung er zu erfüllen hat (hinreichende Bestimmtheit, § 37 Abs. 1 VwVfG). Dabei richtet sich der Kreis der möglichen Anordnungen auch nach den Besonderheiten der jeweiligen Wohn-Pflege-Form. Beispielsweise könnte in einer anbieterverantworteten ambulant betreuten Wohngemeinschaft angeordnet werden, „die Lagerung von Desinfektionsmitteln vor unberechtigtem Zugriff der Bewohnenden geschützt und entsprechend der hygienischen Anforderungen aufzubewahren“. Eine solche Anordnung wäre ggü. einer Einrichtung hinreichend bestimmt und durchsetzbar. In einer anbieterverantworteten ambulant betreuten Wohngemeinschaft gestaltet sich die Umsetzung des Befehls jedoch schwierig, da es dem Wesen einer ambulant betreuten Wohngemeinschaft entspricht, dass der beauftragte Pflegedienst nur einen Gaststatus hat. Zwar trägt der Leistungsanbieter in der anbieterverantworteten ambulant betreuten Wohngemeinschaft die Verantwortung, die Lagerung von Desinfektionsmittel, Reinigungsmittel oder anderen gesundheitsgefährdenden Stoffen in der Häuslichkeit des Bewohners kann jedoch aufgrund des Hausrechts des Bewohners nicht unbegrenzt verboten werden. Im Einzelfall käme es dann auch auf die örtlichen Gegebenheiten an.

Hinreichend bestimmt wäre bspw.: „Die pflegerische Versorgung, einschließlich des Waschens und Eincremens des Körpers, der Haarpflege sowie der Nagelpflege, ist unter Beachtung der jeweiligen hygienischen und medizinischen Standards fachgerecht durchzuführen.“[273]

Ermessensentscheidung

Die Heimaufsicht hat nach pflichtgemäßem Ermessen zu entscheiden. Gerichtlich überprüfbar ist die getroffene Ermessensentscheidung sowohl hinsichtlich des Auswahlermessens („ob“ die

272 OVG Lüneburg, Beschl. v. 21.05.2025 – 2 ME 31/25 –, juris Rn. 4 ff.
273 OVG Lüneburg, Beschl. v. 21.05.2025 – 2 ME 31/25 –, juris Rn. 18 ff.

Heimaufsicht eingreift) und des Auswahlermessens („wie" die Heimaufsicht eingreift) nur beschränkt (§ 114 Satz 1 VwGO). Zu prüfen ist dann, ob die gesetzlichen Grenzen des Ermessens überschritten sind oder von dem Ermessen in einer dem Zweck des SächsWTG nicht entsprechenden Weise Gebrauch gemacht wurde. Die Heimaufsicht kann ihre Ermessenserwägungen hinsichtlich des erlassenen Verwaltungsaktes auch noch im verwaltungsgerichtlichen Verfahren ergänzen, allerdings nicht vollständig nachholen. Dies betrifft nämlich nur den Fall, dass Gründe, die für den Erlass eines Verwaltungsaktes maßgebend und in der zunächst gegebenen Begründung lediglich nicht oder nicht ausreichend wiedergegeben worden waren, nunmehr nachträglich bekanntgegeben werden. Ein „Nachschieben von Gründen", das heißt die Ergänzung durch – zuvor – tatsächlich nicht angestellte Erwägungen im Nachhinein oder die Auswechslung von Gründen ist unzulässig.[274]

Hat die Heimaufsicht eine Entscheidung getroffen, ohne überhaupt zu erkennen, dass ihr ein Ermessen zusteht oder dieses schlicht gar nicht ausgeübt, (sog. Ermessensnichtgebrauch oder -ausfall) so ist der Verwaltungsakt rechtswidrig und aufzuheben.

Lässt sich die Heimaufsicht bei der Ausübung ihres Ermessens von rechtsfehlerhaften Erwägungen leiten, so liegt ein Fall des Ermessensfehlgebrauchs vor [275]. Allein dieser führt zur Aufhebung des Verwaltungsaktes.

Zeitlich unbegrenztes Recht zum Einschreiten

Die Heimaufsicht kann ihr Recht zum Einschreiten nicht verwirken.[276] Die Verwirkung als Ausdruck des Verbots widersprüchlichen Verhaltens bedeutet, dass ein Recht nicht mehr ausgeübt werden darf, wenn seit der Möglichkeit der Geltendmachung längere Zeit verstrichen ist und besondere Umstände hinzutreten, die die verspätete Geltendmachung als Verstoß gegen Treu und Glauben erscheinen lassen. Das ist insbesondere der Fall, wenn der Verpflichtete infolge eines bestimmten Verhaltens des Berechtigten darauf vertrauen durfte, dass dieser das Recht nach so langer Zeit nicht mehr geltend machen würde (Vertrauensgrundlage), der Verpflichtete ferner tatsächlich darauf vertraut hat, dass das Recht nicht mehr ausgeübt würde (Vertrauenstatbestand) und sich infolgedessen in seinen Vorkehrungen und Maßnahmen so eingerichtet hat, dass ihm durch die verspätete Durchsetzung des Rechts ein unzumutbarer Nachteil entstehen würde.[277]

Heimordnungsrechtliche Befugnisse sind jedoch gefahrenabwehrrechtliche Befugnisse, die der zuständigen Heimaufsicht kein subjektives Recht zur freien Disposition gewähren, sondern aus Gründen der öffentlichen Fürsorge im öffentlichen Interesse stehen. Es würde dem Schutzzweck des Gefahrenabwehrrechts zuwiderlaufen, wenn ein Einschreiten verwirkt

274 Vgl. BVerwG, Urt. v. 20.06.2013 – 8 C 46.12 –, juris Rn. 31; BVerwG, Beschl. v. 16.12.2008 – 1 WB 19.08 –, juris Rn. 48; OVG Düsseldorf, Urteil vom 16. März 2012 – 2 A 760/10 –, juris Rn. 75; OVG Lüneburg, Beschluss vom 30. April 2010 – 10 ME 186/09 –, juris Rn. 15 m.w.N.; VG Düsseldorf, Urt. v. 20.01.2025 – 12 K 9196/23 –, juris Rn. 44 ff. m. w. N.

275 VG Düsseldorf, Urt. v. 20.01.2025 – 12 K 9196/23 –, juris Rn. 23 ff.

276 VG Dresden, Beschl. v. 31.07.2024 – 1 L 509/24 –, juris Rn. 29.

277 BVerwG, Urt. v. 07.02.1974 – 3 C 115.71 –.

werden könnte, da dann die Behörde sehenden Auges gegen Gefahren (Abweichungen von den normierten Qualitätsmindestanforderungen) zum Schutz der Bewohner nicht einschreiten dürfte.[278]

Zwangsmittel

Um einer Anordnung Nachdruck zu verleihen, ist es üblich, ein Zwangsmittel bereits im Ausgangsbescheid anzudrohen. Nach § 20 Abs. 2 Satz 2 SächsVwVG soll die Androhung des Zwangsmittels mit dem Verwaltungsakt verbunden werden, wenn – wie im Heimrecht regelmäßig der Fall – Rechtsbehelfe keine aufschiebende Wirkung haben. Als Zwangsmittel stehen der Behörde zur Verfügung:

- Zwangsgeld i. H. v. 5 € bis 25.000 € (§ 22 SächsVwVG)
- Ersatzvornahme (§ 24 SächsVwVG)
- Zwangshaft (§ 23 SächsVwVG)
- Fiktion der Abgabe einer Erklärung (§ 24a SächsVwVG)
- Unmittelbarer Zwang (§ 25 SächsVwVG)
- Zwangsräumung (§ 26 SächsVwVG)
- Wegnahme (§ 27 SächsVwVG)

Hierbei ist zu berücksichtigen, dass § 20 Abs. 4 SächsVwVG anordnet, dass Zwangsgeld in bestimmter Höhe anzuordnen ist. Ziel ist es, dem Adressaten der Zwangsgeldandrohung zu verdeutlichen, wie viel ihn die Weigerung zur Erfüllung der angeordneten Verpflichtung, eine ihm auferlegte, unvertretbare Handlung vorzunehmen, kosten wird.

Wird sowohl für die Nachweispflicht der Erfüllung einer Anforderung als auch für die Umsetzung als solche für den Fall der Nichtbeachtung ein Zwangsgeld angedroht, muss aus der Androhung ersichtlich sein, in welcher Höhe insgesamt ein Zwangsgeld droht und wie oft und wann dieses festgesetzt werden wird. Dabei ist auch das Bestimmtheitsgebot des § 37 Abs. 1 VwVfG i. V. m. § 1 Satz1 SächsVwVfZG zu berücksichtigen. Formulierungen wie „Verstöße" oder „pro festgestellten Verstoß" genügen nicht ohne weiteres dem Bestimmtheitsgebot.

Verstößt der Adressat gegen die Umsetzung als solche, muss klar sein, ob daneben – zusätzlich – noch ein Zwangsgeld angedroht ist, für eine (nachgelagerte) unterlassene Mitteilung. Unterlässt der Adressat bereits die Umsetzung der angeordneten Pflicht, kann er nicht ohne weiteres mit einem Zwangsgeld für eine – dann auch nicht mögliche – Mitteilung der Umsetzung belegt werden. Zudem muss klar sein, in welchem Intervall bei unterlassener Handlung das Zwangsgeld erneut, das heißt wiederholt, festgesetzt werden kann. Hat der Adressat einmal die gebotene Handlung unterlassen, lebt die Pflicht nicht automatisch wieder auf. Ansonsten stünde es im Belieben der Heimaufsicht, zu bestimmen, wie häufig sie den Adressaten mit Zwangsgeldern belegen will, um ihn zur Umsetzung seiner Vorgaben anzuhalten. Es ist daher eine Konkretisierung erforderlich, in welchem Rhythmus die Pflichten des Adressaten – bspw.

278 Vgl. zur grundsätzlichen Unzulässigkeit des Rechtsinstituts der Verwirkung auf dem Gebiet des Gefahrenabwehrrechts VGH Mannheim, Urt. v. 18.12.2012 – 10 S 744/12 –, juris Rn. 55.

bei mehreren Fristen zur Angleichung an bauliche Vorgaben – insbesondere nach dem Erreichen der letzten Frist wieder aufleben sollen. Die Heimaufsicht kann bspw. ein Zwangsgeld für den 1. jedes Monats ab einem bestimmten Zeitpunkt androhen, in dem die vollständige Umsetzung noch nicht erreicht ist.[279]

Bei einer angedrohten Ersatzvornahme (bspw. der Räumung einer Einrichtung aufgrund einer Untersagungs-/Schließungsverfügung) sind die voraussichtlichen Kosten anzugeben (§ 20 Abs. 5 SächsVwVG). Es empfiehlt sich, die Kosten je Bewohner anzugeben.

Greift der Adressat den Ausgangsbescheid – oder auch isoliert nur die Zwangsgeldandrohung – nicht an, so erwächst diese in Bestandskraft und bleibt bei einer späteren Zwangsgeldfestsetzung nach § 22 Abs. 2 SächsVwVG unberücksichtigt – auf deren Rechtmäßigkeit kommt es dann nicht mehr an. Einwendungen gegen die Höhe des angedrohten Zwangsgeldes sind im nachgelagerten Vollstreckungsverfahren nicht mehr zu prüfen.[280] Kommt der Adressat der angeordneten Verpflichtung teilweise nach, so hat die Behörde bei der Zwangsgeldfestsetzung nach pflichtgemäßem Ermessen zu prüfen, in welcher Höhe das Zwangsgeld ermäßigt wird (teilweiser Verzicht auf Zwangsgeldfestsetzung).[281]

Nicht zu verwechseln ist das Zwangsgeld mit einer Geldbuße (Bußgeld), mit welcher – bei entsprechender Rechtsgrundlage (siehe hierzu § 33 SächsWTG) – der Adressat für die Begehung von Ordnungswidrigkeiten belegt werden kann. Bußgelder dienen nicht der Erzwingung einer zukünftigen Handlung (Tun oder Unterlassen), sondern der Bestrafung vergangenen Fehlverhaltens.

Einhaltung rahmenvertraglicher Regelungen

In der Gesetzesbegründung wird ausgeführt, dass von der Anordnungsbefugnis auch Anordnungen gegen den Träger oder Leistungsanbieter zur Einhaltung rahmenvertraglicher (leistungsrechtlicher) Regelungen nach SGB V, SGB XI und SGB XII erfasst sind.[282]

Soweit auch in der Literatur grundsätzlich teilweise unter Bezugnahme auf die vom Bundesverwaltungsgericht bestätigte Auffassung des Hessischen Verwaltungsgerichtshofs[283] ebenfalls die Auffassung vertreten wird, ein Mangel liege auch bei Nichterfüllung einer rahmenvertraglichen Pflicht vor,[284] kann dem nicht gefolgt werden.[285] Ein Verstoß gegen landesrahmenvertragliche Pflichten kann zwar zugleich auch einen Verstoß gegen heimordnungsrechtlich

279 Vgl. VG Dresden, Beschl. v. 31.07.2024 – 1 L 509/24 –, juris Rn. 34.

280 OVG Bautzen, Beschl. v. 09.02.2010 – 3 A 47/08 –, juris Rn. 4 vgl. auch VGH München, Urt. v. 24.01.2007 – Vf. 50-VI-05 –, juris; OVG Weimar, Beschl. v. 22.04.2002 – 1 EO 184/02 –, juris m. w. N.

281 Vgl. OVG Bautzen, Beschl. v. 09.02.2010 – 3 A 47/08 –, juris Rn. 5 f. m. w. N.

282 LT-Drs. Zu § 26 Zu Absatz 1, S. 88 a. E.

283 BVerwG, Beschl. v. 28.05.2014 – 8 B 71/13 – Wäschekennzeichnung (Umfang des Aufsichtsrechts der Heimaufsichtsbehörden).

284 Dickmann, Heimrecht, 11. Aufl., Kap. C Abschn. X Rn. 5.

285 Daran ändert auch die Intension des Landesgesetzgebers nichts, Gesetzentwurf der Staatsregierung LT-Drs. 7/14987 Zu § 26 Zu Absatz 1, S. 88 a. E., da diese im Gesetz keinen Niederschlag gefunden hat.

Qualitäts*mindest*anforderungen des SächsWTG bedeuten, jedoch ist nicht zwingend jeder Verstoß gegen rahmenvertragliche Pflichten zugleich ein Verstoß gegen Mindestqualitätsanforderungen. Dies liegt schon darin begründet, dass die Rahmenvertragsparteien Anforderungen an die Qualität der Pflege und Betreuung vereinbaren können, die über die Mindestqualität hinausgehen. Die Heimaufsicht ist jedoch keine „Superkontrollinstanz". Nach § 13 Abs. 2 Satz 2 Nr. 2 sind jedoch die nach dem SGB V, IX, XI und XII „vereinbarten Qualitätsmaßstäbe in der Pflege, und Betreuung oder Assistenz" einzuhalten. Beispielsweise sind dies die Maßstäbe und Grundsätze für die Qualität, die Qualitätssicherung und -darstellung sowie für die Entwicklung eines einrichtungsinternen Qualitätsmanagements nach § 113 SGB XI in der vollstationären Pflege vom 23.11.2018 (MuG).[286] Dies ist jedoch nicht gleichzusetzen mit den Rahmenverträgen.

Offensichtlicher Befreiungsanspruch

Wenn ein Befreiungsanspruch von bestehenden Anforderungen offensichtlich ist, das heißt, dass das Ermessen des KSV Sachsen entweder auf Null reduziert ist oder die Befreiung ganz überwiegend wahrscheinlich ist, kann er – bevor dieser geltend gemacht wird – einer zu ergreifenden oder bereits ergriffenen Anordnung der Heimaufsicht entgegengehalten werden.[287] In solchen Sondersituationen wäre es seitens der Heimaufsicht rechtsmissbräuchlich, ggü. dem Träger/Leistungsanbieter eine Anordnung zu treffen, gleichwohl sehenden Auges eine Befreiung in Betracht käme.[288] In diesen Fällen hat der KSV Sachsen daher auf die bestehende Befreiungsmöglichkeit hinzuweisen und für einen angemessenen Zeitraum mit Maßnahmen abzuwarten, ob der Träger/Leistungsanbieter einen entsprechenden Antrag stellt.

§ 27
Beschäftigungsverbot, kommissarische Leitung

(1) Die zuständige Behörde kann dem Träger oder Leistungsanbieter einer anbieterverantworteten ambulant betreuten Wohngemeinschaft die weitere Beschäftigung der Leiterin, des Leiters, einer oder eines Beschäftigten, einer sonstigen Mitarbeiterin oder eines sonstigen Mitarbeiters ganz oder für bestimmte Funktionen oder Tätigkeiten untersagen, wenn Tatsachen die Annahme rechtfertigen, dass diese Personen die für ihre Tätigkeit erforderliche Eignung nicht besitzen.

(2) [1]Hat die zuständige Behörde ein Beschäftigungsverbot nach Absatz 1 für die Leiterin oder den Leiter der Einrichtung ausgesprochen und der Träger eine neue geeignete Leiterin oder einen neuen geeigneten Leiter nicht ohne schuldhaftes Zögern eingesetzt, kann die zuständige Behörde, um den Betrieb der Einrichtung aufrechtzuerhalten, auf Kosten des Trägers eine kommissarische Leiterin oder einen kommissarischen Leiter für

286 Zuletzt geändert am 05.04.2023.
287 Vgl. zum Baurecht VGH München, Beschl. v. 28.12.2016 – 15 CS 16.1774 – juris Rn. 35.
288 VG Dresden, Beschl. v. 06.02.2017 – 1 L 519/16 –, juris Rn. 26.

eine begrenzte Zeit einsetzen, wenn die Maßnahmen nach den §§ 17, 25 und 26 nicht ausreichen und die Voraussetzungen für die Untersagung des Betriebs der Einrichtung vorliegen. [2]Die kommissarische Leiterin oder der kommissarische Leiter übernimmt die Rechte und Pflichten der bisherigen Leiterin oder des bisherigen Leiters. [3]Ihre oder seine Tätigkeit endet, wenn der Träger mit Zustimmung der zuständigen Behörde eine geeignete Leiterin oder einen geeigneten Leiter der Einrichtung bestimmt.

(3) Widerspruch und Anfechtungsklage gegen Maßnahmen nach den Absätzen 1 und 2 Satz 1 haben keine aufschiebende Wirkung.

Allgemeines

Das Beschäftigungsverbot zielt darauf ab, ungeeignete Personen von der Leistungserbringung im Betrieb auszuschließen, um das Wohl der Bewohner nicht zu gefährden. § 27 entspricht im Wesentlichen der Vorgängerregelung des § 12 SächsBeWoG. Die Regelung soll sicherstellen, dass keine ungeeigneten Personen eingesetzt werden. Betrifft das ausgesprochene Beschäftigungsverbot in Einrichtungen den Einrichtungsleiter, hat der Träger ohne schuldhaftes Zögern umgehend einen neuen geeigneten Leiter einzusetzen. Kommt er dem nicht nach, kann die Heimaufsicht einen kommissarischen Leiter zur vorübergehenden Qualitätssicherung einsetzen, um den Betrieb der Einrichtung aufrechtzuerhalten. Grundsätzlich hat der Träger einer Einrichtung vor dem Einsatz eines jeden Mitarbeiters dessen Eignung festzustellen (§ 18 Abs. 1 Satz 2 SächsWTVO). Kommt er dieser Anforderung nicht nach, zielt das Beschäftigungsverbot auf die Schaffung sicherer Zustände bei der Leistungserbringung in der Einrichtung ab. Ein Beschäftigungsverbot kann gegenüber Trägern (Einrichtungen) und Leistungsanbietern (anbieterverantwortete ambulant betreute Wohngemeinschaften) ausgesprochen werden (Abs. 1).[289]

Beschäftigungsverbot (Abs. 1)

Das heimordnungsrechtliche Beschäftigungsverbot dient dem Schutz der Bewohner und der ordnungsgemäßen Betriebsführung. Es richtet sich nicht gegen den Mitarbeiter persönlich, sondern gegen den Träger/Leistungsanbieter, der verpflichtet ist, nur zuverlässige – persönlich und fachlich geeignete – Personen zu beschäftigen. Es unterscheidet sich vom Berufszulassungsentzug, der die Berufsausübung generell untersagt. Das Beschäftigungsverbot wirkt lediglich innerhalb der Einrichtung – der Mitarbeiter bleibt arbeitsfähig und behält auch seine

289 Soweit es in der Gesetzesbegründung heißt, dass sich eine entsprechende Anordnung auch „auf ambulante Dienste oder Einzelkräfte in der ambulant betreuten Wohngemeinschaft" (LT-Drs. Zu § 27 Zu Absatz 1, S. 89) beziehen könne, ist dies missverständlich. Nach dem klaren Wortlaut kann ein Beschäftigungsverbot nur für eingesetzte Mitarbeiter in Einrichtungen und – da nur diese einen Leistungsanbieter i. S. d. SächsWTG haben – anbieterverantworteten (!) ambulant betreuten Wohngemeinschaften ausgesprochen werden. Das Selbstbestimmungsgremium kann nicht Adressat einer solchen Maßnahme sein (arg. „anbieterverantwortete"). Eine analoge Anwendung verbietet sich (arg. § 18 Satz 1). A. A. OVG Bautzen, Beschl. v. 19.06.2024 – 6 B 31/24 –, juris Rn. 8 wonach Maßnahmen bei selbstverantworteten Wohngemeinschaften an diese zu richten seien.

Qualifikation, er darf jedoch nicht mehr in der Einrichtung eingesetzt werden. Der Träger kann einer entsprechenden Anordnung zuvorkommen – bspw. im Rahmen der Beratung oder Anhörung – und ggü. der Heimaufsicht rechtsverbindlich erklären, dass er den Mitarbeiter nicht mehr in der Einrichtung (sowie ggf. in anderen Einrichtungen unter seiner Trägerschaft) einsetzt. Eine Anordnung darf dann nicht mehr ergehen. Rechtsdogmatisch handelt es sich um eine präventive Maßnahme zur Gefahrenabwehr, keine Strafe. Die Heimaufsicht hat eine Prognoseentscheidung zur Eignung zu treffen. Fehlverhalten in der Vergangenheit ist regelmäßig geeignet, eine negative Zukunftsprognose zu begründen. § 18 SächsWTVO normiert exemplarische persönliche Ausschlussgründe, bei deren Vorliegen die Eignung regelmäßig zu verneinen ist.

Der Grundsatz der Verhältnismäßigkeit verlangt ein abgestuftes Vorgehen: Ein funktional oder räumlich beschränktes Verbot (z. B. nur Pflegeverbot) kann ausreichend sein („ganz oder für bestimmte Funktionen oder Tätigkeiten").[290] Ein generelles Beschäftigungsverbot kommt nur in Ausnahmefällen, bei denen sich die Ungeeignetheit nicht nur auf den pflegerischen, sondern auch auf den verwaltungstechnischen Bereich bezieht, in Betracht. Ob der betreffende Mitarbeiter vom Träger/Leistungsanbieter (Arbeitgeber) tatsächlich in einem anderen Bereich eingesetzt werden kann, ist eine arbeitsrechtliche Frage, der die Heimaufsicht nicht nachzugehen hat. Dies ist auch im Rahmen der Ermessensentscheidung nicht zu berücksichtigen, da es eine „sachfremde" – nicht dem Ziel des SächsWTG entsprechende – Erwägung ist.

Kommissarische Leitung (Abs. 2)

Die Figur der kommissarischen Leitung ist ein besonderes Instrument der Gefahrenabwehr im Heimaufsichtsrecht und kommt nur in Einrichtungen in Betracht, wenn ein Beschäftigungsverbot nach Abs. 1 den Einrichtungsleiter betrifft. Die Einsetzung eines Kommissars dient der Aufrechterhaltung des Betriebs, wenn der Unternehmer seiner Pflicht, eine fachlich und persönlich geeignete Leitung zu bestellen (§ 15 Abs. 1 Satz 1) aufgrund eines behördlichen Beschäftigungsverbotes der bisherigen Leitung nach Abs. 1 nicht nachkommt. Im Unterschied zu sonstigen Übergangs- oder Stellvertretungsregelungen handelt es sich bei der kommissarischen Leitung um eine hoheitlich eingesetzte Leitungsperson auf Zeit. Ihr Zweck liegt nicht in der Substitution des Unternehmers oder der Einflussnahme auf dessen wirtschaftliche Entscheidungen, sondern ausschließlich in der temporären Sicherung des Betriebsablaufs, um die Versorgung der Bewohner zu gewährleisten.

Historisch war diese Maßnahme im (Bundes-)Heimgesetz zunächst nicht vorgesehen und daher mangels Rechtsgrundlage – aufgrund des schwerwiegenden Eingriffs in die Grundrechte des Unternehmers – unzulässig. Eine analoge Anwendung des § 35 Abs. 2 GewO i. V. m. § 19 (Bundes-)HeimG a. F. wurde bspw. vom OVG Berlin-Brandenburg[291] ausdrücklich abgelehnt. Erst mit der Dritten Änderung des Heimgesetzes 2001[292] wurde in § 18 HeimG eine

290 Vgl. auch VGH München, Beschl. v. 22.06.2007 – 12 CS 07.990 –; Dickmann, Heimrecht, Kap. 3 Abschn. K, Rn. 406 f.
291 OVG Berlin-Brandenburg, Beschl. v. 19.10.2001 – 4 B 298/01 –, GewArch 2002, 30.
292 Art. 1 Nr. 9 Gesetz v. 5.11.2001, BGBl. I S. 2960.

ausdrückliche Regelung eingeführt, die den Ausspruch eines Beschäftigungsverbots mit der Einsetzung einer kommissarischen Leitung verknüpfte.

Die Einsetzung einer kommissarischen Leitung wirft bisher ungeklärte arbeitsrechtliche, öffentlich-rechtliche und weitere zivilrechtliche Rechtsfragen hinsichtlich des Verhältnisses zwischen Kommissar – Behörde – Unternehmer auf. Daher hat etwa der nordrhein-westfälische Gesetzgeber § 23 Abs. 3 WTG NRW a. F. (2014) wegen fehlender Praktikabilität bei der Novelle im Jahr 2019 ausdrücklich gestrichen.[293] Im Außenverhältnis ist der Kommissar mit allen Rechten und Pflichten der Leitungsperson ausgestattet (Satz 2). Der Unternehmer hat die Maßnahmen des Kommissars zu dulden und ihm die erforderliche Verfügungsgewalt einzuräumen. Im Innenverhältnis ist die Rechtsstellung bislang nicht abschließend geklärt. Weder zur Vergütung, zur arbeitsrechtlichen Einbindung noch zur Haftungsverteilung zwischen Unternehmer und Aufsichtsbehörde bestehen gefestigte Grundsätze.[294] Ebenso offen ist, ob und inwieweit der Unternehmer gegenüber der Heimaufsicht haftet, wenn der Kommissar seinerseits seine Pflichten verletzt.

Die Aufgabenbegrenzung ergibt sich – den Wortlaut „die Rechte und Pflichten des Leiters" einschränkend – aus dem Zweck der Maßnahme. Die kommissarische Leitung soll ausschließlich den weiteren Betrieb sichern, bis der Unternehmer eine neue Leitungsperson einsetzt. Die Einsetzung endet, wenn der Träger/Leistungsanbieter einen geeigneten neuen Leiter einsetzt und der KSV Sachsen diesem zustimmt. Die Zustimmung (Satz 2) führt dann zu einer Erledigung des Verwaltungsaktes. Der KSV Sachsen ist verpflichtet, unverzüglich die Zustimmung zu erteilen oder abzulehnen. Die Ablehnung stellt seinerseits einen Verwaltungsakt dar, der mittels Widerspruch und Verpflichtungsklage angegriffen werden kann. Entscheidungen mit unternehmerischem Charakter – etwa zur Entgelterhebung, zur Vertragsgestaltung oder zu Rückforderungen – sind nicht vom Auftrag gedeckt. Der eingesetzte Kommissar hat in zivilrechtlicher Hinsicht keine diesbezüglichen Befugnisse. Der Träger/Leistungsanbieter ist auch nicht verpflichtet – jedoch berechtigt – entsprechende Vollmachten zu erteilen. Insbesondere wäre es unverhältnismäßig, dem Kommissar hoheitlich zu gestatten, in bestehende zivilrechtliche Schuldverhältnisse zwischen Unternehmer und Pflegekunden einzugreifen, etwa durch eigenständige Entgeltrückzahlungen oder den Verzicht auf Forderungen. Es besteht jedoch ein Kooperationsgebot zwischen Kommissar, Unternehmer und Aufsichtsbehörde. Der Kommissar ist in den Betrieb des Unternehmers eingegliedert, handelt aber im öffentlichen Interesse. Er hat sich daher sowohl mit dem Unternehmer als Leistungserbringer als auch mit der Aufsichtsbehörde als Einsetzungsorgan abzustimmen.[295]

Die kommissarische Leitung ist ein zeitlich begrenztes, subsidiäres Aufsichtsinstrument, das dem Schutz der Bewohner dient, ohne die unternehmerische Eigenverantwortung zu ersetzen. Sie darf nicht zur inhaltlichen Steuerung oder Disziplinierung des Unternehmers (Bestrafung) genutzt werden. Ihr rechtlicher Charakter ist der einer behördlich angeordneten

293 LT-Drs. 17/3777, S. 62 zu Nr. 15.

294 Dickmann, Heimrecht, Kap. 3 Abschn. K, Rn. 414.; Martschink, Der Eingriff der Heimaufsicht, Kap. D. I. 5. b) bb) (3).

295 Vgl. bspw. die ausdrücklichen Regelungen in § 30 Abs. 2 Satz 3 WTG Berlin; § 34 Abs. 3 Satz 5 BremWoBeG.

Notverwaltung mit begrenztem Mandat, deren Einsatz – mangels personeller Ressourcen und offener Haftungsfragen – in der Praxis nur in Ausnahmefällen erfolgt.

Keine hoheitliche Abberufung des Geschäftsführers

Das Beschäftigungsverbot bezieht sich abschließend auf die Leitung und die Mitarbeiter, nicht auf die Vertretungsorgane einer juristischen Person. So kann bspw. der Geschäftsführer einer GmbH, die als Träger verantwortlich ist, nicht mit einem Beschäftigungsverbot belegt werden. Die Ausführungen des Bayerischen Verwaltungsgerichtshofs zur vergleichbaren bayerischen Regelung des Art. 14 PfleWoqG, wonach Beschäftigungsverbote „unabhängig von den im Einzelnen zugrundeliegenden und betroffenen zivil- und gesellschaftsrechtlichen Rechtsverhältnissen – nicht nur [gegenüber der] Heimleitung selbst, sondern zugleich auch [der] Geschäftsführung des Einrichtungsträgers“[296] gegenüber ergehen können, ist unzutreffend.

Das Beschäftigungsverbot ist gegenüber dem Unternehmer für dessen Mitarbeiter auszusprechen. Es untersagt allein diesem, die betreffenden Mitarbeiter weiter zu beschäftigen. Hiervon abzugrenzen ist zum einen jedoch das Berufszulassungsverfahren, welches sich gegen den konkreten Mitarbeiter mit dem Ziel des Entzugs der Berufszulassung richtet und zum anderen Maßnahmen, die sich direkt gegen die Rechtspersönlichkeit des Trägers richten (arg. § 13 Abs. 1 Satz 1 SächsWTG).

Die Abberufung des Geschäftsführers durch Hoheitsakt ist – abgesehen von der Amtsunfähigkeit nach § 6 Abs. 2 GmbHG und der Löschung durch das Registergericht nach § 395 Abs. 1 FamFG – nicht möglich. Hierzu berufen ist allein die Gesellschafterversammlung. Würde die Heimaufsicht die weitere Beschäftigung des Geschäftsführers untersagen, wäre dies – die Unzulässigkeit mangels hinreichender Ermächtigungsgrundlage einmal beiseitegeschoben – auch tatsächlich ungeeignet. Denn der aus Sicht der Heimaufsicht ungeeignete Geschäftsführer wäre – aufgrund seiner Bestellung und Eintragung ins Handelsregister – weiterhin vollumfänglich bevollmächtigter Geschäftsführer und damit Vertretungsorgan. Liegt das Problem der Missstände „in der Wurzel“, nämlich auf der Geschäftsführungsebene – muss der Betrieb mangels Zuverlässigkeit des Trägers, der sich insoweit das Verhalten seines Geschäftsführers zurechnen lassen muss, untersagt werden. Im Rahmen der hierzu ergehenden Anhörung können die wirtschaftlich berechtigten Gesellschafter entscheiden, ob sie an ihrem Geschäftsführer festhalten – und damit eine Betriebsuntersagung riskieren – oder aber das Geschäftsführungsdefizit durch Abberufung des Geschäftsführers beseitigen.

296 VGH München, Beschl. v. 09.01.2019 – 12 CS 18.2658 –, juris Rn. 63.

§ 28
Aufnahmestopp

(1) [1]Kann wegen erheblicher Mängel in einer Einrichtung oder einer anbieterverantworteten ambulant betreuten Wohngemeinschaft eine den Anforderungen dieses Gesetzes entsprechende Pflege und Betreuung oder Assistenz der Bewohnerinnen und Bewohner nicht sichergestellt werden, so kann die zuständige Behörde bis zur Mängelbeseitigung die Aufnahme weiterer Bewohnerinnen und Bewohner ganz oder teilweise untersagen. [2]Die Untersagung ist aufzuheben, wenn die entscheidungserheblichen Mängel nachweislich abgestellt wurden.

(2) Widerspruch und Anfechtungsklage gegen Maßnahmen nach Absatz 1 haben keine aufschiebende Wirkung.

Allgemeines

§ 28 führt den in der Praxis des KSV Sachsen längst etablierten, bislang aber nur über die ordnungsrechtliche Generalklausel (§ 11 Abs. 1 SächsBeWoG a. F.)[297] hergeleiteten Aufnahmestopp nunmehr als ausdrücklich geregelte ordnungsrechtliche Maßnahme ein. Die Vorschrift ermächtigt die Heimaufsicht, bei „erheblichen Mängeln" die Aufnahme weiterer Bewohner ganz oder teilweise zu untersagen, wenn aufgrund der festgestellten Mängel eine den gesetzlichen Anforderungen entsprechende Pflege, Betreuung oder Assistenz nicht sichergestellt werden kann. Die gesetzliche Regelung greift damit eine in der Praxis bewährte Maßnahme der Qualitätssicherung auf.[298] Der Aufnahmestopp dient doppeltem Schutz: Einerseits sollen neue Bewohner vor einer (weiteren) gesundheitlichen Beeinträchtigung infolge unzureichender Versorgung bewahrt werden, indem sie gar nicht aufgenommen werden dürfen; andererseits wird dem vorhandenen Personal ermöglicht, seine Ressourcen auf die bereits aufgenommenen Bewohner zu konzentrieren und die Versorgung an die gesetzlichen Anforderungen anzugleichen. Der Aufnahmestopp ist im Eingriffsinstrumentarium der Heimaufsicht zwischen allgemeinen Anordnungen (§ 26) und der Schließung (§ 29) angesiedelt. Er ist präventiv und dient der Sicherung von Qualität und Bewohnerwohl, bevor drastischere Maßnahmen erforderlich werden. Im Gegensatz zur Betriebsuntersagung (§ 29) bleibt die Einrichtung oder anbieterverantwortete ambulant betreute Wohngemeinschaft handlungsfähig; lediglich neue Bewohner dürfen bis zur Mängelbeseitigung nicht aufgenommen werden.

297 VG Dresden, Beschl. v. 06.02.2017 – 1 L 519/16 – juris Rn. 22 – Aufnahmestopp wegen Nichteinhaltung Fachkraftquote; vgl. zur Herleitung aus der Befugnisgeneralklausel auch VGH München, Beschl. v. 14.06.2021 – 12 CS 21.1400 –, juris Rn. 19; VG Würzburg, Beschl. v. 17.02.2016 – W 3 S 16.95 –, juris Rn. 102 ff. jeweils zu Art. 13 Abs. 2 PfleWoqG als Rechtsgrundlage für einen Aufnahmestopp bei Personalmangel.

298 Gesetzentwurf der Staatsregierung LT-Drs. 7/1498, Zu § 28 Zu Absatz 1, S. 89 a. E.

Umfang des Aufnahmestopps (Abs. 1 Satz 1)

Die Anordnung eines Aufnahmestopps steht im pflichtgemäßen Ermessen der Behörde. Sie setzt eine konkrete Gefahrenprognose, wonach die weitere Aufnahme neuer Bewohner die bestehenden erheblichen Mängel verschärfen oder verlängern würde und diese zu einer Gefährdung der Pflege, Betreuung oder Assistenz der Bewohner führt, voraus.

Die Maßnahme ist zeitlich befristet – sie gilt grundsätzlich nur bis zur Mängelbeseitigung – und muss sich inhaltlich auf das zur Gefahrenabwehr erforderliche Maß beschränken (Verhältnismäßigkeitsgrundsatz). Ein Teil-Aufnahmestopp kommt daher in Betracht, wenn nur bestimmte Wohnbereiche oder Funktionsbereiche betroffen sind (z. B. wegen baulicher Mängel oder personeller Unterdeckung in einzelnen Stationen). Bei Personalunterschreitungen ist der Aufnahmestopp inzwischen das „Standardqualitätssicherungsinstrument" der Heimaufsicht, um eine weitere Verschlechterung der Betreuungs-/Pflege- oder Assistenzrelation zu vermeiden. Bei Personalengpässen im Verwaltungsbereich kommt ein Aufnahmestopp nur in Betracht, wenn die Unterdeckung gravierend ist und unmittelbare Auswirkungen auf die Pflege-/Betreuungs- oder Assistenzsituation hat. Ebenso kann er bei baulichen, insbesondere brandschutzrechtlichen Mängeln greifen, soweit die Sicherheit der Bewohner gefährdet ist. Durch die nun erfolgte ausdrückliche Normierung als Befugnis ist ein Rückgriff auf die Befugnisgeneralklausel des § 26 jedoch nicht mehr möglich. Dies führt insofern zu einem engeren Eingriffsrecht des KSV Sachsen als dass nunmehr nur noch „erhebliche Mängel" einen Aufnahmestopp rechtfertigen können. Eine Definition des „erheblichen Mangels" enthält das SächsWTG nicht. Mit Blick darauf, dass nach der Legaldefinition des Mangels alle „Abweichungen von den Anforderungen" (§ 25 Abs. 2 Satz 1) Anordnungen nach § 26 rechtfertigen können, berücksichtigt „erheblich" hinsichtlich des gestuften ordnungsrechtlichen Instrumentariums nur solche Abweichungen von Anforderungen, die in besonderem Maße und nicht nur zeitlich eng begrenzt bestehen und zu einer Gefahr für ein bedeutsames Rechtsgut, wie Leben, Gesundheit oder Freiheit führen.

Der Träger/Leistungsanbieter kann auch – bspw. im Rahmen einer Anhörung – einen freiwilligen Aufnahmestopp erklären, um einer förmlichen kostenpflichtigen Anordnung zuvorzukommen. Die Heimaufsicht kann einen solchen freiwilligen Stopp in der Regel als kooperative Maßnahme akzeptieren, behält aber ihre Eingriffsbefugnis.

Aufhebung des Aufnahmestopps (Abs. 1 Satz 2)

Ein Aufnahmestopp darf nicht als Sanktionsmittel, sondern nur zur Gefahrenabwehr eingesetzt werden. Der Aufnahmestopp wirkt ausschließlich für zukünftige Vertragsverhältnisse. Bestehende Vertragsverhältnisse mit Bewohnern bleiben unberührt. Ziel ist die Stabilisierung der Versorgungsqualität, nicht deren Unterbrechung. Der Aufnahmestopp ist aufzuheben, wenn die entscheidungserheblichen Mängel – das heißt jene Mängel, auf die der Aufnahmestopp im Bescheid gestützt wird, „nachweislich abgestellt" wurden. Der Träger/Leistungsanbieter hat der Heimaufsicht nachzuweisen, dass die Mängel nicht mehr bestehen. Kommt er dieser Nachweispflicht nicht nach, besteht der Aufnahmestopp fort. Der KSV Sachsen hat vorgelegte Nachweisunterlagen unverzüglich daraufhin zu prüfen, ob die Mängel abgestellt sind, ggf. ist dies im Rahmen einer Nachschau (Anlassprüfung) zu überprüfen.

§ 29
Untersagung

(1) Die zuständige Behörde hat den Betrieb einer Einrichtung zu untersagen, wenn die Anforderungen nach den §§ 13 bis 15 nicht erfüllt sind und Anordnungen nicht ausreichen.

(2) Die zuständige Behörde kann den Betrieb einer Einrichtung untersagen, wenn der Träger der Einrichtung
1. die Anzeige nach § 7 Absatz 1 unterlassen oder unvollständige Angaben gemacht hat,
2. Anordnungen nach § 26 Absatz 1 nicht innerhalb der gesetzten Frist befolgt oder
3. Personen entgegen einem nach § 27 Absatz 1 ergangenen Verbot beschäftigt.

(3) [1]Die Aufnahme des Betriebs einer Einrichtung kann vorläufig untersagt werden, wenn der Untersagungsgrund nach Absatz 1 oder 2 beseitigt werden kann. [2]Die vorläufige Untersagung wird mit der schriftlichen Erklärung der zuständigen Behörde unwirksam, dass die Voraussetzungen für die Untersagung entfallen sind.

(4) [1]Ambulanten Betreuungs- oder Pflegediensten, die in einer ambulant betreuten Wohngemeinschaft tätig sind, kann diese Tätigkeit untersagt werden, wenn die von ihnen erbrachten Leistungen den Qualitätsanforderungen der §§ 19 bis 21 nicht genügen und Anordnungen nicht ausreichen. [2]Dem Leistungsanbieter einer ambulant betreuten Wohngemeinschaft kann der Betrieb dieser Wohnform untersagt werden, wenn die Anforderungen nach Absatz 2 oder die Qualitätsanforderungen der §§ 19 bis 21 nicht erfüllt sind und Anordnungen nicht ausreichen. [3]Die Bewohnerinnen und Bewohner sind vor der Untersagung zu hören.

(5) Widerspruch und Anfechtungsklage gegen eine Untersagung nach Absatz 1 bis 4 haben keine aufschiebende Wirkung.

Allgemeines

Die Betriebsuntersagung ist als schärfstes Schwert das „letzte Mittel" (*ultima ratio*)[299] der Instrumentarien der Heimaufsicht. Sie kommt unter Berücksichtigung des verfassungsrechtlichen Verhältnismäßigkeitsgrundsatzes (Art. 20 Abs. 3 GG) und des schwerwiegenden Eingriffs in

299 VGH München, Beschl. v. 09.01.2019 – 12 CS 18.2658 –, juris Rn. 51, 60 „das schärfste Schwert des Heimrechts"; Beschl. v. 02.06.2020 – 12 ZB 18.2087 –, juris Rn. 10; OVG Schleswig, Beschl. v. 22.08.2019 – 3 MB 24/19 –, juris Rn. 14; VG Bremen, Beschl. v. 04.12.2015 – 3 V 2389/15 –, juris Rn. 56; Stellungnahme des Bundesrats zum Entw. zur Änd. des HeimG BT-Drs. 14/5399, S. 36 re. Sp.

Art. 12 GG nur dann in Betracht, wenn mit anderen – milderen – Eingriffsmitteln (bspw. eines Aufnahmestopps nach § 28[300]) ein ordnungsgemäßer Betrieb hoheitlich nicht (mehr) erzwungen[301] und der Schutz der Bewohner/Pflegekunden auf andere Weise nicht gesichert werden kann.

Wenn die tatsächlichen Gegebenheiten beim Erlass der Anordnung eine dringende Gefahr für Leben, Gesundheit oder Freiheit der Bewohner bestätigen (Gefahrenprognose) und der Unternehmer nicht willens[302] oder nicht in der Lage ist, die Mängel (Abweichungen von den §§ 13–15) kurzfristig abzustellen und andere Maßnahmen nicht (mehr) ausreichen, ist die Heimaufsicht verpflichtet („*hat*“), den Betrieb zu untersagen.

§ 29 normiert – wenn andere mildere Anordnungen nach §§ 26 ff. nicht (mehr) ausreichen – sechs eigenständige Untersagungsgründe:

- Untersagung eines Einrichtungsbetriebs bei Nicht-Erfüllen der Anforderungen der §§ 13–15 (Pflichtvorschrift – „*hat* […] zu untersagen“) (Abs. 1);
- Untersagung Betrieb einer anbieterverantworteten ambulant betreuten Wohngemeinschaft (Ermessensvorschrift – „*kann* […] untersagen“) bei Nicht-Erfüllen der Anforderungen der §§ 19–21 (Abs. 4 Satz 2);
- Untersagung (Ermessensvorschrift – „*kann* […] untersagen“) eines Einrichtungsbetriebs oder anbieterverantworteten ambulant betreuten Wohngemeinschaft
  - beim Unterlassen oder unvollständiger Abgabe einer Anzeige nach § 7 Abs. 1 (Abs. 2 Nr. 1 ggf. i. V. m. Abs. 4 Satz 2)
  - Untersagung wegen Zuwiderhandlungen gegen Anordnungen nach § 26 Abs. 1 (Abs. 2 Nr. 2 ggf. i. V. m. Abs. 4 Satz 2)
  - Untersagung wegen Zuwiderhandlung gegen ein Beschäftigungsverbot nach § 27 Abs. 1 (Abs. 2 Nr. 3 ggf. i. V. m. Abs. 4 Satz 2);
- Untersagung der Tätigkeit von ambulanten Betreuungs- und Pflegediensten (Ermessensvorschrift – „*kann* […] untersagen“) in anbieterverantworteten ambulant betreuten Wohngemeinschaften bei Nicht-Erfüllen der Anforderungen der §§ 19–21 (Abs. 3).

Damit bildet die Vorschrift den rechtlichen Schlusspunkt im mehrstufigen Eingriffsinstrumentarium der Heimaufsicht – nach Beratung (§ 25), Anordnungen (§ 26) und Aufnahmestopp (§ 28) – und dient dem Schutz der Bewohner vor fortdauernder oder akuter Gefährdung. Sie entspricht inhaltlich weitestgehend der Untersagung nach § 13 SächsBeWoG, wurde aber um Aspekte der Transparenz, Teilhabe und Bewohnerbeteiligung erweitert.[303]

300 Siehe hierzu VG Dresden, Beschl. v. 06.02.2017 – 1 L 519/16 –, juris Rn. 25.

301 OVG Berlin-Brandenburg, Beschl. v. 18.08.2022 – OVG 6 S 45/22 –; vorgehend VG Cottbus, Beschl. v. 20.06.2022 – 8 L 123/22 – wegen „gravierender Mängel in der Pflege und Betreuung sowie der Personalbesetzung“ und „vielfältiger hygienischer Missstände“ und dem Tod einer Bewohnerin während eines unterbesetzten Dienstes“ und mit deutlicher Kritik an einem zu zögerlichen Einschreiten der Heimaufsicht, juris Rn. 102, 125.

302 Vgl. hierzu VG Cottbus, Beschl. v. 20.06.2022 – 8 L 123/22 –, juris Rn. 119.

303 Gesetzentwurf der Staatsregierung LT-Drs. 7/14987, Zu § 29, S. 90.

Pflicht zur Betriebsuntersagung bei schwerwiegenden Mängeln (Abs. 1)

Abs. 1 verpflichtet die Heimaufsicht, den Betrieb einer Einrichtung zu untersagen, wenn die (grundsätzlichen) Anforderungen der §§ 13 bis 15 nicht erfüllt werden und Anordnungen nach §§ 26–28 nicht ausreichen, um die Mängel zu beseitigen oder eine Gefährdung des Bewohnerwohls abzuwenden. Die Vorschrift ist als Pflichtvorschrift („*hat […] zu untersagen*") ausgestaltet. Bei Verstößen gegen die Grundanforderungen an Betrieb, Wohnqualität und Personal (§§ 13 bis 15) besteht kein Ermessen der Heimaufsicht – sie hat einzuschreiten. Eine Untersagung ist zwingend, wenn die ihr zugrundeliegenden Mängel eine erhebliche Gefahr für Leben, Gesundheit oder Freiheit der Bewohner darstellen oder bereits entsprechende Schäden eingetreten sind.

Zwar räumt Absatz 1 als Pflichtvorschrift der Heimaufsicht kein Ermessen ein, jedoch gebietet es der Grundsatz der Verhältnismäßigkeit (arg. „*wenn Anordnungen nicht ausreichen*"), dass die ergriffene Maßnahme der Untersagung nicht über das zur Erreichung des Zwecks zwingend Erforderliche hinausgeht (Übermaßverbot).[304] In dem Tatbestandsmerkmal „*wenn […] Anordnungen nicht ausreichen*" kommt bereits zum Ausdruck, dass die Untersagung das „mildeste Mittel" sein muss. In der konkreten Form dieses „letzten Mittels" ist die Untersagung nur dann rechtmäßig, wenn sie alternativlos ist. Ein Aufnahmestopp, ein Beschäftigungsverbot oder die hoheitliche Einsetzung einer kommissarischen (externen) Leitung sind als mildere Mittel in Betracht zu ziehen. Neben dem Aufnahmestopp kommt auch eine Teiluntersagung in Betracht, die sich jedoch für den „Teil" für den sie ausgesprochen wird, an den Anforderungen des § 29 zu messen hat. Die Angemessenheit der Untersagung ist gewahrt, wenn der damit verbundene Grundrechtseingriff nicht außer Verhältnis zum verfolgten Zweck steht. Diese Abwägung geht im vorliegenden heimspezifischen Kontext der Untersagung immer zu Lasten des Unternehmers aus.

Bei gravierenden Mängeln in der Pflege und Betreuung sowie anhaltender nicht nur für einen unerheblichen Zeitraum von wenigen Stunden bestehender – punktueller – personeller Unterbesetzung und bereits eingetretenen Verletzung der Rechtsgüter Leben, Gesundheit oder Freiheit der Bewohner ist die Heimaufsicht verpflichtet, unverzüglich einzuschreiten. Ein weiteres Zuwarten durch die Heimaufsicht ist dann rechtswidrig. Stellt die Heimaufsicht bspw. bei einer Anlassprüfung gravierende Qualitätsmängel fest, die bereits zu einem Schaden für Bewohner geführt haben, eine weitere konkrete Gefahr darstellen und – bei ungehindertem Fortgang – zu einem weiteren Schaden für Gesundheit, Leib oder Leben für eine Vielzahl an Bewohnern führen wird, hat sie den Betrieb sofort zu untersagen, um den ungehinderten Fortgang der Schädigung zu unterbinden. (Mildere) Anordnungen genügen dann aufgrund der zeitlichen Komponente nicht mehr. Die Anhörung zur Untersagung hat in diesen Fällen – sofern möglich – unverzüglich mündlich zu erfolgen und die Anordnung kann mündlich ausgesprochen werden. Der mündlich erlassene Verwaltungsakt ist sodann schriftlich zu bestätigen (§ 37 Abs. 2 Satz 2 VwVfG). Von krassen Einzelfällen abgesehen, wird dies jedoch eher

304 VGH München, Beschl. v. 24.04.2017 – 12 ZB 13.2094 – juris, Rn. 47; Beschl. v. 09.01.2019 – 12 CS 18.2658 –, juris Rn. 51; OVG Düsseldorf, Beschl. v. 17.02.2011 – 12 A 241/10 – juris, Rn. 54.

ein theoretisches Szenario sein. In den meisten Fällen wird es (noch) Möglichkeiten geben, die Mängel abzustellen und hierauf durch konsequente Anordnungen hinzuwirken. So kann bei personellen Unterdeckungen sofort mündlich eine Angleichung und ein Aufnahmestopp angeordnet werden. Der Träger/Leistungsanbieter hat dann die Möglichkeit unverzüglich Personal – bspw. übergangsweise Leiharbeitskräfte – zu engagieren. In Fällen, bei denen bereits ein Schaden eingetreten ist, darf die Heimaufsicht aufgrund ihres staatlichen Schutzauftrages nicht zu zögerlich agieren – ein Begleiten und Beraten des Trägers reicht dann zur Gefahrenabwehr nicht (mehr) aus.

Greift die Heimaufsicht sehenden Auges nicht ein und lässt den Mängeln ihren Lauf verletzt sie ihren gesetzlichen Auftrag. Dies kann eine Amtspflichtverletzung darstellen.[305]

> *„Stellt die Heimaufsicht fest, dass ein Träger über einen längeren Zeitraum hinweg nicht in der Lage ist, für ihrer Auffassung nach rechtskonforme Qualitätsverhältnisse zu sorgen, so darf sie diesen Zustand nicht lediglich durch ständig neue Kontrolle begleiten, sondern ist gehalten, zeitnah und konsequent in Form von Anordnungen […] tätig zu werden.“*[306]

In diesen Fällen entbehrt eine Untersagung jedoch nicht der Gesamtschau aller Tatsachen. Unvollständige oder unrichtige Angaben im Rahmen der Anzeige des Betriebs, Nicht-Befolgung von Anordnungen nach § 26 Abs. 1 sowie die Beschäftigung von mit einem Beschäftigungsverbot belegten Personen nach § 27 Abs. 1 sind zusammenfassend mit Blick auf den Gesetzeszweck und den ultima-ratio-Grundsatz zu würdigen (§ 40 VwVfG, Ermessensausübung).

Zwingende Untersagung bei fehlender Zuverlässigkeit | Systemversagen (Abs. 1 i. V. m. § 13 Abs. 1 Satz 1)

Die Heimaufsicht hat ebenfalls konsequent nach Abs. 1 einzuschreiten, wenn der Unternehmer nicht oder nicht mehr die notwendige Zuverlässigkeit zum Betrieb einer Einrichtung nach § 13 Abs. 1 Satz 1bietet. In dieser Konstellation besteht keine andere Möglichkeit. Auch duldet die Untersagung keinerlei Aufschub oder „Nachsicht“, da die Zuverlässigkeit die Grundvoraussetzung des Betriebs ist und ihr Fehlen nicht hergestellt werden kann. Denkbar wäre bspw., dass ein unzuverlässiger Gewerbetreibender ohne leistungsrechtlicher Zulassung nach § 72 Abs. 1 SGB XI faktisch eine stationäre Pflegeeinrichtung betreibt, jedoch keine Pflegefachkräfte einsetzt, die bereits aufgenommenen Bewohner nicht ausreichend versorgt, keine Medikamente vorhält, keine Pflegeplanungen erstellt hat und auch nicht über eine verantwortliche Pflegefachkraft verfügt etc. In einem solchen Szenario, in dem die Anforderungen – ungeachtet der Zweifel an der Zuverlässigkeit – nach den §§ 13 bis 15 nicht im Ansatz erfüllt werden, gebietet der Schutzzweck des Gesetzes („*vor Beeinträchtigung zu schützen*“) ein sofortiges Eingreifen. Es liegt dann ein „Systemversagen“ des Trägers vor.[307]

305 Vgl. hierzu VG Cottbus, Beschl. v. 20.06.2022 – 8 L 123/22 –, juris.
306 VG Cottbus, Beschl. v. 20.06.2022 – 8 L 123/22 –, juris Rn. 125.
307 Zu diesem Gesichtspunkt VGH München, Beschl. v. 09.01.2019 – 12 CS 18.2658 –, juris Rn. 55.

Die Untersagung kann zur Existenzvernichtung des Trägers – wenn dieser nur eine Einrichtung betreibt – führen. Dies allein führt jedoch im Rahmen der Verhältnismäßigkeitsprüfung (Angemessenheit) nicht zur Rechtswidrigkeit der Untersagungsverfügung. Mit Blick auf das Erfordernis der (gewerberechtlichen) Zuverlässigkeit des Trägers begründen „eine Vielzahl fortdauernder, gravierender struktureller Mängel in der fachlichen Organisation des Heimbetriebs“[308] auch unabhängig von der Verletzung weiterer heimordnungsrechtlicher Anforderungen (§ 13 Abs. 2 – § 15), wie bspw. Fachkraftvorhalt oder Mängel in der Pflege eine schon allein hieraus resultierende gewerberechtliche Unzuverlässigkeit (§ 13 Abs. 1 Satz 1). Ist der Träger nicht in der Lage oder nicht willens zeitnah und effektiv seinen Heimbetrieb ordnungsgemäß zu organisieren und Mängel abzustellen, ist die Untersagung als einziges Mittel auch mit dem Verhältnismäßigkeitsgrundsatz in der Ausprägung des Art. 12 GG vereinbar.[309]

In diesen Fällen der fehlenden Zuverlässigkeit kommt eine vorläufige Untersagung nicht in Betracht, da die Zuverlässigkeit dem Träger anhaftet und für sich genommen bereits eine Zukunftsprognose voraussetzt. Ist diese Prognose negativ, fehlt mithin die Zuverlässigkeit, kann in absehbarer Zeit kein rechtskonformer Zustand hergestellt werden. Die teilweise in der Rechtsprechung angestellten Überlegungen des Austauschs der Leitungspersonen (externe kommissarische Leitung) verkennen, dass es der Heimaufsicht nicht möglich ist, den Rechtsträger bzw. dessen Vertretungsorgan – beispielsweise den bestellten Geschäftsführer – auszuwechseln. Es mag zwar unter Effektivitätsgesichtspunkten zielführend sein, „das mutmaßliche Übel an der Wurzel zu fassen“[310], allerdings ist die Ermächtigungsgrundlage hierfür nicht ausreichend und würde auch – mit Blick auf die gesellschaftsrechtlichen Auswirkungen – in die Gesetzgebungskompetenz des Bundes fallen.

Ermessensuntersagung bei Anzeigepflichtverletzung oder Missachtung behördlicher Anordnungen (Abs. 2)

Neben der Pflichtuntersagung ermöglicht Abs. 2 die ins pflichtgemäße Ermessen der Heimaufsicht gestellte („*kann*“) Untersagung des Betriebs einer Einrichtung oder – über den Verweis in Abs. 4 Satz 2 Alt. 1 – einer anbieterverantworteten ambulant betreuten Wohngemeinschaft, wenn mindestens einer der drei gesetzlich normierten Untersagungsgründe vorliegt:

- Unterlassene oder unvollständige Anzeige nach § 7 Abs. 1 (Nr. 1),
- Nichtbefolgung einer Anordnung nach § 26 Abs. 1 innerhalb der gesetzten Frist (Nr. 2),
- Zuwiderhandlung gegen ein Beschäftigungsverbot nach § 27 Abs. 1 (Nr. 3).

Ziel der Untersagung nach Nr. 1 ist die Sicherung der gesetzlichen Anzeigepflichten, die es der Heimaufsicht erst ermöglicht den Betrieb zu überwachen. Sobald die Anzeige vollständig nachgeholt ist, besteht nicht mehr die Möglichkeit, den Betrieb zu untersagen, da dann der Schutzzweck der zukünftigen Sicherung entfällt. Auch die Untersagung hat keinen repressiven

308 OVG Düsseldorf, Beschl. v. 27.05.2009 – 12 A 2944/06 –, juris Rn. 37.

309 OVG Düsseldorf, Beschl. v. 27.05.2009 – 12 A 2944/06 –, juris Rn. 37; vgl. auch BVerwG, Urt. v. 16.03.1982 – 1 C 124/80 –, juris Rn. 24 zu § 35 GewO.

310 VGH München, Beschl. v. 09.01.2019 – 12 CS 18.2658 –, juris Rn. 63.

Charakter. Beharrliche Missachtung dieser Anzeigepflichten können jedoch die notwendige Zuverlässigkeit des Trägers/Leistungsanbieters in Frage stellen. Es käme dann eine (verpflichtende) Untersagung nach Abs. 1 in Betracht. Dies dürfte allerdings im Regelfall zu verneinen sein, da der Träger durch die nachgeholte Anzeige regelmäßig zum Ausdruck bringen wird, dass er sich zukünftig rechtstreu verhalten wird, was eine positive Zukunftsprognose rechtfertigt. Eine Untersagung nach Nr. 1 ist daher in der Praxis nur dann denkbar, wenn sich der Träger/Leistungsanbieter nicht kooperativ zeigt. Spätestens im Rahmen der Anhörung zu einer Untersagung dürfte sich jeder wirtschaftlich vernünftig agierende Unternehmer beugen und die erforderlichen Pflichtinformationen anzeigen – verstärkte Missachtungen dieser Pflichten können die Zuverlässigkeit des Trägers infrage stellen.

Vorläufige Untersagung (Abs. 3)

Bereits vor Aufnahme des Betriebs einer Einrichtung kann dieser Betrieb vorläufig untersagt werden, wenn der Untersagungsgrund nach Absatz 1 oder 2 beseitigt werden kann. Dem Träger wird dadurch – unter Verhältnismäßigkeitsgesichtspunkten erforderlich – die Möglichkeit eingeräumt, die Anforderungen an den Betrieb nach den §§ 13 bis 15 zu schaffen, um sodann den Betrieb (wieder) aufzunehmen. Insbesondere in den Fällen des Absatz 2 Nr. 1, in denen der Träger die Anzeige nach § 7 Abs. 1 unterlassen oder unvollständige Angaben gemacht hat, kommt ausschließlich eine vorläufige Untersagung – auch nach erfolgter Betriebsaufnahme (Abs. 3 Satz 1 analog) – in Betracht. Die Anzeige kann sodann nachgeholt, vervollständigt oder korrigiert werden. Ziel dieser Vorschrift ist es, eine ordnungsgemäße Anzeige sicherzustellen, die der Heimaufsicht erst die Überwachung des Betriebs ermöglicht (§ 17 Abs. 2 Satz 1.).[311] Wie der Bayerische Verfassungsgerichtshof zutreffend festgestellt hat, ist jedoch stets zu beachten, dass die Betriebsuntersagung präventiven, gefahrenabwehrenden und nicht repressiven Charakter hat; „sie will den Einrichtungsträger nicht ‚bestrafen'"[312]. Strafvorschriften enthält § 33 mit der Normierung von Ordnungswidrigkeiten. Wer entgegen § 7 Abs. 1 den Betrieb einer Einrichtung nicht, nicht vollständig, nicht richtig oder nicht rechtzeitig anzeigt, kann – wenn er vorsätzlich oder fahrlässig handelt – mit einer Geldbuße belegt werden (§ 33 Abs. 1 Nr. 1). In Betracht kommt in diesen Fällen dann lediglich eine vorläufige Untersagung – nämlich bis zur vollständigen Anzeige – sofern der Träger beharrlich die Anzeige unterlässt.

Mit Blick darauf, dass ein „Aufnahmestopp" nach § 28 „milderes Mittel" ist, wird dieses regelmäßig in diesem Stadium vorrangig in Betracht zu ziehen sein. Der Belegungsstopp ist dann darauf gerichtet gar keinen Bewohner aufzunehmen, bis die Mängel abgestellt sind.

Ungeachtet dieser Möglichkeit den Betrieb einer Einrichtung – nach Anzeige, aber vor Aufnahme – vorläufig zu untersagen, gebietet es der Verhältnismäßigkeitsgrundsatz auch nach der Aufnahme des Betriebs diesen zunächst vorläufig zu untersagen, wenn eine Mängelbeseitigung

311 Gesetzentwurf der Staatsregierung LT-Drs. 7/14987, Zu Absatz 2 Zu Numme 1 bis 3, S. 90.
312 VGH München, Beschl. v. 09.01.2019 – 12 CS 18.2658 –, juris Rn. 54 a. E.

in absehbarer Zeit zu erwarten ist[313]. Abs. 3 Satz 1 findet analog Anwendung, wenn der Betrieb bereits aufgenommen wurde. In der Gesetzesbegründung wird zwar maßgeblich darauf abgestellt, dass der Träger/Leistungsanbieter die Mängel „rechtzeitig vor Inbetriebnahme [...] beseitigt"[314], es ist jedoch kein Grund ersichtlich, warum dies nicht auch nach erfolgter Betriebsaufnahme möglich sein soll. Grundsätzlich bedarf es hinsichtlich einer Untersagungsverfügung aufgrund des schwerwiegenden Eingriffs und der Beendigung des Betriebs einer ausdrücklichen Ermächtigungsgrundlage. Eine „vorläufige Untersagung" ist jedoch ein Minus zur „endgültigen Untersagung" und daher von der Ermächtigungsgrundlage umfasst. Würde man dies anders sehen, so müsste der Betrieb untersagt werden. Damit kann einer „endgültigen" Untersagung – die dazu führt, dass der Unternehmer für die untersagte Wohn-Pflege-Form seine wirtschaftliche Existenz gänzlich verliert und auf einen „Neustart" (insbesondere eine neue leistungsrechtliche Zulassung, ordnungsrechtliche Anzeige etc.) angewiesen ist – entgegengewirkt werden. Es handelt sich hierbei um eine Abstufung innerhalb der Untersagung. Das Instrument sichert eine flexible Gefahrenabwehr, ohne dass der Träger dauerhaft vom Betrieb ausgeschlossen wird. Damit vermeidet der Gesetzgeber eine „Alles-oder-Nichts"-Lösung und schafft eine mildere Zwischenstufe zwischen Aufnahmestopp und vollständiger Schließung.

Bei einer vorläufigen Untersagung wird dem Träger zwar mit sofortiger Wirkung untersagt, den Betrieb fortzuführen bzw. aufzunehmen, es wird ihm jedoch die Möglichkeit eröffnet durch eine Mängelbeseitigung den Betrieb in der Zukunft (wieder) aufzunehmen. Bei einer zeitlich unbeschränkten – endgültigen – Betriebsuntersagung bestünde diese Möglichkeit nicht. Eine nicht bloß vorläufige Betriebsuntersagung kommt dann in Betracht, wenn der Träger die notwendige Zuverlässigkeit nicht besitzt. Mit Blick darauf, dass die Frage der Zuverlässigkeit anhand einer Zukunftsprognose zu beantworten ist, handelt es sich hierbei um einen Zustand, dessen Mangel nicht in absehbarer Zeit abgestellt werden kann.

Untersagung der Leistungserbringung von Pflege- und Betreuungsdiensten in anbieterverantworteten ambulant betreuten Wohngemeinschaften (Abs. 4 Satz 1)

Abs. 4 Satz 1 übernimmt die bisherige Regelung des § 19 Abs. 4 SächsBeWOG. Eine Tätigkeitsuntersagung kommt demnach in Betracht, wenn die vom Pflege- oder Betreuungsdienst erbrachten Leistungen in einer bestimmten ambulant betreuten Wohngemeinschaft den Qualitätsanforderungen der §§ 19 bis 21 nicht genügen und Anordnungen nach § 26 nicht ausreichen. Der gesamte Betrieb des (ambulanten) Pflege- oder Betreuungsdienst kann auf dieser Grundlage – schon aus Gründen der fehlenden Landesgesetzgebungskompetenz für ambulante Pflege- und Betreuungsdienste – indes nicht untersagt werden.[315] Der Wortlaut „ambulant betreute Wohngemeinschaft" ist systematisch und verfassungskonform dahingehend auszulegen, dass nur „anbieterverantwortete" Wohngemeinschaften erfasst sind. Bei systematischer Auslegung ergibt sich dies daraus, dass die Qualitätsanforderungen der §§ 19–21, an

313 So auch Kassen/Fahnenstich, Wohn- und Teilhabegesetz Nordrhein-Westfalen, Rn. 932.
314 Gesetzentwurf der Staatsregierung LT-Drs. 7/14987, Zu § 29 Zu Absatz 3, S. 90 f.
315 Zutr. Gesetzentwurf der Staatsregierung LT-Drs. 7/14987, Zu § 29 Zu Absatz 4, S. 91.

deren Nicht-Einhaltung die Norm anknüpft, nur für anbieterverantwortete ambulant betreute Wohngemeinschaften gelten, sowie daraus, dass sich Anforderungen an Pflege- oder Betreuungsdienste, die Pflege-, Assistenz- oder Betreuungsleistungen in selbstverantworteten Wohngemeinschaften erbringen, ausdrücklich nur aus § 18 Satz 2 ergeben. In verfassungsrechtlicher Hinsicht fehlt dem Freistaat Sachsen zudem die Gesetzgebungskompetenz für ambulante Pflege- und Betreuungsdienste.[316] Diese ergibt sich für den Bund aus der konkurrierenden Gesetzgebungskompetenz aus Art. 74 Abs. 1 Nr. 12 GG. Die Anforderungen an den Betrieb betreuender ambulanter Dienste als Gewerbebetrieb richten sich abschließend nach den gewerberechtlichen Vorschriften der Gewerbeordnung sowie nach den leistungsrechtlichen Vorgaben, insbesondere aus den Sozialgesetzbüchern V, IX, XI und XII.

Der enge Anwendungsbereich des Abs. 4 Satz 1 ist daher auf die Fälle beschränkt, in denen mehrere Dienstleister in einer anbieterverantworteten ambulant betreuten Wohngemeinschaft tätig sind. Die Untersagung nach Abs. 4 Satz 1 richtet sich sodann nur an Dienstleister i. S. d. § 9 Abs. 2 Satz 1, die nicht der (verantwortliche) Leistungsanbieter i. S. d. § 9 Abs. 2 Satz 2 und 3 sind. Die Untersagung des Betriebs der Wohngemeinschaft richtet sich nach Abs. 4 Satz 2 an den verantwortlichen Leistungsanbieter.

Untersagung anbieterverantworteter ambulant betreuter Wohngemeinschaften (Abs. 4 Satz 2)

Nach Abs. 4 Satz 2 kann der Betrieb einer ambulant betreuten Wohngemeinschaft ggü. dem Leistungsanbieter untersagt werden, wenn die Anforderungen nach Abs. 2 (Unterlassene oder unvollständige Anzeige, Nichtbefolgung einer Anordnung, Zuwiderhandlung gegen ein Beschäftigungsverbot) oder nach §§ 19–21 nicht erfüllt werden. Wie auch bei Abs. 4 Satz 1 kann sich die Untersagung nur an anbieterverantwortete ambulant betreute Wohngemeinschaften richten (arg. „*dem Leistungsanbieter*“, vgl. § 9 Abs. 2 Satz 2 und 3).

Vor Erlass der Untersagung – sowohl nach Abs. 4 Satz 2 als auch nach Satz 1 – sind die Bewohner „zu hören“ (anzuhören). Dies trägt dem Grundgedanken der Teilhabe, Transparenz und Verbraucherschutzorientierung Rechnung und stärkt die Mitwirkungsrechte der Betroffenen.

Beurteilungszeitpunkt | Verschulden der Heimaufsicht

Der Schutzzweck der Landesheimgesetze erfordert ein effektives Einschreiten der Heimaufsicht gegen Missstände unabhängig davon, ob die Behörde diese zuvor hätte abwenden können. Die Heimaufsicht hat die Sachlage, wie sie sich nach den tatsächlichen Gegebenheiten zum Zeitpunkt des Erlasses der Anordnung darstellt, dieser zu Grunde zu legen. Mängel, die beim Erlass der Untersagung nicht mehr bestehen – bspw. zwischenzeitlich erfolgte Anzeige, Umsetzung einer Anordnung auch nach Fristablauf, Nicht-Weiterbeschäftigung des mit einem

316 Eingehend Martschink, Der Eingriff der Heimaufsicht, Kap. C und D. I. 3. A. aa) (3).

Beschäftigungsverbots belegten Mitarbeiters – rechtfertigen keine Untersagung (mehr). Daher ist eine entsprechende Anordnung auch im Widerspruchsverfahren – aber auch nach § 49 Abs. 1 VwVfG – zu widerrufen. Hiervon zu trennen sind die – weiterhin geltenden – Sanktionsmittel der Heimaufsicht für das in der Vergangenheit bestandene rechtswidrige Verhalten nach § 33.

Maßgeblicher Zeitpunkt für die Beurteilung der Rechtmäßigkeit der Untersagungsverfügung ist der Zeitpunkt der letzten Tatsacheninstanz, das heißt, im gerichtlichen Verfahren der Zeitpunkt der gerichtlichen Entscheidung, da es sich um einen Dauerverwaltungsakt handelt, der in die Zukunft wirkt.[317] Bloß künftig zu erwartende Gefährdungen rechtfertigen eine Untersagung nicht.[318] Sofern in der Vergangenheit festgestellte Mängel zur Rechtfertigung einer Betriebsuntersagung herangezogen werden sollen, kommt lediglich in Betracht, wegen wiederholter und beharrlicher Verstöße gegen gesetzliche Anforderungen die Zuverlässigkeit des Trägers in Frage zu stellen.

Ob ein früheres heimaufsichtsrechtliches Einschreiten mildere Mittel mit der gleichen Wirkung zugelassen hätte, ist unbeachtlich. Eine alternativlos gewordene Betriebsuntersagung ist jederzeit auch dann zum Schutz der Pflegekunden zu ergreifen, wenn zuvor behördliche Maßnahmen versäumt worden sind.[319] Zwar kann man dann der Heimaufsicht vorwerfen, dass sie den Untersagungsgrund selbst durch Zuwarten geschaffen hat, dieser Vorwurf ist jedoch im Gefahrenabwehr nicht geeignet von sodann zu ergreifenden Maßnahmen abzusehen. Dies würde den Schutz der Bewohner infrage stellen.

Freiwillige Betriebseinstellung

Die Untersagung setzt zudem voraus, dass der Heimbetrieb tatsächlich noch besteht. Entgegen § 35 Abs. 1 Satz 3 GewO, wonach ein Gewerbeuntersagungsverfahren auch dann fortgesetzt werden kann, wenn der Betrieb des Gewerbes während des Verfahrens aufgegeben wird, fehlt es für die Untersagung eines Heimbetriebs an einer entsprechenden Regelung. Allerdings muss der Träger den Betrieb endgültig eingestellt haben. Hierzu gehört neben der Beendigung des Versorgungsvertrages – sofern ein solcher besteht – auch eine Beendigung und Abwicklung aller (!) zivilrechtlicher Verträge mit den Bewohnern. Die ordnungsgemäße Abwicklung ist der Heimaufsicht anzuzeigen (§ 7 Abs. 5). Allein der Umstand fehlender Belegung einer Einrichtung stellt keine Betriebseinstellung dar, da der Betrieb allein durch das Vorhalten der Kapazität weiter aufrechterhalten wird.

317 VG Karlsruhe, Beschl. v. 12.04.2024 – 2 K 411/24 –, juris Rn. 35 m. w. N.

318 A. A. VGH München, Beschl. v. 09.01.2019 – 12 CS 18.2658 –, juris Rn. 49.

319 Zutreffend OVG Münster, Beschl. v. 29.06.2018 – 12 A 2480/16 –, juris Rn. 9, Beschl. v. 06.12.2018 – 12 B 1102/18 –, juris Rn. 5 f.; OVG Berlin-Brandenburg, Beschl. v. 18.08.2022 – OVG 6 S 45/22 –, juris Rn. 11.

Berücksichtigung der Bewohnerinteressen und Anhörung

Bei der Betriebsuntersagung als *ultima ratio* ist zu berücksichtigen, dass eine solche Verfügung zwangsläufig auch in die Rechte der Pflegekunden eingreift. Im Rahmen der Ermessensentscheidung sind die Interessen der Bewohner, insbesondere die Folgen einer Betriebsschließung für die Bewohner, die dadurch ihr gewohntes Lebensumfeld verlieren, hinreichend zu berücksichtigen.[320] Dies ergibt sich aus Art. 1 Abs. 1 Satz 1, Art. 2 Abs. 2 Satz 1 und Art. 2 Abs. 1 GG. Allerdings darf nicht verkannt werden, dass es nicht darauf ankommt, ob ausreichend Ersatzpflegeplätze für die Bewohner zur Verfügung stehen. Der Bayerische Verwaltungsgerichtshof hat zur vergleichbaren Regelung des Art. 15 PfleWoqG ausgeführt, dass von Bedeutung insbesondere sei:

> *„[...] ob für die von der Schließung der Einrichtung betroffenen Bewohnerinnen und Bewohner sofort verfügbare (freie) Ersatzpflegeplätze in ausreichender Zahl, Qualität und räumlicher Nähe zur Verfügung stehen und inwieweit die Betroffenen und ihre Angehörigen und Betreuer von der Heimaufsicht Unterstützung bei der Suche nach einem Ersatzpflegeplatz und dessen konkreter Vermittlung bis hin zum Abschluss eines neuen Heimvertrages erfahren. Gerade in einem mehrpoligen Rechtsverhältnis wie dem einer Heimunterbringung, bei der nicht nur Einrichtungsträger und Aufsichtsbehörden, sondern auch Dritte, die Bewohnerinnen und Bewohner der jeweiligen Einrichtung, einander mit eigenen Rechten und Pflichten begegnen, ist zugleich auch die Position der Dritten, der Bewohnerinnen und Bewohner, ausreichend in Rechnung zu stellen“*[321]

Diese Sichtweise überzeugt nicht. Der Sozialstaat hat nicht in „zweiter Linie“ für ein Versagen privater Träger einzustehen. Richtig ist jedoch, dass es aus Gründen der öffentlichen Fürsorge der Heimaufsicht schon aufgrund ihres gesetzlichen Auftrages obliegt, die „Umversorgung“ der Bewohner zu begleiten. Soweit der Bayerische Verwaltungsgerichtshof allerdings meinen sollte, dass ein „schlechter“ Pflegeplatz besser sei, als gar kein Pflegeplatz ist dies rechtsirrig. Das Heimordnungsrecht regelt Mindestqualitätsanforderungen, deren Unterschreiten eine Gefahr darstellt. Der Staat ist zum gefahrenabwehrrechtlichen Einschreiten verpflichtet. In dem der Entscheidung des Bayerischen Verwaltungsgerichtshof zugrundeliegenden Falls lag es jedoch so, dass die festgestellten Mängel ein Ergreifen des „letzten Mittels“ schon nicht rechtfertigen konnten, vielmehr kam auf der Stufe der Erforderlichkeit des Mittels in Betracht, eine externe kommissarische Leitung einzusetzen.

Bewohner können – um deren körperliche Integrität und Gesundheit zu schützen – bei einer Betriebsschließung durch Untersagung auch übergangsweise in Krankenhäusern versorgt werden, wenn Pflegeplätze nicht in ausreichender Zahl zu Verfügung stehen sollten. Hierbei ist der Sicherstellungsauftrag der gesetzlichen Pflegekassen zu berücksichtigen. Dass nicht ausreichend Ersatzpflegeplätze im gesamten Bundesland (ggf. über die Landesgrenzen hinaus) – übergangsweise – zur Verfügung stehen, dürfte auch eher theoretischer Natur sein.

320 Vgl. VGH München, Beschl. v. 09.01.2019 – 12 CS 18.2658 –, juris Rn. 52 f. m. w. N; VG Cottbus, Beschl. v. 20.06.2022 – 8 L 123/22 –, juris Rn. 130 ff.

321 VGH München, Beschl. v. 09.01.2019 – 12 CS 18.2658 –, juris Rn. 52.

Um die „Umversorgung" und die Abwicklung zu organisieren (Ersatzpflegeplätze, Krankentransport, Umzug etc.) zu ermöglichen, ist im Regelfall eine hinreichende Frist zur Abwicklung des Betriebs zu setzen.[322] Die konkrete Länge der Frist ist abhängig von den tatsächlichen Gegebenheiten vor Ort. Je mehr Bewohner „umversorgt" werden müssen, umso länger muss die Frist sein. Dies ist jedoch nicht damit zu verwechseln, dass die Betriebsuntersagung sofort gilt. Lediglich die Abwicklung, das heißt die Beendigung der zivilrechtlichen Verträge, die anderweitige Versorgung der Bewohner und letztlich die tatsächliche Betriebseinstellung werden hinausgeschoben. Nach Abs. 4 Satz 1 sind bei einer beabsichtigten Untersagung einer anbieterverantworteten ambulant betreuten Wohngemeinschaft die Bewohner – die zwangsläufig von der gegen den Leistungsanbieter gerichteten Untersagung betroffen sind – zuvor zu hören. Ihre Interessen sind bei der pflichtgemäßen Ermessensentscheidung zu berücksichtigen. Auch bei den übrigen Untersagungstatbeständen sind die Interessen der Bewohner zu berücksichtigen, gleichwohl sie bei der Untersagung einer Einrichtung vorab nicht anzuhören sind. Auf eine nicht hinreichende Berücksichtigung der Bewohnerinteressen kann sich der Träger/Leistungsanbieter mangels Betroffenheit in eigenen subjektiven Rechten jedoch nicht berufen (§ 113 Abs. 1 Satz 1 VwGO).

Auswirkungen auf das zivilrechtliche Schuldverhältnis

Die aufsichtsrechtlich angeordnete Schließung greift mittelbar in das vertragliche Schuldverhältnis zwischen Unternehmer und Pflegekunden ein. Der Unternehmer kann bei Betriebsschließung seiner Hauptleistungspflicht aus dem Wohn- und Betreuungsvertrag zur Wohnraumüberlassung und Pflege nicht mehr nachkommen. Selbst wenn der Unternehmer über eine weitere Einrichtung verfügt, in welche die Pflegekunden „umziehen" könnten, bedarf es hierzu einer neuen vertraglichen Vereinbarung. Die bestehende vertragliche Vereinbarung kann in diesem Falle nicht mehr erfüllt werden. Da Unmögliches nicht gefordert werden kann (*ultra posse nemo obligatur,* § 275 BGB), wandelt sich der Primäranspruch des Pflegekunden auf einen Sekundäranspruch auf Schadensersatz statt der Leistung.[323] Dieser ist auf Ersatz der durch den Wechsel in eine andere Einrichtung entstandenen Mehrkosten (§§ 280 Abs. 1, Abs. 3, 283, 275 Abs. 1 BGB) sowie auf Erstattung angemessener Umzugskosten (§ 13 Abs. 1 i. V. m. § 12 Abs. 1 Satz 3 Nr. 1 WBVG) gerichtet. Dabei führt die hoheitlich *angeordnete* erzwungene Betriebseinstellung zur rechtlichen Unmöglichkeit der Leistungserbringung i. S. d. § 275 BGB.[324] Auf ein tatsächliches „Abschließen" der Einrichtung kommt es nicht an, da die Leistung gegenüber dem Pflegekunden mit vollziehbarer Anordnung nicht mehr erbracht werden darf.

322 VG Cottbus, Beschl. v. 20.06.2022 – 8 L 123/22 –, juris Rn. 104.

323 Vgl. LG Bonn, Urt. v. 17.07.2018 – 5 S 155/17 –, juris, welches jedoch rechtsfehlerhaft auf § 281 BGB statt auch § 283 BGB abstellt.

324 Vgl. für die behördliche Schließung von Fitnessstudios während der SARS-CoV-2-Pandemie BGH, Urt.v. 04.05.2022 – XII ZR 64/21 –, NJW 2022, 2024 Rn. 16 ff.

§ 30
Erprobungs- und Befreiungsregelungen

(1) [1]Die zuständige Behörde kann eine Einrichtung auf schriftlichen oder elektronischen Antrag des Trägers von den Vorgaben des § 16 befreien, wenn die Mitwirkung in anderer Weise gesichert ist oder die Konzeption sie nicht erforderlich macht. [2]Sie kann von den Anforderungen der Rechtsverordnungen nach § 34 befreien, wenn dies im Sinne der Erprobung neuer Betreuungs- oder Wohnformen geboten erscheint und hierdurch der Zweck dieses Gesetzes nach § 1 nicht gefährdet wird.

(2) Zur Entwicklung und Erprobung neuer Wohnformen kann die zuständige Behörde auf schriftlichen oder elektronischen Antrag den Leistungsanbieter im Einzelfall von einzelnen Anforderungen dieses Gesetzes und der nach § 34 erlassenen Rechtsverordnungen ganz oder teilweise befreien, wenn dies im Interesse der Erprobung neuer Wohnformen geboten erscheint und eine bedarfsgerechte Pflege und Betreuung der Bewohnerinnen und Bewohner unter Beachtung des § 1 gewährleistet ist.

(3) [1]Die Entscheidung der zuständigen Behörde über die Zulassung einer Erprobung ergeht durch Bescheid und soll zunächst auf fünf Jahre befristet werden. [2]Die Frist kann um weitere fünf Jahre verlängert werden. [3]Sofern der Zweck des § 1 nicht gefährdet ist, kann die zuständige Behörde die Einrichtung oder ambulant betreute Wohngemeinschaft dauerhaft von den in Absatz 1 genannten Vorgaben befreien. [4]Die Befreiung kann ganz oder teilweise widerrufen werden, wenn eine bedarfsgerechte Pflege, Betreuung oder Assistenz unter Beachtung des § 1 nicht oder nicht mehr gewährleistet ist. [5]Die Rechte der zuständigen Behörde nach den §§ 17 und 23 bis 32 werden durch die Befreiung nicht berührt.

(4) [1]Der Träger und der Leistungsanbieter sind verpflichtet, die Ergebnisse der Erprobungen zu evaluieren. [2]Hierzu ist ein Abschlussbericht anzufertigen und schriftlich zu veröffentlichen.

Allgemeines

§ 30 steht am Ende des Teil 3 des SächsWTG („Maßnahmen der zuständigen Behörde“) und schafft mit Erprobungs- und Befreiungsregelungen einen gesteuerten Handlungsspielraum für die Heimaufsicht, um Innovationen bei Betreuungs- und Wohnformen zu ermöglichen (Abs. 2–4), ohne die Schutzgüter des § 1 zu gefährden und alternativen Mitwirkungsmodellen offen gegenüberzutreten (Abs. 1). Der Gesetzgeber wollte damit einen Ausnahmetatbestand im Sinne einer experimentellen Öffnung schaffen, jedoch keine generelle Befugnis der Heimaufsicht, gesetzliche Anforderungen beliebig zu suspendieren. Zudem besteht die Möglichkeit von den Anforderungen des § 16 SächsWTG (dauerhaft) zu befreien, wenn die Mitwirkung auf andere Weise gesichert ist. Eine Befreiung kommt nur in den ausdrücklich geregelten Fällen in Betracht, wobei stets eine gesetzliche Grundlage bestehen muss. Damit wird der Grundsatz der Gesetzmäßigkeit der Verwaltung (Art. 20 Abs. 3 GG) gewahrt. Die Heimaufsicht kann nur dort Ausnahmen zulassen, wo der Gesetzgeber sie selbst vorgesehen hat.

Befreiung von Anforderungen an die Mitwirkung (Abs. 1)

Abs. 1 richtet sich an Einrichtungen im Sinne des § 2 Abs. 1 und eröffnet zwei voneinander unabhängige Befreiungstatbestände:
- Befreiung von den gesetzlichen Mitwirkungsanforderungen für Einrichtungen nach § 16 (Satz 1)
- Befreiung von weiteren (Mitwirkungs-)Anforderungen der SächsWTVO zur Erprobung neuer Betreuungs- oder Wohnformen (Satz 2)

Zum einen erlaubt Satz 1 die endgültige Befreiung von der Pflicht zur Mitwirkung der Bewohnervertretung nach § 16, sofern die Mitwirkung in anderer Weise wirksam gesichert ist oder aufgrund der Konzeption entbehrlich erscheint. Diese Befreiung steht nicht im Zusammenhang mit einer Erprobung, sondern soll eine gewisse Flexibilität für spezielle Organisationsformen – etwa sehr kleine Hospize oder Projekte mit individuell gestalteten Beteiligungsmodellen – schaffen. Voraussetzung ist, dass die Interessenvertretung der Bewohner funktional gleichwertig gewährleistet bleibt.

Zum anderen kann die Heimaufsicht nach Satz 2 Einrichtungen und anbieterverantwortete ambulant betreute Wohngemeinschaften von den Anforderungen der SächsWTVO befreien, wenn dies „im Sinne der Erprobung neuer Betreuungs- oder Wohnformen" geboten erscheint und der Zweck des SächsWTG nach § 1 nicht gefährdet wird. Diese zweite Alternative betrifft ausdrücklich die Erprobung innovativer Konzepte, etwa durch den Einsatz technischer oder digitaler Assistenzsysteme, neuartiger Nachtkonzepte, inklusiver oder generationenübergreifender Wohnprojekte oder alternativer Personalmixe. Der Anwendungsbereich des Satz 2 beschränkt sich auf Abweichungen von der SächsWTVO – nicht aber von gesetzlichen Anforderungen des SächsWTG selbst.

Befreiung zur Erprobung (Abs. 2)

Abs. 2 betrifft hingegen den Leistungsanbieter im Bereich anbieterverantworteter ambulant betreuter Wohnformen. Er eröffnet die Möglichkeit „zur Entwicklung und Erprobung neuer Wohnformen" im Einzelfall von einzelnen Anforderungen des SächsWTG und der SächsWTVO – zunächst befristet (Abs. 3) – befreit zu werden. Während Abs. 1 für die Befreiung von Anforderungen an die Mitwirkung lediglich verlangt, dass der Zweck des Gesetzes nicht gefährdet wird, fordert Abs. 2 ausdrücklich, dass eine „bedarfsgerechte Pflege und Betreuung der Bewohner […] unter Beachtung des § 1 gewährleistet ist". Die Norm zielt auf experimentelle Wohnmodelle, wie z. B. quartiersnahe Cluster-WGs mit technischen Assistenzsystemen, die vom klassischen Konzept der anbieterverantworteten ambulant betreuten Wohngemeinschaft abweichen, aber dennoch gleichwertigen Schutz und Versorgungssicherheit bieten. Eine Befreiung von einzelnen Anforderungen muss im Interesse der Erprobung neuer Wohnformen „geboten" erscheinen.

Antragsprinzip

§ 30 steht exemplarisch für das Prinzip der gesetzlich kontrollierten Ausnahmemöglichkeit. Ein allgemeines, von der Heimaufsicht frei ausübbares Dispensrecht besteht nicht. Ausnahmen sind nur innerhalb des gesetzlich vorgegebenen Rahmens zulässig und müssen sich an den Schutz- und Qualitätszielen des SächsWTG messen lassen. Die Vorschrift verbindet den Grundsatz der Gesetzesbindung der Verwaltung mit einem experimentellen Korrektiv, das Innovationen ermöglicht, aber zugleich die Schutzziele des SächsWTG sichert. In der praktischen Anwendung verlangt dies von den Trägern und Leistungsanbietern im Rahmen des erforderlichen schriftlichen oder elektronischen Antrags eine detaillierte Begründung der Abweichungsnotwendigkeit, die Darlegung eines funktionalen Schutzäquivalents und die Einbettung in ein Evaluations- und Risikokonzept. Die Heimaufsicht wiederum hat ihr Ermessen pflichtgemäß auszuüben (§ 40 VwVfG) und den Zweck der Ermächtigung – die Förderung innovativer, aber gleich sicherer Betreuungsformen – in den Vordergrund zu stellen.

In beiden Befreiungsfällen ist eine schriftliche oder elektronische Antragstellung erforderlich. Von Amts wegen kann keine Befreiung erteilt werden. Der KSV Sachsen hat jedoch auf in Betracht kommende Befreiungsmöglichkeiten hinzuweisen. Im Antrag sind die Anforderungen, von denen eine Befreiung beantragt wird, genau zu bezeichnen. In der Begründung ist darzustellen, wie der Zweck des SächsWTG und die Schutzziele des § 1 auch bei einem Abweichen von den Anforderungen des SächsWTG oder der SächsWTVO gewahrt werden. Eine Absenkung des Schutzes der Bewohner erlaubt § 30 nicht. Materiell-rechtlich unterscheiden sich die Abs. 1 und Abs. 2 durch ihre Schutzschranken. Abs. 1 stellt auf die Wahrung des Gesetzeszwecks (§ 1 SächsWTG) ab, während Abs. 2 zusätzlich die Sicherung einer bedarfsgerechten Pflege und Betreuung verlangt. Daher ist in der Begründung darauf einzugehen, inwieweit das jeweils zu erreichende Schutzniveau sichergestellt wird.

Die Entscheidung der Heimaufsicht ergeht durch Bescheid gegen den Widerspruch und sodann kombinierte Anfechtungs- und Verpflichtungsklage zulässig sind. Grundsätzlich sind bis zur Befreiung die Anforderungen einzuhalten. Besteht offensichtlich ein Recht auf Befreiung, ist es der Heimaufsicht jedoch verwehrt, Anordnungen zur Abstellung der Mängel zu treffen, von denen sodann befreit werden soll (rechtsmissbräuchliches Verhalten).

Ungeachtet einer Befreiung werden die Rechte der Heimaufsicht nach den §§ 17 und 23–32 durch die Befreiung nicht berührt.

Befristung der Befreiung (Abs. 3) | Evaluation (Abs. 4)

Befreiungen zur Erprobung nach Abs. 1 Satz 2 sollen zunächst auf 5 Jahre befristet werden (Satz 1). Die Frist kann um weitere 5 Jahre verlängert werden (Satz 2). Ob eine Verlängerung erfolgt, liegt im pflichtgemäßen Ermessen der Heimaufsicht. Hierbei hat sie sich am Zweck der Erprobung zu orientieren, weshalb im Regelfall eine Verlängerung zu erfolgen hat. Besondere Anforderungen nennt Satz 2 nicht. Zudem ist nach Abs. 3 eine dauerhafte Befreiung – nach erfolgreicher Erprobung – nur hinsichtlich der in Abs. 1 genannten Vorgaben zulässig, nicht jedoch hinsichtlich gesetzlicher Anforderungen, von denen nach Abs. 2 befristet befreit werden kann. Damit folgt das Gesetz dem rechtsstaatlichen Grundsatz, dass dauerhafte Abweichungen vom Gesetz nicht durch Verwaltungsakt, sondern nur durch den Gesetzgeber selbst begründet werden können.

Der Träger und der Leistungsanbieter sind verpflichtet, die Ergebnisse der Erprobungen zu evaluieren. Hierzu ist ein Abschlussbericht anzufertigen und schriftlich zu veröffentlichen. Nach den Regelungen des § 15 SächsBeWoG war noch eine gutachterliche Auswertung der Erprobung erforderlich – hierauf wird nunmehr verzichtet. Ein Evaluationsbericht, der zu veröffentlichen ist, ist ausreichend. Die Veröffentlichung hat in der Einrichtung oder ambulant betreuten Wohngemeinschaft zu erfolgen. Eine Frist hierfür nennt Abs. 4 nicht. Grundsätzlich hat die Evaluation am Ende des Erprobungszeitraums zu erfolgen. Mit Blick auf die Verlängerungsoption (Satz 2) ist (ungeschriebene) Voraussetzung einer solchen, die Vorlage eines (vorläufigen) Evaluationsberichts vor Ende des ersten 5-Jahres-Zeitraums. Kommt der Leistungsanbieter/Träger dem nicht nach, rechtfertigt dies die Versagung einer Verlängerung der Befreiung, da es dann der Heimaufsicht nicht möglich ist, einzuschätzen, ob sich die Erprobung bewährt hat bzw. im verlängerten Zeitraum bewähren wird.

Teil 4
Zuständigkeiten, Zusammenarbeit

§ 31
Zuständigkeiten

(1) Zuständige Behörde für die Durchführung dieses Gesetzes und der nach § 34 erlassenen Rechtsverordnungen ist der Kommunale Sozialverband Sachsen gemäß § 3 Absatz 1 Satz 2 Nummer 12 des Gesetzes über den Kommunalen Sozialverband Sachsen in der Fassung der Bekanntmachung vom 13. Februar 2024 (SächsGVBl. S. 160), das durch Artikel 2 des Gesetzes vom 20. März 2024 (SächsGVBl. S. 325) geändert worden ist, in der jeweils geltenden Fassung.

(2) Aufsichtsbehörde ist das Staatsministerium für Soziales und Gesellschaftlichen Zusammenhalt.

(3) [1]Die zuständige Behörde ist verpflichtet, der Aufsichtsbehörde alle zwei Jahre über ihre Tätigkeit zu berichten. [2]Diese erstellt insbesondere unter Berücksichtigung der diversitäts- und geschlechtsspezifischen Belange einen zusammenfassenden Tätigkeitsbericht und veröffentlicht ihn.

Zuständige Behörde für die Durchführung des SächsWTG sowie der nach § 34 erlassenen Rechtsverordnungen (derzeit lediglich die SächsWTVO) ist der Kommunale Sozialverband Sachsen (KSV Sachsen), der zugleich überörtlicher Träger der Sozialhilfe im Freistaat Sachsen ist (§ 3 Abs. 1 Satz 2 Nr. 1 SächsKomSozVG). Dieser hat nach § 3 Abs. 4 Satz 1 SächsKomSozVG zur Wahrnehmung der Aufgaben als Heimaufsicht eine eigenständige Organisationseinheit zu bilden. Dies ist mit dem „Fachdienst 350 Heimaufsicht“ im Fachbereich 3 „Teilhabe am Arbeitsleben“ geschehen. Dieser ist innerhalb des KSV Sachsen unabhängig. Er hat seine Aufgaben wettbewerbsneutral wahrzunehmen.

Der KSV Sachsen ist eine Körperschaft des öffentlichen Rechts (§ 2 Abs. 1 SächsKomSozVG). Er unterliegt gem. § 23 Abs. 1 Satz 1, Abs. 2 Satz 1 SächsKomSozVG grundsätzlich der Rechtsaufsicht und als Träger der Heimaufsicht gemäß § 3 Abs. 1 Satz 2 Nr. 12, Abs. 2; § 23 Abs. 1 Satz 2, Abs. 2 Satz 1 SächsKomSozVG zusätzlich der Fachaufsicht mit unbeschränktem Weisungsrecht des dafür nach Abs. 2 zuständigen Sächsischen Staatsministeriums für Soziales, Gesundheit und Gesellschaftlichen Zusammenhalt[325] und nicht – wofür zunächst der Status als Ordnungsbehörde sprechen würde – dem Innenministerium. Dies hat jedoch zugleich den Vorteil, dass die Aufsicht sowohl für die landesunmittelbare Allgemeine Ortskrankenkasse (AOK PLUS) als auch den KSV Sachsen beim selben Ministerium liegt. Die inzwischen aufgrund der erfolgten Umbenennung des Ministeriums fehlerhafte Bezeichnung im SächsWTG ist unbeachtlich, da klar ist, welches Ministerium gemeint ist. Das zuständige Ministerium kann unbeschränkt Weisungen zum Vollzug des SächsWTG bzw. der SächsWTVO erteilen. Ein aufsichtsrechtliches Einschreiten kann von Trägern und Leistungsanbietern gefordert werden, wenn der KSV Sachsen gegen geltendes Recht verstößt. Maßstab der über die bloße Rechtsaufsicht hinausgehenden Fachaufsicht ist auch die Frage, ob ein Verhalten zweckmäßig ist.

Soweit bei den Heimaufsichtsbehörden qualifiziertes Personal zur Aufgabenwahrnehmung fehlt, kann Unterstützung im Wege der Amtshilfe durch andere Fachbehörden oder Sachverständige herangezogen werden. Die Verpflichtung der Landesverbände der Pflegekassen sowie des Medizinischen Dienstes und des Prüfdienstes des Verbandes der privaten Krankenversicherung e. V. zur Zusammenarbeit folgt aus § 117 SGB XI (vgl. auch § 32).

Der KSV Sachsen hat alle zwei Jahre über seine Tätigkeit zu berichten und hierfür einen Tätigkeitsbericht zu verfassen und zu veröffentlichen. Dieser dient durch Aufklärung und Beratung dem Verbraucherinteresse.[326] Zusätzlich hat der KSV Sachsen dem Ministerium jährlich über seine Tätigkeit zu berichten (§ 3 Abs. 5 SächsKomSozVG).

325 Vgl. auch zur Vorgängerregelung des § 32 Abs. 2 SächsBeWoG (außer Kraft seit 13.04.2024) Art. 59 Abs. 3 Satz 1 SächsVerf i. V. m. den Beschlüssen der Sächsischen Staatsregierung über die Abgrenzung der Geschäftsbereiche der Staatsministerien in der jeweiligen Fassung.

326 Gesetzentwurf der Staatsregierung LT-Drs. 7/14987, Zu § 31 Zu Absatz 3, S. 92.

§ 32
Zusammenarbeit, Arbeitsgemeinschaften

(1) [1]Bei der Wahrnehmung ihrer Aufgaben zum Schutz der Interessen und Bedürfnisse der Bewohnerinnen und Bewohner und zur Sicherung einer angemessenen Qualität des Wohnens, der Pflege und Betreuung oder Assistenz in Einrichtungen und ambulant betreuten Wohngemeinschaften im Sinne dieses Gesetzes sowie zur Sicherung einer angemessenen Qualität der Überwachung sind die für die Ausführung nach diesem Gesetz zuständigen Behörden, die Pflegekassen, deren Landesverbände, der Medizinische Dienst Sachsen sowie der Prüfdienst des Verbandes der Privaten Krankenversicherung e. V., die zuständigen Träger der Sozialhilfe und die Träger der Eingliederungshilfe verpflichtet, zusammenzuarbeiten. [2]Im Rahmen der Zusammenarbeit informieren sich die in Satz 1 genannten Beteiligten gegenseitig und vereinbaren Verfahren zur inhaltlichen und zeitlichen Koordination der Prüftätigkeiten, zur Anerkennung der Prüfergebnisse sowie zur Abstimmung von Prüfinhalten.

(2) [1]Die in Absatz 1 Satz 1 genannten Beteiligten sind berechtigt und verpflichtet, die für ihre Zusammenarbeit erforderlichen Angaben einschließlich der bei der Überwachung gewonnenen Erkenntnisse untereinander auszutauschen. [2]Im Übrigen gelten die Regelungen des Sozialdatenschutzes.

(3) [1]Daten nach § 67 Absatz 2 des Zehnten Buches Sozialgesetzbuchdürfen in nicht anonymisierter Form an die zuständige Behörde, die Pflegekassen, den Medizinischen Dienst Sachsen und den Prüfdienst des Verbandes der Privaten Krankenversicherung e. V. übermittelt werden, soweit dies für Zwecke nach diesem Gesetz, dem Elften Buch Sozialgesetzbuch oder nach § 275b des Fünften Buches Sozialgesetzbuch erforderlich ist. [2]Auf Absatz 2 Satz 2 wird verwiesen.

(4) [1]Zur Durchführung der Aufgaben nach Absatz 1 wird eine Arbeitsgemeinschaft gebildet. [2]Den Vorsitz und die Geschäfte der Arbeitsgemeinschaft führt die Aufsichtsbehörde. [3]Die Beteiligten tragen die ihnen durch die Zusammenarbeit entstehenden Kosten selbst.

(5) Die Arbeitsgemeinschaft nach Absatz 4 arbeitet neben den in Absatz 1 genannten Behörden und Institutionen mit den Trägern der Einrichtungen sowie deren Vereinigungen, mit den Leistungsanbietern der ambulant betreuten Wohngemeinschaften, mit den Bewohner- und Wohngemeinschaftsvertretungen oder den Gremien, die nach § 16 Absatz 3 an deren Stelle treten, und den Verbänden der Pflegeberufe sowie den Betreuungsbehörden und den Besuchskommissionen nach § 14 des Sächsischen Inklusionsgesetzes vom 2. Juli 2019 (SächsGVBl. S. 542), in der jeweils geltenden Fassung, sowie nach § 4 des Sächsischen Psychisch-Kranken-Hilfe-Gesetzes vom 22. Juli 2024 (SächsGVBl. S. 673), in der jeweils geltenden Fassung, zusammen.

Allgemeines

§ 32 übernimmt im Wesentlichen die frühere Regelung des § 16 SächsBeWoG und passt sie terminologisch und strukturell an das neue SächsWTG an. Die Vorschrift stärkt die Kooperationspflicht zwischen den verschiedenen Kontrollorganen und Kostenträgern und soll eine koordiniert arbeitende effektive Aufsichtsstruktur schaffen. Sie dient zugleich der Entlastung der Einrichtungen und ambulant betreuten Wohngemeinschaften, indem Mehrfachprüfungen zu identischen Sachverhalten vermieden werden. Ziel der Regelung ist damit eine Verbesserung der Beratungs- und Überwachungsqualität durch die Bündelung der Fachkompetenzen aller beteiligten Institutionen, die Nutzung von Synergieeffekten, eine klare Abgrenzung der Zuständigkeiten und die Vermeidung redundanter Prüfvorgänge.

Verpflichtung zur Zusammenarbeit (Abs. 1)

Abs. 1 verpflichtet alle an der Qualitätssicherung beteiligten Institutionen – den KSV Sachsen, die Pflegekassen und ihre Landesverbände, den Medizinischen Dienst Sachsen (MD), den Prüfdienst des Verbands der Privaten Krankenversicherung e. V., die (örtlichen) Träger der Sozialhilfe und die Träger der Eingliederungshilfe – zur institutionalisierten Zusammenarbeit. Sie sollen ihre Prüf- und Kontrolltätigkeiten inhaltlich und zeitlich koordinieren, gegenseitig informieren und einheitliche Verfahren zur Anerkennung von Prüfergebnissen und zur Abstimmung von Prüfinhalten vereinbaren. Damit wird die bisherige Praxis rechtlich verbindlich ausgestaltet und die Transparenz gegenüber den betroffenen Einrichtungen verbessert.

Datenaustausch und Sozialdatenschutz (Abs. 2)

Nach Abs. 2 sind die genannten Stellen berechtigt und verpflichtet, die zur Zusammenarbeit erforderlichen Informationen – einschließlich der im Rahmen von wiederkehrenden oder Anlassprüfungen gewonnenen Erkenntnisse – untereinander auszutauschen. Dabei gilt der Sozialdatenschutz nach dem SGB X. Daten dürfen also nur im Rahmen der gesetzlichen Aufgabenerfüllung und nach Maßgabe der Datenschutz-Grundverordnung (DSGVO) weitergegeben werden. Die Vorschrift konkretisiert damit die datenschutzrechtlichen Grundlagen für den interinstitutionellen Informationsaustausch zwischen Heimaufsicht, Kostenträgern und weiteren Prüfdiensten.

Weitergabe nicht anonymisierter Sozialdaten (Abs. 3)

Abs. 3 erlaubt ausnahmsweise die Übermittlung nicht anonymisierter Sozialdaten (§ 67 Abs. 2 SGB X) an die Heimaufsicht, Pflegekassen, den Medizinischen Dienst und den PKV-Prüfdienst, soweit dies für Zwecke nach dem SächsWTG, dem SGB XI oder nach § 275b SGB V (Begutachtungen zur stationären Versorgung) erforderlich ist. Die Regelung schafft Rechtssicherheit für den praktischen Informationsaustausch im Rahmen gemeinsamer Prüfungen und verweist zugleich auf die Grenzen des Datenschutzes (Abs. 2 Satz 2).

Bildung einer Arbeitsgemeinschaft (Abs. 4)

Zur Durchführung der Zusammenarbeit wird eine Arbeitsgemeinschaft gebildet, die die Koordination der beteiligten Stellen übernimmt. Den Vorsitz und die Geschäftsführung führt die Aufsichtsbehörde. Die Arbeitsgemeinschaft fungiert als Dachgremium der beteiligten Akteure und dient der Abstimmung von Prüfstrategien, der Entwicklung einheitlicher Qualitätsstandards und der Festlegung von Kooperationsrichtlinien. Die Beteiligten tragen ihre durch die Zusammenarbeit entstehenden Kosten jeweils selbst – eine staatliche Kostenerstattung ist nicht vorgesehen.

Einbindung weiterer Akteure (Abs. 5)

Über die in Abs. 1 genannten Behörden hinaus arbeitet die Arbeitsgemeinschaft (Abs. 4) mit den Trägern der Einrichtungen, ihren Verbänden, den Leistungsanbietern ambulant betreuter Wohngemeinschaften sowie den Bewohner- und Wohngemeinschaftsvertretungen (bzw. deren Ersatzgremien nach § 16 Abs. 3) zusammen. Ebenso werden die Verbände der Pflegeberufe, die Betreuungsbehörden und die Besuchskommissionen nach § 14 SächsInklG und § 4 SächsPsychKG einbezogen. Damit wird die Vernetzung zwischen Aufsicht, Trägern und zivilgesellschaftlichen Akteuren gesetzlich verankert und der partizipative Charakter des SächsWTG hervorgehoben.

Teil 5
Ordnungswidrigkeiten, Verordnungsermächtigung

§ 33
Ordnungswidrigkeiten

(1) Mit einer Geldbuße bis zu fünfundzwanzigtausend Euro kann belegt werden, wer vorsätzlich oder fahrlässig

1. **entgegen § 7 Absatz 1 den Betrieb einer Einrichtung oder entgegen § 7 Absatz 5 die Betriebseinstellung einer Einrichtung oder anbieterverantworteten ambulant betreuten Wohngemeinschaft nicht, nicht vollständig, nicht richtig oder nicht rechtzeitig anzeigt,**
2. **entgegen § 10 Absatz 1 sich Geld oder geldwerte Leistungen versprechen oder gewähren lässt,**
3. **entgegen § 17 Absatz 6, § 23 Absatz 4 und 5 oder § 24 Absatz 4 eine Maßnahme zur behördlichen Qualitätssicherung oder Zuordnungsprüfung nicht duldet,**
4. **sich entgegen § 23 Absatz 2 nicht vor der Inbetriebnahme beraten lässt,**
5. **eine Einrichtung oder eine ambulant betreute Wohngemeinschaft betreibt, obwohl ihm dies nach § 29 Absatz 1 bis 3 oder Absatz 4 Satz 2 untersagt worden ist,**
6. **einer vollziehbaren Anordnung nach § 26 Absatz 1, § 27 Absatz 1, § 28 Absatz 1 oder § 29 Absatz 4 Satz 1 zuwiderhandelt.**

(2) Mit einer Geldbuße bis zu zehntausend Euro kann belegt werden, wer vorsätzlich oder fahrlässig
1. **entgegen § 7 Absatz 2 bis 4 die Anzeige einer anbieterverantworteten Wohngemeinschaft nicht, nicht richtig oder nicht rechtzeitig erstattet,**
2. **entgegen § 7 Absatz 5 die Betriebseinstellung einer selbstverantworteten ambulant betreuten Wohngemeinschaft nicht, nicht vollständig, nicht richtig oder nicht rechtzeitig anzeigt,**
3. **entgegen § 8 Absatz 1 Nummer 3 den Prüfbericht nicht vorhält oder vorlegt,**
4. **entgegen § 10 Absatz 4 sich Geld oder geldwerte Leistungen versprechen oder gewähren lässt,**
5. **entgegen § 17 Absatz 9 Satz 2 oder § 23 Absatz 4 Satz 4 und 5 eine Auskunft nicht, nicht richtig, nicht vollständig oder nicht rechtzeitig erteilt oder Aufzeichnungen nach § 9 nicht oder nicht rechtzeitig zur Verfügung stellt,**
6. **einer Rechtsverordnung nach § 34 zuwiderhandelt, soweit sie für einen bestimmten Tatbestand auf diese Bußgeldvorschrift verweist.**

Allgemeines

§ 33 fasst die ordnungswidrigkeitenrechtlichen Sanktionen neu zusammen und ersetzt die frühere Regelung des § 21 SächsBeWoG. Eine Ordnungswidrigkeit ist ein verwaltungsrechtlicher Pflichtverstoß geringeren Gewichts, der nach dem Gesetz über Ordnungswidrigkeiten (OWiG) in Verbindung mit den speziellen Bußgeldvorschriften des § 33 SächsWTG sowie des § 52 SächsWTVO geahndet wird. Das Verfahren richtet sich nach den §§ 35 ff. OWiG. Die Heimaufsicht als zuständige Verwaltungsbehörde erlässt einen Bußgeldbescheid, gegen den der Betroffene nach § 67 OWiG Einspruch beim Amtsgericht erheben kann.

Die normierten Ordnungswidrigkeiten dienen dazu, den heimordnungsrechtlichen Pflichten Nachdruck zu verleihen, indem sie Verstöße gegen Anzeigepflichten, Mitwirkungsobliegenheiten, behördliche Anordnungen oder Qualitätsvorgaben mit Bußgeldandrohungen belegt. Sie dienen nicht der Bestrafung, sondern der Verhaltenslenkung und Ordnungssicherung und stellen damit den Sanktionsrahmen des Heimordnungsrechts dar. Sie flankieren die materiellen Eingriffsbefugnisse der §§ 25 ff. SächsWTG.

Bußgeldrahmen und Bemessung

Die Bußgeldrahmen sind je nach Schwere des Fehlverhaltens gestaffelt (vgl. § 17 OWiG):
- 5 € bis zu 25.000 € bei schwerwiegenden, meist betrieblichen Verstößen (Abs. 1),
- 5 € bis zu 10.000 € bei weniger gravierenden oder formellen Verstößen (Abs. 2).

Die Höhe des konkreten Bußgelds richtet sich innerhalb des Rahmens danach, ob der Verstoß vorsätzlich oder lediglich fahrlässig begangen wurde. Fahrlässiges Handeln kann im Höchstmaß nur mit der Hälfte des angedrohten Höchstbetrages der Geldbuße geahndet werden (§ 17 Abs. 2 OWiG). Für fahrlässiges Handeln gilt daher für Abs. 1 die Höchstgrenze von 17.500 € und für Abs. 2 von 5.000 €, wobei zu berücksichtigen ist, dass das Höchstmaß den schwersten vorstellbaren Verstoß umfasst. Für „durchschnittliches" Fehlverhalten ist eine Orientierung in der Mitte regelmäßig verhältnismäßig. Grundlage für die Zumessung der Geldbuße sind die Bedeutung der Ordnungswidrigkeit und der Vorwurf, der den Täter trifft. Auch die wirtschaftlichen Verhältnisse des Täters kommen in Betracht; bei geringfügigen Ordnungswidrigkeiten bleiben sie jedoch in der Regel unberücksichtigt (§ 17 Abs. 3 OWiG). Die Geldbuße soll den wirtschaftlichen Vorteil, den der Täter gezogen hat, übersteigen, damit sich die Handlung für ihn nicht gelohnt hat. Im Ausnahmefall kann gem. § 17 Abs. 4 Satz 2 OWiG daher auch ein Bußgeld festgesetzt werden, dass das gesetzliche Höchstmaß überschreitet, wenn die gesetzliche Höhe nicht ausreicht, um beispielsweise den wirtschaftlichen Vorteil, den der Träger/Leistungsanbieter aus seinem Fehlverhalten gezogen hat, zu übersteigen.

§ 52 SächsWTVO i. V. m. § 33 Abs. 2 Nr. 6 SächsWTG normiert eine Vielzahl weiterer Ordnungswidrigkeiten.

Einzelne Ordnungswidrigkeiten: Bußgeldrahmen bis 25.000 € (Abs. 1)

Abs. 1 sanktioniert vorsätzliches oder fahrlässiges Fehlverhalten in sechs zentralen Fallgruppen.

Nr. 1 – Verstoß gegen Anzeigepflichten von Einrichtungen (§ 7 Abs. 1 und 5)

Die Nicht-, Falsch- oder verspätete Anzeige des Betriebs oder der Betriebseinstellung einer Einrichtung verletzt die behördliche Kontrollgrundlage. Auch das Unterlassen der Anzeige von Änderungen nach Inbetriebnahme (§ 7 Abs. 4 Nr. 2 i. V. m. Abs. 1) sind erfasst.

Für Wohngemeinschaften werden Verstöße gegen Anzeigepflichten nach Abs. 2 Nr. 1 und 2 mit einem geringeren Bußgeldrahmen sanktioniert.

Nr. 2 – Unzulässige Geld- oder Sachzuwendungen (§ 10 Abs. 1)

Hierunter fallen Zuwendungen, die über das vereinbarte Entgelt hinaus gewährt oder versprochen werden. Ziel ist der Schutz der Bewohner vor finanzieller Ausbeutung. Neu ist die ausdrückliche Einbeziehung der Leistungsanbieter von ambulant betreuten Wohngemeinschaften.

Nr. 3 – Nichtduldung behördlicher Prüfungen (§ 17 Abs. 6; § 23 Abs. 4 und 5; § 24 Abs. 4)

Erfasst ist die Verweigerung des Zutritts oder der Mitwirkung bei Regel-, Anlass- oder Zuordnungsprüfungen. Damit wird die Verweigerung von Aufsichtsmaßnahmen erstmals ausdrücklich als Ordnungswidrigkeit pönalisiert, um die Durchführung von Prüfungen zu gewährleisten und abzusichern. Nach § 21 SächsBeWoG war dies keine Ordnungswidrigkeit. Um den Tatbestand der Nr. 3 zu erfüllen, bedarf es keiner selbständigen Duldungsverfügung durch die Heimaufsicht. Eines die gesetzliche Duldungspflicht der § 17 Abs. 6, § 23 Abs. 4

und 5 oder §24 Abs. 4 erst konkretisierenden Verwaltungsaktes als Voraussetzung für die Begehung einer entsprechenden Ordnungswidrigkeit bedarf es nicht.[327] Letztlich kommt es hierauf jedoch auch nicht an, da Widerspruch und Klage keine aufschiebende Wirkung haben, sodass die Aufforderung/Mitteilung, dass eine Nachschau durchgeführt wird, ggü. den anwesenden Mitarbeitern bereits als Duldungsverfügung angesehen werden kann. Das bloße „stumme“ Betreten der Einrichtung wäre hingegen als faktisches Verwaltungshandeln (sog. Realakt) anzusehen. Der Heimaufsicht ist es allerdings nicht verwehrt – und auch empfehlenswert – eine explizite Duldungsverfügung auszusprechen. Die sofortige Vollziehbarkeit ergibt sich bereits aus dem SächsWTG. Zu beachten ist, dass der Betroffene hiergegen ausschließlich im Wege der Fortsetzungsfeststellungsklage im Sinne des § 113 Abs. 1 Satz 4 VwGO in entsprechender Anwendung – die Erledigung wird regelmäßig bereits vor Klageerhebung erfolgen – vorgehen könnte.

Nr. 4 – Unterlassene Pflichtberatung (§ 23 Abs. 2)

Gründer einer selbstverantworteten ambulant betreuten Wohngemeinschaft müssen sich mindestens einen Monat vor Betriebsaufnahme verpflichtend beraten lassen. Die Nichtwahrnehmung dieser Beratung stellt eine neu eingeführte Ordnungswidrigkeit dar.

Nr. 5 – Betrieb trotz Untersagung (§ 29 Abs. 1–4)

Der Betrieb einer Einrichtung oder Wohngemeinschaft entgegen einer behördlichen Untersagungsverfügung ist eine besonders schwerwiegende Zuwiderhandlung gegen öffentlich-rechtliche Schutzpflichten.

Nr. 6 – Zuwiderhandlung gegen vollziehbare Anordnungen (§§ 26, 27, 28, 29 Abs. 4)

Hierunter fallen die Nichtbefolgung von Mängelbeseitigungsanordnungen, Beschäftigungsverboten, Aufnahmestopps oder Tätigkeitsuntersagungen. Der Bußgeldtatbestand wurde gegenüber § 21 Abs. 2 Nr. 4 SächsBeWoG redaktionell erweitert und an die neuen Eingriffsinstrumente angepasst. Hinsichtlich des bußgeldbewehrten Verstoßes gegen § 29 Abs. 4 ist zu berücksichtigen, dass sich eine entsprechende Anordnung nur auf die Leistungserbringer in einer anbieterverantworteten ambulant betreuten Wohngemeinschaft beziehen darf.

Einzelne Ordnungswidrigkeiten: Bußgeldrahmen bis 10.000 € (Abs. 2)

Abs. 2 betrifft im Wesentlichen formelle Pflichtverletzungen und Verstöße geringerer Intensität.

327 Vgl. OLG Karlsruhe, Beschl. v. 08.12.1988 – 1 Ss 147/88 –, juris A. A. OLG Hamm, Beschl. v. 22.10.1992 – 3 Ss OWi 650/92 – .

Nr. 1 – Verstöße gegen Anzeigepflichten von anbieterverantworteten ambulant betreuten Wohngemeinschaften (§ 7 Abs. 2–4 und 5)

Erfasst sind verspätete oder unterlassene Anzeigen bei der Gründung oder Betriebseinstellung von anbieterverantworteten ambulant betreuten Wohngemeinschaften. Diese Tatbestände sind neu strukturiert und präzisiert. Auch das Unterlassen der Anzeige von Änderungen nach Inbetriebnahme (§ 7 Abs. 4 Nr. 2 i. V. m. Abs. 2) sind erfasst.

Nr. 2 – Verstöße gegen die Anzeigepflicht zur Betriebseinstellung bei selbstverantworteten ambulant betreuten Wohngemeinschaften (§ 7 Abs. 5)

Sanktioniert wird die „heimliche" Einstellung einer selbstverantworteten ambulant betreuten Wohngemeinschaft. Mit einem Bußgeld kann jedes Mitglied des Selbstbestimmungsgremiums sanktioniert werden. Mit Blick auf die fragwürdige Pönalisierung einer privaten Entscheidung, deren ordnungspolitisches Fehlverhalten nicht ersichtlich ist, sollte im Regelfall von einer Ahndung abgesehen werden (§ 47 Abs. 1 OWiG).

Nr. 3 – Vorenthalten des Prüfberichts in Einrichtungen oder anbieterverantworteten ambulant betreuten Wohngemeinschaften (§ 8 Abs. 1 Nr. 3)

Das Nichtvorhalten oder Nichtvorlegen des letzten Prüfberichts verletzt die Transparenzpflicht gegenüber Bewohnern. Nr. 3 gilt nur für Träger und Leistungsanbieter und daher nicht in selbstverantworteten ambulant betreuten Wohngemeinschaften.

Nr. 4 – Unzulässige Zuwendungen an Beschäftigte (§ 10 Abs. 4)

Die Entgegennahme geldwerter Vorteile durch Personal oder Leitungspersonen in Einrichtungen und anbieterverantworteten ambulant betreuten Wohngemeinschaften von Bewohnern oder deren Angehörigen über die Geringwertigkeitsgrenze hinaus wird als Ordnungswidrigkeit geahndet, um den „Heimfrieden" zu sichern. Für selbstverantwortete ambulant betreute Wohngemeinschaften gilt das Verbot nicht (arg. „Leistungsanbieter", § 3 Abs. 3 Satz 2). Eine Ausnahme vom Zuwendungsverbot nach § 10 Abs. 5 kann nicht im Nachhinein erteilt werden („soweit die Leistungen noch nicht versprochen oder gewährt worden sind"). Soweit der Schutz der Bewohner die Aufrechterhaltung des Verbots jedoch aus der ex-ante-Sicht nicht erfordert, wird regelmäßig ein Absehen von der Festsetzung eines Bußgeldes oder eine bloße Verwarnung (§ 56 OWiG) ermessensfehlerfrei sein.

Nr. 5 – Verstöße gegen Mitwirkungspflichten (§ 17 Abs. 9 Satz 2; § 23 Abs. 4 Satz 4 und 5)

Sanktioniert wird das Nicht-, unvollständige oder verspätete Erteilen von Auskünften oder die Nichtvorlage von Aufzeichnungen (§ 9 SächsWTG). Die Vorschrift sichert die behördliche Aufklärungspflicht ab. Die unterbliebene Übermittlung von Aufzeichnungen an die Heimaufsicht, wenn sich diese am Tag der Prüfung nicht am Ort der Prüfung befunden haben, ist ebenfalls nach Nr. 5 bußgeldbewehrt („Aufzeichnungen nach § 9 nicht oder nicht rechtzeitig zur Verfügung stellt"). Erlässt die Heimaufsicht eine diesbezügliche – die gesetzliche Regelung konkretisierende – Verfügung, da der Träger/Leistungsanbieter seiner Pflicht nicht nachkommt, ist ein Verstoß gegen diese Anordnung nach § 26 Abs. 1 sogar bußgelderhöhend nach Abs. 1 Nr. 6 eine Ordnungswidrigkeit.

Nr. 6 – Zuwiderhandlung gegen Rechtsverordnungen (§ 34 SächsWTG)

Dieser Auffangtatbestand ermöglicht die Bußgeldbewehrung spezifischer Verordnungsverstöße, soweit die jeweilige Rechtsverordnung auf § 33 verweist (etwa gegen bauliche oder personelle Anforderungen nach der SächsWTVO). § 52 SächsWTVO enthält 58 weitere eigenständige Bußgeldtatbestände, die jeweils mit einer Geldbuße bis zu 10.000 € (vorsätzlicher Verstoß) und 5.000 € (fahrlässiger Verstoß, § 17 Abs. 2 OWiG) geahndet werden können.

§ 34
Rechtsverordnung

Das Staatsministerium für Soziales und Gesellschaftlichen Zusammenhalt wird ermächtigt, durch Rechtsverordnung Regelungen zur Durchführung dieses Gesetzes zu erlassen

1. **für die Wohnqualität, insbesondere die Anforderungen an Wohn-, Aufenthalts-, Therapie- und Wirtschaftsräume, für die Verkehrsflächen sowie die sanitären und technischen Anlagen in Einrichtungen und anbieterverantworteten ambulant betreuten Wohngemeinschaften,**
2. **für die Eignung der Leiterin oder des Leiters der Einrichtung, der Pflegedienstleitung und der Fachkräfte, die weiteren personellen Voraussetzungen nach § 15 und die Befreiung von den Anforderungen nach § 15 Absatz 9 sowie für die personellen Voraussetzungen an anbieterverantwortete ambulant betreute Wohngemeinschaften nach § 21,**
3. **über die Wahl der Bewohnervertretung in Einrichtungen sowie über die Wahl der Wohngemeinschaftsvertretung in ambulant betreuten Wohngemeinschaften sowie über Art, Umfang und Form ihrer Mitwirkung, wobei sicherzustellen ist, dass auch Angehörige, Betreuerinnen und Betreuer und sonstige Vertrauenspersonen der Bewohnerinnen und Bewohner, von den Behörden vorgeschlagene Personen sowie Mitglieder der örtlichen Seniorenvertretungen und Mitglieder von örtlichen Behindertenorganisationen in angemessenem Umfang in die Bewohnervertretung sowie die Wohngemeinschaftsvertretung gewählt werden können,**
4. **über die Bestellung der Bewohnersprecherinnen und Bewohnersprecher sowie über Art, Umfang und Form ihrer Mitwirkung,**
5. **zur näheren Bestimmung des Begriffs der oder des unabhängigen Sachverständigen im Sinne des § 17 Absatz 3 Satz 5.**

Allgemeines

§ 34 ist Ermächtigungsgrundlage für den Erlass der Sächsischen Wohnteilhabeverordnung (SächsWTVO) sowie weiterer Rechtsverordnungen zur Durchführung des SächsWTG. Zuständig ist das Sächsische Staatsministerium für Soziales, Gesundheit und Gesellschaftlichen Zusammenhalt.

Die Vorschrift entspricht inhaltlich weitgehend der vorangegangenen Ermächtigungsgrundlage des § 23 SächsBeWoG, wurde aber terminologisch und systematisch an die Struktur des neuen SächsWTG angepasst.

Die Verordnungsermächtigung dient der Konkretisierung und Durchführbarkeit des SächsWTG, indem sie es dem Ministerium erlaubt, die allgemeinen gesetzlichen Vorgaben durch fachlich detaillierte (konkrete) und praxisgerechte Bestimmungen zu ergänzen. Der Gesetzgeber gibt damit einen gesetzlichen Rahmen vor, während die konkrete Ausgestaltung der technischen, personellen und organisatorischen Anforderungen durch Rechtsverordnung erfolgt. Dabei darf die Rechtsverordnung nicht über die gesetzliche Ermächtigung und den vom SächsWTG gesetzten Rahmen hinausgehen. Die Verordnung steht im Rang unterhalb des SächsWTG. Regelungen, die dem SächsWTG widersprechen, werden von diesem verdrängt (*lex superior derogat legi inferiori*).

Umfang der Verordnungsermächtigung

Das Ministerium ist ermächtigt, durch Rechtsverordnung Regelungen zur Durchführung des SächsWTG zu erlassen für

- Bauliche und technische Anforderungen/Wohnqualität (Nr. 1 – Anforderungen an Wohn-, Aufenthalts-, Therapie- und Wirtschaftsräume, Verkehrsflächen, sanitäre und technische Anlagen)
- Personelle Anforderungen und Qualifikation des Personals (Nr. 2 – Eignung von Leitung, Pflegedienstleitung und Fachkräften, personelle Voraussetzungen und Befreiungen)
- Mitwirkung und Partizipation der Bewohnervertretungen (Nr. 3 – Wahl, Zusammensetzung und Mitwirkungsrechte der Bewohner- und Wohngemeinschaftsvertretungen)
- Bestellung der Bewohnersprecher (Nr. 4)
- Begriffsbestimmung „Unabhängiger Sachverständiger“ i. S. d. § 17 Abs. 3 Satz 5 (Nr. 5)

Die Ermächtigung nach Nr. 1 deckt die in der SächsWTVO Teil 2 (§§ 3–15) festgelegten Vorgaben zu Raumgrößen, Barrierefreiheit, Ausstattung, Beleuchtung, Lüftung, Rufanlagen, Brandschutz und Notstromversorgung ab.

Wie bereits § 3 Abs. 3 SächsBeWoG benennt auch Nr. 2 die möglichen zu verordnenden Regelungen inhaltlich und umfangmäßig abschließend und hinreichend bestimmt, um dem Bestimmtheitsgebot des Art. 80 Abs. 1 GG zu genügen:

- „Eignung“ der Einrichtungsleitung, Pflegedienstleitung und der Fachkräfte;
- „weitere personelle Voraussetzungen nach § 15“;

- „Befreiung von den Anforderungen nach § 15 Abs. 9" sowie
- „personelle Voraussetzungen an anbieterverantwortete ambulant betreute Wohngemeinschaften nach § 21".

Die Gesetzesbegründung betont – in weiser Voraussicht – dass über die personellen Vorgaben nicht die Anzahl der Beschäftigten ordnungsrechtlich festgelegt wird[328]. Das Ordnungsrecht prüft Qualität, nicht Quantität: Es erlaubt der Heimaufsicht zu bewerten, ob eine angemessene Qualität von Pflege, Betreuung oder Assistenz erreicht ist (§ 13 Abs. 2 Nr. 4 SächsWTG). Die konkrete Personalausstattung (Anzahl) ergibt sich hingegen im leistungsrechtlichen Aushandlungsprozess mit den Kostenträgern. Da die Regelungen zu Eignung und Qualifikation stark in die Grundrechte der Berufsausübungsfreiheit (Art. 12 GG) und ggf. in das Grundrecht am eingerichteten und ausgeübten Gewerbebetrieb (Art. 14 GG) eingreifen können, musste die Verordnungsermächtigung nach Inhalt, Zweck und Ausmaß hinreichend bestimmt ausgestaltet werden.

Regelungen hierzu enthält Teil 3 der SächsWTVO (§§ 16–30).

Die Ermächtigung nach Nr. 3 und 4 deckt die in der SächsWTVO Teil 3 (§§ 31–46) festgelegten Vorgaben zu Bewohnervertretungen, Bewohnersprechern und Wohngemeinschaftsvertretungen einschließlich deren Wahl ab.

Ebenso enthält die SächsWTVO in Teil 5 (§ 47 ff.) Befreiungsregelungen und in Teil 6 (§ 50) auf die Verordnungsermächtigung in Nr. 5 gestützte Begriffsbestimmung des „Sachverständigen".

Teil 6
Schlussvorschriften

Einführung

Die Schlussvorschriften des Teils 6 sichern den Bestandsschutz beim Systemwechsel vom SächsBeWoG zum SächsWTG. Sie verbinden die Wahrung berechtigter Eigentums- und Berufsfreiheitsinteressen (Art. 14 und 12 GG) mit der schrittweisen Einführung moderner Qualitätsstandards. Der bauliche Bestandsschutz wird mit 25 Jahren klar befristet, um Anpassungen langfristig, aber unvermeidlich durchzusetzen; der personelle Bestandsschutz ist an die praktische Bewährung geknüpft. Damit ermöglichen die §§ 35 und 36 SächsWTG eine sozialverträgliche und rechtssichere Übergangsphase, ohne die Ziele des neuen SächsWTG – Qualität, Teilhabe und Sicherheit – zu gefährden.

328 Gesetzentwurf der Staatsregierung LT-Drs. 7/14987, Zu § 34.

§ 35
Übergangsregelungen

(1) Einrichtungen, die zum Zeitpunkt des Inkrafttretens dieses Gesetzes einen gültigen Bestandsschutz haben, genießen diesen im Hinblick auf die Anforderungen an die Wohnqualität nach § 14 weiterhin für längstens 25 Jahre.

(2) [1]Die Aufgabe einer Nutzung, ein wesentlicher Umbau oder ein Ersatzbau führen zum Verlust des Bestandsschutzes im Sinne des Absatzes 1. [2]Bei Umbau- oder Ersatzbaumaßnahmen, die zur Erfüllung der Anforderungen nach § 14 vorgenommen werden, müssen die umgebauten Zimmer den Anforderungen dieses Gesetzes entsprechen. [3]Der Wechsel des Trägers sowie zuwendungsrechtliche Bestimmungen bleiben hiervon unberührt.

(3) Ambulant betreute Wohngemeinschaften, die mit Inkrafttreten dieses Gesetzes nach § 3 Absatz 3 Satz 3 Einrichtungen geworden sind, weil in ihnen mehr als zwölf Bewohnerinnen und Bewohner wohnen oder der Leistungsanbieter in unmittelbarer räumlicher Nähe Wohnraum für mehr als 24 Bewohnerinnen und Bewohner in ambulant betreuten Wohngemeinschaften bereitstellt, gelten bis zum 5. Juli 2029 als anbieterverantwortete ambulant betreute Wohngemeinschaften im Sinne des § 3 Absatz 3 Satz 1, wenn nicht weitere Kriterien des Anwendungsbereiches nach § 2 Absatz 1 erfüllt sind.

(4) Ambulant betreute Wohngemeinschaften nach § 2 Absatz 2 des Sächsischen Betreuungs- und Wohnqualitätsgesetzes vom 12. Juli 2012 (SächsGVBl. S. 397), das zuletzt durch das Gesetz vom 6. Juni 2019 (SächsGVBl. S. 466) geändert worden ist, die bis zum Zeitpunkt des Inkrafttretens dieses Gesetzes nach § 20 Satz 1 Sächsischen Betreuungs- und Wohnqualitätsgesetzes ein Gremium eingerichtet und durch einen Träger gegründet oder begleitet im Sinne des § 19 Absatz 5 Satz 1 Sächsischen Betreuungs- und Wohnqualitätsgesetzes waren, gelten als anbieterverantwortete ambulant betreute Wohngemeinschaften nach § 3 Absatz 3 Satz 1, sofern nicht innerhalb eines Zeitraumes von sechs Monaten nach Inkrafttreten dieses Gesetzes eine Anzeige als selbstverantwortete ambulant betreute Wohngemeinschaft nach § 3 Absatz 2 erfolgt.

(5) Für bestehende ambulant betreute Wohngemeinschaften für Volljährige mit Behinderungen, die mit Inkrafttreten dieses Gesetzes als Einrichtungen im Sinne des § 2 Absatz 1 zählen, weil in der ambulant betreuten Wohngemeinschaft mehr als zwölf Bewohnerinnen und Bewohner mit Behinderung leben, gelten bis zum 5. Juli 2029 die Regelungen für ambulant betreute Wohngemeinschaften.

Allgemeines

§ 35 stellt sicher, dass bestehende Einrichtungen und ambulant betreute Wohngemeinschaften beim Übergang vom Sächsischen Betreuungs- und Wohnqualitätsgesetz (SächsBeWoG) zum neuen Wohnteilhabegesetz rechtliche Kontinuität und Bestandsschutz genießen. Ziel ist, funktionierende Versorgungsstrukturen zu erhalten und eine planbare Anpassung an die neuen Anforderungen zu ermöglichen, ohne die Versorgungskapazitäten zu gefährden.

Fortgeltung des bisherigen Bestandsschutzes (25 Jahre) (Abs. 1)

Einrichtungen, die beim Inkrafttreten des SächsWTG einen gültigen Bestandsschutz hatten, behalten diesen für die baulichen Anforderungen an die Wohnqualität (§ 14) – die an die Immobilie anknüpfen – für höchstens 25 Jahre. Konkret gilt:

- für Gebäude, die vor dem 12.08.2012 genutzt wurden, bleiben die Anforderungen nach dem (Bundes-)Heimgesetz und der Heimmindestbauverordnung (HeimMindBauV) maßgeblich.
- für Gebäude, die zwischen dem 12.08.2012 und dem Inkrafttreten des SächsWTG einen Bestandsschutz nach dem SächsBeWoG erhalten haben, gelten weiterhin die Anforderungen des SächsBeWoG und der zugehörigen Durchführungsverordnung (SächsBeWoGDVO).

Der Bestandsschutz gründet sich verfassungsrechtlich auf Art. 14 GG (Eigentumsschutz). Danach darf eine rechtmäßig errichtete bauliche Anlage durch spätere Rechtsänderungen nicht rechtswidrig werden. Der Bestandsschutz verhindert zugleich eine Verringerung des Pflegeangebots durch behördlich erzwungene Umbaumaßnahmen.

Verlust und Durchbrechung des Bestandsschutzes (Abs. 2)

Der Bestandsschutz ist nicht grenzenlos. Er hängt von der fortdauernden Nutzung der Einrichtung ab. Er entfällt bei:

- Aufgabe der Nutzung,
- wesentlichem Umbau oder
- Ersatzbau.

Dadurch soll verhindert werden, dass stillgelegte Altgebäude erneut nach altem Recht in Betrieb genommen und so die aktuellen Anforderungen des § 14 SächsWTG umgangen werden. Werden Einrichtungen nicht genutzt, besteht auch kein Vertrauensschutz. Bei Teilumbauten gilt der Bestandsschutz fort, soweit eine isolierte Betrachtung möglich bleibt. Werden Um- oder Ersatzbauten zur Erfüllung der gesetzlichen Anforderungen vorgenommen, müssen die betroffenen Räume vollständig den neuen Standards entsprechen. Der Trägerwechsel oder zuwendungsrechtliche Auflagen haben keinen Einfluss auf den Bestandsschutz.

Übergangsregelung für „große" Wohngemeinschaften (Abs. 3)

Ambulant betreute Wohngemeinschaften, die durch das neue Recht (§ 3 Abs. 3 Satz 3) eigentlich als Einrichtungen gelten würden – etwa wegen mehr als 12 Bewohnern oder weil der Leistungsanbieter Wohnraum für mehr als 24 Personen in unmittelbarer räumlicher Nähe betreibt – werden bis zum 05.07.2029 weiterhin als anbieterverantwortete ambulant betreute Wohngemeinschaften behandelt. Für diese gilt dann die gesetzliche Fiktion des § 3 Abs. 3

Satz 4 nicht. Diese Übergangsregelung vermeidet eine schlagartige Umqualifizierung solcher Wohnformen zu Einrichtungen, die allein auf ihrer Größe beruht. Das Überschreiten der 12-Personen-Grenze führt jedoch nach der Regelungssystematik der §§ 2 f. nicht zur automatischen Qualifikation als Einrichtung.[329]

Übergang für anbieterverantwortete ambulant betreute Wohngemeinschaften nach altem Recht (Abs. 4)

Wohngemeinschaften, die unter dem SächsBeWoG als vom Träger gegründete oder begleitete Wohngemeinschaften (§ 19 Abs. 5 Satz 1 SächsBeWoG) galten, gelten künftig als anbieterverantwortete ambulant betreute Wohngemeinschaften (§ 3 Abs. 3 Satz 1), wenn sie nicht binnen sechs Monaten nach Inkrafttreten als selbstverantwortete ambulant betreute Wohngemeinschaften (§ 3 Abs. 2) angezeigt wurden. Die Regelung sichert die Kontinuität der bisher gemischt strukturierten Wohnformen, die ein Bewohnergremium eingerichtet, aber weiterhin Unterstützung durch einen Träger hatten.

Übergangsregelung für große Wohngemeinschaften von Menschen mit Behinderung (Abs. 5)

Für ambulant betreute Wohngemeinschaften für volljährige Menschen mit Behinderung, die aufgrund ihrer Größe (mehr als 12 Bewohner) nach neuem Recht als Einrichtungen gelten würden, gilt bis zum 05.07.2029 weiterhin das Regime für ambulant betreute Wohngemeinschaften. Damit wird verhindert, dass langjährig etablierte, teilhabeorientierte Wohnformen allein wegen ihrer Bewohnerzahl ihren Status verlieren. Das Überschreiten der 12-Personen-Grenze führt jedoch nach der Regelungssystematik der §§ 2 f. nicht zur automatischen Qualifikation als Einrichtung.[330]

§ 36
Bestandsregelungen für personelle Anforderungen

(1) Beschäftigte, die keine Fachkräfte sind, aber nach dem Heimgesetz in der Fassung der Bekanntmachung vom 5. November 2001 (BGBl. I S. 2970), das zuletzt durch Artikel 3 Satz 2 des Gesetzes vom 29. Juli 2009 (BGBl. I S. 2319) geändert worden ist, der Heimpersonalverordnungvom 19. Juli 1993 (BGBl. I S. 1205), die zuletzt durch Artikel 1 der Verordnung vom 22. Juni 1998 (BGBl. I S. 1506) geändert worden ist, dem Sächsischen Betreuungs- und Wohnqualitätsgesetzes sowie der Verordnung des Sächsischen Staatsministeriums für Soziales und Verbraucherschutz zur Durchführung des Sächsischen Betreuungs- und Wohnqualitätsgesetzes vom 5. September 2014 (SächsGVBl. S. 504), die zuletzt durch Artikel 2 der Verordnung vom 2. November 2020 (SächsGVBl. S. 627) geändert worden ist, als Fachkräfte bei der Ermittlung der Fachkraftquote berücksichtigt worden

329 Siehe § 3.
330 Siehe § 3.

sind, werden auch weiterhin berücksichtigt, soweit und solange ihre Tätigkeit nicht Anlass zur Beanstandung in Form von entsprechenden ordnungsbehördlichen Anordnungen gibt.

(2) Von der zuständigen Behörde erteilte Befreiungen nach § 3 Absatz 3 Nummer 2 vierter Teilsatz des Sächsischen Betreuungs- und Wohnqualitätsgesetzes haben weiterhin Bestand.

Allgemeines

Auch für personelle Anforderungen enthält das SächsWTG in § 36 Bestandsregelungen. § 36 schützt die Anerkennung von – bereits bewehrten – Personalqualifikationen und bereits erteilten Befreiungen nach bisherigem Recht, um personelle Stabilität in bestehenden Einrichtungen und ambulant betreuten Wohngemeinschaften zu sichern.

Bestandsschutz für Fachkräfte nach „altem" Recht

Diese Regelung begründet Bestandschutz für alle Pflegekräfte, die nach altem Recht als „Fachkräfte" galten und bei der Ermittlung der – abgeschafften – Fachkraftquote berücksichtigt worden sind. Hierzu zählen insbesondere solche, die auf Grundlage von § 18 SächsBeWoGDVO (Anlage, sog. „Fachkraftliste") als Fachkraft anerkannt wurden. Dies gilt allerdings nur „soweit und solange ihre Tätigkeit nicht Anlass zur Beanstandung in Form von entsprechenden ordnungsbehördlichen Anordnungen gibt." (§ 36 Abs. 1 a. E.). Befreiungen die unter der Geltung des SächsBeWoG nach § 3 Abs. 3 Nr. 2, 4. Teilsatz SächsBeWoG erteilt wurden, gelten ebenfalls weiter. Dies kann beispielsweise die Befreiung vom Fachkrafteinsatz in der Nacht oder der ständigen Anwesenheit einer Fachkraft sein. Die Heimaufsicht hat jedoch die Möglichkeit, die erteilte Befreiung aufzuheben.

Auswirkungen des PeBeM auf das Ordnungsrecht

Soweit in der Gesetzesbegründung ausgeführt wird, dass die Befreiung „aufgrund der Einführung des Personalbemessungsverfahrens im Sinne von § 15 Abs. 4 an Relevanz verlier[en]"[331] könne, erschließt sich dies nicht. In zugelassenen stationären Pflegeeinrichtungen, die Leistungen nach § 43 SGB XI erbringen, wird der Pflege- und Betreuungsbedarf erfüllt, wenn Anzahl und Qualifikation der in Pflege und Betreuung Beschäftigten der personellen Ausstattung entspricht, die in der Pflegesatzvereinbarung i. V. m. § 113c Abs. 5 Satz 1 Nr. 1 SGB XI vereinbart ist. Hat die Heimaufsicht jedoch eine – hiervon abweichende – Befreiung bereits erteilt, gilt diese nach § 26 Abs. 2 fort. Die Heimaufsicht muss dann – wenn sie dies im konkreten Fall nicht mehr als ausreichenden Personaleinsatz ansieht – die Befreiung durch Verwaltungsakt aufheben. Ein Automatismus besteht nicht. Leistungsrechtliche Vorgaben sind

331 Gesetzentwurf der Staatsregierung LT-Drs. 7/14987, Zu 36 Zu Absatz 2, S. 96.

von ordnungsrechtlichen (Mindest-)Vorgaben zu trennen. Dass der Träger bei einem höheren vereinbarten Personaleinsatz leistungsrechtlich seine Pflichten gegenüber den Landesverbänden der Pflegekassen verletzt, führt nicht dazu, dass gleichsam auch ein hoheitliches heimordnungsrechtliches Einschreiten möglich ist. Hier bedarf es der Verletzung einer ordnungsrechtlichen Vorgabe.

2. Sächsische Wohnteilhabeverordnung (SächsWTVO)

Einführung

Die Sächsische Wohnteilhabeverordnung (SächsWTVO) vom 18.12.2024 (GVBl. 2025 S. 6), die auf Grund des § 34 SächsWTG durch das Staatsministerium für Soziales und Gesellschaftlichen Zusammenhalt verordnet wurde, ersetzt die bisherigen Regelungsinhalte der Verordnung des Sächsischen Staatsministeriums für Soziales und Verbraucherschutz zur Durchführung des Sächsischen Betreuungs- und Wohnqualitätsgesetzes vom 05.09.2014 (SächsBeWoGDVO), die zuletzt durch Art. 2 der Verordnung vom 02.11.2020 (SächsGVBl. S. 627) geändert worden ist. Die SächsWTVO ersetzt zudem im Freistaat Sachsen gem. Artikel 125a Abs. 1 Satz 2 GG die Verordnung über die Mitwirkung der Bewohnerinnen und Bewohner in Angelegenheiten des Heimbetriebes – Heimmitwirkungsverordnung (HeimmwV) in der Fassung der Bekanntmachung vom 25.07.2002 (BGBl. I S. 2896).

Die SächsWTVO ist am 11.01.2025 in Kraft getreten.

Die SächsWTVO konkretisiert auf der Grundlage der Verordnungsermächtigung des § 34 SächsWTG die Anforderungen an Einrichtungen sowie anbieterverantwortete ambulant betreute und Intensivpflege-Wohngemeinschaften (§ 1). Geltungsbereich und Zuständigkeit sind in Teil 1 geregelt.

Wohn-Pflege-Form übergreifende allgemeine räumlich-strukturelle Anforderungen

Die baulich-räumlichen Grundanforderungen des Abschnitts 1 des Teil 2, die für Einrichtungen und anbieterverantwortete ambulant betreute Wohngemeinschaften gleichermaßen gelten, konkretisieren die Gestaltung, Sicherheit und Nutzbarkeit der Wohn- und Gemeinschaftsräume. § 3 fordert eine an der fachlichen Konzeption ausgerichtete, an Bedürfnissen von Bewohnerinnen und Bewohnern orientierte bauliche und räumliche Gestaltung (Wohnlichkeit, Raumangebot, Sicherheit, Barrierefreiheit, Orientierung, Selbstständigkeit, Privatsphäre) einschließlich erforderlicher Therapieräume und barrierearmer Verkehrsflächen. § 4 konkretisiert das technische Umfeld: Be-/Entlüftung und regelbares Raumklima, Hitzeschutz, angemessene Beleuchtung (inkl. Nachtbeleuchtung), Bedienbarkeit der Beleuchtung vom Bett, kontrastreiche Gestaltung sowie Zugänge zu Rundfunk/TV/Internet und optional Telefon. Bei mehrgeschossiger Nutzung sind Aufzüge vorzuhalten (in Intensivpflege-Settings liegendentransporttauglich), für außerklinisch intensivpflegebedürftige Bewohner ist eine Notstromversorgung bis zu 24 Stunden sicherzustellen. § 5 definiert Wohnflächen-Mindestmaße (14 m^2 für Einzelzimmer, 22 m^2 für Doppelzimmer), untersagt Durchgangszimmer, verlangt abschließbare, im Notfall von außen zugängliche Türen und verweist für die Flächenberechnung im Übrigen auf die Verordnung zur Berechnung der Wohnfläche (Wohnflächenverordnung – WoFlV). § 6 schreibt mindestens einen Gemeinschaftsraum vor (2 m^2 je Bewohner, mindestens 20 m^2 je Wohnbereich), räumliche Nähe zu Wohnbereichen sowie die Möglichkeit der eigenständigen Küchennutzung.

Besondere bauliche Anforderungen an Einrichtungen

Abschnitt 2 normiert besondere, strengere Anforderungen an Einrichtungen. § 7 fordert Barrierefreiheit und – sofern Konzept und Bewohnerstruktur keinen Verzicht rechtfertigen – die Einhaltung der DIN 18040-2 (Barrierefreies Bauen) für von Bewohnern genutzte Wohn- und Sanitärräume. § 8 verlangt bedarfsgerechte Funktions-/Arbeitsräume, ein Reservezimmer (ehemals „Vorhaltezimmer") bei Doppelbelegung für Krisensituationen und ausreichende Abstellflächen und Ladevorrichtungen für Mobilitätshilfen. § 9 normiert die (Mindest-)Sanitärausstattung für Sanitäranlagen und -objekte. Je Wohnraum ist ein Sanitärraum für max. zwei Bewohner mit einer Mindestausstattung aus Dusche, Toilette und Waschtisch vorzuhalten. Eine Notöffnung, ein Türanschlag nach außen, Haltegriffe und ein Verbrühschutz sind Pflicht. Für je bis zu 40 Bewohner ist ein Pflegebad mit dreiseitig freistehender, lifternutzbarer Pflegebadewanne und Toilette vorzuhalten. Zudem sind in Einrichtungen für pflegebedürftige Menschen Fäkalienspülräume in jedem Stockwerk, in dem sich Wohnräume befinden, erforderlich. § 10 schreibt Rufanlagen in Wohn-, Sanitär-, Gemeinschafts- und Therapieräumen vor. § 11 setzt hospizspezifisch ausschließlich Einzelzimmer mit mind. 16 m² sowie Angehörigen-Übernachtungsmöglichkeit und Gästezimmer fest.

Bauliche Anforderungen für anbieterverantwortete ambulant betreute und Intensivpflege-Wohngemeinschaften

Für anbieterverantwortete ambulant betreute und Intensivpflege-Wohngemeinschaften (Abschnitt 3) gelten geringere angepasste bauliche Regeln. § 12 bestimmt Einzelzimmer als Regelfall und verlangt bei gewünschten Doppelzimmern oder zusammengelegten Zimmern mind. 22 m². § 13 fordert je vier Bewohner eine Dusche, Toilette und Waschtisch sowie mindestens einen barrierefrei nutzbaren Sanitärraum mit Wanne oder Dusche und Toilette sowie Waschtisch. Die Not-/Sicherheitsvorgaben in Sanitärräumen der § 9 Abs. 2 S. 4–8 gelten entsprechend. § 14 lässt die Pflicht zur Rufanlage nach § 10 entfallen, wenn Konzeption und Bewohnerstruktur sie nicht erfordern. § 15 verschärft für Intensivpflege-Wohngemeinschaften mit höherem Schutzniveau die räumlich-strukturellen Anforderungen. Für bis zu sechs Bewohner ist jeweils ein barrierefrei nutzbarer Sanitärraum sowie mindestens ein rollstuhlgerecht nutzbarer Sanitärraum (R-Raum nach DIN 18040-2), eine Fäkalienspüle im Sanitärraum bei gemeinsamer Nutzung sowie ein getrennter Sanitärbereich mit Toilette und Händewaschplatz für Gäste und Personal vorzuhalten.

Wohn-Pflege-Form übergreifende Allgemeine personelle Anforderungen

Die personellen Anforderungen im Teil 3 sind dreistufig aufgebaut. Zunächst regeln § 16 und 17 allgemeine Mindeststandards, die Wohn-Pflege-Form übergreifend gelten. Als Fachkräfte dürfen grundsätzlich nur Personen mit Fachkraftstatus nach § 20 (in Wohn-Pflege-Formen für pflegebedürftige Menschen) oder § 25 (Wohn-Pflege-Formen für Menschen mit psychischen Erkrankungen oder Behinderungen) eingesetzt werden. Tätigkeiten mit besonderer pflegerischer Fachkunde (u. a. Trachealkanülenwechsel, Beatmungsüberwachung,

Ernährungssonden, Schmerzmanagement, Port-/Wundversorgung) sind Fachkräften i. S. v. § 20 Abs. 1 Nr. 1–4 vorbehalten.

Allgemeine Pflicht zu Fort- und Weiterbildungen

Die Fort- und Weiterbildungen (§ 17) sind konzeptgestützt zu organisieren, ebenso sind Hygieneschulungen verpflichtend und für Intensivpflege-Wohngemeinschaften gelten zusätzlich § 10 Abs. 12 der Rahmenempfehlungen des GKV-Spitzenverbandes nach § 132l SGB V (AKI-RE) in der jeweils gültigen Fassung[332]:

> „[1]*Alle Pflegefachkräfte müssen über eine entsprechende spezifische Einweisung und strukturierte Einarbeitung anhand eines Einarbeitungsplanes verfügen.* [2]*Der Leistungserbringer ist verpflichtet, die fachliche Kompetenz der […] Mitarbeiter der Einrichtung, die Leistungen der außerklinischen Intensivpflege erbringen, durch interne und/oder externe Fortbildung im Umfang von mindestens 16 Stunden je Kalenderjahr*[333] *zu gewährleisten.* [3]*Die Fortbildungsmaßnahmen sollen die besonderen Belange der Versorgung von beatmungspflichtigen oder trachealkanülierten Versicherten ausreichend berücksichtigen.* [4]*Dazu zählen insbesondere die folgenden Themengebiete:*
>
> - *spezielle Überwachung des Gesundheitszustandes,*
> - *Pflege des Tracheostomas, Trachealkanülenwechsel,*
> - *Sekretmanagement,*
> - *Beatmungsgeräte und Therapieformen,*
> - *Umgang mit enteraler und parenteraler Ernährung,*
> - *Umgang mit Inhalations- und Absauggeräten,*
> - *Wirkung/Nebenwirkung von Medikamenten,*
> - *Bewertung von Vitalparametern (z. B. Herz-Kreislauf-Monitoring),*
> - *notwendige Interventionen, z. B. bei Stoffwechselentgleisung, Atmungs- und*
> - *Kreislaufversagen,*
> - *Einleitung, Durchführung von Notfallmaßnahmen,*
> - *spezielle Hygienemaßnahmen.*
>
> [5]*Die Fortbildungsverpflichtung entfällt für jene […] Mitarbeiter für die Kalenderjahre, in denen die Zusatzqualifikation nach §§ 2 und 5 erworben wird.*“

Somit gilt ordnungsrechtlich auch bei abweichender leistungsrechtlicher Vereinbarung im Versorgungsvertrag nach § 132l Abs. 5 SGB V die Pflicht zur Einhaltung der in § 10 Abs. 12 AKI-RE enthalten Fort- und Weiterbildungsmaßnahmen.

Die neuen verpflichtenden Schulungen zum Gewaltschutzkonzept nach § 11 SächsWTG sollen insbesondere Maßnahmen zum Umgang mit herausfordernden Verhaltensweisen, Gewaltprävention und Maßnahmen zur Deeskalation enthalten.

332 Aktuelle Fassung v. 03.04.2023.

333 Nach Fn. 13 sind Fortbildungen, die sich auf die für die außerklinische Intensivpflege relevanten Themen beziehen, die von den Mitarbeitern der außerklinischen Intensivpflege in anderen Leistungsbereichen, wie z. B. häuslichen Krankenpflege erworben werden, anzuerkennen und auf den kalenderjährlichen Umfang von 16 Stunden anzurechnen.

Personelle Anforderungen an Einrichtungen

Für Einrichtungen (Abschnitt 2) konkretisieren § 18–24 die Eignungs- und Einsatzkriterien. § 18 nennt persönliche Ausschlussgründe (bestimmte strafrechtliche Verurteilungen, wiederholte einschlägige Ordnungswidrigkeiten), regelt die Vorlage von Führungszeugnissen und deren datenschutzkonforme Dokumentation. § 19 statuiert Anzeigepflichten und Untersagungsmöglichkeiten bei Leitung mehrerer Einrichtungen oder Doppelfunktionen (Personalunion zwischen Einrichtungsleitung und Pflegedienstleitung). §§ 20 f. definieren Qualifikationen für Fach- und Hilfskräfte, inkl. Studienabschlüsse und Anerkennungswege. § 22 regelt den Personaleinsatz (Ausfallmanagement; Pflicht zum Einsatz einer Fachkraft als aktive Nachtwache je Gebäude, kein Einsatz von Beschäftigten Wohn-Pflege-Formen übergreifend während der Dienstzeit, Nichtanrechnung von § 43b SGB XI-Betreuungskräften auf die Personalausstattung sowie die grundsätzliche Möglichkeit im Einzelfall bewohnerwohlorientiert höhere Anforderungen durch die Heimaufsicht anzuordnen). §§ 23 f. legen die fachliche Eignung der Leitung und der verantwortlichen Pflegefachkraft – in Übereinstimmung mit § 71 Abs. 3 SGB XI – fest.

Personelle Anforderungen für Einrichtungen für Menschen mit psychischen Erkrankungen oder mit Behinderungen

Für Einrichtungen für Menschen mit psychischen Erkrankungen oder mit Behinderungen (Unterabschnitt 3) ordnen § 25–28 die Berufsprofile (Fachkräfte inkl. Heilerziehungspfleger, Erzieher, Ergotherapeuten, Physiotherapeuten, pflegerische Berufsgruppen sowie einschlägige Studienabschlüsse) und „vorbehaltene Aufgaben" für besonders qualifizierte Assistenzen. § 27 verlangt in der Nacht zwischen 20 bis 6 Uhr mindestens eine Fachkraft im aktiven Dienst und regelt besondere Anforderungen bei freiheitsentziehenden Maßnahmen. § 28 definiert die fachliche Eignung der Leitung.

Personelle Anforderungen für anbieterverantwortete ambulant betreute und Intensivpflege-Wohngemeinschaften

Für anbieterverantwortete ambulant betreute und Intensivpflege-Wohngemeinschaften (Abschnitt 3) verweist § 29 auf die einschlägigen Eignungsnormen für Einrichtungen (§ 18 SächsWTVO sowie § 20 f. für pflegebedürftige Menschen bzw. § 25 f. für Menschen mit psychischen Erkrankungen oder mit Behinderungen). § 30 verpflichtet zu ausreichender Personalpräsenz gemäß Konzeption und Bewohnerstruktur, zu organisatorischer Abfederung von Ausfällen, zur Sicherstellung einer Fachkraft-Rufbereitschaft in Zeiten ohne Fachkraftanwesenheit und zu qualifizierter Einarbeitung. Die Heimaufsicht kann bei Bedarf höhere Anforderungen festlegen.

Mitwirkung der Bewohner

Teil 4 stärkt die Mitwirkung der Bewohner. §§ 31 f. setzen allgemeine Grundsätze, wie Schutz vor Benachteiligung, Verschwiegenheit und der Möglichkeit neue Mitwirkungsmodelle einzuführen. §§ 33–42 konkretisieren die Bewohnervertretung: Pflichten des Trägers (Information, Beteiligung, Ressourceneinsatz), Pflicht zur (begründeten) Beantwortung von Vorschlägen und Beschwerden innerhalb einer 6-Wochen-Frist, Anzeige- und Wahlmodalitäten der Mitwirkungsgremien, Amtszeit, Sitzungen, Aufgaben und Mitwirkungsgegenstände (u. a. die Mitwirkung bei Entgelterhöhungen, Änderung der Hausordnung oder baulichen Veränderungen). §§ 43–44 regeln Bestellung und Aufhebung des Bewohnersprechers, §§ 45 f. die Wohngemeinschaftsvertretung des Leistungsanbieters und Verweis auf unterstützende Pflichten analog der Anforderungen in Einrichtungen nach § 33. Damit wird die Partizipation in Einrichtungen und anbieterverantworteten Wohngemeinschaften – den Vorgaben des § 1 Satz 2 Nr. 6 i. V. m. §§ 16, 22 SächsWTG entsprechend – strukturell abgesichert.

Befreiungsmöglichkeiten | Nachtbetreuungskonzept in anbieterverantworteten ambulant betreuten Wohngemeinschaften

Die Befreiungstatbestände (Teil 5) eröffnen gesteuerte Flexibilität. § 47 erlaubt aus wichtigem Grund Befreiungen von baulichen Anforderungen, wenn Interessen und Bedürfnisse der Bewohner sowie Konzeption und Pflege-/Behinderungsgrad nicht entgegenstehen. § 48 ermöglicht konzeptgebundene Befreiungen von personellen Anforderungen, setzt jedoch die Einhaltung der übrigen personellen Mindeststandards und ein mit Leistungsträgern abgestimmtes Konzept voraus. § 49 schafft eine spezifische Option für anbieterverantwortete ambulant betreute Wohngemeinschaften, um eine Vielzahl an Befreiungen im Einzelfall zu umgehen. Ein transparent bekanntgemachtes Nachtbetreuungskonzept kann – bei kumulativer (!) Erfüllung der genannten Voraussetzungen (räumliche Nähe, Rufanlagen in bewohnergenutzten Sanitär- und Wohnräumen, Erste-Hilfe-Nachweise) – eine gemeinsame Nachtwache für bis zu 24 Bewohner in mehreren ambulant betreuten Wohngemeinschaften (20 bis 6 Uhr) ohne Ausnahmegenehmigung zulassen. Der KSV Sachsen kann die Nutzung untersagen, wenn die Versorgung beeinträchtigt ist. Ein gemeinsamer Nachtkrafteinsatz zwischen einer ambulant betreuten Wohngemeinschaft und einem Betreuten Wohnen/Service-Wohnen ist explizit nicht geregelt. Hierfür bedarf es eines Befreiungsantrags nach § 48.[334]

Sachverständige | Bestandsschutz- und Übergangsregelungen

Teil 6 definiert Sachverständigen-Standards (§ 50) für externe Qualitätsprüfungen (Unabhängigkeit, besondere Sachkunde; Anknüpfung an GKV-Qualitätsprüfungs-Richtlinien). Durch zeitlich gestaffelte Bestandsschutz- und Übergangsregelungen (§ 51) wird – ergänzend zu § 35 SächsWTG – ein dem Vertrauensschutz entsprechender Übergang und Angleichung an die neuen Verordnungsvorgaben ermöglicht (u. a. 10-jährige Übergangsfrist für bestehende anbieterverantwortete ambulant betreute Wohngemeinschaften bzgl. räumlicher Anforderungen und unmittelbare Geltung für Neu-, Um- und Ersatzbauten).

334 Vgl. Referentenentwurf Zu § 49 Zu Absatz 1, S. 90 „Damit wird eine einzelne Konkretisierung von der allgemeinen Befreiungsregelungen vorgenommen. Hiermit findet eine Erleichterung für die Leistungsanbieter und die Heimaufsichtsbehörde statt, da dadurch mit weniger Anträgen nach § 33 [nunmehr § 48] zu rechnen sind."

Ordnungswidrigkeiten

Teil 7 regelt die Sanktionierung von Verletzungen der Pflichten der SächsWTVO. § 52 typisiert ausführlich die ordnungswidrigen Verstöße gegen Bau-, Ausstattungs- und Personalanforderungen sowie gegen Mitwirkungspflichten (Bußgeld bis 10.000 €).

Teil 1
Allgemeine Bestimmungen

§ 1
Anwendungsbereich

Diese Verordnung gilt für

1. **Einrichtungen im Sinne des § 2 Absatz 1 Satz 1 bis 4 des Sächsischen Wohnteilhabegesetzes,**
2. **anbieterverantwortete ambulant betreute und Intensivpflege-Wohngemeinschaften im Sinne der § 3 Absatz 3 Satz 1 und § 4 Absatz 1 des Sächsischen Wohnteilhabegesetzes.**

Allgemeines

Auf der Grundlage des § 34 SächsWTG hat das Staatsministerium für Soziales und Gesellschaftlichen Zusammenhalt die Sächsische Wohnteilhabeverordnung (SächsWTVO) als Rechtsverordnung zur Durchführung des Gesetzes erlassen. Die SächsWTVO findet Anwendung auf Einrichtungen nach § 2 Abs. 1 Satz 1–4 SächsWTG, anbieterverantwortete ambulant betreute Wohngemeinschaften nach § 3 Absatz 3 Satz 1 SächsWTG und auf anbieterverantwortete Intensivpflege-Wohngemeinschaften nach § 4 Absatz 1 SächsWTG. Sie gilt somit für alle vom SächsWTG umfassten Wohn-Pflege-Formen ausgenommen der selbstverantworteten ambulant betreuten Wohngemeinschaften i. S. d. § 3 Abs. 2 SächsWTG.

Regelungsbereiche

Dabei konkretisiert die Verordnung lediglich die gesetzlichen Vorgaben des SächsWTG, die der Landesgesetzgeber im maßgeblichen Umfang selbst getroffen hat. Konkretisiert werden entsprechend der Ermächtigung des § 34 SächsWTG und des Rahmens des SächsWTG:

- Anforderungen an die Wohnqualität (insbesondere an Wohn-, Aufenthalts-, Therapie- und Wirtschaftsräume, für die Verkehrsflächen sowie die sanitären und technischen Anlagen);
- Anforderungen an die Eignung des Personals und
- Anforderungen an die Mitbestimmung.

§ 2
Zuständigkeit

Zuständige Behörde im Sinne dieser Verordnung ist der Kommunale Sozialverband Sachsen.

§ 2 stellt – normwiederholend – die Zuständigkeit zur Durchführung und dem Vollzug der SächsWTVO klar. Sie benennt den KSV Sachsen als zuständige Heimaufsicht auch als zuständige Behörde zur Durchführung der SächsWTVO. Dies ergibt sich bereits aus dem höherrangigen Recht, nämlich der Ermächtigungsgrundlage des § 34 SächsWTG und der Regelung der Zuständigkeit für die Durchführung des SächsWTG und der nach § 34 erlassenen Rechtsverordnungen.

Teil 2
Bauliche Anforderungen

Abschnitt 1
Allgemeine Anforderungen

§ 3
Allgemeine Grundsätze

[1]Die bauliche und räumliche Gestaltung sowie Ausstattung der Gebäude und Räume hat der fachlichen Konzeption Rechnung zu tragen sowie die pflegerischen, behinderungs- und altersbedingten Bedürfnisse der Bewohnerinnen und Bewohner zu berücksichtigen, insbesondere im Hinblick auf Wohnlichkeit, Raumangebot, Sicherheit, Barrierefreiheit, Möglichkeit der Orientierung, Selbständigkeit und Privatsphäre. [2]Bei dem notwendigen Raumangebot nach Satz 1 sind auch die nach der fachlichen Konzeption erforderlichen Therapieräume einzuplanen. [3]Die Räume und Verkehrsflächen sollen so beschaffen sein, dass sich die Bewohnerinnen und Bewohner darin ohne fremde Hilfe sicher bewegen und möglichst selbständig am Gemeinschaftsleben teilnehmen können.

§ 4
Technische Anlagen und Raumklima

(1) [1]In allen Räumen und Verkehrsflächen, die von Bewohnerinnen und Bewohnern genutzt werden, ist eine dem allgemeinen Standard entsprechende Be- und Entlüftung sowie ein angemessenes Raumklima jederzeit zu gewährleisten. [2]Die Raumtemperatur in den Wohn- und Sanitärräumen der Bewohnerinnen und Bewohner muss jeweils reguliert werden können. [3]Es sind bauliche, technische und organisatorische Maßnahmen zu entwickeln, um einen wirksamen Hitzeschutz zu gewährleisten.

(2) [1]In allen Räumen und Verkehrsflächen ist eine den Bedürfnissen der Bewohnerinnen und Bewohner angemessene Beleuchtung zu gewährleisten. [2]Anzustreben sind Tageslicht und eine helle gleichmäßige Beleuchtung. [3]Bei Dunkelheit muss in Fluren und Treppenräumen eine Nachtbeleuchtung in Betrieb sein. [4]In Wohnräumen müssen die Bewohnerinnen und Bewohner die Beleuchtung selbst regulieren und auch von ihrem Bett aus bedienen können. [5]Räume und Bedienelemente sollen kontrastreich gestaltet werden.

(3) [1]Im Wohnraum und im Gemeinschaftsbereich muss für die Bewohnerinnen und Bewohner die Nutzung von Rundfunk, Fernsehen und Internet sichergestellt sein. [2]Zusätzlich ist im Wohnraum auf Wunsch für jede Bewohnerin und jeden Bewohner ein Telefonanschluss zu ermöglichen.

(4) [1]In Gebäuden, in denen bei regelmäßiger Benutzung von den Bewohnerinnen und Bewohnern ein oder mehrere Stockwerke zu überwinden sind oder in denen Bewohnerinnen und Bewohner, welche in ihrer Mobilität eingeschränkt sind, in nicht stufenlos zugänglichen Stockwerken wohnen, muss mindestens ein Aufzug vorhanden sein. [2]In anbieterverantworteten ambulant betreuten Wohngemeinschaften kann davon abgewichen werden, wenn in anderer Form eine barrierearme Vertikalverbindung vorgehalten wird. [3]Aufzüge für Personen müssen in Art, Größe und Ausstattung den Bedürfnissen der Bewohnerinnen und Bewohner entsprechen sowie bei Einrichtungen für pflegebedürftige Menschen und bei anbieterverantworteten Intensivpflege-Wohngemeinschaften auch einen liegenden Transport von Bewohnerinnen und Bewohnern ermöglichen.

(5) Der Träger oder Leistungsanbieter hat für die Aufrechterhaltung der lebensnotwendigen Versorgung von Bewohnerinnen und Bewohnern mit intensivpflegerischem Bedarf eine Notstromversorgung von bis zu 24 Stunden zu gewährleisten.

§ 5
Wohnräume

(1) [1]Der Wohnraum dient dem Wohnen der Bewohnerinnen und Bewohner sowie ihrer Betreuung und Versorgung. [2]Bei der Gestaltung der Wohnräume soll den Wünschen und Bedürfnissen der Bewohnerinnen und Bewohner soweit wie möglich entsprochen werden. [3]Dies gilt auch für die Verwendung eigener Möbel und sonstiger persönlicher Ausstattungsgegenstände einschließlich Hilfsmittel.

(2) [1]Der Wohnraum für eine Person muss mindestens eine Wohnfläche von 14 Quadratmetern und der Wohnraum für zwei Personen mindestens eine Wohnfläche von 22 Quadratmetern umfassen. [2]Ein zugehöriger Sanitärraum oder Vorraum zählt nicht zur Wohnfläche. [3]Wohnräume für mehr als zwei Bewohnerinnen oder Bewohner und Wohnräume in Durchgangszimmern sind unzulässig. [4]Die Türen zu den Wohnräumen müssen abschließbar und im Notfall von außen zugänglich sein.

(3) [1]Für die Berechnung der Wohnfläche gelten die Vorschriften der Wohnflächenverordnung vom 25. November 2003 (BGBl. I S. 2346), soweit diese Verordnung nichts anderes bestimmt. [2]Wintergärten und ähnliche nach allen Seiten geschlossene Räume sowie Balkone, Loggien, Dachgärten und Terrassen werden nicht angerechnet.

§ 6
Gemeinschaftsbereiche

(1) [1]Es muss ein Gemeinschaftsraum zur Begegnung der Bewohnerinnen und Bewohner mit ihren Besucherinnen und Besuchern vorhanden sein. [2]Gemeinschaftsräume dienen unter anderem dem gemeinschaftlichen Wohnen, der Tagesgestaltung und der Einnahme von Speisen. [3]Die Nutzfläche des Gemeinschaftsraumes pro Wohnbereich muss mindestens 2 Quadratmeter je Bewohnerin oder Bewohner, mindestens jedoch insgesamt 20 Quadratmeter betragen. [4]Der Gemeinschaftsraum muss so angelegt sein, dass grundsätzlich alle Bewohnerinnen und Bewohner des Wohnbereiches, auch wenn sie in ihrer Mobilität eingeschränkt oder auf Hilfsmittel angewiesen sind, an Zusammenkünften und Veranstaltungen teilnehmen können. [5]Gemeinschaftsräume müssen sich in räumlicher Nähe zu den Wohnräumen befinden. [6]Bei mehreren Gebäuden muss jedes Gebäude mindestens über einen Gemeinschaftsraum verfügen.

(2) [1]Den Bewohnerinnen und Bewohnern ist die eigenständige Nutzung einer Küche zu ermöglichen. [2]Diese kann Teil eines Gemeinschaftsraumes sein.

(3) [1]Sofern sie nach Größe und Ausstattung dafür geeignet sind, können Speiseräume, in Ausnahmefällen auch andere Räume und Flure, insbesondere Wohnflure, bei der Berechnung der Fläche nach Absatz 1 angerechnet werden. [2]Treppen, sonstige Verkehrsflächen, Loggien und Balkone sind nicht anrechenbar.

Abschnitt 1 (Allgemeine Anforderungen, §§ 3–6) bildet den Grundstein der baulichen und funktionalen Qualitätsmindeststandards für Einrichtungen und anbieterverantwortete Wohngemeinschaften. Die Anforderungen gewährleisten, dass Gestaltung, Technik, Raumangebot und Gemeinschaftsflächen den Bedürfnissen einer würdevollen, sicheren und teilhabeorientierten Wohnform entsprechen. Damit konkretisieren sie den in § 1 SächsWTG verankerten Schutzauftrag und sind zentrale Prüfkriterien für die Heimaufsicht.

Die wesentlichen allgemeinen Anforderungen sind:

- Die bauliche Gestaltung von Räumen und Verkehrsflächen soll Sicherheit, Barrierefreiheit und selbstständige Teilhabe der Bewohner am Gemeinschaftsleben ermöglichen (§ 3).
- In allen von Bewohnern genutzten Räumen und Verkehrsflächen ist eine ständige, dem allgemeinen technischen Standard entsprechende Be- und Entlüftung sowie ein „angemessenes Raumklima“ durch mögliche Regulierung sicherzustellen (§ 4 Abs. 1 Satz 1 und 2).
- Es sind Maßnahmen für einen wirksamen Hitzeschutz zu ergreifen (§ 4 Abs. 1 Satz 3).

- Bei Dunkelheit muss in Fluren und Treppenräumen eine Nachtbeleuchtung in Betrieb sein (§ 4 Satz 3).
- Im Wohnraum und im Gemeinschaftsbereich muss für die Bewohner die Nutzung von Rundfunk, Fernsehen und Internet sichergestellt sein (§ 4 Abs. 3 Satz 1). In Wohnräumen muss zusätzlich ein Telefonanschluss verfügbar sein. Die Bereitstellung eines Endgeräts oder Vertrags mit einem Telekommunikationsanbieter ist davon nicht umfasst.
- Vorhandensein eines Aufzugs, wenn regelmäßig ein oder mehrere Stockwerke zu überwinden sind (§ 4 Abs. 4 Satz 1).
- Notstromversorgung für Intensivpflegeeinrichtungen und -Wohngemeinschaften (§ 4 Abs. 5)
- Wohnraum für eine Person mind. 14 m² und für zwei Personen mind. 22 m² (§ 5 Abs. 2 und 3). Die Berechnung richtet sich nach der Wohnflächenverordnung[335]. Wintergärten und ähnliche nach allen Seiten geschlossene Räume sowie Balkone, Loggien, Dachgärten und Terrassen sowie Vorräume und Sanitärräume werden nicht angerechnet.
- Die Nutzfläche des vorzuhaltenden Gemeinschaftraums muss mind. 2 m² je Bewohner, mind. jedoch 20 m² je Wohnbereich betragen. Zudem ist den Bewohnern die Nutzung einer Küche zu ermöglichen (§ 6)

Abschnitt 2
Besondere Anforderungen an Einrichtungen

§ 7
Barrierefreiheit

[1]In Einrichtungen müssen Wohn-, Aufenthalts-, Therapie- und Wirtschaftsräume, Verkehrsflächen sowie die sanitären und technischen Anlagen, die von Bewohnerinnen und Bewohnern genutzt werden, im Sinne von § 3 des Sächsischen Inklusionsgesetzes barrierefrei sein. [2]Die Wohnräume der Bewohnerinnen und Bewohner sowie die zugehörigen Sanitärräume müssen den Planungsempfehlungen der DIN 18040-2, Barrierefreies Bauen – Planungsgrundlagen – Teil 2: Wohnungen, Ausgabe September 2011, die bei der Beuth-Verlag GmbH, Berlin, zu beziehen und bei der Deutschen Nationalbibliothek archivmäßig gesichert niedergelegt ist, zu Anforderungen an barrierefrei und uneingeschränkt mit dem Rollstuhl nutzbaren Wohnungen entsprechen, sofern die Konzeption der Einrichtung und die Bewohnerstruktur im Einzelfall keinen Verzicht auf diese Anforderung rechtfertigen. [3]Die Anforderungen an die Barrierefreiheit gelten nicht für Räume, die ausschließlich für das Personal zugänglich sind.

Schon mit Blick auf die Zielgruppe (vgl. § 2 Abs. 1 Satz 1 SächsWTG) ist ein Teil der Bewohner auf Barrierefreiheit der von ihnen genutzten Räume angewiesen. Der Verordnungsgeber differenziert nach der Barrierefreiheit für Wohnräume und zugehörigen Sanitärräumen, die den

335 Wohnflächenverordnung v. 25.11.2003 (BGBl. I S. 2346).

engen Vorgaben der DIN 18040-2:2011-09[336] entsprechen müssen und der Barrierefreiheit im Übrigen, die nur den geringeren Anforderungen des § 3 Sächsisches Inklusionsgesetz entsprechen müssen. Personalräume müssen nicht barrierefrei sein.

Die DIN 18040-2:2011-09 bildet die bautechnische Grundlage für die Umsetzung der heimordnungsrechtlichen Vorgabe der Barrierefreiheit. Durch die Verbindlichkeitserklärung in § 7 Satz 2 SächsWTVO wird das (ansonsten lediglich privatrechtliche) Regelwerk des Deutschen Instituts für Normung e. V. (DIN) rechtsverbindlich. Es normiert den Stand der Technik.

Innerhalb der Wohnungen wird unterschieden zwischen
- barrierefrei nutzbaren Wohnungen und
- barrierefrei und uneingeschränkt mit dem Rollstuhl nutzbaren Wohnungen (sog. R-Zimmer).

Im Referentenentwurf der SächsWTVO war zunächst noch vorgesehen, dass alle Wohnräume und zugehörigen Sanitärräume uneingeschränkt mit dem Rollstuhl nutzbar sein müssen. Dies wurde – schon mit Blick darauf, dass dies nur sehr selten baulich umsetzbar sein wird – aufgegeben. Eine verbindliche R-Zimmer-Quote besteht nicht. Auch die Verwaltungsvorschrift des Sächsischen Staatsministeriums für Infrastruktur und Landesentwicklung über Technische Baubestimmungen (VwV TB Sachsen) i. V. m. Anlage 4.2/2 zu DIN 18040-1 der Muster-Verwaltungsvorschrift Technische Baubestimmungen 2025/1 (MVV TB 2025/1)[337] enthält keine starre Vorgabe. Allerdings ist mindestens ein R-Zimmer vorzuhalten. Bei größeren Einrichtungen sind entsprechend des Bedarfs der Zielgruppe auseichend R-Zimmer vorzuhalten.

Nach § 50 Sächsische Bauordnung[338] müssen unabhängig von den Vorgaben der SächsWTVO bauliche Anlagen, die öffentlich zugänglich sind, in den dem allgemeinen Besucher- und Benutzerverkehr dienenden Teilen barrierefrei sein. Nach § 50 Abs. 2 Satz 2 Nr. 2 SächsBO gilt dies auch für Einrichtungen des Gesundheitswesens. Bei Pflegeheimen, die einen Sonderbau darstellen, können nach § 51 Satz 3 Nr. 16 SächsBO hinsichtlich der barriefreien Nutzbarkeit Erleichterungen gestattet werden. Die Vorgaben der SächsBO stehen im Rangverhältnis über den baulichen Anforderungen der SächsWTVO (*lex superior derogat legem inferiorem*).

Bei Bestandsbauten ist zu berücksichtigen, dass die DIN 18040-2 für Neubauten gilt. Sie kann für Bestandsbauten bei der Planung von Umbauten und Modernisierungen nur entsprechend angewendet werden. Hierbei sind die Bestandsschutz- und Übergangsregelungen zu beachten (§ 51 SächsWTVO). Allerdings war bereits nach § 4 der Verordnung des Sächsischen Staatsministeriums für Soziales und Verbraucherschutz zur Durchführung des Sächsischen

336 Abgedruckt online unter https://www.stmb.bayern.de/assets/stmi/buw/baurechtundtechnik/planungsgrundlagen_barrierefreies_bauen.pdf

337 VwV TB Sachsen v. 24.07.2024 (SächsABl. S. 939), die durch die Verwaltungsvorschrift v. 08.07.2025 (SächsABl. S. 764) geändert worden ist

338 Sächsische Bauordnung in der Fassung der Bekanntmachung v. 11.05.2016 (SächsGVBl. S. 186), die zuletzt durch Artikel 1 des Gesetzes v. 01.03.2024 (SächsGVBl. S. 169) geändert worden ist

Betreuungs- und Wohnqualitätsgesetzes (SächsBeWoGDVO)[339] Barrierefreiheit nach DIN 18040-2 für weite Teile von Einrichtungen erforderlich.

§ 8
Funktions- und Arbeitsräume, Abstellflächen

(1) [1]In Einrichtungen muss für die pflegerische Versorgung mindestens ein Funktions- und Arbeitsraum vorhanden sein. [2]Funktions- und Arbeitsräume müssen bedarfsgerecht ausgestattet und in ausreichender Anzahl und Größe vorhanden sein.

(2) In Einrichtungen, in denen Wohnraum für zwei Personen vorgehalten wird, muss mindestens ein Reservezimmer für bereits in der Einrichtung wohnende Bewohnerinnen und Bewohner zur vorübergehenden Nutzung vorhanden sein.

(3) In Einrichtungen müssen ausreichend und gut zugängliche Abstellflächen für Mobilitätshilfen der Bewohnerinnen und Bewohner sowie entsprechende Ladevorrichtungen vorhanden sein.

§ 8 übernimmt die bereits seit dem (Bundes-)Heimgesetz bestehende Verpflichtung zum Vorhalten eines „Reservezimmers" (Vorhaltezimmer). Dieses darf nur vorübergehend belegt werden und dient der Krisenintervention für Bewohner, die in Doppelzimmern leben. Das Reservezimmer muss den Anforderungen an Wohnräume (§ 5) entsprechen.

Neu aufgenommen wurde die Verpflichtung, Abstellflächen für Mobilitätshilfen, wie bspw. Gehstöcke, Rollatoren und Rollstühle vorzuhalten. Zudem müssen mit Blick auf die zunehmende Verwendung elektrischer Mobilitätshilfen entsprechende Ladevorrichtungen vorhanden sein. Eine Verpflichtung, dass der Träger diese entgeltlos zur Verfügung stellt, besteht jedoch nicht.

§ 9
Sanitäre Anlagen und Sanitärobjekte

(1) Zu den sanitären Anlagen gehören
1. **Sanitärräume für Bewohnerinnen und Bewohner sowie**
2. **Pflegebäder.**

(2) [1]In Einrichtungen muss für jeden Wohnraum ein Sanitärraum zur Verfügung stehen, in dem eine Nutzung für höchstens zwei Bewohnerinnen oder Bewohner vorgesehen

339 Verordnung des Sächsischen Staatsministeriums für Soziales und Verbraucherschutz zur Durchführung des Sächsischen Betreuungs- und Wohnqualitätsgesetzes v. 05.09.2014 (SächsGVBl. S. 504), die zuletzt durch Artikel 2 der Verordnung v. 02.11.2020 (SächsGVBl. S. 627) geändert worden ist.

ist. [2]Jeder Wohnraum muss einen direkten Zugang oder einen Zugang über einen Vorraum zu einem Sanitärraum haben. [3]Der Sanitärraum muss mindestens mit einer Dusche, einer Toilette und einem Waschtisch ausgestattet sein. [4]Türen von Sanitärräumen müssen abschließbar und im Notfall von außen zugänglich sein. [5]Sie dürfen nicht nach innen schlagen. [6]Alle Sanitärobjekte müssen über Haltegriffe verfügen. [7]Bei Toiletten sind diese beidseitig anzubringen. [8]Bei Badewannen- und Duscharmaturen ist ein Verbrühschutz erforderlich.

(3) [1]In Einrichtungen muss für jeweils bis zu 40 Bewohnerinnen und Bewohner mindestens ein Pflegebad zur Verfügung stehen. [2]Satz 1 gilt in Einrichtungen für Menschen mit Behinderungen, sofern die Konzeption der Einrichtung im Einzelfall eine pflegerische Versorgung im Pflegebad nicht ausschließt. [3]Das Pflegebad muss mindestens mit einer Toilette sowie einer dreiseitig freistehenden und mit einem Personenlifter nutzbaren Pflegebadewanne ausgestattet sein.

(4) [1]In Einrichtungen für pflegebedürftige Menschen muss in jedem Stockwerk mit Wohnräumen mindestens ein Fäkalienspülraum vorhanden sein. [2]In Einrichtungen für Menschen mit Behinderungen müssen Fäkalienspülräume in ausreichender Zahl vorhanden sein, wenn die Konzeption der Einrichtung eine pflegerische Versorgung nicht ausschließt oder der pflegerische Bedarf der Bewohnerinnen und Bewohner es erfordert.

Allgemeines

§ 9 normiert Anforderungen an sanitäre Anlagen.

Verbrühschutz (Abs. 2 Satz 7)

Bei Badewannen- und Duscharmaturen ist ein Verbrühschutz erforderlich. Es bestehen – anders als bspw. in Sachsen-Anhalt[340] – keine Vorgaben, wie dieser ausgestaltet sein muss. Die Heimaufsicht kann daher nicht die Installation eines bestimmten Vebrühschutzes verlangen.

Fäkalienspülraum (Abs. 4)

In Einrichtungen für pflegebedürftige Menschen muss in jedem Stockwerk mit Wohnräumen mindestens ein Fäkalienspülraum vorhanden sein.

Über den Verweis in § 3 Abs. 3 Satz 4 SächsWTG müssen auch anbieterverantwortete ambulant betreute Wohngemeinschaften bei Überschreiten der Kapazitätsgrenze (24 Personen in unmittelbarer räumlicher Nähe) – da sie damit ordnungsrechtlich als Einrichtung nach § 2

340 § 5 Abs. 6 Verordnung über bauliche Mindestanforderungen nach dem Wohn- und Teilhabegesetz (Wohn- und Teilhabegesetz-Mindestbauverordnung – WTG-MindBauVO) v. 17.05.2022 „ein individuell nicht verstellbarer Verbrühschutz nach DIN1 EN 806-2: 2005-06, Technische Regeln für Trinkwasser-Installationen – Teil 2: Planung".

Abs. 1 SächsWTG gelten – einen Fäkalienspülraum sowie ein Pflegebad vorhalten. Das Erfordernis eines Fäkalienspülraums steht im unauflösbaren Widerspruch zum Leistungsrecht. Die Erbringung der ambulanten Pflegeleistungen nach dem Leistungskomplexsystem sieht in Sachsen die Nutzung eines Fäkalienspülraums nicht vor, sondern nur „Benutzen der Toilette/ des Toilettenstuhls". Weder ist dies vom Vorbereiten noch vom Aufräumen des unmittelbaren Arbeitsbereiches Bestandteil des Einsatzes. Sollte ein Bewohner aufgrund vorübergehender Erkrankung einen über den ambulanten Pflegebedarf hinausgehenden Pflegebedarf haben, kommt eine Versorgung in einem Krankenhaus (bei Erkrankung) oder in einer Kurzzeitpflegeeinrichtung (solitäre Kurzzeitpflegeeinrichtung oder eingestreute KZP-Plätze in einer vollstationären Pflegeeinrichtung) in Betracht. Die Erbringung entsprechender Leistungen in einem (leistungsrechtlich) ambulanten Setting ist nicht möglich. Denkbar wäre, dies als Privatleistung anzubieten. Eine ordnungsrechtliche Verpflichtung, dies anzubieten – was der Landesgesetzgeber freilich als Qualitätsanforderung normieren könnte – besteht nicht. Das bloße Vorhalten ist daher nicht sinnvoll. In diesen Fällen kommt daher nur in Betracht, auf das Vorhalten auch ordnungsrechtlich zu verzichten. Es besteht ein „wichtiger Grund" zur Befreiung nach § 47 Abs. 1.

Hinsichtlich der Nutzung des Pflegebades ist die Ausgangslage vergleichbar. Zu dem Leistungskomplex (LK) 3 (Große Morgen-/Abendtoilette außerhalb des Bettes) gehört zwar grundsätzlich neben „Waschen/Duschen" auch „Baden" (Nr. 4 Var. 3 – des Leistungsinhalts) allerdings in der eigenen Häuslichkeit. Die – zeitintensive – Nutzung einer Pflegebadewanne, bei der nicht nur das „Waschen" als solches im Vordergrund steht, sondern auch das „Badevergnügen", kann schon aufgrund der geringen Zeit des ambulanten Pflegedienstes nicht gewährleistet werden. Nach den rahmenvertraglichen Regelungen[341] des § 2 Abs. 5 umfasst das „Waschen, Duschen und Baden" im Einzelnen: „ggf. auch den Einsatz von Hilfsmitteln, den Transport zur Waschgelegenheit, das Schneiden von Fingernägeln, bei Bedarf Kontaktherstellung für die Fußpflege, das Haarewaschen und -trocknen, ggf. Kontaktherstellung zum/zur Friseur/in, Hautpflege".

Daher stellt auch diese ordnungsrechtliche Anforderung eine Privatleistung dar, wenn sie über das standardmäßige „Baden" zur „Körperpflege" hinausgehrt. Ob und wenn ja, in welchem Umfang, der Bewohner dieses ordnungsrechtlich verpflichtende Angebot annimmt, ist fraglich. Dem Unternehmer obliegt es – ohne Beschränkungen – den Preis dieser Leistung festzulegen. Der Preis darf lediglich nicht so hoch sein, dass das Angebot rein faktisch nicht genutzt werden kann. Denkbar wäre eine Orientierung an Preisen für andere körperbezogene Wellnessangebote, wie bspw. Massagen, sodass – unter Berücksichtigung eines weiteren Zuschlags für den Sachkosteneinsatz – ein Betrag im Rahmen von 50–100 € je 15–20 Minuten in Betracht käme.

341 Rahmenvertrag gem. § 75 Abs. 1 SGB XI zur ambulanten pflegerischen Versorgung im Freistaat Sachsen.

§ 10
Rufanlage

[1]Wohn-, Sanitär-, Gemeinschafts- und Therapieräume, die von Bewohnerinnen und Bewohnern genutzt werden, müssen jeweils mit einer Rufanlage ausgestattet sein. [2]In Wohnräumen für pflegebedürftige Bewohnerinnen und Bewohner muss die Rufanlage von jedem Bett aus bedient werden können.

§ 11
Besondere Anforderungen an Hospize

(1) [1]Abweichend von § 5 Absatz 2 Satz 1 sind ausschließlich Einzelzimmer vorzuhalten. [2]Die Wohnfläche muss mindestens 16 Quadratmeter betragen.

(2) [1]Die Wohnräume müssen so gestaltet sein, dass die Übernachtung von Zugehörigen auf Wunsch der Bewohnerin oder des Bewohners möglich ist. [2]Es ist ein Gästezimmer vorzuhalten.

Abschnitt 3
Besondere Vorschriften für anbieterverantwortete ambulant betreute und Intensivpflege-Wohngemeinschaften

§ 12
Wohnräume

[1]In anbieterverantworteten ambulant betreuten Wohngemeinschaften sind grundsätzlich Einzelzimmer vorzusehen. [2]Werden auf Wunsch von Bewohnerinnen und Bewohnern zwei Zimmer zu einer Nutzungseinheit zusammengelegt oder ein Zimmer als Doppelzimmer genutzt, muss die Wohnfläche mindestens 22 Quadratmeter betragen.

§ 13
Sanitäre Anlagen und Sanitärobjekte

(1) [1]In anbieterverantworteten ambulant betreuten Wohngemeinschaften muss für jeweils vier Bewohnerinnen und Bewohner mindestens eine Dusche, eine Toilette und ein Waschtisch vorhanden sein. [2]Es muss mindestens ein Sanitärraum barrierefrei nutzbar und mit einer Badewanne oder einer Dusche, einer Toilette und einem Waschtisch ausgestattet sein.

(2) § 9 Absatz 2 Satz 4 bis 8 gilt entsprechend.

§ 14
Rufanlage

[1]§ 10 gilt entsprechend. [2]Es ist keine Rufanlage erforderlich, sofern die Konzeption und die Bewohnerstruktur dies nicht erfordern.

§ 15
Besondere Anforderungen an anbieterverantwortete Intensivpflege-Wohngemeinschaften

(1) § 9 Absatz 2 Satz 4 bis 8 sowie die §§ 12 und 14 gelten entsprechend.

(2) [1]In anbieterverantworteten ambulant betreuten Intensivpflege-Wohngemeinschaften muss für jeweils bis zu sechs Bewohnerinnen und Bewohner mindestens ein barrierefrei nutzbarer Sanitärraum mit einer Dusche, einer Toilette und einem Waschtisch zur Verfügung stehen. [2]Ein Sanitärraum muss mit dem Rollstuhl nutzbar sein. [3]Bei von mehreren Bewohnerinnen und Bewohnern genutzten Sanitärräumen ist eine Fäkalienspüle vorzusehen. [4]Für Gäste und Personal ist ein separater Sanitärbereich mit Toilette und Händewaschplatz vorzuhalten.

Teil 3
Personelle Anforderungen

Abschnitt 1
Allgemeine Anforderungen

§ 16
Fachkräfte

(1) Der Träger oder Leistungsanbieter darf als Fachkräfte nur Personen beschäftigen, die einen Fachkraftstatus nach § 20 oder § 25 besitzen.

(2) [1]Für Tätigkeiten, deren Ausübung eine besondere pflegerische Fachkunde erfordert, dürfen nur Personen eingesetzt werden, welche Fachkräfte gemäß § 20 Absatz 1 Nummer 1 bis 4 sind. [2]Solche Tätigkeiten sind insbesondere

1. die Beratung der Bewohnerinnen und Bewohner, ihrer Vertretung und Angehöriger über fachlich begründete Maßnahmen zur Sicherung der gesundheitlichen und psychosozialen Versorgung sowie die Mitwirkung bei Entscheidungen über deren Anwendung,
2. die Kommunikation mit den Ärztinnen und Ärzten im Hinblick auf die Steuerung des Pflegeprozesses,

3. die Einarbeitung, Anleitung und Überwachung der pflegerischen Tätigkeiten von Beschäftigten, die nicht Pflegefachkräfte sind,
4. die Betreuung und Anleitung von Schülerinnen und Schülern,
5. der Wechsel und die Pflege der Trachealkanüle sowie das Absaugen der oberen Luftwege und Bronchialtoilette,
6. die Bedienung und die Überwachung von Beatmungsgeräten sowie die Überwachung der Beatmung,
7. das Legen und Wechseln von Ernährungssonden,
8. die Pflege von Drainagen,
9. die Pflege von Colo- und Ileostoma bei nichtintakter Umgebung,
10. die Katheterisierung der Harnblase,
11. die Spülung der Harnblase,
12. das Schmerzmanagement,
13. die Portversorgung sowie
14. die Versorgung und Wundheilungskontrolle bei infizierten und chronischen Wunden einschließlich Dekubitusbehandlung.

[3]§ 4 des Pflegeberufegesetzes bleibt hiervon unberührt.

§ 17
Fort- und Weiterbildung

(1) [1]Der Träger oder Leistungsanbieter hat sicherzustellen, dass seine Beschäftigten durch den Besuch von Fort- und Weiterbildungen, die sie zur Ausübung der Betreuung, Assistenz und Pflege benötigen, stets die aktuellen fachlichen Erkenntnisse erlangen. [2]Eine ausreichende Fort- und Weiterbildungsmöglichkeit wird vermutet, wenn ein Fort- und Weiterbildungskonzept nachgewiesen wird, das insbesondere die Themenfelder Betreuung, Assistenz und Pflege sowie spezifische auf die Konzeption der Einrichtung, anbieterverantworteten ambulant betreuten oder Intensivpflege-Wohngemeinschaft bezogene Themen beinhaltet. [3]Die Beschäftigten sind auch hinsichtlich des Hygiene- und Infektionsschutzes zu schulen. [4]Beschäftigten in Einrichtungen oder anbieterverantworteten ambulant betreuten oder Intensivpflege-Wohngemeinschaften, in denen pflegebedürftig gewordene Menschen mit Behinderungen leben, ist Gelegenheit zu einer pflegerischen Qualifizierung zu geben. [5]Der Träger oder der Leistungsanbieter hat darauf hinzuwirken, dass bei der Auswahl von Fort- und Weiterbildungen der von der zuständigen Behörde festgestellte Qualifizierungsbedarf berücksichtigt wird. [6]Für Intensivpflege-Wohngemeinschaften gelten die weiteren Anforderungen des auf der Internetseite des Spitzenverbandes Bund der Krankenkassen veröffentlichten § 10 Absatz 12 der Rahmenempfehlungen nach § 132l Abs. 1 SGB V zur Versorgung mit außerklinischer Intensivpflege vom 3. April 2023[1], in der jeweils geltenden Fassung.

(2) [1]Die Schulungen zum Gewaltschutzkonzept nach § 11 des Sächsischen Wohnteilhabegesetzes sollen insbesondere Maßnahmen zum Umgang mit herausfordernden Verhaltensweisen, Gewaltprävention und Maßnahmen zur Deeskalation enthalten. [2]In den

Schulungen sollen Möglichkeiten zur Vermeidung freiheitsbeschränkender und freiheitsentziehender Maßnahmen aufgezeigt werden.

Allgemeines

Die §§ 16–17 SächsWTVO konkretisieren die personellen Qualitätsanforderungen des § 15 SächsWTG. Sie legen verbindlich fest, wer als Fachkraft gilt, welche Tätigkeiten ausschließlich Pflegefachkräften vorbehalten sind, und wie Träger über kontinuierliche Fortbildung und Schulung die Qualität der Pflege, Betreuung und Assistenz sicherzustellen haben.

Schulungen zum Gewaltschutzkonzept (Abs. 2)

Nach § 11 Abs. 1 Satz 3 SächsWTG sind kalenderjährliche Schulungen der Mitarbeiter zum Gewaltschutzkonzept obligatorisch. Abs. 2 normiert die Anforderungen an die Inhalte der Schulung:

- Maßnahmen zum Umgang mit herausfordernden Verhaltensweisen, Gewaltprävention und Maßnahmen zur Deeskalation und
- Darstellung von Möglichkeiten zur Vermeidung freiheitsbeschränkender und freiheitsentziehender Maßnahmen.

Abschnitt 2
Besondere Anforderungen an Einrichtungen

Unterabschnitt 1
Gemeinsame Anforderungen an Einrichtungen

§ 18
Persönliche Ausschlussgründe

(1) [1]Die Einrichtungsleitung, die verantwortliche Pflegefachkraft im Sinne des § 71 Absatz 3 des Elften Buches Sozialgesetzbuch und die zur Leistungserbringung direkt eingesetzten Personen dürfen nicht eingesetzt oder beschäftigt werden, wenn Tatsachen vorliegen, die die Annahme rechtfertigen, dass sie für die Leitung oder die Ausübung ihrer Tätigkeit ungeeignet sind. [2]Der Träger hat die persönliche Eignung festzustellen. [3]Ungeeignet ist insbesondere,

1. **wer wegen einer Straftat gegen das Leben, die körperliche Unversehrtheit, die sexuelle Selbstbestimmung oder die persönliche Freiheit, Diebstahl, Erpressung, Urkundenfälschung, Untreue, Unterschlagung, Betrug, Hehlerei, einer gemeingefährlichen Straftat oder einer Straftat nach den §§ 29 bis 30b des Betäubungsmittelgesetzes zu einer Freiheitsstrafe von mindestens drei Monaten oder zu einer Geldstrafe von mindestens 90 Tagessätzen verurteilt worden ist, sofern die Tilgung im Zentralregister noch nicht erledigt ist,**

2. **wer in Wahrnehmung der Einrichtungsleitung oder als verantwortliche Pflegefachkraft wegen einer Insolvenzstraftat zu einer Freiheitsstrafe von mindestens drei Monaten oder zu einer Geldstrafe von mindestens 90 Tagessätzen verurteilt worden ist, sofern die Tilgung im Zentralregister noch nicht erledigt ist, oder**
3. **wer in den letzten fünf Jahren wegen einer sonstigen Straftat verurteilt worden ist, die befürchten lässt, dass sie oder er die Vorschriften des Sächsischen Wohnteilhabegesetzes oder einer auf Grund dieses Gesetzes erlassenen Rechtsverordnung nicht beachten wird.**

(2) Zur Wahrnehmung der Einrichtungsleitung oder als verantwortliche Pflegefachkraft ist auch ungeeignet, wer wegen einer Ordnungswidrigkeit nach § 21 des Sächsischen Betreuungs- und Wohnqualitätsgesetzes vom 12. Juli 2012 (SächsGVBl. S. 397), das zuletzt durch das Gesetz vom 6. Juni 2019 (SächsGVBl. S. 466) geändert worden ist, oder nach § 33 des Sächsischen Wohnteilhabegesetzes mehr als zweimal mit einer Geldbuße rechtskräftig belegt worden ist, soweit nicht fünf Jahre seit Rechtskraft des letzten Bußgeldbescheides vergangen sind.

(3) [1]Der Träger einer Einrichtung für pflegebedürftige Menschen hat sich bei der Einstellung und bei begründeten Zweifeln der Eignung der in Absatz 1 Satz 1 genannten Personen ein Führungszeugnis vorlegen zu lassen, das nicht älter als drei Monate ist. [2]Nimmt der Träger Einsicht in ein solches Führungszeugnis, so speichert er nur den Umstand der Einsichtnahme, das Datum des Führungszeugnisses und die Information, ob die das Führungszeugnis betreffende Person wegen einer der genannten Straftaten rechtskräftig verurteilt worden ist. [3]Der Träger darf diese Daten nur verändern und nutzen, soweit dies zur Prüfung der Eignung einer Person erforderlich ist. [4]Die Daten sind vor dem Zugriff Unbefugter zu schützen. [5]Sie sind unverzüglich zu löschen, wenn im Anschluss an die Einsichtnahme keine Tätigkeit für den Träger wahrgenommen wird. [6]Sie sind spätestens drei Monate nach der letztmaligen Ausübung einer Tätigkeit für den Träger zu löschen.

(4) In Einrichtungen für Menschen mit psychischen Erkrankungen oder mit Behinderungen gilt für Personen, die für Aufgaben mit Kontakt zu den Bewohnerinnen und Bewohnern beschäftigt oder ehrenamtlich eingesetzt werden, § 124 Absatz 2 Satz 3 bis 9 des Neunten Buches Sozialgesetzbuch entsprechend.

(5) [1]Personen, die in vertretungsberechtigter Funktion die Geschäfte in Einrichtungen führen, müssen die erforderliche persönliche Eignung für die von ihnen ausgeübte Funktion und Tätigkeit besitzen. [2]Sie müssen nach ihrer Persönlichkeit die Gewähr dafür bieten, dass die jeweilige Einrichtung entsprechend den Interessen und Bedürfnissen der Bewohnerinnen und Bewohner sachgerecht geleitet wird.

(6) [1]Gegen Personen, die in vertretungsberechtigter Funktion eine Einrichtung betreiben, dürfen keine Tatsachen vorliegen, die die Annahme rechtfertigen, dass die jeweilige Einrichtung insbesondere hinsichtlich der wirtschaftlichen Leistungsfähigkeit nicht

ordnungsgemäß betrieben wird. [2]Dabei ist unerheblich, ob ihnen hinsichtlich der wirtschaftlichen Leistungsfähigkeit ein Verschulden zuzurechnen ist.

Allgemeines

§ 18 normiert konkretisierend die Anforderungen an die Zuverlässigkeit („persönliche Eignung") der direkt bei der Leistungserbringung eingesetzten Mitarbeiter. Der Träger ist zur Prüfung der persönlichen Eignung verpflichtet. Er hat sich bei der Einstellung und bei begründeten Zweifeln im laufenden Betrieb hiervon zu vergewissern.

Regelbeispiele zur Ungeeignetheit

Die aufgrund einer der Regelbeispiele des § 18 Abs. 1 Satz 3 eintretende gesetzliche Vermutung der mangelnden persönlichen Eignung kann weder widerlegt werden, noch ist insofern eine Befreiungsmöglichkeit vorgesehen. Liegt eines der Regelbeispiele vor, ist die betroffene Person unwiderleglich persönlich ungeeignet.[342] Dies führt in der Konsequenz dazu, dass die Heimaufsicht die Beschäftigung dieser Person zu verbieten hat (§ 27 Abs. 1 SächsWTG). Abweichend von den Regelbeispielen nach der SächsBeWoGDVO lässt nunmehr auch eine Verurteilung zu einer Geldstrafe von mind. 90 Tagessätzen die Eignung entfallen. Bisher nahm § 16 Satz 2 Nr. 1a SächsBeWoGDVO nur auf eine Verurteilung zu einer Freiheitsstrafe von mind. 3 Monaten Bezug.

§ 19
Leitung mehrerer Einrichtungen

(1) [1]Soll eine Person zwei oder mehr Einrichtungen leiten oder in mehreren Einrichtungen als verantwortliche Pflegefachkraft eingesetzt werden, muss diese der zuständigen Behörde nach § 7 Absatz 1 Satz 2 Nummer 4 oder Absatz 4 Nummer 2 des Sächsischen Wohnteilhabegesetzes angezeigt werden. [2]Die Anzeige hat Angaben zu enthalten, wie die Einhaltung der Anforderungen nach Teil 2 des Sächsischen Wohnteilhabegesetzes trotz des vorgesehenen Personaleinsatzes sichergestellt werden soll.

(2) [1]Soll eine Person in einer Einrichtung zugleich die Aufgaben der Einrichtungsleitung wahrnehmen und als verantwortliche Pflegefachkraft eingesetzt werden, muss dies der zuständigen Behörde nach § 7 Absatz 1 Satz 2 Nummer 4 oder Absatz 4 Nummer 2 des Sächsischen Wohnteilhabegesetzes angezeigt werden. [2]Absatz 1 Satz 2 gilt entsprechend.

342 Vgl. zum § 3 Abs. 2 Satz 2 Nr. 2 HeimPersV OVG Lüneburg, Beschl. v. 24.10.2008 – 4 ME 295/08 –, juris Rn. 5 ff.

(3) Die zuständige Behörde kann den Personaleinsatz nach Absatz 1 Satz 1 oder Absatz 2 Satz 1 untersagen, wenn Anhaltspunkte dafür bestehen, dass die Betreuung, Assistenz oder Pflege für die Bewohnerinnen und Bewohner dadurch beeinträchtigt werden können.

§ 19 regelt die Fälle des Einsatzes einer Einrichtungsleitung in zwei oder mehr Einrichtungen (Abs. 1) sowie die Personalunion von Einrichtungs- und Pflegedienstleitung in stationären Pflegeeinrichtungen (Abs. 2). Beide Konstellationen sind der Heimaufsicht anzuzeigen und darzustellen, wie die Einhaltung der Anforderungen nach Teil 2 SächsWTG trotz des je Einrichtung bzw. Aufgabe entfallenden Vollzeitäquivalent (VZÄ/FTE) sichergestellt werden soll. Die Anzeige und Begründung dient dem KSV Sachsen dazu, zu prüfen, ob der Personaleinsatz zu untersagen ist. Er „*kann*" untersagt werden, wenn Anhaltspunkte dafür bestehen, dass die Betreuung, Assistenz oder Pflege für die Bewohner dadurch beeinträchtigt werden können (Abs. 3).

Um keinen Fall der Personalunion nach Abs. 2 Satz 1 handelt es sich, wenn in einer „Einrichtung" die benannte Einrichtungsleitung zugleich die Pflegedienstleitung des Leistungsanbieters ist. Eine Pflegedienstleitung ist nach § 15 Abs. 2 Satz 1 SächsWTG nur in „stationären Pflegeeinrichtungen" zu benennen. Dies gilt insbesondere für die Konstellationen, in denen mehrere anbieterverantwortete ambulant betreute Wohngemeinschaften nach § 3 Abs. 3 Satz 4 SächsWTG als „Einrichtung" gelten.

Unterabschnitt 2
Personelle Anforderungen an Einrichtungen für pflegebedürftige Menschen

Hinweis

Unterabschnitt 2 normiert personelle Anforderungen an Einrichtungen für pflegebedürftige Menschen. Diese Systematik wird auf Unterabschnitt 3 (Anforderungen an Einrichtungen für Menschen mit psychischen Erkrankungen oder mit Behinderungen) sowie auf Abschnitt 3 (Besondere Anforderungen an anbieterverantwortete ambulant betreute und Intensivpflege-Wohngemeinschaften) im Wesentlichen übertragen und hinsichtlich des abgestuften Ordnungsrechts hinsichtlich der Anforderungshöhe angepasst. Teilweise wird auf die entsprechende Anwendung der Regelungen für Einrichtungen (bspw. § 29) verwiesen, wenn keine Absenkung der Anforderungshöhe vorgenommen wird. Vor diesem Hintergrund wird auf die Kommentierung zum Unterabschnitt 2 verwiesen.

§ 20
Fachkräfte

(1) Fachkräfte für pflegerische Tätigkeiten müssen zur Führung von einer der nachfolgenden Berufsbezeichnungen berechtigt sein:
1. Pflegefachfrau, Pflegefachmann und Pflegefachperson,
2. Gesundheits- und Krankenpflegerin, Gesundheits- und Krankenpfleger sowie Gesundheits- und Krankenpflegefachperson,
3. Altenpflegerin, Altenpfleger und Altenpflegefachperson,
4. Gesundheits- und Kinderkrankenpflegerin, Gesundheits- und Kinderkrankenpfleger sowie Gesundheits- und Kinderkrankenpflegefachperson sowie
5. Staatlich anerkannte Heilerziehungspflegerin und Staatlich anerkannter Heilerziehungspfleger mit einem erfolgreich abgeschlossenen Lehrgang Behandlungspflege nach § 34 Absatz 2 in Verbindung mit Anlage 25 der Weiterbildungsverordnung Gesundheitsfachberufe vom 22. Mai 2007 (SächsGVBl. S. 209), die zuletzt durch die Verordnung vom 1. März 2022 (SächsGVBl. S. 189) geändert worden ist.

(2) Fachkraft für pflegerische Tätigkeiten ist ebenfalls, wer die Eignung durch einen Bachelor- oder Diplomabschluss eines nach deutschem Recht anerkannten Studiums an einer in- oder ausländischen Hochschule in einem Studiengang der Pflegewissenschaften mit einem angemessenen fachpraktischen Umfang nachgewiesen hat, der die Dauer der praktischen Weiterbildung des Lehrgangs Behandlungspflege nach § 34 Absatz 2 in Verbindung mit Anlage 25 der Weiterbildungsverordnung Gesundheitsfachberufe, nicht unterschreiten sollte.

(3) Fachkräfte für betreuende Tätigkeiten sind insbesondere:
1. Staatlich anerkannte Heilerziehungspflegerin und Staatlich anerkannter Heilerziehungspfleger,
2. Staatlich anerkannte Erzieherin und Staatlich anerkannter Erzieher,
3. Ergotherapeutin und Ergotherapeut,
4. Physiotherapeutin und Physiotherapeut,
5. Logopädin und Logopäde,
6. Staatlich anerkannte Heilpädagogin und Staatlich anerkannter Heilpädagoge,
7. Krankengymnastin und Krankengymnast,
8. Sozialtherapeutin und Sozialtherapeut sowie
9. Altentherapeutin und Altentherapeut.

(4) Fachkräfte für betreuende Tätigkeiten sind konzeptionsabhängig auch:
1. Hauswirtschafterin und Hauswirtschafter,
2. Familienpflegerin und Familienpfleger,
3. Haus- und Familienpflegerin sowie Haus- und Familienpfleger sowie
4. Diätassistentin und Diätassistent.

(5) Fachkraft für betreuende Tätigkeiten ist ebenfalls, wer die Eignung durch einen Bachelor- oder Diplomabschluss eines nach deutschem Recht anerkannten vergleichbaren Studiums an einer in- oder ausländischen Hochschule nachweist
1. **in einem Studiengang der Gesundheits-, Rehabilitations- oder Pflegewissenschaft oder**
2. **in einem Studiengang für einen Therapieberuf oder**
3. **in einem psychologischen oder pädagogischen Studiengang, der sozial-, sonder-, förder- oder heilpädagogische Inhalte im Umfang von mindestens 60 Leistungspunkten nach dem Europäischen System zur Übertragung und Akkumulierung von Studienleistungen (Leistungspunkte) umfasst.**

(6) [1]Auf Antrag kann die zuständige Behörde auch andere Personen als Fachkräfte für betreuende Tätigkeiten anerkennen, wenn diese im Einzelfall über eine für die Bewohnerstruktur und die fachliche Konzeption geeignete Ausbildung aufweisen. [2]Die Anerkennung setzt entweder einen Bachelor- oder Diplomabschluss eines nach deutschem Recht anerkannten Studiums an einer in- oder ausländischen Hochschule oder eine abgeschlossene Berufsausbildung im Umfang von mindestens 3 600 Stunden in der Summe von theoretischem und praktischem Unterricht sowie praktischer Ausbildung voraus.

§ 20 normiert abschließend, wer Fachkraft für pflegerische Tätigkeiten i. S. d. SächsWTG ist. Bisher wurden die anerkannten Berufsbezeichnungen in einer Anlage zur SächsBeWoGDVO geregelt. Die nunmehr erfolgte direkte Regelung in der SächsWTVO soll deren Bedeutung und Eigenständigkeit hervorheben.[343] Fachkräfte im Sinne der Vorschrift sind Personen mit einer staatlich anerkannten Ausbildung in einem der folgenden Pflegeberufe (Abs. 1 Satz 1 Nr. 1 Buchst. a–e):
- Pflegefachfrau/Pflegefachmann,
- Gesundheits- und Krankenpfleger/in,
- Gesundheits- und Kinderkrankenpfleger/in,
- Altenpfleger/in,
- Heilerziehungspfleger/in mit Zusatzqualifikation Behandlungspflege nach der Weiterbildungsverordnung Gesundheitspflegefachberufe.

Damit wird unterstrichen, dass die Pflege pflegebedürftiger Menschen nur durch entsprechend ausgebildetes Fachpersonal erfolgen darf. Die Fachkraftdefinition orientiert sich an den aktuellen bundesrechtlichen Ausbildungs- und Berufsgesetzen (insbesondere dem Pflegeberufegesetz – PflBG). Die Liste der Berufsbezeichnungen ist abschließend – andere Berufsgruppen können nicht als Fachkräfte für pflegerische Tätigkeiten anerkannt werden. Heilerziehungspflegerinnen und -pfleger gelten nur bei nachgewiesener Zusatzqualifikation in Behandlungspflege als Fachkräfte.

Bei ausländischen Berufsabschlüssen, die in der Europäischen Union erworben wurden, ist jedoch zu berücksichtigen, dass gem. Anhang V.2 der RL 2005/36/EG (EU-Berufsanerkennungs-

343 Referentenentwurf, Zu § 20 Zu Absatz 1, S. 57.

richtlinie)[344] der Grundsatz der automatischen Anerkennung gilt. Auch für die automatische Anerkennung muss jedoch ein Antrag auf Anerkennung bei der zuständigen Stelle gestellt werden. Im Anerkennungsverfahren – wofür in Sachsen ebenfalls der KSV Sachsen (Fachbereich 1) zuständig ist – erfolgt jedoch keine Prüfung der Gleichwertigkeit. Es ist jedoch im Regelfall eine Fachsprachenprüfung zu absolvieren, um ausreichende fachbezogene Deutschkenntnisse nachzuweisen (§ 2 Nr. 4 PflBG). Im Anhang genannte Berufsabschlüsse sind gem. § 15 Abs. 3 Nr. 2 Halbsatz 2 SächsWTG i. V. m § 34 Nr. 2 SächsWTG i. V. m. §§ 16, 20 Abs. 1 Nr. 1–4 SächsWTVO i. V. m. Anhang V.2 der RL 2005/36/EG nach erfolgter Anerkennung in die Berechnung der Anzahl der Fachkräfte einzubeziehen. Erst mit der Erteilung der Erlaubnis zum Führen der Berufsbezeichnung in Deutschland können entsprechende Mitarbeiter als Fachkräfte berücksichtigt werden. Sofern die Erteilung jedoch aufgrund des Vorliegens aller Voraussetzungen in greifbarer Nähe ist, ist es der Heimaufsicht unter Berücksichtigung des Verhältnismäßigkeitsgrundsatzes im Regelfall verwehrt, wenn durch diese Mitarbeiter die Anforderungen an den Fachkraftvorhalt/-einsatz erfüllt sind, Anordnungen wegen des (noch) Nicht-Einhaltens von personellen Anforderungen zu treffen.

§ 21
Pflegehilfskräfte oder Pflegeassistenzkräfte

(1) [1]Der Träger darf als Pflegehilfskräfte oder Pflegeassistenzkräfte im Sinne des § 113c Absatz 1 Nummer 2 des Elften Buches Sozialgesetzbuch nur Personen mit einer Qualifikation nach Satz 2 beschäftigen. [2]Das sind

1. **Personen mit erfolgreichem Abschluss einer landesrechtlich geregelten Helfer- oder Assistenzausbildung in der Pflege mit einer Ausbildungsdauer von mindestens einem Jahr,**
2. **Personen mit einer erfolgreich abgeschlossenen, der Nummer 1 gleichwertigen oder gleichgestellten Ausbildung in der Pflegehilfe oder Pflegeassistenz oder**
3. **Personen, die über die Erlaubnis zur Führung einer der Berufsbezeichnungen nach einer bundesrechtlich geregelten Pflegefachassistenzausbildung verfügen.**

(2) Soweit der auf der Internetseite der Allgemeinen Ortskrankenkasse2veröffentlichte Landesrahmenvertrag gemäß § 75 Abs. 1 SGB XI zur vollstationären Pflege im Freistaat Sachsen Vorgaben nach § 113c Absatz 5 Satz 1 Nummer 1 bis 3 des Elften Buches Sozialgesetzbuchregelt, gelten diese vorrangig.

§ 21 normiert abschließend, wer als Pflegehilfskraft oder Pflegeassistenzkraft eingesetzt werden darf.

344 Richtlinie 2005/36/EG des Europäischen Parlaments und des Rates v. 07.09.2005 über die Anerkennung von Berufsqualifikationen

§ 22
Personaleinsatz

(1) Der Träger und die Leitung einer Einrichtung haben durch entsprechende Personalplanung sicherzustellen, dass auch ungeplante Ausfälle von Pflege- und Betreuungskräften ausgeglichen werden können.

(2) Für die Überprüfung der Erforderlichkeit, Eignung und Angemessenheit sowie die Überwachung der Anwendung freiheitsbeschränkender und freiheitsentziehender Maßnahmen dürfen nur Personen eingesetzt werden, welche Fachkräfte gemäß § 20 Absatz 1 und 2 sind.

(3) Besteht die Einrichtung aus mehreren abgeschlossenen Gebäuden, muss in jedem Gebäude als Nachtwache eine Fachkraft eingesetzt werden.

(4) Der Träger und die Leitung einer Einrichtung dürfen die Beschäftigten während ihrer Dienstzeit in Einrichtungen nicht in weiteren Wohnformen im Sinne des Sächsischen Wohnteilhabegesetzes, in Wohnformen außerhalb des Anwendungsbereiches des Sächsischen Wohnteilhabegesetzes oder in anderen Tätigkeitsfeldern der ambulanten Pflege außerhalb der Einrichtung einsetzen.

(5) Auf der Grundlage von § 43b des Elften Buches Sozialgesetzbuch in Verbindung mit § 84 Absatz 8 und § 85 Absatz 8 des Elften Buches Sozialgesetzbuch eingesetzte Betreuungskräfte werden bei der personellen Ausstattung mit Pflege- und Betreuungspersonal nicht berücksichtigt.

(6) Ehrenamtlich Tätige nach § 82b des Elften Buches Sozialgesetzbuchsind keine Beschäftigten im Sinne des § 15 Absatz 3 und 4 des Sächsischen Wohnteilhabegesetzes.

(7) Die zuständige Behörde kann höhere Anforderungen festlegen, soweit diese zur Sicherstellung der Versorgung der Bewohnerinnen und Bewohner erforderlich sind.

Personalausfallplanung

Träger haben sicherzustellen, dass auch ungeplante kurzfristige Personalausfälle durch entsprechende Personalplanung ausgeglichen werden können. Hierzu ist ein Personalausfallkonzept/Dienstausfallmanagement zu erarbeiten. Dieses beinhaltet Regelungen zum strategischen und taktischen Umgang mit grundsätzlich zu erwartenden, jedoch nicht geplanten (bspw. Urlaub) Personalausfällen durch Krankheit oder Unfall und dem daraus resultierenden -kurzfristigen – auszugleichenden zusätzlichen Personalbedarf.[345] Die Sicherstellung zielt darauf ab,

345 Vgl. Referentenentwurf Zu § 30 Zu Absatz 1, S. 70.

verbindliche Verfahrensanweisungen zu erarbeiten, die zu jeder Zeit eine bedürfnisgerechte Versorgung der Bewohner gewährleisten und Gefährdungen ausschließen muss. Dies folgt aus § 15 Abs. 3 Nr. 1 SächsWTG, wonach der Träger der Einrichtung sicherzustellen hat, dass die Anzahl der Beschäftigten und ihre persönliche und fachliche Eignung für die von ihnen zu leistenden Tätigkeiten ausreicht. Der Träger hat bei Personalunterdeckungen unverzüglich Maßnahmen zur Angleichung zu ergreifen. Neben dem kurzfristigen Einsatz von Leiharbeitskräften hat der Träger bei Personalausfällen auch sein Belegungsmanagement anzupassen, indem vorübergehend freiwerdende Plätze bis zum Ausgleich des erforderlichen Personalvorhalts nicht belegt werden.

Gebäudebezogener Nachtwacheneinsatz (Abs. 3)

Abs. 3 normiert zum Schutz der Bewohner hinsichtlich einer rechtzeitigen Intervention, dass bei Einrichtungen, die aus mehreren abgeschlossenen Gebäuden bestehen, in jedem Gebäude eine aktive Nachtwache einzusetzen ist. Damit soll ein „Pendeln" zwischen mehreren Gebäuden vermieden werden. Befinden sich indes alle Wohnbereiche – auch auf mehrere Etagen verteilt – in einem Gebäude, kann der Einsatz einer Nachtwache ausreichend sein. In jedem Fall ist ein ausreichender Personaleinsatz zu jeder Zeit sicherzustellen.

Gleichzeitiger Einsatz in mehreren Wohn-Pflege-Formen (Abs. 4)

Beschäftigte dürfen während ihrer Dienstzeit in Einrichtungen nicht in weiteren Wohn-Pflege-Formen – unabhängig, ob diese unter den Anwendungsbereich des SächsWTG fallen – eingesetzt werden. Der Verordnungsgeber geht davon aus, dass Beschäftigte ansonsten nicht in der Lage seien, „ihre Tätigkeit ordnungsgemäß auszuüben und die Sicherheit der […] Bewohner zu gewährleisten."[346] Gelingt es dem Träger, nachzuweisen, dass die Sicherheit der Bewohner trotz des „pendelnden" Einsatzes gewährleistet ist, kann eine Befreiung nach § 15 Abs. 9 SächsWTG i. V. m. § 48 beantragt werden.

Keine Berücksichtigung von Ehrenamtlern (Abs. 6)

Klargestellt wird, dass ehrenamtlich Tätige i. S. d. § 82b SGB XI (Ehrenamtliche Unterstützung) wie bspw. Bundesfreiwilligendienstleistende, keine Beschäftigten des Trägers i. S. d. § 15 Abs. 3 und 4 SächsWTG sind. Sie sind daher bei der Frage, ob das eingesetzte Personal nach der Anzahl für die zu leistenden Tätigkeiten ausreicht, nicht zu berücksichtigen.

346 Referentenentwurf Zu § 21 [im späteren Verlauf geä.] zu Absatz 3, S. 60.

§ 23
Fachliche Eignung der Leitung

(1) [1]Als Leitung einer Einrichtung für pflegebedürftige Menschen dürfen nur fachlich geeignete Personen beschäftigt werden, die

1. **eine abgeschlossene Ausbildung in einem staatlich anerkannten Beruf im Bereich des Sozial- und Gesundheitswesens, im kaufmännischen Bereich oder in der öffentlichen Verwaltung, ein abgeschlossenes Studium in einem der genannten Fachbereiche oder ein Studium der Rechtswissenschaft nachweisen können, wodurch ihnen die tätigkeitsbezogenen Kenntnisse und Fähigkeiten zur selbstständigen eigenverantwortlichen Wahrnehmung der ausgeübten Funktion vermittelt wurden, und**
2. **durch eine mindestens zweijährige hauptberufliche Tätigkeit in einer stationären, teilstationären oder ambulanten Pflegeeinrichtung oder in einer vergleichbaren Einrichtung die weiteren für die Leitung erforderlichen Kenntnisse und Fähigkeiten erworben haben.**

[2]Ein nachgewiesener Lehrgang für leitende Funktionen von mindestens 460 Präsenzstunden mit theoretischem und praktischem Unterricht verkürzt die erforderliche zweijährige hauptberufliche Tätigkeit um ein Jahr.

(2) Bei Personen mit einer Qualifikation nach § 20 Absatz 1 oder 2, die zusätzlich über einen psychologischen, pädagogischen, gesundheits-, rehabilitations- oder pflegewissenschaftlichen Masterabschluss oder einen vergleichbaren Diplomabschluss verfügen, verkürzt sich die erforderliche zweijährige hauptberufliche Tätigkeit um ein Jahr.

(3) Bei Fachkräften mit erfolgreichem Abschluss einer Weiterbildung, die sie als Fachkraft für Leitungsaufgaben in Gesundheitseinrichtungen oder als Fachpflegeexpertin oder Fachpflegeexperte für Leitungsaufgaben in Pflegeeinrichtungen im Sinne der Weiterbildungsverordnung Gesundheitsfachberufe ausweist, entfällt die Voraussetzung nach Absatz 1 Satz 1 Nummer 2.

Allgemeines

§ 23 konkretisiert die fachlichen Eignungsanforderungen an Leitungspersonen von Pflegeeinrichtungen. Die Regelung baut auf § 15 Abs. 1 Nr. 1 und 2 der bisherigen SächsBeWoGDVO auf und verfolgt das Ziel, Qualität und Professionalität in der Einrichtungsleitung dauerhaft sicherzustellen.

Leitungspersonen müssen persönlich und fachlich geeignet sein, um die Einrichtung im Interesse der Bewohner zu führen. Die Vorschrift soll insbesondere Strukturmängel und ungeeignete Quereinsteiger vermeiden und gewährleistet eine verbindliche Qualitätssicherung der Leitungsqualifikationen. Sinn und Zweck der spezifisch gewerbeordnungsrechlichen Regelung des § 23 ist es, die Einrichtung unter eine vornehmlich in verwaltungstechnischer Sicht hinreichend qualifizierte Leitung zu stellen. Dabei steht die Zuverlässigkeit der Leitungsperson, die durch das SächsWTG sowie die SächsWTVO eine spezifisch heimordnungsrechtliche Ausprägung erfährt, im Vordergrund (§ 18). Anders als bei der Pflegedienstleitung sind die Aufgaben der Einrichtungsleitung zudem vornehmlich administrativer Art. Besondere pflegefachliche Kenntnisse sind hingegen nicht erforderlich.

Fachliche Eignung durch Ausbildung oder Studium (Abs. 1 Nr. 1)

Als Leitung geeignet ist nur, wer eine abgeschlossene Ausbildung in einem staatlich anerkannten Beruf im „Bereich“
- des Sozial- und Gesundheitswesens,
- des kaufmännischen Bereichs,
- der öffentlichen Verwaltung oder
- ein abgeschlossenes Studium in einem dieser Fachbereiche oder der Rechtswissenschaft

nachweist und im Rahmen dieser Ausbildung oder dieses Studiums die tätigkeitsbezogenen Kenntnisse und Fähigkeiten erworben hat, die zur selbstständigen, eigenverantwortlichen Wahrnehmung der Leitungsfunktion befähigen.

Zusätzliche Berufserfahrung (Abs. 1 Nr. 2)

Zusätzlich zu Nr. 1 ist eine mindestens zweijährige hauptberufliche Tätigkeit in einer stationären, teilstationären oder ambulanten Pflegeeinrichtung oder einer vergleichbaren Einrichtung erforderlich. Diese Praxiszeit dient der Erfahrungssicherung und soll gewährleisten, dass Leitungspersonen sowohl die pflegerischen Abläufe als auch die organisatorischen und wirtschaftlichen Anforderungen des Betriebs – die für die Leitung essentiell sind – aus eigener Berufspraxis kennen. Ein Lehrgang für leitende Funktionen mit mindestens 460 Präsenz-Unterrichtsstunden (Theorie und Praxis) kann diese zweijährige Tätigkeit um ein Jahr verkürzen. Kürzere Weiterbildungen (< 460 Stunden) sind angemessen zu berücksichtigen.[347] Sie können verhältnismäßig angerechnet werden.

Weitere Verkürzungen und Ausnahmen (Abs. 2 und 3)

Eine Verkürzung der praktischen Berufserfahrung um ein Jahr erfolgt auch bei Personen mit einer Qualifikation nach § 20 Abs. 1 oder 2 (Pflegefachkräfte) und einem
- psychologischen,
- pädagogischen,
- gesundheits-, rehabilitations- oder pflegewissenschaftlichen Masterabschluss oder
- einem vergleichbaren Diplomabschluss (Abs. 2).

Bei Fachkräften mit erfolgreichem Abschluss einer Weiterbildung zur Leitungskraft im Sinne der Weiterbildungsverordnung Gesundheitsfachberufe (z. B. „Fachkraft für Leitungsaufgaben

347 Referentenentwurf Zu § 23 Zu Absatz 1 Zu Nummer 2, S. 61.

in Gesundheitseinrichtungen" oder „Fachpflegeexpertin/-experte für Leitungsaufgaben") entfällt die zweijährige Berufstätigkeit vollständig (Abs. 3).

Die in Abs. 1 Satz 1 Nr. 1 sowie Abs. 2 genannten Bildungsgänge sind nicht mit konkreten Berufen gleichzusetzen. Bereits nach dem Regelungskonzept der durch das SächsWTG und die SächsWTVO abgelösten Heimpersonalverordnung des Bundes waren die aufgeführten Bildungsgänge nicht mit bestimmten Berufsfeldern oder festen Berufsbildern gleichzusetzen.[348] Bereits nach der HeimPersVO, an welcher sich § 23 orientiert, war es nach Sinn und Zweck der Norm sowie der Regelungstradition ausreichend zur Qualifikation des Leiters, dass dieser neben der Erfahrung (Abs. 1 Satz 12 Nr. 2) aufgrund seiner Vorbildung (Abs. 1 Satz 1 Nr. 1) in der Lage ist, sich anderer Kräfte so zu bedienen, dass ein „ordnungsgemäßer und sachgerechter Betrieb des Heims gewährleistet ist".[349]

§ 24
Eignung der verantwortlichen Pflegefachkraft

Als verantwortliche Pflegefachkraft dürfen nur fachlich geeignete Personen beschäftigt werden, die die Anforderungen nach § 71 Absatz 3 des Elften Buches Sozialgesetzbuch mit der Maßgabe erfüllen, dass die hiernach erforderliche praktische Berufserfahrung in einer hauptberuflichen Tätigkeit nachgewiesen wird.

Um einen Gleichlauf mit den leistungsrechtlichen Anforderungen zu erreichen, normiert die SächsWTVO – unverändert (§ 17 SächsBeWoGDVO) – dass als Pflegedienstleitung nur fachlich geeignete Personen beschäftigt werden dürfen, die die Anforderungen nach § 71 Abs. 3 SGB XI mit der Maßgabe erfüllen, dass die hiernach erforderliche praktische Berufserfahrung in einer hauptberuflichen Tätigkeit nachgewiesen wird. Nach § 71 Abs. 3 SGB XI ist für die Anerkennung als Pflegedienstleitung neben der Vorbildung eine praktische Erfahrung sowie eine Weiterbildungsmaßnahme für leitende Funktionen im Umfang von in der Regel mind. 460 Stunden („nicht unterschreiten *soll*") erforderlich:

> *§ 71 Abs. 3 SGB XI*
> *„[…]*
> *(3)[1]Für die Anerkennung als verantwortliche Pflegefachkraft […] ist neben dem Abschluss einer Ausbildung als*
> 1. *Pflegefachfrau oder Pflegefachmann,*
> 2. *Gesundheits- und Krankenpflegerin oder Gesundheits- und Krankenpfleger,*
> 3. *Gesundheits- und Kinderkrankenpflegerin oder Gesundheits- und Kinderkrankenpfleger oder*

348 BR-Drs. 204/93, S. 15f., zu § 2 HeimPersVO.
349 BR-Drs. 204/93, S. 16., zu § 2 HeimPersVO.

4. Altenpflegerin oder Altenpfleger
eine praktische Berufserfahrung in dem erlernten Ausbildungsberuf von zwei Jahren innerhalb der letzten acht Jahre erforderlich.
[...]
[5]Für die Anerkennung als verantwortliche Pflegefachkraft ist ferner Voraussetzung, dass eine Weiterbildungsmaßnahme für leitende Funktionen mit einer Mindeststundenzahl, die 460 Stunden nicht unterschreiten soll, erfolgreich durchgeführt wurde."

Unterabschnitt 3
Anforderungen an Einrichtungen für Menschen mit psychischen Erkrankungen oder mit Behinderungen

§ 25
Fachkräfte

(1) Fachkräfte in Einrichtungen für Menschen mit psychischen Erkrankungen oder mit Behinderungen müssen zur Führung von einer der nachfolgenden Berufsbezeichnungen berechtigt sein:
1. **Staatlich anerkannte Heilerziehungspflegerin oder Staatlich anerkannter Heilerziehungspfleger,**
2. **Staatlich anerkannte Erzieherin oder Staatlich anerkannter Erzieher,**
3. **Staatlich anerkannte Heilpädagogin oder Staatlich anerkannter Heilpädagoge,**
4. **Pflegefachfrau, Pflegefachmann oder Pflegefachperson,**
5. **Gesundheits- und Krankenpflegerin, Gesundheits- und Krankenpfleger oder Gesundheits- und Krankenpflegefachperson,**
6. **Gesundheits- und Kinderkrankenpflegerin, Gesundheits- und Kinderkrankenpfleger oder Gesundheits- und Kinderkrankenpflegefachperson,**
7. **Altenpflegerin, Altenpfleger oder Altenpflegefachperson,**
8. **Ergotherapeutin oder Ergotherapeut,**
9. **Physiotherapeutin oder Physiotherapeut.**

(2) Fachkraft ist ebenfalls, wer die Eignung durch einen Bachelor- oder Diplomabschluss eines nach deutschem Recht anerkannten Studiums an einer in- oder ausländischen Hochschule
1. **in einem Studiengang der Gesundheits-, Rehabilitations- oder Pflegewissenschaft,**
2. **in einem Studiengang für einen Therapieberuf oder**
3. **in einem psychologischen oder pädagogischen Studiengang nachweist, der sozial-, sonder-, förder- oder heilpädagogische Inhalte im Umfang von mindestens 60 Leistungspunkten umfasst.**

(3) [1]Auf Antrag kann die zuständige Behörde auch andere Personen als Fachkräfte anerkennen, wenn diese im Einzelfall über eine für die Bewohnerstruktur und die fachliche Konzeption geeignete Ausbildung aufweisen. [2]Die Anerkennung setzt entweder einen

Bachelor- oder Diplomabschluss eines nach deutschem Recht anerkannten Studiums an einer in- oder ausländischen Hochschule oder eine abgeschlossene Berufsausbildung im Umfang von mindestens 3.600 Stunden in der Summe von theoretischem und praktischem Unterricht sowie praktischer Ausbildung voraus.

→ vgl. Unterabschnitt 2

§ 26
Qualifizierte Assistenzen und vorbehaltene Aufgaben

(1) [1]In Einrichtungen für Menschen mit psychischen Erkrankungen oder mit Behinderungen dürfen für qualifizierte Assistenzen nur Fachkräfte eingesetzt werden. [2]Qualifizierte Assistenzen umfassen die Befähigung der Bewohnerinnen und Bewohner zu einer selbstbestimmten und eigenständigen Alltagsbewältigung, insbesondere Anleitungen und Übungen für die allgemeinen Erledigungen des Alltags.

(2) [1]Fachkräfte sind auch für die folgenden vorbehaltenen Aufgaben einzusetzen
1. **Planung, Organisation, Gestaltung und Steuerung des personenzentrierten Assistenz- und Betreuungsprozesses entsprechend dem leistungsrechtlich festgestellten Bedarf der Bewohnerinnen und Bewohner,**
2. **Analyse, Evaluation, Sicherung und Entwicklung personenzentriert geplanter und durchgeführter Assistenz- und Betreuungsmaßnahmen sowie deren Wirksamkeitskontrolle und**
3. **Sicherung und Entwicklung der Qualität der Assistenz- und Betreuungsleistungen.**

[2]§ 4 des Pflegeberufegesetzes bleibt hiervon unberührt.

→ vgl. Unterabschnitt 2

§ 27
Personaleinsatz

(1) [1]In Einrichtungen für Menschen mit psychischen Erkrankungen oder mit Behinderungen, in denen Bewohnerinnen und Bewohner bei der selbstbestimmten und eigenständigen Bewältigung des Alltags unterstützt werden, muss zwischen 6 und 20 Uhr mindestens eine Fachkraft im aktiven Dienst sein. [2]Der Träger ist verpflichtet, jederzeit für eine ausreichende Präsenz von Beschäftigten für weitere Unterstützungsleistungen zu sorgen.

(2) [1]Kann dem selbstgefährdenden Verhalten von Bewohnerinnen und Bewohnern nicht anders als durch freiheitsentziehende Maßnahmen begegnet werden, müssen Vereinbarungen mit Betreuern oder Bevollmächtigten zur Umsetzung und Auswertung der gerichtlich genehmigten Maßnahmen für die mitwirkenden Beschäftigten bestehen. [2]Die Leitung

der Einrichtung darf die Verantwortung für die Einhaltung dieser Vereinbarungen und deren regelmäßige Überprüfung nicht an andere Beschäftigte delegieren.

→ vgl. Unterabschnitt 2

§ 28
Fachliche Eignung der Leitung

(1) [1]Als Leitung einer Einrichtung für Menschen mit psychischen Erkrankungen oder mit Behinderungen dürfen nur fachlich geeignete Personen beschäftigt werden, die
1. die Qualifikation einer Fachkraft gemäß § 25 Absatz 1 oder 2 besitzen und
2. eine mindestens zweijährige hauptberufliche Tätigkeit als Fachkraft in einer Einrichtung, einer anbieterverantworteten ambulant betreuten Wohngemeinschaft oder in einem psychiatrischen Krankenhaus nachweisen können.

[2]Ein nachgewiesener Lehrgang für leitende Funktionen von mindestens 460 Präsenzstunden mit theoretischem und praktischem Unterricht verkürzt die erforderliche zweijährige hauptberufliche Tätigkeit um ein Jahr. [3]Dasselbe gilt für einen psychologischen, pädagogischen, gesundheits-, rehabilitations- oder pflegewissenschaftlichen Masterabschluss und für einen vergleichbaren Diplomabschluss.

(2) Bei Fachkräften mit erfolgreichem Abschluss einer Weiterbildung, die sie als Fachkraft für Leitungsaufgaben in Gesundheitseinrichtungen oder als Fachpflegeexpertin oder Fachpflegeexperte für Leitungsaufgaben in Pflegeeinrichtungen im Sinne der Weiterbildungsverordnung Gesundheitsfachberufe ausweist, entfällt die Voraussetzung nach Absatz 1 Satz 1 Nummer 2.

→ vgl. Unterabschnitt 2

Abschnitt 3
Besondere Anforderungen an anbieterverantwortete ambulant betreute und Intensivpflege-Wohngemeinschaften

§ 29
Personelle Anforderungen

(1) Für Leistungsanbieter von anbieterverantworteten ambulant betreuten und Intensivpflege-Wohngemeinschaften für pflegebedürftige Menschen gelten die Regelungen des § 18 Absatz 1 bis 3, 5 und 6 sowie der §§ 20 und 21 entsprechend.

(2) Für Leistungsanbieter von anbieterverantworteten ambulant betreuten Wohngemeinschaften für Menschen mit psychischen Erkrankungen oder mit Behinderungen gelten die Regelungen des § 18 Absatz 1, 2 und 4 bis 6 sowie der §§ 25 und 26 entsprechend.

→ vgl. Unterabschnitt 2

§ 30
Personaleinsatz

(1) [1]Der Leistungsanbieter muss jederzeit ausreichend Personal einsetzen, um die Betreuung, Assistenz oder Pflege für die Bewohnerinnen und Bewohner entsprechend der fachlichen Konzeption und der Bewohnerstruktur der anbieterverantworteten ambulant betreuten oder Intensivpflege-Wohngemeinschaft zu gewährleisten. [2]Er hat durch entsprechende Personalplanung zu gewährleisten, dass auch ungeplante Ausfälle von Pflege- und Betreuungskräften ausgeglichen werden können.

(2) [1]In anbieterverantworteten ambulant betreuten Wohngemeinschaften müssen Fachkräfte so eingesetzt werden, dass durch sie eine Wahrnehmung ihrer Aufgaben ausreichend sichergestellt ist. [2]In Zeiten, in denen keine Fachkraft in anbieterverantworteten ambulant betreuten Wohngemeinschaften für pflegebedürftige Menschen anwesend ist, ist die Rufbereitschaft einer Fachkraft sicherzustellen.

(3) [1]Der Leistungsanbieter hat eine qualifizierte Einarbeitung neuer Beschäftigter für Betreuungs-, Assistenz- oder Pflegeleistungen unter der Verantwortung einer Fachkraft sicherzustellen. [2]Maßgeblich für die Dauer und Intensität der Einarbeitung ist insbesondere der Ausbildungsstand und die Berufserfahrung bezogen auf das Arbeitsfeld der einzuarbeitenden Personen sowie der Unterstützungsbedarf der betreffenden Bewohnerinnen und Bewohner.

(4) Die zuständige Behörde kann höhere Anforderungen festlegen, soweit diese zur Sicherstellung der Betreuung, Assistenz oder Pflege für die Bewohnerinnen und Bewohner erforderlich sind.

Personaleinsatz entsprechend ambulant vereinbarter Leistungen (Abs. 1 und 2)

Der Personaleinsatz in anbieterverantworteten ambulant betreuten Wohngemeinschaften richtet sich maßgeblich nach den mit den Bewohnern vereinbarten (ambulanten) Leistungen („entsprechend der fachlichen Konzeption"). In der Regelung kommt dies nur unvollständig zum Ausdruck. Nach Abs. 2 Satz 1 müssen Fachkräfte so eingesetzt werden, dass durch sie eine Wahrnehmung „ihrer Aufgaben" ausreichend sichergestellt ist. Auf die „Aufgaben" kommt es jedoch auch nach Abs. 1 beim Einsatz des weiteren Personals an. Dieses muss für die Erbringung der beauftragten Leistungskomplexe ausreichend sein. Ein bloßer Vorhalt ist in der leistungsbezogenen ambulanten Pflege (in der Häuslichkeit, wozu auch anbieterverantwortete ambulant betreute Wohngemeinschaften zählen) nicht erforderlich. Die Regelung geht damit nicht über die grundsätzlichen leistungsrechtlichen Anforderungen für ambulante Dienste hinaus.

Teil 4
Mitwirkung der Bewohnerinnen und Bewohner

Abschnitt 1
Allgemeines

Einführung | Ablösung der Heimmitwirkungsverordnung des Bundes

Teil 4 der SächsWTVO normiert erstmals landesrechtlich eigenständig die Mitwirkung sowohl in Einrichtungen als auch in anbieterverantworteten ambulant betreuten (Intensiv-) Wohngemeinschaften. Er ersetzt damit die bisher im Freistaat Sachsen weiter gegoltene Heimmitwirkungsverordnung des Bundes und knüpft inhaltlich an § 16 (Einrichtungen) bzw. § 22 SächsWTG (Wohngemeinschaften) an. Die eigenständige – umfangreiche – Regelung setzt klare Akzente und verdeutlicht den hohen Stellenwert der Mitwirkung und Beteiligung der Bewohner im SächsWTG (vgl. § 1 Satz 2 Nr. 6 SächsWTG)

§ 31
Allgemeines

(1) Die Mitglieder der Bewohnervertretung und Wohngemeinschaftsvertretung dürfen bei der Erfüllung ihrer Aufgaben nicht behindert werden und wegen ihrer Tätigkeit nicht benachteiligt oder begünstigt werden.

(2) [1]Die Mitglieder der Bewohnervertretung und der Wohngemeinschaftsvertretung sowie die Unterstützungspersonen nach § 33 Absatz 2 Nummer 6 haben über die ihnen bei Ausübung des Amtes bekannt gewordenen Angelegenheiten und Tatsachen Stillschweigen zu bewahren. [2]Dies gilt nicht gegenüber den übrigen in Satz 1 genannten Personen sowie für Angelegenheiten oder Tatsachen, die offenkundig sind oder ihrer Art nach keiner vertraulichen Behandlung bedürfen. [3]Offenkundige Tatsachen liegen beispielsweise in den Bereichen der Betreuung, der Verpflegung oder des Wohnens sowie für die Weitergabe von Informationen über Mängel an die zuständige Behörde vor. [4]Die Pflicht zur Verschwiegenheit gilt auch nach Ende der Tätigkeit.

Grundsätze der Amtsausübung

Mitglieder der Bewohner- bzw. Wohngemeinschaftsvertretung dürfen bei ihrer Amtsausübung weder behindert noch benachteiligt oder begünstigt werden (Abs. 1). Sie unterliegen einer Verschwiegenheitspflicht über ihnen im Amt bekannt gewordene Angelegenheiten. Ausnahmen gelten gegenüber den jeweils mitwirkenden Gremien sowie für offenkundige Tatsachen (z. B. Informationen zu Betreuung, Verpflegung, Wohnen, Meldung von Mängeln an die Behörde). Die Pflicht wirkt nach dem Amt fort (Abs. 2 Satz 4). Verstöße während der Amtszeit begründen eine Feststellung nach § 34 Abs. 4 Nr. 4, wenn dies von 2/3 der Mitglieder der Bewohnervertretung beantragt wird.

Keine Anwendung auf Hospize und Kurzzeitpflegeeinrichtungen

Auf Einrichtungen oder Teile von Einrichtungen i. S. d. § 2 Abs. 1 SächsWTG, die der vorübergehenden Aufnahme von Bewohnern dienen, sowie auf stationäre Hospize findet § 16 Abs. 1 SächsWTG keine Anwendung. Demnach sind für diese keine Bewohnervertretungen zu bilden (§ 2 Abs. 2 Satz 1 SächsWTG).

§ 32
Neue Mitwirkungsmodelle

(1) Träger von Einrichtungen können auf Antrag bei der zuständigen Behörde andere als die in § 16 Absatz 1 und 3 des Sächsischen Wohnteilhabegesetzes geregelten Mitwirkungsmodelle erproben, einführen oder weiterführen, wenn dies dem Wohl der Bewohnerinnen und Bewohner dient und dadurch eine wirksame Interessenvertretung aller Bewohnerinnen und Bewohner gewährleistet ist.

(2) [1]Den Bewohnerinnen und Bewohnern ist im Vorfeld der Erprobung, Einführung oder Weiterführung neuer Mitwirkungsmodelle Gelegenheit zur Abgabe einer Stellungnahme zu geben. [2]Ihnen sind dazu alle relevanten Informationen in verständlicher Sprache zur Verfügung zu stellen. [3]Abgegebene Stellungnahmen sind in die Entscheidung über die Erprobung, Einführung oder Weiterführung neuer Mitwirkungsmodelle einzubeziehen.

Träger von Einrichtungen i. S. d. § 2 Abs. 1 SächsWTG können abweichende Mitwirkungsmodelle bei der Heimaufsicht förmlich beantragen und (er-)proben (Befreiung), wenn das Wohl der Bewohner gewahrt und eine wirksame Interessenvertretung sichergestellt ist (Abs. 1). Zuvor sind die Bewohner verständlich zu informieren und anzuhören. Die Stellungnahmen sind in die Entscheidung einzubeziehen (Abs. 2). Damit eröffnet die SächsWTVO gesteuerte Innovation – etwa andere Legitimationen oder Zusammensetzungen – bei gleichbleibendem

Schutzniveau.[350] Das Ziel der Mitwirkung – Steigerung der Lebensqualität und Zufriedenheit – darf durch innovative andere Mitwirkungsmodelle nicht verfehlt werden.

Abschnitt 2
Bewohnervertretung

Allgemeines

Abschnitt 2 (§§ 33–42) regelt die Bewohnervertretung als Mitwirkungsgremium in Einrichtungen i. S. d. § 2 Abs. 1 SächsWTG. Er konkretisiert die Vorgaben des § 16 SächsWTG. Der Träger und die Einrichtungsleitung müssen die Mitwirkung ermöglichen, fördern und unterstützen. Hierzu gehören Informationen über Rechte, Aktivierung zur Mitarbeit, Bereitstellung von allgemeinen Informationen, Räumen und Technik, Beteiligung der Bewohnervertretung ab Planungsbeginn bei baulichen Vorhaben, Veröffentlichungsmöglichkeiten in der Einrichtung, Möglichkeit zur externen Unterstützung auch durch Zurverfügungstellen eines angemessenen Budgets (bspw. für eine jährliche Rechtsberatung und Verbandsmitgliedschaft). Zudem hat der Träger Anregungen und Beschwerden innerhalb einer 6-Wochen-Frist begründet zu beantworten. Bei Vergütungsverhandlungen mit den Kostenträgern zur Steigerung der Entgelte ist der Bewohnervertretung vor Beginn der Vergütungsverhandlungen Gelegenheit zur schriftlichen Stellungnahme zu geben, die an die Kostenträger weiterzuleiten ist. Die Wahl ist binnen 6 Wochen nach Bekanntmachung des Wahlergebnisses (gem. § 33 Abs. 3 Satz 1 innerhalb von 4 Wochen nach Fristablauf der Anfechtung nach § 36 Abs. 6) anzuzeigen. Kann keine Bewohnervertretung gebildet werden, ist dies unter Angabe der Gründe der der Heimaufsicht unverzüglich mitzuteilen (§ 33 Abs. 3 Satz 2).

§ 33
Aufgaben des Trägers und der Einrichtungsleitung

(1) Der Träger und die Einrichtungsleitung haben zu gewährleisten, dass

1. **die Bewohnerinnen und Bewohner über ihre individuellen Mitwirkungsrechte im Rahmen ihrer Tätigkeit als Mitglieder der Bewohnervertretung informiert sind und bei der Ausübung ihres Amtes unterstützt werden,**
2. **das Interesse und die Bereitschaft von Bewohnerinnen und Bewohnern sowie von ehrenamtlich engagierten Personen an der Mitarbeit in der Bewohnervertretung gefördert wird und**
3. **vor der Bestellung einer Bewohnersprecherin oder eines Bewohnersprechers alle zumutbaren Bemühungen zur Bildung einer Bewohnervertretung ausgeschöpft werden.**

350 Vgl. Referentenentwurf Zu § 32 Zu Absatz 1, S. 73.

(2) [1]Die Mitwirkung soll im gegenseitigen Vertrauen und Verständnis zwischen der Bewohnervertretung und dem Träger sowie der Einrichtungsleitung erfolgen. [2]Hierbei haben der Träger und die Einrichtungsleitung insbesondere

1. **der Bewohnervertretung die zur Wahrnehmung ihrer Aufgaben erforderlichen mündlichen und schriftlichen Informationen unverzüglich und vollständig zur Verfügung zu stellen,**
2. **die Bewohnervertretung bei baulichen Veränderungen oder einer umfassenden Instandsetzung der Einrichtung mit Beginn der Planungen rechtzeitig zu beteiligen,**
3. **der Bewohnervertretung die zur Erfüllung ihrer Aufgaben erforderlichen Hilfen zu gewähren und insbesondere technische Hilfsmittel und Räumlichkeiten für Treffen der Mitglieder zur Verfügung zu stellen,**
4. **die Bewohnervertretung über Änderungen des Entgelts der Einrichtung zu informieren,**
5. **der Bewohnervertretung in der Einrichtung Möglichkeiten zu eröffnen, um eigene Mitteilungen zu veröffentlichen, den Informationsaustausch mit den Bewohnerinnen und Bewohnern sowie die Möglichkeit der eigenständigen Kontaktaufnahme der Bewohnerinnen und Bewohner zur Bewohnervertretung sicherzustellen,**
6. **darauf hinzuwirken, dass der Bewohnervertretung bei Bedarf die Hinzuziehung einer vom Träger unabhängigen außenstehenden Unterstützungsperson ermöglicht wird, die bei der Vorbereitung und Durchführung der Wahl, dem Verfassen von Schreiben und der Verbreitung von Informationen hilft,**
7. **der Bewohnervertretung zur Hinzuziehung fach- und sachkundiger Personen sowie für Mitgliedsbeiträge für Interessenverbände einen angemessenen Betrag zur Verfügung zu stellen, der zumindest die Kosten für eine Rechtsberatung im Jahr sowie für die Mitgliedschaft in einem Interessenverband deckt,**
8. **Vorschläge, Anträge und Beschwerden der Bewohnervertretung innerhalb einer angemessenen Frist, spätestens nach sechs Wochen zu beantworten und Ablehnungen zu begründen,**
9. **die Bewohnervertretung über die Durchführung und das Ergebnis einer Qualitätsprüfung durch einen außenstehenden Dritten zu informieren und dieser das abschließende Prüfergebnis unverzüglich vorzulegen,**
10. **die Bewohnervertretung rechtzeitig vor der Aufnahme von Verhandlungen über Vergütungsvereinbarungen mit den Pflegekassen oder Leistungs- und Vergütungsvereinbarungen mit dem Träger der Eingliederungshilfe zu informieren sowie ihr unter Vorlage der Unterlagen die wirtschaftliche Notwendigkeit und Angemessenheit der geplanten Erhöhung zu erläutern.**

[3]Der Bewohnervertretung ist Gelegenheit zu einer schriftlichen Stellungnahme zu den Vergütungsvereinbarungen mit den Pflegekassen nach Satz 2 Nummer 10 zu geben. [4]Die Stellungnahme ist den Kostenträgern rechtzeitig vor Beginn der Verhandlungen zuzuleiten.

(3) [1]Der Träger oder die Einrichtungsleitung hat die Wahl einer Bewohnervertretung unverzüglich, spätestens innerhalb von vier Wochen nach Ablauf der in § 36 Absatz 6 genannten Anfechtungsfrist der zuständigen Behörde anzuzeigen. [2]Kann keine Bewohnervertretung

gebildet werden, ist dies unter Angabe der Gründe der zuständigen Behörde unverzüglich mitzuteilen.

Pflichten des Trägers/Einrichtungsleitung (Abs. 2)

Die Pflichten des Trägers lassen sich in fünf Kernbereiche gliedern: Information, Beteiligung, Unterstützung, externe Hilfe/Finanzierung und Kommunikation. Sie sichern die Handlungsfähigkeit und Unabhängigkeit der Bewohnervertretung und verankern deren aktive Mitwirkung an betrieblichen Entscheidungen.

Informationspflichten:
- Bereitstellung aller für die Aufgabenwahrnehmung erforderlichen mündlichen und schriftlichen Informationen (Nr. 1),
- Information über (beabsichtigte) Entgeltänderungen sowie über externe Qualitätsprüfungen und deren Ergebnisse (Nr. 4, 9)

Beteiligungs- und Mitwirkungsrechte:
- Frühzeitige Beteiligung bei baulichen Veränderungen oder umfassenden Instandsetzungen (Nr. 2),
- Einbeziehung vor Vergütungs- und Leistungsvereinbarungen mit Kostenträgern (Nr. 10).

Unterstützung:
- Bereitstellung der notwendigen Hilfsmittel, Technik und Räume für Sitzungen und Tätigkeiten (Nr. 3),
- Möglichkeit zur Veröffentlichung eigener Mitteilungen und zum eigenständigen Informationsaustausch mit Bewohnern (Nr. 5)

Externe Unterstützung und Finanzierung:
- Unterstützung bei Bedarf durch unabhängige außenstehende Personen (Nr. 6),
- Bereitstellung eines angemessenen Budgets für fachkundige Beratung, mind. jedoch den Betrag für eine jährliche Rechtsberatung und den Mitgliedsbeitrag in einem Interessensverband[351] (Nr. 7).

Kommunikation und Reaktionspflicht:
- Verpflichtung zur sachgerechten Bearbeitung und Antwort innerhalb von 6 Wochen auf Vorschläge, Anträge und Beschwerden der Bewohnervertretung (Nr. 8).

351 Siehe Fallbeispiel VI und § 16 SächsWTG.

§ 34
Zusammensetzung

(1) Die Bewohnervertretung besteht
1. **bei bis zu 80 Bewohnerinnen und Bewohnern aus drei Mitgliedern,**
2. **bei mehr als 80 Bewohnerinnen und Bewohnern aus fünf Mitgliedern.**

(2) Für Teile der Einrichtung können eigene Bewohnervertretungen gebildet werden, wenn dadurch die Mitwirkung der Bewohnerinnen und Bewohner besser gewährleistet wird.

(3) Die zuständige Behörde kann auf Antrag des Trägers abweichende Anforderungen von Absatz 1 festlegen, wenn dadurch die Bildung einer Bewohnervertretung ermöglicht und eine wirksame Interessenvertretung aller Bewohnerinnen und Bewohner gewährleistet wird.

(4) Die Mitgliedschaft in der Bewohnervertretung endet mit
1. **Ablauf der Amtszeit,**
2. **Rücktritt vom Amt,**
3. **Wegfall der Voraussetzungen zur Wählbarkeit nach § 16 Absatz 2 des Sächsischen Wohnteilhabegesetzes oder**
4. **Feststellung der zuständigen Behörde auf Antrag von zwei Dritteln der Mitglieder der Bewohnervertretung, dass das Mitglied der Bewohnervertretung seinen Pflichten nicht mehr nachkommt oder nicht mehr nachkommen kann oder eine vertrauensvolle Zusammenarbeit nicht möglich ist.**

§ 35
Wahlausschuss

(1) [1]Die Wahl wird vom Wahlausschuss vorbereitet und durchgeführt. [2]Der Wahlausschuss besteht aus drei Wahlberechtigten. [3]Sie werden von der Bewohnervertretung spätestens acht Wochen vor Ablauf ihrer Amtszeit bestellt. [4]Die erforderlichen Kosten der Wahl übernimmt der Träger der Einrichtung. [5]Die Bewohnerinnen und Bewohner können nach § 33 Absatz 2 Nummer 6 eine vom Träger unabhängige Unterstützungsperson in den Wahlausschuss berufen.

(2) [1]Besteht keine Bewohnervertretung oder besteht sechs Wochen vor Ablauf der Amtszeit der Bewohnervertretung kein Wahlausschuss, so hat die Einrichtungsleitung einen Wahlausschuss zu bestellen. [2]Soweit hierfür Wahlberechtigte nicht in der erforderlichen Zahl zur Verfügung stehen, hat die Leitung Mitarbeiterinnen und Mitarbeiter der Einrichtung zu Mitgliedern im Wahlausschuss zu bestellen.

(3) Der Wahlausschuss wählt aus seiner Mitte die Vorsitzende oder den Vorsitzenden und trifft seine Entscheidungen mit einfacher Mehrheit.

(4) Der Träger und die Einrichtungsleitung haben die Vorbereitung und Durchführung der Wahl im erforderlichen Maß personell und mit Sachmitteln zu unterstützen und die erforderlichen Auskünfte zu erteilen.

(5) [1]Der Wahlausschuss bestimmt Ort und Zeit der Wahl und informiert die Bewohnerinnen und Bewohner über die bevorstehende Wahl. [2]Der Wahltermin ist mindestens vier Wochen vor der Wahl bekannt zu geben. [3]Der Wahlausschuss holt die Wahlvorschläge und die Zustimmungserklärung der vorgeschlagenen Personen ein. [4]Er erstellt eine Liste mit Wahlvorschlägen und gibt diese sowie den Ablauf der Wahl mindestens eine Woche vor dem Wahltermin bekannt.

(6) [1]Der Wahlausschuss hat die Wahl zu überwachen, die Stimmen auszuzählen und das Wahlergebnis in einer Niederschrift festzuhalten. [2]Das Ergebnis der Wahl hat er in Textform in der Einrichtung bekannt zu machen. [3]Der Wahlausschuss informiert unverzüglich die gewählten Mitglieder der Bewohnervertretung über das Wahlergebnis.

(7) [1]Ist die Bewohnervertretung neu gewählt, lädt der Wahlausschuss zur ersten Sitzung der Bewohnervertretung ein. [2]Dies gilt auch, wenn über Einwände zu dem Wahlergebnis noch nicht entschieden ist. [3]Zwischen der Wahl und der ersten Sitzung sollen nicht mehr als 14 Tage liegen.

(8) [1]Die Mitglieder des Wahlausschusses haben über die ihnen bei der Ausübung des Amtes bekannt gewordenen Angelegenheiten oder Tatsachen Stillschweigen zu bewahren. [2]Dies gilt nicht gegenüber den anderen Mitgliedern des Wahlausschusses. [3]Die Pflicht zur Verschwiegenheit gilt auch nach Ende der Tätigkeit. 4Sie besteht nicht für Angelegenheiten oder Tatsachen, die offenkundig sind.

(9) Die Berufung des Wahlausschusses endet mit der Erfüllung seiner Dokumentations- und Informationspflichten nach Absatz 6 und der Einladung zur ersten Sitzung der Bewohnervertretung nach Absatz 7 Satz 1.

§ 36
Wahlverfahren

(1) Die Bewohnervertretung wird in gleicher, geheimer und unmittelbarer Wahl gewählt.

(2) Wahlberechtigten, die am Tag der Wahl an der persönlichen Stimmabgabe gehindert sind, ist auf deren Verlangen die schriftliche Stimmabgabe zu ermöglichen.

(3) [1]Jeder Wahlberechtigte hat so viele Stimmen, wie Mitglieder der Bewohnervertretung zu wählen sind. [2]Es kann für jede Person, die sich bewirbt, nur eine Stimme abgegeben werden. [3]Gewählt ist jeweils, wer die meisten Stimmen erhält. [4]Bei Stimmengleichheit von Kandidatinnen oder Kandidaten ist gewählt, wer in der Einrichtung wohnt. [5]Im Übrigen

entscheidet das Los. [6]Kandidatinnen und Kandidaten, die nicht gewählt wurden, kommen auf eine Ersatzliste.

(4) Die Wahl findet statt, wenn
1. **noch keine Bewohnervertretung besteht,**
2. **die Amtszeit der Bewohnervertretung nach § 38 Absatz 1 endet,**
3. **die Zahl der Mitglieder um mehr als die Hälfte der nach § 34 Absatz 1 vorgeschriebenen Zahl gesunken ist,**
4. **die Bewohnervertretung mit einfacher Mehrheit ihre Auflösung beschlossen hat.**

(5) Die Wahl der Bewohnervertretung darf nicht behindert oder durch Zufügung oder Androhung von Nachteilen oder Gewährung oder Versprechen von Vorteilen beeinflusst werden.

(6) [1]Mindestens drei Wahlberechtigte können innerhalb einer Frist von zwei Wochen ab dem Tag der Bekanntmachung des Wahlergebnisses nach § 35 Absatz 6 die Wahl bei der zuständigen Behörde anfechten, wenn gegen wesentliche Vorschriften über das Wahlrecht, die Wählbarkeit oder das Wahlverfahren verstoßen wurde und eine Berichtigung nicht erfolgt ist. [2]Eine Anfechtung ist unzulässig, wenn durch den Verstoß das Wahlergebnis nicht geändert oder beeinflusst wird. [3]Über die Anfechtung entscheidet die zuständige Behörde.

§ 37
Wahlversammlung

(1) [1]Im vereinfachten Wahlverfahren kann abweichend von § 36 in Einrichtungen mit bis zu 50 Bewohnerinnen und Bewohnern auch auf einer Wahlversammlung gewählt werden. [2]Die Bewohnerinnen und Bewohner können ihre Stimme in dieser persönlich abgeben. [3]Der Wahlausschuss entscheidet, ob ein solches vereinfachtes Wahlverfahren durchgeführt wird.

(2) [1]Bewohnerinnen und Bewohnern, die an der Wahlversammlung nicht teilnehmen, ist innerhalb einer angemessenen Frist Gelegenheit zur Stimmabgabe zu geben. [2]Die Stimmen dürfen erst nach Ablauf der Frist ausgezählt werden.

(3) [1]Der Wahlausschuss hat mindestens 14 Tage vor der geplanten Wahlversammlung einzuladen. [2]In der Wahlversammlung können noch Wahlvorschläge gemacht werden.

(4) [1]Die Einrichtungsleitung kann an der Wahlversammlung teilnehmen. [2]Der Wahlausschuss kann sie jedoch durch Beschluss von der Wahlversammlung ausschließen.

§ 38
Amtszeit

(1) [1]Die regelmäßige Amtszeit der Bewohnervertretung beträgt zwei Jahre, in Einrichtungen für Menschen mit Behinderungen vier Jahre. [2]Eine vorübergehende Weiterführung der Amtsgeschäfte ist bis zu einem Zeitraum von vier Wochen nach Ablauf der Amtszeit ausnahmsweise möglich, sofern das Wahlverfahren zur Bildung einer Bewohnervertretung bis dahin noch nicht abgeschlossen wurde oder die Bestellung einer Bewohnersprecherin oder eines Bewohnersprechers noch nicht erfolgt ist.

(2) [1]Scheidet ein Mitglied aus der Bewohnervertretung aus oder ist es länger als sechs Monate verhindert, rückt die Kandidatin oder der Kandidat mit der höchsten Stimmenzahl aus der Ersatzliste nach. [2]Sinkt die Anzahl der Mitglieder in der Bewohnervertretung um mehr als die Hälfte, ist eine Neuwahl erforderlich.

§ 39
Vorsitz

[1]Die Bewohnervertretung wählt mit der Mehrheit ihrer Mitglieder die Vorsitzende oder den Vorsitzenden und deren oder dessen Stellvertretung. [2]Stimmenthaltungen bleiben bei der Ermittlung des Abstimmungsergebnisses unberücksichtigt. [3]Den Vorsitz soll eine Bewohnerin oder ein Bewohner innehaben. [4]Sie oder er hat die Aufgabe, die Beschlüsse der Bewohnervertretung sowie die Interessen der Bewohnerinnen und Bewohner gegenüber der Einrichtungsleitung und dem Träger zu vertreten.

§ 40
Sitzungen und Beschlüsse

(1) [1]Die oder der Vorsitzende der Bewohnervertretung lädt zu Sitzungen ein, legt die Tagesordnungen fest und leitet die Sitzungen. [2]Die Einladung erfolgt unter Mitteilung der Tagesordnung sieben Werktage vor Sitzungsbeginn. [3]Die Sitzungen sollen mindestens einmal im Jahr stattfinden.

(2) Auf Antrag eines Viertels der Mitglieder der Bewohnervertretung oder der Einrichtungsleitung hat die oder der Vorsitzende eine Sitzung über den betreffenden Gegenstand einzuberufen.

(3) [1]Beschlüsse trifft die Bewohnervertretung mit einfacher Mehrheit. [2]Bei Stimmengleichheit entscheidet die Stimme der oder des Vorsitzenden. [3]Die Bewohnervertretung ist beschlussfähig, wenn mindestens die Hälfte der Mitglieder anwesend ist. [4]Über jede Sitzung ist ein Protokoll anzufertigen, das mindestens die Sitzungsteilnehmer, die gefassten Beschlüsse und das jeweilige Abstimmungsergebnis enthält. [5]Das Protokoll ist von der oder

dem Vorsitzenden sowie von einem weiteren Mitglied durch Wort oder Schrift zu bestätigen. [6]Beschlüsse der Bewohnervertretung müssen den Bewohnerinnen und Bewohnern bekannt gegeben werden.

(4) [1]Die Bewohnervertretung kann beschließen, zur Wahrnehmung ihrer Aufgaben fach- und sachkundige Personen zu einem bestimmten Thema einzuladen. [2]Die Einrichtungsleitung ist hierüber zu unterrichten.

(5) Die Einrichtungsleitung ist vom Zeitpunkt der Sitzungen zu unterrichten und hat auf Einladung teilzunehmen.

(6) [1]Die Bewohnervertretung kann Arbeitsgruppen bilden. [2]Das weitere Verfahren regelt die Bewohnervertretung.

§ 41
Aufgaben und Gegenstand der Mitwirkung

(1) Die Bewohnervertretung hat folgende Aufgaben:

1. **auf die Durchführung von Maßnahmen, die dem Wohl der Bewohnerinnen und Bewohner dienen, insbesondere solcher zur Förderung der Qualität im Bereich der Betreuung, der Verpflegung oder des Wohnens, bei der Einrichtungsleitung oder dem Träger der Einrichtung hinzuwirken,**
2. **Anregungen und Beschwerden von Bewohnerinnen und Bewohnern entgegenzunehmen und erforderlichenfalls bei der Einrichtungsleitung oder in besonderen Fällen beim Träger auf deren Erledigung hinzuwirken,**
3. **neuen Bewohnerinnen und Bewohnern auf deren Wunsch zu helfen, sich in der Einrichtung einzuleben,**
4. **bei Entscheidungen in Angelegenheiten nach Absatz 2 mitzuwirken,**
5. **auf deren Wunsch eine Stellungnahme zum Prüfbericht der zuständigen Behörde abzugeben,**
6. **Versammlungen der Bewohnerinnen und Bewohner durchzuführen sowie**
7. **vor Ablauf der Amtszeit einen Wahlausschuss zu bilden.**

(2) Die Bewohnervertretung wirkt bei Entscheidungen der Einrichtungsleitung oder des Trägers der Einrichtung in folgenden Angelegenheiten mit:

1. **Aufstellung oder Änderung der Musterverträge für Bewohnerinnen und Bewohner sowie der Hausordnung,**
2. **Änderungen des Entgelts der Einrichtung,**
3. **Maßnahmen zur Verhütung von Unfällen,**
4. **Unterkunft, Betreuung, Verpflegung und Teilhabe,**
5. **Alltags- und Freizeitgestaltung,**
6. **Planung oder Durchführung von Veranstaltungen,**

7. Maßnahmen des Beschwerdemanagements der Einrichtung, sofern diese Auswirkungen auf die Qualität der Betreuung, der Verpflegung oder des Wohnens haben oder der Weiterentwicklung der Versorgungsqualität dienen,
8. Erweiterung, Einschränkung oder Einstellung des Betriebs der Einrichtung,
9. der Änderung der Art und des Zwecks der Einrichtung oder ihrer Teile,
10. dem Zusammenschluss mit einer anderen Einrichtung,
11. baulichen Veränderungen oder einer umfassenden Instandsetzung der Einrichtung,
12. Vergütungsvereinbarungen mit den Pflegekassen,
13. Leistungs- und Vergütungsvereinbarungen mit dem Träger der Eingliederungshilfe,
14. Maßnahmen zur Förderung einer angemessenen Qualität der Betreuung und Teilhabe.

(3) [1]Die Bewohnervertretung wird von der Einrichtungsleitung und dem Träger rechtzeitig in die Entscheidungsfindung der Angelegenheiten nach Absatz 2 einbezogen und nach Möglichkeit auch fachlich beraten. [2]Sie hat das Recht, die Vorstellungen der Bewohnerinnen und Bewohner darzulegen sowie Vorschläge zu unterbreiten.

(4) [1]Die Bewohnervertretung kann sich jederzeit an die zuständige Behörde mit der Bitte um Beratung hinsichtlich der Wahrnehmung ihrer Rechte wenden. [2]In Einrichtungen für Menschen mit Behinderungen ist der Bewohnervertretung die Gelegenheit zu geben, mit der Besuchskommission nach § 14 des Sächsischen Inklusionsgesetzessowie nach § 4 des Sächsischen Psychisch-Kranken-Hilfe-Gesetzes vom 22. Juli 2024 (SächsGVBl. S. 673) zu sprechen und Wünsche oder Beschwerden vorzutragen.

§ 42
Bewohnerversammlung

[1]Auf der nach § 16 Absatz 5 des Sächsischen Wohnteilhabegesetzeseinmal jährlich stattfindenden Bewohnerversammlung hat die Bewohnervertretung über ihre Tätigkeit im vergangenen Jahr zu berichten. [2]Auf Verlangen der Bewohnervertretung hat der Träger oder die Einrichtungsleitung an der Bewohnerversammlung teilzunehmen. [3]Teilbewohnerversammlungen sind zulässig.

§§ 34–42
Zusammensetzung und Beendigung

Für bis zu 80 Bewohner besteht die Bewohnervertretung aus drei Mitgliedern darüber hinaus aus fünf Mitgliedern. Für abtrennbare Teile einer Einrichtung – bspw. Wohnbereiche – können eigene Bewohnervertretungen gebildet werden, wenn dies dazu beiträgt, dass die Mitwirkung der Bewohner besser gewährleistet ist. Abweichungen kann die Heimaufsicht zulassen, wenn dadurch die wirksame Mitwirkung gesichert wird (§ 34 Abs. 1–3). Die Mitgliedschaft endet mit Ablauf der 2-jährigen (pflegebedürftige Menschen) bzw. 4-jährigen (Menschen mit

Behinderungen) Amtszeit (§ 38), Rücktritt, Wegfall der Wählbarkeit oder – auf Antrag von 2/3 der Mitglieder der Bewohnervertretung – durch behördliche Feststellung gewichtiger Pflichtverstöße oder der Unmöglichkeit einer (weiteren) vertrauensvollen Zusammenarbeit (§ 34 Abs. 4). Besteht die Bewohnervertretung aus 3 Mitgliedern, ist der Antrag von 2 Mitgliedern zu stellen, bei 5 Mitgliedern müssen 4 Mitglieder – also immer die übrigen Mitglieder – den Antrag stellen.

Wahlausschuss und Wahl

Die Wahl wird vom Wahlausschuss vorbereitet und durchgeführt. Dieser besteht aus drei Wahlberechtigten, die von der Bewohnervertretung spätestens acht Wochen vor Ablauf ihrer Amtszeit bestellt werden. Der Träger hat die erforderlichen Kosten der Wahl zu übernehmen. Gewählt wird gleich, geheim und unmittelbar – die Stimmabgabe durch Bevollmächtigte ist damit ausgeschlossen. Briefwahl ist zu ermöglichen. Die Wahl ist eine Mehrheitswahl mit Ersatzliste. Das Ergebnis der Wahl kann durch mind. 3 Wahlberechtigte binnen 2 Wochen nach Bekanntmachung der Wahlergebnisse in Textform in der Einrichtung (§ 35 Abs. 6 Satz 2) angefochten werden (§ 36). In Einrichtungen bis 50 Bewohner kann vereinfacht in einer Wahlversammlung gewählt werden (§ 37).

Arbeitsweise

Die Bewohnervertretung wählt einen Vorsitz/Stellvertretung. Der Vorsitz soll von einem Bewohner wahrgenommen werden. Dieser vertritt die Beschlüsse gegenüber dem Träger und der Einrichtungsleitung (§ 39). Es sollen mind. einmal jährlich Sitzungen stattfinden, in denen Beschlüsse mit einfacher Mehrheit gefasst werden. Zu den Sitzungen – die nicht öffentlich, auch nicht einrichtungsöffentlich sind – können sachkundige Gäste und auf Einladung die Einrichtungsleitung teilnehmen (§ 40). Die Teilnahme der Heimaufsicht ist ausgeschlossen, soweit diese nicht als sach- und fachkundige Person eingeladen wird (vgl. § 41 Abs. 4 Satz 1 „jederzeitiger Beratungsanspruch“).

Aufgaben und Mitwirkungsgegenstände

Die Aufgaben und Mitwirkungsgegenstände sind abschließend in § 41 geregelt. Mitwirkungspflichtig sind nach § 41 Abs. 2 zentrale Grundsatzthemen:
- Aufstellung oder Änderung der Musterverträge sowie der Hausordnung (Nr. 1),
- Änderungen des Entgelts der Einrichtung (Nr. 2),
- Maßnahmen zur Verhütung von Unfällen (Nr. 3),
- Unterkunft, Betreuung, Verpflegung und Teilhabe (Nr. 4),
- Alltags- und Freizeitgestaltung (Nr. 5),
- Planung oder Durchführung von Veranstaltungen (Nr. 6),
- Maßnahmen des Beschwerdemanagements der Einrichtung, sofern diese Auswirkungen auf die Qualität der Betreuung, der Verpflegung oder des Wohnens haben oder der Weiterentwicklung der Versorgungsqualität dienen (Nr. 7),
- Erweiterung, Einschränkung oder Einstellung des Betriebs der Einrichtung (Nr. 8),

- Änderung der Art und des Zwecks der Einrichtung oder ihrer Teile (Nr. 9),
- Zusammenschluss mit einer anderen Einrichtung (Nr. 10),
- baulichen Veränderungen oder einer umfassenden Instandsetzung der Einrichtung (Nr. 11),
- Vergütungsvereinbarungen mit den Pflegekassen (Nr. 12)
- Leistungs- und Vergütungsvereinbarungen mit dem Träger der Eingliederungshilfe (Nr. 13) und
- Maßnahmen zur Förderung einer angemessenen Qualität der Betreuung und Teilhabe (Nr. 14)

Die Einbindung der Bewohnervertretung hat durch den Träger und die Einrichtungsleitung rechtzeitig und bei Bedarf fachlich beratend zu erfolgen. Die Bewohnervertretung kann Vorstellungen und Vorschläge aktiv einbringen (§ 41 Abs. 3). In Einrichtungen für Menschen mit Behinderungen ist der Austausch mit der Besuchskommission nach § 14 SächsInklusG/§ 4 SächsPsychKG zu ermöglichen (§ 41 Abs. 4). Einmal jährlich berichtet die Vertretung auf der Bewohnerversammlung (§ 16 Abs. 5 SächsWTG). Der Träger und die Leitung haben verpflichtend auf Verlangen teilzunehmen (§ 42).

Abschnitt 3
Bewohnersprecherin, Bewohnersprecher

Allgemeines

Abschnitt 3 (§§ 43, 44) regelt mit dem Bewohnersprecher einen Ersatzmechanismus zur Sicherstellung der Mitwirkung, wenn keine Bewohnervertretung zustande kommt.

§ 43
Bestellung und Mitwirkung

(1) [1]Im Fall von § 16 Absatz 3 Satz 1 des Sächsischen Wohnteilhabegesetzes hat die zuständige Behörde unverzüglich eine Bewohnersprecherin oder einen Bewohnersprecher zu bestimmen. [2]In Einrichtungen mit mehr als 80 Plätzen können zwei Bewohnersprecherinnen oder Bewohnersprecher eingesetzt werden. [3]Diese stimmen ihre Tätigkeit untereinander ab und legen fest, welche Bewohnersprecherin oder welcher Bewohnersprecher die Interessen der Bewohnerinnen und Bewohner gegenüber dem Träger oder der Einrichtungsleitung und außerhalb der Einrichtung vertritt.

(2) Für Teile der Einrichtung können eigene Bewohnersprecherinnen oder Bewohnersprecher eingesetzt werden, wenn dadurch die Mitwirkung der Bewohnerinnen und Bewohner besser gewährleistet wird.

(3) Zur Bewohnersprecherin oder zum Bewohnersprecher kann nur bestellt werden, wer nach seiner Persönlichkeit und seinen Fähigkeiten zur Ausübung des Amtes geeignet, von der zuständigen Behörde, dem Träger und seinen Verbänden und den Leistungsträgern unabhängig und mit der Bestellung einverstanden ist.

(4) [1]Die regelmäßige Amtszeit beträgt zwei Jahre. [2]Eine Wiederbestellung ist zulässig, sofern in der Einrichtung keine Bewohnervertretung gebildet werden kann.

(5) [1]Die Bestellung der Bewohnersprecherin oder des Bewohnersprechers ist dem Träger oder der Einrichtungsleitung schriftlich mitzuteilen. [2]Der Träger oder die Einrichtungsleitung hat die Bewohnerinnen und Bewohner über die Bestellung zu informieren.

(6) [1]Die Bewohnersprecherin oder der Bewohnersprecher hat die gleichen Rechte und Pflichten wie die Bewohnervertretung. [2]Die Bewohnersprecherin oder der Bewohnersprecher hat auf die Bildung einer Bewohnervertretung hinzuwirken.

(7) [1]Der Träger oder die Einrichtungsleitung hat die Bewohnersprecherin oder den Bewohnersprecher bei der Erfüllung ihrer oder seiner Aufgaben zu unterstützen. [2]Er hat der Bewohnersprecherin oder dem Bewohnersprecher insbesondere Zutritt zur Einrichtung zu gewähren und ihr oder ihm zu ermöglichen, sich mit den Bewohnerinnen und Bewohnern in Verbindung zu setzen. [3]Für die Tätigkeit der Bewohnersprecherin oder des Bewohnersprechers gelten die §§ 31, 33, 41 und 42 entsprechend.

§ 44
Aufhebung der Bestellung

(1) [1]Die Tätigkeit der Bewohnersprecherin oder des Bewohnersprechers endet mit
1. Ablauf der Amtszeit oder
2. Aufhebung der Bestellung durch die zuständige Behörde.
[2]Eine vorübergehende Weiterführung der Amtsgeschäfte ist bis zu einem Zeitraum von vier Wochen nach Ablauf der Amtszeit nach § 43 Absatz 4 Satz 1 ausnahmsweise möglich, sofern das Wahlverfahren zur Bildung einer Bewohnervertretung bis dahin noch nicht abgeschlossen wurde oder die Bestellung einer Bewohnersprecherin oder eines Bewohnersprechers noch nicht erfolgt ist.

(2) [1]Die zuständige Behörde hat die Bestellung aufzuheben, wenn eine Bewohnersprecherin oder ein Bewohnersprecher
1. die Voraussetzungen für das Amt nicht mehr erfüllt,
2. ihren oder seinen Aufgaben nach § 41 Absatz 1 nicht mehr nachkommt oder nicht mehr nachkommen kann,
3. das Amt niedergelegt hat oder
4. eine Bewohnervertretung entsprechend § 16 Absatz 1 des Sächsischen Wohnteilhabegesetzes gebildet worden ist.

[2]Die zuständige Behörde kann die Bestellung aufheben, wenn eine Zusammenarbeit zwischen der Bewohnersprecherin oder dem Bewohnersprecher und den Bewohnerinnen und Bewohnern nicht mehr möglich ist. [3]In den Fällen des Satzes 1 Nummer 1 bis 3 hat die Behörde eine neue Bewohnersprecherin oder einen neuen Bewohnersprecher zu bestellen.

§§ 43, 44
Ersatzmechanismus

Kommt keine Bewohnervertretung zustande, bestellt die Heimaufsicht für eine Amtszeit von 2 Jahren durch Verwaltungsakt i. S. d. § 35 Satz 1 VwVfG[352] einen Bewohnersprecher. In großen Einrichtungen (> 80 Bewohner) können zwei bestellt werden (§ 43 Abs. 1–2). Erforderlich sind Eignung, Unabhängigkeit und Einverständnis (§ 43 Abs. 3). Die Rechte und Pflichten entsprechen vollumfänglich denen der Bewohnervertretung. Dem Bewohnersprecher ist daher bspw. auch nach § 33 Abs. 2 Satz 2 Nr. 7 zur Hinzuziehung fach- und sachkundiger Personen sowie für Mitgliedsbeiträge für Interessenverbände ein angemessener Betrag zur Verfügung zu stellen, der zumindest die Kosten für eine Rechtsberatung im Jahr sowie für die Mitgliedschaft in einem Interessenverband deckt. Zugleich soll der Bewohnersprecher auf die Bildung einer Bewohnervertretung hinwirken (§ 43 Abs. 4–7). Die Bestellung ist aufzuheben, wenn Eignung oder Pflichterfüllung entfallen, das Amt niedergelegt wird oder eine Bewohnervertretung gebildet ist. Die Bestellung des Bewohnersprechers ist dem Träger oder der Einrichtungsleitung schriftlich mitzuteilen. Der Träger oder die Einrichtungsleitung hat die Bewohner sodann über die Bestellung zu informieren.

Widerspruch und Anfechtungsklage gegen die Bestellung haben aufschiebende Wirkung (§ 80 Abs. 1 VwGO). Die Heimaufsicht kann den Sofortvollzug nach § 80 Abs. 2 Satz 1 Nr. 4 VwGO anordnen. Entscheidet sie sich hierfür, hat sie das besondere Interesse (öffentliches Interesse) an der sofortigen Vollziehung der Bestellung schriftlich zu begründen.

Abschnitt 4
Wohngemeinschaftsvertretung

Allgemeines

Abschnitt 4 (§§ 45, 46) konkretisiert die Regelung des § 22 SächsWTG zum Mitwirkungsgremium in anbieterverantworteten ambulant betreuten Wohngemeinschafen (Wohngemeinschaftsvertretung). Eine solche „kann" gebildet werden. Ab sechs Bewohnern muss der Leistungsanbieter die Bildung unterstützen (§ 22 Abs. 2 SächsWTG). Wird eine Wohngemeinschaftsvertretung gebildet, gelten bezogen auf den Leistungsanbieter die Vorschriften zur

352 Klarstellend Referentenentwurf Zu § 43 Zu Absatz 1, S. 86

Bewohnervertretung in Einrichtungen nach § 33 Abs. 1 Nr. 1 und 2 sowie Abs. 2 Nr. 1, 2, 5 und 9 entsprechend.

§ 45
Mitwirkung

(1) [1]Die Wohngemeinschaftsvertretung nach § 22 Absatz 1 des Sächsischen Wohnteilhabegesetzes wählt mit einfacher Mehrheit der abgegebenen Stimmen eine Vorsitzende oder einen Vorsitzenden. [2]Stimmenthaltungen bleiben bei der Ermittlung des Abstimmungsergebnisses unberücksichtigt. [3]Die oder der Vorsitzende vertritt die Interessen der Wohngemeinschaftsvertretung gegenüber dem Leistungsanbieter.

(2) Die Wohngemeinschaftsvertretung wirkt bei Angelegenheiten nach § 22 Absatz 3 des Sächsischen Wohnteilhabegesetzes mit.

§ 46
Aufgaben des Leistungsanbieters

(1) [1]Vorschläge, Anträge und Beschwerden der Wohngemeinschaftsvertretung sind von dem Leistungsanbieter innerhalb von sechs Wochen zu beantworten. [2]Wird einem Anliegen nicht entsprochen, sind die Gründe in der Antwort und bei Bedarf in leicht verständlicher Sprache darzulegen.

(2) Wird gemäß § 22 des Sächsischen Wohnteilhabegesetzes eine Wohngemeinschaftsvertretung gebildet, gilt bezogen auf den Leistungsanbieter § 33 Absatz 1 Nummer 1 und 2 sowie Absatz 2 Nummer 1, 2, 5 und 9 entsprechend.

§§ 45, 46

Die Wohngemeinschaftsvertretung wählt einen Vorsitz. Sie wirkt bei den in § 22 Abs. 3 SächsWTG genannten Angelegenheiten mit:

- allgemeine Angelegenheiten des Wohnens, der Pflege und Betreuung oder Assistenz, der hauswirtschaftlichen Versorgung, der Verpflegungsplanung, des Alltags und der Freizeit,
- der Durchsetzung der Ziele nach § 1 SächsWTG, insbesondere von Selbstbestimmung und Teilhabe am Leben in der Gesellschaft,
- Änderungen der Entgelte, soweit diese nicht ausschließlich durch leistungsrechtliche Vereinbarungen nach dem SGB V, IX, XI, XII oder durch Zustimmungen zur gesonderten Berechnung von Investitionsaufwendungen nach § 82 Abs. 3 SGB XI bedingt sind,
- umfassenden baulichen Maßnahmen in der Wohngemeinschaftswohnung, soweit der Leistungsanbieter den Raum zum Wohnen überlässt,
- der Erweiterung, Einschränkung oder Einstellung des Wohngemeinschaftsbetriebs,

- Maßnahmen zum Schutz vor Missbrauch, Ausbeutung, Gewalt, insbesondere körperlicher, seelischer und sexueller Gewalt, sowie Diskriminierung und
- Angelegenheiten des Beschwerdemanagements. (§ 45).

Der Leistungsanbieter muss innerhalb von 6 Wochen Vorschläge, Anträge und Beschwerden beantworten und – wenn er diesen nicht folgt – begründet ablehnen (ggf. in leichter Sprache) (§ 46 Abs. 1). Im Übrigen gelten entsprechend die zentralen Pflichten nach § 33 Absatz 1 Nummer 1 und 2 sowie Absatz 2 Nummer 1, 2, 5 und 9 entsprechend (§ 46 Abs. 2). Zur Hinzuziehung fach- und sachkundiger Personen sowie für Mitgliedsbeiträge für Interessenverbände muss der Leistungsanbieter – anders als der Träger einer Einrichtung – der Wohngemeinschaftsvertretung keinen angemessenen Betrag zur Verfügung stellen.

Teil 5
Befreiungen

Allgemeines

Die Ausnahmevorschriften dienen als Korrektiv, das unter dem Blickwinkel des Art. 12 Abs. 1 GG (Grundrecht auf freie Berufsausübung) verfassungsrechtlich nicht mehr hinnehmbare Belastungen im Einzelfall vermeiden soll. Befreiungen können nur auf Antrag erteilt werden. Diese stehen im pflichtgemäßen Ermessen. Dabei hat sich der KSV Sachsen am Zweck der Befreiungsmöglichkeit und dem Schutzzweck des SächsWTG und der SächsWTVO zu orientieren.

§ 47
Befreiung von baulichen Anforderungen

(1) Die zuständige Behörde kann auf Antrag des Trägers oder Leistungsanbieters aus wichtigem Grund diesen von den in dieser Verordnung genannten baulichen Anforderungen befreien, wenn die Befreiung mit den Interessen und Bedürfnissen der Bewohnerinnen und Bewohner vereinbar ist und die Art und Schwere der Pflegebedürftigkeit oder Behinderung der Bewohnerinnen und Bewohner sowie die fachliche Konzeption der Einrichtung, der anbieterverantworteten ambulant betreuten oder Intensivpflege-Wohngemeinschaften einer solchen nicht entgegen stehen.

(2) Die Befreiung von einzelnen Anforderungen kann zugleich die Verpflichtung zur Angleichung an andere Anforderungen enthalten.

§ 48
Allgemeine Regelungen zur Befreiung von den personellen Anforderungen

[1]Die zuständige Behörde kann auf Antrag des Trägers oder Leistungsanbieters diesen von den in dieser Verordnung genannten personellen Anforderungen befreien, wenn dies zur Weiterentwicklung des Pflege- und Betreuungskonzeptes dient und die weiteren personellen Anforderungen des § 15 oder 21 des Sächsischen Wohnteilhabegesetzes sowie dieser Verordnung eingehalten werden. [2]Hierzu ist ein mit den zuständigen Leistungsträgern abgestimmtes Pflege- und Betreuungskonzept vorzulegen. [3]Der Betreuungsbedarf der Bewohnerinnen und Bewohner muss gedeckt und die Betreuungsqualität und -kontinuität sichergestellt sein. [4]Der Antrag ist zu begründen.

Zur Weiterentwicklung des Pflege- und Betreuungskonzeptes in einer Einrichtung oder anbieterverantworteten ambulant betreuten Wohngemeinschaft kann auf begründeten Antrag hin eine Befreiung von den personellen Anforderungen der SächsWTVO erteilt werden, „wenn dies zur Weiterentwicklung des Pflege- und Betreuungskonzeptes dient". Satz 3 stellt klar, dass der Betreuungsbedarf der Bewohner in jedem Fall gedeckt sein muss. Eine Absenkung der Qualität kommt nicht in Betracht. In der Antragsbegründung ist anhand des Pflege- und Betreuungskonzepts darzustellen, welche Anforderung zur Weiterentwicklung nicht umsetzbar ist und wie die weiteren Anforderungen eingehalten werden. Entgegen der Befreiungsmöglichkeit nach § 15 Abs. 9 SächsWTG liegen die Anforderungen nach § 48 höher. Es ist jedoch zu beachten, dass § 48 nur Befreiungen von Vorgaben der SächsWTVO erlaubt, während § 15 Abs. 9 SächsWTG umfassend ist. Die Ermächtigung im Bereich von Befreiungsregelungen bezieht sich nach § 34 Nr. 2 Halbsatz 2 SächsWTG nur auf „Regelungen zur Durchführung [des SächsWTG] für […] die Befreiung von den Anforderungen nach 15 Abs. 9". Die Reichweite der Befreiungsmöglichkeit für Einrichtungen kann nicht durch Verordnung eingeschränkt werden. § 15 Abs. 9 SächsWTG und § 48 stehen daher nebeneinander.

§ 49
Spezielle Regelung zur Befreiung von personellen Anforderungen für anbieterverantwortete ambulant betreute Wohngemeinschaften

(1) [1]Leistungsanbieter von anbieterverantworteten ambulant betreuten Wohngemeinschaften für pflegebedürftige Bewohnerinnen und Bewohner können ein Nachtbetreuungskonzept vorlegen. [2]Sind die Voraussetzungen nach Absatz 2 vollständig erfüllt und wird das Nachtbetreuungskonzept entsprechend der Transparenzregelungen des Absatzes 4 bekannt gemacht, kann der Leistungsanbieter auch ohne Ausnahmegenehmigung in dem Zeitraum von 20 bis 6 Uhr für bis zu 24 Bewohnerinnen und Bewohner in mehreren Wohngemeinschaften eine gemeinsame Nachtwache einsetzen.

(2) Die Nutzung eines Nachtbetreuungskonzeptes ist nur unter folgenden Voraussetzungen möglich:

1. die Wohngemeinschaften befinden sich im gleichen Gebäude in unmittelbarer räumlicher Nähe zueinander,
2. in den Wohngemeinschaften sind alle Wohnräume und Sanitärräume, welche von pflegebedürftigen Bewohnerinnen und Bewohnern genutzt werden, mit einer Rufanlage ausgestattet und
3. das im Zeitraum von 20 bis 6 Uhr eingesetzte Personal verfügt nachweislich über einen aktuellen Nachweis zu einer Erste-Hilfe-Schulung, welche mindestens alle zwei Jahre aktualisiert wird.

(3) Das Nachtbetreuungskonzept muss folgende Angaben enthalten:
1. die Anzahl der ambulant betreuten Wohngemeinschaften und Gesamtanzahl der Wohnplätze bezüglich aller ambulant betreuten Wohngemeinschaften, welche vom Nachtbetreuungskonzept umfasst sind,
2. die Beschreibung der vorliegenden Voraussetzungen nach Absatz 2,
3. Angaben zum genauen Zeitrahmen, in dem das Nachtbetreuungskonzept in der Zeitspanne von 20 bis 6 Uhr Anwendung findet.

(4) Das Nachtbetreuungskonzept muss in seiner aktuellen Fassung wie folgt bekannt gegeben werden:
1. es ist im Gemeinschaftsraum jeder ambulant betreuten Wohngemeinschaft, auf welche es sich bezieht, an gut sichtbarer Stelle zur Einsichtnahme auszuhängen,
2. es ist in leicht verständlicher Sprache zu formulieren,
3. die Bewohnerinnen und Bewohner sind in Textform über das Nachtbetreuungskonzept zu informieren,
4. künftige Bewohnerinnen und Bewohner sind rechtzeitig vor Abgabe ihrer Vertragserklärung in Textform über das Nachtbetreuungskonzept zu informieren,
5. das Nachtbetreuungskonzept ist der zuständigen Behörde bekannt zu machen; Änderungen sind unverzüglich mitzuteilen.

(5) Die zuständige Behörde kann die Nutzung des Nachtbetreuungskonzeptes untersagen, wenn Anhaltspunkte dafür bestehen, dass die Betreuung und Versorgung der Bewohnerinnen und Bewohner unter Nutzung des Nachtbetreuungskonzeptes beeinträchtigt ist.

Allgemeines

Für die Zeit von 20 Uhr bis 6 Uhr besteht nach Abs. 1 Satz 1 ausnahmsweise „auch ohne Ausnahmegenehmigung“ im Rahmen der Nutzung eines Nachtbetreuungskonzeptes für bis zu 24 Personen in Wohngemeinschaften im gleichen Gebäude in unmittelbarer räumlicher Nähe zueinander die Möglichkeit, abweichend von dem Personalvorhalt des § 21 SächsWTG, des Einsatzes einer Person mit aktuellem Nachweis einer Erste-Hilfe-Schulung zur Erbringung allgemeiner Unterstützungsleistungen. In anderen Ausgestaltungen kommt eine Befreiung nach § 48 in Betracht, die nicht von dieser spezielleren Befreiungsregelung ausgeschlossen ist (arg.

„auch ohne Ausnahmegenehmigung"). Die Regelungen zum Nachtbetreuungskonzept sollen lediglich die Anzahl der Befreiungsanträge für „Standardfälle" reduzieren.[353]

Dabei ist zu berücksichtigen, dass die vorgenannte Person vom Leistungsanbieter lediglich vorzuhalten ist. Sie erbringt – weil hierfür die bundesgesetzlichen Regelungen zur Leistungserbringung im SGB XI vorrangig sind – nur im Einzelfall nach entsprechender Beauftragung Leistungen nach dem Leistungskomplexsystem. Im „Notfall" beschränkt sich die Tätigkeit dieser Personen daher auf die Alarmierung von Rettungskräften und die Erste-Hilfe-Leistung. Nach den Regelungen des § 21 Abs. 1 Satz 1 Nr. 3 SächsWTG ist die Leistungserbringung auf „*allgemeine* Unterstützungsleistungen" beschränkt. Hiervon umfasst sind keine Betreuungs-, Assistenz- oder Pflegeleistungen (arg. § 19 Abs. 2 Satz 1 „Unterstützungsleistungen" als Pflege-, Assistenz- oder Betreuungsleistungen i. S. d. § 3 Abs. 3 Satz 2).[354]

Ordnungsrechtliche Pflicht zur Präsenz als Widerspruch zum bundesrechtlichen Leistungsbezug in ambulanten Settings | Fehlende Refinanzierung

Während das Heimordnungsrecht auf Gefahrenabwehr abzielt, folgt das Leistungsrecht der Pflegeversicherung (SGB XI) dem Grundsatz der wirtschaftlichen und bedarfsorientierten leistungsbezogenen Leistungserbringung (§§ 29 Abs. 1, 36 SGB XI). Die geforderte Daueranwesenheit überschreitet damit den vom Bund refinanzierten Leistungsumfang.[355] Nach den bundesrechtlichen Vorschriften sind in der ambulanten Pflege nur konkrete Pflege- und Betreuungsleistungen als Sachleistungen vergütungsfähig. Eine Anwesenheitsvergütung oder pauschale Präsenzpflicht ist dem ambulanten Leistungsrecht fremd. Damit entsteht für die Leistungsanbieter ein Finanzierungsdefizit, da die landesrechtlich geforderte Präsenz leistungsrechtlich nach dem SGB XI nicht vergütet werden kann.

Mögliche Refinanzierungsmöglichkeiten für dieses rechtliche Dilemma sind:

- Zivilrechtliche Zusatzvereinbarung mit den Bewohnern (auf freiwilliger Basis aufgrund der bestehenden Vertragsfreiheit, Art. 2 Abs. 1 GG). Dies dürfte wegen hoher Kosten aufgrund des Pflegemindestlohns[356] (ca. 40 € täglich/1.200 € monatlich pro Bewohner) wirtschaftlich kaum tragfähig und vom Bewohner vertraglich kaum vereinbart werden.

353 Vgl. Referentenentwurf Zu § 49 Zu Absatz 1, S. 90.

354 Dies verkennt Gesetzentwurf der Staatsregierung LT-Drs. 7/14987, Zu § 21 Zu Absatz 1 Zu Nummer 3, S. 83, wonach die ständige Anwesenheit erforderlich sein soll, damit eine „jederzeitige Intervention erfolgen kann". Unklar bleibt, welche Interventionen dies neben Erste-Hilfe-Maßnahmen sein sollten, wenn keine Leistungen beauftragt sind.

355 Rechtsirrtümlich OVG Bautzen, Beschl. v. 28.09.2023 – 6 B 25/23 –, juris Rn. 9: „Der bisher nicht erfolgte Einsatz einer Pflegefachkraft als aktive Nachtwache kann grundsätzlich auch im Rahmen des für ambulante Pflege geltenden Leistungsrechts vergütet werden" mit Verweis auf § 10 des Rahmenvertrags gemäß § 75 Abs. 1 SGB XI zur ambulanten pflegerischen Versorgung zwischen den Landesverbänden der Pflegekassen in Sachsen und den Vereinigungen der Träger der ambulanten Pflegeeinrichtungen sowie § 5 Abs. 4 des Muster-Versorgungsvertrags für ambulante Pflege nach § 72 SGB XI für Pflegedienste. Die rahmenvertragliche Pflicht sowie die im Muster-Versorgungsvertrag nach § 5 Abs. 4 vorgesehene Verpflichtung, die Versorgung der Versicherten „mit Pflegeleistungen jeder Zeit, bei Tag und Nacht einschließlich an Sonn- und Feiertagen, zu gewährleisten", meint keine 24-Stunden-Präsenz, sondern die auf Abruf vorzuhaltenden personellen Kapazitäten zur leistungsbezogenen Leistungserbringung.

356 § 2 Abs. 1 Sechste Verordnung über zwingende Arbeitsbedingungen für die Pflegebranche (Sechste Pflegearbeitsbedingungenverordnung – 6. PflegeArbbV).

- Übernahme der Zusatzkosten durch den Sozialhilfeträger (§ 61 Abs. 1 Satz 2 Alt. 3 SGB XII) bei nachgewiesenem individuellen Bedarf, da dieser weiter gefasst ist als der Pflegebegriff des SGB XI.[357] Dabei ist jedoch fraglich, ob ein „individueller Bedarf" besteht. Dies dürfte im Regelfall zu verneinen sein. Die bloße abstrakte ordnungsrechtliche Normierung entfaltet keine Indizwirkung für einen „individuellen Bedarf".
- Vergütungsnachverhandlung nach § 85 Abs. 7 i. V. m. § 89 Abs. 3 Satz 4 SGB XI, wenn sich wesentliche Rahmenbedingungen unvorhergesehen ändern. Im vorliegenden Kontext dürfte dies in der Praxis von den Pflegekassen jedoch regelmäßig abgelehnt werden, da die Präsenzvergütung dem ambulanten Leistungsbezug im Grundsatz widerspricht.

Es verbleibt damit rein faktisch die alleinige Refinanzierung durch den Leistungsanbieter.

Die geforderte „ständige Anwesenheit" kann faktisch jedoch auch durch eine Rufbereitschaft erfüllt werden. Bei Rufbereitschaft muss die Pflegekraft erreichbar und kurzfristig einsatzbereit sein, darf sich aber – anders als im Bereitschaftsdienst – zu Hause oder an einem frei gewählten Ort aufhalten. Damit ließe sich der Schutzauftrag der Norm – Soforthilfe im Notfall – wahren, ohne den Charakter der ambulanten Versorgung aufzugeben. Dies lässt der Wortlaut der Norm jedoch nicht zu.

Die Regelung steht im Widerspruch zur Zielsetzung der Reform des Sächsischen Heimrechts:

> *„Entsprechend dem Grundsatz ‚ambulant vor stationär' soll das Selbstverständnis und die Stellung der […] Bewohner in […] ambulant betreuten Wohngemeinschaften als Vertragspartei gestärkt und ihnen ein selbstbestimmtes und würdevolles Leben als Teil der Gesellschaft ermöglicht werden."*[358]

Die Refinanzierung des 24-Stunden-Einsatzes einer „für allgemeine Unterstützungsleistungen" geeigneten Person ist als Privatleistung zusätzlich zum pflegerischen Eigenanteil durch die Bewohner – durch den hoheitlich aufgezwungenen Einsatz – zu vergüten. Dies fördert nicht die ambulante Wohn-Pflege-Form, sondern macht die stationäre All-Inclusive-Versorgung aus Kostengründen (erneut) attraktiv. Ob sich der Landesgesetzgeber dieser Verwerfung bewusst gewesen ist, bleibt fraglich.

Anforderungen an das Nachtbetreuungskonzept

Eine gemeinsame Nachtwache für mehrere ambulant betreute Wohngemeinschaften kann eingesetzt werden, wenn

- sich diese im gleichen Gebäude und innerhalb des Gebäudes in unmittelbarer räumlicher Nähe befinden,
- die Wohn- und Sanitärräume mit einer Rufanlage ausgestattet sind und
- die eingesetzte Nachtwache über einen aktuellen Nachweis über eine Erste-Hilfe-Schulung verfügt.

357 vgl. LSG Baden-Württemberg, Urt. v. 08.07.2015 – L 2 SO 1431/13 –.
358 Gesetzentwurf der Staatsregierung LT-Drs. 7/14987, Vorblatt A. Zielsetzung.

Dies erlaubt einen wohngemeinschaftsübergreifenden Personaleinsatz in der Nacht und entlastet sowohl die Leistungsanbieter als auch die Heimaufsicht.

Eine Kombination mit anderen Wohnformen (z.B. Betreutes Wohnen) ist jedoch ausgeschlossen.

Keine analoge Anwendung des § 15 Abs. 9 SächsWTG

Abweichend von den Möglichkeiten der umfassenden Befreiung von personellen Anforderungen an Einrichtungen nach § 15 Abs. 9 SächsWTG („teilweise oder ganz befreien, wenn die Befreiung mit den Interessen und Bedürfnissen der [...] Bewohner vereinbar ist.") kann von den personellen Anforderungen an anbieterverantwortete ambulant betreute Wohngemeinschaften nach § 21 SächsWTG nicht befreit werden. Diese gesetzgeberische Entscheidung ist mit Blick auf das geringere Schutzniveau in Wohngemeinschaften im Vergleich zu Einrichtungen, auf die das „volle" Ordnungsrecht Anwendung findet, nicht sachgerecht. § 48 erlaubt lediglich Befreiungen von der SächsWTVO, wenn dies zur Weiterentwicklung des Pflege- und Betreuungskonzeptes dient. Grundsätzlich können Befreiungsregelungen nicht analog angewendet werden, da sie die Verpflichtung der Heimaufsicht zum Vollzug der gesetzgeberisch angeordneten Anforderungen unterwandern würde. Es steht allein dem Gesetzgeber zu, Ausnahmen von Anforderungen für atypische Einzelfälle vorzusehen. Eine allgemeine – ungeschriebene – Ausnahmemöglichkeit besteht nicht.

Die Lösung kann daher derzeit *de lege lata* nur über die Ausübung des Ermessens im Rahmen einer zu treffenden Anordnung nach § 26 Abs. 1 SächsWTG („Werden festgestellte Mängel [...] nicht abgestellt, *kann* die zuständige Behörde gegenüber dem [...] Leistungsanbieter Anordnungen erlassen, die zur Beseitigung einer eingetretenen oder zur Abwendung einer drohenden Beeinträchtigung oder einer Gefährdung des Wohls der [...] Bewohner oder zur Sicherung der Einhaltung der dem [...] Leistungsanbieter gegenüber den [...] obliegenden Pflichten erforderlich sind") liegen. Der KSV Sachsen hat sein Entschließungsermessen entsprechend dem Zweck der Ermächtigung auszuüben und die gesetzlichen Grenzen des Ermessens einzuhalten (§ 40 VwVfG). Es handelt sich hierbei um kein intendiertes Ermessen („soll"), welches im Regelfall zum Einschreiten verpflichten würde.[359] Vielmehr ist die Heimaufsicht im Rahmen einer Abwägung frei, nach pflichtgemäßem Ermessen zu prüfen, ob sie einschreitet. Die entsprechende prozessrechtliche Bestimmung für die verwaltungsgerichtliche Kontrolle findet sich in § 114 VwGO. Ein Absehen von einer Anordnung (Entschließungsermessen) ist möglich, wenn keine Gefährdung des Wohls der Bewohner droht. Bei atypischen Fallkonstellationen kann die Heimaufsicht von einem Einschreiten absehen, wenn der Mangel zu keiner spürbaren Beeinträchtigung bei den Bewohnern führt.[360] Dies kann nur unter Berücksichtigung der tatsächlichen Gegebenheiten vor Ort in der betreffenden anbieterverantworteten ambulant betreuten Wohngemeinschaft geprüft werden. Hierbei ist auch zu

359 Zu einem intendierten Ermessen vgl. §§ 15 Abs. 2; 41b Abs. 2 WTG NRW, hierzu auch Kassen/Fahnenstich, Wohn- und Teilhabegesetz Nordrhein-Westfalen, 4. Aufl., Rn. 220.

360 Vgl. zum bauaufsichtlichen Einschreiten OVG Bautzen, Urt. v. 30.08.2013 – 1 A 823/10 – juris Rn. 52.

berücksichtigen, dass – würde es sich um eine Einrichtung handeln – eine Befreiung sogar von den gesamten personellen Anforderungen möglich wäre (§ 15 Abs. 9 SächsWTG).

Regelungsbedarf

Das Spannungsfeld zwischen bundesrechtlichem Leistungsrecht und landesrechtlichem Ordnungsrecht führt zu einer rechtlichen und ökonomischen Inkonsistenz. Leistungsanbieter sind ordnungsrechtlich verpflichtet, eine ständige Präsenz sicherzustellen, können diese Pflicht aber nicht wirtschaftlich refinanzieren. Weder das SächsWTG noch die SächsWTVO können hierfür in der derzeitigen Fassung eine Lösung anbieten, da der Wortlaut „ständige Anwesenheit" (§ 21 Abs. 1 Satz 1 Nr. 3 SächsWTG) nicht als „Rufbereitschaft" ausgelegt werden kann, da dies den Wortlaut überspannt.

Es bestehen daher mehrere Handlungsoptionen:
- Klarstellung oder Änderung der SächsWTVO bzw. des § 21 Abs. 1 Satz 1 Nr. 3 SächsWTG,
- Weisung oder normkonkretisierende Verwaltungsvorschrift durch das Ministerium oder
- bundesgesetzliche Anpassung der Leistungsregelungen für ambulant betreute Wohngemeinschaften.

Teil 6
Sonstige Bestimmungen

§ 50
Sachverständige

(1) Sachverständige oder Sachverständiger im Sinne des § 17 Absatz 3 Satz 5 des Sächsischen Wohnteilhabegesetzes ist, wer unabhängig und aufgrund besonderer Sachkunde sowie fachlicher Expertise geeignet ist, die Ergebnis-, Prozess- und Strukturqualität von Leistungen in Einrichtungen festzustellen.

(2) Von besonderer Sachkunde ist insbesondere auszugehen, wenn die Eignung als Prüferin oder Prüfer nach den Richtlinien des GKV-Spitzenverbandes für die Qualitätsprüfungs-Richtlinien für die vollstationäre Pflege vom 17. Dezember 2018, veröffentlicht auf der Internetseite des Spitzenverbandes Bund der Krankenkassen3, in der jeweils geltenden Fassung, vorliegt.

(3) Unabhängig ist nicht, wer bei einem Einrichtungsträger, einem Verband von Einrichtungsträgern, einem Leistungsträger oder der zuständigen Behörde gegen Entgelt oder als Mitglied des Vorstands, des Aufsichtsrats oder eines gleichartigen Organs eines Trägers oder mit einer mit ihm wirtschaftlich oder rechtlich verbundenen Organisation tätig ist.

§ 51
Bestandsschutz- und Übergangsregelungen

(1) Bestehende Einrichtungen im Sinne des § 2 Absatz 1 des Sächsischen Wohnteilhabegesetzes, für die vor dem 6. September 2014
1. **die Anzeige der Betriebsaufnahme nach § 12 Absatz 1 des Heimgesetzes in der Fassung der Bekanntmachung vom 5. November 2001 (BGBl. I S. 2970), das zuletzt durch Artikel 3 Satz 2 des Gesetzes vom 29. Juli 2009 (BGBl. I S. 2319) geändert worden ist, oder § 4 Absatz 1 des Sächsischen Betreuungs- und Wohnqualitätsgesetzes vorliegt oder**
2. **die Feststellung der Anwendbarkeit des Heimgesetzes oder des Sächsischen Betreuungs- und Wohnqualitätsgesetzesbestandskräftig oder rechtskräftig entschieden ist,**

und noch nicht in Betrieb befindliche Einrichtungen, für die vor dem 6. September 2014 eine Baugenehmigung beantragt worden ist, dürfen nur betrieben werden, wenn sie die Anforderungen erfüllen nach der Heimmindestbauverordnung in der Fassung der Bekanntmachung vom 3. Mai 1983 (BGBl. I S. 550), die durch Artikel 5 der Verordnung vom 25. November 2003 (BGBl. I S. 2346) geändert worden ist, und nicht nach § 31 der Heimmindestbauverordnung oder § 35 Absatz 1 des Sächsischen Wohnteilhabegesetzes etwas anderes bestimmt ist.

(2) Zum 6. September 2014 bestehende Einrichtungen, für die bei Inkrafttreten dieser Verordnung
1. **die Anzeige der Betriebsaufnahme nach § 4 Absatz 1 des Sächsischen Betreuungs- und Wohnqualitätsgesetzes vorliegt oder**
2. **die Feststellung der Anwendbarkeit des Sächsischen Betreuungs- und Wohnqualitätsgesetzes bestandskräftig oder rechtskräftig entschieden ist,**

und noch nicht in Betrieb befindliche Einrichtungen, für die im Zeitraum vom 6. September 2014 bis zum Inkrafttreten dieser Verordnung eine Baugenehmigung beantragt worden ist, dürfen nur betrieben werden, wenn sie die Anforderungen erfüllen nach den §§ 2 bis 13 der Verordnung des Sächsischen Staatsministeriums für Soziales und Verbraucherschutz zur Durchführung des Sächsischen Betreuungs- und Wohnqualitätsgesetzes vom 5. September 2014 (SächsGVBl. S. 504), die zuletzt durch Artikel 2 der Verordnung vom 2. November 2020 (SächsGVBl. S. 627) geändert worden ist, soweit nicht nach § 22 Absatz 1 der Verordnung des Sächsischen Staatsministeriums für Soziales und Verbraucherschutz zur Durchführung des Sächsischen Betreuungs- und Wohnqualitätsgesetzes oder § 35 Absatz 1 des Sächsischen Wohnteilhabegesetzes etwas anderes bestimmt ist.

(3) Für zum Zeitpunkt des Inkrafttretens dieser Verordnung in Betrieb befindliche anbieterverantwortete ambulant betreute und Intensivpflege-Wohngemeinschaften gelten die räumlichen Anforderungen dieser Verordnung nach einer Übergangsfrist von zehn Jahren, soweit § 20 des Sächsischen Wohnteilhabegesetzes nichts anderes bestimmt.

(4) Absatz 3 gilt entsprechend für anbieterverantwortete ambulant betreute und Intensivpflege-Wohngemeinschaften, für die bei Inkrafttreten dieser Verordnung bereits Folgendes vorlag:

1. **die Anzeige der Betriebsaufnahme nach § 2 Absatz 2 Satz 4 in Verbindung mit § 4 Absatz 1 oder § 19 Absatz 1 des Sächsischen Betreuungs- und Wohnqualitätsgesetzes oder**
2. **der Antrag auf Erteilung einer Baugenehmigung.**

(5) Abweichend von den Absätzen 1 bis 4 richten sich für Neubauten, wesentliche Umbauten und Ersatzbauten an Einrichtungen sowie anbieterverantworteten ambulant betreuten und Intensivpflege-Wohngemeinschaften die Anforderungen ohne Übergangsfrist nach dieser Verordnung.

(6) Personen, die bis zum Inkrafttreten dieser Verordnung entsprechend der bisherigen Rechtslage als Leitung, verantwortliche Pflegefachkraft oder Fachkräfte eingesetzt waren, ohne die fachlichen Voraussetzungen dieser Verordnung zu erfüllen, gelten für diese Tätigkeiten auch weiterhin als fachlich geeignet.

Allgemeines

§ 51 normiert aus Gründen des Vertrauensschutzes und der Vermeidung gravierender wirtschaftlicher Belastungen – wie auch schon §§ 35 f. SächsWTG – Bestandsschutzregelungen.

Wegfall des Bestandsschutzes (Abs. 5)

Bei Neubauten und Ersatzbauten an Einrichtungen sowie anbieterverantworteten ambulant betreuten und Intensivpflege-Wohngemeinschaften gelten die Anforderungen der SächsWTVO ohne Übergangsfrist, Bestandsschutz besteht hier von vornherein nicht. Bei einem wesentlichen Umbau einer bestehenden Einrichtung oder anbieterverantworteten ambulant betreuten Wohngemeinschaft entfällt der Bestandsschutz. Wesentlich ist ein Umbau, wenn das Erscheinungsbild des Gebäudes so verändert wird, dass rechtlich nicht mehr von der Identität des herzustellenden mit dem ursprünglichen Gebäude ausgegangen werden kann. In diesen Fällen ist das Vorhaben nicht mehr von der bestehenden Baugenehmigung gedeckt. Soweit keine neue Baugenehmigung erforderlich ist, liegt kein wesentlicher Umbau vor. Zur Beurteilung ist auf das allgemeine Baurecht zurückzugreifen.[361]

Weitere Eignung von Bestandsmitarbeitern (Abs. 6)

Beschäftigte, die bis zum 10.01.2025 als Leitung, Pflegedienstleitung oder Fachkräfte gelten und eingesetzt wurden, gelten weiterhin für diese Tätigkeiten als fachlich geeignet. Damit

361 Referentenentwurf Zu § 51 Zu Absatz 5.

kann ein fortgesetzter Personaleinsatz sichergestellt werden. Die Änderung der Tätigkeit oder die Unterbrechung der Beschäftigung führt nicht zum Erlöschen des Bestandsschutzes. Es handelt sich vielmehr um einen „ewigen" Bestandsschutz, der gerechtfertigt ist, weil diese Kräfte sich bereits in der Vergangenheit bewährt haben. Personen die zum Inkrafttreten der SächsWTVO mit einem Beschäftigungsverbot mittelbar belegt waren, genießen jedoch keinen Bestandsschutz, da sie zum 10.01.2025 nicht „eingesetzt waren" oder – falls sich dem Beschäftigungsverbot seitens des Trägers widersetzt wurde – rechtswidrig eingesetzt wurden und sich daher in der Vergangenheit nicht bewährt haben.

Teil 7
Ordnungswidrigkeiten, Ersetzung von Bundesrecht, Inkrafttreten, Außerkrafttreten

§ 52
Ordnungswidrigkeiten

Nach § 33 Absatz 2 Nummer 6 des Sächsischen Wohnteilhabegesetzeskann mit Geldbuße bis zu zehntausend Euro belegt werden, wer widerrechtlich vorsätzlich oder fahrlässig

1. eine Einrichtung betreibt, in der entgegen
   a) § 5 Absatz 2 Satz 1 die Wohnflächen der Wohnräume nicht eingehalten sind,
   b) § 5 Absatz 2 Satz 3 die Wohnräume für mehr als zwei Bewohnerinnen oder Bewohner und Wohnräume in Durchgangszimmern bereitgestellt sind,
   c) § 5 Absatz 2 Satz 4 die Türen zu den Wohnräumen nicht abschließbar oder nicht im Notfall von außen zugänglich sind,
   d) § 6 Absatz 1 Satz 1 kein Gemeinschaftsraum vorhanden ist,
   e) § 6 Absatz 1 Satz 3 die Nutzfläche des Gemeinschaftsraumes nicht eingehalten ist,
   f) § 6 Absatz 1 Satz 6 nicht jedes Gebäude mindestens über einen Gemeinschaftsraum verfügt,
   g) § 7 Satz 1 die Wohn-, Aufenthalts-, Therapie- oder Wirtschaftsräume, Verkehrsflächen oder die sanitären oder technischen Anlagen, die von Bewohnerinnen und Bewohnern genutzt werden, nicht im Sinne von § 3 des Sächsischen Inklusionsgesetzes barrierefrei sind,
   h) § 8 Absatz 2 nicht mindestens ein Reservezimmer für bereits in der Einrichtung wohnende Bewohnerinnen und Bewohner zur vorübergehenden Nutzung vorhanden ist, wenn Wohnraum für zwei Personen vorgehalten wird,
   i) § 9 Absatz 2 Satz 1 nicht für jeden Wohnraum ein Sanitärraum zur Verfügung steht, in dem eine Nutzung für höchstens zwei Bewohnerinnen oder Bewohner vorgesehen ist,
   j) § 9 Absatz 2 Satz 2 nicht jeder Wohnraum einen direkten Zugang oder einen Zugang über einen Vorraum zu einem Sanitärraum hat,
   k) § 9 Absatz 2 Satz 3 der Sanitärraum nicht mit einer Dusche, einer Toilette oder einem Waschtisch ausgestattet ist,

l) § 9 Absatz 2 Satz 4 die Türen von Sanitärräumen nicht abschließbar oder nicht im Notfall von außen zugänglich sind,
m) § 9 Absatz 2 Satz 5 die Türen in Sanitärräumen nach innen schlagen,
n) § 9 Absatz 2 Satz 6 Sanitärobjekte nicht über Haltegriffe verfügen,
o) § 9 Absatz 2 Satz 8 bei Badewannen- oder Duscharmaturen kein Verbrühschutz vorhanden ist,
p) § 9 Absatz 3 Satz 1 nicht für jeweils bis zu 40 Bewohnerinnen und Bewohner mindestens ein Pflegebad zur Verfügung steht,
q) § 9 Absatz 3 Satz 3 das Pflegebad nicht mit einer Toilette oder einer dreiseitig freistehenden und mit einem Personenlifter nutzbaren Pflegebadewanne ausgestattet ist,
r) § 9 Absatz 4 Satz 1 nicht in jedem Stockwerk mit Wohnräumen mindestens ein Fäkalienspülraum vorhanden ist,
s) § 10 Satz 1 Wohn-, Sanitär-, Gemeinschafts- und Therapieräume, die von Bewohnerinnen und Bewohnern genutzt werden, nicht jeweils mit einer Rufanlage ausgestattet sind oder
t) § 10 Satz 2 die Rufanlage in Wohnräumen für pflegebedürftige Bewohnerinnen und Bewohner nicht von jedem Bett aus bedient werden kann,

2. eine anbieterverantwortete ambulant betreute oder Intensivpflege-Wohngemeinschaft führt, in der entgegen
   a) § 5 Absatz 2 Satz 1 die Wohnflächen der Wohnräume nicht eingehalten sind,
   b) § 5 Absatz 2 Satz 3 die Wohnräume für mehr als zwei Bewohnerinnen oder Bewohner und Wohnräume in Durchgangszimmern bereitgestellt sind,
   c) § 5 Absatz 2 Satz 4 die Türen zu den Wohnräumen nicht abschließbar oder nicht im Notfall von außen zugänglich sind,
   d) § 6 Absatz 1 Satz 1 kein Gemeinschaftsraum vorhanden ist,
   e) § 6 Absatz 1 Satz 3 die Nutzfläche des Gemeinschaftsraumes nicht eingehalten ist,
   f) § 6 Absatz 1 Satz 6 nicht jedes Gebäude mindestens über einen Gemeinschaftsraum verfügt,
   g) § 15 Absatz 1 in Verbindung mit § 9 Absatz 2 Satz 8 bei Badewannen- oder Duscharmaturen kein Verbrühschutz vorhanden ist,
   h) § 15 Absatz 1 in Verbindung mit § 14 Satz 1 und § 10 Satz 1 Wohn-, Sanitär-, Gemeinschafts- und Therapieräume, die von Bewohnerinnen und Bewohnern genutzt werden, nicht jeweils mit einer Rufanlage ausgestattet sind oder
   i) § 15 Absatz 1 in Verbindung mit § 14 Satz 1 und § 10 Satz 2 die Rufanlage in Wohnräumen für pflegebedürftige Bewohnerinnen und Bewohner nicht von jedem Bett aus bedient werden kann,
3. eine anbieterverantwortete ambulant betreute Wohngemeinschaft führt, in der entgegen
   a) § 13 Absatz 1 Satz 1 nicht für jeweils vier Bewohnerinnen oder Bewohner mindestens eine Dusche, eine Toilette und ein Waschtisch vorhanden ist,
   b) § 13 Absatz 1 Satz 2 nicht mindestens ein Sanitärraum barrierefrei nutzbar und mit einer Badewanne oder einer Dusche, einer Toilette oder einem Waschtisch ausgestattet ist,

4. eine anbieterverantwortete Intensivpflege-Wohngemeinschaft führt, in der entgegen
   a) § 15 Absatz 2 Satz 1 nicht mindestens für jeweils sechs Bewohnerinnen und Bewohner mindestens ein barrierefrei nutzbarer Sanitärraum zur Verfügung gestellt wird,
   b) § 15 Absatz 2 Satz 2 nicht mindestens ein Sanitärraum mit dem Rollstuhl nutzbar ist,
   c) § 15 Absatz 2 Satz 3 bei von mehreren Bewohnerinnen und Bewohnern genutzten Sanitärraumen keine Fäkalienspüle vorgesehen ist,
5. in Einrichtungen für pflegebedürftige Menschen entgegen
   a) § 16 Absatz 1 Personen als Fachkräfte beschäftigt, die den Fachkraftstatus nach § 20 nicht besitzen,
   b) § 16 Absatz 2 Satz 1 Personen, die den Fachkraftstatus nach § 20 Absatz 1 Nummer 1 bis 4 nicht besitzen, für Tätigkeiten einsetzt, deren Ausübung eine besondere pflegerische Fachkunde erfordern,
   c) § 18 Absatz 1 oder 2 Personen, die Aufgaben der Einrichtungsleitung wahrnehmen, als verantwortliche Pflegefachkraft oder direkt zur Leistungserbringung einsetzt oder beschäftigt, die für die Leitung oder die Ausübung ihrer Tätigkeit ungeeignet sind,
   d) § 21 Absatz 1 Satz 1 Personen als Pflegehilfskräfte oder Pflegeassistenzkräfte beschäftigt, die nicht über eine Qualifikation nach § 21 Absatz 1 Satz 2 verfügen,
   e) § 22 Absatz 3 nicht in jedem Gebäude als Nachtwache eine Fachkraft einsetzt,
   f) § 22 Absatz 4 Personen als Beschäftigte während ihrer Dienstzeit in Einrichtungen in weiteren Wohnformen im Sinne des Sächsischen Wohnteilhabegesetzes, in Wohnformen außerhalb des Anwendungsbereiches des Sächsischen Wohnteilhabegesetzes oder in anderen Tätigkeitsfeldern der ambulanten Pflege außerhalb der Einrichtung einsetzt,
   g) § 23 Absatz 1 Personen als Leitung beschäftigt, ohne dass diese fachlich geeignet sind, oder
   h) § 24 Personen als verantwortliche Pflegefachkraft beschäftigt, ohne dass diese fachlich geeignet sind,
6. in Einrichtungen für Menschen mit psychischen Erkrankungen oder mit Behinderungen entgegen
   a) § 16 Absatz 1 Personen als Fachkräfte beschäftigt, die den Fachkraftstatus nach § 25 nicht besitzen,
   b) § 18 Absatz 1 oder 2 Personen, die Aufgaben der Einrichtungsleitung wahrnehmen, als verantwortliche Pflegefachkraft oder direkt zur Leistungserbringung einsetzt oder beschäftigt, die für die Leitung oder die Ausübung ihrer Tätigkeit ungeeignet sind,
   c) § 26 Absatz 1 Satz 1 oder Absatz 2 Personen für qualifizierte Assistenzen oder vorbehaltene Aufgaben einsetzt, die nicht Fachkräfte sind,
   d) § 27 Absatz 1 Satz 1 nicht zwischen 6 und 20 Uhr mindestens eine Fachkraft im aktiven Dienst einsetzt, oder
   e) § 28 Personen als Leitung beschäftigt, ohne dass diese fachlich geeignet sind,

7. in anbieterverantworteten ambulant betreuten oder Intensivpflege-Wohngemeinschaften für pflegebedürftige Menschen entgegen
   a) § 16 Absatz 1 Personen als Fachkräfte beschäftigt, die den Fachkraftstatus nach § 20 nicht besitzen,
   b) § 29 Absatz 1 in Verbindung mit § 18 Absatz 1 oder 2 Personen einsetzt oder beschäftigt, die für die Leitung oder die Ausübung ihrer Tätigkeit ungeeignet sind,
   c) § 29 Absatz 1 in Verbindung mit § 21 Absatz 1 Satz 1 Personen als Pflegehilfskräfte oder Pflegeassistenzkräfte beschäftigt, die nicht über eine Qualifikation nach § 21 Absatz 1 Satz 2 verfügen,
   d) § 30 Absatz 2 Satz 2 nicht sicherstellt, dass in Zeiten, in denen keine Fachkraft anwesend ist, die Rufbereitschaft einer Fachkraft gegeben ist, oder

8. in anbieterverantworteten ambulant betreuten oder Intensivpflege-Wohngemeinschaften für Menschen mit psychischen Erkrankungen oder mit Behinderungen entgegen
   a) § 16 Absatz 1 als Fachkräfte beschäftigt, die den Fachkraftstatus nach § 25 nicht besitzen,
   b) § 29 Absatz 2 in Verbindung mit § 18 Absatz 1 oder 2 Personen, die Aufgaben der Einrichtungsleitung wahrnehmen, als verantwortliche Pflegefachkraft oder direkt zur Leistungserbringung einsetzt oder beschäftigt, die für die Leitung oder die Ausübung ihrer Tätigkeit ungeeignet sind,
   c) § 30 Absatz 2 Satz 2 nicht sicherstellt, dass in Zeiten, in denen keine Fachkraft anwesend ist, die Rufbereitschaft einer Fachkraft gegeben ist, oder

9. in Einrichtungen entgegen
   a) § 33 Absatz 2 Nummer 8 den Mitgliedern der Bewohnervertretung oder entgegen § 43 Absatz 7 Satz 3 in Verbindung mit § 33 Absatz 2 Nummer 8 der Bewohnersprecherin oder dem Bewohnersprecher nicht innerhalb von sechs Wochen die Vorschläge, Anträge oder Beschwerden beantwortet oder Ablehnungen nicht begründet,
   b) § 33 Absatz 3 Satz 1 nicht innerhalb von vier Wochen nach Ablauf der in § 36 Absatz 6 genannten Anfechtungsfrist der Anzeigepflicht gegenüber der zuständigen Behörde nachkommt, oder
   c) § 35 Absatz 2 nicht den Wahlausschuss bestellt,

10. in anbieterverantworteten ambulant betreuten oder Intensivpflege-Wohngemeinschaften entgegen § 46 Absatz 1 Satz 1 Vorschläge, Anträge oder Beschwerden der Wohngemeinschaftsvertretung nicht innerhalb von sechs Wochen beantwortet.

→ vgl. zu allgemeinen Ausführungen zum Ordnungswidrigkeitenrecht § 33 SächsWTG

Bußgeldbewehrte Fristversäumnisse

§ 52 normiert neben einer Vielzahl an Ordnungswidrigkeiten wegen Verstößen gegen bauliche oder personelle Vorgaben auch einige formelle Fristversäumnisse als Ordnungswidrigkeiten.

Nach § 33 Abs. 2 Nr. 6 SächsWTG kann mit Geldbuße bis zu 10.000 € (vorsätzlicher Verstoß) bzw. bis zu 5.000 € (fahrlässiger Verstoß) belegt werden, wer

- in Einrichtungen entgegen § 33 Abs. 2 Nr. 8 den Mitgliedern der Bewohnervertretung oder entgegen § 43 Abs. 7 Satz 3 i. V. m. § 33 Abs. 2 Nr. 8 dem Bewohnersprecher nicht innerhalb von sechs Wochen die Vorschläge, Anträge oder Beschwerden beantwortet oder Ablehnungen nicht begründet (Nr. 9a)
- in Einrichtungen entgegen § 33 Abs. 3 Satz 1 nicht innerhalb von vier Wochen nach Ablauf der in § 36 Abs. 6 genannten -zweiwöchigen – Anfechtungsfrist (mithin innerhalb von sechs Wochen) der Anzeigepflicht zur Wahl der Bewohnervertretung gegenüber der Heimaufsicht nachkommt (Nr. 9b),
- in anbieterverantworteten ambulant betreuten oder Intensivpflege-Wohngemeinschaften entgegen § 46 Abs. 1 Satz 1 Vorschläge, Anträge oder Beschwerden der Wohngemeinschaftsvertretung nicht innerhalb von sechs Wochen beantwortet.

§ 53
Ersetzung von Bundesrecht

Diese Verordnung ersetzt im Freistaat Sachsen gemäß Artikel 125a Absatz 1 Satz 2 des Grundgesetzes für die Bundesrepublik Deutschland die Heimmitwirkungsverordnung.

§ 54
Inkrafttreten, Außerkrafttreten

[1]Diese Verordnung tritt am Tag nach der Verkündung in Kraft. [2]Gleichzeitig tritt die Verordnung des Sächsischen Staatsministeriums für Soziales und Verbraucherschutz zur Durchführung des Sächsischen Betreuungs- und Wohnqualitätsgesetzes vom 5. September 2014 (SächsGVBl. S. 504), die zuletzt durch Artikel 2 der Verordnung vom 2. November 2020 (SächsGVBl. S. 627) geändert worden ist, außer Kraft.

3. Gesetz zur Regelung von Verträgen über Wohnraum mit Pflege- oder Betreuungsleistungen (Wohn- und Betreuungsvertragsgesetz – WBVG)

Aus dem Schrifttum: Drasdo, beckOGK WBVG, 2025 – Beetz/Schwedler-Allmendinger, Wohn- und Betreuungsvertragsgesetz Kommentar, 2024 – Bregger, jurisPK-BGB, 10. Aufl., WBVG, 2023 – Grüneberg/Weidenkaff, GrünHome Teil III, Wohn- und Betreuungsvertragsgesetz, 2022 – Bachem/Hacke, Wohn- und Betreuungsvertragsgesetz Kommentar, 2015 – Dickmann, Heimrecht Kommentar, 12. Aufl., 2025 – Iffland/Düncher, WBVG – Wohn- und Betreuungsvertragsgesetz, 2011.

Einführung

Das Heimrecht besitzt neben seiner ordnungsrechtlichen (öffentlich-rechtlichen) Komponente eine bürgerlich-rechtliche Dimension, die das Heimvertragsrecht umfasst. Das Wohn- und Betreuungsvertragsgesetz[362] regelt seit dem 01.10.2009 abschließend diesen bürgerlich-rechtlichen Teil des Heimrechts und ersetzt die §§ 5–9 und 14 (Bundes-)HeimG. Es handelt sich um ein modernes Verbraucherschutzgesetz (vgl. § 2 Abs. 2 Satz 1 Nr. 10 UKlaG).[363] Es bezweckt den Ausgleich bestehender struktureller Vertragsdisparitäten zwischen dem Pflegekunden als Verbraucher und der Leistungserbringer als Unternehmer: „Der zivilrechtliche Schutzbedarf ergibt sich aus der doppelten Abhängigkeit des Verbrauchers vom Unternehmer durch die Verbindung von Wohnraumüberlassung und Pflege- oder Betreuungsleistungen."[364] Diese von der ganz herrschenden Meinung immer wieder bemühte Figur der „doppelten Abhängigkeit" ist bei genauerer Betrachtung jedoch nicht mehr als die strukturelle Unterlegenheit des Verbrauchers.[365]

Der Wohn- und Betreuungsvertrag ist rechtlich ein Verbrauchervertrag mit miet- und dienstvertraglichen Elementen, der auf Gegenseitigkeit und privatrechtlicher Autonomie beruht. Er begründet ein individuelles Austauschverhältnis, bei welchem weder die weiteren sozialrechtlichen Kostenträger noch die Heimaufsichtsbehörde Vertragsparteien sind. Dieser zivilrechtliche Charakter hebt das heutige Heimrecht deutlich von seiner historischen „anstaltlichen Tradition" ab, in der das „Heim" ursprünglich als ein öffentlich-rechtliches Gewaltverhältnis ausgestaltet war, in dem den Bewohnern kaum Vertragsrechte, wohl aber umfangreiche Anstaltsbindungen zukamen. Um diesen Paradigmenwechsel zu verdeutlichen, stellt das WBVG nicht die Wohn-Pflege-Form, sondern das Vertragsverhältnis in den Mittelpunkt.

362 Wohn- und Betreuungsvertragsgesetz v. 29.07.2009 (BGBl. I S. 2319), das zuletzt d. Art. 12 des Gesetzes v. 30.11.2019 (BGBl. I S. 1948) geändert worden ist.

363 BGH, Urt. v. 12.5.2016 – III ZR 279/15 –, NZM 2016, 561, 564 Rn. 30; BVerwG, Beschl. v. 28.05.2014 – 8 B 71/13 –, juris, Rn. 8 – Wäschekennzeichnung (Umfang des Aufsichtsrechts der Heimaufsichtsbehörden); BT-Drs. 16/12409, S. 10 re. Sp.; BT-Drs. 16/12882, S. 12.

364 BT-Drs. 16/12409, S. 11 re. Sp.

365 Eingehend hierzu Martschink, Der Eingriff der Heimaufsicht.

Die Gesetzgebungskompetenz für das WBVG liegt beim Bund nach Art. 74 Abs. 1 Nr. 1 GG (Bürgerliches Recht). Der Bundesgesetzgeber hat die Ansprüche aus dem WBVG bewusst dem ordentlichen Rechtsweg vor den Zivilgerichten (§ 13 GVG) zugewiesen. Ausweislich der Gesetzesmaterialien[366] wollte der Bundestag – entgegen Vorschlägen des Bundesrats – keine öffentlich-rechtlichen Durchsetzungsmechanismen oder eine verstärkte Heimaufsichtskompetenz zur Rechtsverfolgung einführen. Der Rechtsweg bleibt rein zivilrechtlich; der Verbraucher muss seine Ansprüche aus dem Wohn- und Betreuungsvertrag vor den ordentlichen Gerichten geltend machen. Der Bundestag folgte damit dem Ansatz, dass die zivilrechtlichen Schutzvorschriften des WBVG (Informationspflichten, Vertragsinhalte, Kündigungsschutz, Entgelttransparenz) hinreichenden Verbraucherschutz gewährleisten, ohne eine zusätzliche öffentlich-rechtliche Eingriffsebene zu schaffen.

Die Durchsetzung von zivilrechtlichen Ansprüchen aus dem Wohn- und Betreuungsvertrag (z. B. Mängelbeseitigung, Entgeltminderung, Schadensersatz, Vertragsänderung und -beendigung) erfolgt ausschließlich durch Klage vor den ordentlichen Gerichten (Amtsgericht oder Landgericht je nach Streitwert). Die Heimaufsicht ist zur Durchsetzung dieser zivilrechtlichen Rechte nicht befugt – sie überwacht nur die öffentlich-rechtlichen Qualitätsmindeststandards nicht die vertraglichen Ansprüche einzelner Bewohner.[367] Das Bundesverfassungsgericht hat zur Unvereinbarkeit des Berliner Mietendeckels mit dem Grundgesetz klargestellt, dass der Bund auf Grundlage seiner Zuständigkeit für das bürgerliche Recht (Art. 74 Abs. 1 Nr. 1 GG) grundsätzlich auch flankierende verwaltungsrechtliche oder strafrechtliche Durchsetzungsinstrumente erlassen dürfte, deren Fehlen aber keine Kompetenzlücke, sondern eine bewusste gesetzgeberische Entscheidung darstellt.[368] Der Bundesgesetzgeber hat somit bewusst auf eine öffentlich-rechtliche Durchsetzungsebene verzichtet, um eine klare Kompetenztrennung zwischen dem Zivilrecht (Bund) und dem Gefahrenabwehr- und Ordnungsrecht (Länder) zu wahren.

§ 1
Anwendungsbereich

(1) [1]Dieses Gesetz ist anzuwenden auf einen Vertrag zwischen einem Unternehmer und einem volljährigen Verbraucher, in dem sich der Unternehmer zur Überlassung von Wohnraum und zur Erbringung von Pflege- oder Betreuungsleistungen verpflichtet, die der Bewältigung eines durch Alter, Pflegebedürftigkeit oder Behinderung bedingten Hilfebedarfs dienen. [2]Unerheblich ist, ob die Pflege- oder Betreuungsleistungen nach den vertraglichen Vereinbarungen vom Unternehmer zur Verfügung gestellt oder vorgehalten werden. [3]Das Gesetz ist nicht anzuwenden, wenn der Vertrag neben der Überlassung von Wohnraum ausschließlich die Erbringung von allgemeinen Unterstützungsleistungen wie

366 BT-Drs. 16/12409; 16/12882.
367 Martschink, Der Eingriff der Heimaufsicht, Kap. D. III.
368 BVerfG, Beschl. v. 25.03.2021 – 2 BvF 1/20, Rn. 112, 139 ff. – „Berliner Mietendeckel".

die Vermittlung von Pflege- oder Betreuungsleistungen, Leistungen der hauswirtschaftlichen Versorgung oder Notrufdienste zum Gegenstand hat.

(2) [1]Dieses Gesetz ist entsprechend anzuwenden, wenn die vom Unternehmer geschuldeten Leistungen Gegenstand verschiedener Verträge sind und
1. der Bestand des Vertrags über die Überlassung von Wohnraum von dem Bestand des Vertrags über die Erbringung von Pflege- oder Betreuungsleistungen abhängig ist,
2. der Verbraucher an dem Vertrag über die Überlassung von Wohnraum nach den vertraglichen Vereinbarungen nicht unabhängig von dem Vertrag über die Erbringung von Pflege- oder Betreuungsleistungen festhalten kann oder
3. der Unternehmer den Abschluss des Vertrags über die Überlassung von Wohnraum von dem Abschluss des Vertrags über die Erbringung von Pflege- oder Betreuungsleistungen tatsächlich abhängig macht.

[2]Dies gilt auch, wenn in den Fällen des Satzes 1 die Leistungen von verschiedenen Unternehmern geschuldet werden, es sei denn, diese sind nicht rechtlich oder wirtschaftlich miteinander verbunden.

Allgemeines

Das WBVG gilt für Verträge zwischen älteren, pflegebedürftigen oder behinderten volljährigen Verbrauchern und Unternehmern, bei denen Pflege- oder Betreuungsleistungen mit der Wohnraumüberlassung verbunden werden (ehemals Heimvertrag). Diese Verträge bilden einen eigenständigen Vertragstypus – den Wohn- und Betreuungsvertrag.[369] Ergänzend zu den Vorschriften des WBVG findet das allgemeine Schuldrecht des BGB Anwendung, sowie die Regelungen zu Allgemeinen Geschäftsbedingungen (§§ 305 ff. BGB). Die Vorschriften des Besonderen Schuldrechts des BGB (bspw. §§ 535 ff., Mietvertrag) kommen dann nicht zur Anwendung, wenn das WBVG eine abschließende oder ausschließende Regelung enthält.[370] Aus der Anwendbarkeit des WBVG als *lex specialis* folgt zugleich zwingend, dass die Vorschriften des Wohnraummietrechts des BGB, insbesondere die §§ 557 ff. BGB (Mieterhöhung) auf den vorliegenden Vertrag keine Anwendung finden.[371] Beide Vertragstypen stehen nebeneinander in einem Entweder-Oder-Verhältnis.

Der Anwendungsbereich des WBVG ist vom Gesetzgeber nicht klar umrissen und die am Markt verwendeten Bezeichnungen „Betreutes Wohnen" (vgl. auch DIN 77800 „Qualitätsanforderungen an Anbieter der Wohnform ‚Betreutes Wohnen für ältere Menschen'") und „Seniorenresidenz" o. Ä. sind nicht geschützt. Daher kann die Abgrenzung in sog. Grenzfällen schwierig sein. Weitere Begrifflichkeiten, die teils synonym verwendet werden, sind „Service-Wohnen", „Begleitetes Wohnen", „Wohnen Plus", „Pflegewohnen", „Wohnen mit Service",

369 Vgl. zur Frage der Rechtsnatur dieses Vertrages eingehend Bachem/Hacke, Einl. Rn. 24 ff. Vgl. OLG Dresden, Urt. v. 02.08.2022 – 4 U 143/22 –, juris Rn. 22 das ausdrücklich von „Wohn – und Betreuungsvertrag" spricht.
370 BGH, Urt. v. 12.05.2016 – III ZR 279/15 – juris Rn. 20.
371 LG Hamburg, Beschl. v. 06.05.2024 – 311 S 5/24 – (Abgrenzung WBVG/BGB hinsichtlich Entgelterhöhung).

„Seniorenresidenz" oder „Pflegehotel". Es kommt daher auf eine Einzelfallbetrachtung und eine Gesamtschau aller vertraglich vereinbarten Leistungen ohne Rücksicht auf die (frei vom Unternehmer zu wählende) Bezeichnung der „Einrichtung" an, da allein die am Markt verwendeten Bezeichnungen nichts zur Qualifizierung einer Einrichtung beitragen können. Die Erbringung der einzelnen Leistungen in einem Wohn- und Betreuungsvertrag, die der Bewältigung eines durch Alter, Pflegebedürftigkeit oder Behinderung bedingten Hilfebedarfs dienen stehen in einem untrennbaren wirtschaftlichen Zusammenhang.

Dabei ist die Einordnung eines Vertrages als zivilrechtliches Schuldverhältnis losgelöst vom – sich seit der Föderalismusreform I im Jahr 2006 allein nach Landesrecht richtendem – Ordnungsrecht (SächsWTG) zu beurteilen. Bis zur Föderalismusreform folgte die ordnungsrechtliche Einordnung der zivilrechtlichen Einordnung, da beides im Heimgesetz geregelt wurde. Ebenso gibt es in der mannigfaltigen Ausgestaltung der institutionalisierten Pflege-Wohn-Formen im Bereich des *senior living/assisted living* Konzepte, bei denen auch die leistungsrechtliche Einordnung nach dem SGB XI und der zivilrechtlichen Einordnung nach dem WBVG auseinanderfällt. Abs. 1 regelt den Wohn- und Betreuungsvertrag als eigenständigen Vertragstypus, während Abs. 2 die entsprechende Anwendung des WBVG auf bestimmte Vertragskonstellationen zwischen Miet- und Dienstleistungsvertrag anordnet. Dadurch werden diese beiden Verträge jedoch nicht zu einem Wohn- und Betreuungsvertrag. Auf die gewählte Bezeichnung des Vertrages durch die Parteien kommt es nicht an. Eine Gesamtbetrachtung der einzelnen vertraglich geschuldeten Leistungen ist erforderlich. Die alte Rechtsprechung zum Heimgesetz stellte als weiteres Indiz auf das Verhältnis der einzelnen Entgeltbestandteile ab. Zwar hat der Bundesgesetzgeber dies im WBVG nicht übernommen, gleichwohl hat auch die Höhe des auf die Unterstützungsleistungen entfallenden Entgelts, das im Äquivalenzverhältnis zur geschuldeten Leistung steht, indiziellen Charakter für den Umfang der Leistung. Liegt eine gesondert vereinbarte Betreuungspauschale für den Grundservice erheblich über 20 % der Miete einschließlich Betriebskosten, kommt ihr keine „allgemeine" Unterstützungsleistung im Sinne einer untergeordneten Bedeutung zu, so dass eine Anwendung des WBVG nahe liegt.[372] Dabei darf jedoch nicht verkannt werden, dass die Neuregelung des WBVG im Vergleich zu § 1 Abs. 2 Satz 2 HeimG nicht mehr auf das Verhältnis der Entgeltbestandteile abstellt.

Wohn- und Betreuungsvertrag (Abs. 1)

Das WBVG ist nach Abs. 1 Satz 1 anzuwenden auf einen „Vertrag zwischen einem Unternehmer und einem volljährigen Verbraucher [persönlicher Anwendungsbereich], in dem sich der Unternehmer zur Überlassung von Wohnraum und zur Erbringung von Pflege- oder Betreuungsleistungen *verpflichtet*, die der Bewältigung eines durch Alter, Pflegebedürftigkeit oder Behinderung bedingten Hilfebedarfs dienen. Unerheblich ist, ob die Pflege- oder Betreuungsleistungen nach den vertraglichen Vereinbarungen vom Unternehmer zur Verfügung

372 Vgl. BGH v. 26.09.2013 – IX ZR 3/13 – m. w. N.; BT-Drs. 14/5399, S. 19; OLG Celle, Beschl. v. 14.01.2015 – 13 U 170/14 –, juris Rn. 9; AG Schöneberg, Urt. v. 08.11.2022 – 10 C 58/22 –, juris Rn. 35 ff.; Kempchen, in: Dickmann, Heimrecht, 11. Aufl., § 1 Rn. 7 WBVG.

gestellt oder vorgehalten werden [sachlicher Anwendungsbereich]", Abs. 1 Satz 2. Das Gesetz ist (nur) dann nach Abs. 1 Satz 3 nicht anzuwenden (Negativabgrenzung), wenn der Vertrag neben der Überlassung von Wohnraum „ausschließlich die Erbringung von allgemeinen Unterstützungsleistungen wie die Vermittlung von Pflege- oder Betreuungsleistungen, Leistungen der hauswirtschaftlichen Versorgung oder Notrufdienste zum Gegenstand hat." Der Anwendungsbereich des WBVG ist immer dann eröffnet, wenn sich ein Unternehmer gegenüber einem Verbraucher neben der Überlassung von Wohnraum zur Erbringung oder zum Vorhalten von Pflege- *oder* Betreuungsleistungen verpflichtet. Ob die Pflege- oder Betreuungsleistungen bereits geschuldet sind oder nur auf Abruf zur Verfügung gestellt werden, ist für die Einordnung des Vertragsverhältnisses als Wohn- und Betreuungsvertrag unerheblich. Die vom WBVG normierte rechtliche Abhängigkeit des Vertrages über die Wohnraumüberlassung und des Pflegevertrages setzt voraus, dass der Pflegekunde als Verbraucher den Vertrag über die Überlassung von Wohnraum nicht abschließen kann, ohne gleichzeitig verpflichtet zu sein, auch Pflegeleistungen abzunehmen. Für eine rechtliche Verbundenheit kommen aufschiebende oder auflösende Bedingungen i. S. d. § 158 BGB in Betracht.[373] Der Anwendungsbereich des WBVG wird jedoch dann nicht – auch nicht gem. Abs. 2 Satz 1 Nr. 3 – eröffnet, wenn der Mietvertrag faktisch den Abschluss eines Pflege- oder Betreuungsvertrages voraussetzt, weil beispielsweise ein Wohnen in der Wohngemeinschaft ohne Abschluss eines Pflege- oder Betreuungsvertrages keinen Sinn ergibt.[374] Erforderlich ist, dass der Unternehmer den Abschluss des einen vom anderen Vertrag „tatsächlich abhängig macht". Diesbezüglich ist auf die Umstände des Vertragsschlusses abzustellen. Im Einzelfall ist die Abgrenzung des WBVG-Vertrages vom Mietvertrag und Dienstvertrag nach dem BGB schwierig.[375]

Pflege- und Betreuungsleistungen

Der Gesetzgeber hat aufgrund des vielfältigen Angebots am Markt bewusst auf eine Legaldefinition der „Pflege- oder Betreuungsleistungen", die mit der Überlassung des Wohnraums verbunden werden müssen, verzichtet. Es entspricht jedoch zunächst der herrschenden Meinung, dass die normativen Begriffe weit zu verstehen sind. Gewollt ist, im Zweifel den Anwendungsbereich des WBVG zum Schutz des Verbrauchers zu eröffnen.[376] Dabei darf jedoch nicht verkannt werden, dass das WBVG nicht an allen Stellen einen „höheren" Verbraucherschutz normiert. Gerade im Bereich der Entgelterhöhungen sind die stark limitierenden mietrechtlichen Vorschriften des BGB häufig verbraucherschützender. Anhaltspunkte zur Abgrenzung liefert der Rahmenvertrag nach § 75 Abs. 1 SGB XI zur vollstationären Pflege – der jedoch lediglich indiziellen Charakter entfaltet, da Leistungs- und Zivilrecht strikt zu trennen sind. Zu den allgemeinen Pflegeleistungen gehören – einschließlich der sog. *pflegerischen*

373 Ebenso Bachem/Hacke, WBVG, § 1 Rn. 77.

374 Bachem/Hacke, WBVG, § 1, Rn. 86

375 Siehe hierzu § 535 BGB.

376 AG München, Urt. v. 29.11.2022 – 182 C 17783/21 (2) –, juris Rn. 36; Schwedler/Glaab, in: Beetz/Schwedler-Allmendinger, Wohn- und Betreuungsvertragsgesetz, § 1 Rn. 14; Drasdo, in: BeckOGK, WBVG, § 1 Rn. 99; Iffland/Düncher, WBVG, § 1 Nr. 8 ff.; Bregger in: Herberger/Martinek/Rüßmann/Weth/Würdinger, jurisPK-BGB, 10. Aufl., § 1 WBVG [Stand: 09.08.2023] Rn. 29 ff.

Betreuungsmaßnahmen in Abgrenzung zu allgemeinen Unterstützungsleistungen sowie den Leistungen der medizinischen Behandlungspflege (vgl. § 43 Abs. 2 Satz 1 SGB XI) – folgende Hilfen:

- Mobilisation
- Schaffung einer Tagesstruktur
- Körperpflege (Waschen, Duschen, Baden, Rasieren, Zahnpflege etc.),
- An- und Auskleiden,
- Ernährung (Essen und Trinken)
- Verrichtungen bei Ausscheidungen
- Medizinische Behandlungspflege nach dem SGB V
- Sterbebegleitung
- Organisation und Planung von Arztbesuchen, Ausflügen etc.
- Tagesstrukturierende Angebote, Pflegeanamnese
- Unterstützung bei der Erlangung von Hilfen außerhalb der Einrichtung (Behördenkontakt)

Damit normiert das WBVG zunächst klassische „Heimverträge“ als Wohn- und Betreuungsverträge. Dieser eigenständige Vertragstypus außerhalb des BGB vereint bekannte miet-, dienst- und werkvertragliche Elemente in einem auf die Versorgungsbesonderheiten besonders zugeschnittenen Vertrag.

Neben dem in einem Pflegeheim zugrundegelegten Vertragsverhältnis findet das WBVG auch auf Seniorenstiftsverträge, in denen dem Verbraucher ein Leben bis zum Lebensende garantiert wird, Anwendung.

Allgemeine Unterstützungsleistungen | Ausschluss Service-Wohnen (Abs. 1 Satz 3)

Keine Anwendung findet das Gesetz auf alle Formen des klassischen Service-Wohnens, sofern neben der Überlassung von Wohnraum lediglich die Erbringung von allgemeinen Unterstützungsleistungen geschuldet ist. Abs. 1 Satz 3 nennt exemplarisch – jedoch nicht abschließend – die Vermittlung von Pflege- oder Betreuungsleistungen, Leistungen der hauswirtschaftlichen Versorgung oder Notrufdienste.

Durch die Regelung des Ausschlusses des Anwendungsbereichs des WBVG in Abs. 1 Satz 3 erschließt sich im Wege der Negativabgrenzung, dass lediglich allgemeine Unterstützungsleistungen – wie sie in einem Wohnen mit Concierge-Service auch außerhalb des *senior livings* üblich sind – nicht zur Anwendbarkeit des WBVG führen.[377]

Mit dieser Regelungssystematik wird erreicht, dass nur Angebote des klassischen (reinen) „Betreuten Wohnens“ im vorstehend genannten Verständnis von dem Anwendungsbereich des

377 Ebenso Bachem/Hacke, WBVG, § 1 Rn. 47, 59 ff. speziell zum – den Anwendungsbereich eröffnenden – Mittagessen als „Betreuungsleistung“ Rn. 65 ff.

WBVG ausgenommen sind. Vollständig erfasst werden die bisherigen (alten) Heimverträge im Sinne des § 5 Abs 1 des Heimgesetzes.

> *„Die Angebote des so genannten Betreuten Wohnens werden erfasst, wenn der Unternehmer mit der Überlassung des Wohnraums noch die Erbringung von Pflege- oder Betreuungsleistungen verbindet, die über den Bereich der allgemeinen Betreuungsleistungen [im Wortlaut des WBVG: „Unterstützungsleistungen"] hinausgehen."*[378]

§ 1 Abs. 2 des Heimgesetzes verwendete noch den missverständlichen Begriff der „allgemeinen *Betreuungs*leistungen". Darauf aufbauend kommen als allgemeine *Unterstützungs*leistungen je nach konkreter Ausgestaltung

- hausmeisterliche Dienste,
- Fahr- und Begleitdienste,
- Besuchs- oder Sicherheitsdienste,[379]
- Concierge-Services einschließlich der Entgegennahme von Post, Paketen und Einkäufen, Reservierungen in Restaurants und kulturellen Veranstaltungen, Ticketservice),
- Tierbetreuung oder
- Kfz-Service in Betracht.

Zu den hausmeisterlichen Diensten gehören neben Kleinreparaturen auch vergleichbare Dienstleistungen wie Fensterreinigungen, Schuhputzservice, Textilreinigung oder schneiderische Dienstleistungen. Die Grenze der „allgemeinen Unterstützungsleistungen" ist dann überschritten, wenn der Unternehmer Hilfeleistungen bei der Gestaltung des Alltags des Verbrauchers und die aktive Unterstützung bei Aktivitäten „am Kunden" schuldet, derer der Verbraucher alters- und pflegebedingt bedarf. Hierzu gehören beispielsweise Maßnahmen zur Tagesstrukturierung, Angebote zur bedürfnisgerechten Beschäftigung oder auch die Begleitung bei Spaziergängen und die Unterstützung bei der Pflege sozialer Kontakte.[380]

Einkaufs- und Botendiensten stellen entgegen der Auffassung des Landgerichts Hamburg[381] ebenfalls eine allgemeine Unterstützungsleistung dar, die typischerweise von einem Concierge-Service umfasst sein kann. Solche Dienstleistungen sind keine pflegerischen Betreuungsleistungen, da sie unabhängig vom Pflegebedarf erbracht werden. Die Abgrenzung zwischen „allgemeinen Unterstützungsleistungen" und „Betreuungsleistungen" liegt darin, dass erstere unabhängig von der Pflegebedürftigkeit oder eines durch Behinderung verursachten Hilfebedarfs (pflegerischer Bedarf des Verbrauchers aufgrund seiner kognitiven oder physischen Einschränkungen) bestehen. Als Faustformel kann die Kontrollfrage gelten, ob die geschuldeten (Unterstützungs-)Leistungen auch in einer Wohnanlage für körperlich oder kognitiv nicht eingeschränkte Personen denkbar wären oder sie in einem inneren Zusammenhang mit der Pflegebedürftigkeit/Assistenzbedürftigkeit stehen.

378 Gesetzesbegründung BT-Drs. 16/12409, S. 15 li. Sp. vgl. auch BGH, Beschl. v. 21.04.2005 – III ZR 293/04 –, NJW 2005, 2008, 14, 389.

379 BT-Drs. 16/12409, S. 15 li. Sp.

380 LG Hamburg, Beschl. v. 06.05.2024 – 311 S 5/24 –, juris Rn. 5 unter Bezugnahme auf Schwedler/Glaab, in: Beetz/Schwedler-Allmendinger, WBVG § 1 Rn. 14.

381 LG Hamburg, Beschl. v. 06.05.2024 – 311 S 5/24 –, juris Rn. 5.

Verpflegung

Bei der verpflichtenden Verpflegung handelt es sich jedoch aufgrund der Normierung in § 3 Abs. 3 Nr. 1 als „Teil der Betreuungsleistung" um keine allgemeine Unterstützungsleistung. Soweit das Amtsgericht Schöneberg ausführt, dass es „auch Verpflegungsangebote gibt, die keine Betreuungsleistungen darstellen"[382] überzeugt dies daher nicht. Selbstredend ist bspw. das Aufstellen eines Snack-Automaten keine Betreuungsleistung. Es ist dann aber auch schon keine allgemeine Unterstützungsleistung, sondern eine – vom WBVG nicht erfasste – sonstige Leistung.

Zu den Pflege- und Betreuungsleistungen, die den Anwendungsbereich des WBVG eröffnen, gehören in jedem Fall jene Leistungen, zu denen durch Versorgungsvertrag nach § 72 SGB XI zugelassene vollstationäre Pflegeeinrichtungen leistungsrechtlich verpflichtet sind.[383] Im Rahmenvertrag (RV) nach § 75 Abs. 1 SGB XI zur vollstationären Pflege in Sachsen ist – wie in allen anderen Bundesländern auch – die Verpflegung als Regelleistung beschrieben (§ 4 RV). Die Verpflegung hat der Gesetzgeber ausdrücklich den Betreuungsleistungen zugeordnet.[384]

Wie sich aus dem Wortlaut der § 3 Abs. 3 Satz 1 Nr. 1 und § 6 Abs. 3 Nr. 2 „Pflege- oder Betreuungsleistungen, gegebenenfalls der Verpflegung als Teil der Betreuungsleistungen" ergibt, ist jede Form der vertraglich vereinbarten Speisenversorgung keine allgemeine Unterstützungsleistung, sondern eine den Anwendungsbereich des WBVG eröffnende „Betreuungsleistung" i. S. d. § 1 Abs. 1 Satz 1. Unter der Geltung des HeimG mag man dies anders beurteilen, da dort auf „allgemeine *Betreuungs*leistungen" abgestellt wird, die den Anwendungsbereich nicht eröffnen. Als „allgemeine Betreuungsleistung" in Abgrenzung zu „spezifischen Betreuungsleistungen" wird man die Verpflegung ansehen können, jedoch nicht als – von der Leistungsintensität darunter stehenden – „*allgemeinen Unterstützungsleistung*". Ihre Vereinbarung zieht daher im Zusammenhang mit der Bereitstellung von Wohnraum und weiteren Leistungen zwingend die Anwendung des WBVG nach sich und qualifiziert den gesamten Vertrag damit als Wohn- und Betreuungsvertrag, ohne dass eine Differenzierung nach einzelnen Leistungsbestandteilen möglich ist.

In einem Fall einer bayerischen Seniorenresidenz („Wohnstift") hat das AG München zutreffend zur Eröffnung des Anwendungsbereichs des WBVG ausgeführt:

> *„[…] ist das WBVG auf den vorliegenden Wohnstiftsvertrag anwendbar, da die dort in § 1 Abs. 1 S. 1 und S. 2 WBVG aufgestellten Voraussetzungen vorliegen. Eine Gesamtbetrachtung sämtlicher vertraglich vereinbarter und von der Klägerin zu erbringender bzw. vorzuhaltender Leistungen ergibt, dass es sich um ein spezielles Leistungsangebot für Senioren zur Unterstützung und bei Hilfebedarf im Alter handelt. […] Das vorliegende Vertragsverhältnis*

382 AG Schöneberg, Urt. v. 08.11.2022 – 10 C 58/22 –, juris Rn. 40 a. E.

383 Ebenso AG München, Urt. v. 29.11.2022 – 182 C 17783/21. (2) –, juris Rn. 36 m.w.N.; Bregger in: Herberger/Martinek/Rüßmann/Weth/Würdinger, jurisPK-BGB, 10. Aufl., § 1 WBVG (Stand: 09.08.2023) Rn. 30 m.w.N.

384 Hierzu ausführlich Bregger in: Herberger/Martinek/Rüßmann/Weth/Würdinger, jurisPK-BGB, 10. Aufl., § 1 WBVG (Stand: 09.08.2023) Rn. 50; Bachem/Hacke, WBVG, § 1 Rn. 65 ff.

allein mietrechtlichen Vorschriften zu unterstellen, würde den vorgenannten, zwischen den Parteien vereinbarten Regelungen, die neben der Verpflichtung zur Sorge um die Gesundheit [...] auch die tägliche Verpflegung durch Zurverfügungstellen einer Mahlzeit und ein umfangreiches Kultur- und Freizeitangebot enthalten, nicht gerecht werden."[385]

Entsprechende Anwendung (Abs. 2)

Wesentlich für das Verständnis des Vorliegens eines Wohn- und Betreuungsvertrages ist, dass in Abkehr von § 1 Abs. 1 (Bundes-)HeimG der Anwendungsbereich losgelöst von verschiedenen Wohn-Pflege-Formen und allein nach dem Gegenstand der vertraglichen Vereinbarungen zwischen Unternehmer und Verbraucher bestimmt wird. Damit bezweckt der Bundesgesetzgeber, Umgehungsversuche zu vermeiden, die aus unterschiedlichen leistungsrechtlichen oder ordnungsrechtlichen Einordnungen resultieren: „Um eine Umgehung des Gesetzes zu vermeiden, bleibt die formale Trennung der Vertragsbestandteile ebenso unbeachtlich wie eine Aufteilung auf verschiedene Unternehmer, die rechtlich oder wirtschaftlich miteinander verbunden sind."[386] Damit wird zum einen sichergestellt, dass das Gesetz unabhängig von den jeweiligen Definitionen der Wohn-Pflege-Formen der Landesheimgesetze gilt, zum anderen, dass die Länder in ihrer Gesetzgebungskompetenz aus Art. 74 Abs. 1 Nr. 7 GG i. V. m. Art. 72 Abs. 1 GG nicht beschränkt werden.[387]

Prägend für einen Wohn- und Betreuungsvertrag nach dem WBVG ist die Überlagerung der Wohnraumüberlassung durch die von dem Unternehmer geschuldeten Betreuungs- und Pflegeleistungen gegenüber den hilfsbedürftigen Verbrauchern. In Abgrenzung zum „Betreuten Wohnen" (auch „Service-Wohnen" genannt), das in seiner „klassischen" Ausprägung (Concierge Service plus Wohnen) nicht unter das WBVG fällt, sondern lediglich eine Kombination eines Mietvertrages nach den §§ 535 ff. BGB und der vertraglich gekoppelten Erbringung allgemeiner Unterstützungsleistungen als Dienstleistungen (ebenfalls nach dem BGB) darstellt – sog. Miet- und Servicevertrag – geht der Leistungsumfang des WBVG darüber hinaus.

Satz 1 Nr. 1 erfasst die Fälle, in denen der Vertrag über die Überlassung von Wohnraum nur unter der Bedingung existiert, dass auch ein Pflege- oder Betreuungsvertrag vorhanden ist. Hierfür ist eine *vertragliche* Kopplung der beiden oder mehreren Verträge über eine aufschiebende oder auflösende Bedingung i. S. d. § 158 BGB erforderlich.[388] Damit beschreibt Nr. 1 die Fälle der rechtlichen Abhängigkeit der Verträge. Das bloße Vorliegen zweier Verträge – ohne Konnexität – führt nicht zur Einordnung der Verträge als Wohn- und Betreuungsvertrag.[389] Es ist zwingend eine „gegenseitige Abhängigkeitsvereinbarung"[390] erforderlich.

385 AG München, Urt. v. 29.11.2022 – 182 C 17783/21 (2) – Rn. 28, 45.
386 BT-Drs. 16/12409, S. 11 re. Sp.
387 BT-Drs. 16/12409, S. 14 li. Sp. a. E.
388 Zutreffend Bachem/Hacke, WBVG, § 1 Rn. 77.
389 Bregger, in: Herberger/Martinek/Rüßmann/Weth/Würdinger, jurisPK-BGB, 10. Aufl., § 1 WBVG (Stand: 09.08.2023), Rn. 58.
390 Drasdo, in: BeckOGK, WBVG, § 1 Rn. 169.

Nr. 2 beschreibt in Erweiterung der rechtlichen Abhängigkeit der Nr. 1 die Fälle in denen das Kündigungsrecht des Verbrauchers als Gestaltungsrecht derart eingeschränkt ist, dass die Beendigung des einen Vertrags(teils) automatisch zur Beendigung des anderen Vertrags(teils) – ohne dass es einer gesonderten Beendigung bedarf – führt.[391]

Nr. 3 beschreibt die Fälle des *faktischen* Abhängigmachens. Anders als in den Fällen des Satzes 1 Nr. 1 und 2 kommt es hier nicht auf eine rechtliche Verbindung der Verträge, sondern auf eine tatsächliche Abhängigkeit bei Abschluss des Vertrags über die Wohnraumüberlassung an. Worin diese tatsächliche Abhängigkeit liegen soll, bleibt unklar. Der Bundesgesetzgeber bezweckte damit, Umgehungen zu vermeiden. Denkbar sind Fallgestaltungen, in denen der Unternehmer dem Verbraucher neben einen Wohnraummietvertrag einen Pflegevertrag anbietet und beide Verträge seinerseits zunächst dem Verbraucher zur Unterzeichnung vorlegt, seine Unterzeichnung jedoch tatsächlich davon abhängig macht, dass der Verbraucher den Abschluss beider Verträge anbietet. In der Praxis führt dies zu schwierigen Beweisfragen.

Abgrenzung bei Wohngemeinschaften | Außerklinische Intensivpflege in Wohngemeinschaften

Abgrenzungsschwierigkeiten ergeben sich neben den Formen des Service-Wohnens/Residenzwohnens bei Wohngemeinschaften. Die vom WBVG normierte Abhängigkeit des Vertrages über die Wohnraumüberlassung und des Pflegevertrages setzt voraus, dass der Pflegekunde als Verbraucher den Vertrag über die Überlassung von Wohnraum nicht abschließen kann, ohne gleichzeitig einen Vertrag über die Erbringung der Pflegeleistungen abzuschließen beziehungsweise dann, wenn er den Wohnraummietvertrag nicht in Anspruch nehmen kann, ohne gleichzeitig verpflichtet zu sein, auch Pflegeleistungen abzunehmen.

In Wohngemeinschaften ist der Anwendungsbereich des WBVG nicht bereits dann gem. Abs. 2 Satz 1 Nr. 3 eröffnet, wenn der Mietvertrag faktisch den Abschluss eines Pflege- oder Betreuungsvertrages voraussetzt, da andernfalls eine bedarfsgerechte Versorgung nicht sinnvoll möglich ist.[392] Erforderlich ist auch in diesen Fällen, dass eine rechtliche oder faktische Abhängigkeit *besteht*. Die bloße Aufspaltung der Rechtsbeziehung in mehrere Verträge – mögen diese auch im zeitlichen Zusammenhang geschlossen werden – begründet nicht ohne weiteres die Anwendbarkeit des WBVG.

Im Bereich der außerklinischen Intensivpflege wird zum Teil unter Hinweis auf die Rahmenempfehlungen nach § 132l Abs. 1 SGB V zur Versorgung mit außerklinischer Intensivpflege vom 03.04.2023 des GKV-Spitzenverbandes (AKI-RE) vertreten, dass der Mietvertrag in einer außerklinischen Intensivpflege WG an den Pflegevertrag gekoppelt sein muss und damit das WBVG zwangsläufig Anwendung findet. Nach § 37c Abs. 2 Satz 1 SGB V können Versicherte die AKI u. a. in einer „Wohneinheit“ oder einem „anderen Ort“ erhalten. § 7 Abs. 2 Satz 1 AKI-RE regelt, dass eine Wohneinheit durch einen Leistungserbringer betrieben wird „wenn

391 BT-Drs. 16/12409, S. 15.
392 Zutreffend Bachem/Hacke, WBVG, § 1 Rn. 86.

sich der Leistungserbringer gegenüber mehreren Versicherten in derselben Wohneinheit zur Überlassung von Wohnraum und zur Erbringung von Leistungen nach § 37c SGB V verpflichtet. Dies gilt auch, wenn

a) die Überlassung von Wohnraum und die Leistungen nach § 37c SGB V von verschiedenen Unternehmern geschuldet werden und diese rechtlich oder wirtschaftlich miteinander verbunden sind oder
b) der Bestand des Vertrags über die Überlassung von Wohnraum von dem Bestand des Vertrags über die Erbringung von Leistungen nach § 37c SGB V abhängig ist oder
c) ein Versicherter an dem Vertrag über die Überlassung von Wohnraum tatsächlich nicht unabhängig von dem Vertrag über die Erbringung von Leistungen nach § 37c SGB V festhalten kann oder
d) der Leistungserbringer den Abschluss des Vertrags über die Überlassung von Wohnraum von dem Abschluss des Vertrags über die Erbringung von Leistungen nach § 37c SGB V tatsächlich abhängig macht."

Insofern die Heimaufsicht der Länder mit Bezug darauf auf eine verpflichtende Koppelung der Verträge abstellt, steht dem der Wortlaut des § 132l Abs. 5 Satz 1 Nr. 1 SGB V entgegen.

In der aufgezeigten Konstellation der außerklinischen Intensivpflege Wohngemeinschaft besteht die Notwendigkeit der Abgrenzung zwischen gekoppelten und separaten Verträgen. Liegen gekoppelte Verträge – wie es § 7 Abs. 2 AKI-RE vorsieht – vor, findet das WBVG auf die Vertragsgestaltung, den Abschluss und die Kündigungsmöglichkeiten sowohl für den Pflege- als auch den Wohnraumüberlassungsvertrag entsprechende Anwendung (§ 1 Abs. 2 Satz 1).

§ 2
Ausnahmen vom Anwendungsbereich

Dieses Gesetz ist nicht anzuwenden auf Verträge über

1. **Leistungen der Krankenhäuser, Vorsorge- oder Rehabilitationseinrichtungen im Sinne des § 107 des Fünften Buches Sozialgesetzbuch,**
2. **Leistungen der Internate der Berufsbildungs- und Berufsförderungswerke,**
3. **Leistungen im Sinne des § 41 des Achten Buches Sozialgesetzbuch,**
4. **Leistungen, die im Rahmen von Kur- oder Erholungsaufenthalten erbracht werden.**

Allgemeines

§ 2 normiert, welche Verträge über Wohn-Pflege-Formen – trotz des Erfüllens der Tatbestandsvoraussetzungen des § 1 – nicht unter den Anwendungsbereich des WBVG fallen. Dabei handelt es sich um solche, bei denen keine auf Dauer angelegte und meist endgültige

Verlagerung des Lebensmittelpunktes erfolgt. Die Aufzählung der Nr. 1–4 ist abschließend.[393] Eine Analogie ist nicht zulässig, weil es hierfür bereits an einer planwidrigen Regelungslücke fehlt. Es steht den Vertragsparteien jedoch offen – sofern zwingendes Recht nicht entgegensteht – Regelungen des WBVG auch auf andere Verträge, bspw. Pflegeverträge, zu übernehmen.[394] Gerade die Regelungen zur Entgelterhöhung können auch im Bereich des Dienstleistungsrechts als Preisanpassungsklausel vereinbart werden.

Verträge, die in § 2 nicht genannt sind, unterfallen dann dem Anwendungsbereich des WBVG, wenn sie die Tatbestandsmerkmale des § 1 erfüllen.

Während die Nr. 1–3 legal definiert sind, fehlt eine gesetzliche Definition des „Kur- oder Erholungsaufenthaltes". Der Gesetzgeber bezweckte damit, alle Leistungen, die im Zusammenhang mit Ferienaufenthalten erbracht werden, vom Anwendungsbereich des WBVG auszunehmen.[395] Darin zeigt sich, dass der Gesetzgeber bei der Wohnraumüberlassung des § 1 Abs. 1 Satz 1 keine Dauerhaftigkeit voraussetzt. Vorübergehende Kur- oder Erholungsaufenthalte beispielsweise in speziellen Seniorenhotels sind durch § 2 Nr. 4 vom Anwendungsbereich ausgenommen.

Sonderregelung des § 119 SGB XI

Zu berücksichtigen ist, dass nach der Sonderregelung des § 119 SGB XI für einen Heimvertrag zwischen dem Träger einer zugelassenen stationären – das heißt teil-, vollstationäre oder Kurzzeitpflege – Einrichtung nach § 72 Abs. 1 SGB XI und dem pflegebedürftigen Bewohner auf die das WBVG – unbeachtlich aus welchen Gründen – keine Anwendung findet, die Vorschriften über die Verträge nach dem WBVG entsprechend gelten. Daher fallen Verträge über Tages- und Nachtpflege ebenfalls unter den Anwendungsbereich des WBVG, sofern es sich um zugelassene Pflegeheime i. S. d. § 72 Abs. 1 SGB XI handelt. Verträge über Kurzzeitpflege unterfallen bereits nach § 1 Abs. 1 WBVG direkt dem Anwendungsbereich des WBVG.[396]

Der Gesetzgeber hat damit – ungeachtet der Frage, ob die Voraussetzungen des § 1 vorliegen – bezweckt, jedwede Umgehung des Schutzes des WBVG zu verhindern und alle diese Verträge in Pflegeheimen dem Anwendungsbereich des WBVG zu unterwerfen. Neben den genannten Einrichtungstypen fallen auch Verträge mit Jugendlichen (entgegen der Anwendungsvoraussetzung des § 1 Abs. 1 Satz 1 „volljähriger Verbraucher"), die in Pflegeheimen versorgt werden, unter den Anwendungsbereich.[397]

393 BT-Drs. 16/12409, 16 li. Sp.; Iffland/Düncher, WBVG, § 2 Rn. 2; Drasdo, in: BeckOGK, WBVG, § 2 Rn. 2; Bregger in: Herberger/Martinek/Rüßmann/Weth/Würdinger, jurisPK-BGB, 10. Aufl., § 2 WBVG (Stand: 14.07.2023) Rn. 2.
394 Schwedler/Glaab, in: Beetz-Schwedler-Allmendinger, WBVG, § 2 Rn. 1.
395 BT-Drs. 16/12409, S. 16 re. Sp.
396 BGH, Urt. v. 07.02.2019 – III ZR 38/18 –, juris; OLG Köln, Urt. v. 10.06.2024 – I-5 U 86/23 –.
397 BT-Drs. 14/5395, S. 47 li. Sp.

§ 3
Informationspflichten vor Vertragsschluss

(1) Der Unternehmer hat den Verbraucher rechtzeitig vor Abgabe von dessen Vertragserklärung in Textform und in leicht verständlicher Sprache über sein allgemeines Leistungsangebot und über den wesentlichen Inhalt seiner für den Verbraucher in Betracht kommenden Leistungen zu informieren.

(2) Zur Information des Unternehmers über sein allgemeines Leistungsangebot gehört die Darstellung

1. der Ausstattung und Lage des Gebäudes, in dem sich der Wohnraum befindet, sowie der dem gemeinschaftlichen Gebrauch dienenden Anlagen und Einrichtungen, zu denen der Verbraucher Zugang hat, und gegebenenfalls ihrer Nutzungsbedingungen,
2. der darin enthaltenen Leistungen nach Art, Inhalt und Umfang,
3. der Ergebnisse der Qualitätsprüfungen, soweit sie nach § 115 Absatz 1a Satz 1 des Elften Buches Sozialgesetzbuch oder nach landesrechtlichen Vorschriften zu veröffentlichen sind.

(3) [1]Zur Information über die für den Verbraucher in Betracht kommenden Leistungen gehört die Darstellung

1. des Wohnraums, der Pflege- oder Betreuungsleistungen, gegebenenfalls der Verpflegung als Teil der Betreuungsleistungen sowie der einzelnen weiteren Leistungen nach Art, Inhalt und Umfang,
2. des den Pflege- oder Betreuungsleistungen zugrunde liegenden Leistungskonzepts,
3. der für die in Nummer 1 benannten Leistungen jeweils zu zahlenden Entgelte, der nach § 82 Absatz 3 und 4 des Elften Buches Sozialgesetzbuch gesondert berechenbaren Investitionskosten sowie des Gesamtentgelts,
4. der Voraussetzungen für mögliche Leistungs- und Entgeltveränderungen,
5. des Umfangs und der Folgen eines Ausschlusses der Angebotspflicht nach § 8 Absatz 4, wenn ein solcher Ausschluss vereinbart werden soll.

[2]Die Darstellung nach Satz 1 Nummer 5 muss in hervorgehobener Form erfolgen.

(4) [1]Erfüllt der Unternehmer seine Informationspflichten nach den Absätzen 1 bis 3 nicht, ist § 6 Absatz 2 Satz 2 und 3 entsprechend anzuwenden. [2]Weitergehende zivilrechtliche Ansprüche des Verbrauchers bleiben unberührt.

(5) Die sich aus anderen Gesetzen ergebenden Informationspflichten bleiben unberührt.

Allgemeines

§ 3 definiert die zwingenden vorvertraglichen Informationspflichten des Unternehmers als besondere Transparenzanforderungen. Weitergehende Informations- und Transparenzpflichten nach anderen Regelungen (bspw. bei der Verwendung allgemeiner Geschäftsbedingungen) bleiben unberührt. Erfüllt der Unternehmer seine Informationspflichten nicht, begründet dies nach Abs. 4 i. V. m. § 6 Abs. 2 Satz 2 ein jederzeitiges außerordentliches fristloses Kündigungsrecht des Verbrauchers, bis die Informationen vollständig und richtig nachgeholt werden. Nach Abs. 4 i. V. m. § 6 Abs. 2 Satz 3 hat der Verbraucher auch einen Anspruch auf Nachholung dieser Informationen. Die Vorschrift soll für Transparenz und Vergleichbarkeit verschiedener Angebote auf dem Markt sorgen.

Leicht verständliche Sprache (Abs. 1)

Leicht verständliche Sprache meint in Anlehnung an § 307 Abs. 1 Satz 2 BGB nicht mehr als „klar und verständlich", das heißt: Der rechtlich nicht vorgebildete Durchschnittskunde muss bei verständiger Würdigung und aufmerksamer Lektüre der Informationen hinreichend klar erkennen können, was „auf ihn zukommt". Ob man die Informationen einfacher oder verständlicher hätte formulieren können, ist unbeachtlich, da die Transparenzanforderungen nach der Rechtsprechung des BGH nicht überspannt werden dürfen.[398]

Information zum Leistungsangebot (Abs. 2 und 3)

Der Unternehmer hat den Verbraucher rechtzeitig – das heißt, nicht erst bei Annahme des von ihm abgegebenen Vertragsangebots – vor Abgabe von dessen Vertragserklärung in Textform (§ 126b BGB) und in leicht verständlicher Sprache über sein allgemeines Leistungsangebot (Abs. 2) und über das spezifische Leistungsangebot (Abs. 3) zu informieren. Die Mitteilung der vorvertraglichen Informationen kann mit der Abgabe des Vertragsangebots verknüpft werden, sofern dem Verbraucher noch genügend Zeit bis zur möglichen Annahme des Vertragsangebots verbleibt.

Information zum Leistungsanpassungsausschluss

Zur Information über die für den Verbraucher in Betracht kommenden Leistungen gehört insbesondere auch eine Darstellung in hervorgehobener Form zum Umfang und den Folgen eines Leistungsanpassungsausschlusses nach § 8 Abs. 4, wenn ein solcher Ausschluss vereinbart werden soll. „Hervorgehobene Form" meint in Anlehnung an § 312j Abs. 2 BGB, dass die Information in unübersehbarer Weise vom übrigen Text und den sonstigen Gestaltungselementen abgehoben, dargestellt wird. Sie darf nicht im Gesamtlayout untergehen. Es bietet sich daher an, diese – bspw. abgesetzt im Fettdruck, farblich markiert oder in einem grafisch hervorgehobenen Rahmen/Kasten[399] – darzustellen.

Die vorvertraglichen Informationen nach § 3 sind Vertragsgrundlage des nachfolgend abgeschlossenen Wohn- und Betreuungsvertrages.[400] Mögliche vertragliche Abweichungen von den vorvertraglich bereitgestellten Informationen sind nach § 6 Abs. 3 Nr. 3 im Vertrag ge-

398 BGH, Urt. v. 07.02.2019 – III ZR 38/18 –, juris Rn. 19, 27, 35.
399 Vgl. OLG Köln, Urt. v. 03.02.2016 – I-6 U 39/15 –, juris Rn. 28.
400 Rothe, in: Beetz/Schwedler-Allmendinger, WBVG, § 3 Rn. 2; § 6 Rn. 58 ff.

sondert kenntlich zu machen. Mit Blick darauf, dass von den Vorschriften des WBVG zum Nachteil des Verbrauchers abweichende Vereinbarungen unwirksam sind (§ 16), genügt ein Leistungsanpassungsausschluss nach § 8 Abs. 4 im Vertrag dann nicht den gesetzlichen Vorgaben, wenn hierauf nicht auch vorvertraglich hingewiesen wurde.

§ 4
Vertragsschluss und Vertragsdauer

(1) [1]Der Vertrag wird auf unbestimmte Zeit geschlossen. [2]Die Vereinbarung einer Befristung ist zulässig, wenn die Befristung den Interessen des Verbrauchers nicht widerspricht. [3]Ist die vereinbarte Befristung nach Satz 2 unzulässig, gilt der Vertrag für unbestimmte Zeit, sofern nicht der Verbraucher seinen entgegenstehenden Willen innerhalb von zwei Wochen nach Ende der vereinbarten Vertragsdauer dem Unternehmer erklärt.

(2) [1]War der Verbraucher bei Abschluss des Vertrags geschäftsunfähig, so hängt die Wirksamkeit des Vertrags von der Genehmigung eines Bevollmächtigten oder Betreuers ab. [2]§ 108 Absatz 2 des Bürgerlichen Gesetzbuchs ist entsprechend anzuwenden. [3]In Ansehung einer bereits bewirkten Leistung und deren Gegenleistung gilt der Vertrag als wirksam geschlossen. [4]Solange der Vertrag nicht wirksam geschlossen worden ist, kann der Unternehmer das Vertragsverhältnis nur aus wichtigem Grund für gelöst erklären; die §§ 12 und 13 Absatz 2 und 4 sind entsprechend anzuwenden.

(3) [1]Mit dem Tod des Verbrauchers endet das Vertragsverhältnis zwischen ihm und dem Unternehmer. [2]Die vertraglichen Bestimmungen hinsichtlich der Behandlung des in den Räumen oder in Verwahrung des Unternehmers befindlichen Nachlasses des Verbrauchers bleiben wirksam. [3]Eine Fortgeltung des Vertrags kann für die Überlassung des Wohnraums gegen Fortzahlung der darauf entfallenden Entgeltbestandteile vereinbart werden, soweit ein Zeitraum von zwei Wochen nach dem Sterbetag des Verbrauchers nicht überschritten wird. [4]In diesen Fällen ermäßigt sich das geschuldete Entgelt um den Wert der ersparten Aufwendungen des Unternehmers.

Allgemeines

§ 4 regelt Vertragsschluss und Vertragsdauer. Zunächst wird normiert, dass der Vertrag auch ohne explizite Regelung grundsätzlich auf unbestimmte Zeit geschlossen wird. Eine Befristung ist nur zulässig – und muss ausdrücklich vereinbart werden – wenn sie den Interessen des Verbrauchers nicht widerspricht. In Betracht kommen Kurzzeitpflege sowie Probewohnen. Ist die Befristung unwirksam, gilt der Vertrag für unbestimmte Dauer.

Geschäftsunfähiger Verbraucher (Abs. 2)

Die Fälle des Vertragsabschlusses mit einem geschäftsunfähigen Verbraucher (Abs. 2) dürften in der Praxis wenig Relevanz haben. Schließt ein geschäftsunfähiger Verbraucher einen Vertrag nach dem WBVG so hängt die Wirksamkeit des Vertrages von der Genehmigung (nachträgliche Zustimmung) des Bevollmächtigten oder Betreuers ab. Fordert der Unternehmer den Vertreter oder Betreuer zur Erklärung über die Genehmigung auf, so kann die Erklärung nur ihm gegenüber erfolgen. Die Genehmigung kann nur bis zum Ablauf von zwei Wochen nach dem Empfang der Aufforderung erklärt werden; wird sie nicht erklärt, so gilt sie als verweigert (§ 108 Abs. 2 BGB). Um eine bereicherungsrechtlich schwierige Rückabwicklung eines unwirksamen Vertrages nach § 812 Abs. 1 Satz 1 Alt. 1 BGB während der schwebenden Unwirksamkeit zu vermeiden, ordnet § 4 Abs. 1 Satz 3 in Ansehung einer bereits bewirkten Leistung und deren Gegenleistung eine gesetzliche Wirksamkeitsfiktion an. Hinsichtlich des gezahlten Entgelts gilt dies allerdings nur, soweit es nach § 7 Abs. 2 Satz 1 angemessen ist. Zum Schutz des Verbrauchers kann der Unternehmer den Vertrag – der mangels Geschäftsfähigkeit schwebend unwirksam ist – jedoch nicht einfach für beendet erklären. Nach § 4 Abs. 2 Satz 4 kann der Unternehmer den Vertrag nur aus wichtigem Grund entsprechend der § 12 und § 13 Abs. 2 und 4 einseitig für beendet erklären.

Ende des Vertrages beim Tod des Bewohners

§ 4 Abs. 3 enthält eine der relevantesten Regelungen: Mit dem Tod des Verbrauchers endet das Vertragsverhältnis. Weder geht der Vertrag der ansonsten geltenden Gesamtrechtsnachfolge auf die Erben über (wie bspw. der Mietvertrag), noch bedarf es einer Kündigung. Eine Fortgeltung des Vertrags kann ausschließlich für die Überlassung des Wohnraums („Unterkunft") gegen Fortzahlung der darauf entfallenden Entgeltbestandteile vereinbart werden, soweit ein Zeitraum von zwei Wochen nach dem Sterbetag des Verbrauchers nicht überschritten wird. Der Unternehmer hat sich jedoch das anrechnen zu lassen, was er an Aufwendungen erspart. Es ist möglich, diesbezüglich Pauschalisierungen vertraglich zu vereinbaren.

Die vertraglichen Bestimmungen hinsichtlich der Behandlung des in den Räumen oder in Verwahrung des Unternehmers befindlichen Nachlasses des Verbrauchers bleiben auch über den Tod hinaus wirksam.

Nach Abs. 3 Satz 3 können die Parteien eine Fortgeltung des Vertrags für die Überlassung des Wohnraums gegen Fortzahlung der darauf entfallenden Entgeltbestandteile für einen Zeitraum von höchstens zwei Wochen nach dem Sterbetag vereinbaren. Dies gilt jedoch wegen § 16 WBVG i. V. m. § 87a Abs. 1 Satz 2 SGB XI nicht für vollstationäre Pflegeeinrichtungen. In diesen gilt, dass die Zahlungspflicht der Heimbewohner oder ihrer Kostenträger mit dem Tag, an dem der Heimbewohner aus dem Heim entlassen wird oder verstirbt, endet. Hiervon abweichende Regelungen sind unwirksam. In Wohn-Pflege-Formen des Service-Wohnens bietet es sich indes an, eine entsprechende Regelung zu treffen, schon weil eine Überlassung des Wohnraums an einen anderen neuen Vertragspartner in den seltensten Fällen nahtlos erfolgen kann und der Unternehmer dadurch – gleichwohl der Tod nicht in seiner Risikosphäre liegt – einseitig mit dem Leerstandrisiko belastet wird. Im Rahmen von vollstationären Pflegeeinrichtungen steht ihm aufgrund des kalkulatorischen Auslastungsgrades, der als Parameter der Berechnung des Entgelts zugrunde liegt, eine entsprechende finanzielle Kompensation des Leerstandes zu.

§ 5
Wechsel der Vertragsparteien

(1) [1]Mit Personen, die mit dem Verbraucher einen auf Dauer angelegten gemeinsamen Haushalt führen und nicht Vertragspartner des Unternehmers hinsichtlich der Überlassung des Wohnraums sind, wird das Vertragsverhältnis beim Tod des Verbrauchers hinsichtlich der Überlassung des Wohnraums gegen Zahlung der darauf entfallenden Entgeltbestandteile bis zum Ablauf des dritten Kalendermonats nach dem Sterbetag des Verbrauchers fortgesetzt. [2]Erklären Personen, mit denen das Vertragsverhältnis fortgesetzt wurde, innerhalb von vier Wochen nach dem Sterbetag des Verbrauchers dem Unternehmer, dass sie das Vertragsverhältnis nicht fortsetzen wollen, gilt die Fortsetzung des Vertragsverhältnisses als nicht erfolgt. [3]Ist das Vertragsverhältnis mit mehreren Personen fortgesetzt worden, so kann jeder die Erklärung für sich abgeben.

(2) Wird der überlassene Wohnraum nach Beginn des Vertragsverhältnisses von dem Unternehmer an einen Dritten veräußert, gelten für die Rechte und Pflichten des Erwerbers hinsichtlich der Überlassung des Wohnraums die §§ 566 bis 567b des Bürgerlichen Gesetzbuchs entsprechend.

Allgemeines

§ 5 WBVG enthält Regelungen für den Fall eines Wechsels der Vertragsparteien und ist insbesondere in Wohn-Pflege-Formen im Bereich des Service-Wohnens relevant. Ein Wechsel kann entweder auf Seiten des Verbrauchers eintreten (Abs. 1) oder auf Seiten des Unternehmers, indem er den überlassenen Wohnraum veräußert (Abs. 2).

Gesetzliche Fortgeltungsfiktion beim Tod des Verbrauchers

Verstirbt ein Bewohner, der einen auf Dauer angelegten gemeinsamen Haushalt mit einer anderen Person geführt hat, die nicht Vertragspartei des Unternehmers ist, wird das Vertragsverhältnis beim Tod des Verbrauchers hinsichtlich der Überlassung des Wohnraums gegen Zahlung der darauf entfallenden Entgeltbestandteile bis zum Ablauf des dritten Kalendermonats nach dem Sterbetag des Verbrauchers fortgesetzt (gesetzliche Fortgeltungsfiktion).

Ein auf Dauer angelegter gemeinsamer Haushalt bedarf keiner verwandtschaftlichen Beziehung oder einer Ehe bzw. Lebenspartnerschaft.[401] Es genügt, dass ein Zusammenleben, das heißt eine Aufnahme in den Haushalt, erfolgt ist und dass die Absicht bestand, diesen gemeinsamen Haushalt auf Dauer zu führen.[402] Dies kann auch bei Freunden und „Weggefährten" der Fall sein.[403]

Diese Regelung, die der mietrechtlichen Vorschrift des § 563 BGB nachgebildet ist, soll eine sozialverträgliche Beendigung der Wohnraumüberlassung erreichen. Diese zeitlich befristete gesetzliche Fortgeltung tritt ex tunc nicht ein, wenn die verbliebene Person innerhalb von vier Wochen nach dem Sterbetag des Verbrauchers dem Unternehmer gegenüber erklärt, dass sie das Vertragsverhältnis nicht fortsetzen will. Sie bedarf bei einem solchen entgegenstehenden Willen keines besonderen Schutzes. Das vertraglich vereinbarte Entgelt schuldet sie für die Zeit zwischen Sterbetag und Zugang ihrer Erklärung zur Nichtfortsetzung des Vertrages nicht. Der Unternehmer hat jedoch einen Herausgabeanspruch nach § 812 BGB, regelmäßig in gleicher Höhe, sofern das Entgelt für die Unterkunft marktüblich gewesen ist.

Sind mehrere Personen durch die gesetzliche Fortgeltung in das Vertragsverhältnis eingetreten, kann jeder für sich – unabhängig von den anderen – erklären, dass er das Vertragsverhältnis nicht fortsetzen will. Er hat dann unverzüglich auszuziehen. Zur Räumung ist er hingegen nur dann verpflichtet, wenn er Erbe geworden ist, da sich der Räumungsanspruch des Unternehmers an den Erben richtet. Nach Ablauf des dritten Monats nach dem Sterbetag endet das Vertragsverhältnis, wenn die Parteien keine abweichende Regelung getroffen haben. In diesem Fall sind die in das Vertragsverhältnis kraft Gesetzes eingetretenen Personen zur Räumung verpflichtet.

„Kauf bricht nicht Wohn- und Betreuungsvertrag" (Abs. 2)

Abs. 2 normiert die entsprechende Anwendbarkeit des mietrechtlichen Grundsatzes „Kauf bricht nicht Miete". Wird der überlassene Wohnraum nach Beginn des Vertragsverhältnisses von dem Unternehmer an einen Dritten veräußert, gelten für die Rechte und Pflichten des Erwerbers hinsichtlich der Überlassung des Wohnraums die nachfolgend abgedruckten §§ 566 bis 567b BGB entsprechend.

§ 566

Kauf bricht nicht Miete

(1) Wird der vermietete Wohnraum nach der Überlassung an den Mieter von dem Vermieter an einen Dritten veräußert, so tritt der Erwerber anstelle des Vermieters in die sich während der Dauer seines Eigentums aus dem Mietverhältnis ergebenden Rechte und Pflichten ein.

401 BT-Drs. 16/12409, S. 19 li. Sp.; Drasdo, in: BeckOGK, § 5 Rn. 10 f.

402 Weidenkaff, GrünHome Teil III, WBVG, § 5 Rn. 2; Rothe, in Beetz/Schwedler-Allmendinger, § 5 Rn. 12; Bachem/Hacke, WBVG, § 5 Rn. 6.

403 Vgl. auch zum weiten Anwendungsbereich BT-Drs. 16/12409, 19; Bregger in: Herberger/Martinek/Rüßmann/Weth/Würdinger, jurisPK-BGB, 10. Aufl., § 5 WBVG (Stand: 09.08.2023) Rn. 10 („Lebensgefährten").

(2) [1]Erfüllt der Erwerber die Pflichten nicht, so haftet der Vermieter für den von dem Erwerber zu ersetzenden Schaden wie ein Bürge, der auf die Einrede der Vorausklage verzichtet hat. [2]Erlangt der Mieter von dem Übergang des Eigentums durch Mitteilung des Vermieters Kenntnis, so wird der Vermieter von der Haftung befreit, wenn nicht der Mieter das Mietverhältnis zum ersten Termin kündigt, zu dem die Kündigung zulässig ist.

§ 566a BGB
Mietsicherheit

[1]Hat der Mieter des veräußerten Wohnraums dem Vermieter für die Erfüllung seiner Pflichten Sicherheit geleistet, so tritt der Erwerber in die dadurch begründeten Rechte und Pflichten ein. [2]Kann bei Beendigung des Mietverhältnisses der Mieter die Sicherheit von dem Erwerber nicht erlangen, so ist der Vermieter weiterhin zur Rückgewähr verpflichtet.

§ 566b BGB
Vorausverfügung über die Miete

(1) [1]Hat der Vermieter vor dem Übergang des Eigentums über die Miete verfügt, die auf die Zeit der Berechtigung des Erwerbers entfällt, so ist die Verfügung wirksam, soweit sie sich auf die Miete für den zur Zeit des Eigentumsübergangs laufenden Kalendermonat bezieht. [2]Geht das Eigentum nach dem 15. Tag des Monats über, so ist die Verfügung auch wirksam, soweit sie sich auf die Miete für den folgenden Kalendermonat bezieht.

(2) Eine Verfügung über die Miete für eine spätere Zeit muss der Erwerber gegen sich gelten lassen, wenn er sie zur Zeit des Übergangs des Eigentums kennt.

§ 566c BGB
Vereinbarung zwischen Mieter und Vermieter über die Miete

[1]Ein Rechtsgeschäft, das zwischen dem Mieter und dem Vermieter über die Mietforderung vorgenommen wird, insbesondere die Entrichtung der Miete, ist dem Erwerber gegenüber wirksam, soweit es sich nicht auf die Miete für eine spätere Zeit als den Kalendermonat bezieht, in welchem der Mieter von dem Übergang des Eigentums Kenntnis erlangt. [2]Erlangt der Mieter die Kenntnis nach dem 15. Tag des Monats, so ist das Rechtsgeschäft auch wirksam, soweit es sich auf die Miete für den folgenden Kalendermonat bezieht. [3]Ein Rechtsgeschäft, das nach dem Übergang des Eigentums vorgenommen wird, ist jedoch unwirksam, wenn der Mieter bei der Vornahme des Rechtsgeschäfts von dem Übergang des Eigentums Kenntnis hat.

§ 566d BGB
Aufrechnung durch den Mieter

[1]Soweit die Entrichtung der Miete an den Vermieter nach § 566c dem Erwerber gegenüber wirksam ist, kann der Mieter gegen die Mietforderung des Erwerbers eine ihm gegen den Vermieter zustehende Forderung aufrechnen. [2]Die Aufrechnung ist ausgeschlossen, wenn der Mieter die Gegenforderung erworben hat, nachdem er von dem Übergang des Eigentums Kenntnis erlangt hat, oder wenn die Gegenforderung erst nach der Erlangung der Kenntnis und später als die Miete fällig geworden ist.

§ 566e BGB
Mitteilung des Eigentumsübergangs durch den Vermieter
(1) Teilt der Vermieter dem Mieter mit, dass er das Eigentum an dem vermieteten Wohnraum auf einen Dritten übertragen hat, so muss er in Ansehung der Mietforderung dem Mieter gegenüber die mitgeteilte Übertragung gegen sich gelten lassen, auch wenn sie nicht erfolgt oder nicht wirksam ist.
(2) Die Mitteilung kann nur mit Zustimmung desjenigen zurückgenommen werden, der als der neue Eigentümer bezeichnet worden ist.

§ 567 BGB
Belastung des Wohnraums durch den Vermieter
[1]Wird der vermietete Wohnraum nach der Überlassung an den Mieter von dem Vermieter mit dem Recht eines Dritten belastet, so sind die §§ 566 bis 566e entsprechend anzuwenden, wenn durch die Ausübung des Rechts dem Mieter der vertragsgemäße Gebrauch entzogen wird. [2]Wird der Mieter durch die Ausübung des Rechts in dem vertragsgemäßen Gebrauch beschränkt, so ist der Dritte dem Mieter gegenüber verpflichtet, die Ausübung zu unterlassen, soweit sie den vertragsgemäßen Gebrauch beeinträchtigen würde.

§ 567a BGB
Veräußerung oder Belastung vor der Überlassung des Wohnraums
Hat vor der Überlassung des vermieteten Wohnraums an den Mieter der Vermieter den Wohnraum an einen Dritten veräußert oder mit einem Recht belastet, durch dessen Ausübung der vertragsgemäße Gebrauch dem Mieter entzogen oder beschränkt wird, so gilt das Gleiche wie in den Fällen des § 566 Abs. 1 und des § 567, wenn der Erwerber dem Vermieter gegenüber die Erfüllung der sich aus dem Mietverhältnis ergebenden Pflichten übernommen hat.

§ 567b BGB
Weiterveräußerung oder Belastung durch Erwerber
[1]Wird der vermietete Wohnraum von dem Erwerber weiterveräußert oder belastet, so sind § 566 Abs. 1 und die §§ 566a bis 567a entsprechend anzuwenden. [2]Erfüllt der neue Erwerber die sich aus dem Mietverhältnis ergebenden Pflichten nicht, so haftet der Vermieter dem Mieter nach § 566 Abs. 2.

Der Erwerber tritt, sobald er im Grundbuch als neuer Eigentümer eingetragen ist, anstelle des bisherigen Unternehmers (Vermieters) in die sich während der Dauer seines Eigentums aus dem Vertragsverhältnis hinsichtlich der Überlassung des Wohnraums ergebenden Rechte und Pflichten ein. Einer Vertragsanpassung bedarf es nicht. Dies führt zu einer Aufspaltung des Vertrages. Für den Bereich der Pflege/Betreuung ist weiterhin der „alte" Unternehmer Vertragspartner, für den Teil der Überlassung des Wohnraums der „neue" Eigentümer. Führt die Veräußerung des Wohnraums dazu, dass eine Ausnahme vom Anwendungsbereich des WBVG nach § 1 Abs. 2 Satz 2 vorliegt, weil „alter" Unternehmer (Veräußerer) und „neuer" Eigentümer (Erwerber) nicht rechtlich oder wirtschaftlich verbunden sind, fallen beide Verträge nicht mehr unter den Anwendungsbereich des WBVG. Es handelt sich sodann um einen

Mietvertrag und einen Dienstleistungsvertrag. Die Auffassung, die die sich dadurch stellenden Probleme damit zu lösen versucht, dass sie *contra legem* eine entsprechende Anwendung der §§ 566 ff. BGB für die Bereiche der stationären Altenpflege/Behindertenhilfe ablehnt[404], überzeugt nicht. Ebenso überzeugt es nicht, den Vertrag mit dem „alten" Unternehmer über die Erbringung der Pflege- und Betreuungsleistungen weiterhin dem WBVG zu unterwerfen, um Nachteile für den Verbraucher abzuwenden.[405] § 119 SGB XI regelt für den Fall, dass für den Vertrag zwischen dem Träger einer zugelassenen stationären Pflegeeinrichtung und dem Bewohner auf den (direkt) das WBVG keine Anwendung findet, die Vorschriften über die Verträge nach dem WBVG entsprechend Anwendung finden. Damit verfängt das Argument, dass die Regelung des § 5 Abs. 2 für stationäre Pflegeeinrichtungen zu unbilligen Rechtsfolgen führe, nicht. Für Wohn-Pflege-Formen, die keine zugelassenen stationären Pflegeeinrichtungen sind, konnte der Gesetzgeber die Entscheidung treffen, dass in den vorgenannten Verkaufskonstellationen nunmehr das Mietrecht sowie das Dienstleistungsrecht Anwendung findet, welches jeweils ebenfalls einen starken Verbraucherschutz gewährleistet. Teilweise sind die mietrechtlichen Vorschriften sogar verbraucherfreundlicher (bspw. die Kappung einer Mieterhöhung statt einer nur durch die „Angemessenheit" als unbestimmten Rechtsbegriff begrenzte Entgelterhöhung). Diese gesetzgeberische Entscheidung mag man – als wenig umsichtig – kritisieren können, sie ändert jedoch nichts daran, dass eine Nicht-Anwendung des § 5 Abs. 2 rechtlich nicht zulässig ist. Soweit ersichtlich haben die kritischen Stimmen in der Literatur jedoch eine Anwendbarkeit des § 119 SGB XI nicht in Erwägung gezogen, wodurch die – aus Sicht der Literatur – unbilligen Rechtsfolgen erheblich abgemildert werden.

Darüber hinaus werden die vereinbarten Vertragsinhalte zwischen dem Unternehmer und dem Verbraucher nicht unwirksam, sondern bleiben weiter bestehen, soweit sie nicht von zwingendem Gesetzesrecht abweichen. Somit können vertraglich vereinbarte Entgelterhöhungsvorschriften und Kündigungsregelungen fortgelten. Haben die Parteien einzelne Regelungen des WBVG nicht explizit in den Vertrag übernommen, ist der Verbraucher insoweit auch nicht schutzwürdig.

§ 6
Schriftform und Vertragsinhalt

(1) [1]Der Vertrag ist schriftlich abzuschließen. [2]Der Abschluss des Vertrags in elektronischer Form ist ausgeschlossen. [3]Der Unternehmer hat dem Verbraucher eine Ausfertigung des Vertrags auszuhändigen.

(2) [1]Wird der Vertrag nicht in schriftlicher Form geschlossen, sind zu Lasten des Verbrauchers von den gesetzlichen Regelungen abweichende Vereinbarungen unwirksam, auch wenn sie durch andere Vorschriften dieses Gesetzes zugelan bleibt der Vertrag wirksam. [2]Der Verbraucher kann den Vertrag jederzeit ohne Einhaltung einer Frist kündigen. [3]Ist

404 Iffland/Düncher, WBVG, § 5 Rn. 11.

405 Drasdo, in: BeckOGK, WBVG, § 5 Rn. 47.

der schriftliche Vertragsschluss im Interesse des Verbrauchers unterblieben, insbesondere weil zum Zeitpunkt des Vertragsschlusses beim Verbraucher Gründe vorlagen, die ihn an der schriftlichen Abgabe seiner Vertragserklärung hinderten, muss der schriftliche Vertragsschluss unverzüglich nachgeholt werden.

(3) Der Vertrag muss mindestens

1. **die Leistungen des Unternehmers nach Art, Inhalt und Umfang einzeln beschreiben,**
2. **die für diese Leistungen jeweils zu zahlenden Entgelte, getrennt nach Überlassung des Wohnraums, Pflege- oder Betreuungsleistungen, gegebenenfalls Verpflegung als Teil der Betreuungsleistungen sowie den einzelnen weiteren Leistungen, die nach § 82 Absatz 3 und 4 des Elften Buches Sozialgesetzbuch gesondert berechenbaren Investitionskosten und das Gesamtentgelt angeben,**
3. **die Informationen des Unternehmers nach § 3 als Vertragsgrundlage benennen und mögliche Abweichungen von den vorvertraglichen Informationen gesondert kenntlich machen,**
4. **die Informationen nach § 36 Absatz 1 des Verbraucherstreitbeilegungsgesetzes vom 19. Februar 2016 (BGBl. I S. 254) geben; dies gilt auch, wenn der Unternehmer keine Webseite unterhält oder keine Allgemeinen Geschäftsbedingungen verwendet.**

Allgemeines

Die zwingende Schriftform (§ 126 BGB) soll den Verbraucher vor übereilten Entscheidungen schützen, ihm die Rechte und Pflichten aus dem WBVG-Vertrag klar vor Augen führen (Warnfunktion) und ihm die Möglichkeit eröffnen, sich jederzeit von den Inhalten des Vertrages zu vergewissern (Perpetuierungsfunktion) und dessen Inhalt zu beweisen (Beweisfunktion).

Wird der Vertrag nicht in Schriftform abgeschlossen, so kann sich der Verbraucher abweichend von § 11 jederzeit durch fristlose Kündigung vom Vertrag lösen. Auf den nachholenden Abschluss eines schriftlichen Vertrages mit den Mindestinhalten nach Abs. 3 besteht ein Rechtsanspruch.[406] Die Information nach Abs. 3 Nr. 4 ist hingegen keine „echte" Vereinbarung, sondern eine bloße Information, die – wenn sie im Vertrag unterbleibt – auch außerhalb der Vertragsurkunde schriftlich nachgeholt werden kann.

Schriftform (Abs. 1)

Die Vertragsurkunde muss von dem Aussteller eigenhändig durch Namensunterschrift oder mittels notariell beglaubigten Handzeichens unterzeichnet werden (§ 126 Abs. 1 BGB). Nicht erforderlich ist, dass beide Parteien auf derselben Urkunde unterzeichnen. Es genügt, wenn der Unternehmer auf der für den Verbraucher bestimmten Vertragsurkunde unterzeichnet und andersherum (§ 126 Abs. 2 Satz 2 BGB).[407] Dies birgt jedoch das Risiko bei einer Berufung

406 Bachem/Hacke, WBVG, § 6 Rn. 18 m. w. N.
407 Ebenso Iffland/Düncher, WBVG, § 6 Rn. 5; a. A. Drasdo, BeckOGK, § 6 Rn. 6 unter Verweis auf § 6 Abs. 1 Satz 3.

auf die fehlende Schriftform im Zweifel nicht beide Unterschriften nachweisen zu können. Der Beweisfunktion der Schriftform wird insoweit nicht vollständig entsprochen. Eine „Ausfertigung" ist dem Verbraucher auszuhändigen. Verstöße hiergegen berühren die Wirksamkeit nicht, sind jedoch für § 11 Abs. 2 relevant. Eine Abschrift (Kopie) genügt.[408] Eine „Abschrift, die den Vertragsinhalt wiedergibt"[409] ist ausreichend, Unterschriften benötigt diese nicht.[410] Es muss sich hierbei jedoch um eine „Abschrift" des tatsächlich geschlossenen Vertrags handeln.[411] Daher bietet es sich an, eine Kopie (die die Unterschriften wiedergibt) auszuhändigen.

Das Formerfordernis gilt auch für alle Vertragsänderungen.[412] Dies ist insbesondere bei Entgeltanpassungen zu beachten. Bei diesen ist ein schriftlicher Nachtrag zum Vertrag zu fertigen. Unter Berücksichtigung der Vorgaben des § 9 kann die Zustimmung zur Entgelterhöhung ausnahmsweise jedoch auch konkludent erfolgen. Mit Blick darauf, dass das Schriftformerfordernis jedoch für beide Vertragsparteien zugleich gilt, kann auch der Unternehmer eine schriftliche Zustimmung zur Vertragsänderung verlangen, die sodann – wenn der Verbraucher dem nicht nachkommt – eingeklagt werden kann. Die konkludente Zustimmung des Verbrauchers bei Entgelterhöhungen, die die Rechtsprechung anerkennt, dient nur dazu unbillige, weil rechtsmissbräuchliche, Ergebnisse zu vermeiden.[413]

Rechtsfolgen | Fristlose Kündigung (Abs. 2)

Abweichend von der Grundregel der Nichtigkeit eines Vertrages bei einem Formverstoß normiert das WBVG zum Schutz des Verbrauchers, dass lediglich nachteilige Vereinbarungen unwirksam sind und erlaubt dem Verbraucher, sich fristlos vom Vertrag durch Kündigung zu lösen. Die Möglichkeit der fristlosen Kündigung durch den Verbraucher bei unterbliebenem schriftlichen Vertragsschluss ist nicht zu unterschätzen. Im Bereich der vollstationären Pflegeeinrichtungen nach dem SGB XI hat dies jedoch praktisch keine Auswirkungen. Nach der – nicht nachvollziehbaren – Rechtsprechung des BGH kann sich der Verbraucher vom Vertrag „faktisch" lösen, indem er auszieht, ohne zu kündigen.[414] Diese Rechtsprechung ist jedoch nicht auf die anderen Anwendungsbereiche des WBVG zu übertragen.[415] In diesen – insbesondere die Formen des „Service-Wohnens" die über allgemeine Unterstützungsleistungen hinausgehen und daher dem WBVG unterfallen, ist die Vorschrift sehr relevant. Sobald die Schriftform nachgeholt wurde – derer sich der Verbraucher nicht rechtsmissbräuchlich verwehren darf – erlischt das bestehende außerordentliche Kündigungsrecht.[416]

408 So wohl im Ergebnis auch Rothe, in: Beetz/Schwedler-Allmendinger, WBVG, § 6 Rn. 23.
409 Weidenkaff, GrünHome Teil III, WBVG, § 6 Rn. 3.
410 Vgl. BGH, Urt. v. 13.10.2005 – III ZR 400/04 – zur Vorgängerregelung des § 5 Abs. 1 Satz 2 HeimG.
411 Vgl. Drasdo, in: BeckOGK, WBVG, § 6 Rn. 10.
412 Rothe, in: Beetz/Schwedler-Allmendinger, WBVG § 6 Rn. 20.
413 Siehe hierzu § 9 WBVG.
414 BGH, Urt. v. 04.10.2018 – III ZR 292/17 – ; siehe auch § 11 WBVG.
415 Zutreffend AG Charlottenburg, Urt. v. 05.06.2025 – 226 C 264/24 – ; dies übersehen Kassen/Fahnenstich, Wohn- und Teilhabegesetz Nordrhein-Westfalen, Rn. 1060 f., die die auf § 6 gestützte fristlose Kündigung aufgrund der Rechtsprechung des BGH als „letztlich irrelevant" ansehen.
416 Vgl. Weidenkaff, GrünHome Teil III, WBVG, § 6 Rn. 5.

Die Vertragsbeendigung – bspw. durch Aufhebungsvertrag – bedarf jedoch nicht der Schriftform. Vereinbaren die Parteien mündlich die einvernehmliche Vertragsaufhebung ist diese wirksam.

Mindestvertragsinhalt (Abs. 3)

Der Unternehmer muss mit dem Verbraucher im schriftlichen Vertrag mindestens regeln:

- Leistungsbeschreibung nach Art, Inhalt und Umfang aller vom Unternehmer zu erbringenden Leistungen, die einzeln aufzuführen sind (z. B. Pflege-, Betreuungs-, Wohn-, Verpflegungs- und Serviceleistungen) (Nr. 1).
- Die einzelnen Entgeltbestandteile, die die für jede (Einzel-)Leistung zu zahlenden Entgelte getrennt ausweisen muss, sind zu nennen. Dies sind insbesondere die (Einzel-) Entgelte für: die Überlassung von Wohnraum, Pflege-/Betreuungsleistungen, ggf. Verpflegung, Investitionskosten nach § 82 Abs. 3 und 4 SGB XI. Investitionskosten außerhalb des SGB XI (mithin in Formen des Service-Wohnens) können unter der Kategorie „Unterkunft" in der Kalkulation eingepreist werden und müssen dann nicht ausgewiesen werden. Zudem ist das Gesamtentgelt zu nennen. Auf die Formulierung der einzelnen Kategorien kommt es nicht an. Der Verbraucher muss lediglich erkennen können, welche konkreten Leistungen gemeint sind (bspw. „Unterkunft"). Diese Trennung dient der Transparenz und Nachprüfbarkeit der Kostenstruktur (Nr. 2).
- Die vorvertraglichen Informationen (§ 3) sind als „Vertragsgrundlage" zu benennen. Abweichungen sind „gesondert" kenntlich zu machen (Nr. 3).
- Der Unternehmer muss zudem über seine Bereitschaft oder Verpflichtung zur Teilnahme an einem Verbraucherschlichtungsverfahren informieren und – wenn er sich hierzu verpflichtet – die zuständige Stelle benennen (§ 36 Abs. 1 Gesetz über die alternative Streitbeilegung in Verbrauchersachen [Verbraucherstreitbeilegungsgesetz – VSBG])). Dies gilt auch, wenn keine Webseite betrieben oder keine AGB verwendet werden (Nr. 4) – gilt nur für nach dem 31.03.2016 geschlossene Verträge (§ 17 Abs. 3) –.

Bei Nr. 4 handelt es sich entgegen des Wortlauts um keinen Mindestvertragsinhalt, sondern um eine bei Vertragsschluss schriftlich zu erteilende Information. Es genügt daher, wenn diese als Anlage mit Unterschrift des Unternehmers versehen (§ 126 BGB) ausgehändigt wird. Zustimmen kann der Verbraucher dem nicht.

§ 36 VSBG

(1) Ein Unternehmer [...] hat den Verbraucher leicht zugänglich, klar und verständlich

1. *in Kenntnis zu setzen davon, inwieweit er bereit ist oder verpflichtet ist, an Streitbeilegungsverfahren vor einer Vrbraucherschlichtungsstelle teilzunehmen, und*
2. *auf die zuständige Verbraucherschlichtungsstelle hinzuweisen, wenn sich der Unternehmer zur Teilnahme an einem Streitbeilegungsverfahren vor einer Verbraucherschlichtungsstelle verpflichtet hat oder wenn er auf Grund von Rechtsvorschriften zur Teilnahme verpflichtet ist; der Hinweis muss Angaben zu Anschrift und Webseite der Verbraucherschlichtungsstelle sowie eine Erklärung des Unternehmers, an einem Streitbeilegungsverfahren vor dieser Verbraucherschlichtungsstelle teilzunehmen, enthalten.*

Die zu benennende zuständige Stelle ist die Universalschlichtungsstelle des Bundes sowie die Außergerichtliche Streitbeilegungsstelle für Verbraucher und Unternehmer e. V. in Leipzig. Erklärt der Unternehmer lediglich seine grundsätzliche Bereitschaft muss die Stelle nicht genannt werden.[417]

§ 7
Leistungspflichten

(1) Der Unternehmer ist verpflichtet, dem Verbraucher den Wohnraum in einem zum vertragsgemäßen Gebrauch geeigneten Zustand zu überlassen und während der vereinbarten Vertragsdauer in diesem Zustand zu erhalten sowie die vertraglich vereinbarten Pflege- oder Betreuungsleistungen nach dem allgemein anerkannten Stand fachlicher Erkenntnisse zu erbringen.

(2) [1]Der Verbraucher hat das vereinbarte Entgelt zu zahlen, soweit dieses insgesamt und nach seinen Bestandteilen im Verhältnis zu den Leistungen angemessen ist. [2]In Verträgen mit Verbrauchern, die Leistungen nach dem Elften Buch Sozialgesetzbuch in Anspruch nehmen, gilt die aufgrund der Bestimmungen des Siebten und Achten Kapitels des Elften Buches Sozialgesetzbuch festgelegte Höhe des Entgelts als vereinbart und angemessen. [3]In Verträgen mit Verbrauchern, denen Hilfe in Einrichtungen nach dem Zwölften Buch Sozialgesetzbuch gewährt wird, gilt die aufgrund des Zehnten Kapitels des Zwölften Buches Sozialgesetzbuch festgelegte Höhe des Entgelts als vereinbart und angemessen. 4In Verträgen mit Verbrauchern, die Leistungen nach Teil 2 des Neunten Buches Sozialgesetzbuch in Anspruch nehmen, gilt die aufgrund der Bestimmungen des Teils 2 Kapitel 8 des Neunten Buches Sozialgesetzbuch festgelegte Höhe des Entgelts für diese Leistungen als vereinbart und angemessen.

(3) [1]Der Unternehmer hat das Entgelt sowie die Entgeltbestandteile für die Verbraucher nach einheitlichen Grundsätzen zu bemessen. [2]Eine Differenzierung ist zulässig, soweit eine öffentliche Förderung von betriebsnotwendigen Investitionsaufwendungen nur für einen Teil der Einrichtung erfolgt ist. [3]Sie ist auch insofern zulässig, als Vergütungsvereinbarungen nach dem Zehnten Kapitel des Zwölften Buches Sozialgesetzbuch über Investitionsbeträge oder gesondert berechenbare Investitionskosten getroffen worden sind.

(4) Werden Leistungen unmittelbar zu Lasten eines Sozialleistungsträgers erbracht, ist der Unternehmer verpflichtet, den Verbraucher unverzüglich schriftlich unter Mitteilung des Kostenanteils hierauf hinzuweisen.

(5) [1]Soweit der Verbraucher länger als drei Tage abwesend ist, muss sich der Unternehmer den Wert der dadurch ersparten Aufwendungen auf seinen Entgeltanspruch anrechnen

417 BGH, Urt. v. 21.08.2019 – VIII ZR 263/18 –.

lassen. [2]Im Vertrag kann eine Pauschalierung des Anrechnungsbetrags vereinbart werden. [3]In Verträgen mit Verbrauchern, die Leistungen nach dem Elften Buch Sozialgesetzbuch in Anspruch nehmen, ergibt sich die Höhe des Anrechnungsbetrags aus den in § 87a Absatz 1 Satz 7 des Elften Buches Sozialgesetzbuch genannten Vereinbarungen.

Allgemeines

§ 7 normiert die Leistungspflichten des Unternehmers (Abs. 1) und des Verbrauchers (Abs. 2). Der Unternehmer hat den Wohnraum in einem zum vertragsgemäßen Gebrauch geeigneten Zustand zu überlassen und während der Vertragsdauer in diesem Zustand zu erhalten sowie die vereinbarten Pflege- oder/und Betreuungsleistungen nach dem „allgemein anerkannten Stand fachlicher Erkenntnisse“ zu erbringen. Der Verbraucher hat – dem Wesen des Austauschvertrages entsprechend – hierfür das vereinbarte Entgelt zu zahlen. Einschränkend ist er hierzu nur verpflichten, wenn dieses Entgelt „angemessen“ ist.

Leistungspflichten des Unternehmers

Die Pflicht zur Erhaltung des Wohnraums entspricht dem mietrechtlichen Grundsatz. Allerdings kann hiervon, anders als im Mietvertrag, nicht zulasten des Verbrauchers abgewichen werden (§ 16). Dies bedeutet, dass vom Unternehmer in jedem Fall auch Schönheitsreparaturen geschuldet sind. Der Unternehmer ist damit auch zum Ausgleich von Abnutzungserscheinungen verpflichtet – hiervon zu unterscheiden sind jedoch Schäden, die der Verbraucher auszugleichen hat.[418] Schäden sind solche Abweichungen vom Ausgangszustand, die keine übliche Abnutzungserscheinung darstellen. Schäden, die durch im Heimbetrieb übliche Mobilitätshilfen im Rahmen des üblichen Gebrauchs herbeigeführt werden, sind keine Schäden.[419]

Zahlungspflicht des Verbrauchers („angemessenes“ Entgelt) (Abs. 2)

Der Verbraucher hat das vereinbarte Entgelt zu zahlen, soweit es „angemessen“ ist. Dieses kann zwischen den Parteien, wenn der Verbraucher Leistungen der Pflegeversicherung (SGB XI), Leistungen der Sozialhilfe (SGB XII) oder der Eingliederungshilfe (SGB IX) erhält, nicht frei vereinbart werden. Die auf Grund des SGB XI, SGB XII oder SGB IX festgelegte Entgelthöhe (vgl. § 84 Abs. 3, 4, § 85 Abs. 6 Satz 1 Halbsatz 2, § 87 SGB XI, § 75 Abs. 3 SGB XII) gilt aufgrund der gesetzlichen Fiktion als „angemessen“. Diese Vermutung kann nicht widerlegt werden (§ 7 Abs. 2 Satz 2).[420]

418 Zutreffend Kempchen, in: Beetz/Schwedler-Allmendinger, WBVG, § 7 Rn. 12 ff.

419 Kempchen, in: Beetz/Schwedler-Allmendinger, WBVG, § 7 Rn. 13.

420 OLG Dresden, Urt. v. 02.08.2022 – 4 U 143/22 –, juris Rn. 18 vgl. auch BT-Drs. 16/12409, S. 23 f.; wohl auch OLG Köln, Urt. v. 28.02.2024 – I-5 U 60/23 –, juris Rn. 13; a. A. und krit. zu „pauschalen“ Steigerungsraten in Vergütungsverhandlungen mit Kostenträgern, Kempchen, in: Beetz/Schwedler-Allmendinger, WBVG, § 7 Rn. 26.

In den übrigen Fällen ist der unbestimmte Rechtsbegriff der „Angemessenheit“ maßgeblich unter Berücksichtigung der Gesetzgebungshistorie und den Anknüpfungspunkten für das Preis-Leistungs-Verhältnis zu bestimmen.[421] Die intensive Einschränkung der Vertragsfreiheit des Unternehmers zugunsten des Verbrauchers ist nur deshalb gerechtfertigt, weil der Verbraucher regelmäßig keinen Einfluss auf die Preisbildung hat und auf die Leistung zwingend angewiesen ist. Dem Unternehmer verbleibt gleichwohl Spielraum, einen angemessenen Unternehmergewinn zu erzielen. „Angemessen“ i. S. d. Abs. 2 bedeutet: objektiv gerechtfertigtes Preis-Leistungs-Verhältnis auf Basis einheitlicher Kalkulationsgrundsätze, mit Bandbreite marktüblicher Entgelte und angemessenem Unternehmergewinn. Historisch wechselte der Gesetzgeber vom „Missverhältnis“ (§ 4 Abs. 3 HeimG 1990) zur „Angemessenheit“ (WBVG). Materiell ist damit keine strengere Schwelle verbunden; beide Begriffe zielen auf das objektive Äquivalenzverhältnis von Leistung und Gegenleistung. Die vom Gesetzgeber angesprochene „Verschärfung“[422] betrifft die Perspektive und Beweislast, nicht die materielle Grenze:

- Der Unternehmer hat die Angemessenheit seines Entgelts darzulegen und zu beweisen.
- Ein bloß „auffälliges Missverhältnis“ (§ 138 Abs. 2 BGB) ist nicht erforderlich; dieses markiert nur die (höhere) Wuchergrenze.

Maßgeblich bleibt eine Bandbreite marktüblicher Entgelte (inkl. Ausreißern) und deren wirtschaftliche Rechtfertigung. Das Niedersächsische Oberverwaltungsgericht führt zur Ermittlung der „Angemessenheit“ aus:

> *„Bei der Ermittlung der marktüblichen Entgelte dürfen solche ‚Ausreißer‘ […] nicht vernachlässigt werden. […] Diese Bandbreite reicht von den niedrigsten bis zu den höchsten Entgelten; auch die Letzteren sind Bestandteile des ‚Marktes‘.“*[423]

Ausgangspunkt sind stets die tatsächlichen Gestehungskosten zuzüglich eines angemessenen Gewinn-/Wagniszuschlags. Zur Plausibilisierung eignen sich insbesondere:

- Kostenentwicklung (Einrichtung und Vergleichseinrichtungen),
- Inflation,
- Preis-Leistungs-Relation (Ausstattung, Lage, energetische Qualität),
- externer Vergleich (Bandbreite marktüblicher Entgelte; kein Automatismus gegen „teuerste“ Anbieter),
- Höhe des kalkulatorischen Gewinn-/Risikozuschlags.

Ein starrer Prozentsatz oberhalb des Marktpreises, der nicht mehr als angemessen angesehen werden kann, existiert nicht. Entscheidend ist stets, ob eine sachliche wirtschaftliche Rechtfertigung vorliegt. So ist ein Entgelt in einer hochpreisigen luxuriösen Einrichtung auch dann „angemessen“, wenn es weit oberhalb vergleichbarer Entgelte liegt, wobei sich in diesen Fällen bereits auf der Ebene der Vergleichbarkeit die Auswahl wesentlich gleicher Einrichtungen

421 Eingehend Martschink, Der Eingriff der Heimaufsicht, D. III. c) aa) m. w. N.; Bachem/Hacke, WBVG, § 7 Rn. 65 ff. m. w. N.
422 BT-Drs. 14/5399 zu § 7 Abs. 5, S. 22 li. Sp.
423 OVG Lüneburg, Urt. v. 15.11.2000 – 7 L 3691/95 –, BeckRS 2001, 20668 Rn. 4c (insoweit nicht vollständig abgedruckt in GewArch 2001, 252, 254 [Rn. 4]).

schwierig gestaltet. Bei systematischer Betrachtung mit § 9 Abs. 1 Satz 2 und 3 wird klar, dass es nicht allein auf die Betriebsnotwendigkeit ankommt. Diese ist allein bei Investitionskosten relevant und bei Entgelterhöhungsverlangen nach § 9 weitere Hürde. Für Erhöhungen der Investitionskosten verlangt § 9 Abs. 1 Satz 2 und 3 zusätzlich die Betriebsnotwendigkeit (Abgrenzung zu Luxus). Das schützt Bewohner vor nachträglicher Umlage nicht erforderlicher Aufwände. Bei präexistentem höherem Standard (bspw. in sog. Premium-Residenzen) kann dessen Preis vereinbart werden – maßgeblich bleibt dann allein die Angemessenheit in obigem Sinne.

Differenzierung bei Investitionskostenentgelten zwischen Sozialhilfeempfängern und Selbstzahlern

Eine Differenzierung bei den Investitionskostenentgelten zwischen Sozialhilfeempfängern und Selbstzahlern ist zulässig (Abs. 3 Satz 3).[424] Nach Abs. 3 Satz 2 und Satz 3 darf der Unternehmer die Grundsätze zur Bemessung der Entgelte nicht nach der Person oder dem Kostenträger des Bewohners differenzieren.[425] Der „missglückte" Wortlaut („*insofern ..., als*", Abs. 3 Satz 3)[426] legt zunächst nahe, dass jede Differenzierung zwischen Selbstzahlern und Sozialhilfeempfängern unzulässig sei. Eine solche Auslegung widerspricht jedoch der Gesetzeshistorie und dem Sinn und Zweck der Norm, der auf den Schutz vor unzulässiger Kostenverlagerung, nicht auf eine starre Preisbindung, abzielt. Zulässig bleibt daher eine abweichende Entgeltvereinbarung zwischen Unternehmer und Sozialhilfeträger, wenn diese auf einer öffentlich-rechtlichen Vergütungsvereinbarung nach dem Zehnten Kapitel des SGB XII (bzw. nach §§ 75 ff. SGB XII, § 132a SGB V, § 85 SGB XI) beruht. Die Gesetzesbegründung zum WBVG stellt ausdrücklich klar: „Die Entgelthöhe selbst wird durch Absatz 3 nicht geregelt."[427]

Damit betrifft das Differenzierungsverbot nicht die Entgelthöhe, sondern allein die Berechnungsgrundlagen („Bemessungsgrundsätze"). Verboten ist demnach, unterschiedliche Kalkulationsmethoden je nach Kostenträger anzuwenden (im Extremfall die vom Sozialhilfeträger nicht refinanzierten Investitionsaufwendungen allein auf die Selbstzahler umzulegen) – nicht aber, unterschiedliche Preise zu vereinbaren, wenn diese auf unterschiedlichen Finanzierungsgrundlagen (bspw. Wirtschaftlichkeits- und Sparsamkeitsgrundsatz des SGB XII) beruhen. Die Regelung soll insbesondere verhindern, dass Selbstzahler anteilig nicht refinanzierte Kosten von Sozialhilfeempfängern tragen, nicht aber, dass der Sozialhilfeträger eine niedrigere Kostenübernahme aushandelt und diese dann sogleich für die Selbstzahler gilt. Die Vertreter der anderen Auffassung müssten – um sich nicht selbst in Widerspruch zu setzen – erklären, warum die sozialhilferechtliche § 75 SGB XII-Vereinbarung bindend für die Selbstzahler und nicht andersherum die zivilrechtliche Vereinbarung mit den Selbstzahlern bindend für den Sozialhilfeträger sein soll. Tatsächlich kann die sozialhilferechtliche Vereinbarung auch unter

424 Eingehend Martschink, Der Eingriff der Heimaufsicht, D. III. c) bb) m. w. N. ebenso Weber, SRa 2022, 249; a. A. obiter dictum SG Rostock, Urt. v. 28.06.2022 – S 8 SO 60/21 –, juris Rn. 21 unter Außerachtlassung des § 7 Abs. 3; vgl. auch VG Düsseldorf, Urt. v. 09.09.2014 – 26 K 4524/13 –, juris Rn. 60.

425 BT-Drs. 16/12409, S. 21; Weidenkaff, in: Grüneberg, § 7 WBVG, Rn. 4; Drasdo, in: BeckOGK, WBVG, § 7 Rn. 27.

426 SG Rostock, Urt. v. 28.06.2022 – S 8 SO 60/21 –, juris Rn. 19.

427 BT-Drs. 16/12409, Zu § 7 Zu Absatz 3 li. Sp., S. 21.

den Gestehungskosten des Unternehmers liegen. Der Träger der Sozialhilfe kann also rechtmäßig geringere Entgelte verhandeln. Der Unternehmer darf jedoch für Selbstzahler nicht auf einer anderen Kalkulationsgrundlage aufbauen. Maßgeblich bleibt somit die einheitliche betriebswirtschaftliche Kostenkalkulation.

Bereits § 5 Abs. 7 (Bundes-)HeimG enthielt ein vergleichbares Differenzierungsverbot. Die damalige Gesetzesbegründung führte aus, dass von Sozialhilfeempfängern oder Selbstzahlern kein höherer Kostenanteil für dieselbe Leistung verlangt werden darf, eine abweichende (niedrigere) Kostenübernahme durch den Sozialhilfeträger jedoch ausdrücklich zulässig sei.[428] Diese Intention wurde vom Gesetzgeber des WBVG übernommen.[429] Der Zweck liegt also nicht in der Gleichpreisbindung, sondern in der Gleichbehandlung der Kalkulationsgrundlage:

- verboten: unterschiedliche *Berechnungssysteme* nach Kostenträgern,
- erlaubt: unterschiedliche *Entgelthöhen* aufgrund unterschiedlicher Finanzierungsvereinbarungen.

§ 8
Vertragsanpassung bei Änderung des Pflege- oder Betreuungsbedarfs

(1) [1]Ändert sich der Pflege- oder Betreuungsbedarf des Verbrauchers, muss der Unternehmer eine entsprechende Anpassung der Leistungen anbieten. [2]Der Verbraucher kann das Angebot auch teilweise annehmen. [3]Die Leistungspflicht des Unternehmers und das vom Verbraucher zu zahlende angemessene Entgelt erhöhen oder verringern sich in dem Umfang, in dem der Verbraucher das Angebot angenommen hat.

(2) [1]In Verträgen mit Verbrauchern, die Leistungen nach dem Elften Buch Sozialgesetzbuch in Anspruch nehmen oder denen Hilfe in Einrichtungen nach dem Zwölften Buch Sozialgesetzbuch gewährt wird, ist der Unternehmer berechtigt, bei einer Änderung des Pflege- oder Betreuungsbedarfs des Verbrauchers den Vertrag nach Maßgabe des Absatzes 1 Satz 3 durch einseitige Erklärung anzupassen. [2]Absatz 3 ist entsprechend anzuwenden.

(3) Der Unternehmer hat das Angebot zur Anpassung des Vertrags dem Verbraucher durch Gegenüberstellung der bisherigen und der angebotenen Leistungen sowie der dafür jeweils zu entrichtenden Entgelte schriftlich darzustellen und zu begründen.

(4) [1]Der Unternehmer kann die Pflicht, eine Anpassung anzubieten, durch gesonderte Vereinbarung mit dem Verbraucher bei Vertragsschluss ganz oder teilweise ausschließen. [2]Der Ausschluss ist nur wirksam, soweit der Unternehmer unter Berücksichtigung des dem Vertrag zugrunde gelegten Leistungskonzepts daran ein berechtigtes Interesse hat

428 BT-Drs. 14/5399, S. 22 re. Sp.
429 BT-Drs. 16/12409, S. 21.

und dieses in der Vereinbarung begründet. [3]Die Belange von Menschen mit Behinderungen sind besonders zu berücksichtigen. [4]Die Vereinbarung bedarf zu ihrer Wirksamkeit der Schriftform; die elektronische Form ist ausgeschlossen.

Allgemeines

Das WBVG geht davon aus, dass ein Verbraucher seinen Lebensmittelpunkt in den vom Unternehmer angebotenen Wohnraum verlagert. Zudem übernimmt der Unternehmer eine Versorgungsgarantie. Daher ist es gerechtfertigt, dass eine Änderung des Pflege- und Betreuungsbedarfs im laufenden Vertragsverhältnis Berücksichtigung findet und der Unternehmer zu einem Anpassungsangebot verpflichtet ist. Bezieht der Verbraucher Leistungen nach SGB XI (Pflegeversicherung) oder erhält Hilfe in Einrichtungen nach SGB XII, darf der Unternehmer den Vertrag durch einseitige Erklärung anpassen. Inhaltlich ist er an die Grenzen des Abs. 1 gebunden und hat Abs. 3 (Darstellungs-/Begründungspflicht) einzuhalten (Abs. 2). Mit der Annahme der Anpassung folgt die korrespondierende Entgeltänderung. Maßstab bleibt das angemessene Entgelt nach § 7 (einheitliche Kalkulation, Angemessenheit). Die zulässige einseitige Anpassung in SGB-XI/XII-Fällen ersetzt nicht die Pflicht zur klaren Darstellung und Begründung von Leistung und Entgelt (Abs. 3).

Einseitige Leistungsanpassung bei Änderung des Pflegegrades (Abs. 2)

Bei einer Änderung des Pflegegrades kann der Unternehmer durch einseitige Erklärung eine Änderung des Vertrages herbeiführen. Es bedarf jedoch zwingend der Einhaltung der Vorgaben des Abs. 3.[430]

Leistungsanpassungsausschluss (Abs. 4)

Die Pflicht, Anpassungen anzubieten, kann bei Vertragsschluss durch gesonderte schriftliche Vereinbarung ganz oder teilweise ausgeschlossen werden. Dies ist dann möglich, wenn der Unternehmer ein berechtigtes Interesse begründet und das Leistungskonzept dies trägt. Belange von Menschen mit Behinderungen sind besonders zu berücksichtigen.

Leistungsanpassungsausschluss bei geringerem Pflegebedarf (Abs. 4)

Der Wortlaut von Abs. 1 Satz 1 regelt nicht ausdrücklich, ob sich der Pflege- oder Betreuungsbedarf erhöhen muss oder ob auch eine Absenkung eine Leistungsanpassung erforderlich macht. Die Formulierung „ändert“ spricht dafür, dass eine Leistungsanpassung nach oben

430 OLG Naumburg, Urt. v. 13.03.2023 – 12 U 149/22 –, juris Rn. 8 ff.; Wrackmeyer-Schoene, in: Beetz/Schwedler-Allmendinger, § 8 Rn. 35.

wie auch nach unten zulässig ist.[431] Besonders relevant ist dies für die außerklinische Intensivpflege.

Beim Wegfall des Bedarfs an außerklinischer Intensivpflege nach § 37c SGB V und eines damit einhergehenden geringeren Bedarfs an diesbezüglicher Behandlungspflege kann eine Leistungsanpassung unter Berücksichtigung des Leistungskonzeptes der ambulant betreuten Intensivpflege-Wohngemeinschaft regelmäßig nicht angeboten werden. Die Vertragsanpassung kann daher ausgeschlossen werden. Diese ausgeschlossene Vertragsanpassung steht im berechtigten Interesse des Pflegedienstes, da das ausgerichtete Leistungskonzept auf die Versorgung von Patienten mit Bedarf an außerklinischer Intensivpflege nach § 37c SGB V in Wohneinheiten nach § 132l Abs. 5 Satz 1 Nr. 1 SGB V (sog. anbieterverantwortete Wohngemeinschaften als „Wohneinheit für mindestens zwei Versicherte, die Leistungen nach § 37c in Anspruch nehmen") abzielt. Das Leistungskonzept nebst der personellen Ausstattung und der Art und Weise der Leistungserbringung durch besonders geschulte Pflegefachkräfte mit Zusatzqualifikation für die Intensivpflege zielt ausschließlich auf das spezifische Krankheitsbild, der Behandlungspflege und Betreuung von Menschen mit Bedarf an außerklinischer Intensivpflege, ab.

§ 9
Entgelterhöhung bei Änderung der Berechnungsgrundlage

(1) [1]Der Unternehmer kann eine Erhöhung des Entgelts verlangen, wenn sich die bisherige Berechnungsgrundlage verändert. [2]Neben dem erhöhten Entgelt muss auch die Erhöhung selbst angemessen sein. [3]Satz 2 gilt nicht für die in § 7 Absatz 2 Satz 2 bis 4 genannten Fälle. [4]Entgelterhöhungen aufgrund von Investitionsaufwendungen sind nur zulässig, soweit sie nach der Art des Betriebs notwendig sind und nicht durch öffentliche Förderung gedeckt werden.

(2) [1]Der Unternehmer hat dem Verbraucher die beabsichtigte Erhöhung des Entgelts schriftlich mitzuteilen und zu begründen. [2]Aus der Mitteilung muss der Zeitpunkt hervorgehen, zu dem der Unternehmer die Erhöhung des Entgelts verlangt. [3]In der Begründung muss er unter Angabe des Umlagemaßstabs die Positionen benennen, für die sich durch die veränderte Berechnungsgrundlage Kostensteigerungen ergeben, und die bisherigen Entgeltbestandteile den vorgesehenen neuen Entgeltbestandteilen gegenüberstellen. [4]Der Verbraucher schuldet das erhöhte Entgelt frühestens vier Wochen nach Zugang des hinreichend begründeten Erhöhungsverlangens. [5]Der Verbraucher muss rechtzeitig Gelegenheit erhalten, die Angaben des Unternehmers durch Einsichtnahme in die Kalkulationsunterlagen zu überprüfen.

431 Wrackmeyer-Schoene, in: Beetz/Schwedler-Allmendinger, WBVG, § 8 Rn. 11; Bachem/Hacke, WBVG, § 8 Rn. 10 m.w.N.; vgl. auch BT-Drs 16/12409, S. 21.

Allgemeines

§ 9 ist die zentrale Norm der Praxis. Die Regelungen zur Entgelterhöhung bei Änderung der Berechnungsgrundlage sind erforderlich, da es sich beim WBVG-Vertrag um ein Dauerschuldverhältnis handelt, bei dem es unbillig wäre, den Unternehmer zu verpflichten, seine vertraglich geschuldeten Leistungen auch bei steigenden Kosten zum ursprünglich vereinbarten Preis zu erbringen. § 9 regelt, wann eine Erhöhung vom Unternehmer verlangt werden kann sowie wie und wann das Erhöhungsverlangen an den Verbraucher zu begründen ist. Beim Vorliegen der Voraussetzungen hat der Unternehmer einen Anspruch auf Zustimmung zur Entgelterhöhung.

Begründung des Erhöhungsverlangens

Nach Abs. 2 Satz 2 hat der Unternehmer im Entgelterhöhungsverlangen anzugeben
- den Umlagemaßstab,
- die Positionen, bei denen sich eine Kostenerhöhung ergibt und
- die Gegenüberstellung der bisherigen und neuen Entgelte.

Das Erhöhungsverlangen ist über diese Mindestangaben hinaus zu begründen. Eine kurze stichpunktartige Begründung der Erhöhung der einzelnen Kostenblöcke ist ausreichend (bspw. Personalkostensteigerungen aufgrund des zum 01.01. steigenden regional üblichen Entlohnungsniveaus, Sachkostensteigerungen aufgrund allgemeiner Preissteigerungen etc.). Schon aus dem Wortlaut zeigt sich deutlich, dass an die formelle Wirksamkeitsvoraussetzung der Begründung keine überzogenen Anforderungen zu stellen sind. Zutreffend hat die neuere obergerichtliche Rechtsprechung die Anforderungen an die Begründung niedrig angesetzt. Die Norm verlangt „keine Darstellung, die dem Heimbewohner, der hierzu auch vielfach nicht in der Lage sein dürfte, eine Plausibilitätskontrolle oder gar eine inhaltliche Überprüfung ermöglichen würde"[432]. In Fällen, in denen die Entgelterhöhungen auf Vergütungsvereinbarungen mit den Pflegekassen oder Festsetzungen in einem nachgelagerten Schiedsstellenverfahren beruhen, dürfen die Anforderungen an die Begründung nicht zu hoch angesetzt werden.[433] Dies ergibt sich schon daraus, dass die Angemessenheit der vereinbarten Entgelte bei Erhöhungen aufgrund dieser Sachverhalte nach § 7 Abs. 2 gesetzlich (unwiderleglich) vermutet wird. Strenge Anforderungen an die formelle Begründung zu stellen entspricht in diesen Konstellationen nicht Sinn und Zweck des Gesetzes, da der Verbraucher in diesen Fällen – in denen die Erhöhung materiell rechtmäßig ist (Angemessenheitsfiktion) – schon nach dem Willen des Gesetzgebers nicht besonders schutzwürdig ist. Er hat hinsichtlich der Entgelterhöhung nur die Wahl zwischen Zustimmung und Kündigung. Die materielle Angemessenheit erschüttern kann er nicht.

Anzuknüpfen ist an die zuletzt geltend gemachte Kostensteigerung. Sollte ein vorangegangenes Entgelterhöhungsschreiben (formell) unwirksam gewesen sein, so berührt dies die

432 OLG Dresden, Urt. v. 02.08.2022 – 4 U 143/22 –, juris Rn. 11.
433 OLG Köln, Urt. v. 28.02.2024 – I-5 U 60/23 –, juris Rn. 15.

Anknüpfung an jene rechnerischen Beträge als Kalkulationsgrundlage nicht. Damit können formelle Fehler der Vergangenheit in einem nachfolgenden Entgelterhöhungsverlangen geheilt werden.[434]

Umlagemaßstab ist der Divisor, nach dem die von den Kostensteigerungen betroffenen Positionen auf die Entgelte kalkulatorisch umgelegt werden. Als Umlagemaßstab kommen nach dem OLG Zweibrücken etwa die individuelle Wohnfläche in Quadratmetern, die Zahl der Bewohner nach (gegenwärtigen) Köpfen, die gesamtmögliche Platzzahl oder der Energieverbrauch nach verbrauchten Einheiten in Betracht.[435] Der oder die vom Unternehmer der Kalkulation zugrundegelegten Umlagemaßstäbe unterfallen der unternehmerischen Gestaltungsfreiheit zur Kalkulation der Entgelte, solange sie nicht willkürlich sind.[436]

Fälligkeit (4-Wochen-Frist)

Der Verbraucher schuldet das erhöhte Entgelt frühestens vier Wochen nach Zugang des hinreichend begründeten Erhöhungsverlangens (Fälligkeit). Fällt der Fälligkeitstermin auf einen Sonntag, einen am Ort der Einrichtung staatlich anerkannten allgemeinen Feiertag oder auf einen Samstag, so tritt an die Stelle eines solchen Tages der nächste Werktag (§ 193 BGB). Der Unternehmer ist daher gehalten, mindestens vier Wochen vor dem beabsichtigten Erhöhungszeitraum sein Erhöhungsverlangen dem Verbraucher zugehen zu lassen. Beabsichtigt er bspw. eine Erhöhung zum Freitag, 01.01. (Neujahrstag) muss das Verlangen dem Verbraucher spätestens am Freitag, 07.12. zugegangen sein. Die Fälligkeit verschiebt sich, da der 01.01. Feiertag ist, der 02.01. ein Samstag und der 03.01. ein Sonntag, auf den nächsten Werktag, den Montag, 04.01.2027. Hiervon sind sodann vier Wochen zurückzurechnen. Hiervon unberührt bleibt die Verpflichtung in der Begründung anzugeben, dass die Erhöhung ab 01.01. verlangt wird. Auf die Frage, wann das neue Entgelt fällig wird, kommt es nicht an.[437]

Zeitraum zwischen Erhöhungen

§ 9 erlaubt in den Grenzen der Angemessenheit sowie innerhalb der Schranken von Treu und Glauben eine in kurzen Abständen wiederkehrende Entgelterhöhung. Anders als im Mietrecht (bspw. § 558 Abs. 1 Satz 1 BGB) kann auch in kürzeren Abständen als jährlich eine Erhöhung verlangt werden.[438] Dies ist insbesondere in den Fällen des Service-Wohnens relevant. Aber auch in Fällen, in denen mit den sozialrechtlichen Kostenträgern eine Vergütungsvereinbarung besteht, kommt aufgrund außergewöhnlicher Umstände eine Nachverhandlung vor Ablauf der üblichen Laufzeit von einem Jahr in Betracht.

434 OLG Dresden, Urt. v. 02.08.2022 – 4 U 143/22 –, juris Rn. 15 ff.
435 OLG Zweibrücken, Urt. v. 20.08.2024 – 8 U 62/23 –, juris Rn. 56.
436 LG Lübeck, Urt. v. 16.10.2023 – 6 O 54/23 –, juris; zust. Weber, Sozialrecht aktuell 2024, 43 f.
437 BT-Drs. 16/12409, S. 24; Wrackmeyer-Schoene, in: Beetz-Schwedler-Allmendinger, WBVG, § 9 Rn. 29.
438 A. A. Windmann, SGb 2025, 24 ff. (frühestens im Abstand von 15 Monaten) der jedoch missachtet, dass das besondere Schuldrecht (Mietrecht) keine Anwendung findet.

Einsichtnahme in Kalkulationsunterlagen (Abs. 2 Satz 5)

Sinn und Zweck des Einsichtnahmerechts ist es, die Entgelterhöhung nachzuvollziehen und zu überprüfen (Kontrollrecht). Hierfür ist es nicht erforderlich Vertragsunterlagen oder Einzelbelege (Rechnungen) vorzulegen.[439] Der Wortlaut „Kalkulationsunterlagen" bezieht sich auf die Unterlagen, die für die Kalkulation benötigt werden. Dies werden im Regelfall die tatsächlichen Kosten für u. a. Wasser, Heizung, Grundsteuer, Versicherung, zentrale Verwaltung, Personal etc. sein. Kalkulationsunterlagen dieser Kosten bilden die tatsächlichen Ausgaben der einzelnen Buchungsblöcke, die buchhalterisch mittels Auszügen aus dem Buchungssystem dargestellt werden und auf Verlangen zur Verfügung gestellt werden müssen. Abs. 2 Satz 3 verlangt eine Gegenüberstellung der Einzelpositionen jedoch keine Darstellung/Nachweisführung.[440] Damit unterscheidet sich die Einsichtnahme in Kalkulationsunterlagen maßgeblich von der (Einzel-)Belegeinsicht im Rahmen einer Betriebskostenabrechnung bei einem Mietvertrag (vgl. § 259 BGB). Ein Verstoß gegen das Einsichtnahmerecht ist für die Wirksamkeit des Erhöhungsverlangens unschädlich.[441] Der Verbraucher muss dieses unabhängig von der Erhöhung geltend machen. Will der Verbraucher die materielle Wirksamkeit des Entgelterhöhungsverlangens angreifen, muss er in einem gerichtlichen Verfahren – in dem der Unternehmer auf Zustimmung klagt – konkrete Einwände gegen die erhöhten Kostenblöcke vortragen.[442] Hierfür muss der Unternehmer zunächst der Pflicht zur Einsichtnahme nach Abs. 2 Satz 5 nachkommen. Legt er die Kalkulationsunterlagen offen und ergeben sich hieraus Widersprüche oder Anhaltspunkte in Bezug auf ein fehlerhaftes Rechnungswesen, welches sich auf die Ermittlung der Berechnungsgrundlage ausgewirkt haben könnte, kann der Verbraucher diese benennen. Den Unternehmer trifft sodann die Beweislast der „Angemessenheit". Hierzu kann es sodann in einem gerichtlichen Verfahren erforderlich sein weitere (Einzel-) Belege als Beweis anzubieten.[443]

Durchsetzung des Erhöhungsanspruchs

Der Anspruch des Unternehmers auf Zahlung des erhöhten Entgelts gemäß § 9 i. V. m. § 12 erfordert eine entsprechende Änderung des Wohn- und Betreuungsvertrages. Stimmt der Verbraucher dieser Änderung aufgrund des formell ordnungsgemäßen Entgelterhöhungsverlangens des Unternehmers nicht zu, muss dieser den Verbraucher auf Zustimmung verklagen.[444] Mit Rechtskraft eines den Verbraucher zur Zustimmung verpflichtenden Urteils,

439 LG Hamburg, Beschl. v. 06.05.2024 – 311 S 5/24 –, juris Rn. 19 allerdings – für das Ergebnis nicht relevant – vom falschen Gesetzeswortlaut ausgehend „Einsicht in die Kalkulationsgrundlagen – nicht Kalkulationsunterlagen" (es ist indes genau umgekehrt, erforderlich ist die Einsicht in die Kalkulationsunterlagen; entscheidend ist jedoch, dass *Nachweis*unterlagen nicht vorgelegt werden müssen); Martschink, Entgelterhöhung: Keine (Einzel-)Belegeinsicht nach dem WBVG, Altenheim 09/2024, S. 34 f.

440 OLG Dresden, Urt. v. 02.08.2022 – 4 U 143/22 –, juris Rn. 11; LG Hamburg, Beschl. v. 06.05.2024 – 311 S 5/24 –, juris Rn. 10.

441 LG Hamburg, Beschl. v. 06.05.2024 – 311 S 5/24 –, juris Rn. 10; Drasdo, BeckOGK, WBVG, § 9, Rn. 45; Bachem/Hacke, WBVG, § 9 Rn. 74; Iffland/Düncher, WBVG, § 9 Rn. 11.

442 Vgl. LG Hamburg, Beschl. v. 06.05.2024 – 311 S 5/24 –, juris Rn. 10 a. E.

443 Vgl. Drasdo, BeckOGK, WBVG, § 9 Rn. 41 m. w. N.

444 Vgl. BGH, Urt. v. 12.05.2016 – III ZR 279/15 –; zust. statt vieler LG Köln, Urt. v. 30.05.2022 – 15 O 350/21 –.

gilt dessen Zustimmungserklärung gemäß § 894 ZPO als abgegeben. Der WBVG-Vertrag ist dadurch geändert.[445] Sie bewirkt, dass die Beklagte das erhöhte Entgelt nach § 9 Abs. 2 S. 4 WBVG entsprechend dem wirksam erklärten Erhöhungsverlangen und damit rückwirkend zum 01.01.2020 schuldet. Der Zustimmungsanspruch unterliegt der allgemeinen Regelverjährungsfrist der §§ 195, 199 BGB.[446]

§ 10
Nichtleistung oder Schlechtleistung

(1) Erbringt der Unternehmer die vertraglichen Leistungen ganz oder teilweise nicht oder weisen sie nicht unerhebliche Mängel auf, kann der Verbraucher unbeschadet weitergehender zivilrechtlicher Ansprüche bis zu sechs Monate rückwirkend eine angemessene Kürzung des vereinbarten Entgelts verlangen.

(2) Zeigt sich während der Vertragsdauer ein Mangel des Wohnraums oder wird eine Maßnahme zum Schutz des Wohnraums gegen eine nicht vorhergesehene Gefahr erforderlich, so hat der Verbraucher dies dem Unternehmer unverzüglich anzuzeigen.

(3) Soweit der Unternehmer infolge einer schuldhaften Unterlassung der Anzeige nach Absatz 2 nicht Abhilfe schaffen konnte, ist der Verbraucher nicht berechtigt, sein Kürzungsrecht nach Absatz 1 geltend zu machen.

(4) Absatz 1 ist nicht anzuwenden, soweit nach § 115 Absatz 3 des Elften Buches Sozialgesetzbuch wegen desselben Sachverhalts ein Kürzungsbetrag vereinbart oder festgesetzt worden ist.

(5) [1]Bei Verbrauchern, denen Hilfe in Einrichtungen nach dem Zwölften Buch Sozialgesetzbuch gewährt wird, steht der Kürzungsbetrag nach Absatz 1 bis zur Höhe der erbrachten Leistungen vorrangig dem Träger der Sozialhilfe zu. [2]Verbrauchern, die Leistungen nach dem Elften Buch Sozialgesetzbuch in Anspruch nehmen, steht der Kürzungsbetrag bis zur Höhe ihres Eigenanteils selbst zu; ein überschießender Betrag ist an die Pflegekasse auszuzahlen. [3]Bei Verbrauchern, die Leistungen nach Teil 2 des Neunten Buches Sozialgesetzbuch in Anspruch nehmen, steht der Kürzungsbetrag nach Absatz 1 bis zur Höhe der erbrachten Leistungen vorrangig dem Träger der Eingliederungshilfe zu.

445 OLG Dresden, Urt. v. 02.08-2022 – 4 U 143/22 –, juris Rn. 22; vgl. auch BGH, Urt. v. 08.06.2011 – VIII ZR 204/10 –, Rn. 8, juris m.w.N.; Drasdo, BeckOGK, WBVG, § 9, Rn 39 ff m. w. N.

446 OLG Köln, Urt. v. 28.02.2024 – I-5 U 60/23 –, juris Rn. 10.

Allgemeines

§ 10 regelt Leistungsstörungen. Im Unterschied zum Mietrecht kann der Verbraucher sechs Monate rückwirkend bei Nicht- oder Schlechtleistungen eine angemessene Kürzung verlangen. Es handelt sich um eine materiell-rechtliche Ausschlussfrist.[447] Entscheidend ist die Abweichung des IST- vom SOLL-Zustand. Zur Ermittlung des IST-Zustandes ist auf die vertragliche Darstellung der einzelnen Leistungen abzustellen. Es kommt bei der Überlassung des Wohnraums nicht darauf an, welche Ausstattung bei Vertragsbeginn vorgehalten wurde, sondern welche vereinbart wurde. Bei Mängeln bei Pflege- oder Betreuungsleistungen kommt es darauf an, ob diese vom Fachstandard negativ abweichen.

Angemessene Kürzung

Die Höhe der angemessenen Kürzung bestimmt sich nach den Umständen des Einzelfalls. Hierzu ist zunächst zu berücksichtigen, dass nur eine prozentuale Kürzung für den Entgeltteil in Betracht kommt, mit dessen Entgelt die mangelhafte Leistung abgegolten werden soll. Die Kürzung ist berechnungstäglich zu ermitteln für jeden Tag, während dessen der Mangel besteht/bestand. Bei Mängeln der „Unterkunft" kann auf die Mietminderungstabellen und die zu Mietmängeln ergangene Rechtsprechung zurückgegriffen werden. Diese kann als Anhaltspunkt dienen. Die Höhe der Kürzung sollte sich regelmäßig – schon weil Mängel bei der „Unterkunft" für die Zielgruppe des WBVG häufig einschränkender sind als für Mieter – am oberen Ende der Spanne bewegen. Zu berücksichtigen ist in jedem Fall, dass eine Kürzung auf Null bedeutet, dass die Leistung gar nicht erbracht wurde (Abs. 1 Satz 1 Alt. 1). Bei mangelhafter Leistungserbringung kommt eine vollständige Kürzung regelmäßig nicht in Betracht, es sei denn, der Verbraucher hat an der mangelhaft erbrachten Leistung kein Interesse. Unerhebliche Mängel rechtfertigen keine Kürzung. Solche liegen vor, wenn ein negatives Abweichen vom SOLL-Zustand zu keinem konkret-individuellen Nachteil des Verbrauchers führt.[448]

Vorrang des Kürzungsverfahren nach § 115 Abs. 3 SGB XI

> *„ […]*
> *(3) Hält die Pflegeeinrichtung ihre gesetzlichen oder vertraglichen Verpflichtungen, insbesondere ihre Verpflichtungen zu einer qualitätsgerechten Leistungserbringung aus dem Versorgungsvertrag (§ 72) ganz oder teilweise nicht ein, sind die nach dem Achten Kapitel vereinbarten Pflegevergütungen für die Dauer der Pflichtverletzung entsprechend zu kürzen. Über die Höhe des Kürzungsbetrags ist zwischen den Vertragsparteien nach § 85 Abs. 2 Einvernehmen anzustreben. Kommt eine Einigung nicht zustande, entscheidet auf Antrag einer Vertragspartei die Schiedsstelle nach § 76 in der Besetzung des Vorsitzenden und der beiden weiteren unparteiischen Mitglieder. Gegen die Entscheidung nach Satz 3 ist der Rechtsweg zu den Sozialgerichten gegeben; ein Vorverfahren findet nicht statt, die Klage hat aufschiebende Wirkung. Der vereinbarte oder festgesetzte Kürzungsbetrag ist von der Pflegeeinrichtung*

447 OLG Köln, Urt. v. 10.06.2024 – I-5 U 86/23 –, juris Rn. 10 m. w. N.
448 Kempchen, in: Beetz/Schwedler-Allmendinger, WBVG, § 10 Rn. 13 ff.

bis zur Höhe ihres Eigenanteils an die betroffenen Pflegebedürftigen und im Weiteren an die Pflegekassen zurückzuzahlen; soweit die Pflegevergütung als nachrangige Sachleistung von einem anderen Leistungsträger übernommen wurde, ist der Kürzungsbetrag an diesen zurückzuzahlen. Der Kürzungsbetrag kann nicht über die Vergütungen oder Entgelte nach dem Achten Kapitel refinanziert werden. Schadensersatzansprüche der betroffenen Pflegebedürftigen nach anderen Vorschriften bleiben unberührt; § 66 des Fünften Buches gilt entsprechend.
[…]"

Nach Abs. 4 findet Abs. 1 keine Anwendung, „*soweit*" aufgrund des sozialrechtlichen Vergütungskürzungsverfahren nach § 115 Abs. 3 SGB XI eine Kürzung vereinbart oder – bei fehlender Einigung zwischen Träger und Kostenträger – von der Schiedsstelle nach § 76 SGB XI festgesetzt wurde. Sehen die Kostenträger von einer Kürzung ab, kommt eine Vereinbarung oder Schiedsstellenentscheidung zu einem geringeren Kürzungsbetrag als seitens der Pflegekassen vorgeschlagen zustande, kann der Verbraucher einen darüberhinausgehenden (arg. „soweit") Kürzungsanspruch geltend machen. Er kann diesen auch während laufender Verhandlungen zwischen Träger und Pflegekasse geltend machen. Er trägt dann jedoch – sollte er den Anspruch gerichtlich durchzusetzen versuchen – das Prozesskostenrisiko, dass in der Zwischenzeit eine Entscheidung nach § 115 Abs. 3 SGB XI erfolgt.

§ 11
Kündigung durch den Verbraucher

(1) [1]Der Verbraucher kann den Vertrag spätestens am dritten Werktag eines Kalendermonats zum Ablauf desselben Monats schriftlich kündigen. [2]Bei einer Erhöhung des Entgelts ist eine Kündigung jederzeit zu dem Zeitpunkt möglich, zu dem der Unternehmer die Erhöhung des Entgelts verlangt. [3]In den Fällen des § 1 Absatz 2 Satz 1 Nummer 1 und 2 kann der Verbraucher nur alle Verträge einheitlich kündigen. [4]Bei Verträgen im Sinne des § 1 Absatz 2 Satz 2 hat der Verbraucher die Kündigung dann gegenüber allen Unternehmern zu erklären.

(2) [1]Innerhalb von zwei Wochen nach Beginn des Vertragsverhältnisses kann der Verbraucher jederzeit ohne Einhaltung einer Frist kündigen. [2]Wird dem Verbraucher erst nach Beginn des Vertragsverhältnisses eine Ausfertigung des Vertrags ausgehändigt, kann der Verbraucher auch noch bis zum Ablauf von zwei Wochen nach der Aushändigung kündigen.

(3) Der Verbraucher kann den Vertrag aus wichtigem Grund jederzeit ohne Einhaltung einer Kündigungsfrist kündigen, wenn ihm die Fortsetzung des Vertrags bis zum Ablauf der Kündigungsfrist nicht zuzumuten ist.

(4) [1]Die Absätze 2 und 3 sind in den Fällen des § 1 Absatz 2 auf jeden der Verträge gesondert anzuwenden. [2]Kann der Verbraucher hiernach einen Vertrag kündigen, ist er auch

zur Kündigung der anderen Verträge berechtigt. [3]Er hat dann die Kündigung einheitlich für alle Verträge und zu demselben Zeitpunkt zu erklären. [4]Bei Verträgen im Sinne des § 1 Absatz 2 Satz 2 hat der Verbraucher die Kündigung gegenüber allen Unternehmern zu erklären.

(5) **[1]Kündigt der Unternehmer in den Fällen des § 1 Absatz 2 einen Vertrag, kann der Verbraucher zu demselben Zeitpunkt alle anderen Verträge kündigen. [2]Die Kündigung muss unverzüglich nach Zugang der Kündigungserklärung des Unternehmers erfolgen. [3]Absatz 4 Satz 3 und 4 ist entsprechend anzuwenden.**

Allgemeines | Kündigungsgründe

§ 11 regelt abschließend die Kündigungsmöglichkeiten des Verbrauchers. Diese haben nach der Rechtsprechung des BGH zu § 87a Abs. 1 Satz 2 SGB XI nur noch Relevanz für die WBVG-Verträge, bei denen der Verbraucher nicht zugleich Leistungsempfänger der Pflegeversicherung (SGB XI) ist. In diesen Fällen kann der Verbraucher nämlich aufgrund der die Regelungen des WBVG überlagernden Vorschrift des SGB XI – ohne Kündigung – durch bloßen Auszug („endgültiges Verlassen“) ein faktisches Vertragsende herbeiführen.[449] Nach § 87a Abs. 1 Satz 2 SGB XI endet die Zahlungspflicht des Bewohners oder seines Kostenträgers „mit dem Tag, an dem der Heimbewohner aus dem Heim entlassen wird oder verstirbt.“ Voraussetzung hierfür ist, dass der Unternehmer davon ausgehen kann, dass der Verbraucher nicht nur vorübergehend abwesend ist (vgl. § 87a Abs. 1 Satz 5 SGB XI, bis zu 42 Kalendertage). Hiervon kann er zumindest in den Fällen ausgehen, in denen nach einer erklärten Kündigung aber vor Ablauf der Kündigungsfrist ausgezogen wird oder der Verbraucher deutlich macht, dass er nicht zurückkehren wird.

Für alle anderen Verbraucher gilt § 11 uneingeschränkt.[450] Der Verbraucher kann

- schriftlich – spätestens am dritten Werktag eines Kalendermonats zum Ablauf desselben Monats (ordentliche Kündigung, Abs. 1 Satz 1),
- bei einer Entgelterhöhung zu dem Zeitpunkt, zu dem das erhöhte Entgelt verlangt wird (Sonderkündigungsrecht, Abs. 1 Satz 2),
- innerhalb von zwei Wochen nach Vertragsbeginn (Probezeitkündigung, Abs. 2),
- jederzeit ohne Frist aus „wichtigem Grund“ (außerordentliche Kündigung aus wichtigem Grund, Abs. 3),
- wenn der Unternehmer nach § 1 Abs. 2 einen Vertrag kündigt, zu demselben Zeitpunkt alle anderen Verträge kündigen (Anschlusskündigung, Abs. 4)

den Vertrag – und bei der außerordentlichen Kündigung aus wichtigem Grund das gesamte Vertragsverhältnis (alle Verträge) – kündigen.

449 BGH, Urt. v. 04.10.2018 – III ZR 292/17 – unter Heranziehung von § 87a Abs. 1 SGB XI.
450 O'Sullivan, in: juris PK-SGB XI, § 87a, Rn. 21.

Beim Zeitpunkt des Sonderkündigungsrechts nach Abs. 1 Satz 2 ist nicht auf die Fälligkeit des erhöhten Entgelts, sondern auf den im Entgelterhöhungsverlangen angegebenen Zeitpunkt, ungeachtet davon, ob dieser auf einen Feiertag, Samstag oder Sonntag fällt, abzustellen. Bei verbundenen Verträgen i. S. d. § 1 Abs. 2 Satz 2 hat die Kündigung ggü. allen Unternehmern zu erfolgen.

Ein wichtiger Grund[451] nach Abs. 3 liegt vor, wenn die Fortsetzung des Vertragsverhältnisses bis zum Ablauf der Kündigungsfrist der ordentlichen Kündigung unzumutbar ist. Hat der Unternehmer dies zu vertreten, hat der Verbraucher die Rechte aus § 13 Abs. 1 Satz 1. Aufgrund der kurzen ordentlichen Kündigungsfrist sind strenge Anforderungen an die sofortige Vertragsbeendigung aus „wichtigem Grund" zu stellen.[452] In Betracht kommen Straftaten, die sich gegen den Verbraucher richten oder „gefährliche Pflege".

Form der Kündigung

Nur die ordentliche Kündigung hat in Schriftform zu erfolgen. Alle anderen Kündigungen können auch mündlich ausgesprochen werden.[453] Der Wortlaut ist insoweit eindeutig.

§ 12
Kündigung durch den Unternehmer

(1) [1]Der Unternehmer kann den Vertrag nur aus wichtigem Grund kündigen. [2]Die Kündigung bedarf der Schriftform und ist zu begründen. [3]Ein wichtiger Grund liegt insbesondere vor, wenn

1. **der Unternehmer den Betrieb einstellt, wesentlich einschränkt oder in seiner Art verändert und die Fortsetzung des Vertrags für den Unternehmer eine unzumutbare Härte bedeuten würde,**
2. **der Unternehmer eine fachgerechte Pflege- oder Betreuungsleistung nicht erbringen kann, weil**
   a) **der Verbraucher eine vom Unternehmer angebotene Anpassung der Leistungen nach § 8 Absatz 1 nicht annimmt oder**
   b) **der Unternehmer eine Anpassung der Leistungen aufgrund eines Ausschlusses nach § 8 Absatz 4 nicht anbietet**

   und dem Unternehmer deshalb ein Festhalten an dem Vertrag nicht zumutbar ist,
3. **der Verbraucher seine vertraglichen Pflichten schuldhaft so gröblich verletzt, dass dem Unternehmer die Fortsetzung des Vertrags nicht mehr zugemutet werden kann, oder**
4. **der Verbraucher**

451 Siehe hierzu auch § 12 WBVG.
452 Weidenkaff, GrünHome Teil III, WBVG, § 11 Rn. 3.
453 Bregger in: Herberger/Martinek/Rüßmann/Weth/Würdinger, jurisPK-BGB, 10. Aufl., § 11 WBVG (Stand: 09.08.2023) Rn. 15, 19 m. w. N. auch zur abweichenden Auffassung.

a) für zwei aufeinander folgende Termine mit der Entrichtung des Entgelts oder eines Teils des Entgelts, der das Entgelt für einen Monat übersteigt, im Verzug ist oder

b) in einem Zeitraum, der sich über mehr als zwei Termine erstreckt, mit der Entrichtung des Entgelts in Höhe eines Betrags in Verzug gekommen ist, der das Entgelt für zwei Monate erreicht.

[2]Eine Kündigung des Vertrags zum Zwecke der Erhöhung des Entgelts ist ausgeschlossen.

(2) Der Unternehmer kann aus dem Grund des Absatzes 1 Satz 3 Nummer 2 Buchstabe a nur kündigen, wenn er zuvor dem Verbraucher gegenüber sein Angebot nach § 8 Absatz 1 Satz 1 unter Bestimmung einer angemessenen Annahmefrist und unter Hinweis auf die beabsichtigte Kündigung erneuert hat und der Kündigungsgrund durch eine Annahme des Verbrauchers im Sinne des § 8 Absatz 1 Satz 2 nicht entfallen ist.

(3) [1]Der Unternehmer kann aus dem Grund des Absatzes 1 Satz 3 Nummer 4 nur kündigen, wenn er zuvor dem Verbraucher unter Hinweis auf die beabsichtigte Kündigung erfolglos eine angemessene Zahlungsfrist gesetzt hat. [2]Ist der Verbraucher in den Fällen des Absatzes 1 Satz 3 Nummer 4 mit der Entrichtung des Entgelts für die Überlassung von Wohnraum in Rückstand geraten, ist die Kündigung ausgeschlossen, wenn der Unternehmer vorher befriedigt wird. [3]Die Kündigung wird unwirksam, wenn der Unternehmer bis zum Ablauf von zwei Monaten nach Eintritt der Rechtshängigkeit des Räumungsanspruchs hinsichtlich des fälligen Entgelts befriedigt wird oder eine öffentliche Stelle sich zur Befriedigung verpflichtet.

(4) [1]In den Fällen des Absatzes 1 Satz 3 Nummer 2 bis 4 kann der Unternehmer den Vertrag ohne Einhaltung einer Frist kündigen. [2]Im Übrigen ist eine Kündigung bis zum dritten Werktag eines Kalendermonats zum Ablauf des nächsten Monats zulässig.

(5) [1]Die Absätze 1 bis 4 sind in den Fällen des § 1 Absatz 2 auf jeden der Verträge gesondert anzuwenden. [2]Der Unternehmer kann in den Fällen des § 1 Absatz 2 einen Vertrag auch dann kündigen, wenn ein anderer Vertrag gekündigt wird und ihm deshalb ein Festhalten an dem Vertrag unter Berücksichtigung der berechtigten Interessen des Verbrauchers nicht zumutbar ist. [3]Er kann sein Kündigungsrecht nur unverzüglich nach Kenntnis von der Kündigung des anderen Vertrags ausüben. [4]Dies gilt una davon, ob die Kündigung des anderen Vertrags durch ihn, einen anderen Unternehmer oder durch den Verbraucher erfolgt ist.

Allgemeines

Die Kündigungsmöglichkeiten sind für den Unternehmer nach § 12 WBVG im Gegensatz zum Pflegvertrag nach § 120 SGB XI strenger gefasst. Danach besteht die Möglichkeit zur Kündigung nur aus „wichtigem Grund“. Eine ordentliche Kündigung ist ausgeschlossen. Die

Kündigung bedarf der Schriftform (§ 126 BGB) und ist zu begründen. In der Kündigungserklärung hat der Unternehmer den Sachverhalt anzugeben, auf welchen er den „wichtigen Grund" der Kündigung stützt. Die Begründung ist Wirksamkeitsvoraussetzung.[454] Nicht erforderlich ist jedoch, die Angabe eines konkreten Regelbeispiels.[455] Die Kündigung muss, wenn der Verbraucher nicht (mehr) geschäftsfähig ist, dem Bevollmächtigten oder dem gesetzlichen Vertreter/Betreuer zugehen, um wirksam zu werden (§ 131 BGB).

Wichtiger Grund

Das WBVG enthält keine Legaldefinition des „wichtigen Grundes". Mit Blick darauf, dass es sich um ein Dauerschuldverhältnis handelt, ist gem. § 314 Abs. 1 Satz 2 BGB ein „wichtiger Grund" zur Kündigung dann gegeben, wenn dem kündigenden Teil unter Berücksichtigung aller Umstände des Einzelfalls und unter Abwägung der beiderseitigen Interessen die Fortsetzung des Vertragsverhältnisses bis zur vereinbarten Beendigung oder bis zum Ablauf einer Kündigungsfrist nicht zugemutet werden kann.

Eine vorherige Abmahnung ist nicht zwingend erforderlich (arg. e contrario § 12 Abs. 1 Satz 3 Nr. 2, Abs. 2 und Abs. 1 Satz 3 Nr. 4, Abs. 3),[456] kann jedoch zur Begründung der „Unzumutbarkeit" herangezogen werden, wenn der Verbraucher pflichtwidriges Verhalten trotz Abmahnung nicht abstellt.

Kündigungsgründe

Die in Abs. 1 Satz 3 genannten Kündigungsgründe sind nicht abschließende Beispiele.[457] Wichtige Gründe sind insbesondere:

- Betriebsänderung, bspw. Betriebseinstellung oder wesentliche Einschränkung oder Veränderung (Nr. 1)
- Bedarfsänderung: Nichterbringbarkeit einer fachgerechten Pflege- oder Betreuungsleistung wegen Nichtannahme einer angebotenen Leistungsanpassung (Nr. 2a) oder des Vorliegens eines Anpassungsausschlusses (Nr. 2b)
- Gröbliche Pflichtverletzung des Verbrauchers (Nr. 3)
- Zahlungsverzug (Nr. 4)

Eine Kündigung des Vertrags zum Zwecke der Erhöhung des Entgelts ist ausgeschlossen.

454 Kempchen, in: Beetz/Schwedler-Allmendinger, WBVG, § 12 Rn. 15; BT-Drs. 11/5120, S. 13.

455 Zutreffend Drasdo, in: BeckOGK, WBVG, § 12 Rn. 7; zur alten Rechtslage nach dem HeimG BGH, Beschl. v. 28.10.2004 – III ZR 205/03 – NJW 2005, 147, 148 (Ansprache der „maßgebenden Elemente") vgl. auch zum Wohnraummietrecht BGH, Urt. v. 27.06.2007 – VIII ZR 271/06 – NJW 2007, 2845; Kaminski, Die Kündigung von Heimverträgen nach dem Wohn- und Betreuungsvertragsgesetz (WBVG), WzS 2013, 278, 280; a.A. Kempchen, in: Beetz/Schwedler-Allmendinger, WBVG, § 12 Rn. 15 die wegen der Erheblichkeit der Folgen der Kündigung die konkrete Angabe eines „wichtigen Grundes" fordert, ohne dies aus dem Normtext abzuleiten.

456 AG Chemnitz, Urt. v. 19.03.2013 – 21 C 677/12 –.

457 OLG Hamm, Beschl. v. 25.08.2027 – I 30 U 34/17 –; Bregger, in: JurisPK-BGB, 2023, § 12 WBVG, Rn. 17.

Der Unternehmer kann aus dem Grund des Abs. 1 Satz 3 Nr. 2 lit a) nur kündigen, wenn er zuvor dem Verbraucher gegenüber sein Angebot zur Leistungsanpassung nach § 8 Absatz 1 Satz 1 – unter Bestimmung einer angemessenen Annahmefrist und unter Hinweis auf die beabsichtigte Kündigung – erneuert hat und der Kündigungsgrund durch eine Annahme dies Leistungsanpassungsangebots nicht entfallen ist. Damit soll dem Verbraucher eine letzte Chance eingeräumt werden, zu veränderten Konditionen den Vertrag fortzuführen.

Eine Kündigung nach Abs. 1 Satz 3 Nr. 4 setzt voraus, dass der Unternehmer dem Verbraucher zuvor erfolglos eine angemessene letzte Zahlungsfrist – unter Kündigungsandrohung – gesetzt hat. Die Kündigung ist – sofern der Zahlungsverzug das Entgelt für die Überlassung des Wohnraums betrifft – ausgeschlossen, wenn der Verbraucher den Rückstand vor Ausspruch der Kündigung begleicht; sie wird unwirksam, wenn die Befriedigung oder die Verpflichtung einer öffentlichen Stelle, bspw. des Sozialhilfeträgers, hierzu bis spätestens zwei Monate nach Rechtshängigkeit erfolgt. Damit hat der Unternehmer auch bei säumigen Sozialhilfeträgern ein probates Druckmittel. Er kann mit einer Kündigungsandrohung gegenüber dem Verbraucher diesem ein Druckmittel gegen den säumigen – oder nicht entscheidenden Sozialhilfeträger – an die Hand geben. Auch bei einem Verzug der Pflegekasse kommt der Verbraucher in Verzug. Dies rechtfertigt ebenfalls beim Vorliegen der gesetzlich bestimmten Höhe des Zahlungsverzugs eine Kündigung.[458] Dies schon deshalb, weil sich der Unternehmer nicht darauf verweisen lassen muss, dass die Pflegekasse zur Zahlung verpflichtet ist. Wird die Gegenleistung für die Pflege, Unterkunft und Versorgung nicht erbracht, kann der Unternehmer kündigen.

Kündigungsfrist

In § 12 Abs. 4 werden unterschiedliche Kündigungsfristen geregelt. Grundsätzlich kann die außerordentliche Kündigung aus wichtigem Grund fristlos erfolgen. Ausnahmsweise gilt jedoch nach § 12 Abs. 4 dass dies nur in den Fällen des Abs. 1 Satz 3 Nr. 2 bis 4 ohne Einhaltung einer Frist zulässig ist. Im Übrigen ist eine Kündigung bis zum dritten Werktag eines Kalendermonats zum Ablauf des nächsten Monats zulässig. Der Gesetzgeber differenziert die Kündigungsfristen und macht sie abhängig von der Risikosphäre des Unternehmers oder Verbrauchers.

Wird die Kündigung auf einen ungeschriebenen „wichtigen Grund" i. S. d. § 12 Abs. 1 Satz 1 gestützt, ist sie mit sofortiger Wirkung zulässig.[459] Dies folgt aus den Regelungen zum allgemeinen Schuldrecht zur Kündigung von Dauerschuldverhältnissen, insbesondere aus dem anerkannten Rechtsgrundsatz der außerordentlichen Kündigung aus wichtigem Grund § 314

458 OLG Dresden, Beschl. v. 01.09.2023 – 4 U 969/23 –, juris Leitsatz, Rn. 2.

459 Zutreffend Bachem/Hacke, WBVG, § 12 Rn. 58; wohl auch Iffland/Düncher, WBVG, § 12 Rn. 7 a. A. Weidenkaff, in: GrünHome Teil II, § 12 WBVG, Rn. 5; Drasdo, in: BeckOGK, WBVG, § 12 Rn. 45.

Abs. 1 Satz 1 BGB, der insoweit von den Vorschriften des WBVG nicht verdrängt wird.[460] Jeder Partei eines Dauerschuldverhältnisses muss es stets möglich sein, sich vom Vertrag bei gravierenden Störungen zu lösen, wenn ein Festhalten am Vertrag unzumutbar ist.

Der Wortlaut des § 12 Abs. 4 WBVG, wonach „im Übrigen" eine Kündigung bis zum dritten Werktag eines Kalendermonats zum Ablauf des nächsten Monats zulässig ist, bezieht sich bei systematischer Betrachtung nur auf das Regelbeispiel der Nr. 1. Dies wird deutlich, wenn man die Gesetzesbegründung berücksichtigt. In dieser heißt es:

> *„Mit Einräumung dieser Frist soll es dem Unternehmer zur Erfüllung seiner Nachweispflicht gemäß § 13, aber auch dem Verbraucher ermöglicht werden, einen geeigneten anderen Wohnraum zu suchen und die entsprechende Betreuung zu organisieren."*[461]

Damit stellt der Gesetzgeber lediglich auf die unternehmerseitige betriebsbezogene Kündigung – die allein in der Risikosphäre des Unternehmers liegt – ab. In diesen Fällen wird Zeit benötigt einen Leistungsersatz gem. § 13 Abs. 2 Satz 1 zu organisieren. Die ungeschriebenen Fälle eines „wichtigen Grundes" sind hingegen nicht thematisiert wurden. Warum der schuldrechtliche Grundsatz des § 314 Abs. 1 Satz 1 BGB durchbrochen werden soll, ist nicht ersichtlich.

Zu den weiteren wichtigen Gründen, die aus dem Verhalten des Bewohners resultieren, zählen insbesondere eine von diesem ausgehende fortlaufende Bedrohung des körperlich und psychischen Wohls des Personals und/oder der Mitbewohner ohne dass es hierfür auf ein Verschulden des Bewohners ankäme.[462] „Normale" Verhaltensauffälligkeiten eines an Demenz erkrankten Bewohners sind hingegen hinzunehmen und rechtfertigen regelmäßig keine Kündigung.[463] Hierbei kommt es auch auf eine Zukunftsprognose an. Ist zu erwarten, dass sich in der Vergangenheit ereignete Übergriffe nicht wiederholen, wird dem Unternehmer regelmäßig eine Fortsetzung des Vertragsverhältnisses zuzumuten sein, da die Kündigung keine Repressalie für – ohnehin nicht mehr umzukehrendes vergangenes Verhalten – darstellt.[464]

Die Regelbeispiele der Nr. 3 und Nr. 4 setzen ein Verschulden des Bewohners voraus. Hat der Bewohner sein Verhalten nicht zu vertreten – weil er bspw. aufgrund psychischer Einschränkungen hierzu nicht (mehr) in der Lage ist – kann eine Kündigung auf einen ungeschriebenen „wichtigen Grund" (§ 12 Abs. 1 Satz 1 WBVG) gestützt werden. Der Verbraucher ist darlegungs- und beweisbelastet für Gründe, die gegen einen schuldhaften Pflichtenverstoß sprechen (§ 280 Abs. 1 Satz 2 BGB).[465]

460 Vgl. BGH, Urt. v. 27.03.1991 – IV ZR 130/90 –, juris Rn. 17 („An die im Gesetz vereinzelt geregelten außerordentlichen Kündigungsmöglichkeiten hat die Rechtsprechung angeknüpft. Sie hat den Grundsatz entwickelt, da[ss] Dauerschuldverhältnisse auch ohne gesetzliche oder vertragliche Grundlage aus wichtigem Grund, der verschuldensunabhängig entstanden sein kann oder verschuldet sein mag, gekündigt werden können und da[ss] dieses Kündigungsrecht vertraglich nicht vollständig ausgeschlossen werden kann.").

461 BT-Drs. 16/12409, S. 27 f.

462 OLG Hamm, Beschl. v. 25.08.2027 – I 30 U 34/17 –; LG Frankfurt (Oder), Beschl. v. 10.01.2025 – 13 O 179/24 –.

463 LG Frankfurt (Oder), Beschl. v. 04.02.2025 – 13 O 179/24 –.

464 Vgl. OLG Brandenburg, Beschl. v. 11.06.2025 – 3 W 12/25 –.

465 OLG Hamburg, Beschl. v. 29.04.2025 – 4 W 105/24 – Rn. 37.

Eine „gröbliche Pflichtverletzung" liegt auch bei der Verletzung oder Gefährdung anderer Heimbewohner oder Mitarbeiter des Unternehmers durch körperlich aggressive Übergriffe vor.[466]

Eine gröbliche Pflichtverletzung ist auch in einer beharrlichen zu späten Zahlung des Entgelts zu sehen. Bereits eine zu späte Zahlung stellt eine vertragliche Pflichtverletzung dar. Damit dies einen wichtigen Grund zur außerordentlichen Kündigung rechtfertigt, muss die Pflichtverletzung so gröblich sein, dass dem Unternehmer die Fortsetzung des Vertrages nicht mehr zugemutet werden kann. Eine fortdauernde verspätete Zahlung, die der Verbraucher trotz Abmahnung nicht abstellt, rechtfertigt auch unterhalb der Schwelle der Nr. 4 eine außerordentliche Kündigung.[467] Allerdings ist in diesen Fällen sehr genau zu prüfen, ob die Vertragsfortsetzung dem Unternehmer unzumutbar ist.

In der Gesetzesbegründung heißt es hierzu:

> *„Die Unzumutbarkeit für den Unternehmer ist gegeben, wenn bei einer umfassenden Interessenabwägung ein überwiegendes Interesse des Unternehmers für ein Loskommen von dem Vertrag mit dem Verbraucher festgestellt werden kann. Das bedeutet jedoch nicht, dass Maßstab für die Zumutbarkeit nur die alleinigen Interessen des Unternehmers sind. Dem Unternehmer kann ein Festhalten an dem Vertrag vielmehr auch dann nicht zumutbar sein, wenn er hierdurch seine vertraglichen Verpflichtungen, insbesondere die auf dieser Grundlage bestehenden Fürsorgepflichten gegenüber Dritten, nicht einhalten kann. So kann die drohende Nichteinhaltung von Verträgen, etwa mit anderen Verbrauchern oder mit Angestellten des Unternehmers, die Unzumutbarkeit begründen. Andere Verbraucher werden von der von § 12 Absatz 1 Satz 3 Nummer 2 erfassten Situation vor allem dann betroffen sein, wenn sie Mitbewohnerinnen oder Mitbewohner desjenigen Verbrauchers sind, dem der Unternehmer kündigen möchte. Aufgrund ihres eigenen Vertrags mit dem Unternehmer dürfen sie ihrerseits die Beachtung ihrer Interessen und Bedürfnisse erwarten. Der Unternehmer muss daher abwägen, wie viel er seinen anderen Vertragspartnern zumuten kann, ohne seine Fürsorgepflicht zu verletzen."*[468]

Die Beweislast für die tatsächlichen Voraussetzungen eines Kündigungsgrundes trägt nach den allgemeinen Beweislastregeln der kündigende Unternehmer.

Willkürlich und wider besseres Wissen erstattete Anzeigen bei der Heimaufsicht, den Kostenträgern oder der Staatsanwaltschaft können das Vertrauensverhältnis derart erschüttern, dass sie eine Kündigung rechtfertigen.[469] Ebenso können missbräuchliche Äußerungen, die in keinem inneren Zusammenhang mit dem verfolgten berechtigten Anliegen stehen

466 AG Chemnitz, Urt. v. 19.03.2013 – 21 C 677/12 –, S. 6

467 Ebenso Weidenkaff, in: GrünHome Teil III, WBVG, § 12 Rn. 4.

468 BT-Drs. 16/12409, Zu § 12 Zu Abs. 1, S. 26 f.; ebenso OLG Oldenburg (Oldenburg), Urt. v. 28.05.2020 – 1 U 156/19 –, juris Rn. 35.

469 Vgl. zum umgekehrten Fall einer nicht willkürlichen Anzeige, die nicht zur Kündigung berechtigt OLG Karlsruhe, Urt. v. 13.05.2015 – 6 U 124/14 –, juris Rn. 28 m. w. N.; OLG Oldenburg (Oldenburg), Urt. v. 28.05.2020 – 1 U 156/19 –, juris Rn. 38; Drasdo, in BeckOGK, WBVG, § 12 Rn. 30.

oder wissentlich unwahre oder leichtfertig unhaltbare Behauptungen mit Schädigungsabsicht aufstellen, das Vertrauensverhältnis unwiderruflich zerstören und eine Kündigung rechtfertigen.[470]

Verstößt ein Heimbewohner beharrlich gegen das Selbstbestimmungs- oder Persönlichkeitsrecht anderer (Mit-)Bewohner, insbesondere durch nachhaltige Belästigungen oder wiederholte sexuelle Übergriffe, stellt dies regelmäßig eine gröbliche Pflichtverletzung im Sinne des § 12 Abs. 1 Satz 3 Nr. 3 WBVG dar.[471]

Fehlerhaftes Verhalten des Betreuers wird dem Betreuten zugerechnet, wenn sich der Verbraucher dieser Person als Erfüllungsgehilfen bedient (§ 278 BGB).[472]

Fristlose Kündigung und Räumungsfrist

Die Kündigung erfolgt mit sofortiger Wirkung (fristlos) mit Zugang beim Verbraucher (§ 130 Abs. 1 Satz 1 BGB) kann jedoch – was in der Praxis regelmäßig sinnvoll ist – mit einer Räumungsfrist verbunden werden. In einem nachfolgenden gerichtlichen Verfahren vor dem Amts- oder Landgericht kann dieses ohnehin nach § 721 Abs. 1 Satz 1 ZPO auf Antrag oder von Amts wegen dem Verbraucher eine den Umständen nach angemessene Räumungsfrist gewähren.

Kündigung verbundener Verträge nach Abs. 2 | Anschlusskündigung (Abs. 5)

Für verbundene Verträge sind die Kündigungsmöglichkeiten der § 12 auf jeden der Verträge gesondert anzuwenden (Abs. 5). Der Unternehmer kann einen der Verträge jedoch im Rahmen einer Anschlusskündigung auch dann beenden, wenn ein anderer Vertrag gekündigt wird und ihm das Festhalten an dem Vertrag unter Berücksichtigung der berechtigten Interessen des Verbrauchers nicht zumutbar ist. Das Festhalten an dem weiteren Vertrag muss dem Unternehmer allerdings unzumutbar sein.[473] Einen darüberhinausgehenden wichtigen Grund i. S. d. § 12 Abs. 1 Satz 1, 3 muss er nicht haben.[474] Dabei nennt der Gesetzgeber jedoch ausdrücklich den Sachverhalt, dass der Unternehmer ein besonderes wirtschaftliches Interesse daran hat, mit den Verträgen eine Gesamtleistung zu vereinbaren.[475] Dies wird insbesondere angenommen, wenn der Pflegevertrag- und der Wohnraumüberlassungsvertrag in einer Pflegewohngemeinschaft vorliegen und der Pflegevertrag gekündigt wird.[476]

Bei einer wirksamen Kündigung hat der Unternehmer einen Anspruch nach § 985 BGB auf Räumung und Herausgabe des Zimmers des Bewohners.

470 Vgl. BVerfG, Beschl. v. 15.12.2008, 1 BvR 1404/04, Rn. 18.
471 OLG Hamburg, Beschl. v. 29.04.2025 – 4 W 105/24 – Rn. 35.
472 Vgl. LG Lübeck, Urt. v. 25.04.2024 – 5 O 197/23 –, juris Rn. 18.
473 Bachem/Hacke, WBVG, § 12 Rn. 61.
474 Weidenkaff, in: GrünHome Teil III, WBVG, § 12 Rn. 1.
475 BT-Drs. 16/12408, 28.
476 Bachem/Hacke, WBVG, § 12 Rn. 61.

§ 13
Nachweis von Leistungsersatz und Übernahme von Umzugskosten

(1) [1]Hat der Verbraucher nach § 11 Absatz 3 Satz 1 aufgrund eines vom Unternehmer zu vertretenden Kündigungsgrundes gekündigt, ist der Unternehmer demerbraucher auf dessen Verlangen zum Nachweis eines angemessenen Leistungsersatzes zu zumutbaren Bedingungen und zur Übernahme der Umzugskosten in angemessenem Umfang verpflichtet. [2]§ 115 Absatz 4 des Elften Buches Sozialgesetzbuch bleibt unberührt.

(2) [1]Hat der Unternehmer nach § 12 Absatz 1 Satz 1 aus den Gründen des § 12 Absatz 1 Satz 3 Nummer 1 oder nach § 12 Absatz 5 gekündigt, so hat er dem Verbraucher auf dessen Verlangen einen angemessenen Leistungsersatz zu zumutbaren Bedingungen nachzuweisen. [2]In den Fällen des § 12 Absatz 1 Satz 3 Nummer 1 hat der Unternehmer auch die Kosten des Umzugs in angemessenem Umfang zu tragen.

(3) Der Verbraucher kann den Nachweis eines angemessenen Leistungsersatzes zu zumutbaren Bedingungen nach Absatz 1 auch dann verlangen, wenn er noch nicht gekündigt hat.

(4) [1]Wird in den Fällen des § 1 Absatz 2 ein Vertrag gekündigt, gelten die Absätze 1 bis 3 entsprechend. [2]Der Unternehmer hat die Kosten des Umzugs in angemessenem Umfang nur zu tragen, wenn ein Vertrag über die Überlassung von Wohnraum gekündigt wird. [3]Werden mehrere Verträge gekündigt, kann der Verbraucher den Nachweis eines angemessenen Leistungsersatzes zu zumutbaren Bedingungen und unter der Voraussetzung des Satzes 2 auch die Übernahme der Umzugskosten von jedem Unternehmer fordern, dessen Vertrag gekündigt ist. [4]Die Unternehmer haften als Gesamtschuldner.

Allgemeines zu Leistungsersatz und Umzugskosten

Bei außerordentlichen Kündigungen des Verbrauchers, die der Unternehmer zu vertreten hat, sowie bei Kündigungen aufgrund von Betriebseinstellungen hat der Unternehmer dem Verbraucher – auf Verlangen – einen angemessenen Leistungsersatz zu zumutbaren Bedingungen nachzuweisen und ist zur Übernahme der Umzugskosten in angemessenem Umfang verpflichtet. Unabhängig hiervon haben die Pflegekassen nach 115 Abs. 4 SGB XI ihrerseits bei Feststellung schwerwiegender, kurzfristig nicht behebbarer Mängel in der stationären Pflege dem Verbraucher auf dessen Verlangen hin, eine andere geeignete Pflegeeinrichtung zu vermitteln. Der Verbraucher kann den Nachweis des Leistungsersatzes nach Abs. 3 auch vor Ausspruch der fristlosen Kündigung verlangen. Dabei ist jedoch zu berücksichtigen, dass zu diesem Zeitpunkt der „wichtige Grund" bereits vorliegen muss. Ein Zuwarten mit dem Ausspruch der Kündigung birgt jedoch das Risiko, dass die Schwelle der Unzumutbarkeit am Vertrag festzuhalten nicht mehr überschritten wird.

Angemessene Umzugskosten sind solche, die erforderlich sind, das Hab und Gut des Bewohners zu verpacken und an die neue Adresse seiner zukünftigen Wohnung zu transportieren. Hierbei ist auf die persönlichen Umstände des Bewohners abzustellen. Die Angemessenheit bestimmt sich im Vergleich mit Umzügen anderer Bewohner, die über ähnliches Hab und Gut verfügen. Auf die wirtschaftlichen Interessen des Unternehmers ist – schon deshalb, weil dieser sich entweder vertragswidrig verhalten hat und die Kündigung zu verschulden hat (außerordentliche Kündigung des Verbrauchers) oder er mit der Betriebseinstellung eine in seiner Sphäre liegende wirtschaftliche Entscheidung getroffen hat – keine Rücksicht zu nehmen.[477] § 13 ist *lex specialis* zu § 280 Abs. 1 BGB. Weitergehende Schadensersatzansprüche wegen des notwendigen Umzugs sind ausgeschlossen. Auch dies rechtfertigt bei systematischer Betrachtung einen vollständigen Ausgleich der Umzugskosten. Bei der fristlosen Kündigung ist zu beachten, dass Notumzüge deutlich höhere Kosten verursachen. Der Verbraucher braucht sich nicht darauf verweisen zu lassen, noch einige Tage länger in der Einrichtung zu verbleiben.

§ 14
Sicherheitsleistungen

(1) [1]Der Unternehmer kann von dem Verbraucher Sicherheiten für die Erfüllung seiner Pflichten aus dem Vertrag verlangen, wenn dies im Vertrag vereinbart ist. [2]Die Sicherheiten dürfen das Doppelte des auf einen Monat entfallenden Entgelts nicht übersteigen. [3]Auf Verlangen des Verbrauchers können die Sicherheiten auch durch eine Garantie oder ein sonstiges Zahlungsversprechen eines im Geltungsbereich dieses Gesetzes zum Geschäftsbetrieb befugten Kreditinstituts oder Kreditversicherers oder einer öffentlich-rechtlichen Körperschaft geleistet werden.

(2) In den Fällen des § 1 Absatz 2 gilt Absatz 1 mit der Maßgabe, dass der Unternehmer von dem Verbraucher für die Erfüllung seiner Pflichten aus dem Vertrag nur Sicherheiten verlangen kann, soweit der Vertrag die Überlassung von Wohnraum betrifft.

(3) [1]Ist als Sicherheit eine Geldsumme bereitzustellen, so kann diese in drei gleichen monatlichen Teilleistungen erbracht werden. [2]Die erste Teilleistung ist zu Beginn des Vertragsverhältnisses fällig. [3]Der Unternehmer hat die Geldsumme von seinem Vermögen getrennt für jeden Verbraucher einzeln bei einem Kreditinstitut zu dem für Spareinlagen mit dreimonatiger Kündigungsfrist marktüblichen Zinssatz anzulegen. [4]Die Zinsen stehen, auch soweit ein höherer Zinssatz erzielt wird, dem Verbraucher zu und erhöhen die Sicherheit.

(4) [1]Von Verbrauchern, die Leistungen nach den §§ 42 und 43 des Elften Buches Sozialgesetzbuch in Anspruch nehmen, oder Verbrauchern, denen Hilfe in Einrichtungen nach dem Zwölften Buch Sozialgesetzbuch gewährt wird, kann der Unternehmer keine

477 Vgl.Drasdo, BeckOGK, WBVG, § 13 Rn. 18 ff.

Sicherheiten nach Absatz 1 verlangen. [2]Von Verbrauchern, die Leistungen nach dem Dritten oder Vierten Kapitel des Zwölften Buches Sozialgesetzbuch erhalten und in einer besonderen Wohnform nach § 42a Absatz 2 Satz 1 Nummer 2 und Satz 3 des Zwölften Buches Sozialgesetzbuch leben, kann der Unternehmer keine Sicherheiten nach Absatz 1 verlangen, wenn das für die Überlassung von Wohnraum geschuldete Entgelt durch Direktzahlung des Sozialhilfeträgers an den Unternehmer geleistet wird. [3]Von Verbrauchern, die Leistungen im Sinne des § 36 Absatz 1 Satz 1 des Elften Buches Sozialgesetzbuch in Anspruch nehmen, kann der Unternehmer nur für die Erfüllung der die Überlassung von Wohnraum betreffenden Pflichten aus dem Vertrag Sicherheiten verlangen.

Allgemeines

§ 14 erlaubt dem Unternehmer, Sicherheiten vom Verbraucher nur dann zu verlangen, wenn dies ausdrücklich vertraglich vereinbart ist. Die Regelung dient dem Schutz des Verbrauchers vor übermäßigen finanziellen Vorleistungen und schafft – vergleichbar der Mietkaution im Wohnraummietrecht (§ 551 BGB) – transparente und sozialverträgliche Grenzen.

Umfang der Sicherheit (Kaution)

Die Sicherheit darf höchstens das Doppelte eines Monatsentgelts betragen (Abs. 1 Satz 2). Der Verbraucher kann anstatt einer Barkaution auch eine Garantie oder Bürgschaft (Zahlungsversprechen) eines zugelassenen Kreditinstituts, Kreditversicherers oder einer öffentlich-rechtlichen Körperschaft stellen (Abs. 1 Satz 3). Dies gilt auch dann, wenn diese Möglichkeit vertraglich nicht vereinbart wurde. Barkautionen können – wie im Mietrecht – in drei gleichen monatlichen Raten beglichen werden. Für Einrichtungen, die unter den Anwendungsbereich des § 1 Abs. 2 fallen (insbesondere Service-Wohnen), gilt, dass der Unternehmer nur für die Überlassung von Wohnraum eine Sicherheit verlangen darf – nicht für Pflege-, Betreuungs- oder Verpflegungsleistungen. Dies gilt auch in Fällen, in denen der Verbraucher Leistungen der häuslichen Pflege (§ 36 SGB XI) bezieht (Abs. 4 Satz 3). In diesen Fällen darf nur eine Kaution max. in Höhe des doppelten Entgelts für die Überlassung des Wohnraums verlangt werden.

Ausschluss der Kaution (Abs. 4)

Der Unternehmer darf keine Sicherheitsleistung verlangen, wenn der Verbraucher:

- Leistungen nach §§ 42, 43 SGB XI (vollstationäre Pflege) erhält oder
- Hilfe in Einrichtungen nach SGB XII erhält (Satz 1) oder
- Leistungen nach dem 3. oder 4. Kapitel SGB XII bezieht und in einer besonderen Wohnform (§ 42a Abs. 2 Nr. 2 SGB XII) lebt, sofern der Sozialhilfeträger das Entgelt direkt an den Unternehmer zahlt (Satz 2);

§ 15
Besondere Bestimmungen bei Bezug von Sozialleistungen

(1) [1]In Verträgen mit Verbrauchern, die Leistungen nach dem Elften Buch Sozialgesetzbuch in Anspruch nehmen, müssen die Vereinbarungen den Regelungen des Siebten und Achten Kapitels des Elften Buches Sozialgesetzbuch sowie den aufgrund des Siebten und Achten Kapitels des Elften Buches Sozialgesetzbuch getroffenen Regelungen entsprechen. [2]Vereinbarungen, die diesen Regelungen nicht entsprechen, sind unwirksam.

(2) [1]In Verträgen mit Verbrauchern, die Leistungen nach dem Zwölften Buch Sozialgesetzbuch in Anspruch nehmen, müssen die Vereinbarungen den aufgrund des Zehnten Kapitels des Zwölften Buches Sozialgesetzbuch getroffenen Regelungen entsprechen. [2]Absatz 1 Satz 2 ist entsprechend anzuwenden.

(3) [1]In Verträgen mit Verbrauchern, die Leistungen nach Teil 2 des Neunten Buches Sozialgesetzbuch in Anspruch nehmen, müssen die Vereinbarungen den aufgrund des Teils 2 Kapitel 8 des Neunten Buches Sozialgesetzbuch getroffenen Regelungen entsprechen. [2]Absatz 1 Satz 2 ist entsprechend anzuwenden.

Allgemeines

§ 15 regelt das Zusammenspiel zwischen dem zivilrechtlichen Wohn- und Betreuungsvertrag und den öffentlich-rechtlichen Leistungsvereinbarungen der Sozialgesetzbücher (SGB XI, SGB XII und SGB IX). Die Vorschrift stellt klar, dass die vertraglichen Regelungen mit Verbrauchern, die Sozialleistungen erhalten, nicht im Widerspruch zu den öffentlich-rechtlich vereinbarten Leistungs- und Vergütungsbedingungen stehen dürfen. Damit wird die Einheit der Rechtsordnung gewahrt. Zudem wird dadurch deutlich, dass das Zivilrecht durch das Leistungsrecht teilweise überlagert wird, um die Rechtsordnung nicht widersprüchlich werden zu lassen und sich beide Rechtsmaterien bedingen. Die sozialrechtlichen Regelungen gehen den zivilrechtlichen Regelungen vor.[478]

§ 16
Unwirksamkeit abweichender Vereinbarungen

Von den Vorschriften dieses Gesetzes zum Nachteil des Verbrauchers abweichende Vereinbarungen sind unwirksam.

Abweichende Vertragsklauseln, die den Verbraucher schlechter stellen als die gesetzlichen Regelungen des WBVG, sind nichtig. Das WBVG ist halbzwingend zugunsten des

478 Vgl. BGH, Urt. v. 04.10.2018 – III ZR 292/17 – zur faktischen Beendigung des WBVG-Vertrages durch endgültigen Auszug aus der Einrichtung entsprechend der – vorgehenden – Kostenregelung des § 87a Abs. 1 SGB XI.

Verbrauchers – jede Verschlechterung seiner Rechtsposition (z. B. zu Entgelt, Kündigung, Informationspflichten, Sicherheitsleistungen) ist unwirksam (§ 134 BGB).

§ 17
Übergangsvorschriften

(1) [1]Auf Heimverträge im Sinne des § 5 Absatz 1 Satz 1 des Heimgesetzes, die vor dem 1. Oktober 2009 geschlossenen worden sind, sind bis zum 30. April 2010 die §§ 5 bis 9 und 14 Absatz 2 Nummer 4, Absatz 4, 7 und 8 des Heimgesetzes in ihrer bis zum 30. September 2009 geltenden Fassung anzuwenden. [2]Ab dem 1. Mai 2010 richten sich die Rechte und Pflichten aus den in Satz 1 genannten Verträgen nach diesem Gesetz. [3]Der Unternehmer hat den Verbraucher vor der erforderlichen schriftlichen Anpassung eines Vertrags in entsprechender Anwendung des § 3 zu informieren.

(2) Auf die bis zum 30. September 2009 geschlossenen Verträge, die keine Heimverträge im Sinne des § 5 Absatz 1 Satz 1 des Heimgesetzes sind, ist dieses Gesetz nicht anzuwenden.

(3) § 6 Absatz 3 Nummer 4 gilt nur für nach dem 31. März 2016 geschlossene Verträge.

Kein praktischer Anwendungsbereich

§ 17 hat heute keine praktische Bedeutung mehr. Die Übergangsregelungen dienten ausschließlich der Umstellung von Altverträgen nach dem Heimgesetz (HeimG) auf das Wohn- und Betreuungsvertragsgesetz. Sämtliche Übergangsfristen sind seit 2010 abgelaufen; die Norm ist nur noch von rechtshistorischem Interesse. Einzig Abs. 3 ist für Verträge, die vor dem 01.04.2016 geschlossen wurden relevant. Diese müssen die Informationen nach § 36 Abs. 1 des Verbraucherstreitbeilegungsgesetzes vom 19.02.2016 (BGBl. I S. 254) nicht im Vertrag angeben.

III. Teil
Darstellung weiterer bundesgesetzlicher Regelungen

Aus dem Schrifttum: Grüneberg, Bürgerliches Gesetzbuch, 85. Auflage, 2026 – Herberger/Martinek/Rüßmann/Weth/Würdinger, jurisPK-BGB, 10. Aufl., 2024 – Hauck/ Noftz, Sozialgesetzbuch (SGB) XI Kommentar - Soziale Pflegeversicherung, 2025 – Rolfs (geschf.)/Körner/Krasney/Mutschler, beckOGK SGB XI (Kasseler Kommentar), 2025 – Rolfs (geschf.)/Knickrehm/Deinert, beckOGK SGB XII (Oestreicher), 2025 – Schlegel/Voelzke, jurisPK SGB XI und SGB XII, 2025 – Kopp/Schenke, VwGO, 2025

1. Bürgerliches Gesetzbuch (BGB)

Schadensrecht

§ 249
Art und Umfang des Schadensersatzes

(1) Wer zum Schadensersatz verpflichtet ist, hat den Zustand herzustellen, der bestehen würde, wenn der zum Ersatz verpflichtende Umstand nicht eingetreten wäre.

(2) [1]Ist wegen Verletzung einer Person oder wegen Beschädigung einer Sache Schadensersatz zu leisten, so kann der Gläubiger statt der Herstellung den dazu erforderlichen Geldbetrag verlangen. [2]Bei der Beschädigung einer Sache schließt der nach Satz 1 erforderliche Geldbetrag die Umsatzsteuer nur mit ein, wenn und soweit sie tatsächlich angefallen ist.

Allgemeines

Die Vorschrift des § 249 regelt die Grundzüge des Schadensersatzes im Zivilrecht. Zunächst gilt, dass derjenige, der einen Schaden verursacht hat, den ursprünglichen Zustand wiederherzustellen hat (Naturalrestitution). Ist dies nicht möglich, erfolgt eine Vermögenskompensation in Geld. Dabei wird entsprechend der sog. Differenzhypothese – die von der höchstrichterlichen Rechtsprechung des BGH anerkannt ist[478]] – die nach dem schädigenden Ereignis bestehende reale Güterlage mit der hypothetisch bestehenden – nicht geschädigten – Güterlage verglichen. Die Differenz bildet dem Grundsatz nach den auszugleichenden Schaden.

Nach Abs. 2 kann der Geschädigte vom Schädiger wegen Verletzung seiner Person oder wegen Beschädigung einer Sache Schadensersatz in Form der für die (Wieder-)Herstellung erforderlichen Geldbetrag verlangen. Das Recht will es dem geschädigten nicht zumuten, die

478 BGH, Beschl. v. 09.07.1986 – GSZ 1/86 – ; vgl. auch Grüneberg, in: Grüneberg, Vorbem. vor § 249 BGB Rn. 10.

(Wieder-)Herstellung in diesen beiden Fällen dem Schädiger zu überlassen. Die folgenden Vorschriften der §§ 249–253 regeln das „Wie" des Schadensersatzes. „Ob" jemand zum Schadensersatz verpflichtet ist, ergibt sich hingegen aus anderen Vorschriften, beispielsweise einer deliktischen Haftung nach § 823 BGB oder einer Vertragspflichtverletzung nach § 280 Abs. 1 (Pflichtverletzung) oder § 13 WBVG (Übernahme von Umzugskosten).

Wegen eines Schadens, der nicht Vermögensschaden ist, kann Entschädigung in Geld nur in den vom Gesetz eigens hierfür bestimmten Fällen verlangt werden (Schmerzensgeld, § 253 Abs. 1). Solche immateriellen Schäden sind zunächst nach § 253 Abs. 2 die Verletzung des Körpers, der Gesundheit, der Freiheit oder der sexuellen Selbstbestimmung. In diesen Fällen kann der Geschädigte Schadensersatz in Form eines Schmerzensgeldes als „billige Entschädigung in Geld" fordern, auch wenn kein Vermögensschaden vorliegt. Gleiches gilt nach § 844 Abs. 3[479] für den Ausgleich „seelischen Leids" der Hinterbliebenen bei der Tötung von Personen, die zu diesen in einem besonderen persönlichen Näheverhältnis standen.[480] Ein Anspruch auf immateriellen Schadensersatz kennt auch Art. 82 Abs. 1 DSGVO, wonach jede Person, der wegen eines Verstoßes gegen die DSGVO ein materieller oder immaterieller Schaden entstanden ist, Anspruch auf Schadenersatz gegen den Verantwortlichen oder gegen den Auftragsverarbeiter hat.

Prägend für die deutsche Schadensdogmatik ist die Ausgleichsfunktion. Weder bezweckt dieser Ausgleich eine Prävention oder Abschreckung noch eine Sanktion für missbilligtes – rechtswidriges – Verhalten. Es handelt sich um keine Strafe zur Abschreckung.

§ 249 ist für Pflegeeinrichtungen sowohl im Bereich der Körper- und Gesundheitsschäden als auch bei Vermögensschäden der Bewohner von zentraler Bedeutung. Er bildet die Grundlage für die Haftung aus Delikt (§ 823), vertraglicher Pflichtverletzung (§§ 280 ff.) und Organisationsverschulden (vgl. § 831).

In stationären Pflegeeinrichtungen und ambulant betreuten Wohn-Pflege-Formen können Stürze, Fehler bei der Medikation oder fehlende Sturzprävention zu Haftungsansprüchen führen. § 249 BGB verpflichtet zur Wiederherstellung des ursprünglichen Zustands, z. B. durch Behandlungs- oder Rehabilitationsmaßnahmen, deren Kosten sodann der Träger (Schädiger) zu tragen hat (Schadensersatz).

Nach der höchstrichterlichen Rechtsprechung des BGH gilt, dass bei voll beherrschbaren Risiken – etwa bei Transferleistungen oder dem Waschen/Duschen gefährdeter Patienten – der Pflegende die Beweislast trägt, wenn ein Schaden trotz vorhandener Aufsichtspflicht eintritt. Anders liegt dies jedoch bei Fällen, die nicht als voll beherrschbares Risiko einzustufen sind. Insoweit ergeben sich maßgebliche Unterschiede zwischen der Haftung eines Krankenhausbetreibers und eines Pflegeheimbetreibers. Verletzt sich ein Bewohner in einer Pflegeeinrichtung

479 Gesetz zur Einführung eines Anspruchs auf Hinterbliebenengeld v. 17.07.2017 (BGBl. I 2017, Nr. 48, S. 2421).

480 Das Hinterbliebengeld dürfte sich regelmäßig – beim Vorliegen der Voraussetzungen – im Bereich von 10.000 € je Angehörigem bewegen (vgl. BT-Drs. 18/11397, S. 11 mit Verweis auf die Rechtsprechung zu sog. Schockschäden).

durch einen Sturz, trägt er – nach den allgemeinen Regeln des Beweisrechts – die Beweislast dafür, dass er bspw. beim Gehen ständiger Beaufsichtigung und Stütze bedarf.[481]

Kommt es im Zusammenhang mit einer konkret geschuldeten Hilfeleistung (bspw. begleiteter Toilettengang) zu einem Sturz des Bewohners, so muss der Träger des Pflegeheims darlegen, dass dieser Sturz nicht auf einem Fehlverhalten (Pflichtverletzung) des eingesetzten Pflegepersonals beruht. Hierauf ist auf die Gesamtumstände im Einzelfall abzustellen. Die konkret erforderlichen Maßnahmen zur Vermeidung von Stürzen einzelner Pflegekunden bestimmen sich grundsätzlich nach dem individuellen Grad der Beeinträchtigung bzw. Gebrechlichkeit einerseits und dem zumutbaren personellen Aufwand des Pflegeheims/Pflegedienstes andererseits.

Wie beispielsweise das OLG München festgestellt hat, ist von einer Pflichtverletzung seitens eines Pflegeheims nicht auszugehen, wenn ein Heimbewohner täglich im Rollstuhl in den Aufenthaltsraum gefahren wird und dort – in der Vergangenheit – unauffällig den ganzen Tag verbleibt, ohne sich zu erheben. Bei einer solchen Sachlage muss nicht damit gerechnet werden und auch diesbezüglich keine Vorsorge getroffen werden, dass der Bewohner plötzlich aufsteht und es zu einem schädigenden Sturz kommt.[482]

Es ist allgemeine Auffassung, dass ungeachtet der Sorgfaltsmaßnahmen bei konkreten Gefahrensituationen keine Verpflichtung eines Pflegeheims besteht, einen „vollständigen Schutz“ der Pflegekunden sicher zu stellen. Die Pflichten des Heimträgers beschränken sich in jedem Falle auf das Erforderliche und das für den Pflegekunden sowie den Pflegekräften Zumutbare. Ein umfassender Schutz des Pflegekunden wäre auch mit dessen Rechten auf Selbstständigkeit, Selbstbestimmung, Selbstverantwortung (vgl. § 1 Satz 2 SächsWTG) nicht zu vereinbaren. Dabei ist insbesondere zu beachten, dass das Sicherheitsgebot gegen Gesichtspunkte der Einschränkung des Freiheitsrechtes aus Art. 2 GG i. V. m. Art. 1 Abs. 1 GG abzuwägen ist.[483] Hierbei sind die Würde, die Wünsche und Bedürfnisse des Pflegekunden zu berücksichtigen.[484]

Die aus dem Wohn- und Betreuungsvertrag für den Betreiber resultierende vertragliche Obhutspflicht als Nebenpflicht und Ausfluss der Hauptleistungspflicht des § 7 Abs. 1 WBVG („*vertraglich vereinbarte Pflege- oder Betreuungsleistungen nach dem allgemein anerkannten Stand fachlicher Erkenntnisse zu erbringen*“) ist auf Maßnahmen begrenzt, die in stationären Pflegeeinrichtungen mit einem vernünftigen finanziellen und personellen Aufwand realisierbar sind. Einen allumfassenden Schutz kann und braucht eine stationäre Pflegeeinrichtung nicht zu leisten. Ebenso verlangt das Recht nichts Unmögliches und nichts was einen Aufwand erfordert, der unter Beachtung des Vertrages und der Gebote von Treu und Glauben (§ 242)

481 OLG Köln, Urt. v. 15.01.2004 – 12 U 66/03 –.
482 OLG München, Urt. v. 12.11.2008 – 20 U 3322/08 – juris Rn. 10.
483 Vgl. nur BGH, Urt. V. 28.04.2005 – III ZR 399/04 –.
484 Vgl. LG Coburg, Urt. v. 16.03.2010 – 11 O 660/09 –.

in einem groben Missverhältnis zu dem Leistungsinteresse des Pflegekunden steht („*impossibilium nulla est obligatio*", § 275 Abs. 2).

§ 823
Schadensersatzpflicht

(1) Wer vorsätzlich oder fahrlässig das Leben, den Körper, die Gesundheit, die Freiheit, das Eigentum oder ein sonstiges Recht eines anderen widerrechtlich verletzt, ist dem anderen zum Ersatz des daraus entstehenden Schadens verpflichtet.

(2) [1]Die gleiche Verpflichtung trifft denjenigen, welcher gegen ein den Schutz eines anderen bezweckendes Gesetz verstößt. [2]Ist nach dem Inhalt des Gesetzes ein Verstoß gegen dieses auch ohne Verschulden möglich, so tritt die Ersatzpflicht nur im Falle des Verschuldens ein.

Allgemeines

§ 823 ist die zentrale deliktische Anspruchsgrundlage des BGB. Abs. 1 schützt die absoluten Rechtsgüter Leben, Körper, Gesundheit, Freiheit, Eigentum und sonstige (ähnliche) Rechte. Abs. 2 knüpft die Haftung an die Verletzung eines Schutzgesetzes (z. B. Strafnormen wie § 223 StGB oder bestimmte arznei-/medizinprodukterechtliche Vorschriften). Handlungen des Pflegepersonals können aktives Tun (z. B. Medikamentengabe) oder Unterlassen (z. B. unterlassene Lagerungen) sein. Ein Unterlassen ist nur dann haftungsbegründend, wenn eine Rechtspflicht zum Handeln besteht (Obhuts-/Verkehrssicherungspflichten, Garantenstellung aus WBVG-Vertrag/Heimbetrieb). Der BGH betont die Obhutspflichten von Heimbetreibern, die sich an Erforderlichkeit, Zumutbarkeit sowie der Wahrung von Würde und Selbstständigkeit der Bewohner ausrichten. Vorkehrungen zur Verhinderung schwerer Selbstgefährdungen können geboten sein (z. B. Absturzsicherung bei Unterbringung dementiell Erkrankter im Obergeschoss), wenn erkennbar eine Selbstschädigungsgefahr besteht, ohne dass eine Rundumüberwachung geschuldet wäre. Maßstab bleibt in jedem Fall die konkrete Gefahrensituation.[485] Gesundheits- und Körperverletzungen (Sturz, Fehlmedikation, Dekubitus, Infektionen) aber auch die Verletzung sonstiger Rechte (allg. Persönlichkeitsrecht, z. B. bei unbefugten Fotos) sind häufige Fallgruppen einer Schadensersatzpflicht.

Um eine Haftung nach § 823 zu begründen, ist es erforderlich, dass ein ursächlicher Zusammenhang zwischen Handlung/Unterlassen und Schaden (*conditio-sine-qua-non*) sowie die normative Zurechnung (Schutzzweck der Pflicht) gegeben sind. Bei konkreten Gefahrensituationen kommen Beweiserleichterungen für den Geschädigten in Betracht.[486]

485 BGH, Urt. v. 14.01.2021 – III ZR 168/19 –.
486 Siehe hierzu auch §§ 630a – h BGB.

Ist eine haftungsbegründende Kausalität gegeben, so wird die Rechtswidrigkeit zunächst indiziert. Diese Vermutung kann der Schädiger widerlegen. Rechtfertigungsgründe sind im Einzelfall geeignet, die Haftung auszuschließen. Solche sind bspw. eine (wirksame) Einwilligung oder ein rechtfertigender Notstand, bspw. wenn bei mehreren erforderlichen zeitkritischen Interventionen einer Pflegefachkraft eine Entscheidung für und damit zwangsläufig gegen die Versorgung eines anderen Bewohners getroffen werden muss. Für medizinische/pflegerische Maßnahmen gilt § 630d. Vor einem Eingriff ist die (konkludente) Einwilligung des (einwilligungsfähigen) Patienten einzuholen; andernfalls die des Berechtigten.

Freiheitsentziehende Maßnahmen (FEM) (Fixierung/medikamentöse „Ruhigstellung") bedürfen – von Eilfällen abgesehen – der Genehmigung des Betreuungsgerichts nach § 1831. Liegt eine solche nicht vor, handelt es sich um eine rechtswidrige Verletzung der Freiheit der Person (ggf. des Körpers/Gesundheit).

Die Frage der Höhe des zu ersetzenden Schadens richtet sich maßgeblich nach den §§ 249 ff.

Vertretenmüssen von Vorsatz und Fahrlässigkeit

Der Unternehmer hat für eine Haftung nach § 823 nach § 276 Abs. 1 Satz 1 Vorsatz und Fahrlässigkeit zu vertreten. Fahrlässig handelt, wer die im Verkehr erforderliche Sorgfalt außer Acht lässt (§ 276 Abs. 2). Vorsätzlich handelt hingegen wer wissentlich (kognitives Element) den Erfolg im Bewusstsein der Rechts- oder Pflichtwidrigkeit will (voluntatives Element). Bedingter Vorsatz, das heißt, das in-Kauf-nehmen und Billigen des Schadens ist ausreichend.

Die im Verkehr erforderliche Sorgfalt bemisst sich an den allgemein anerkannten fachlichen Standards (§ 13 Abs. 2 SächsWTG). Für die Pflege konkretisieren die Qualitätsvorgaben u. a. nach den „Maßstäben und Grundsätzen" nach § 113 SGB XI (verbindlicher Qualitätsrahmen) sowie – historisch – die Expertenstandards nach § 113a SGB XI (seit 01.07.2023 aufgehoben durch das PUEG), DNQP-Expertenstandards, den allgemein anerkannten fachlichen Standard und Sorgfaltsmaßstab. Diese Standards prägen maßgeblich, was im Einzelfall sorgfaltsgemäß ist.

Bei Fehlmedikation ist bspw. zu prüfen, ob der richtige Bewohner zur richtigen Zeit das richtige Arzneimittel in richtiger Dosis und via richtigem Applikationsweg erhalten hat (sog. 6-R-Regel bzw. erweiternd um Risikomanagement, Dokumentation, Aufbewahrung und Entsorgung „10-R-Regel"). Schwerwiegende verordnungs- oder lesebedingte Medikationsfehler („grober Behandlungsfehler") sind haftungsbegründend.[487]

Im Zusammenspiel der unterschiedlichen Professionen bei der Mitwirkung in einem Heimbetrieb sind zudem Anordnungs- und Durchführungsverantwortung strikt zu trennen. Ärzte ordnen an, das Pflegepersonal führt eigenverantwortlich fachgerecht durch, beobachtet und

487 LG Hamburg, Urt. v. 07.03.2013 – 323 O 323/10 –. (schwere Lithiumintoxikation mit Koma aufgrund der verwechselten Gabe von Hypnorex statt Leponex - 100.000 € Schmerzensgeld).

remonstriert ggf. bei Bedenken. „Fehler" können nur auf derjenigen Ebene haftungsrelevant sein, auf der der jeweils Handelnde zuständig ist. Weder haftet das Pflegepersonal für eine falsche Verordnung, noch haftet der Arzt für eine fehlerhafte Durchführung.

Verletzung von Schutzgesetzen

§ 823 Abs. 2 normiert darüber hinaus eine Haftung wegen der Verletzung eines Schutzgesetzes. Ein Schutzgesetz ist eine Norm, die (auch) den Einzelschutz bezweckt (bspw. § 223 StGB, Körperverletzung; § 229 StGB, fahrlässige Körperverletzung[488]; § 323c StGB, unterlassene Hilfeleistung).

Ob die landesrechtlichen Vorschriften des SächsWTG im Einzelfall Schutzgesetze sind, hängt vom konkreten Normzweck ab. Unabhängig davon indiziert ihre Verletzung jedoch regelmäßig eine Verkehrssicherungspflichtverletzung und führt sodann zu einer Haftung zumindest nach § 823 Abs. 1. Der Heimträger haftet eigenständig bei mangelhafter Organisation, etwa bei unzureichender Personalausstattung, fehlenden Standards und Anweisungen oder einer defizitären Medikamentenlogistik. Die Obhutspflichten sind dabei auf in Pflegeheimen übliche und mit vernünftigem finanziellem sowie personellem Aufwand realisierbare Maßnahmen begrenzt.[489] Die Einrichtung schuldet keinen Schutz in seiner Gesamtheit, sondern lediglich die Wahrnehmung zumutbarer Sicherungspflichten. Bei erkennbaren hohen Risiken – etwa der Gefahr eines Fenstersturzes bei demenziell Erkrankten – sind präventive Sicherungsvorkehrungen zu treffen. Dies entbindet jedoch nicht von der Pflicht, Selbstbestimmung zu respektieren und Übermaß zu vermeiden.[490]

Organisationsverschulden

Neben eigener Pflichtverletzung kommt eine Haftung für Verrichtungsgehilfen (Pflegekräfte) nach § 831 in Betracht. Von dieser Haftung kann sich der Heimträger nur durch den Nachweis sorgfältiger (dokumentierter) Auswahl, Anleitung und Überwachung im Rahmen einer funktionierenden Organisationsstruktur exkulpieren. Hygienemängel können als Organisationsfehler gewertet werden und Beweiserleichterungen zugunsten des Geschädigten auslösen. Einrichtungen haben organisatorische und technische Vorkehrungen gegen vermeidbare Keimübertragungen zu treffen und deren Wirksamkeit nachweisbar zu überwachen und sicherzustellen (§ 13 Abs. 2 Satz 2 Nr. 7 SächsWTG).

Konkrete Gefahrensituation

Befindet sich der Bewohner nicht in einem „normalen Alltagsgeschehen", sondern in einer „konkreten Gefahrensituation" – etwa beim begleiteten Toilettengang bei erhöhter Sturzgefahr und benötigtem „festen Halt" – hat die Rechtsprechung Beweiserleichterungen anerkannt,

488 OLG Düsseldorf, Urt. v. 17.01.2012 – I-24 U 78/11 –, juris Rn. 20 ff.
489 BGH, Urt. v. 28.04.2005 – III ZR 399/04 –.
490 BGH, Urt. v. 14.01.2021 – III ZR 168/19 –.

wenn dokumentierte Schutzmaßnahmen nicht beachtet wurden.[491] Den Heimträger treffen dann gesteigerte, erfolgsbezogene Obhutspflichten. Der Träger hat in diesen Situationen für die „Vermeidung jeder unfallbedingten, körperlichen Beeinträchtigung der [Bewohner] Sorge zu tragen".[492] Ob eine „konkrete Gefahrensituation" vorliegt, sich aus der Gesamtschau der Pflegeplanung.[493]

Stürze

Pflegeheimtypische Sturzereignisse begründen nicht automatisch eine Haftung, schon weil dessen Verhinderung nur bei einem Rundum-Schutz möglich wäre, der aber nicht geschuldet ist.[494] Entscheidend ist, ob eine konkrete Gefährdungslage – unter Berücksichtigung des Krankheitsbildes des Bewohners (bspw. Demenz) – bestand und zumutbare Maßnahmen wie Sturzrisikoassessment, individuelle Sturzprophylaxe nach erkannter Sturzgefahr[495], geeignete Hilfsmittel, Umfeldsicherung oder angemessene Beaufsichtigung unterlassen wurden. Bei konkret nicht fernliegenden Risiken im Einzelfall sind spezifische (vorbeugende) Sicherungsmaßnahmen zu erwägen und bei Möglichkeit zu ergreifen.[496] Fixierungen und sedierende Maßnahmen sind nur bei konkreter erheblicher Selbst- oder Fremdgefährdung verhältnismäßig und nur mit gerichtlicher Genehmigung zulässig (§ 1831). Sedativa zur bloßen „Ruhigstellung" sind unzulässig und erfüllen ohne wirksame Einwilligung regelmäßig den Tatbestand der Körperverletzung (§ 223 StGB).

Mietvertrag

§ 535
Inhalt und Hauptpflichten des Mietvertrags

(1) [1]Durch den Mietvertrag wird der Vermieter verpflichtet, dem Mieter den Gebrauch der Mietsache während der Mietzeit zu gewähren. [2]Der Vermieter hat die Mietsache dem Mieter in einem zum vertragsgemäßen Gebrauch geeigneten Zustand zu überlassen und sie während der Mietzeit in diesem Zustand zu erhalten. [3]Er hat die auf der Mietsache ruhenden Lasten zu tragen.

(2) Der Mieter ist verpflichtet, dem Vermieter die vereinbarte Miete zu entrichten.

491 OLG Düsseldorf, Urt. v. 17.01.2012 – I-24 U 78/11 –, juris Rn. 25; OLG Schleswig, Urt. v. 13.04.2012 – 17 U 28/11 –, juris Rn. 24 m. w. N.
492 OLG Düsseldorf, Urt. v. 17.01.2012 – I-24 U 78/11 –, juris Rn. 25 m. w. N.
493 OLG Schleswig, Urt. v. 13.04.2012 – 17 U 28/11 –, juris Rn. 24 ff.
494 Vgl. BGH, Urt. v. 28.04.2005 – III ZR 399/04 –.
495 LG Coburg, Urt. v. 24.01.2014 – 22 O 355/13 –.
496 BGH, Urt. v. 14.01.2021 – III ZR 168/19 – Rn. 18.

§ 536
Mietminderung bei Sach- und Rechtsmängeln

(1) [1]Hat die Mietsache zur Zeit der Überlassung an den Mieter einen Mangel, der ihre Tauglichkeit zum vertragsgemäßen Gebrauch aufhebt, oder entsteht während der Mietzeit ein solcher Mangel, so ist der Mieter für die Zeit, in der die Tauglichkeit aufgehoben ist, von der Entrichtung der Miete befreit. [2]Für die Zeit, während der die Tauglichkeit gemindert ist, hat er nur eine angemessen herabgesetzte Miete zu entrichten. [3]Eine unerhebliche Minderung der Tauglichkeit bleibt außer Betracht.

(1a) Für die Dauer von drei Monaten bleibt eine Minderung der Tauglichkeit außer Betracht, soweit diese auf Grund einer Maßnahme eintritt, die einer energetischen Modernisierung nach § 555b Nummer 1 dient.

(2) Absatz 1 Satz 1 und 2 gilt auch, wenn eine zugesicherte Eigenschaft fehlt oder später wegfällt.

(3) Wird dem Mieter der vertragsgemäße Gebrauch der Mietsache durch das Recht eines Dritten ganz oder zum Teil entzogen, so gelten die Absätze 1 und 2 entsprechend.

(4) Bei einem Mietverhältnis über Wohnraum ist eine zum Nachteil des Mieters abweichende Vereinbarung unwirksam.

§ 538
Abnutzung der Mietsache durch vertragsgemäßen Gebrauch

Veränderungen oder Verschlechterungen der Mietsache, die durch den vertragsgemäßen Gebrauch herbeigeführt werden, hat der Mieter nicht zu vertreten.

§ 546
Rückgabepflicht des Mieters

(1) Der Mieter ist verpflichtet, die Mietsache nach Beendigung des Mietverhältnisses zurückzugeben.

(2) Hat der Mieter den Gebrauch der Mietsache einem Dritten überlassen, so kann der Vermieter die Sache nach Beendigung des Mietverhältnisses auch von dem Dritten zurückfordern.

§ 551
Begrenzung und Anlage von Mietsicherheiten

(1) Hat der Mieter dem Vermieter für die Erfüllung seiner Pflichten Sicherheit zu leisten, so darf diese vorbehaltlich des Absatzes 3 Satz 4 höchstens das Dreifache der auf einen Monat entfallenden Miete ohne die als Pauschale oder als Vorauszahlung ausgewiesenen Betriebskosten betragen.

(2) [1]Ist als Sicherheit eine Geldsumme bereitzustellen, so ist der Mieter zu drei gleichen monatlichen Teilzahlungen berechtigt. [2]Die erste Teilzahlung ist zu Beginn des Mietverhältnisses fällig. [3]Die weiteren Teilzahlungen werden zusammen mit den unmittelbar folgenden Mietzahlungen fällig.

(3) [1]Der Vermieter hat eine ihm als Sicherheit überlassene Geldsumme bei einem Kreditinstitut zu dem für Spareinlagen mit dreimonatiger Kündigungsfrist üblichen Zinssatz anzulegen. [2]DieVertragsparteien können eine andere Anlageform vereinbaren. [3]In beiden Fällen muss die Anlage vom Vermögen des Vermieters getrennt erfolgen und stehen die Erträge dem Mieter zu. [4]Sie erhöhen die Sicherheit. [...]

(4) Eine zum Nachteil des Mieters abweichende Vereinbarung ist unwirksam.

§ 556
Vereinbarungen über Betriebskosten

(1) [1]Die Vertragsparteien können vereinbaren, dass der Mieter Betriebskosten trägt. [2]Betriebskosten sind die Kosten, die dem Eigentümer oder Erbbauberechtigten durch das Eigentum oder das Erbbaurecht am Grundstück oder durch den bestimmungsmäßigen Gebrauch des Gebäudes, der Nebengebäude, Anlagen, Einrichtungen und des Grundstücks laufend entstehen. [3]Für die Aufstellung der Betriebskosten gilt die Betriebskostenverordnung vom 25. November 2003 (BGBl. I S. 2346, 2347) fort. [4]Die Bundesregierung wird ermächtigt, durch Rechtsverordnung ohne Zustimmung des Bundesrates Vorschriften über die Aufstellung der Betriebskosten zu erlassen.

(2) [1]Die Vertragsparteien können vorbehaltlich anderweitiger Vorschriften vereinbaren, dass Betriebskosten als Pauschale oder als Vorauszahlung ausgewiesen werden. [2]Vorauszahlungen für Betriebskosten dürfen nur in angemessener Höhe vereinbart werden.

(3) [1]Über die Vorauszahlungen für Betriebskosten ist jährlich abzurechnen; dabei ist der Grundsatz der Wirtschaftlichkeit zu beachten. [2]Die Abrechnung ist dem Mieter spätestens bis zum Ablauf des zwölften Monats nach Ende des Abrechnungszeitraums mitzuteilen. [3]Nach Ablauf dieser Frist ist die Geltendmachung einer Nachforderung durch den Vermieter ausgeschlossen, es sei denn, der Vermieter hat die verspätete Geltendmachung

nicht zu vertreten. [4]Der Vermieter ist zu Teilabrechnungen nicht verpflichtet. [5]Einwendungen gegen die Abrechnung hat der Mieter dem Vermieter spätestens bis zum Ablauf des zwölften Monats nach Zugang der Abrechnung mitzuteilen. [6]Nach Ablauf dieser Frist kann der Mieter Einwendungen nicht mehr geltend machen, es sei denn, der Mieter hat die verspätete Geltendmachung nicht zu vertreten.

(3a) [1]Ein Glasfaserbereitstellungsentgelt nach § 72 Absatz 1 des Telekommunikationsgesetzes hat der Mieter nur bei wirtschaftlicher Umsetzung der Maßnahme zu tragen. [2]Handelt es sich um eine aufwändige Maßnahme im Sinne von § 72 Absatz 2 Satz 4 des Telekommunikationsgesetzes, hat der Mieter die Kosten nur dann zu tragen, wenn der Vermieter vor Vereinbarung der Glasfaserbereitstellung soweit möglich drei Angebote eingeholt und das wirtschaftlichste ausgewählt hat.

(4) [1]Der Vermieter hat dem Mieter auf Verlangen Einsicht in die der Abrechnung zugrundeliegenden Belege zu gewähren. [2]Der Vermieter ist berechtigt, die Belege elektronisch bereitzustellen.

(5) Eine zum Nachteil des Mieters von Absatz 1, Absatz 2 Satz 2, Absatz 3 oder Absatz 3a abweichende Vereinbarung ist unwirksam.

Allgemeines | Abgrenzung zu WBVG-Verträgen

In Abgrenzung zu Wohn- und Betreuungsverträgen nach dem WBVG oder solchen auf die das WBVG entsprechend Anwendung findet, sind Mietverträge (§§ 535 ff.) und damit nicht verbundene Pflegeverträge als Dienstverträge (§ 611) nach den Regelungen des BGB zu beurteilen.[497] Die Bindung eines Servicevertrages als Dienstvertrag an den Fortbestand eines Mietvertrages im Rahmen eines Betreuten Wohnens („Service-Wohnen") ist nach der höchstrichterlichen Rechtsprechung des BGH grundsätzlich nicht sittenwidrig und zulässig.[498] Eine solche Konstellation der Kopplung eröffnet auch nicht die Anwendbarkeit des WBVG, wenn es sich bei den vereinbarten Service-Leistungen lediglich um „allgemeine Unterstützungsleistungen" handelt.

Zulässig ist bspw. die Klausel:

> *„Zusammen mit dem Mietvertrag bildet der Servicevertrag die Basis für diese Partnerschaft […] Bei einer Kündigung endet der Service-Vertrag mit Beendigung des Mietvertrages […] Der Mieter erkennt an, dass der Vermieter ein berechtigtes Interesse daran hat, dass die Wohnung für ‚Service-Wohnen' zur Verfügung steht. […] Der Mieter erkennt hiermit die Abhängigkeit des Bestandes des Mietverhältnisses vom Bestand des Service-Vertrages ausdrücklich an".*[499]

497 Zur Abgrenzung AG Schöneberg, Urt. v. 08.11.2022 – 10 C 58/22 –.
498 BGH, Urt. v. 23.02.2006 – III ZR 167/05 –, juris Rn. 12 ff.
499 BGH, Urt. v. 23.02.2006 – III ZR 167/05 –, juris Rn. 1 f.

Der in einer WEG-Teilungserklärung enthaltene Kontrahierungszwang der Wohnungseigentümer zum Abschluss von Betreuungsverträgen mit einem bestimmten Dienstleister und einer Bindung an diesen Service-Vertrag von mehr als zwei Jahren ist nach § 309 Nr. 9 lit. a) unwirksam.[500]

„Service-Wohnen" bzw. „Senior/Assisted Living" ist zivilrechtlich kein eigener Vertragstyp, sondern in aller Regel die Kombination aus einem Wohnraummietvertrag (§§ 535 ff. BGB) und einem gesonderten Dienst-/Betreuungsvertrag (§§ 611 ff. BGB, AGB-Kontrolle §§ 305 ff. BGB). Für die Wohnraumüberlassung gelten damit unverändert die Hauptleistungspflichten aus § 535 Abs. 1 BGB. Der Vermieter hat die Wohnung zum vertragsgemäßen Gebrauch zu überlassen und in diesem Zustand zu erhalten. Was „vertragsgemäß" ist, wird im Service-Wohnen besonders durch die vereinbarte Beschaffenheit geprägt. Werden barrierearme Zugänge, Aufzug bis zur Wohnebene, rollatorgeeignete Gemeinschaftsflächen oder eine in der Wohnung vorhandene Notruf-Schnittstelle beschrieben (Exposé, Baubeschreibung, Mietvertrag), werden diese Merkmale zur Soll-Beschaffenheit, deren Funktionsfähigkeit die Vermieterin schuldet. Ein späterer technischer Fortschritt begründet ohne besondere Vereinbarung noch keine Pflicht zur Nachrüstung.

Mietmängel

Störungen – „mehr als nur unerhebliche Minderung der Tauglichkeit" der Mietsache zum vertragsgemäßen Gebrauch (§ 536 Abs. 1. Satz 3) – zur Mietsache gehörender Ausstattungen sind Mängel i. S. d. § 536 mit der Folge einer – anders als in § 10 WBVG normiert – *kraft Gesetzes* eintretenden Mietminderung nach Maßgabe der Gebrauchswertminderung. Ein Verschulden des Vermieters ist dafür nicht erforderlich.[501]

Vom mietrechtlichen Leistungsprogramm strikt zu trennen sind typische Service-Leistungen („allgemeine Unterstützungsleistungen"). Diese Leistungen sind regelmäßig Gegenstand eines eigenständigen Dienstvertrags. Nicht- oder Schlechtleistung dieser Dienstleistungen begründen für sich genommen keinen Mangel der Mietsache, sondern Ansprüche aus dem Dienstvertragsverhältnis (z. B. Vergütungsreduzierung, Schadensersatz) nach § 280.

Ein besonders praxisrelevanter Mangel ist der Ausfall des Aufzugs in Senioreneinrichtungen. Fällt der Aufzug über erhebliche Zeit („nicht nur unerhebliche Minderung der Tauglichkeit") aus, ist die Gebrauchstauglichkeit – vor allem in oberen Etagen – spürbar beeinträchtigt. Minderungen in relevanter Höhe sind dann möglich. Die Quote bleibt einzelfallabhängig, maßgeblich sind Dauer, Lage der Wohnung und die tatsächlichen Einschränkungen des Mieters. Die Minderung entsteht automatisch kraft Gesetzes mit dem Mangel. Sie setzt kein Verschulden

500 BGH, Urt. v. 10.01.2019 – III ZR 37/18 –, juris Rn. 26 m. w. N.; Hogenschurz, jurisPR-MietR 10/2019 Anm. 5; vgl. auch zu Ausnahmen Lapp/Salamon, in: Herberger/Martinek/Rüßmann/Weth/Würdinger, jurisPK-BGB, 10. Aufl., § 309 BGB (Stand: 05.03.2025) Rn. 191, 196.

501 Zu alledem BGH, Urt. v. 29.04.2020 – VIII ZR 31/18 – m. w. N.

voraus, jedoch die unverzügliche Mängelanzeige nach § 536c durch den Mieter, da dieser andernfalls sein Minderungsrecht nach § 536c Abs. 2 Satz 2 verlieren kann.

Die mietrechtliche Risikozuordnung bleibt auch im Senior-Living-Alltag unverändert: Nichtnutzung der Wohnung – etwa wegen vorübergehender stationärer (Kurzzeit-)Pflege – befreit nach § 537 BGB nicht von der Miete. Alters- und nutzungstypische Abnutzungen (z. B. intensivere Bodennutzung durch Rollatoren) sind regelmäßig vertragsgemäßer Gebrauch (§ 538 BGB). Schönheitsreparaturen sind grundsätzlich Sache des Vermieters, dieser kann jedoch – formularmäßig durch AGB – diese Pflichten auf den Mieter überwälzen. Unwirksam sind u. a. starre oder „Quotenabgeltungs-“ Klauseln, da sich die Erforderlichkeit von Schönheitsreparaturen nach den Umständen des Einzelfalls richtet. Bei unrenoviert übergebenem Wohnraum ist die Überwälzung ohne angemessenen Ausgleich unwirksam.[502]

Betriebskosten

Rechtlich komplex und deshalb klar zu gestalten ist die Abgrenzung zwischen Betriebskosten (§ 556 BGB i. V. m. Verordnung über die Aufstellung von Betriebskosten [Betriebskostenverordnung – BetrKV][503]) und Service-Entgelten, wenn – wie standardmäßig – die Vereinbarung getroffen werden soll, dass der Mieter die Betriebskosten trägt. Umlagefähige Betriebskosten sind nur die in § 1 BetrKV beschriebenen laufenden, objektbezogenen Kosten des bestimmungsgemäßen Gebrauchs der Immobilie. Verwaltungskosten und sonstige, nicht objektbezogene Leistungen sind nicht umlagefähig.

§ 1 BetrKV
Betriebskosten

(1) [1]Betriebskosten sind die Kosten, die dem Eigentümer oder Erbbauberechtigten durch das Eigentum oder Erbbaurecht am Grundstück oder durch den bestimmungsmäßigen Gebrauch des Gebäudes, der Nebengebäude, Anlagen, Einrichtungen und des Grundstücks laufend entstehen. [2]Sach- und Arbeitsleistungen des Eigentümers oder Erbbauberechtigten dürfen mit dem Betrag angesetzt werden, der für eine gleichwertige Leistung eines Dritten, insbesondere eines Unternehmers, angesetzt werden könnte; die Umsatzsteuer des Dritten darf nicht angesetzt werden.

(2) Zu den Betriebskosten gehören nicht:

1. *die Kosten der zur Verwaltung des Gebäudes erforderlichen Arbeitskräfte und Einrichtungen, die Kosten der Aufsicht, der Wert der vom Vermieter persönlich geleisteten Verwaltungsarbeit, die Kosten für die gesetzlichen oder freiwilligen Prüfungen des Jahresabschlusses und die Kosten für die Geschäftsführung (Verwaltungskosten),*
2. *die Kosten, die während der Nutzungsdauer zur Erhaltung des bestimmungsmäßigen Gebrauchs aufgewendet werden müssen, um die durch Abnutzung, Alterung und*

502 Zu alledem BGH, Urt. v. 18.03.2015 – VIII ZR 185/14; Urt. v. 08.07.2020 – VIII ZR 163/18 – jeweils m. w. N.

503 Betriebskostenverordnung v. 25.11.2003 (BGBl. I S. 2346, 2347), die zuletzt d. Art. 4 des Gesetzes v. 16.10.2023 (BGBl. 2023 I Nr. 280) geändert worden ist.

Witterungseinwirkung entstehenden baulichen oder sonstigen Mängel ordnungsgemäß zu beseitigen (Instandhaltungs- und Instandsetzungskosten)."

Service-/Betreuungspauschalen („allgemeine Unterstützungsleistungen“) sind deshalb keine Betriebskosten, sondern separat im Dienstvertrag („Service-Vertrag“) zu vergüten. Abzugrenzen sind mietrechtliche Betriebskosten von Verwaltungskosten. Diese sind kalkulatorisch bei der Höhe der Miete oder bei den Service-Entgelten zu berücksichtigen aber nicht als Betriebskosten umlagefähig. Demgegenüber zählen etwa die laufenden Kosten des Betriebs eines Personenaufzugs einschließlich der erforderlichen Notruf-Überwachung typischerweise zu den umlagefähigen Betriebskosten nach § 2 Nr. 7 BetrKV, nicht jedoch Einmalkosten (z. B. erstmaliger Anschluss) oder Reparaturen.[504] Im Miet- und Servicevertrag (ungeachtet ob es sich um einen oder zwei Verträge handelt) sollten beide Ebenen klar getrennt werden.

Reservierungs-/Platzgebühren

Reservierungs-/Platzgebühren vor Einzug sind im Service-Wohnen zulässig. Die Rechtsprechung des BGH[505] zu § 15 Abs. 1 Satz 2 WBVG i. V. m. § 87a Abs. 1 Satz 4 SGB XI zur Unwirksamkeit entsprechender Entgelte in Pflegeheimen ist auf die vorgenannten Konstellationen nicht übertragbar.[506]

Preisanpassungen

Für die Wirksamkeit von Preisanpassungsklauseln in Mietverträgen gelten die Mieterhöhungsvorschriften des BGB (Indexmiete, Staffelmiete, ortsübliche Miete)[507]. Die Unwirksamkeit einer entsprechenden Klausel führt dazu, dass eine Erhöhung im Bereich der Miete nur nach den gesetzlichen Bestimmungen – also ausschließlich nach § 558 (ortsübliche Miete)[508] – zulässig ist.

Für Preisanpassungen bei Dienst-/Serviceverträgen gelten die allgemeinen AGB-Grundsätze der §§ 307 ff. (Transparenz und Angemessenheit). Die Rechtsprechung fordert bei Preisanpassungsklauseln eine sachliche Rechtfertigung und Symmetrie („rauf wie runter“) sowie nachvollziehbare Mechanismen. Indexklauseln, die auf den Verbraucherpreisindex abstellen und proportional nach oben wie nach unten wirken, sind als Preisnebenabreden grundsätzlich zulässig. Klauseln, die dem Unternehmer ein einseitiges Erhöhungsrecht zubilligen – ohne klare Parameter zu benennen – sind unwirksam.[509]

504 Vgl. BGH, Urt. v. 18.12.2019 – VIII ZR 62/19 –.
505 BGH, Urt. v. 15. 7. 2021 – III ZR 225/20 –.
506 AG Charlottenburg, Urt. v. 05.06.2025 – 226 C 264/24 –.
507 Siehe hierzu §§ 558 ff. BGB.
508 AG Leipzig, Urt. v. 10.06.2024 – 131 C – 5691/23 –.
509 St. Rspr. zu Preisanpassungsklauseln, vgl. etwa BGH, Urt. v. 21.04.2009 – XI ZR 55/08 –, Sparkassen AGB.

Musterklauseln

Zur rechtssicheren Gestaltung im Service-Wohnen haben sich in der Praxis folgende Musterformulierungen bewährt, die – sauber voneinander getrennt – in Miet- und Servicevertrag eingebunden werden können:

– Beschaffenheitsvereinbarung:

„Die Wohnung ist barrierearm; Schwellen ≤ 2 cm, Türlichte ≥ 90 cm, Aufzug bis Wohnungsebene; in Wohn- und Schlafraum ist eine Notruf-Schnittstelle (ohne Dienstleistung) installiert; mitvermietet sind Gemeinschaftsraum (anteilige Mitbenutzung).“

– Kopplung Miet- und Servicevertrag

„Der Servicevertrag ist mit dem Mietvertrag verbunden und beginnt mit dessen Beginn (rechtliche Einheit). Er endet automatisch mit dem Ende des Mietvertrags. Eine isolierte ordentliche Kündigung des Servicevertrags ist ausgeschlossen; das Recht zur außerordentlichen Kündigung aus wichtigem Grund bleibt unberührt (§ 626 BGB).“

– Preisanpassung im Dienstvertrag aufgrund einer indexgestützten Klausel

„Die Servicepauschale für die in Anlage X aufgeführten Grundleistungen beträgt derzeit monatlich … €. Verändert sich der vom Statistischen Bundesamt festgestellte Verbraucherpreisindex für Deutschland gegenüber dem Zeitpunkt des Vertragsbeginns bzw. dem Zeitpunkt der letzten Entgeltanpassung [um mindestens 5 %] haben beide Vertragsparteien das Recht, dass die Höhe der monatlichen Servicepauschale im entsprechenden prozentualen Verhältnis angepasst wird (Indexvereinbarung). Das Anpassungsverlangen ist in Textform an den Vertragspartner zu stellen. Es muss den geänderten Verbraucherpreisindex, auf den sich die Anpassung stützt, sowie die geänderte Servicepauschale oder die Erhöhung/Ermäßigung in einem Geldbetrag angeben. Die geänderte Servicepauschale ist mit dem Beginn des übernächsten Monats nach dem Zugang der jeweiligen Erklärung zu bezahlen. Die Anpassung kann wiederholt verlangt werden. Die Servicepauschale muss jedoch mindestens ein Jahr unverändert bleiben.“

– Klarstellung zum Ausschluss des WBVG

„Der Vermieter überlässt ausschließlich Wohnraum. Die Grundleistungen gemäß des Servicevertrages sind dienstvertraglicher Natur. Pflege- und Betreuungsleistungen werden nicht aus einer Hand mit der Wohnraumüberlassung erbracht. Die Parteien sind sich einig, dass das Wohn- und Betreuungsvertragsgesetz keine Anwendung findet.“[510]

510 Diese Klarstellung ersetzt nicht die gebotene materielle Trennung, dokumentiert aber die gewollte Vertragsarchitektur. Kippt das Modell in eine „alles aus einer Hand“-Versorgung oder sind die im Vertrag vereinbarten Dienstleistungen nicht nur „allgemeine Unterstützungsleistungen“ findet das WBVG – ungeachtet des Willens der Parteien – zwingend Anwendung.

§ 557a
Staffelmiete

(1) Die Miete kann für bestimmte Zeiträume in unterschiedlicher Höhe schriftlich vereinbart werden; in der Vereinbarung ist die jeweilige Miete oder die jeweilige Erhöhung in einem Geldbetrag auszuweisen (Staffelmiete).

(2) [1]Die Miete muss jeweils mindestens ein Jahr unverändert bleiben. [2]Während der Laufzeit einer Staffelmiete ist eine Erhöhung nach den §§ 558 bis 559b ausgeschlossen.

(3) [1]Das Kündigungsrecht des Mieters kann für höchstens vier Jahre seit Abschluss der Staffelmietvereinbarung ausgeschlossen werden. [2]Die Kündigung ist frühestens zum Ablauf dieses Zeitraums zulässig.

(4) [1]Die §§ 556d bis 556g sind auf jede Mietstaffel anzuwenden. [2]Maßgeblich für die Berechnung der nach § 556d Absatz 1 zulässigen Höhe der zweiten und aller weiteren Mietstaffeln ist statt des Beginns des Mietverhältnisses der Zeitpunkt, zu dem die erste Miete der jeweiligen Mietstaffel fällig wird. [3]Die in einer vorangegangenen Mietstaffel wirksam begründete Miethöhe bleibt erhalten.

(5) Eine zum Nachteil des Mieters abweichende Vereinbarung ist unwirksam.

§ 557b
Indexmiete

(1) Die Vertragsparteien können schriftlich vereinbaren, dass die Miete durch den vom Statistischen Bundesamt ermittelten Preisindex für die Lebenshaltung aller privaten Haushalte in Deutschland bestimmt wird (Indexmiete).

(2) [1]Während der Geltung einer Indexmiete muss die Miete, von Erhöhungen nach den §§ 559 bis 560 abgesehen, jeweils mindestens ein Jahr unverändert bleiben. [2]Eine Erhöhung nach § 559 oder § 559e kann nur verlangt werden, soweit der Vermieter bauliche Maßnahmen auf Grund von Umständen durchgeführt hat, die er nicht zu vertreten hat, es sei denn, es wurde eine Modernisierungsmaßnahme nach § 555b Nummer 1a durchgeführt. [3]Eine Erhöhung nach § 558 ist ausgeschlossen.

(3) [1]Eine Änderung der Miete nach Absatz 1 muss durch Erklärung in Textform geltend gemacht werden. [2]Dabei sind die eingetretene Änderung des Preisindexes sowie die jeweilige Miete oder die Erhöhung in einem Geldbetrag anzugeben. [3]Die geänderte Miete ist mit Beginn des übernächsten Monats nach dem Zugang der Erklärung zu entrichten.

(4) Die §§ 556d bis 556g sind nur auf die Ausgangsmiete einer Indexmietvereinbarung anzuwenden.

(5) Eine zum Nachteil des Mieters abweichende Vereinbarung ist unwirksam.

§ 558
Mieterhöhung bis zur ortsüblichen Vergleichsmiete

(1) [1]Der Vermieter kann die Zustimmung zu einer Erhöhung der Miete bis zur ortsüblichen Vergleichsmiete verlangen, wenn die Miete in dem Zeitpunkt, zu dem die Erhöhung eintreten soll, seit 15 Monaten unverändert ist. [2]Das Mieterhöhungsverlangen kann frühestens ein Jahr nach der letzten Mieterhöhung geltend gemacht werden. [3]Erhöhungen nach den §§ 559 bis 560 werden nicht berücksichtigt.

(2) [1]Die ortsübliche Vergleichsmiete wird gebildet aus den üblichen Entgelten, die in der Gemeinde oder einer vergleichbaren Gemeinde für Wohnraum vergleichbarer Art, Größe, Ausstattung, Beschaffenheit und Lage einschließlich der energetischen Ausstattung und Beschaffenheit in den letzten sechs Jahren vereinbart oder, von Erhöhungen nach § 560 abgesehen, geändert worden sind. [2]Ausgenommen ist Wohnraum, bei dem die Miethöhe durch Gesetz oder im Zusammenhang mit einer Förderzusage festgelegt worden ist.

(3) [1]Bei Erhöhungen nach Absatz 1 darf sich die Miete innerhalb von drei Jahren, von Erhöhungen nach den §§ 559 bis 560 abgesehen, nicht um mehr als 20 vom Hundert erhöhen (Kappungsgrenze). [2]Der Prozentsatz nach Satz 1 beträgt 15 vom Hundert, wenn die ausreichende Versorgung der Bevölkerung mit Mietwohnungen zu angemessenen Bedingungen in einer Gemeinde oder einem Teil einer Gemeinde besonders gefährdet ist und diese Gebiete nach Satz 3 bestimmt sind. [3]Die Landesregierungen werden ermächtigt, diese Gebiete durch Rechtsverordnung für die Dauer von jeweils höchstens fünf Jahren zu bestimmen.

(4) [1]Die Kappungsgrenze gilt nicht,
1. **wenn eine Verpflichtung des Mieters zur Ausgleichszahlung nach den Vorschriften über den Abbau der Fehlsubventionierung im Wohnungswesen wegen des Wegfalls der öffentlichen Bindung erloschen ist und**
2. **soweit die Erhöhung den Betrag der zuletzt zu entrichtenden Ausgleichszahlung nicht übersteigt.**

[2]Der Vermieter kann vom Mieter frühestens vier Monate vor dem Wegfall der öffentlichen Bindung verlangen, ihm innerhalb eines Monats über die Verpflichtung zur Ausgleichszahlung und über deren Höhe Auskunft zu erteilen. [3]Satz 1 gilt entsprechend, wenn die Verpflichtung des Mieters zur Leistung einer Ausgleichszahlung nach den §§ 34 bis 37 des Wohnraumförderungsgesetzes und den hierzu ergangenen landesrechtlichen Vorschriften wegen Wegfalls der Mietbindung erloschen ist.

(5) Von dem Jahresbetrag, der sich bei einer Erhöhung auf die ortsübliche Vergleichsmiete ergäbe, sind Drittmittel im Sinne des § 559a abzuziehen, im Falle des § 559a Absatz 1 mit 8 Prozent des Zuschusses.

(6) Eine zum Nachteil des Mieters abweichende Vereinbarung ist unwirksam.

Grundlagen der Mieterhöhung

Im „Senior Living/Service-Wohnen" betrifft jede Mieterhöhung nach §§ 558 ff. ausschließlich die Nettokaltmiete des Wohnraummietvertrags. Service-Pauschalen/Betreuungsentgelte aus dem gesonderten Dienstvertrag bleiben davon unberührt und werden – sofern vereinbart – nach den dortigen Anpassungsmechanismen geändert. Der Vermieter kann nach § 558 Abs. 1 die Zustimmung zur Erhöhung bis zur ortsüblichen Vergleichsmiete verlangen, wenn die Miete zum Erhöhungszeitpunkt seit mind. 15 Monaten unverändert ist und das Verlangen frühestens ein Jahr nach der letzten Mieterhöhung geltend gemacht wird. Erhöhungen nach den §§ 559–560 bleiben außer Betracht. Die ortsübliche Vergleichsmiete wird aus den in den letzten sechs Jahren vereinbarten oder geänderten Kaltmieten für vergleichbaren Wohnraum (Art, Größe, Ausstattung, Beschaffenheit, Lage einschließlich energetischer Ausstattung) gebildet (§ 558 Abs. 2 Satz 1). Formell bedarf das Erhöhungsverlangen der Textform und einer Begründung (§ 558a). Zur Begründung kann nach § 558a insbesondere Bezug genommen werden auf

- einen Mietspiegel (§§ 558c, 558d),
- Mietdatenbank (§ 558e),
- Sachverständigengutachten oder
- Entgelte für drei Vergleichswohnungen (§ 558a Abs. 2).

Die Begründung muss die Nachvollziehbarkeit der geforderten Miethöhe ermöglichen. Leerformeln genügen nicht. Materiell wird die Erhöhung durch die Kappungsgrenze des § 558 Abs. 3 begrenzt: innerhalb von drei Jahren darf sich die Miete um höchstens 20 % erhöhen; in Landes-VO-Gebieten („angespannter Wohnungsmarkt") nach § 558 Abs. 3 Satz 2 beträgt die Kappungsgrenze 15 %. Verweigert der Mieter die Zustimmung, muss diese binnen der Fristen des § 558b Abs. 2 im Klagewege geltend gemacht werden.

Für die Praxis im Service-Wohnen empfiehlt es sich, im Erhöhungsschreiben ausdrücklich klarzustellen, dass nur die Nettokaltmiete betroffen ist und Service-/Betreuungspauschalen sowie Betriebskosten hiervon getrennt sind.

Neben § 558 kommen abschließend Staffelmiete (§ 557a) und Indexmiete (§ 557b) als Preisanpassungsklauseln in Betracht – beide erfassen wiederum nur die Nettokaltmiete, nicht die Serviceentgelte.

Damit unterscheiden sich die Preisanpassungen im BGB deutlich von denen des § 9 WBVG (Änderung der Berechnungsgrundlage). Während im Mietrecht der Erhöhungsbetrag

„gekappt" ist und somit ggf. nicht alle Kostensteigerungen in der Sphäre des Unternehmers refinanziert werden können, hat er nach § 9 WBVG zwar die Möglichkeit – dem Grundsatz nach – alle Kostensteigerungen unlimitiert umzulegen, ist jedoch an stärkere formelle Anforderungen (Begründung) gebunden. Bei der Entscheidung für eines der beiden Modelle, das heißt der Entscheidung für den Umfang des Leistungsangebotes, ist zu berücksichtigen, dass Teillösungen nicht zulässig sind. WBVG-Verträge und Miet- und Serviceverträge schließen einander aus.

Behandlungsvertrag

§ 630a
Vertragstypische Pflichten beim Behandlungsvertrag

(1) Durch den Behandlungsvertrag wird derjenige, welcher die medizinische Behandlung eines Patienten zusagt (Behandelnder), zur Leistung der versprochenen Behandlung, der andere Teil (Patient) zur Gewährung der vereinbarten Vergütung verpflichtet, soweit nicht ein Dritter zur Zahlung verpflichtet ist.

(2) Die Behandlung hat nach den zum Zeitpunkt der Behandlung bestehenden, allgemein anerkannten fachlichen Standards zu erfolgen, soweit nicht etwas anderes vereinbart ist.

§ 630b
Anwendbare Vorschriften

Auf das Behandlungsverhältnis sind die Vorschriften über das Dienstverhältnis, das kein Arbeitsverhältnis im Sinne des § 622 ist, anzuwenden, soweit nicht in diesem Untertitel etwas anderes bestimmt ist.

§ 630c
Mitwirkung der Vertragsparteien; Informationspflichten

(1) Behandelnder und Patient sollen zur Durchführung der Behandlung zusammenwirken.

(2) [1]Der Behandelnde ist verpflichtet, dem Patienten in verständlicher Weise zu Beginn der Behandlung und, soweit erforderlich, in deren Verlauf sämtliche für die Behandlung wesentlichen Umstände zu erläutern, insbesondere die Diagnose, die voraussichtliche gesundheitliche Entwicklung, die Therapie und die zu und nach der Therapie zu ergreifenden Maßnahmen. [2]Sind für den Behandelnden Umstände erkennbar, die die Annahme eines Behandlungsfehlers begründen, hat er den Patienten über diese auf Nachfrage oder

zur Abwendung gesundheitlicher Gefahren zu informieren. [3]Ist dem Behandelnden oder einem seiner in § 52 Absatz 1 der Strafprozessordnung bezeichneten Angehörigen ein Behandlungsfehler unterlaufen, darf die Information nach Satz 2 zu Beweiszwecken in einem gegen den Behandelnden oder gegen seinen Angehörigen geführten Straf- oder Bußgeldverfahren nur mit Zustimmung des Behandelnden verwendet werden.

§ 630d
Einwilligung

(1) [1]Vor Durchführung einer medizinischen Maßnahme, insbesondere eines Eingriffs in den Körper oder die Gesundheit, ist der Behandelnde verpflichtet, die Einwilligung des Patienten einzuholen. [2]Ist der Patient einwilligungsunfähig, ist die Einwilligung eines hierzu Berechtigten einzuholen, soweit nicht eine Patientenverfügung nach § 1827 Absatz 1 Satz 1 die Maßnahme gestattet oder untersagt. [3]Weitergehende Anforderungen an die Einwilligung aus anderen Vorschriften bleiben unberührt. [4]Kann eine Einwilligung für eine unaufschiebbare Maßnahme nicht rechtzeitig eingeholt werden, darf sie ohne Einwilligung durchgeführt werden, wenn sie dem mutmaßlichen Willen des Patienten entspricht.

(2) Die Wirksamkeit der Einwilligung setzt voraus, dass der Patient oder im Fall des Absatzes 1 Satz 2 der zur Einwilligung Berechtigte vor der Einwilligung nach Maßgabe von § 630e Absatz 1 bis 4 aufgeklärt worden ist.

(3) Die Einwilligung kann jederzeit und ohne Angabe von Gründen formlos widerrufen werden.

§ 630e
Aufklärungspflichten

[…]

§ 630f
Dokumentation der Behandlung

(1) [1]Der Behandelnde ist verpflichtet, zum Zweck der Dokumentation in unmittelbarem zeitlichen Zusammenhang mit der Behandlung eine Patientenakte in Papierform oder elektronisch zu führen. [2]Berichtigungen und Änderungen von Eintragungen in der Patientenakte sind nur zulässig, wenn neben dem ursprünglichen Inhalt erkennbar bleibt, wann sie vorgenommen worden sind. [3]Dies ist auch für elektronisch geführte Patientenakten sicherzustellen.

(2) [1]Der Behandelnde ist verpflichtet, in der Patientenakte sämtliche aus fachlicher Sicht für die derzeitige und künftige Behandlung wesentlichen Maßnahmen und deren Ergebnisse aufzuzeichnen, insbesondere die Anamnese, Diagnosen, Untersuchungen, Untersuchungsergebnisse, Befunde, Therapien und ihre Wirkungen, Eingriffe und ihre Wirkungen, Einwilligungen und Aufklärungen. [2]Arztbriefe sind in die Patientenakte aufzunehmen.

(3) Der Behandelnde hat die Patientenakte für die Dauer von zehn Jahren nach Abschluss der Behandlung aufzubewahren, soweit nicht nach anderen Vorschriften andere Aufbewahrungsfristen bestehen.

§ 630g
Einsichtnahme in die Patientenakte

(1) [1]Dem Patienten ist auf Verlangen unverzüglich Einsicht in die vollständige, ihn betreffende Patientenakte zu gewähren, soweit der Einsichtnahme nicht erhebliche therapeutische Gründe oder sonstige erhebliche Rechte Dritter entgegenstehen. [2]Die Ablehnung der Einsichtnahme ist zu begründen. [3]§ 811 ist entsprechend anzuwenden.

(2) [1]Der Patient kann auch elektronische Abschriften von der Patientenakte verlangen. [2]Er hat dem Behandelnden die entstandenen Kosten zu erstatten.

(3) [1]Im Fall des Todes des Patienten stehen die Rechte aus den Absätzen 1 und 2 zur Wahrnehmung der vermögensrechtlichen Interessen seinen Erben zu. [2]Gleiches gilt für die nächsten Angehörigen des Patienten, soweit sie immaterielle Interessen geltend machen. [3]Die Rechte sind ausgeschlossen, soweit der Einsichtnahme der ausdrückliche oder mutmaßliche Wille des Patienten entgegensteht.

§ 630h
Beweislast bei Haftung für Behandlungs- und Aufklärungsfehler

(1) Ein Fehler des Behandelnden wird vermutet, wenn sich ein allgemeines Behandlungsrisiko verwirklicht hat, das für den Behandelnden voll beherrschbar war und das zur Verletzung des Lebens, des Körpers oder der Gesundheit des Patienten geführt hat.

(2) [1]Der Behandelnde hat zu beweisen, dass er eine Einwilligung gemäß § 630d eingeholt und entsprechend den Anforderungen des § 630e aufgeklärt hat. [2]Genügt die Aufklärung nicht den Anforderungen des § 630e, kann der Behandelnde sich darauf berufen, dass der Patient auch im Fall einer ordnungsgemäßen Aufklärung in die Maßnahme eingewilligt hätte.

(3) Hat der Behandelnde eine medizinisch gebotene wesentliche Maßnahme und ihr Ergebnis entgegen § 630f Absatz 1 oder Absatz 2 nicht in der Patientenakte aufgezeichnet oder hat er die Patientenakte entgegen § 630f Absatz 3 nicht aufbewahrt, wird vermutet, dass er diese Maßnahme nicht getroffen hat.

(4) War ein Behandelnder für die von ihm vorgenommene Behandlung nicht befähigt, wird vermutet, dass die mangelnde Befähigung für den Eintritt der Verletzung des Lebens, des Körpers oder der Gesundheit ursächlich war.

(5) [1]Liegt ein grober Behandlungsfehler vor und ist dieser grundsätzlich geeignet, eine Verletzung des Lebens, des Körpers oder der Gesundheit der tatsächlich eingetretenen Art herbeizuführen, wird vermutet, dass der Behandlungsfehler für diese Verletzung ursächlich war. [2]Dies gilt auch dann, wenn es der Behandelnde unterlassen hat, einen medizinisch gebotenen Befund rechtzeitig zu erheben oder zu sichern, soweit der Befund mit hinreichender Wahrscheinlichkeit ein Ergebnis erbracht hätte, das Anlass zu weiteren Maßnahmen gegeben hätte, und wenn das Unterlassen solcher Maßnahmen grob fehlerhaft gewesen wäre.

Allgemeines

Mit den §§ 630a–h hat der Gesetzgeber im Jahr 2013 mit dem Gesetz zur Verbesserung der Rechte von Patientinnen und Patienten die bis dahin durch die Rechtsprechung entwickelten Grundsätze des Behandlungsvertrages und des Arzthaftungsrechts kodifiziert und das Patientenrecht erstmals umfassend im Bürgerlichen Gesetzbuch verankert.[511)] Nach dem Willen des Gesetzgebers finden diese Vorschriften zum Behandlungsvertrag als speziellen Dienstvertrag auf Pflegeverträge und Verträge nach dem WBVG keine (direkte) Anwendung.[512)] Auch wenn die Vorschriften ihrem Wortlaut nach den Behandlungsvertrag zwischen Arzt und Patient betreffen und auf Pflegeleistungen, insbesondere die Altenpflege durch ambulante Pflegedienste oder in Pflegeheimen, soweit sie nicht im Rahmen einer stationären Krankenhausversorgung erfolgen, nicht direkt anwendbar sind, so haben sie dennoch eine Leitbildfunktion für alle Formen von Gesundheits- und Pflegeleistungen. Damit sind sie auch im Heimrecht von erheblicher Bedeutung und ihre Grundsätze werden auch hier von der Rechtsprechung entsprechend herangezogen.[513)]

Vertragspflichten

Der Behandelnde schuldet nach § 613a nicht den Erfolg der Heilung, sondern eine Behandlung nach den allgemein anerkannten fachlichen Standards. Eine entsprechende Pflicht zur

511 BT-Drs. 17/10488, S. 9 li. Sp.
512 BT-Drs. 17/10488, S. 17 re. Sp.; Lafontaine, in: Herberger/Martinek/Rüßmann/Weth/Würdinger, jurisPK-BGB, 10. Aufl., § 630a BGB (Stand: 07.07.2025), Rn. 129; Weidenkaff, in: Grüneberg, BGB, 83. Aufl. 2024, vor § 630a Rn. 2.
513 Weidenkaff, in: Grüneberg, BGB, 83. Aufl. 2024, § 630a Rn. 38.

fachgerechten Leistung gilt – wenn auch nicht unmittelbar aus § 630a BGB, sondern abgeleitet aus den Sozialgesetzbüchern, dem WBVG und den allgemeinen Vorschriften des Dienstvertragsrechts (§§ 611 ff.) – in gleicher Weise für Pflegekräfte in stationären Einrichtungen. Auch sie haben eine Pflege nach pflegewissenschaftlich anerkannten Standards zu erbringen, wobei sich diese – unter Berücksichtigung pflegewissenschaftlicher Erkenntnisse – am allgemein anerkannten medizinischen Standard orientieren. Eine dem allgemein anerkannten Stand fachlicher Erkenntnisse entsprechende angemessene Qualität der Pflege, Betreuung und Assistenz sicherzustellen, ist auch ordnungsrechtliche Verpflichtung (§ 13 Abs. 2 Satz 1 SächsWTG). Die Regelung des § 630b stellt klar, dass der Behandlungsvertrag ein besonderer Dienstvertrag ist, auf den grundsätzlich auch die Vorschriften der §§ 611 ff. BGB Anwendung finden.

§ 630c BGB betont die wechselseitigen Mitwirkungs- und Informationspflichten. Der Behandelnde muss über wesentliche Umstände, Risiken und Behandlungsoptionen informieren, während der Patient zur Mitwirkung verpflichtet ist (sog. Compliance). Im Heimkontext bedeutet dies, dass Bewohner und Angehörige aktiv in die Pflegeplanung einzubeziehen sind. Verstößt der Pflegekunde gegen das Kooperationsgebot begründet dies zwar keine Haftung gegenüber dem Unternehmer, die Verletzung dieser Obliegenheit kann jedoch bereits für sich genommen der Annahme eines Behandlungsfehlers entgegenstehen oder zumindest die grundsätzlich angeordnete Beweislastumkehr zu Lasten des Unternehmers ausschließen oder eine Mithaftung begründen (§ 254).[514]

Einwilligungsvorbehalt

Jede Maßnahme setzt nach § 630d eine wirksame Einwilligung des Patienten bzw. Pflegekunden voraus. Bei fehlender Einwilligungsfähigkeit ist auf Vertreter (Betreuer, Vorsorge-/Bevollmächtigte) zurückzugreifen oder auf den mutmaßlichen Willen des Patienten bzw. Pflegekunden, wenn eine Einwilligung für eine unaufschiebbare Maßnahme nicht rechtzeitig eingeholt werden kann. Ebenso möglich sind konkludente Einwilligungen in Standard-Prozesse, bei denen – soweit kein Widerspruch erkennbar ist – nicht jedes Mal die ausdrückliche Einwilligung eingeholt werden muss.

Für die Pflegepraxis besonders relevant sind freiheitsentziehende Maßnahmen oder Eingriffe in die körperliche Integrität, die ohne Zustimmung nur in eng begrenzten Fällen zulässig sind (§§ 1831 ff.; vgl. auch § 9 Abs. 1 Satz 2 Nr. 8, 9 SächsWTG). So hat das Bundesverfassungsgericht in seiner Entscheidung vom 26.11.2024 ausdrücklich klargestellt, dass ärztliche Zwangsmaßnahmen schon im Krankenhaus nur als letztes Mittel (*ultima ratio*) zulässig sind. Erst recht gilt daher, dass ihre Durchführung in einer Einrichtung anstelle eines Krankenhausaufenthalts nur in absoluten Ausnahmefällen möglich ist: Nur wenn nach einer ex-ante-Betrachtung erhebliche Gefahren für die körperliche Unversehrtheit zu erwarten sind und diese bei Durchführung in der Einrichtung – bei einem Versorgungsstandard, der dem Krankenhausniveau in der konkret erforderlichen Behandlung einschließlich Nachsorge nahezu

514 Vgl. KG Berlin, Urt. v. 30.04.1990 – 20 U 1833/89 –.

entspricht – vermieden oder deutlich reduziert werden können, darf von der Regel des erforderlichen Krankenhausaufenthalts abgewichen werden.[515]

Ergänzt wird dies durch die Aufklärungspflichten des § 630e. Bewohner sind über Art, Umfang, Risiken und Alternativen von Maßnahmen vor der Einwilligung aufzuklären (*informed consent*). Dies gilt auch für Pflegemaßnahmen, etwa das Risiko von Stürzen oder Dekubiti, sowie für medikamentöse Behandlungen.

Nach § 630f ist eine umfassende und zeitnahe Dokumentation aller relevanten Maßnahmen vorgeschrieben. Diese Pflicht deckt sich mit den im Heimrecht etablierten Anforderungen an die Pflegedokumentation (vgl. § 13 Abs. 2 Satz 2 Nr. 6 SächsWTG). Sie dient nicht nur der Steuerung des Pflegeprozesses, sondern hat erhebliche haftungsrechtliche Bedeutung.

Einsicht in die Patientenakte/Pflegedokumentation

§ 630g sichert den Anspruch auf Einsicht in die Patientenakte. Im Pflegebereich haben Bewohner und ihre bevollmächtigten Angehörigen ein entsprechendes Recht auf Einsicht in die Pflegedokumentation. Dieses Recht steht neben den Rechten aus der DSGVO und dem Einsichtnahmerecht nach § 8 Abs. 1 Nr. 4 SächsWTG. Zu beachten ist jedoch, dass der EuGH entschieden hat, dass insbesondere Art. 12 Abs. 5 und Art. 15 Abs. 1 Satz 3 DSGVO so zu verstehen seien, dass ein Recht auf eine kostenlose erste Kopie besteht.[516] Dieses Recht umfasst die Überlassung einer originalgetreuen und verständlichen Reproduktion der personenbezogenen Daten. Hierzu hat der Patient eine vollständige Kopie der Dokumente zu erhalten, die sich in der Patientenakte befinden und die zum Verständnis sowie zur Überprüfung der Richtigkeit und Vollständigkeit der Daten erforderlich sind. In Bezug auf die Gesundheitsdaten der betroffenen Person schließt dieses Recht jedenfalls eine vollständige Kopie der Patientenakte ein.

Der EuGH hat in seiner Entscheidung ausdrücklich hervorgehoben, dass das Recht des Patienten auf eine unentgeltliche Kopie seiner Patientenakte nicht durch § 630g BGB wirksam nach Art. 23 Abs. 3 lit. i DSGVO eingeschränkt werden kann. Während § 630g Abs. 2 Satz 2 BGB vorsieht, dass der Patient die Kosten für die Fertigung einer Kopie seiner Akte zu tragen hat, hat der EuGH klargestellt, dass eine derartige Kostenregelung mit der DSGVO unvereinbar ist. Die bloße Wahrung wirtschaftlicher Interessen des Arztes rechtfertige eine Beschränkung des Auskunftsanspruchs nicht und gefährde zudem die effektive Durchsetzung des Rechts auf Auskunft nach Art. 12 Abs. 5 und Art. 15 Abs. 3 DSGVO. Aufgrund des Anwendungsvorrangs des Unionsrechts ist der nationale Kostenerstattungsanspruch daher nicht mehr anwendbar.[517]

515 BVerfG, Urt. v. 26.11.2024 – 1 BvL 1/24 –. Die rechtlichen Voraussetzungen einer „ambulanten" Zwangsbehandlung hat der Bundesgesetzgeber bisher jedoch noch nicht geschaffen. Der Gesetzgeber wurde vom BVerfG aufgefordert, bis zum 31.12.2026 eine Neuregelung zu schaffen, die Ausnahmen vom Krankenhausvorbehalt ermöglicht, bspw. in Pflegeheimen mit annäherndem Krankenhausstandard.

516 EuGH, Urt. v. 26.10.2023 – C-307/22 [ECLI:EU:C:2023:811], FT (Copies du dossier médical) –

517 Martschink/Schmidt, Datenschutz und die Einsichtnahme, Altenheim 10/2024, S. 30 f.

Die Grundsätze der Entscheidung lassen sich auch auf die Pflege und die dort geführte Pflegedokumentation übertragen. Pflegekunden haben demnach ebenfalls Anspruch auf Einsicht und auf eine unentgeltliche Erstkopie, die sämtliche relevanten Unterlagen umfasst – etwa Ersteinschätzungen, die strukturierte Informationssammlung (SIS), pflegerische Diagnosen, Maßnahmenpläne, ärztliche Verordnungen, Befunde, Verlaufsberichte sowie die Wunddokumentation.[518]

Beweislastregeln

Von besonderem Gewicht sind die Beweislastregeln des § 630h. Sie sehen Beweiserleichterungen zugunsten des Patienten vor, um dessen Wissens- und Informationsdefizit auszugleichen. Ein grober Behandlungsfehler, der geeignet ist, einen Schaden der tatsächlich eingetretenen Art herbeizuführen, führt grundsätzlich zu einer Umkehr der objektiven Beweislast für den ursächlichen Zusammenhang zwischen dem Behandlungsfehler und dem Gesundheitsschaden. Das heißt, dass dann der ursächliche Zusammenhang vermutet wird. Wird eine Maßnahme nicht dokumentiert, wird zudem, vermutet, dass sie nicht erfolgt ist.

Diese Grundsätze finden auch im Heimrecht entsprechende Anwendung, etwa wenn ein Dekubitus entsteht und die Einrichtung nicht darlegen kann, dass regelmäßig fachgerechte Lagerungen durchgeführt wurden.[519] Zur Beweislastumkehr kommt es jedoch ausnahmsweise nicht wenn der Patient durch sein Verhalten eine selbständige Komponente für den Heilungserfolg vereitelt hat und dadurch in gleicher Weise wie der grobe Behandlungsfehler des Behandlers dazu beigetragen hat, dass der Verlauf des Behandlungsgeschehens nicht mehr aufgeklärt werden kann.

Nach der Rechtsprechung greift eine Beweislastumkehr jedoch nur dann ein, wenn der Schaden in einer vom Heim oder Pflegepersonal voll beherrschbaren Gefahrensituation eingetreten ist (§ 630h Abs. 1), wie etwa bei Stürzen während konkreter Pflege- oder Betreuungsmaßnahmen. Als typische Fallgruppen anerkannt sind dabei einerseits Situationen des sogenannten „vollbeherrschbaren Risikos“ – etwa bei Transfer- oder Lagerungsmaßnahmen sowie Sturzereignissen während unmittelbarer Betreuung[520] –, andererseits Konstellationen, in denen aufgrund besonderer Gefahrenlagen gesteigerte Obhutspflichten bestehen[521]. Kommt es bei einem bettlägerigen Bewohner eines Pflegeheims bspw. zu Druckgeschwüren (*dekubiti*) und kann die Einrichtung nicht nachweisen, dass es die gebotenen Umlagerungen und Hautkontrollen regelmäßig fachgerecht durchgeführt hat, spricht eine tatsächliche Vermutung für eine Pflichtverletzung der Pflegekräfte – mit der Folge einer Beweislastumkehr zulasten des Heimträgers.

518 BGH, Urt. v. 27.04.2004 – VI ZR 34/03 –,juris Rn. 16 m.w.N.
519 OLG Oldenburg, Urt. v. 14.10.1999 – 1 U 121/98 –.
520 OLG Dresden, Urt. v. 21.07.1999 – 6 U 882/99 –.
521 BGH, Urt. v. 14.01.2021 – III ZR 168/19 –, juris Rn. 28 f.

Die Arzthaftungsgrundsätze strahlen unmittelbar auf das Heimrecht aus. Zwar ist der Pflegevertrag nach dem Wohn- und Betreuungsvertragsgesetz (WBVG) rechtlich eigenständig, doch orientiert sich die Rechtsprechung bei Haftungsfragen zunehmend an den Regelungen der §§ 630a–h BGB. Damit werden Aufklärung, Einwilligung, Dokumentation und Beweislastfragen im Pflegerecht nach denselben Maßstäben beurteilt wie im Arzthaftungsrecht.

Für die Praxis bedeutet dies:

- Pflegeeinrichtungen schulden eine fachgerechte, standardorientierte Pflege (vgl. § 13 Abs. 2 SächsWTG),
- sie müssen Bewohner über Risiken informieren und deren (konkludente) Einwilligung einholen,
- die Pflegedokumentation ist sorgfältig zu führen und dient als zentrales Beweismittel,
- im Streitfall trägt die Einrichtung die Darlegungs- und Beweislast für die Einhaltung pflegerischer Standards.

2. Sozialgesetzbuch (SGB) Elftes Buch (XI) – Soziale Pflegeversicherung (SGB XI)

Versorgungsvertrag

§ 72 SGB XI Versorgungsvertrag

(1) [1]Die Pflegekassen dürfen ambulante und stationäre Pflege nur durch Pflegeeinrichtungen gewähren, mit denen ein Versorgungsvertrag besteht (zugelassene Pflegeeinrichtungen). [2]In dem Versorgungsvertrag sind Art, Inhalt und Umfang der allgemeinen Pflegeleistungen (§ 84 Abs. 4) festzulegen, die von der Pflegeeinrichtung während der Dauer des Vertrages für die Versicherten zu erbringen sind (Versorgungsauftrag).

(2) [1]Der Versorgungsvertrag wird zwischen dem Träger der Pflegeeinrichtung oder einer vertretungsberechtigten Vereinigung gleicher Träger und den Landesverbänden der Pflegekassen im Einvernehmen mit den überörtlichen Trägern der Sozialhilfe im Land abgeschlossen, soweit nicht nach Landesrecht der örtliche Träger für die Pflegeeinrichtung zuständig ist; für mehrere oder alle selbständig wirtschaftenden Einrichtungen (§ 71 Abs. 1 und 2) einschließlich für einzelne, eingestreute Pflegeplätze eines Pflegeeinrichtungsträgers, die vor Ort organisatorisch miteinander verbunden sind, kann, insbesondere zur Sicherstellung einer quartiersnahen Unterstützung zwischen den verschiedenen Versorgungsbereichen, ein einheitlicher Versorgungsvertrag (Gesamtversorgungsvertrag) geschlossen werden. [2]Er ist für die Pflegeeinrichtung und für alle Pflegekassen im Inland unmittelbar verbindlich. [3]Bei Betreuungsdiensten nach § 71 Absatz 1a sind bereits vorliegende Vereinbarungen aus der Durchführung des Modellvorhabens zur Erprobung von Leistungen der häuslichen Betreuung durch Betreuungsdienste zu beachten.

(3) [1]Versorgungsverträge dürfen nur mit Pflegeeinrichtungen abgeschlossen werden, die
1. den Anforderungen des § 71 genügen,
2. die Gewähr für eine leistungsfähige und wirtschaftliche pflegerische Versorgung bieten und die Vorgaben des Absatzes 3a oder Absatzes 3b erfüllen,
3. sich verpflichten, nach Maßgabe der Vereinbarungen nach § 113 einrichtungsintern ein Qualitätsmanagement einzuführen und weiterzuentwickeln,
4. sich verpflichten, die ordnungsgemäße Durchführung von Qualitätsprüfungen zu ermöglichen,
5. sich verpflichten, an dem Verfahren zur Übermittlung von Daten nach § 35 Absatz 6 des Infektionsschutzgesetzes teilzunehmen, sofern es sich bei ihnen um stationäre Pflegeeinrichtungen im Sinne des § 71 Absatz 2 handelt;

ein Anspruch auf Abschluß eines Versorgungsvertrages besteht, soweit und solange die Pflegeeinrichtung diese Voraussetzungen erfüllt. [2]Bei notwendiger Auswahl zwischen mehreren geeigneten Pflegeeinrichtungen sollen die Versorgungsverträge vorrangig mit freigemeinnützigen und privaten Trägern abgeschlossen werden. [3]Bei ambulanten Pfle-

gediensten ist in den Versorgungsverträgen der Einzugsbereich festzulegen, in dem die Leistungen ressourcenschonend und effizient zu erbringen sind.

(3a) Ab dem 1. September 2022 dürfen Versorgungsverträge nur mit Pflegeeinrichtungen abgeschlossen werden, die ihren Arbeitnehmerinnen und Arbeitnehmern, die Leistungen der Pflege oder Betreuung von Pflegebedürftigen erbringen, Gehälter zahlen, die in Tarifverträgen oder kirchlichen Arbeitsrechtsregelungen vereinbart ist, an die die jeweiligen Pflegeeinrichtungen gebunden sind.

(3b) [1]Mit Pflegeeinrichtungen, die nicht an Tarifverträge oder kirchliche Arbeitsrechtsregelungen für ihre Arbeitnehmerinnen und Arbeitnehmer, die Leistungen der Pflege oder Betreuung von Pflegebedürftigen erbringen, gebunden sind, dürfen Versorgungsverträge ab dem 1. September 2022 nur abgeschlossen werden, wenn diese Pflegeeinrichtungen ihren Arbeitnehmerinnen und Arbeitnehmern, die Leistungen der Pflege oder Betreuung für Pflegebedürftige erbringen, eine Entlohnung zahlen, die

1. **die Höhe der Entlohnung eines Tarifvertrags nicht unterschreitet, dessen räumlicher, zeitlicher, fachlicher und persönlicher Geltungsbereich eröffnet ist,**
2. **die Höhe der Entlohnung eines Tarifvertrags nicht unterschreitet, dessen fachlicher Geltungsbereich mindestens eine andere Pflegeeinrichtung in der Region erfasst, in der die Pflegeeinrichtung betrieben wird, und dessen zeitlicher und persönlicher Geltungsbereich eröffnet ist,**
3. **die Höhe der Entlohnung von Nummer 1 oder Nummer 2 entsprechenden kirchlichen Arbeitsrechtsregelungen nicht unterschreitet oder**
4. **hinsichtlich der Entlohnungsbestandteile nach Satz 2 Nummer 1 bis 5, die den Arbeitnehmerinnen und Arbeitnehmern der in § 82c Absatz 2 Satz 4 genannten Qualifikationsgruppen jeweils im Durchschnitt gezahlt werden, die Höhe der jeweiligen regional üblichen Entlohnungsniveaus nach § 82c Absatz 2 Satz 2 Nummer 2 und hinsichtlich der pflegetypischen Zuschläge nach Satz 2 Nummer 6, die den in Satz 1 genannten Arbeitnehmerinnen und Arbeitnehmern im Durchschnitt gezahlt werden, die Höhe der regional üblichen Niveaus der pflegetypischen Zuschläge nach § 82c Absatz 2 Satz 2 Nummer 3, jeweils in der nach § 82c Absatz 5 veröffentlichten Höhe, nicht unterschreitet.**

[2]Zur Entlohnung im Sinne dieses Gesetzes zählen

1. **der Grundlohn,**
2. **regelmäßige Jahressonderzahlungen,**
3. **vermögenswirksame Leistungen des Arbeitgebers,**
4. **pflegetypische Zulagen,**
5. **der Lohn für Bereitschaftsdienst und Rufbereitschaft sowie**
6. **pflegetypische Zuschläge.**

[3]Pflegetypische Zuschläge im Sinne von Satz 2 Nummer 6 sind Nachtzuschläge, Sonntagszuschläge und Feiertagszuschläge. [4]Diese sind von den Pflegeeinrichtungen im Fall von Satz 1 Nummer 4 unter den folgenden Voraussetzungen zu zahlen:

1. Nachtzuschläge für eine Tätigkeit in der Nacht, mindestens im Zeitraum zwischen 23 und 6 Uhr,
2. Sonntagszuschläge für eine Tätigkeit an Sonntagen im Zeitraum zwischen 0 und 24 Uhr,
3. Feiertagszuschläge für eine Tätigkeit an gesetzlichen Feiertagen im Zeitraum zwischen 0 und 24 Uhr.

[5]Die in Satz 1 genannten Pflegeeinrichtungen haben die Entlohnung im Sinne von Satz 1, soweit mit ihr die Voraussetzungen nach dieser Vorschrift erfüllt werden, in Geld zu zahlen. [6]Tritt im Fall von Satz 1 Nummer 1 bis 3 eine Änderung im Hinblick auf die in dem jeweiligen Tarifvertrag oder in den jeweiligen kirchlichen Arbeitsrechtsregelungen vereinbarte Entlohnung ein, haben die in Satz 1 genannten Pflegeeinrichtungen die erforderlichen Anpassungen der von ihnen gezahlten Entlohnung spätestens innerhalb von zwei Monaten vorzunehmen, nachdem die jeweilige Änderung nach § 82c Absatz 5 veröffentlicht wurde. [7]Erhöhen sich im Fall von Satz 1 Nummer 4 die nach § 82c Absatz 5 veröffentlichten regional üblichen Entlohnungsniveaus nach § 82c Absatz 2 Satz 2 Nummer 2 oder die nach § 82c Absatz 5 veröffentlichten regional üblichen Niveaus der pflegetypischen Zuschläge nach § 82c Absatz 2 Satz 2 Nummer 3, haben die Pflegeeinrichtungen ihren Arbeitnehmerinnen und Arbeitnehmern, die Leistungen der Pflege oder Betreuung für Pflegebedürftige erbringen, die höhere Entlohnung im Zeitraum ab dem 1. Dezember 2022 spätestens ab dem 1. Februar 2023, nach dem 1. Februar 2023 jeweils spätestens ab dem 1. Januar des Jahres, das auf die Veröffentlichung der Werte nach § 82c Absatz 5 folgt, zu zahlen. [8]Zur Erfüllung der Vorgaben von Satz 1 Nummer 4 sind im Zeitraum vom 1. September 2022 bis zum 31. Januar 2023 die aufgrund der Mitteilung nach Absatz 3e in der am 20. Juli 2021 geltenden Fassung und auf der Grundlage von § 82c Absatz 5 in der am 20. Juli 2021 geltenden Fassung veröffentlichten regional üblichen Entgeltniveaus in drei Qualifikationsgruppen und pflegetypischen Zuschläge nach den Sätzen 3 und Satz 4 maßgebend.

(3c) [1]Der Spitzenverband Bund der Pflegekassen legt in Richtlinien, erstmals bis zum Ablauf des 30. September 2021, das Nähere insbesondere zu den Verfahrens- und Prüfgrundsätzen für die Einhaltung der Vorgaben der Absätze 3a und 3b sowie zu den nach Absatz 3e Satz 1 Nummer 2 erforderlichen Angaben fest. [2]In den Richtlinien ist auch festzulegen, welche Folgen eintreten, wenn eine Pflegeeinrichtung ihre Mitteilungspflicht nach Absatz 3d Satz 2 oder Absatz 3e nicht, nicht richtig, nicht vollständig oder nicht rechtzeitig erfüllt. [3]Die in den Richtlinien vorgesehenen Folgen müssen verhältnismäßig sein und im Einzelfall durch den jeweiligen Landesverband der Pflegekassen gegenüber der Pflegeeinrichtung verhältnismäßig angewendet werden. [4]Bei der Festlegung hat der Spitzenverband Bund der Pflegekassen die Bundesarbeitsgemeinschaft der überörtlichen Träger der Sozialhilfe und der Eingliederungshilfe zu beteiligen. [5]Die Richtlinien werden erst wirksam, wenn das Bundesministerium für Gesundheit sie im Einvernehmen mit dem Bundesministerium für Arbeit und Soziales genehmigt. [6]Beanstandungen des Bundesministeriums für Gesundheit sind innerhalb der von ihm gesetzten Frist zu beheben. [7]Die Richtlinien sind für die Pflegekassen und ihre Verbände sowie für die Pflegeeinrichtungen verbindlich.

(3d) [1]Pflegeeinrichtungen haben den Landesverbänden der Pflegekassen zur Feststellung des Vorliegens der Voraussetzungen des Absatzes 3a oder des Absatzes 3b mitzuteilen,

1. **an welchen Tarifvertrag oder an welche kirchlichen Arbeitsrechtsregelungen sie gebunden sind,**
2. **welcher Tarifvertrag oder welche kirchlichen Arbeitsrechtsregelungen in den Fällen des Absatzes 3b Satz 1 Nummer 1 bis 3 für sie maßgebend ist oder sind oder**
3. **ob im Fall des Absatzes 3b Satz 1 Nummer 4 die veröffentlichte Höhe der regional üblichen Entlohnungsniveaus nach § 82c Absatz 2 Satz 2 Nummer 2 und die veröffentlichte Höhe der regional üblichen Niveaus der pflegetypischen Zuschläge nach § 82c Absatz 2 Satz 2 Nummer 3 für sie maßgebend sind.**

[2]Im Jahr 2022 sind alle Pflegeeinrichtungen verpflichtet, den Landesverbänden der Pflegekassen die in Satz 1 in der am 20. Juli 2021 geltenden Fassung genannten Angaben spätestens bis zum Ablauf des 28. Februar 2022 mitzuteilen. [3]Die Mitteilung nach Satz 2 gilt, sofern die Pflegeeinrichtung dem nicht widerspricht, als Antrag auf entsprechende Anpassung des Versorgungsvertrags mit Wirkung zum 1. September 2022.

(3e) [1]Pflegeeinrichtungen, die im Sinne von Absatz 3a an Tarifverträge oder an kirchliche Arbeitsrechtsregelungen gebunden sind, haben dem jeweiligen Landesverband der Pflegekassen bis zum Ablauf des 31. August jeden Jahres Folgendes mitzuteilen:

1. **an welchen Tarifvertrag oder an welche kirchlichen Arbeitsrechtsregelungen sie gebunden sind,**
2. **Angaben über die sich aus diesen Tarifverträgen oder kirchlichen Arbeitsrechtsregelungen ergebende am 1. August des Jahres gezahlte Entlohnung der Arbeitnehmerinnen und Arbeitnehmer, die Leistungen der Pflege oder Betreuung von Pflegebedürftigen erbringen, soweit diese Angaben zur Feststellung des Vorliegens der Voraussetzungen nach den Absätzen 3a und 3b oder zur Ermittlung des oder der regional üblichen Entlohnungsniveaus sowie der regional üblichen Niveaus der pflegetypischen Zuschläge nach § 82c Absatz 2 Satz 2 erforderlich sind.**

[2]Der Mitteilung ist die jeweils am 1. August des Jahres geltende durchgeschriebene Fassung des mitgeteilten Tarifvertrags oder der mitgeteilten kirchlichen Arbeitsrechtsregelungen beizufügen. [3]Tritt nach der Mitteilung nach Satz 1 eine Änderung im Hinblick auf die Wirksamkeit oder den Inhalt des mitgeteilten Tarifvertrags oder der mitgeteilten kirchlichen Arbeitsrechtsregelungen ein, haben die in Satz 1 genannten Pflegeeinrichtungen dem jeweiligen Landesverband der Pflegekassen diese Änderung unverzüglich mitzuteilen und dem jeweiligen Landesverband der Pflegekassen unverzüglich die aktuelle, durchgeschriebene Fassung des geänderten Tarifvertrags oder der geänderten kirchlichen Arbeitsrechtsregelungen zu übermitteln.

(3f) Das Bundesministerium für Gesundheit evaluiert unter Beteiligung des Bundesministeriums für Arbeit und Soziales bis zum 31. Dezember 2025 die Wirkungen der Regelungen der Absätze 3a und 3b und des § 82c.

(3g) Versorgungsverträge, die mit Pflegeeinrichtungen vor dem 1. September 2022 abgeschlossen wurden, sind spätestens bis zum Ablauf des 31. August 2022 mit Wirkung ab dem 1. September 2022 an die Vorgaben des Absatzes 3a oder des Absatzes 3b anzupassen.

(4) [1]Mit Abschluß des Versorgungsvertrages wird die Pflegeeinrichtung für die Dauer des Vertrages zur pflegerischen Versorgung der Versicherten zugelassen. [2]Die zugelassene Pflegeeinrichtung ist im Rahmen ihres Versorgungsauftrages zur pflegerischen Versorgung der Versicherten verpflichtet; dazu gehört bei ambulanten Pflegediensten auch die Durchführung von Beratungseinsätzen nach § 37 Absatz 3 auf Anforderung des Pflegebedürftigen. [3]Die Pflegekassen sind verpflichtet, die Leistungen der Pflegeeinrichtung nach Maßgabe des Achten Kapitels zu vergüten.

Zulassung durch Versorgungsvertrag

Die Zulassung zur Erbringung stationärer Pflege erfolgt nach § 72 durch öffentlich-rechtlichen Versorgungsvertrag.[522] Mit Abschluss des Versorgungsvertrages wird die Pflegeeinrichtung für die Dauer des Vertrages zur pflegerischen Versorgung der Versicherten zugelassen und zugleich im Rahmen ihres Versorgungsauftrages (Art, Inhalt und Umfang der allgemeinen Pflegeleistungen) verpflichtet. Insbesondere zur Sicherstellung einer quartiersnahen Unterstützung zwischen verschiedenen Versorgungsbereichen, das heißt unterschiedlichen Wohn-Pflege-Formen kann ein einheitlicher Versorgungsvertrag (Gesamtversorgungsvertrag) geschlossen werden. Auf den Abschluss eines Versorgungsvertrages haben zuverlässige Leistungserbringer einen Rechtsanspruch. Der Versorgungsvertrag ist schriftlich abzuschließen (§ 73 Abs. 1). Verwehren die Landesverbände der Pflegekassen den Vertragsschluss handelt es sich bei dieser ablehnenden Entscheidung um einen Verwaltungsakt.[523] Der Rechtsweg zu den Sozialgerichten ist eröffnet. Ein Vorverfahren (Widerspruchsverfahren) findet nicht statt. Nach der höchstrichterlichen Rechtsprechung des Bundessozialgerichts sowie der wohl herrschenden Auffassung in der Literatur ist die Ablehnung eines Versorgungsvertrages mit der kombinierten Anfechtungs- und Leistungsklage (§ 54 Abs. 1 Satz 1, Abs. 4 SGG) oder einer kombinierten Anfechtungs- und Feststellungsklage anzugreifen.[524]

Versorgungsverträge sind Individualverträge, die einrichtungsbezogen oder einrichtungsübergreifend (Gesamtversorgungsvertrag) mit einem Leistungserbringer abgeschlossen werden. Vertragspartner sind die Landesverbände der Pflegekassen sowie der Einrichtungsträger. Die Landesverbände der Pflegekassen können hierbei nur gemeinsam den Versorgungsvertrag abschließen und haben dabei das Einvernehmen mit dem zuständigen Träger der Sozialhilfe herzustellen. Dieser wird jedoch nicht Vertragspartei. Die Herstellung des Einvernehmens

522 Groth, in: Hauck/Noftz, Sozialgesetzbuch (SGB) XI Kommentar – Soziale Pflegeversicherung, März 2021, § 72 SGB 11, Rn. 21 ff.
523 Vgl. BSG, Urt. v. 06.08.1998 – B 3 P 8/97 R – ; Groth, in: Hauck/Noftz SGB XI, Werksstand 2023, § 73 Rn. 13 ff.
524 BSG, Urt. v. 06.08.1998 – B 3 P 8/97 R -; Groth, in: Hauck/Noftz SGB XI, Werksstand 2023, § 73 Rn. 14.

zwischen den Landesverbänden der Pflegekassen einerseits und dem zuständigen Sozialhilfeträger andererseits ist vielmehr ein verwaltungsinterner Vorgang.[525]

Konfliktlösungsmechanismus

Einigen sich die Landesverbände der Pflegekassen und der zuständige Träger der Sozialhilfe nicht über den Abschluss eines Versorgungsvertrages, greift der Konfliktlösungsmechanismus des § 81 Abs. 1 Satz 2, Abs. 2.[526] Die Landesverbände der Pflegekassen und der zuständige Träger der Sozialhilfe haben daher eine Einigung – auch formlos möglich im Umlaufverfahren[527] – herbeizuführen, gegebenenfalls im Rahmen einer Mehrheitsentscheidung über das in § 81 Abs. 1 Satz 2, Abs. 2 benannte Gremium. Im Falle zweimaliger Uneinigkeit können die beteiligten Landesverbände der Pflegekassen oder der Träger der Sozialhilfe eine Entscheidung durch die Schiedsstelle nach § 76 herbeiführen, die dann für alle Beteiligten verbindlich und unter Ausschluss des Rechtsweges zu entscheiden hat.

Hervorzuheben ist allerdings, dass sowohl das Verfahren zur Herstellung des Einvernehmens als auch der möglicherweise hierbei zur Anwendung kommende Konfliktlösungsmechanismus des § 81 Abs. 1 Satz 2 i. v. m. Abs. 2 verwaltungsinterne Vorgänge sind, die sich außerhalb der Einflusssphäre des Einrichtungsträgers abspielen. Im Ergebnis dieser verwaltungsinternen Vorgänge wird dann entweder eine Entscheidung zum Abschluss eines Versorgungsvertrages getroffen und dieser ausgefertigt oder der Antrag auf Abschluss des Versorgungsvertrages abgelehnt und ein entsprechender Verwaltungsakt erlassen, der im Wege einer kombinierten Anfechtung- und Leistungsklage bzw. Anfechtung- und Feststellungsklage vom Einrichtungsträger angegriffen werden könnte.

Hält sich lediglich der Sozialhilfeträger nicht an den Versorgungsvertrag gebunden, so kann mittels Feststellungsklage die gerichtliche Feststellung der Bindung beantragt werden. Hierzu haben die (potenziellen) Vertragspartner offenzulegen, ob eine Einigung erzielt wurde oder ein Schiedsverfahren eingeleitet wurde.

Anforderungen

Versorgungsverträge dürfen nur mit Pflegeeinrichtungen abgeschlossen werden, die
- den Anforderungen des § 71 genügen,
- die Gewähr für eine leistungsfähige und wirtschaftliche pflegerische Versorgung bieten (vgl. § 13 Abs. 1 Satz 2 SächsWTG) und die Vorgaben des Absatzes 3a oder Absatzes 3b erfüllen,

525 So etwa BSG, Urt. v. 24.09.2002 – B 3 P 14/01 R – Rn. 20; Plantholz, in: Krahmer/Plantholz, LPK-SGB XI, 5. Auflage 2018, § 72 Rn. 10.

526 SG Halle, Urt. v. 02.09.2024 – S 9 P 26/23 – ; Groth in: Hauck/Noftz SGB XI, § 72 Rn. 26; Schmidt in: KassKomm, § 72 Rn. 15; Plantholz in: Krahmer/Plantholz, LPK-SGB XI, § 72 Rn. 10; Schmidt, Altenheim 03/2025, S. 42 f.; a. A. Wahl, in: Schlegel/Voelzke, jurisPK-SGB XI, 2. Aufl, § 72 SGB XI (Stand: 13.09.2017) Rn. 20 mit Verweis auf § 75 Abs. 5 SGB XII.

527 Vgl. Gutzler in: Hauck/Noftz SGB XI, § 81 Rn. 5.

- sich verpflichten, nach Maßgabe der Vereinbarungen nach § 113 einrichtungsintern ein Qualitätsmanagement einzuführen und weiterzuentwickeln,
- sich verpflichten, die ordnungsgemäße Durchführung von Qualitätsprüfungen zu ermöglichen,
- sich verpflichten, an dem Verfahren zur Übermittlung von Daten nach § 35 Abs. 6 des Infektionsschutzgesetzes (IfSG) teilzunehmen, sofern es sich bei ihnen um stationäre Pflegeeinrichtungen im Sinne des § 71 Abs. 2 handelt und
- die – seit dem 0109.2022 – das regional übliche Entlohnungsniveau (Durchschnitt der regional geltenden Tariflöhne) oder das Lohnniveau eines Tarifvertrages oder einer kirchenarbeitsrechtlichen Regelung einhalten (Gesundheitsversorgungsweiterentwicklungsgesetz (GVWG)[528])

erfüllen. Entfallen die Voraussetzungen zu einem späteren Zeitpunkt nach Vertragsschluss kommt eine Kündigung unter den engen Voraussetzungen des § 74 Abs. 1 in Betracht.

§ 84
Bemessungsgrundsätze

(1) [1]Pflegesätze sind die Entgelte der Heimbewohner oder ihrer Kostenträger für die teil- oder vollstationären Pflegeleistungen des Pflegeheims sowie für die Betreuung und, soweit kein Anspruch auf außerklinische Intensivpflege nach § 37c des Fünften Buches besteht, für die medizinische Behandlungspflege. [2]In den Pflegesätzen dürfen keine Aufwendungen berücksichtigt werden, die nicht der Finanzierungszuständigkeit der sozialen Pflegeversicherung unterliegen.

(2) [1]Die Pflegesätze müssen leistungsgerecht sein. [2]Sie sind nach dem Versorgungsaufwand, den der Pflegebedürftige nach Art und Schwere seiner Pflegebedürftigkeit benötigt, entsprechend den fünf Pflegegraden einzuteilen. [3]Davon ausgehend sind bei vollstationärer Pflege nach § 43 für die Pflegegrade 2 bis 5 einrichtungseinheitliche Eigenanteile zu ermitteln; dies gilt auch bei Änderungen der Leistungsbeträge. [4]Die Pflegesätze müssen einem Pflegeheim bei wirtschaftlicher Betriebsführung ermöglichen, seine Aufwendungen zu finanzieren und seinen Versorgungsauftrag zu erfüllen unter Berücksichtigung einer angemessenen Vergütung ihres Unternehmerrisikos. [5]Überschüsse verbleiben dem Pflegeheim; Verluste sind von ihm zu tragen. [6]Der Grundsatz der Beitragssatzstabilität ist zu beachten. [7]Bei der Bemessung der Pflegesätze einer Pflegeeinrichtung können die Pflegesätze derjenigen Pflegeeinrichtungen, die nach Art und Größe sowie hinsichtlich der in Absatz 5 genannten Leistungs- und Qualitätsmerkmale im Wesentlichen gleichartig sind, angemessen berücksichtigt werden.

(3) Die Pflegesätze sind für alle Heimbewohner des Pflegeheimes nach einheitlichen Grundsätzen zu bemessen; eine Differenzierung nach Kostenträgern ist unzulässig.

528 Gesetz zur Weiterentwicklung der Gesundheitsversorgung (Gesundheitsversorgungsweiterentwicklungsgesetz – GVWG) vom 11. Juli 2021 (BGBl. I S. 2754).

(4) [1]Mit den Pflegesätzen sind alle für die Versorgung der Pflegebedürftigen nach Art und Schwere ihrer Pflegebedürftigkeit erforderlichen Pflegeleistungen der Pflegeeinrichtung (allgemeine Pflegeleistungen) abgegolten. [2]Für die allgemeinen Pflegeleistungen dürfen, soweit nichts anderes bestimmt ist, ausschließlich die nach § 85 oder § 86 vereinbarten oder nach § 85 Abs. 5 festgesetzten Pflegesätze berechnet werden, ohne Rücksicht darauf, wer zu ihrer Zahlung verpflichtet ist.

(5) [1]In der Pflegesatzvereinbarung sind die wesentlichen Leistungs- und Qualitätsmerkmale der Einrichtung festzulegen. [2]Hierzu gehören insbesondere
1. die Zuordnung des voraussichtlich zu versorgenden Personenkreises sowie Art, Inhalt und Umfang der Leistungen, die von der Einrichtung während des nächsten Pflegesatzzeitraums erwartet werden,
2. die von der Einrichtung für den voraussichtlich zu versorgenden Personenkreis individuell vorzuhaltende personelle Ausstattung, gegliedert nach Berufsgruppen, sowie
3. Art und Umfang der Ausstattung der Einrichtung mit Verbrauchsgütern (§ 82 Abs. 2 Nr. 1).

(6) [1]Der Träger der Einrichtung ist verpflichtet, mit der vereinbarten personellen Ausstattung die Versorgung der Pflegebedürftigen jederzeit sicherzustellen. [2]Er hat bei Personalengpässen oder -ausfällen durch geeignete Maßnahmen sicherzustellen, dass die Versorgung der Pflegebedürftigen nicht beeinträchtigt wird. [3]Auf Verlangen einer Vertragspartei hat der Träger der Einrichtung in einem Personalabgleich nachzuweisen, dass die vereinbarte Personalausstattung tatsächlich bereitgestellt und bestimmungsgemäß eingesetzt wird. [4]Das Nähere zur Durchführung des Personalabgleichs wird in den Verträgen nach § 75 Abs. 1 und 2 geregelt.

(7) [1]Der Träger der Einrichtung ist ab dem 1. September 2022 verpflichtet, die bei der Vereinbarung der Pflegesätze zugrunde gelegte Bezahlung der Gehälter nach § 82c Absatz 1 oder Absatz 2a und der Entlohnung nach § 82c Absatz 2 jederzeit einzuhalten und auf Verlangen einer Vertragspartei nachzuweisen. [2]Personenbezogene Daten sind zu anonymisieren. [3]Der Spitzenverband Bund der Pflegekassen legt in Richtlinien bis zum 1. Juli 2022 das Nähere zur Durchführung des Nachweises nach Satz 1 fest. [4]Dabei ist die Bundesarbeitsgemeinschaft der überörtlichen Träger der Sozialhilfe und der Eingliederungshilfe zu beteiligen; den Bundesvereinigungen der Träger von Pflegeeinrichtungen ist Gelegenheit zur Stellungnahme zu geben. [5]§ 72 Absatz 3c Satz 5 und 6 gilt entsprechend.

(8) [1]Vergütungszuschläge sind abweichend von Absatz 2 Satz 2 und Absatz 4 Satz 1 sowie unter entsprechender Anwendung des Absatzes 2 Satz 1 und 5, des Absatzes 7 und des § 87a zusätzliche Entgelte zur Pflegevergütung für die Leistungen nach § 43b. [2]Der Vergütungszuschlag ist von der Pflegekasse zu tragen und von dem privaten Versicherungsunternehmen im Rahmen des vereinbarten Versicherungsschutzes zu erstatten; § 28 Absatz 2 ist entsprechend anzuwenden. [3]Mit den Vergütungszuschlägen sind alle zusätzlichen Leistungen der Betreuung und Aktivierung in stationären Pflegeeinrichtungen

abgegolten. [4]Pflegebedürftige dürfen mit den Vergütungszuschlägen weder ganz noch teilweise belastet werden.

(9) [1]Vergütungszuschläge sind abweichend von Absatz 2 Satz 2 und Absatz 4 Satz 1 sowie unter entsprechender Anwendung des Absatzes 2 Satz 1 und 5, des Absatzes 7 und des § 87a zusätzliche Entgelte zur Pflegevergütung für die Unterstützung der Leistungserbringung durch zusätzliches Pflegehilfskraftpersonal in vollstationären Pflegeeinrichtungen. [2]Der Vergütungszuschlag ist von der Pflegekasse zu tragen und von dem privaten Versicherungsunternehmen im Rahmen des vereinbarten Versicherungsschutzes zu erstatten; § 28 Absatz 2 ist entsprechend anzuwenden. [3]Pflegebedürftige dürfen mit den Vergütungszuschlägen weder ganz noch teilweise belastet werden.

§ 87
Unterkunft und Verpflegung

[1]Die als Pflegesatzparteien betroffenen Leistungsträger (§ 85 Abs. 2) vereinbaren mit dem Träger des Pflegeheimes die von den Pflegebedürftigen zu tragenden Entgelte für die Unterkunft und für die Verpflegung jeweils getrennt. [2]Die Entgelte müssen in einem angemessenen Verhältnis zu den Leistungen stehen. [3]§ 84 Abs. 3 und 4 und die §§ 85 und 86 gelten entsprechend; § 88 bleibt unberührt.

Vergütungsgrundsätze

§§ 84 ff., insbesondere § 84 Abs. 2 sowie § 87 sind rechtlicher Anknüpfungspunkt für die Bemessung der leistungsgerechten Vergütung von stationären Pflegeleistungen. Die Vergütung ist hinsichtlich Art, Höhe und Laufzeit im Pflegesatzverfahren nach § 85 zwischen dem Pflegeheim und den Leistungsträgern (Kostenträgern) zu vereinbaren. § 85 Abs. 2 bestimmt, wer Vertragspartei, das heißt Partei der Pflegesatzvereinbarung ist. Dies sind neben dem Träger des Pflegeheims die folgenden Kostenträger, soweit auf den jeweiligen Kostenträger oder die Arbeitsgemeinschaft im Jahr vor Beginn der Pflegesatzverhandlungen jeweils mehr als 5 % der Berechnungstage des Pflegeheimes entfallen:

- die Pflegekassen oder sonstige Sozialversicherungsträger,
- die für die Bewohner des Pflegeheimes zuständigen Träger der Sozialhilfe sowie
- die Arbeitsgemeinschaften der vorgenannten Träger.

Gemäß § 84 Abs. 2 Satz 1 muss die Vergütung der in stationären Einrichtungen erbrachten Pflegeleistungen leistungsgerecht sein. Zudem muss sie es dem Pflegeheim bei wirtschaftlicher Betriebsführung ermöglichen, seine Aufwendungen zu (re)finanzieren und seinen Versorgungsauftrag effektiv zu erfüllen unter Berücksichtigung einer angemessenen Vergütung des Unternehmerrisikos (§ 84 Abs. 2 Satz 4). Damit steht die kostendeckende Finanzierung der Pflegeeinrichtungen im öffentlichen Interesse.[529]

Nach ständiger Rechtsprechung des Bundessozialgerichts sind die auf dieser gesetzlichen Grundlage geführten Vergütungsverhandlungen sowie die nachfolgenden Schiedsverfahren vor den SGB XI-Schiedsstellen (§ 76 i. V. m. § 85 Abs. 5) grundsätzlich nach einem zweigliedrigen Prüfungsschema durchzuführen.

Grundlage der Verhandlungen über die Entgelte ist zunächst die Abschätzung der voraussichtlichen (prospektiven) Kosten der vom Pflegeheim zu erbringenden Leistungen. Daran schließt sich in einem zweiten Schritt die Prüfung der Leistungsgerechtigkeit nach § 84 Abs. 2 Satz 1 an. Maßgebend hierfür sind die Kostenansätze vergleichbarer Leistungen bei anderen Pflegeheimen (sog. externer Vergleich). Im Ergebnis sind die Entgelte dann leistungsgerecht im Sinne von § 84 Abs. 2 Satz 1, wenn

- die voraussichtlichen Gestehungskosten der Einrichtung nachvollziehbar und plausibel dargelegt werden (Nr. 1) und
- wenn sie in einer angemessenen und nachprüfbaren Relation zu den Sätzen anderer vergleichbarer Einrichtungen stehen (Nr. 2).

Geltend gemachte Entgelte sind dann nicht angemessen, wenn Kostenansätze und erwartete Kostensteigerungen in der prospektiven Kalkulation nicht plausibel erklärt werden können oder die begehrten Entgelte im Verhältnis zu anderen ähnlichen Einrichtungen unangemessen sind. Plausibel sind die begehrten Entgelte grundsätzlich dann, wenn sie bei wirtschaftlicher Betriebsführung die voraussichtlichen Gestehungskosten des Leistungserbringers unter Zuschlag einer angemessenen Vergütung des Unternehmerrisikos und eines etwaigen zusätzlichen persönlichen Arbeitseinsatzes des Unternehmers sowie einer angemessenen Verzinsung des Eigenkapitals decken.[530]

In den Verhandlungen gilt der Grundsatz, dass diese prospektiv geführt werden.[531] Eine Kostenerstattung findet nicht statt. Gewinne verbleiben beim Unternehmer, Verluste hat dieser nach § 84 Abs. 2 Satz 4 ebenso zu tragen. Nach Abkehr vom Kostendeckungsprinzip geht es damit gerade nicht mehr um eine Deckung der retrospektiv angefallenen Kosten, sondern um eine Refinanzierung der im zukünftigen Vergütungszeitraum prospektiv anfallenden Aufwendungen, die der Unternehmer zu kalkulieren hat. Er allein trägt das Risiko einer nicht auskömmlichen Kalkulation.

Keine Nachweisführung für Vorvereinbarungszeitraum

Nachweise für Kosten eines zurückliegenden Zeitraums können die Kostenträger daher nur dann anfordern, wenn damit Steigerungen oder Absenkungen im Vergleich zur

529 Vgl. hierzu für den Bereich der Investitionskosten (SGB XII) LSG Mainz, Beschl. v. 27.01.2022 – L 4 SO 81/21 ER –, S. 20.
530 st. Rspr., vgl. nur BSG, Urt. v. 26.09.2019 – B 3 P 1/18 R –, Rn. 27; BSG, Urt. v. 17.12.2009 – B 3 P 3/08 R –, Rn. 50.
531 vgl. etwa BSG, Urt. v. 19.04.2023 – B 3 P 6/22 R – Rn. 20 nach juris w. w. N.

Vorjahresvereinbarung plausibilisiert werden sollen. Im Bereich der Personalkosten ist überdies zu beachten, dass – prospektiv – kalkulierte Personalkosten zu refinanzieren sind, soweit sie sich im Bereich der vom Gesetzgeber in § 82c Abs. 2 vorgegebenen Spanne (rüE + 10 %) bewegen. Die Kostenträger sind hierzu gesetzlich verpflichtet. Es handelt sich hierbei um eine gesetzlich normierte *Untergrenze*, die ausnahmslos nicht unterschritten werden darf. Ob der Unternehmer die, der (Vor-)Verhandlung zugrundegelegten, Personalkosten tatsächlich an seine Mitarbeiter ausgezahlt hat, ist eine Frage der Durchführung der vertraglichen Pflegesatzvereinbarung. Der Gesetzgeber hat hierfür ein eigenes Nachweisverfahren vorgesehen. Rechtsgrundlage für das Verfahren zur Kürzung bzw. Rückvergütung der Pflegevergütung ist ausschließlich § 115 Abs. 3, Abs. 3a und Abs. 3b.

Der Gesetzgeber hat damit klargestellt, dass die Nichtzahlung von vereinbarten Gehältern gemäß § 115 Abs. 3a Satz 2 SGB XI einem Qualitätsverstoß gleichsteht, der gegebenenfalls zur Kürzung der Pflegevergütung und dessen Rückvergütung an die Pflegekunden bzw. öffentlichen Kostenträger berechtigt.

Zudem hat der Gesetzgeber in § 115 Abs. 3, 3a, 3b das Verfahren zur Kürzung der Pflegevergütung geregelt. Es handelt sich hierbei um ein eigenständiges Verfahren außerhalb der Pflegesatzverhandlungen. Hierzu ist unter anderem geregelt, dass zwischen den Vertragsparteien nach § 85 Abs. 2 ein Einvernehmen über die Höhe der Kürzung anzustreben ist. Kommt dieses nicht zustande, entscheidet auf Antrag einer Vertragspartei die Schiedsstelle nach § 76. Das Nähere zum Verfahren wurde in der Vereinbarung nach § 115 Abs. 3b über das Verfahren zur Kürzung der Pflegevergütung nach § 115 Abs. 3 und 3a vom 22.12.2017 geregelt. Diese wurde im Bundesanzeiger veröffentlicht und ist für alle Pflegekassen, deren Verbände sowie für die zugelassenen Pflegeeinrichtungen unmittelbar verbindlich. Ein einseitiges Kürzungsrecht der Kostenträger besteht nicht.

Ggf. kommen bei Verstößen gegen die Pflichten aus der Pflegesatzvereinbarung auch vertragliche Maßnahmen, wie bspw. Ermahnung, Abmahnung oder Kündigung durch die Kostenträger in Betracht. Eine Vermischung mit den für einen zukünftigen Zeitraum zu führenden Pflegesatzverhandlungen ist unstatthaft. Sie würde – abgesehen davon, dass sie gesetzlich unstatthaft ist (arg. „*kann […] nicht als unwirtschaftlich abgelehnt werden*") – auch zu Problemen bei der Rückrechnung der bereits vereinnahmten Entgelte führen. Würde man in der Vergangenheit zu wenig gezahlte Gehälter und Löhne für den nachfolgenden Zeitraum in Abzug bringen, käme dies nicht den Bewohnern – die letztlich zu viel gezahlt haben – zugute, sondern den Bewohnern, die während des Geltungszeitraum der nachfolgenden Vereinbarung Entgelte zahlen. Diese würden in der Konsequenz für die in Anspruch genommene Leistung weniger zahlen, als für eine Refinanzierung erforderlich wäre. Es ist den Kostenträgern daher verwehrt im Rahmen der Nachfolgevereinbarung ein *Malus* für retrospektiv (vermeintlich) nicht aufgewendete Personalkosten einzustellen. Ob ein Träger, der in der Vergangenheit die vereinbarten Löhne nicht gezahlt hat, kann lediglich indiziell für die zukünftige Zahlung herangezogen werden. Dabei ist in der Regel jedoch zu berücksichtigen, dass in der Spannbreite des § 82c Abs. 1 die kalkulierten Löhne „nicht als unwirtschaftlich abgelehnt werden dürfen".

3. Sozialgesetzbuch (SGB) Zwölftes Buch (XII) – Sozialhilfe (SGB XII)

Sonderrechtsnachfolge

§ 19 SGB XII Leistungsberechtigte

[…]

(3) Hilfen zur Gesundheit, Hilfe zur Pflege, Hilfe zur Überwindung besonderer sozialer Schwierigkeiten und Hilfen in anderen Lebenslagen werden nach dem Fünften bis Neunten Kapitel dieses Buches geleistet, soweit den Leistungsberechtigten, ihren nicht getrennt lebenden Ehegatten oder Lebenspartnern und, wenn sie minderjährig und unverheiratet sind, auch ihren Eltern oder einem Elternteil die Aufbringung der Mittel aus dem Einkommen und Vermögen nach den Vorschriften des Elften Kapitels dieses Buches nicht zuzumuten ist.

[…]

(6) Der Anspruch der Berechtigten auf Leistungen für Einrichtungen oder auf Pflegegeld steht, soweit die Leistung den Berechtigten erbracht worden wäre, nach ihrem Tode demjenigen zu, der die Leistung erbracht oder die Pflege geleistet hat.

Anspruchsübergang auf den Pflegeheimträger

§ 19 ist ein gesetzlicher Fall der Sonderrechtsnachfolge. Verstirbt ein Bewohner einer Einrichtung, der einen Anspruch auf Leistungen für Einrichtungen oder auf Pflegegeld hatte, steht der Anspruch – soweit die Sozialhilfeleistung dem Berechtigten erbracht worden wäre – nach seinem Tode demjenigen zu, der die Leistung erbracht oder die Pflege geleistet hat. Verstirbt daher ein Bewohner einer stationären Einrichtung kann der Träger aus eigenem Recht im Wege der Sonderrechtsnachfolge die Hilfe zur Pflege beanspruchen.

Dies setzt voraus, dass noch keine bestandskräftige ablehnende Entscheidung über den Antrag auf Sozialhilfe ergangen ist. Schwebt noch ein Widerspruchsverfahren, kann der Träger die Aufnahme und Fortführung des Verfahrens nach § 19 Abs. 6 erklären. Ambulante Pflegedienste können nicht Sonderrechtsnachfolger sein, da sie keine „Leistungen für Einrichtungen“ erbringen.[532] Für diese gelten die allgemeinen erbrechtlichen Vorschriften. Sodass der Pflegedienst bei ausstehenden Entgelten auf die Zahlung durch die Erben angewiesen ist.

532 BSG, Urteil vom 13. Juli 2010 – B 8 SO 13/09 R –; Landessozialgericht Baden-Württemberg, Urteil vom 27. Februar 2025 – L 7 SO 804/24 –, juris Rn. 35 ff.

Investitionskosten

§ 76 SGB XII
Inhalt der Vereinbarungen

(1) In der schriftlichen Vereinbarung mit Erbringern von Leistungen nach dem Siebten bis Neunten Kapitel sind zu regeln:
1. Inhalt, Umfang und Qualität einschließlich der Wirksamkeit der Leistungen (Leistungsvereinbarung) sowie
2. die Vergütung der Leistung (Vergütungsvereinbarung).

(2) In die Leistungsvereinbarung sind als wesentliche Leistungsmerkmale insbesondere aufzunehmen:
1. die betriebsnotwendigen Anlagen des Leistungserbringers,
[...]
6. die erforderliche sächliche Ausstattung.

(3) Die Vergütungsvereinbarung besteht mindestens aus
[...]
3. einem Betrag für betriebsnotwendige Anlagen einschließlich ihrer Ausstattung (Investitionsbetrag).

[...]

§ 76a SGB XII
Zugelassene Pflegeeinrichtungen

[...]

(3) Der Träger der Sozialhilfe ist zur Übernahme gesondert berechneter Investitionskosten nach dem Elften Buch nur verpflichtet, soweit die zuständige Landesbehörde ihre Zustimmung nach § 82 Absatz 3 Satz 3 des Elften Buches erteilt oder der Träger der Sozialhilfe mit dem Träger der Einrichtung eine entsprechende Vereinbarung nach dem Zehnten Kapitel über die gesondert berechneten Investitionskosten nach § 82 Absatz 4 des Elften Buches getroffen hat.

§ 82 SGB XI
Finanzierung der Pflegeeinrichtungen

[...]

(2) In der Pflegevergütung und in den Entgelten für Unterkunft und Verpflegung dürfen keine Aufwendungen berücksichtigt werden für

1. **Maßnahmen einschließlich Kapitalkosten, die dazu bestimmt sind, die für den Betrieb der Pflegeeinrichtung notwendigen Gebäude und sonstigen abschreibungsfähigen Anlagegüter herzustellen, anzuschaffen, wiederzubeschaffen, zu ergänzen, instandzuhalten oder instandzusetzen; ausgenommen sind die zum Verbrauch bestimmten Güter (Verbrauchsgüter), die der Pflegevergütung nach Absatz 1 Satz 1 Nr. 1 zuzuordnen sind,**

[...]

(3) [1]Soweit betriebsnotwendige Investitionsaufwendungen nach Absatz 2 Nr. 1 oder Aufwendungen für Miete, Pacht, Erbbauzins, Nutzung oder Mitbenutzung von Gebäuden oder sonstige abschreibungsfähige Anlagegüter nach Absatz 2 Nr. 3 durch öffentliche Förderung gemäß § 9 nicht vollständig gedeckt sind, kann die Pflegeeinrichtung diesen Teil der Aufwendungen den Pflegebedürftigen gesondert berechnen. [2]Gleiches gilt, soweit die Aufwendungen nach Satz 1 vom Land durch Darlehen oder sonstige rückzahlbare Zuschüsse gefördert werden. [3]Die gesonderte Berechnung bedarf der Zustimmung der zuständigen Landesbehörde; das Nähere hierzu, insbesondere auch zu Art, Höhe und Laufzeit sowie die Verteilung der gesondert berechenbaren Aufwendungen auf die Pflegebedürftigen einschließlich der Berücksichtigung pauschalierter Instandhaltungs- und Instandsetzungsaufwendungen sowie der zugrunde zu legenden Belegungsquote, wird durch Landesrecht bestimmt. [4]Die Pauschalen müssen in einem angemessenen Verhältnis zur tatsächlichen Höhe der Instandhaltungs- und Instandsetzungsaufwendungen stehen.

(4) [1]Pflegeeinrichtungen, die nicht nach Landesrecht gefördert werden, können ihre betriebsnotwendigen Investitionsaufwendungen den Pflegebedürftigen ohne Zustimmung der zuständigen Landesbehörde gesondert berechnen. [2]Die gesonderte Berechnung ist der zuständigen Landesbehörde mitzuteilen.

(5) [1]Öffentliche Zuschüsse oder andere Unterstützungsmaßnahmen zu den laufenden Aufwendungen einer Pflegeeinrichtung (Betriebskostenzuschüsse), die aus öffentlichen Mitteln finanziert werden, sind von der Pflegevergütung und den Entgelten für Unterkunft und Verpflegung abzuziehen, um Doppelfinanzierungen auszuschließen. [2]Bei deren prospektiven Bemessung und Vereinbarung sind Betriebskostenzuschüsse im Sinne des Satzes 1 zu berücksichtigen. [3]Entsprechendes gilt für bereits vereinbarte Pflegevergütungen und Entgelte für Unterkunft und Verpflegung für die Dauer der Bezuschussung; die Vertragsparteien haben dazu eine Ergänzungsvereinbarung abzuschließen. [4]§ 115 Absatz 3 Satz 3 bis 6 findet entsprechend Anwendung. [5]Die Pflegeeinrichtungen haben eine Pflegekasse

als Partei der Pflegevergütungsvereinbarung unaufgefordert über Betriebskostenzuschüsse in Kenntnis zu setzen.

Allgemeines

Investitionskosten i. S. d. § 76 Abs. 3 Satz 1 Nr. 3 dienen der Refinanzierung betriebsnotwendiger Anlagen einschließlich ihrer Ausstattung (Investitionsbetrag). Neben der Pflegevergütung (Pflegesätze) und den Entgelten für Unterkunft und Verpflegung sind die Investitionskosten die zweite tragende Säule der Refinanzierung einer Einrichtung. Das Gesetz beschreibt die Investitionskosten in § 82 Abs. 3 Satz 1 SGB XI als betriebsnotwendige Investitionsaufwendungen. Damit werden zunächst unbegrenzt alle Aufwendungen erfasst, die nach Art und Höhe für den Betrieb der Einrichtung entsprechend ihres Versorgungsauftrages notwendig sind. Gegen eine generelle Begrenzung spricht somit deutlich der Zweck der gesondert zu berechnenden Kosten und deren Refinanzierung.[533] In der Leistungsvereinbarung mit dem Sozialhilfeträger insbesondere die Anlagen und die sächliche Ausstattung der Einrichtung beschrieben, während in der Vergütungsvereinbarung der Preis (Investitionsbetrag) geregelt wird.

§ 77 SGB XII
Verfahren und Inkrafttreten der Vereinbarung

(1) [1]Der Leistungserbringer oder der Träger der Sozialhilfe hat die jeweils andere Partei schriftlich zu Verhandlungen über den Abschluss einer Vereinbarung gemäß § 76 aufzufordern. [2]Bei einer Aufforderung zum Abschluss einer Folgevereinbarung sind die Verhandlungsgegenstände zu benennen. [3]Die Aufforderung durch den Leistungsträger kann an einen unbestimmten Kreis von Leistungserbringern gerichtet werden. [4]Auf Verlangen einer Partei sind geeignete Nachweise zu den Verhandlungsgegenständen vorzulegen.

(2) [1]Kommt es nicht innerhalb von drei Monaten, nachdem eine Partei zu Verhandlungen aufgefordert wurde, zu einer schriftlichen Vereinbarung, so kann jede Partei hinsichtlich der strittigen Punkte die gemeinsame Schiedsstelle anrufen. [2]Die Schiedsstelle hat unverzüglich über die strittigen Punkte zu entscheiden. [3]Gegen die Entscheidung der Schiedsstelle ist der Rechtsweg zu den Sozialgerichten gegeben, ohne dass es eines Vorverfahrens bedarf. [4]Die Klage ist nicht gegen die Schiedsstelle, sondern gegen den Verhandlungspartner zu richten.

(3) [1]Vereinbarungen und Schiedsstellenentscheidungen treten zu dem darin bestimmten Zeitpunkt in Kraft. [2]Wird in einer Vereinbarung ein Zeitpunkt nicht bestimmt, wird die Vereinbarung mit dem Tag ihres Abschlusses wirksam. [3]Festsetzungen der Schiedsstelle

533 O'Sullivan, in: Schlegel/Völzke, jurisPK-SGB XI-SGB XI, 3. Aufl. 2023, § 76a Rn. 48.

werden, soweit keine Festlegung erfolgt ist, rückwirkend mit dem Tag wirksam, an dem der Antrag bei der Schiedsstelle eingegangen ist. [4]Soweit in den Fällen des Satzes 3 während des Schiedsstellenverfahrens der Antrag geändert wurde, ist auf den Tag abzustellen, an dem der geänderte Antrag bei der Schiedsstelle eingegangen ist. [5]Ein jeweils vor diesem Zeitpunkt zurückwirkendes Vereinbaren oder Festsetzen von Vergütungen ist in den Fällen der Sätze 1 bis 4 nicht zulässig.

§ 81 SGB XII
Schiedsstelle

(1) Für jedes Land oder für Teile eines Landes wird eine Schiedsstelle gebildet.

(2) Die Schiedsstelle besteht aus Vertretern der Leistungserbringer und Vertretern der örtlichen und überörtlichen Träger der Sozialhilfe in gleicher Zahl sowie einem unparteiischen Vorsitzenden.

(3) [1]Die Vertreter der Leistungserbringer und deren Stellvertreter werden von den Vereinigungen der Leistungserbringer bestellt. [2]Bei der Bestellung ist die Trägervielfalt zu beachten. [3]Die Vertreter der Träger der Sozialhilfe und deren Stellvertreter werden von diesen bestellt. [4]Der Vorsitzende und sein Stellvertreter werden von den beteiligten Organisationen gemeinsam bestellt. [5]Kommt eine Einigung nicht zustande, werden sie durch Los bestimmt. [6]Soweit beteiligte Organisationen keinen Vertreter bestellen oder im Verfahren nach Satz 3 keine Kandidaten für das Amt des Vorsitzenden und des Stellvertreters benennen, bestellt die zuständige Landesbehörde auf Antrag einer der beteiligten Organisationen die Vertreter und benennt die Kandidaten.

(4) [1]Die Mitglieder der Schiedsstelle führen ihr Amt als Ehrenamt. [2]Sie sind an Weisungen nicht gebunden. [3]Jedes Mitglied hat eine Stimme. [4]Die Entscheidungen werden mit der Mehrheit der Mitglieder getroffen. [5]Ergibt sich keine Mehrheit, entscheidet die Stimme des Vorsitzenden.

(5) […]

Verhandlungsaufforderung

Zum Abschluss einer neuen (Folge-)Investitionskostenvereinbarung hat der Einrichtungsträger den Sozialhilfeträger nach § 76a Abs. 3, 2. Alt. i. V. m. § 82 Abs. 4 SGB XI zu Verhandlungen aufzufordern. Bestehende Vereinbarungen deren vertraglich vereinbarte Laufzeit abgelaufen ist, gelten nach § 77a Abs. 4 zunächst interimsweise fort, bis eine neue Vereinbarung abgeschlossen wird. Beide Parteien können jedoch auch auf den Abschluss einer neuen Vereinbarung verzichten und die „alte“ Vereinbarung fortführen. Durch diesen Mechanismus ist sichergestellt, dass keine Lücke in der Refinanzierung der Investitionskosten entsteht. Gegenteilige Vereinbarungen sind unwirksam.

Die Verhandlungen beziehen sich nicht nur auf den Preis, sondern können auch die weiteren Vertragsinhalte – sofern sie nicht Inhalt der Pflegesatzverhandlungen sind – umfassen.[534]

Die schriftliche Aufforderung (§ 77 Abs. 1 Satz 1) zu Investitionskostenverhandlungen setzt die 3-Monats-Wartefrist in Gang, nach deren ergebnislosen Ablauf jede Partei die Schiedsstelle anrufen kann. Dabei kommt es nicht darauf an, ob der Leistungserbringer geeignete Nachweise beigebracht hat oder seine Forderung plausibilisiert hat. Dies sind Fragen der Begründetheit. Wie sich aus § 77 Abs. 1 Satz 4 ergibt, sind Nachweise nur auf Verlangen einer Vertragspartei vorzulegen. Die Anrufung der gemeinsamen Schiedsstelle ist hingegen nach § 77 Abs. 2 Satz 1 zulässig, wenn es nicht innerhalb von 3 Monaten nachdem eine Partei zu Verhandlungen aufgefordert hat, zu einer schriftlichen Vereinbarung kommt. Weitere Voraussetzungen bestehen nicht. Das Bundessozialgericht hat hierzu klargestellt:

> *„Für die Zulässigkeit der Anrufung der Schiedsstelle genügt es bereits nach dem Gesetzeswortlaut, dass zwischen den Beteiligten eine angestrebte Vereinbarung über die Höhe der Investitionskostenvergütung [...] nicht zustande gekommen ist. Ob die Voraussetzungen für eine Neuvereinbarung der Vergütung tatsächlich vorgelegen haben oder die Beteiligen insoweit von falschen rechtlichen Vorstellungen ausgegangen sind, ist für die Zulässigkeit der Anrufung der Schiedsstelle ohne Belang, sondern von dieser erst bei der Prüfung der für ihre Entscheidung maßgeblichen normativen Vorgaben zu beachten.“*[535]

Der Schriftformvorbehalt gilt nicht nur für die Vereinbarung an sich (§ 75 Abs. 1 Satz 1), sondern auch für den Antrag. Soweit nach ganz überwiegender Praxis nicht schriftlich aufgefordert wird und die Sozialhilfeträger dies nicht fordern, besteht für den Träger das Risiko, dass die 3-Monats-Wartefrist nicht in Gang gesetzt wird.

Tatbestände der Übernahme von Investitionskosten bei geförderten und nicht geförderten Einrichtungen

Gemäß § 76a Abs. 3 ist der Sozialhilfeträger nach unterschiedlichen Voraussetzungen für die Übernahme der Investitionskosten verpflichtet. Diese Differenzierung ist in § 76a Abs. 3, Alt. 1 und Alt. 2 dargestellt.[536] Bei nicht nach Landesrecht geförderten Einrichtungen ist ausschließlich § 76a Abs. 3, 2. Alt. einschlägig. Gemäß § 76a Abs. 3, 2. Alt. ist der Sozialhilfeträger zur Übernahme der Investitionskosten verpflichtet, wenn er mit dem Träger der Einrichtung eine entsprechende Vereinbarung getroffen hat (vgl. § 82 Abs. 4 SGB XI). Auf den Abschluss einer solchen Vereinbarung hat der Träger einen Rechtsanspruch. Verweigert der Sozialhilfeträger einen Vertragsschluss oder sogar die Verhandlungen – bspw. indem er auf die Verhandlungs-

534 Vgl. Lange, in: Schlegel/Voelzke, 4. Aufl. 2024, § 76a SGB XII, Rn. 29.
535 BSG, Urt. v. 07.10.2015 – B 8 SO 1/14 R – Rn. 15.
536 klarstellend BSG, Urt., v. 20.09.2023 – B 8 SO8/22 R–; Krohn, in: Hauck/Noftz, SGB XII, 4. Ergänzungslieferung 2024, § 76a SGB XII, Rn. 12.

aufforderung gar nicht reagiert – kann der Träger nach Ablauf der 3-Monats-Wartefrist die SGB XII-Schiedsstelle anrufen. Diese hat die Vereinbarung „unverzüglich" festzusetzen. Der Träger der Sozialhilfe kann sich diesem Konfliktlösungsmechanismus nicht entziehen, da es auf ein tatsächliches Verhandeln nach dem insoweit eindeutigen Wortlaut („*Kommt es nicht [...] zu einer schriftlichen Vereinbarung [...]*") nicht ankommt, sondern allein auf den Umstand des fehlenden Vertragsschlusses. [537]

Der Bundesgesetzgeber hat sowohl in § 76a Abs. 3 als auch mit dem darin enthaltenen Verweis auf § 82 Abs. 4 SGB XI eine deutliche Trennung zwischen den Einrichtungen die eine Landesförderung erhalten und denen, die keine ausgereichte Förderung erhalten haben, gezogen. Dies erfolgte unter der Zielsetzung, dass bei geförderten Einrichtungen andere Grundsätze – als das bei nicht geförderten Einrichtungen anzuwendende –Vereinbarungsprinzip zwischen Sozialhilfeträger und Träger der Einrichtung (§ 76a Abs. 3, 2. Alt.) gelten sollen.[538]

Nach § 82 Abs. 4 Satz 1 SGB XI können Pflegeeinrichtungen, die nicht nach Landesrecht gefördert sind, ihre betriebsnotwendigen Investitionskostenaufwendungen den Pflegebedürftigen – nach den zivilrechtlichen Regelungen des WBVG – ohne Zustimmung der zuständigen Landesbehörde gesondert berechnen. Die gesonderte Berechnung ist der zuständigen Landesbehörde lediglich mitzuteilen. Eine unterbliebene Mitteilung bleibt jedoch mangels gesetzlicher Regelung folgenlos. Formelle Anforderungen an die Mitteilung bestehen nicht. Weder ist Schriftform erforderlich, noch müssen bestimmte Unterlagen vorgelegt oder der mit den Selbstzahlen vereinbarte IK-Satz plausibilisiert werden – es genügt die Mitteilung ab wann und in welcher Höhe Investitionskosten mit den Selbstzahlern vereinbart wurden.

Für geförderte Einrichtungen gilt die Verordnung des Sächsischen Staatsministeriums für Soziales, Gesundheit und Familie über die Förderung nach den §§ 6 bis 9 Sächsisches Pflegegesetz und die gesondert berechenbaren Aufwendungen nach § 82 Abs. 3 und 4 Elftes Buch Sozialgesetzbuch bei Pflegeheimen (Pflegeheimverordnung – PflhVO).

Eine zwingende analoge Anwendung auf ungeförderte Einrichtungen ist nicht möglich. Dies ergibt sich schon daraus, dass es sich um eine Landesverordnung handelt und der Anspruch auf Abschluss einer Investitionskostenvereinbarung für nicht geförderte Einrichtungen aus dem Bundesrecht (§ 76a Abs. 3 SGB XII i. V. m. § 82 Abs. 4 SGB XI) folgt. Die deutliche Trennung des Bundesgesetzgebers zwischen geförderten und nicht geförderten Einrichtungen in § 76a Abs. 3, 2. Alt. SGB XII i. V. m § 82 Abs. 4 SGB XI spricht gegen eine planwidrige Regelungslücke. Eine Verordnungsermächtigung für die Länder bei ungeförderten Einrichtungen besteht nicht. Dies würde auch ein grundgesetzlich nicht zulässiges Übergreifen in die Gesetzgebungskompetenz des Bundes darstellen. Es steht dem Landesverordnungsgeber daher nicht zu, durch die „Hintertür" Regelungen für ungeförderte Einrichtungen – die bundesgesetzlich abschließend geregelt und durch das Bundessozialgericht konkretisiert wurden – zu treffen.

537 BSG, Urt. v. 07.10.2015 – B 8 SO 1/14 R – Rn. 15.
538 LSG Berlin-Brandenburg, Urt. v. 05.12.2013 - L 23 SO 26/11 KL – juris, Rn. 69.

Gleichwohl können Wertungen der Pflegeheimverordnung im Einzelfall bei der Vereinbarung der Parteien – *einvernehmlich* – herangezogen werden, sofern diese als Hilfestellung die Kalkulation der Investitionskosten treffend widerspiegeln. Ebenso ist es der Schiedsstelle nicht verwehrt, bei ihrer interessensausgleichenden Entscheidung auf (inhaltlich übertragbare) Wertungen aus dem Förderrecht zurückzugreifen. Allerdings darf sie dabei den besonderen privilegierten Charakter geförderter Einrichtungen nicht aus dem Blick verlieren.

Geeignete Nachweise | externer Vergleich

Sofern das Gesetz nach § 77 Abs. 1 Satz 1 zur Plausibilisierung auf „geeignete Nachweise zu den Verhandlungsgegenständen" abstellt, wird verdeutlicht, dass die Nachweise nach dem Normzweck so ausgestaltet sein müssen, dass sie die andere Verhandlungspartei in die Lage versetzen können, zeitnah zu entscheiden, ob die Voraussetzungen für eine Verhandlung gegeben sind. Danach genügt es, wenn die Verhandlungsgegenstände konkret benannt werden.[539]

Zu den Antragsunterlagen gehören – je nach Verhandlungsgegenstand – u. a.
- Miet- und Pachtverträge,
- Darstellungen zu weiteren Nutzungsentgelten wie bspw. Leasing,
- Darstellung einer ggf. erfolgten Fremdkapitalverzinsung,
- Darstellung der Zinsen für Eigenkapital,
- Abschreibungsbeträge auf Betriebsgebäude und ggf. Außenanlagen (Eigentümermodel) und abschreibungsfähiges Anlagevermögen (Technische Betriebsanlagen, Betriebsausstattung, EDV, GWG, ggf. Außenanlagen) und
- Darstellung der kalkulierten Instandhaltungs- und Instandsetzungskosten (ohne Wartung).

Eine zusätzliche Bestätigung der inhaltlichen Richtigkeit der vorgelegten Unterlagen durch einen Wirtschaftsprüfer oder eine ähnlich neutrale Prüfstelle – als Abweichung von den gesetzlichen formellen Anforderungen – könnte allenfalls als gerechtfertigt erachtet werden, wenn die Pflegeeinrichtung im externen Vergleich mit vergleichbaren Einrichtungen mit ihren Kosten im oberen Drittel liegt und ernsthafte begründete Zweifel an der Richtigkeit der Angaben bestehen.[540]

Dem Sozialhilfeträger obliegt es hierfür zunächst, einen vollständigen und validen – das heißt aktuellen und vollständigen – externen Vergleich vorzulegen. Bereits aus dem Informationsvorsprung des Kostenträgers folgt, dass die Vergleichseinrichtungen von diesem zu benennen sind.[541] Kommt eine Partei ihrer Mitwirkungspflicht nicht nach, geht dies zu ihren Lasten.[542] Der externe Vergleich hat zur Bestimmung des Marktpreises eine vollständige Aufstellung der im Einzugsbereich des Trägers zugelassenen Einrichtungen (§ 75 Abs. 2 Satz 12) und der

539 Vgl. BT-Drs. 18/9522, S. 297.
540 Vgl. zu Pflegesatzverhandlungen BSG, Urt. v. 29.01.2009 – B 3P7/08R –, juris, Rn. 28.
541 SG Dresden, Urt. v. 13.10.2005 – S 16 P 69/03 –, juris Rn. 60.
542 BSG, Urt. v. 07.10.2015 – B 8 SO 21/14 R –,juris Rn. 20 – 23; Urt. v. 29.01.2009 – B 3 P 6/08 R –, juris Rn. 40.

mit diesen vereinbarten Investitionskostenentgelte, wobei sich der Einzugsbereich entweder auf den Landkreis oder bei zu wenigen Vergleichseinrichtungen auf das gesamte Bundesland bezieht, sowie eine Ausweisung der einzelnen *tatsächlichen* sowie vereinbarten Werte der einzelnen Positionen (bspw. Miete, Anlagevermögen, Auslastung) zu umfassen. Mit Blick darauf, dass der Marktpreis dem zeitlichen Wandel unterworfen ist, sind die Vereinbarungszeiträume ebenfalls im externen Vergleich darzustellen. Ebenso sind Einrichtungen der kirchlichen und freien Wohlfahrtspflege[543] zu kennzeichnen, da es diesen im Gegensatz zu privaten Trägern häufig möglich ist, auch Konditionen unterhalb eines marktgerechten Preises zu erreichen.

„Unverzügliche" Entscheidung der Schiedsstelle

Gemäß § 77 Abs. 2 Satz 2 hat die Schiedsstelle „unverzüglich" über die strittigen – nicht geeinten – Vertragsinhalte zu entscheiden. Unter Berücksichtigung des besonderen sozialhilferechtlichen Beschleunigungsgebotes duldet die Entscheidung keinerlei Aufschub. Die Schiedsstellenentscheidung ist ein vertragsgestaltender Verwaltungsakt nach § 31 SGB X. Bleibt die Schiedsstelle untätig, ist daher eine Untätigkeitsklage nach § 88 Abs. 1 SGG zum zuständigen Landessozialgericht zulässig. Dies führt jedoch zu Wertungswidersprüchen. Eine Untätigkeitsklage ist nicht vor Ablauf von 6 Monaten zulässig, während die Schiedsstellenentscheidung – also die Vornahme des Verwaltungsaktes – unverzüglich zu erfolgen hat. Der Bundesgesetzgeber hat in § 77 Abs. 2 Satz 2 SGB XII mit „unverzüglich" (*lex specialis* zu § 88 Abs. 1 SGG „sechs Monate") zum Ausdruck gebracht, dass der Beschleunigungsgrundsatz für das sozialhilferechtliche Schiedsverfahren von besonderer Bedeutung ist. Abweichend zu dem SGB XI-Schiedsstellenverfahren nach § 85 SGB XI hinsichtlich der Festsetzung von Pflegesätzen, bei welchem der Gesetzgeber für die „unverzügliche" Festsetzung gemäß § 85 Abs. 5 Satz 1 SGB XI einen Regelzeitraum von „drei Monaten" normiert hat, verbleibt es im sozialhilferechtlichen Schiedsstellenverfahren gemäß § 77 SGB XII bei der gesetzlichen Regelung einer „unverzüglichen" Entscheidung.

Hinsichtlich der Konkretisierung des Tatbestandsmerkmals „unverzüglich" ist daher auf die Legaldefinition in § 121 Abs. 1 Satz 1 BGB („ohne schuldhaftes Zögern") zurückzugreifen. Nach der ständigen Rechtsprechung des Bundessozialgerichts gilt die in dieser Vorschrift enthaltene gesetzliche Definition für das gesamte private und öffentliche Recht.[544] Die Entscheidung der Schiedsstelle hat daher „ohne schuldhaftes Zögern" zu erfolgen. Eine Verzögerung der Entscheidung kann daher nur durch die Umstände des Einzelfalls gerechtfertigt werden. Grundsätzlich ist ein Zuwarten bereits von mehr als zwei Wochen als nicht mehr unverzüglich anzusehen[545], wenn keine besonderen Umstände vorliegen. Umstände die allein in der Sphäre der Schiedsstelle liegen, sind nicht zu berücksichtigen. Eine ungenügende Ausstattung

543 Arbeiterwohlfahrt, Deutscher Caritasverband, Deutscher Paritätischer Wohlfahrtsverband, Deutsches Rotes Kreuz, Diakonisches Werk der EKD, Zentralwohlfahrtsstelle der Juden in Deutschland sowie die Religionsgemeinschaften des öffentlichen Rechts.

544 BSG, Urt. v. 25.05.2015 – B 11a/11 AL 81/04 R –, juris Rn. 18 m. w. N.

545 Armbrüster, in: MünchKomm BGB, 9. Aufl. 2021, § 121 BGB Rn. 7 a. E. m. w. N.; OVG Lüneburg, Beschl. v. 31.08.2020 – 11 ME 136/20 –, juris Rn. 16 m. w. N.

der Schiedsstelle rechtfertigt keine Fristüberschreitung.[546] Unter systematischen Gesichtspunkten sowie den Besonderheiten des Schiedsstellenverfahrens dürfte „unverzüglich" i. S. d. § 77 Abs. 2 Satz 2 eine maximale Dauer von 3 Monaten bedeuten.

Nach Ablauf einer sechsmonatigen Frist, wäre eine Klage auf Vornahme des Schiedsspruchs ohne weiteres zulässig. Der in § 77 Abs. 2 Satz 2 angesprochene Zeitraum muss daher zwingend kürzer bemessen sein. Hierfür spricht auch, dass der Bundesgesetzgeber eine dreimonatige Frist, in welcher sich die Parteien auf eine schriftliche Vereinbarung einigen können, bevor ein Schiedsstellenantrag gestellt werden kann („Wartefrist"), vorgesehen hat. Diese dreimonatige Frist betrachtet der Bundesgesetzgeber im vorliegenden Kontext offensichtlich nicht als „unverzüglich", sondern hinreichend langen Zeitraum für eine Einigung. Der Bundesgesetzgeber ist davon ausgegangen, dass nach Ablauf dieses dreimonatigen Zeitraums, in welchem sich die Vertragsparteien nicht auf eine neue Vereinbarung einigen konnten, nicht nochmals ein solch langer Zeitraum für die Schiedsstellenentscheidung vorgesehen ist. Andernfalls wäre die Verwendung des unbestimmten Rechtsbegriffs „unverzüglich" nicht verständlich. „Unverzüglich" kann daher nur einen Zeitraum bedeuten, der kürzer als drei Monate ist. Hierfür spricht auch, dass der Bundesgesetzgeber für die Schiedsstellenentscheidung nach dem SGB XI (Pflegesatzverfahren) in § 85 Abs. 5 Satz 1 SGB XI zunächst davon ausgegangen ist, dass eine Entscheidung der Schiedsstelle grundsätzlich innerhalb von vier bis sechs Wochen ergehen sollte.[547]

> *„[D]urch die Formulierung ‚unverzüglich' soll […] deutlich gemacht werden, da[ss] die Entscheidung keinen Aufschub verträgt und grundsätzlich innerhalb von 4 bis 6 Wochen ergehen sollte."*[548]

Die Partei, die sich auf eine zu zögerliche Verfahrensführung beruft, hat den eintretenden Zeitverzug zu rügen und ihrer eigenen Verfahrensförderungspflicht – bspw. durch die rechtzeitige Beibringung von angeforderten Unterlagen – nachzukommen.

546 Vgl. BVerfG, Beschl. v. 24.09.2009 – 1 BvR 1304/09 –, Rn. 14 m.w.N.

547 Gesetzentwurf zum Pflege-Versicherungsgesetz – PflegeVG der Fraktionen der CDU/CSU und FDP, BT-Drs. 12/5262, S. 146 li. Sp. zu Absatz 5.

548 BT-Drs. 12/5262, S. 146 li. Sp. zu Absatz 5.

4. Verwaltungsgerichtsordnung (VwGO)

Eilrechtsschutz

§ 80
Aufschiebende Wirkung, vorläufiger Rechtsschutz

(1) [1]Widerspruch und Anfechtungsklage haben aufschiebende Wirkung. [2]Das gilt auch bei rechtsgestaltenden und feststellenden Verwaltungsakten sowie bei Verwaltungsakten mit Doppelwirkung (§ 80a).

(2) Die aufschiebende Wirkung entfällt nur
[...]
3. in anderen durch Bundesgesetz oder für Landesrecht durch Landesgesetz vorgeschriebenen Fällen, insbesondere für Widersprüche und Klagen Dritter gegen Verwaltungsakte, die Investitionen oder die Schaffung von Arbeitsplätzen betreffen,
4. in den Fällen, in denen die sofortige Vollziehung im öffentlichen Interesse oder im überwiegenden Interesse eines Beteiligten von der Behörde, die den Verwaltungsakt erlassen oder über den Widerspruch zu entscheiden hat, besonders angeordnet wird.
[...]

(3) [1]In den Fällen des Absatzes 2 Satz 1 Nummer 4 ist das besondere Interesse an der sofortigen Vollziehung des Verwaltungsakts schriftlich zu begründen. [2]Einer besonderen Begründung bedarf es nicht, wenn die Behörde bei Gefahr im Verzug, insbesondere bei drohenden Nachteilen für Leben, Gesundheit oder Eigentum vorsorglich eine als solche bezeichnete Notstandsmaßnahme im öffentlichen Interesse trifft.

(4) [1]Die Behörde, die den Verwaltungsakt erlassen oder über den Widerspruch zu entscheiden hat, kann in den Fällen des Absatzes 2 die Vollziehung aussetzen, soweit nicht bundesgesetzlich etwas anderes bestimmt ist. [2]Bei der Anforderung von öffentlichen Abgaben und Kosten kann sie die Vollziehung auch gegen Sicherheit aussetzen. [3]Die Aussetzung soll bei öffentlichen Abgaben und Kosten erfolgen, wenn ernstliche Zweifel an der Rechtmäßigkeit des angegriffenen Verwaltungsakts bestehen oder wenn die Vollziehung für den Abgaben- oder Kostenpflichtigen eine unbillige, nicht durch überwiegende öffentliche Interessen gebotene Härte zur Folge hätte.

(5) [1]Auf Antrag kann das Gericht der Hauptsache die aufschiebende Wirkung in den Fällen des Absatzes 2 Satz 1 Nummer 1 bis 3a ganz oder teilweise anordnen, im Falle des Absatzes 2 Satz 1 Nummer 4 ganz oder teilweise wiederherstellen. [2]Der Antrag ist schon vor Erhebung der Anfechtungsklage zulässig. [3]Ist der Verwaltungsakt im Zeitpunkt der Entscheidung schon vollzogen, so kann das Gericht die Aufhebung der Vollziehung anordnen. [4]Die Wiederherstellung der aufschiebenden Wirkung kann von der Leistung einer

Sicherheit oder von anderen Auflagen abhängig gemacht werden. [5]Sie kann auch befristet werden.

(6) […]

(7) [1]Das Gericht der Hauptsache kann Beschlüsse über Anträge nach Absatz 5 jederzeit ändern oder aufheben. [2]Jeder Beteiligte kann die Änderung oder Aufhebung wegen veränderter oder im ursprünglichen Verfahren ohne Verschulden nicht geltend gemachter Umstände beantragen.

(8) In dringenden Fällen kann der Vorsitzende entscheiden.

Grundsatz des Suspensiveffekts

Nach § 80 Abs. 1 haben Widerspruch und Anfechtungsklage grundsätzlich aufschiebende Wirkung. Gemäß § 80 Abs. 2 Satz 1 Nr. 3 entfällt diese aufschiebende Wirkung jedoch in für Landesrecht durch Landesgesetz vorgeschriebenen Fällen, etwa wenn – wie im Heimrecht als Gefahrenabwehrrecht üblich – Widerspruch und Anfechtungsklage keine aufschiebende Wirkung haben (§ 26 Abs. 4 SächsWTG). Rechtsschutz gegen Maßnahmen der Heimaufsicht ist daher regelmäßig zunächst im gerichtlichen Eilverfahren zu beantragen.

Gemäß § 80 Abs. 5 Satz 1 kann das zuständige Verwaltungsgericht die aufschiebende Wirkung im Fall des § 80 Abs. 2 Satz 1 Nr. 3 ganz oder teilweise anordnen. Das Gericht hat bei seiner Entscheidung das Aussetzungsinteresse des Antragstellers und das öffentliche Interesse an einer sofortigen Vollziehung unter Berücksichtigung der Erfolgsaussichten in der Hauptsache gegeneinander abzuwägen. Bestehen bei der im Eilverfahren gebotenen aber auch ausreichenden summarischen Prüfung ernstliche Zweifel an der Rechtmäßigkeit des angegriffenen Verwaltungsakts (§ 80 Abs. 4 Satz 3 analog) ist die aufschiebende Wirkung anzuordnen.

Zunächst ist jedoch von der gesetzlichen Wertung des Sofortvollzugs auszugehen, welche einen effektiven Schutz der dem Schutz des Gesetzes unterstellten Personen garantieren soll (§ 1 SächsWTG). Der Landesgesetzgeber hat im Rahmen seiner Einschätzungsprärogative die nachvollziehbare Entscheidung getroffen, dass das öffentliche Interesse an der sofortigen Vollziehung einer Anordnung regelmäßig höher als das Interesse des Trägers an der aufschiebenden Wirkung seines Rechtsbehelfs zu bewerten ist. Hätte der Gesetzgeber eine andere Entscheidung getroffen, so würden Rechtsbehelfe eine wirksame Vollziehung des Gesetzes im Rahmen der Gefahrenabwehr verzögern. Der Sofortvollzug ist hingegen ein effizientes Mittel zur wirksamen Gefahrenabwehr (Mängelbeseitigng). Bei offenem Ausgang des Hauptsacheverfahrens hat die gesetzliche Wertung bei der Abwägung der Interessen erhebliches Gewicht.[549]

549 BVerwG, Beschl. v. 13.06.2007 – 6 VR 5/07 –, NVwZ 2007, 1207, 1209 a.E.; VGH München, Beschl. v. 09.01.2019 – 12 CS 18.2658 –, juris Rn. 46 a. E.

Die Begründetheit eines Antrages auf Anordnung der aufschiebenden Wirkung setzt eine Abwägung zwischen dem in der behördlichen Befugnisnorm zum Ausdruck kommenden öffentlichen Vollzugsinteresse und dem privaten Aussetzungsinteresse (Suspensivinteresse) voraus, mit seinem Rechtsbehelf eine aufschiebende Wirkung bis zur Entscheidung in der Hauptsache herbeizuführen. Der Ausgang der Interessenabwägung richtet sich in erster Linie nach den Erfolgsaussichten in der Hauptsache. Bestehen nach der im Aussetzungsverfahren anzustellenden summarischen Prüfung ernstliche Zweifel an der Rechtmäßigkeit des Verwaltungsakts und wird infolgedessen der dagegen erhobene Rechtsbehelf voraussichtlich Erfolg haben, hat das Gericht die aufschiebende Wirkung anzuordnen. Ist der angefochtene Verwaltungsakt jedoch offensichtlich rechtmäßig, sodass der erhobene Rechtsbehelf voraussichtlich keinen Erfolg haben wird, hat es grundsätzlich bei der vom Gesetzgeber generell angeordneten sofortigen Vollziehbarkeit zu verbleiben. Ist der Ausgang des Hauptsacheverfahrens offen, sind die sonstigen Interessen der Beteiligten gegeneinander abzuwägen und dem Antrag auf Anordnung der aufschiebenden Wirkung ist stattzugeben, wenn das öffentliche Vollzugsinteresse das Interesse des Antragstellers an der aufschiebenden Wirkung seines Rechtsmittels nicht überwiegt. Bei einem Antrag auf Anordnung der aufschiebenden Wirkung ist dabei die hinter dem – nach § 80 Abs. 1 VwGO die Ausnahme bildenden – Wegfall der aufschiebenden Wirkung von Widerspruch und Klage stehende Wertentscheidung des Gesetzgebers zu berücksichtigen, dass das hinter der sofortigen Vollziehbarkeit des Verwaltungsaktes stehende öffentliche Vollzugsinteresse das private Aussetzungsinteresse im Ausgangspunkt überwiegen soll.[550]

Nach der ständigen Praxis des Sächsischen Oberverwaltungsgerichts sind bei beantragtem einstweiligem Eilrechtsschutz auf Vollstreckungsmaßnahmen durch die Heimaufsicht bis zur gerichtlichen Entscheidung zu verzichten. Bestätigt der KSV Sachsen dies – aus Gründen eines dringlichen Schutzbedürfnisses der Bewohner – dem zuständigen Gericht nicht, so hat dieses unverzüglich zur Wahrung eines effektiven Rechtsschutzes eine Zwischenverfügung („Hängebeschluss“) als verfahrenssichernde Regelung zu prüfen.

550 VG Dresden, Beschl. v. 31.07.2024 – 1 L 509/24 –, juris Rn. 15.

5. Datenschutzrecht

Auskunftsrecht
Datenschutz-Grundverordnung (DSGVO)
(Verordnung (EU) 2016/679 des Europäischen Parlaments und des Rates vom 27. April 2016 zum Schutz natürlicher Personen bei der Verarbeitung personenbezogener Daten, zum freien Datenverkehr und zur Aufhebung der Richtlinie 95/46/EG)

Art. 15
Auskunftsrecht der betroffenen Person

(1) Die betroffene Person hat das Recht, von dem Verantwortlichen eine Bestätigung darüber zu verlangen, ob sie betreffende personenbezogene Daten verarbeitet werden; ist dies der Fall, so hat sie ein Recht auf Auskunft über diese personenbezogenen Daten und auf folgende Informationen:

a) die Verarbeitungszwecke;
b) die Kategorien personenbezogener Daten, die verarbeitet werden;
c) die Empfänger oder Kategorien von Empfängern, gegenüber denen die personenbezogenen Daten offengelegt worden sind oder noch offengelegt werden, insbesondere bei Empfängern in Drittländern oder bei internationalen Organisationen;
d) falls möglich die geplante Dauer, für die die personenbezogenen Daten gespeichert werden, oder, falls dies nicht möglich ist, die Kriterien für die Festlegung dieser Dauer;
e) das Bestehen eines Rechts auf Berichtigung oder Löschung der sie betreffenden personenbezogenen Daten oder auf Einschränkung der Verarbeitung durch den Verantwortlichen oder eines Widerspruchsrechts gegen diese Verarbeitung;
f) das Bestehen eines Beschwerderechts bei einer Aufsichtsbehörde;
g) wenn die personenbezogenen Daten nicht bei der betroffenen Person erhoben werden, alle verfügbaren Informationen über die Herkunft der Daten;
h) das Bestehen einer automatisierten Entscheidungsfindung einschließlich Profiling gemäß Artikel 22 Absätze 1 und 4 und – zumindest in diesen Fällen – aussagekräftige Informationen über die involvierte Logik sowie die Tragweite und die angestrebten Auswirkungen einer derartigen Verarbeitung für die betroffene Person.

(2) Werden personenbezogene Daten an ein Drittland oder an eine internationale Organisation übermittelt, so hat die betroffene Person das Recht, über die geeigneten Garantien gemäß Artikel 46 im Zusammenhang mit der Übermittlung unterrichtet zu werden.

(3) [1]Der Verantwortliche stellt eine Kopie der personenbezogenen Daten, die Gegenstand der Verarbeitung sind, zur Verfügung. [2]Für alle weiteren Kopien, die die betroffene Person beantragt, kann der Verantwortliche ein angemessenes Entgelt auf der Grundlage der Verwaltungskosten verlangen. [3]Stellt die betroffene Person den Antrag elektronisch, so sind

die Informationen in einem gängigen elektronischen Format zur Verfügung zu stellen, sofern sie nichts anderes angibt.

(4) Das Recht auf Erhalt einer Kopie gemäß Absatz 3 darf die Rechte und Freiheiten anderer Personen nicht beeinträchtigen.

Anwendungsvorrang des Unionsrechts

Das landesrechtlich vorgesehene Informationsrecht nach § 8 Abs. 1 Nr. 4 SächsWTG wird durch den weitergehenden Auskunftsanspruch aus Art. 15 überlagert, der Anwendungsvorrang genießt. Der Anspruch erfordert kein besonderes Interesse und umfasst die in Art. 15 Abs. 1 lit. a–h genannten Informationen. Ergänzend verpflichtet auch das Einsichtsrecht aus § 630g BGB den Heimträger zur Herausgabe entsprechender Informationen. Auch ggü. § 630g BGB genießt Art. 15 Anwendungsvorrang. Art. 15 Abs. 1 gewährt der betroffenen Person das Recht, von dem Verantwortlichen eine Bestätigung darüber zu verlangen, ob sie betreffende personenbezogene Daten verarbeitet werden, sowie ggf. Auskunft über diese Daten und weitere Verarbeitungsumstände zu erhalten. Art. 15 ist eine zentrale Ausprägung des Transparenzgebots der DSGVO (vgl. Erwägungsgrund 63 DSGVO). Das Auskunftsrecht soll es Betroffenen ermöglichen, sich über Art, Umfang und Zweck der Datenverarbeitung Gewissheit zu verschaffen und ihre weiteren Rechte – insbesondere auf Berichtigung (Art. 16), Löschung (Art. 17) oder Widerspruch (Art. 21) – effektiv wahrzunehmen.

Pflichten des Trägers/Leistungsanbieters (Umfang des Auskunfstrechts)

Träger von Pflegeeinrichtungen und Leistungsanbieter im Sinne des SächsWTG sind regelmäßig „Verantwortliche“ i. S. d. Art. 4 Nr. 7, da sie über Zwecke und Mittel der Verarbeitung personenbezogener Daten ihrer Bewohner entscheiden. Für Einrichtungen besteht daher die Pflicht, auf Auskunftsersuchen zeitnah, vollständig und in verständlicher Form zu reagieren (§ 12).

Gerade in Pflege- und Betreuungseinrichtungen werden besonders schützenswerte Daten verarbeitet (Gesundheitsdaten, Art. 9 Abs. 1). Das Auskunftsrecht hat hier besondere Relevanz. Bewohner sowie – bei Vorliegen einer entsprechenden Vollmacht oder Betreuungsanordnung – deren rechtliche Vertreter können umfassende Einsicht in Dokumentation, Pflegeberichte oder Abrechnungsunterlagen verlangen. Angehörige ohne Vertretungsbefugnis haben dagegen kein eigenes Auskunftsrecht nach Art. 15.

Der Anspruch umfasst insbesondere:
- die verarbeiteten personenbezogenen Daten (z. B. Pflegedokumentation, Medikamentenpläne, Betreuungsvermerke),
- Verarbeitungszwecke und Rechtsgrundlagen (regelmäßig §§ 13 ff. SächsWTG i. V. m. SGB XI, SGB XII, SGB V),

- Empfänger oder Kategorien von Empfängern (z. B. Kostenträger, MD, Ärzte, Therapeuten),
- Speicherdauer bzw. Kriterien für deren Festlegung,
- Herkunft der Daten, soweit diese nicht bei der betroffenen Person erhoben wurden (z. B. ärztliche Befundberichte).

Der Gerichtshof der Europäischen Union (EuGH) hat im Arzt-Patienten-Verhältnis klargestellt, dass Betroffene Anspruch auf eine vollständige, originalgetreue und verständliche Kopie ihrer Gesundheitsdaten haben („*Copies du dossier médical*").[551] Dazu zählen Diagnosen, Untersuchungsergebnisse, Befunde und Angaben zu Behandlungen. Diese Rechtsprechung ist auf das Verhältnis Heimträger–Bewohner übertragbar, da auch die pflegerische Dokumentation Gesundheitsdaten enthält und dem unionsrechtlichen Bereich der „öffentlichen Gesundheit" zuzuordnen ist (Erwägungsgrund 63 DSGVO). Der Heimträger hat daher die relevanten Teile der Pflegedokumentation – die erste Kopie unentgeltlich – bereitzustellen. Eine dem deutschen Recht fremde „*pre-trial discovery*" ist damit nicht verbunden. Dass der Verbraucher aus den Unterlagen bei Haftungsfällen für sich ggf. vorteilhafte Informationen erlangt, ist gewollt, da es sich um „seine" personenbezogenen Daten handelt. Die Schnittstelle zu heimrechtlichen Dokumentationspflichten (§ 11 SächsWTG, ordnungsgemäße Organisation und Sicherstellung von Bewohnerrechten) führt dazu, dass Auskunftsbegehren regelmäßig zugleich als Kontrolle der pflegerischen Qualität und Vertragsdurchführung wirken.

Art. 15 Abs. 4 enthält den Grundsatz, dass durch die Auskunft nicht Rechte und Freiheiten anderer Personen beeinträchtigt werden dürfen. Dies spielt in Einrichtungen insbesondere bei Dokumentationen mit Mehrpersonenbezug (z. B. Pflegeberichte mit Bezug zu Mitbewohnern oder Aussagen von Pflegekräften) eine Rolle. Hier ist eine sorgfältige Abwägung vorzunehmen, ggf. ist Auskunft/Einsichtnahme durch Schwärzung zu erteilen.

Auskünfte sind unverzüglich, spätestens binnen eines Monats, vollständig[552] zu erteilen (Art. 12 Abs. 3). Die Auskunft hat schriftlich oder in anderer geeigneter Form, ggf. elektronisch zu erfolgen (Art. 12 Abs. 1). Grundsätzlich erfolgt die Auskunft unentgeltlich (Art. 12 Abs. 5). Nur bei offenkundig exzessiven oder wiederholten Anträgen dürfen angemessene Gebühren erhoben werden (rechtsmissbräuchliches Verhalten).

Praxisempfehlungen für Einrichtungen

- Implementierung eines standardisierten Auskunftsverfahrens in den Datenschutzrichtlinien,
- Benennung von Ansprechpartnern (Datenschutzbeauftragter, Einrichtungsleitung),
- Führung eines Verzeichnisses von Verarbeitungstätigkeiten mit klarer Dokumentation der Datenflüsse,
- Prüfung und ggf. Schwärzung personenbezogener Daten Dritter und

551 EuGH, Urt. v. 26.10.2023 – C-307/22 [ECLI:EU:C:2023:811], FT (Copies du dossier médical) – Rn. 75.
552 Zur Reichweite des Datenauskunftsanspruchs EuGH, Urt. v. 12.01.2023 – C-154/21 –; BGH, Urt. v. 15.06.2021 – VI ZR 576/19 –, juris Rn. 22.

- Schulung der Mitarbeitenden zur rechtssicheren Bearbeitung von Anträgen.

Verzeichnis von Verarbeitungstätigkeiten

Art. 30 Abs. 1 verpflichtet alle Verantwortlichen, die personenbezogene Daten verarbeiten, ein Verzeichnis sämtlicher Verarbeitungstätigkeiten zu führen, die ihrer Zuständigkeit unterliegen. Pflegeheime sind in der Regel Verantwortliche im Sinne von Art. 4 Nr. 7, da sie über die Zwecke und Mittel der Datenverarbeitung (z. B. Bewohnerverwaltung, Pflegeplanung, Abrechnung, Personalverwaltung) selbst bestimmen. Die Ausnahme des Art. 30 Abs. 5 („weniger als 250 Beschäftigte") greift bei Pflegeeinrichtungen praktisch nie, da die Verarbeitung
- ein Risiko für die Rechte und Freiheiten der betroffenen Personen birgt,
- nicht nur gelegentlich erfolgt oder
- sich auf besondere Kategorien personenbezogener Daten (z. B. Gesundheitsdaten nach Art. 9 Abs. 1) bezieht.

Pflegeeinrichtungen verarbeiten regelmäßig Gesundheitsdaten ihrer Bewohner mithin besondere Kategorien personenbezogener Daten, womit die Ausnahme ausgeschlossen ist.

Auskunft an Krankenkassen zur Prüfung von Schadensersatzansprüchen eines Verstorbenen

Nach der Rechtsprechung des Bundesgerichtshofes[553] liegt es so, dass der Träger der Pflegeeinrichtung – auch ohne Einwilligung eines verstorbenen Bewohners – verpflichtet ist, auf Verlangen des Versicherungsträgers/Trägers der Eingliederungshilfe/Sozialhilfeträgers die Pflegedokumentation zur Prüfung von Schadensersatzansprüchen herauszugeben, sofern ein konkretes Schadensereignis behauptet wird (§ 116 Abs. 1 SGB X i. V. m. § 401 Abs. 1 analog, § 412 BGB) vorliegt. Es ist „[...] regelmäßig davon auszugehen [...], dass die Offenlegung der Unterlagen gegenüber dem Krankenversicherer dem mutmaßlichen Willen des verstorbenen Heimbewohners entspricht"[554]. Anhaltspunkte für einen entgegenstehenden Willen sind nur im Einzelfall denkbar und müssten vom Unternehmer vorgebracht werden.

Kein Auskunftsrecht nach dem Tod

Zu berücksichtigen ist, dass mit dem Tod des Betroffen der Anspruch nach Art. 12 Abs. 5, Art. 15 Abs. 3 endet. Ein postmortaler und damit vererblicher kostenloser Auskunftsanspruch besteht gerade nicht.[555] In diesen Fällen kann nur auf die nationale Regelung des § 630g BGB – gegen Kostenerstattung – zurückgegriffen werden.

553 BGH, Urt. v. 26.02.2013 – VI ZR 359/11 –.
554 BGH, Urt. v. 26.02.2013 – VI ZR 359/11 – juris Rn. 13.
555 Vgl. 27. Erwägungsgrund der DSGVO; BGH, Urt. v. 12.07.2018 – III ZR 183/17 –.

6. Wettbewerbsrecht – Gesetz über Unterlassungsklagen bei Verbraucherrechts- und anderen Verstößen (Unterlassungsklagengesetz – UKlaG)

Unterlassungsklagen

§ 1
Unterlassungs- und Widerrufsanspruch bei Allgemeinen Geschäftsbedingungen

Wer in Allgemeinen Geschäftsbedingungen Bestimmungen, die nach den §§ 307 bis 309 des Bürgerlichen Gesetzbuchs unwirksam sind, verwendet oder für den rechtsgeschäftlichen Verkehr empfiehlt, kann auf Unterlassung und im Fall des Empfehlens auch auf Widerruf in Anspruch genommen werden.

§ 2
Ansprüche bei verbraucherschutzgesetzwidrigen Praktiken

(1) [1]Wer in anderer Weise als durch Verwendung oder Empfehlung von Allgemeinen Geschäftsbedingungen Vorschriften zuwiderhandelt, die dem Schutz der Verbraucher dienen (Verbraucherschutzgesetze), kann im Interesse des Verbraucherschutzes auf Unterlassung und Beseitigung in Anspruch genommen werden. [2]Werden die Zuwiderhandlungen in einem Unternehmen von einem Mitarbeiter oder Beauftragten begangen, so ist der Unterlassungsanspruch oder der Beseitigungsanspruch auch gegen den Inhaberdes Unternehmens begründet. [3]Bei Zuwiderhandlungen gegen die in Absatz 2 Nummer 13 genannten Vorschriften richtet sich der Beseitigungsanspruch nach den entsprechenden datenschutzrechtlichen Vorschriften.

(2) Verbraucherschutzgesetze im Sinne dieser Vorschrift sind insbesondere
[...]
11. die Vorschriften des Wohn- und Betreuungsvertragsgesetzes
[...]

§ 3
Anspruchsberechtigte Stellen

(1) Die in den §§ 1 bis 2a bezeichneten Ansprüche auf Unterlassung, auf Widerruf und auf Beseitigung stehen zu:

1. den qualifizierten Verbraucherverbänden, die in der Liste nach § 4[556] eingetragen sind, [...]

Allgemeines

Das WBVG ist nach § 2 Abs. 2 Nr. 11 als Verbraucherschutzgesetz qualifiziert. Damit unterfallen Verstöße gegen das WBVG den besonderen verbraucherschützenden kollektivrechtlichen Durchsetzungsmechanismen des Unterlassungsklagengesetzes. Wohn- und Betreuungsverträge unterliegen einer Inhaltskontrolle (AGB-Prüfung) nach §§ 305 ff., § 307 Abs. 1 Satz 1, Abs. 2 BGB i. V. m. § 16 WBVG.[557] Werden in Allgemeinen Geschäftsbedingungen – das heißt für eine Vielzahl von Verträgen vorformulierte Vertragsbedingungen, die der Unternehmer (Verwender) dem Verbraucher als anderen Vertragspartei bei Abschluss des Vertrags stellt (§ 305 Abs. 1 BGB) – unwirksame Klausen verwendet, kann der Verwender auf Unterlassung und im Fall des Empfehlens auch auf Widerruf in Anspruch genommen werden (§ 1). Wer in anderer Weise als durch Verwendung oder Empfehlung von Allgemeinen Geschäftsbedingungen Vorschriften zuwiderhandelt, die dem Schutz der Verbraucher dienen (Verbraucherschutzgesetze), kann im Interesse des Verbraucherschutzes auf Unterlassung und Beseitigung in Anspruch genommen werden (Unterlassungs- und Folgenbeseitigungsanspruch nach § 2 Abs. 1, 2 Nr. 10). Nach § 1 können Verstöße gegen Verbraucherschutzgesetze nicht nur von individuell betroffenen Verbrauchern, sondern auch durch qualifizierte Einrichtungen verfolgt werden. Zweck ist es, kollektive Verbraucherinteressen effektiv zu sichern und strukturelle Rechtsverstöße zu unterbinden.

Ein Verstoß kann auch außerhalb der Verwendung Allgemeiner Geschäftsbedingungen vorliegen. § 2 Abs. 1 erfasst allgemein Zuwiderhandlungen gegen Verbraucherschutzgesetze, soweit sie die Interessen von Verbrauchern berühren. Dies betrifft insbesondere auch das WBVG, dessen Vorschriften die Vertragstransparenz und die wirtschaftliche Belastung der Bewohner absichern sollen.

Unrechtmäßige Entgelterhöhungen

In der Praxis bedeutsam sind insbesondere unrechtmäßige Entgelterhöhungen. Erhöht der Unternehmer das Entgelt in einem Vertragsverhältnis, das dem WBVG unterliegt, unter

556 Siehe online unter https://www.bundesjustizamt.de/SharedDocs/Downloads/DE/Verbraucherschutz/Liste_qualifizierter_Einrichtungen.pdf?__blob=publicationFile&v=3.

557 BGH, Urt. v. 05.04.2018 – III ZR 36/17 –; LG Berlin, Urt. v. 13.11.2012 – 15 O 181/12 –; AG Neuruppin, Urt. v. 25.05.2007 – 42 C 112/07 –; Drasdo, BeckOGK, WBVG, § 1 Rn. 15.

Verstoß gegen die Vorgaben der §§ 9, 10 WBVG (Form, Begründung, Zustimmungsvorbehalte), kann dies einen Verstoß gegen Verbraucherschutzrecht darstellen. Es besteht dann ein Anspruch auf Unterlassung, Widerruf und ggf. Beseitigung.

Die Klagebefugnis liegt nach § 3 Abs. 1 Nr. 1 bei den qualifizierten Verbraucherverbänden (§ 4 i. V. m. der Liste nach § 4 UKlaG und Art. 4 RL [EU] 2020/1828). Auch die Wettbewerbszentralen und Industrie- und Handelskammern sind klagebefugt. Für die Träger bedeutet dies ein erhebliches Risiko, da Verstöße nicht nur durch Bewohner selbst – denen wie allen Verbrauchern oft die Durchsetzungsfähigkeit eigener Ansprüche fehlt – sondern auch durch Dritte im Wege der Verbandsklage verfolgt werden können.

Damit stellt die Einordnung des WBVG als Verbraucherschutzgesetz sicher, dass Heimträger einer erhöhten Markt- und Verhaltenskontrolle unterliegen. Für die Vertragsgestaltung und die Abwicklung von Entgelterhöhungen ist deshalb strikte Rechtskonformität zu wahren, um kostenintensive Verbandsklagen zu vermeiden und Redlichkeit im Geschäftsverkehr sicherzustellen.

Besonderes Augenmerk ist in den Entgelterhöhungsverlangen nach § 9 WBVG zur Vermeidung der Inanspruchnahme auf Unterlassung daher auf folgendes zu lenken:
- Gegenüberstellung der bisherigen und neuen Entgelte und Entgeltbestandteile,
- Angabe des Umlagemaßstabes in der Begründung,
- kalkulatorisch nachvollziehbare Begründung der Kostenblöcke (nicht erforderlich ist jede einzelne Kostenposition), bei denen sich Steigerungen ergeben und
- nicht den Eindruck zu erwecken, dass die geltend gemachte Entgelterhöhung auch ohne Zustimmung der angeschriebenen Verbraucher wirksam ist.

IV. Teil
Gesetzes- und Verordnungstexte

Sächsisches Wohnteilhabegesetz (SächsWTG)

vom 20. März 2024 (SächsGVBl. S. 325), das durch Artikel 2 Absatz 2 des Gesetzes vom 22. Juli 2024 (SächsGVBl. S. 673) geändert worden ist

– Fassung ab 17. August 2024 –

Inhaltsübersicht

TEIL 1
Allgemeiner Teil

ABSCHNITT 1
Allgemeine Vorschriften

§ 1
Zweck des Gesetzes

[1]Zweck dieses Gesetzes ist es, älteren Menschen, pflegebedürftigen Volljährigen und Volljährigen mit psychischen Erkrankungen oder mit Behinderungen als Bewohnerinnen und Bewohner in Einrichtungen und in ambulant betreuten Wohngemeinschaften ein möglichst selbstbestimmtes, eigenverantwortliches und selbstständiges Leben zu ermöglichen, sie vor Beeinträchtigung zu schützen und sie dabei zu unterstützen, Gesellschaft zu erleben, mitzugestalten und nach Möglichkeit ihren Interessen und Bedürfnissen gerecht zu werden. [2]Zweck des Gesetzes ist es insbesondere,

1. die Würde der Bewohnerinnen und Bewohner zu achten und zu schützen,
2. ihre Selbstständigkeit, Selbstbestimmung, Selbstverantwortung sowie ihre Lebensqualität zu wahren und zu fördern und ihnen eine angemessene individuelle Lebensgestaltung zu ermöglichen, soweit erforderlich, möglich und zumutbar mit der Unterstützung technischer und digitaler Assistenzsysteme,
3. eine dem allgemein anerkannten Stand der jeweiligen fachlichen Standards entsprechende barrierefreie Betreuung, Assistenz und Pflege sowie Wohnqualität zu sichern,
4. sie vor Missbrauch, Ausbeutung, Gewalt und Diskriminierung zu schützen sowie ihre sexuelle Orientierung, geschlechtliche Identität und diversitätsspezifischen Bedürfnisse zu achten,
5. freiheitsbeschränkenden sowie freiheitsentziehenden Maßnahmen nach § 1831 des Bürgerlichen Gesetzbuches vorzubeugen und diese zu vermeiden,
6. die Informations-, Beratungs-, Beschwerde-, Beteiligungs- und Mitwirkungsrechte der Bewohnerinnen und Bewohner zu sichern und zu stärken,
7. ein Sterben in Würde zu ermöglichen und die Wünsche der Sterbenden zu beachten.

§ 2
Einrichtungen

(1) [1]Einrichtungen dienen dem Zweck, älteren Menschen, pflegebedürftigen Volljährigen und Volljährigen mit psychischen Erkrankungen oder mit Behinderungen Wohnraum zu überlassen sowie mit der Wohnraumüberlassung verpflichtend Betreuungs-, Assistenz- und Pflegeleistungen mit umfassendem Versorgungscharakter zur Verfügung zu stellen oder vorzuhalten. [2]Die Einrichtungen sind in ihrem Bestand vom Wechsel sowie der Anzahl der Bewohnerinnen und Bewohner unabhängig und werden entgeltlich betrieben. [3]Sie stehen unter der Verantwortung eines Trägers und bestehen aus organisatorisch zusammengefassten Wohnräumen an einem Standort. [4]Eine Einrichtung liegt auch vor, wenn sich Mieter oder Käufer von abgeschlossenen Wohnungen mit der Wohnraumüberlassung vertraglich dazu verpflichten, über bestimmte allgemeine Unterstützungsleistungen wie Notrufdienste, die Vermittlung von Dienst- und Pflegeleistungen, Betreuungsleistungen, Leistungen der hauswirtschaftlichen Versorgung oder Informationen und Beratungsleistungen hinausgehende Pflege-, Assistenz- oder Betreuungsleistungen von bestimmten Pflege-, Assistenz- oder Betreuungsdienstleistern abzunehmen. [5]Dienstleister ist, wer Hilfe, Betreuung und Assistenz für ältere Menschen, pflegebedürftige Volljährige und Volljährige mit psychischen Erkrankungen oder mit Behinderungen erbringt, um ihre Alltagsfähigkeiten zu erhalten oder zu verbessern.

(2) [1]Auf Einrichtungen oder Teile von Einrichtungen im Sinne von Absatz 1, die der vorübergehenden Aufnahme von Bewohnerinnen und Bewohnern dienen, sowie auf stationäre Hospize finden § 10 Absatz 2 Nummer 3 und Absatz 3 sowie § 16 Absatz 1 keine Anwendung. [2]Als vorübergehend im Sinne dieses Gesetzes ist ein Zeitraum von bis zu drei Monaten anzusehen. [3]Auf Einrichtungen der Tages- und Nachtpflege findet dieses Gesetz keine Anwendung.

§ 3
Ambulant betreute Wohngemeinschaften

(1) [1]Eine ambulant betreute Wohngemeinschaft besteht aus drei bis zwölf volljährigen pflegebedürftigen Menschen oder Volljährigen mit psychischen Erkrankungen oder mit Behinderungen, die zusammen in einem Haushalt leben und dort externe Pflege-, Assistenz- oder Betreuungsleistungen in Anspruch nehmen. [2]Eine ambulant betreute Wohngemeinschaft kann selbstverantwortet oder anbieterverantwortet sein.

(2) [1]Eine selbstverantwortete ambulant betreute Wohngemeinschaft liegt vor, wenn sie von Leistungsanbietern unabhängig ist. [2]Dies ist insbesondere der Fall, wenn

1. die Verträge über die Erbringung der Pflege-, Assistenz- und Betreuungsleistungen einerseits und der Vertrag über die Wohnraumüberlassung andererseits rechtlich und tatsächlich in ihrem Bestand voneinander unabhängig sind,
2. die Bewohnerinnen und Bewohner bei der Wahl und dem Wechsel der Leistungsanbieter frei sind,
3. die Leistungsanbieter der Pflege-, Assistenz- oder Betreuungsleistungen keine eigenen Büroräume in der ambulant betreuten Wohngemeinschaft haben,
4. die ambulant betreute Wohngemeinschaft baulich, organisatorisch und wirtschaftlich selbstständig, insbesondere kein Bestandteil einer Einrichtung ist und
5. die Bewohnerinnen und Bewohner das Zusammenleben und die Alltagsgestaltung in der ambulant betreuten Wohngemeinschaft selbst bestimmen und verantworten.

[3]In der selbstverantworteten ambulant betreuten Wohngemeinschaft wird die interne Qualitätssicherungsfunktion durch ein Selbstbestimmungsgremium sichergestellt. [4]Mitglieder des Selbstbestimmungsgremiums sind ausschließlich die Bewohnerinnen und Bewohner sowie für den Fall, dass diese ihre Angelegenheiten nicht mehr selbstständig regeln können, ihre rechtlichen Vertreterinnen und Vertreter. [5]Das

Selbstbestimmungsgremium kann auch beratende, nicht stimmberechtigte Mitglieder haben. [6]Die Selbstbestimmung und die Selbstverantwortung nach Satz 2 Nummer 5 schließen auch das gemeinschaftliche Hausrecht in Bezug auf gemeinsam genutzte Räume und Flächen und das gemeinschaftliche Bestimmungsrecht hinsichtlich der Gestaltung und Möblierung der Gemeinschaftsräume und -flächen ein. [7]Neue Bewohnerinnen und Bewohner dürfen nicht gegen den Willen der bereits in der Wohngemeinschaft lebenden Bewohnerinnen und Bewohner aufgenommen werden. [8]Leistungsanbieter dürfen auf einzelne oder gemeinschaftliche Entscheidungen keinen bestimmenden Einfluss haben. [9]Wirkt bei der Gründung einer ambulant betreuten Wohngemeinschaft ein Leistungsanbieter für einen Zeitraum von höchstens sechs Monaten bestimmend mit, kann diese selbstverantwortet sein, wenn nach dieser Zeit die nach Satz 2 Nummer 1 bis 5 genannten Voraussetzungen vorliegen.

(3) [1]Eine anbieterverantwortete ambulant betreute Wohngemeinschaft liegt vor, wenn sie von einem Leistungsanbieter abhängig ist. [2]Leistungsanbieter ist, wer gemeinschaftlich mit einer anderen natürlichen oder juristischen Person im Rahmen unternehmerischer Tätigkeit älteren Menschen, pflegebedürftigen Volljährigen und Volljährigen mit psychischen Erkrankungen oder mit Behinderungen innerhalb von anbieterverantworteten ambulant betreuten Wohngemeinschaften Pflege-, Assistenz- oder Betreuungsleistungen anbietet und dafür die bauliche, organisatorische und wirtschaftliche Verantwortung übernimmt. [3]Der Leistungsanbieter darf in unmittelbarer räumlicher Nähe Wohnraum für höchstens 24 Bewohnerinnen und Bewohner in ambulant betreuten Wohngemeinschaften bereitstellen. [4]Andernfalls handelt es sich um eine Einrichtung nach § 2 Absatz 1. [5]In der Anzeige nach § 7 Absatz 2 hat der Leistungsanbieter die konzeptionelle Ausrichtung der Wohngemeinschaft und die tatsächliche Bewohnerstruktur bei Einzug der Bewohnerinnen und Bewohner darzulegen.

(4) Um keine ambulant betreute Wohngemeinschaft handelt es sich, wenn verheiratete, verwandte oder in einer Partnerschaft lebende Personen in einem gemeinsamen Haushalt leben.

§ 4
Intensivpflege-Wohngemeinschaften

(1) Eine Intensivpflege-Wohngemeinschaft liegt vor, wenn die Pflege und Betreuung von mindestens zwei außerklinisch intensivpflegebedürftigen Bewohnerinnen und Bewohnern in einer ambulant betreuten Wohngemeinschaft vorgesehen ist.

(2) Intensivpflegebedürftigkeit im Sinne von Absatz 1 liegt vor, wenn bei einer Bewohnerin oder einem Bewohner wegen Art, Schwere und Dauer der Erkrankung akute gesundheits- oder lebensgefährdende Veränderungen der Vitalfunktionen zu unvorhersehbaren Zeiten wiederkehrend eintreten können, hierdurch die Notwendigkeit zur durchgehenden Beobachtung und Interventionsbereitschaft mit den notwendigen medizinisch-pflegerischen Maßnahmen besteht und insofern ein besonders hoher Bedarf an medizinischer Behandlungspflege nach § 37c des Fünften Buches Sozialgesetzbuch gegeben ist.

(3) Für Intensivpflege-Wohngemeinschaften finden die für selbstverantwortete oder die für anbieterverantwortete ambulant betreute Wohngemeinschaften geltenden Regelungen dieses Gesetzes Anwendung.

§ 5
Allgemeine Information und Beratung

(1) Die zuständige Behörde informiert und berät

1. die Bewohnerinnen und Bewohner sowie ihre rechtlichen Vertreterinnen und Vertreter, das Selbstbestimmungsgremium, die Bewohnervertretung oder die Bewohnersprecherinnen oder Bewohnersprecher über ihre Rechte und Pflichten,
2. Personen, die ein berechtigtes Interesse haben, über die Anforderungen an Einrichtungen oder ambulant betreute Wohngemeinschaften sowie über die Rechte und Pflichten des Trägers oder Leistungsanbieters sowie der Bewohnerinnen und Bewohner,
3. auf Antrag Personen, Träger oder Leistungsanbieter, die die Schaffung von Einrichtungen

oder ambulant betreuten Wohngemeinschaften anstreben oder diese betreiben, bei der Planung und dem Betrieb.

(2) Die zuständige Behörde fördert die Unterrichtung der Bewohnerinnen und Bewohner sowie der Bewohnervertretung über die Wahl, die Befugnisse und die Möglichkeiten der Bewohnervertretung, um die Interessen der Bewohnerinnen und Bewohner zur Geltung zu bringen.

(3) Die zuständige Behörde kann auf Informations- und Beratungsangebote Dritter, insbesondere die ergänzende unabhängige Teilhabeberatung nach § 32 des Neunten Buches Sozialgesetzbuch verweisen.

§ 6
Brand- und Katastrophenschutz

[1]Die zuständige Behörde stellt den nach dem Sächsischen Gesetz über den Brandschutz, Rettungsdienst und Katastrophenschutz vom 24. Juni 2004 (SächsGVBl. S. 245, 647), das zuletzt durch das Gesetz vom 8. Januar 2024 (SächsGVBl. S. 2) geändert worden ist, in der jeweils geltenden Fassung, zuständigen unteren Brandschutz-, Rettungsdienst- und Katastrophenschutzbehörden auf Verlangen anonymisierte Daten über Einrichtungen und ambulant betreute Wohngemeinschaften zur Verfügung. [2]Die Daten umfassen die Anschrift der Einrichtung oder der ambulant betreuten Wohngemeinschaft, die Angebotsform und die Anzahl der in der Einrichtung oder der ambulant betreuten Wohngemeinschaft höchstens betreuten Personen sowie eine Darstellung der baulichen Gegebenheiten.

ABSCHNITT 2
Anforderungen an Einrichtungen, ambulant betreute Wohngemeinschaften und Intensivpflege-Wohngemeinschaften

§ 7
Anzeigepflichten

(1) [1]Wer den Betrieb einer Einrichtung nach § 2 Absatz 1 aufnehmen will, hat seine Absicht spätestens drei Monate vor der vorgesehenen Inbetriebnahme der zuständigen Behörde schriftlich oder elektronisch anzuzeigen. [2]Diese Anzeige muss enthalten:

1. den vorgesehenen Zeitpunkt der Betriebsaufnahme,
2. den Namen und die Anschrift der Einrichtung, den Namen und die Anschrift des Trägers sowie Name, Vorname und Anschrift der vertretungsberechtigten Person des Trägers,
3. die Nutzungsart der Einrichtung, insbesondere hinsichtlich ihrer Zielgruppe, der Räume sowie deren Lage, Anzahl und Größe, und die vorgesehene Platzzahl,
4. den Namen, den Vornamen, den Berufs- oder Hochschulabschluss sowie den beruflichen Werdegang der Leiterin oder des Leiters der Einrichtung, bei stationären Pflegeeinrichtungen auch der verantwortlichen Pflegefachkraft,
5. die allgemeine Leistungsbeschreibung sowie die Konzeption der Einrichtung,
6. bei stationären Pflegeeinrichtungen einen Versorgungsvertrag nach § 72 des Elften Buches Sozialgesetzbuch, die wesentlichen Leistungs- und Qualitätsmerkmale der Einrichtung nach § 84 Absatz 5 des Elften Buches Sozialgesetzbuch, soweit vorhanden den Personalabgleich nach § 84 Absatz 6 des Elften Buches Sozialgesetzbuch sowie einen Vertrag zur integrierten Versorgung nach § 92b des Elften Buches Sozialgesetzbuch oder die Erklärung, ob ein solcher Versorgungsvertrag oder eine solche Vereinbarung angestrebt wird, bei stationären Hospizen die Einzelvereinbarungen aufgrund von § 39a des Fünften Buches Sozialgesetzbuch, sowie bei Einrichtungen für Menschen mit Behinderungen die Vereinbarungen nach § 125 des Neunten Buches Sozialgesetzbuch,
7. die Satzung oder einen Gesellschaftsvertrag des Trägers.

(2) [1]Die beabsichtigte Gründung einer ambulant betreuten Wohngemeinschaft ist der zuständigen Behörde einen Monat vor Gründung schriftlich oder elektronisch anzuzeigen. [2]Die Anzeige nimmt bei anbieterverantworteten ambulant betreuten Wohngemeinschaften der Leistungsanbieter und bei selbstverantworteten

Wohngemeinschaften das Selbstbestimmungsgremium vor. [3]Dabei sind Angaben zu machen zu
1. der Anschrift der ambulant betreuten Wohngemeinschaft,
2. der tatsächlichen und der höchstmöglichen Anzahl der zu betreuenden Personen,
3. Name und Anschrift des Dienstleisters der Pflege-, Assistenz- und Betreuungsleistungen,
4. den Pflegegraden der jeweiligen Bewohnerinnen und Bewohner zum Zeitpunkt der Gründung,
5. der Nutzungsart der ambulant betreuten Wohngemeinschaft, insbesondere hinsichtlich ihrer Zielgruppe, der Räume sowie deren Lage, Anzahl und Größe, sowie zu der vorgesehenen Platzzahl,
6. Name und Anschrift der oder des Leistungsanbieters in anbieterverantworteten Wohngemeinschaften,
7. Name, Vorname und Anschrift eines der Mitglieder des Selbstbestimmungsgremiums in selbstverantworteten Wohngemeinschaften,
8. den Einzelvereinbarungen nach § 132l Absatz 5 des Fünften Buches Sozialgesetzbuch in Intensivpflege-Wohngemeinschaften oder dazu, ob solche Vereinbarungen angestrebt werden.

(3) [1]Liegen die Informationen nach Absatz 1 oder Absatz 2 zum Zeitpunkt der Anzeige noch nicht vor oder ergeben sich Änderungen bis zur Inbetriebnahme, ist die Mitteilung vor Aufnahme des Betriebs ohne schuldhaftes Zögern nachzuholen. [2]Die zuständige Behörde kann weitere Angaben verlangen, soweit sie zur Prüfung der zweckgerichteten Aufgabenerfüllung erforderlich sind.

(4) Der zuständigen Behörde sind ferner ohne schuldhaftes Zögern anzuzeigen:
1. außergewöhnliche Ereignisse und Entwicklungen in Einrichtungen oder ambulant betreuten Wohngemeinschaften, die sich in erheblichem Maße auf das Wohl von Bewohnerinnen und Bewohnern auswirken oder auswirken könnten, sowie den Betrieb der Einrichtung oder ambulant betreuten Wohngemeinschaft gefährden, insbesondere die Androhung von Gewalt und Gewalteinwirkungen,
2. Änderungen nach Inbetriebnahme, die Angaben nach Absatz 1 oder 2 betreffen.

(5) [1]Wer beschließt, den Betrieb einer Einrichtung oder einer ambulant betreuten Wohngemeinschaft vollständig oder teilweise einzustellen, hat dies der zuständigen Behörde ohne schuldhaftes Zögern, jedoch spätestens sechs Monate vor der tatsächlichen Einstellung schriftlich oder elektronisch anzuzeigen, soweit der Zeitpunkt der tatsächlichen Einstellung dem Träger einer Einrichtung, dem Leistungsanbieter oder dem Selbstbestimmungsgremium einer ambulant betreuten Wohngemeinschaft bekannt ist oder bekannt sein muss. [2]In der Anzeige über die Einstellung oder Teileinstellung des Betriebs einer Einrichtung muss die anderweitige Unterkunft und die dem Bedarf entsprechende Pflege, Assistenz oder Betreuung der Bewohnerinnen und Bewohner nachgewiesen sowie die geplante ordnungsgemäße Abwicklung der Vertragsverhältnisse mit den Bewohnerinnen und Bewohnern angegeben werden.

§ 8
Transparenz und Informationspflichten, Qualitäts- und Beschwerdeverfahren

(1) Der Träger oder Leistungsanbieter ist vorbehaltlich weitergehender zivilrechtlicher und datenschutzrechtlicher Ansprüche der Bewohnerinnen und Bewohner verpflichtet,
1. alle Interessierten über sein Leistungsangebot in Textform und leicht verständlicher Sprache nach Art, Umfang und Kosten zu informieren,
2. Bewohnerinnen und Bewohner schriftlich vor Vertragsschluss über vorhandene Beratungs- und Beschwerdestellen zu informieren,
3. den anonymisierten Prüfbericht der letzten wiederkehrenden Prüfung der zuständigen Behörde am Ort der Einrichtung oder ambulant betreuten Wohngemeinschaft zur Einsichtnahme vorzuhalten und gegenwärtigen oder künftigen Bewohnerinnen und Bewohnern, ihren rechtlichen Vertreterinnen und Vertretern auf Wunsch zur Einsichtnahme vorzulegen,
4. Bewohnerinnen und Bewohnern oder ihren rechtlichen Vertreterinnen und Vertretern

Einsichtnahme in die sie betreffende Dokumentation zu gewähren.

(2) [1]Der Träger oder Leistungsanbieter hat ein Beschwerdeverfahren sicherzustellen. [2]Das Verfahren ist in leicht verständlicher Sprache schriftlich zu regeln. [3]Die Regelung muss mindestens beinhalten:

1. die Information der Bewohnerinnen und Bewohner über ihr Beschwerderecht einschließlich eines Hinweises auf die Erreichbarkeit der zuständigen Behörde,
2. die Benennung der für die Bearbeitung der Beschwerden verantwortlichen Person,
3. die Bestimmung einer angemessenen Bearbeitungsfrist sowie
4. die Dokumentation, Auswertung und Erledigung der Beschwerden.

§ 9 Dokumentations- und Aufbewahrungspflichten

(1) [1]Der Träger oder Leistungsanbieter hat nach den Grundsätzen einer ordnungsgemäßen Buch- und Aktenführung Aufzeichnungen über den Betrieb zu machen und die Qualitätssicherungsmaßnahmen und deren Ergebnisse so zu dokumentieren, dass der ordnungsgemäße Betrieb festgestellt werden kann. [2]Es müssen ersichtlich sein:

1. die wirtschaftliche und finanzielle Lage der Einrichtung oder anbieterverantworteten ambulant betreuten Wohngemeinschaft,
2. die Nutzungsart, die Lage, die Anzahl und die Größe der Räume sowie die Belegung der Wohnräume,
3. Name, Vorname, Geburtsdatum, Anschrift und Berufs- oder Hochschulabschluss der Beschäftigten, deren regelmäßige Arbeitszeit, die von ihnen in der Einrichtung oder ambulant betreuten Wohngemeinschaft ausgeübte Tätigkeit und die Dauer des Beschäftigungsverhältnisses sowie die Dienstpläne,
4. Name, Vorname, Geburtsdatum, Betreuungs- oder Assistenzbedarf der Bewohnerinnen und Bewohner, bei Pflegebedürftigkeit der Pflegegrad sowie Namen und Vornamen der vertretungsberechtigten Personen,
5. der Erhalt sowie die Verabreichung von Arzneimitteln einschließlich der Überprüfung der ordnungsgemäßen bewohnerbezogenen Aufbewahrung der Arzneimittel und der Unterweisung der Beschäftigten zum sachgerechten Umgang mit diesen,
6. die Maßnahmenplanung, die Pflegeverläufe sowie die fach- und sachgerechte Pflegedokumentation für pflegebedürftige Bewohnerinnen und Bewohner sowie die Betreuungsdokumentation für Menschen mit Behinderungen,
7. die Maßnahmen zur Qualitätsentwicklung sowie zur Qualitätssicherung,
8. die freiheitsbeschränkenden und die freiheitsentziehenden Maßnahmen nach § 1831 des Bürgerlichen Gesetzbuches bei Bewohnerinnen und Bewohnern einschließlich der Angabe des für die Anordnung der Maßnahme Verantwortlichen, die Dokumentation der Einwilligung der oder des Betroffenen, ihrer Betreuerin oder ihres Betreuers oder seiner Betreuerin oder seines Betreuers nach § 1814 des Bürgerlichen Gesetzbuches oder ihrer oder seines nach § 1831 Absatz 5 des Bürgerlichen Gesetzbuches Bevollmächtigten sowie die Genehmigung des Betreuungsgerichts gemäß § 1831 Absatz 4 in Verbindung mit Absatz 2 des Bürgerlichen Gesetzbuches,
9. die bei Bewohnerinnen und Bewohnern ergriffenen ärztlichen Zwangsmaßnahmen einschließlich der Angabe der oder des für die Anordnung der Maßnahme Verantwortlichen, die Einwilligung ihrer oder seines nach § 1814 des Bürgerlichen Gesetzbuches bestellten Betreuerin oder Betreuers oder ihrer oder seines nach § 1832 Absatz 5 des Bürgerlichen Gesetzbuches Bevollmächtigten sowie die Genehmigung des Betreuungsgerichts gemäß § 1832 Absatz 4 in Verbindung mit Absatz 2 des Bürgerlichen Gesetzbuches,
10. die für die Bewohnerinnen und Bewohner verwalteten Gelder und Wertsachen sowie die zu Grunde liegenden Verträge, soweit dies vereinbart wurde.

(2) [1]Betreibt der Träger oder Leistungsanbieter mehr als eine Einrichtung oder ambulant betreute Wohngemeinschaft, sind für jede Einrichtung oder ambulant betreute Wohngemeinschaft gesonderte

Aufzeichnungen anzufertigen. [2]Die Aufzeichnungen sind am Ort der Einrichtung oder ambulant betreuten Wohngemeinschaft vorzuhalten. [3]Eine Ausnahme bilden Aufzeichnungen nach Absatz 1 Satz 2 Nummer 1 für den Träger, der über eine Zentralverwaltung verfügt. [4]Bei einer ambulant betreuten Wohngemeinschaft beschränkt sich die Verpflichtung zur Vorhaltung der Aufzeichnungen auf die bewohnerbezogenen Unterlagen. [5]Befinden sich Aufzeichnungen nicht am Ort der ambulant betreuten Wohngemeinschaft, sind sie auf entsprechende Anforderung der zuständigen Behörde zu übermitteln. [6]Aufzeichnungen, die für andere Stellen als die zuständige Behörde angelegt worden sind, können zur Erfüllung der Anforderungen des Absatzes 1 verwendet werden. [7]Dem Träger einer Einrichtung bleibt es vorbehalten, seine wirtschaftliche und finanzielle Situation durch Vorlage der im Rahmen der Pflege-Buchführungsverordnung vom 22. November 1995 (BGBl. I S. 1528), die zuletzt durch Artikel 25 Absatz 9 des Gesetzes vom 7. August 2021 (BGBl. I S. 3311) geändert worden ist, in der jeweils geltenden Fassung, geforderten Bilanz sowie der Gewinn- und Verlustrechnung nachzuweisen.

(3) [1]Der Träger oder Leistungsanbieter hat die Aufzeichnungen nach Absatz 1 sowie die sonstigen Unterlagen und Belege über den Betrieb einer Einrichtung oder ambulant betreuten Wohngemeinschaft drei Jahre aufzubewahren. [2]Die Aufzeichnungen nach Absatz 1 sind, soweit sie personenbezogene Daten enthalten, so aufzubewahren, dass nur Berechtigte Zugang haben.

(4) Weitergehende Pflichten des Trägers einer Einrichtung nach anderen Vorschriften oder aufgrund von Pflegesatzvereinbarungen nach § 85 Absatz 4 des Elften Buches Sozialgesetzbuch oder Vereinbarungen nach § 125 des Neunten Buches Sozialgesetzbuch bleiben unberührt.

§ 10
Geld- oder geldwerte Leistungen an Träger, Leistungsanbieter, Beschäftigte und eingesetzte Personen

(1) Dem Träger oder Leistungsanbieter sowie ihren Beschäftigten ist es untersagt, sich von oder zugunsten von Bewohnerinnen und Bewohnern oder Bewerberinnen und Bewerbern um einen Platz in der Einrichtung oder ambulant betreuten Wohngemeinschaft Geld- oder geldwerte Leistungen über das schriftlich vereinbarte Entgelt hinaus versprechen oder gewähren zu lassen.

(2) Dies gilt nicht, wenn

1. andere als die vertraglich aufgeführten Leistungen des Trägers oder des Leistungsanbieters abgegolten werden,
2. geringwertige Aufmerksamkeiten gewährt werden,
3. für die Überlassung eines Platzes in der Einrichtung oder ambulant betreuten Wohngemeinschaft Leistungen zum Erwerb, zum Bau, zur Instandsetzung, zu Ausstattung oder zum Betrieb der Einrichtung oder ambulant betreuten Wohngemeinschaft versprochen oder gewährt werden,
4. Spenden an gemeinnützige Träger oder Leistungsanbieter sowie Hospize gewährt werden.

(3) [1]Leistungen im Sinne des Absatzes 2 Nummer 3 sind zurückzugewähren, soweit sie nicht mit dem Entgelt verrechnet worden sind. [2]Sie sind vom Zeitpunkt ihrer Gewährung an zu einem Zinssatz, der dem für Sparanlagen mit dreimonatiger Kündigungsfrist marktüblichen Zinssatz entspricht, zu verzinsen, soweit der Vorteil der Kapitalnutzung bei der Bemessung des Entgeltes nicht berücksichtigt worden ist. [3]Die Verzinsung oder der Vorteil der Kapitalnutzung bei der Bemessung des Entgeltes ist den Bewohnerinnen und Bewohnern gegenüber durch jährliche Abrechnungen nachzuweisen. [4]Die Sätze 1 bis 3 gelten auch für Leistungen, die von oder zugunsten von Bewerberinnen und Bewerbern erbracht worden sind.

(4) [1]Der Leiterin, dem Leiter, den Beschäftigten sowie den sonstigen Mitarbeiterinnen und Mitarbeitern der Einrichtung oder ambulant betreuten Wohngemeinschaft ist es untersagt, sich von oder zugunsten von Bewohnerinnen und Bewohnern neben der vom Träger oder Leistungsanbieter erbrachten Vergütung Geld- oder geldwerte Leistungen für die Erfüllung der Pflichten aus den zwischen dem Träger oder Leistungsanbieter und den Bewohnerinnen und Bewohnern geschlossenen Verträgen versprechen oder gewähren zu

lassen. [2]Dies gilt nicht, soweit es sich um geringwertige Aufmerksamkeiten handelt.

(5) Die zuständige Behörde kann in Einzelfällen Ausnahmen von den Verboten der Absätze 1 und 4 zulassen, soweit der Schutz der Bewohnerinnen und Bewohner die Aufrechterhaltung der Verbote nicht erfordert und die Leistungen noch nicht versprochen oder gewährt worden sind.

§ 11
Gewaltprävention, freiheitsbeschränkende und freiheitsentziehende Maßnahmen

(1) [1]Der Träger oder Leistungsanbieter trifft geeignete Maßnahmen, um die Bewohnerinnen und Bewohner sowie die Beschäftigten vor jeder Form von Ausbeutung, Gewalt, Missbrauch und Diskriminierung zu schützen und ihre diversitäts- und geschlechtsspezifischen Bedürfnisse zu wahren. [2]Er hat dazu ein Konzept zu erstellen und eine verantwortliche Person für die Aufstellung und Umsetzung der Gewaltschutzmaßnahmen zu benennen. [3]Die Beschäftigten sind mindestens einmal pro Kalenderjahr hinsichtlich des Konzeptes zu schulen. [4]Dies ist zu dokumentieren. [5]§ 37a des Neunten Buches Sozialgesetzbuch bleibt unberührt.

(2) Sofern freiheitsbeschränkende oder freiheitsentziehende Maßnahmen nach § 1831 des Bürgerlichen Gesetzbuches vorgesehen sind, hat der Träger oder Leistungsanbieter im Konzept nach Absatz 1 Satz 2 Möglichkeiten zur Vermeidung dieser Maßnahmen aufzuzeigen.

§ 12
Beteiligungs- und Einsichtsrechte

(1) [1]Die Bewohnerinnen und Bewohner haben bei der individuellen Pflege- und Betreuungsmaßnahmenplanung oder Teilhabe- und Gesamtplanung sowie deren Durchführung ein Recht auf Selbstbestimmung. [2]Sie sind rechtzeitig zu informieren und die geäußerten Wünsche sind zu berücksichtigen. [3]Sie haben ein Recht auf Einsichtnahme in die sie betreffenden Dokumentationen und Unterlagen.

(2) Bewohnerinnen und Bewohner besitzen das Hausrecht in Bezug auf Räumlichkeiten, die sie als persönlichen Wohnraum nutzen.

(3) [1]Bewohnerinnen und Bewohner haben das Recht, Räumlichkeiten, die sie als persönlichen Wohnraum nutzen, selbst zu gestalten und zu möblieren. [2]Dieses Recht darf nur aus pflegerischen, betreuungsbedingten oder medizinischen Gründen eingeschränkt werden, wobei die einschränkenden Maßnahmen erforderlich und wirtschaftlich angemessen sein müssen. [3]Für diesen Fall ist die betroffene Bewohnerin oder der betroffene Bewohner rechtzeitig anzuhören und ihre oder seine Wünsche sind in Bezug auf die geplante Veränderung zu berücksichtigen.

(4) [1]Die betroffenen Bewohnerinnen und Bewohner haben bei der Belegung von Räumlichkeiten, die als persönlicher Wohnraum zu zweit genutzt werden sollen, ein Recht auf Anhörung. [2]Absatz 3 Satz 3 gilt entsprechend.

(5) [1]Bei anbieterverantworteten ambulant betreuten Wohngemeinschaften haben die Bewohnerinnen und Bewohner hinsichtlich des Einzuges von Bewohnerinnen und Bewohnern sowie hinsichtlich der Gestaltung und Möblierung von Gemeinschaftsräumen und flächen ein Mitentscheidungsrecht. [2]Zur Wahrnehmung dieses Rechts hat der Leistungsanbieter die Bewohnerinnen und Bewohner rechtzeitig anzuhören und ihnen Gelegenheit zu geben, zu seinen Vorschlägen innerhalb einer angemessenen Frist Stellung zu nehmen und eigene Vorschläge zu unterbreiten.

(6) [1]Zum Einsatz von künstlicher Intelligenz oder Robotern in der Pflege und Betreuung von Bewohnerinnen und Bewohnern ist die Einwilligung der betroffenen Bewohnerinnen und Bewohner erforderlich. [2]Vor dem Einsatz sind die betroffenen Bewohnerinnen und Bewohner insbesondere über Zweck und Art des Einsatzes sowie die Funktionsweise der eingesetzten Technik aufzuklären. [3]Im Fall der gesetzlichen Vertretung ist der Wunsch der betreuten Person ausdrücklich zu beachten.

TEIL 2
Besonderer Teil

ABSCHNITT 1
Anforderungen an Einrichtungen

§ 13
Grundsätzliche Anforderungen

(1) [1]Der Träger muss die notwendige Zuverlässigkeit, insbesondere auch die wirtschaftliche Leistungsfähigkeit, zum Betrieb einer Einrichtung besitzen. [2]Von der erforderlichen wirtschaftlichen Leistungsfähigkeit ist in der Regel auszugehen, wenn eine Vereinbarung nach § 39a des Fünften Buches Sozialgesetzbuch, nach § 125 des Neunten Buches Sozialgesetzbuch oder nach § 85 des Elften Buches Sozialgesetzbuch vorliegt.

(2) [1]Der Träger, die Leiterin oder der Leiter einer Einrichtung haben sicherzustellen, dass die Leistungen an den individuellen Interessen und Bedürfnissen der Bewohnerinnen und Bewohner und ihrem Pflege-, Betreuungs- oder Assistenzbedarf ausgerichtet sind und eine dem allgemein anerkannten Stand fachlicher Erkenntnisse entsprechende angemessene Qualität der Pflege, Betreuung und Assistenz sichergestellt ist. [2]Sicherzustellen ist insbesondere, dass

1. die Würde sowie die Interessen und Bedürfnisse der Bewohnerinnen und Bewohner vor Beeinträchtigungen geschützt sowie ihre Selbständigkeit, Selbstbestimmung und Selbstverantwortung gewahrt wird,
2. die nach dem Fünften, Neunten, Elften oder Zwölften Buch Sozialgesetzbuch vereinbarten Qualitätsmaßstäbe in der Pflege und Betreuung oder Assistenz eingehalten werden und die interkulturelle Kompetenz der Pflege- und Betreuungskräfte gefördert wird,
3. eine dem Pflege- und Betreuungsbedarf entsprechende, selbständige und selbstbestimmte Lebensgestaltung ermöglicht wird und die erforderlichen Hilfen gewährt werden, insbesondere die Eingliederung und selbstbestimmte Teilhabe von behinderten und psychisch kranken Bewohnerinnen und Bewohnern am Leben in der Gemeinschaft unter Einbeziehung der sozialräumlichen Angebote und Netzwerke gefördert und dabei die kulturellen und religiösen Belange der Bewohnerinnen und Bewohner berücksichtigt werden,
4. eine angemessene Qualität der Pflege, Betreuung oder Assistenz sichergestellt ist, die Verpflegung der Bewohnerinnen und Bewohner von diesen selbst oder in angemessener anderer Weise sowie die hauswirtschaftliche Versorgung und eine angemessene Qualität des Wohnens gewährleistet wird,
5. die Pflege, Betreuung oder Assistenz in der Regel mit festen Bezugspersonen erfolgt und dem Wunsch nach gleichgeschlechtlicher, kultur- und diversitätssensibler Pflege, Betreuung oder Assistenz nach Möglichkeit entsprochen wird,
6. für pflegebedürftige Bewohnerinnen und Bewohner Maßnahmenplanungen aufgestellt und deren Umsetzung dokumentiert werden sowie für Bewohnerinnen und Bewohner mit Behinderungen die vereinbarte Betreuung und Assistenz vereinbarungsgemäß durchgeführt und dokumentiert wird,
7. ein ausreichender und dem Konzept der Einrichtung angepasster Schutz vor Infektionen gewährleistet wird und von den Beschäftigten die Hygieneanforderungen für ihren Aufgabenbereich eingehalten werden,
8. die medizinische Versorgung unterstützt, die Arzneimittel bewohnerbezogen und sachgerecht aufbewahrt und die in der Pflege und Betreuung oder Assistenz tätigen Personen einmal im Jahr über den sachgerechten Umgang mit Arzneimitteln beraten werden sowie § 12a des Apothekengesetzes in der Fassung der Bekanntmachung vom 15. Oktober 1980 (BGBl. I S. 1993), das zuletzt durch Artikel 3 des Gesetzes vom 19. Juli 2023 (BGBl. 2023 I Nr. 197) geändert worden ist, in der jeweils geltenden Fassung, eingehalten wird,
9. vor der Anwendung freiheitsbeschränkender und freiheitsentziehender Maßnahmen nach § 1831 des Bürgerlichen Gesetzbuches stets überprüft wird, ob und inwieweit diese durch Pflege und Betreuung oder Assistenz nach dem anerkannten Stand der Erkenntnisse zu vermeiden sind sowie im Fall der Anwendung freiheitsbeschränkender und freiheitsentziehender Maßnahmen die inhaltlichen und rechtlichen Voraussetzungen gegeben sind,

10. der Einsatz von künstlicher Intelligenz oder Robotern in der Pflege und Betreuung oder Assistenz verantwortlich erfolgt und der ordnungsgemäße Einsatz in regelmäßigen Abständen überprüft wird,
11. eine fachliche Konzeption, welche die Anforderungen nach den Nummern 1 bis 10 dokumentiert, vorhanden ist und umgesetzt wird.

§ 14 Anforderungen an die Wohnqualität

(1) Die Gestaltung der Wohn- und Gemeinschaftsräume muss sich im Hinblick auf Wohnlichkeit, Raumangebot, Sicherheit, Barrierefreiheit, Möglichkeiten der Orientierung und das Recht auf Privatsphäre an den Bedürfnissen von pflegebedürftigen Menschen, Menschen mit psychischen Erkrankungen und Menschen mit Behinderungen auf gleichberechtigte gesellschaftliche Teilhabe ausrichten und soll ein an den Maßstäben des Alltags eines häuslichen Lebens orientiertes Zusammenleben in kleinen Gruppen erlauben und fördern.

(2) [1]Der Standort der Einrichtung soll so gewählt werden, dass den Bewohnerinnen und Bewohnern eine Teilnahme am öffentlichen Leben möglich ist. [2]Eine Einrichtung soll nicht mehr als 80 Plätze umfassen.

(3) [1]Den Bewohnerinnen und Bewohnern ist auf Wunsch bei Verfügbarkeit ein Einzelzimmer zur Verfügung zu stellen. [2]Um dies zu gewährleisten, wird empfohlen, dass der Anteil der Einzelzimmer bei mindestens 80 Prozent innerhalb eines Gebäudes oder eines räumlich verbundenen Gebäudekomplexes liegt. [3]Personen, die in einer Partnerschaft leben, sollte auf Wunsch die gemeinschaftliche Unterbringung in einer Nutzungseinheit ermöglicht werden. [4]Zur Sicherstellung des Rechts auf Privatsphäre müssen Sanitärräume in ausreichender Anzahl in Form von Einzel- oder Tandembädern vorhanden sein, sodass sich höchstens zwei Bewohnerinnen oder Bewohner einen Sanitärraum teilen. [5]Der Zugang zu den Sanitärräumen soll unmittelbar aus den Einzel- oder Doppelzimmern der Bewohnerinnen und Bewohner oder über einen Vorraum möglich sein. [6]Alle Wohn- und Geschäftsbereiche müssen über die technischen Voraussetzungen für die Nutzung eines Internetzuganges verfügen.

(4) Zimmer für mehr als zwei Bewohnerinnen oder Bewohner sind unzulässig.

§ 15 Personelle Anforderungen

(1) [1]Die Einrichtung muss unter der Leitung einer persönlich und fachlich geeigneten Person stehen. [2]Ihre Vertretung ist bei Abwesenheit zu gewährleisten.

(2) [1]Stationäre Pflegeeinrichtungen müssen über eine verantwortliche Pflegefachkraft (Pflegedienstleitung) im Sinne des § 71 Absatz 3 des Elften Buches Sozialgesetzbuch verfügen, welche auch die persönliche Eignung besitzt. [2]Ihre Vertretung ist bei Abwesenheit zu gewährleisten.

(3) Der Träger der Einrichtung hat sicherzustellen, dass
1. die Anzahl der Beschäftigten und ihre persönliche und fachliche Eignung für die von ihnen zu leistende Tätigkeit ausreicht,
2. betreuende, assistierende und pflegerische Tätigkeiten unter angemessener Beteiligung von Fachkräften, mindestens unter Beteiligung einer Fachkraft ausgeführt werden,
3. pflegerische Aufgaben nach § 4 Absatz 2 des Pflegeberufegesetzes vom 17. Juli 2017 (BGBl. I S. 2581), das zuletzt durch Artikel 2a des Gesetzes vom 12. Dezember 2023 (BGBl. 2023 I Nr. 359) geändert worden ist, in der jeweils geltenden Fassung, nur von Personen mit einer Erlaubnis nach § 1 Absatz 1 des Pflegeberufegesetzes durchgeführt werden,
4. pflegerische Maßnahmen nur durch für die jeweilige Tätigkeit befähigte Beschäftigte erbracht werden,
5. für die Betreuung von Bewohnerinnen und Bewohnern entsprechend qualifiziertes Betreuungspersonal eingesetzt ist.

(4) In stationären Pflegeeinrichtungen, die Leistungen nach § 43 des Elften Buches Sozialgesetzbuch erbringen, wird der Pflege- und Betreuungsbedarf erfüllt, wenn Anzahl und Qualifikation

der in Pflege und Betreuung Beschäftigten der personellen Ausstattung entspricht, die nach § 84 Absatz 5 Satz 2 Nummer 2 in Verbindung mit § 113c Absatz 5 Satz 1 Nummer 1 des Elften Buches Sozialgesetzbuch vereinbart ist.

(5) In anderen als in Absatz 4 Satz 1 genannten stationären Pflegeeinrichtungen gilt, dass betreuende, pflegerische und assistierende Tätigkeiten nur von Fachkräften oder unter angemessener Beteiligung von Fachkräften ausgeführt werden dürfen, sofern mit den jeweiligen Rahmenvertragspartnern nichts anderes vereinbart ist.

(6) [1]In jedem Einzelfall ist durch ein Pflege- und Betreuungskonzept oder entsprechend des vorliegenden Assistenzbedarfes unter Einbeziehung weiterer Kräfte sicherzustellen, dass Bereiche, die aus baulichen Gründen nicht gleichzeitig von einer Person betreut werden können, so überwacht werden, dass eine Notsituation umgehend erkannt und eine Fachkraft schnell hinzugezogen werden kann. [2]Dabei kann das Konzept technische Möglichkeiten unter Beachtung der Persönlichkeitsrechte der betreuten Bewohnerinnen und Bewohner einschließen. [3]Die zuständige Behörde kann bei entsprechendem Bedarf höhere Anforderungen festlegen. [4]In Einrichtungen mit pflegebedürftigen Bewohnerinnen und Bewohnern muss als aktive Nachtwache mindestens eine Fachkraft ständig anwesend sein.

(7) [1]Soweit sich der Träger zur Erbringung hauswirtschaftlicher Leistungen verpflichtet hat, soll diese Leistungserbringung unter Beteiligung einer Hauswirtschaftskraft erfolgen. [2]Hierzu genügt deren verantwortliche Einbindung in die Konzeption und die Überwachung der adäquaten Leistungserbringung.

(8) Der Träger, die Leiterin oder der Leiter haben weiterhin sicherzustellen, dass ein Qualitätsmanagement betrieben wird und bei Bedarf Supervision oder vergleichbare Maßnahmen für die Beschäftigten angeboten werden.

(9) Die zuständige Behörde kann eine Einrichtung auf Antrag des Trägers von den personellen Anforderungen teilweise oder ganz befreien, wenn die Befreiung mit den Interessen und Bedürfnissen der Bewohnerinnen und Bewohner vereinbar ist.

§ 16
Mitwirkung der Bewohnerinnen und Bewohner

(1) [1]Die Bewohnerinnen und Bewohner wirken in Angelegenheiten des Betriebs der Einrichtung mit. [2]Hierzu wählen sie eine Bewohnervertretung. [3]Die Mitglieder der Bewohnervertretung sind ehrenamtlich und unentgeltlich tätig.

(2) [1]In die Bewohnervertretung einer Einrichtung sollen vornehmlich Bewohnerinnen und Bewohner gewählt werden. [2]Ergänzend können auch Angehörige, Betreuerinnen und Betreuer, sonstige Vertrauenspersonen der Bewohnerinnen und Bewohner, Mitglieder der örtlichen Seniorenvertretung oder des örtlichen Seniorenbeirates, Mitglieder von örtlichen Behindertenorganisationen oder des Behindertenbeirates oder von der zuständigen Behörde vorgeschlagene Personen gewählt werden. [3]Dann müssen die Bewohnerinnen und Bewohner die Mehrheit bilden. [4]Mitglieder der Bewohnervertretung, die keine Bewohnerinnen und Bewohner der Einrichtung sind, dürfen zum Zeitpunkt der Wahl in keinem Abhängigkeitsverhältnis zum Träger der Einrichtung oder zur Einrichtung selbst stehen oder in den letzten zwei Jahren gestanden haben.

(3) [1]Kommt die Wahl einer Bewohnervertretung in einer Einrichtung nicht zustande, bestellt die zuständige Behörde nach Beratung mit den Bewohnerinnen und Bewohnern zum Zweck ihrer Mitwirkung eine, einen oder mehrere ehrenamtliche Bewohnersprecherinnen oder Bewohnersprecher. [2]Befinden sich in einer solitären Kurzzeitpflegeeinrichtung oder in einem stationären Hospiz in der Regel mindestens sechs Bewohnerinnen und Bewohner, ist für diese Personen zum Zweck ihrer Mitwirkung eine Bewohnersprecherin oder ein Bewohnersprecher zu bestellen. [3]Diese oder dieser nimmt die Aufgaben der Bewohnervertretung wahr.

(4) [1]Die Mitglieder der Bewohnervertretung können zur Wahrnehmung ihrer Aufgaben und

Rechte fach- und sachkundige Personen ihres Vertrauens hinzuziehen. [2]Diese sind vorab zur Abgabe einer Verschwiegenheitserklärung verpflichtet.

(5) Die Bewohnervertretung soll die Bewohnerinnen und Bewohner der Einrichtung mindestens einmal im Jahr zu einer Versammlung einladen, zu der jede Bewohnerin und jeder Bewohner eine Vertrauensperson hinzuziehen kann.

(6) [1]Der Träger hat die Tätigkeit der Bewohnervertretung bei der Wahrnehmung ihrer Aufgaben zu unterstützen. [2]Den Mitgliedern der Bewohnervertretung sind diejenigen Kenntnisse zu vermitteln, die für ihre Tätigkeit erforderlich sind.

(7) [1]Der Träger ist verpflichtet, die Mitglieder der Bewohnervertretung rechtzeitig vor der Aufnahme von Verhandlungen über die Pflegesatzvereinbarung nach § 85 des Elften Buches Sozialgesetzbuch oder die Leistungs- und Vergütungsvereinbarung nach § 125 des Neunten Buches Sozialgesetzbuch anzuhören und ihnen unter Vorlage nachvollziehbarer Unterlagen die wirtschaftliche Notwendigkeit und Angemessenheit geplanter Entgelterhöhungen zu erläutern. [2]Außerdem ist er verpflichtet, ihnen Gelegenheit zu einer schriftlichen Stellungnahme zu geben. [3]Diese Stellungnahme gehört zu den Unterlagen, die er rechtzeitig vor Beginn der Verhandlung mit Kostenträgern vorzulegen hat.

§ 17
Behördliche Qualitätssicherung

(1) [1]Die zuständige Behörde prüft die Einrichtungen daraufhin, ob sie die Anforderungen nach diesem Gesetz und den aufgrund dieses Gesetzes erlassenen Rechtsverordnungen einhalten. [2]Der Prüfumfang kann auf bestimmte Prüfschwerpunkte und Prüfinhalte begrenzt werden und umfasst bei anlassbezogenen Prüfungen nicht zwingend nur den Anlass der Prüfung.

(2) [1]Die Aufsicht beginnt mit der Erstanzeige nach § 7 Absatz 1, spätestens jedoch drei Monate vor der vorgesehenen Inbetriebnahme der Einrichtung. [2]Stellt die zuständige Behörde vor Inbetriebnahme Abweichungen von den Anforderungen nach diesem Gesetz und den Rechtsverordnungen nach § 34 fest, die einer Inbetriebnahme entgegenstehen, so hat sie diese dem Träger ohne schuldhaftes Zögern mitzuteilen und ihn hinsichtlich der Beseitigung der Abweichungen zu beraten.

(3) [1]Die zuständige Behörde führt wiederkehrende oder anlassbezogene Prüfungen durch. [2]Hierfür führt sie in jeder Einrichtung im Jahr grundsätzlich mindestens eine Prüfung durch. [3]Die nach § 54 des Infektionsschutzgesetzes vom 20. Juli 2000 (BGBl. I S. 1045), das zuletzt durch Artikel 8v des Gesetzes vom 12. Dezember 2023 (BGBl. 2023 I Nr. 359) geändert worden ist, zuständigen Behörden können anlassbezogen einbezogen werden. [4]Bei Einrichtungen für pflegebedürftige Menschen stimmt sich die zuständige Behörde mit dem Medizinischen Dienst Sachsen oder dem Prüfdienst des Verbandes der Privaten Krankenversicherung e. V. rechtzeitig ab, ob und inwieweit anlassbezogene Prüfungen gemeinsam, gegebenenfalls arbeitsteilig durchgeführt werden können. [5]Wurde innerhalb des letzten Jahres eine Einrichtung vom Medizinischen Dienst Sachsen, vom Prüfdienst des Verbandes der Privaten Krankenversicherung e. V. oder von einer oder einem von den Landesverbänden der Pflegekassen bestellten Sachverständigen geprüft, kann die wiederkehrende Prüfung in größeren Abständen erfolgen, wenn dabei die Anforderungen an den Betrieb einer Einrichtung erfüllt waren. [6]Hierzu stimmen sich die beteiligten Prüfinstitutionen ab. [7]Die zuständige Behörde kann zu ihren Prüfungen weitere fach- und sachkundige Personen hinzuziehen. [8]Diese sind zur Abgabe einer Verschwiegenheitserklärung verpflichtet.

(4) Bei jeder wiederkehrenden Prüfung prüft die zuständige Behörde mindestens das Vorhalten des zu erstellenden Konzeptes zur Gewaltprävention und dessen Umsetzung sowie, ob die vom Träger eingesetzten Personen, insbesondere die Pflege- und Betreuungskräfte für die von ihnen zu leistende Tätigkeit in ausreichender Anzahl sowie mit der erforderlichen persönlichen und fachlichen Eignung vorhanden sind.

(5) [1]Prüfungen werden in der Regel unangemeldet durchgeführt und können jederzeit erfolgen. [2]Prüfungen zur Nachtzeit sind zulässig,

wenn und soweit das Überprüfungsziel zu anderen Zeiten mit hinreichender Wahrscheinlichkeit nicht erreicht werden kann.

(6) [1]Die von der zuständigen Behörde mit der Prüfung beauftragten Personen sind berechtigt,

1. die im Zusammenhang mit dem Betrieb der Einrichtung nutzbaren Grundstücke und Räume zu betreten; soweit diese einem Hausrecht der Bewohnerinnen und Bewohner unterliegen, nur mit deren Einwilligung,
2. die Aufzeichnungen nach § 9 einzusehen und Kopien der Aufzeichnungen anfertigen zu lassen,
3. die zur Leistungserbringung eingesetzten Personen zu befragen,
4. die Bewohnerinnen und Bewohner zu befragen,
5. den Pflege- und Betreuungszustand der Bewohnerinnen und Bewohner mit deren Einwilligung in Augenschein zu nehmen und zu dokumentieren sowie
6. Auskünfte bei der nach § 16 zur Mitwirkung vorgesehenen Bewohnervertretung einzuholen.

[2]Der Träger und die zur Leistungserbringung eingesetzten Personen haben die Maßnahmen nach Satz 1 zu dulden. [3]Das Grundrecht der Unverletzlichkeit der Wohnung nach Artikel 13 Absatz 1 des Grundgesetzes für die Bundesrepublik Deutschland und Artikel 30 Absatz 3 der Verfassung des Freistaates Sachsen wird durch das Betretungsrecht des Satzes 1 Nummer 1 erster Halbsatz insoweit eingeschränkt.

(7) Die zuständige Behörde soll den Bewohnerinnen und Bewohnern Gelegenheit geben, sich zu den sie selbst betreffenden Prüfinhalten zu äußern.

(8) [1]Zur Abwendung einer dringenden Gefahr für die öffentliche Sicherheit und Ordnung oder bei Verdacht auf Gefahr für Leib und Leben können die von der zuständigen Behörde mit der Prüfung beauftragten Personen Räume, die einem Hausrecht der Bewohnerinnen und Bewohner unterliegen oder Wohnzwecken der nach Absatz 9 Mitwirkungspflichtigen dienen, jederzeit betreten. [2]Die Bewohnerinnen und Bewohner und die nach Absatz 9 Mitwirkungspflichtigen haben die Maßnahmen nach Satz 1 zu dulden. [3]Das Grundrecht der Unverletzlichkeit der Wohnung nach Artikel 13 Absatz 1 des Grundgesetzes für die Bundesrepublik Deutschland und Artikel 30 Absatz 1 der Verfassung des Freistaates Sachsen wird insoweit eingeschränkt.

(9) [1]Der Träger, die Leiterin oder der Leiter und die von ihnen zur Leistungserbringung eingesetzten Personen haben an den Prüfungen mitzuwirken und dabei die zuständige Behörde zu unterstützen. [2]Sie haben dieser die für die Durchführung der Prüfung erforderlichen mündlichen, schriftlichen und elektronischen Auskünfte ohne schuldhaftes Zögern zu erteilen sowie die zu Prüfzwecken erforderlichen Aufzeichnungen nach § 9 und sonstige Unterlagen zur Verfügung zu stellen. [3]Befinden sich die Aufzeichnungen nicht am Ort, sind diese auf entsprechende Anforderung der zuständigen Behörde ohne schuldhaftes Zögern nach der Prüfung zu übermitteln. [4]Der Träger kann Verbände und Vereinigungen, denen er angehört, zu Prüfungen hinzuziehen. [5]Die Befugnis der zuständigen Behörde, Prüfungen unangemeldet durchzuführen, wird dadurch nicht eingeschränkt.

(10) Widerspruch und Klage gegen Maßnahmen nach den Absätzen 1 bis 9 haben keine aufschiebende Wirkung.

(11) Auskunftspflichtige können die Auskunft auf solche Fragen verweigern, deren Beantwortung sie oder einen der in § 383 Absatz 1 Nummer 1 bis 3 der Zivilprozessordnung bezeichneten Angehörigen der Gefahr strafgerichtlicher Verfolgung oder eines Verfahrens nach dem Gesetz über Ordnungswidrigkeiten aussetzen würde.

(12) [1]Die zuständige Behörde erstellt über die Ergebnisse einer von ihr in einer Einrichtung durchgeführten Prüfung ein Prüfprotokoll. [2]Dieses leitet sie dem Träger zu und gibt ihm Gelegenheit, innerhalb einer angemessenen Frist eine Gegendarstellung abzugeben oder die Mängelbeseitigung nachzuweisen. [3]Nach Eingang der Stellungnahme erstellt die zuständige Behörde in einer für Verbraucherinnen und Verbraucher verständlichen, übersichtlichen, anonymisierten und barrierefreien Form einen abschließenden Prüfbericht.

(13) Die zuständige Behörde legt im Einvernehmen mit der Aufsichtsbehörde Prüfrichtlinien sowie Kriterien für die Prüfungen, für das Verfahren zur Durchführung der Prüfungen und für die Prüfberichte fest.

ABSCHNITT 2
Anforderungen an ambulant betreute Wohngemeinschaften und Intensivpflege-Wohngemeinschaften

§ 18
Selbstverantwortete ambulant betreute Wohngemeinschaften

[1]Selbstverantwortete ambulant betreute Wohngemeinschaften sind vorbehaltlich anderer gesetzlicher Regelungen frei in der Gestaltung des Zusammenlebens, der Auswahl und der Gestaltung der Räumlichkeiten für die Wohngemeinschaft sowie der Organisation der Pflege, Betreuung und Assistenz. [2]Der in der selbstverantworteten ambulant betreuten Wohngemeinschaft tätige Pflege- oder Betreuungsdienst hat die Pflege-, Assistenz- und Betreuungsleistungen dem allgemein anerkannten Stand der fachlichen Erkenntnisse entsprechend zu erbringen.

§ 19
Grundsätzliche Anforderungen an anbieterverantwortete ambulant betreute Wohngemeinschaften

(1) Anbieterverantwortete ambulant betreute Wohngemeinschaften sind in den Sozialraum zu integrieren, um eine umfassende Teilhabe der Bewohnerinnen und Bewohner am Leben in der örtlichen Gemeinschaft zu ermöglichen.

(2) [1]Wirken mehrere Dienstleister in einer anbieterverantworteten ambulant betreuten Wohngemeinschaft zusammen, so haben sie abzustimmen und schriftlich festzuhalten, wer für welche Unterstützungsleistungen und Abläufe in der Wohngemeinschaft zuständig ist. [2]Dabei haben sie mindestens festzuhalten, wer die Verantwortung für die Umsetzung der in Absatz 3 festgelegten Anforderungen übernimmt. [3]Dieser ist der Leistungsanbieter. [4]Die Regelung muss den Bewohnerinnen und Bewohnern oder Vertreterinnen und Vertretern bekannt sein.

(3) [1]Im Rahmen der Regelung nach Absatz 2 Satz 1 ist insbesondere festzulegen, dass und durch wen

1. die medizinische Versorgung der Bewohnerinnen und Bewohner organisiert sowie die Wahrnehmung von hierzu erforderlichen auswärtigen Terminen unterstützt und gefördert werden,
2. die Aufstellung und Umsetzung von Pflegeplanungen sowie die Organisation und Durchführung der Leistungen der sozialen Betreuung, bei Bewohnerinnen und Bewohnern mit Behinderungen die Maßnahmenplanung sowie die vereinbarte Betreuung und Assistenz ordnungsgemäß durchgeführt und dokumentiert werden,
3. die bewohnerbezogene und ordnungsgemäße Aufbewahrung der Arzneimittel und die regelmäßige Unterweisung der in der Pflege, Betreuung oder Assistenz tätigen Beschäftigten über den sachgerechten Umgang mit Arzneimitteln sichergestellt werden und
4. die hauswirtschaftliche Versorgung sichergestellt wird, sofern der Leistungsanbieter sich zu deren Übernahme vertraglich verpflichtet hat.

[2]Auf Wunsch der Bewohnerinnen und Bewohner können diese die Regelungen nach Satz 1 Nummer 1 und 4 auch eigenverantwortlich treffen.

(4) Der Leistungsanbieter hat die Anforderungen nach den Absätzen 1 bis 3 und darüber hinaus insbesondere zu gewährleisten, dass

1. eine angemessene fachliche Qualität der Betreuung und bei Pflegebedürftigkeit eine fachgerechte Pflege im vereinbarten Umfang sichergestellt ist, die sich am jeweils anerkannten Stand der sozial- und heilpädagogischen sowie der pflegerischen Erkenntnisse orientiert und an den individuellen und sich verändernden Pflege-, Betreuungs- oder Assistenzbedarf der Bewohnerinnen und Bewohner angepasst wird,
2. für Menschen mit Behinderungen bei Bedarf eine Rufbereitschaft außerhalb der Betreuungszeiten sichergestellt ist,

3. die Teilhabe der Bewohnerinnen und Bewohner am Leben in der Gemeinschaft und ihre selbstständige Lebensführung einschließlich der Haushaltsführung, der Ernährung und Körperpflege unterstützt wird,
4. bei zeitlich befristeten Wohnplätzen für Menschen mit Behinderungen entsprechende Trainingsprogramme, die zu einer möglichst selbstständigen und selbstbestimmten Lebensführung befähigen sollen, angeboten werden.

§ 20
Anforderungen an die Wohnqualität in anbieterverantworteten ambulant betreuten Wohngemeinschaften

(1) [1]In den anbieterverantworteten ambulant betreuten Wohngemeinschaften sind grundsätzlich Einzelzimmer für die Bewohnerinnen und Bewohner vorzusehen. [2]Auf ihren Wunsch kann eine gemeinsame Nutzung eines Doppelzimmers erfolgen.

(2) Größe, Anzahl und Gestaltung der Räume haben sowohl dem Anspruch auf Privatsphäre als auch den Erfordernissen einer funktionierenden Wohngemeinschaft zu entsprechen.

(3) Der Leistungsanbieter hat bei anbieterverantworteten ambulant betreuten Wohngemeinschaften und bei Intensivpflege-Wohngemeinschaften die Erfüllung der Anforderungen nach den Absätzen 1 und 2 erforderlichenfalls durch Kooperationsvereinbarungen mit dem Vermieter des Wohnraumes zu gewährleisten.

§ 21
Personelle Anforderungen an anbieterverantwortete ambulant betreute Wohngemeinschaften

(1) [1]Der Leistungsanbieter von anbieterverantworteten ambulant betreuten Wohngemeinschaften hat sicherzustellen, dass
1. die von ihm eingesetzten Personen, insbesondere die Pflege-, Betreuungs- oder Assistenzkräfte für die von ihnen zu leistende Tätigkeit ausreichen und über die erforderliche persönliche und fachliche Eignung verfügen,
2. die vom Leistungsanbieter eingesetzten Personen für die von ihnen zu leistenden Tätigkeiten in angemessenem Umfang an Fort- und Weiterbildungsmaßnahmen teilnehmen sowie
3. in ambulant betreuten Wohngemeinschaften für pflegebedürftige Volljährige die ständige Anwesenheit einer zur Erbringung allgemeiner Unterstützungsleistungen geeigneten Person gewährleistet ist.

[2]Erfordert der konkrete Pflege- und Betreuungsbedarf der Bewohnerinnen und Bewohner nicht die ständige Anwesenheit einer Fachkraft, ist durch organisatorische Vorkehrungen sicherzustellen, dass diese im Bedarfsfall in angemessener Zeit erreichbar ist.

(2) [1]Soweit sich der Leistungsanbieter zur Erbringung hauswirtschaftlicher Leistungen verpflichtet hat, muss diese Leistungserbringung unter Beteiligung einer Hauswirtschaftskraft erfolgen. [2]Hierzu genügt deren verantwortliche Einbindung in die Konzeption und Überwachung der hauswirtschaftlichen Leistungserbringung.

§ 22
Mitwirkung der Bewohnerinnen und Bewohner in anbieterverantworteten ambulant betreuten Wohngemeinschaften

(1) [1]Zum Zweck der Mitwirkung kann für jede anbieterverantwortete ambulant betreute Wohngemeinschaft eine Wohngemeinschaftsvertretung gebildet werden. [2]In die Wohngemeinschaftsvertretung sollen Bewohnerinnen und Bewohner berufen werden. [3]Die Mitglieder werden von den Bewohnerinnen und Bewohnern persönlich bestimmt, dabei soll die Anzahl der Mitglieder der Wohngemeinschaftsvertretung fünf nicht überschreiten. [4]Für den Fall, dass die Bewohnerinnen und Bewohner ihre Interessen nicht selbständig wahrnehmen können, können deren rechtliche Vertreterinnen oder Vertreter oder sonstige Vertrauenspersonen, die in keinem Abhängigkeitsverhältnis zum Leistungsanbieter stehen, berufen werden. [5]Die Mitglieder der Wohngemeinschaftsvertretung sind ehrenamtlich und unentgeltlich tätig.

(2) Ab sechs Bewohnerinnen und Bewohnern muss der Leistungsanbieter die Bildung einer Wohngemeinschaftsvertretung unterstützen.

(3) Durch die Wohngemeinschaftsvertretung wirken die Bewohnerinnen und Bewohner mit bei
1. allgemeinen Angelegenheiten des Wohnens, der Pflege und Betreuung oder Assistenz, der hauswirtschaftlichen Versorgung, der Verpflegungsplanung, des Alltags und der Freizeit,
2. der Durchsetzung der Ziele nach § 1, insbesondere von Selbstbestimmung und Teilhabe am Leben in der Gesellschaft,
3. Änderungen der Entgelte, soweit diese nicht ausschließlich durch leistungsrechtliche Vereinbarungen nach dem Fünften, Neunten, Elften oder Zwölften Buch Sozialgesetzbuch oder durch Zustimmungen zur gesonderten Berechnung von Investitionsaufwendungen nach § 82 Absatz 3 des Elften Buches Sozialgesetzbuch bedingt sind,
4. umfassenden baulichen Maßnahmen in der Wohngemeinschaftswohnung, soweit der Leistungsanbieter den Raum zum Wohnen überlässt,
5. der Erweiterung, Einschränkung oder Einstellung des Wohngemeinschaftsbetriebs,
6. Maßnahmen zum Schutz vor Missbrauch, Ausbeutung, Gewalt, insbesondere körperlicher, seelischer und sexueller Gewalt, sowie Diskriminierung und
7. Angelegenheiten des Beschwerdemanagements.

§ 23
Behördliche Qualitätssicherung

(1) Die Aufsicht der zuständigen Behörde beginnt mit der Anzeige nach § 7 Absatz 2.

(2) Die Gründerin oder der Gründer einer ambulant betreuten Wohngemeinschaft muss sich mindestens einen Monat vor der vorgesehenen Inbetriebnahme von der zuständigen Behörde beraten lassen.

(3) [1]Die zuständige Behörde überwacht die anbieterverantworteten ambulant betreuten Wohngemeinschaften durch wiederkehrende oder anlassbezogene Prüfungen. [2]Sie überprüft, ob sie die Anforderungen an den Betrieb einer ambulant betreuten Wohngemeinschaft nach diesem Gesetz erfüllen. [3]Hierfür führt sie im Jahr grundsätzlich eine Prüfung durch. [4]Ambulant betreute Wohngemeinschaften für Menschen mit Behinderungen werden nur anlassbezogen geprüft. [5]Selbstverantwortete ambulant betreute Wohngemeinschaften werden ausschließlich zur Zuordnungsprüfung sowie anlassbezogen geprüft.

(4) [1]Sind bei der letzten wiederkehrenden Prüfung keine erheblichen Mängel festgestellt worden, so kann die wiederkehrende Prüfung in größeren Abständen erfolgen. [2]Prüfungen werden in der Regel unangemeldet durchgeführt und können jederzeit erfolgen. [3]Prüfungen zur Nachtzeit sind nur zulässig, wenn und soweit das Überwachungsziel zu anderen Zeiten nicht erreicht werden kann. [4]Der Leistungsanbieter sowie der Betreuungs- oder Pflegedienst haben der zuständigen Behörde die für die Durchführung dieses Gesetzes und der nach § 34 erlassenen Rechtsverordnungen erforderlichen mündlichen und schriftlichen Auskünfte auf Verlangen unentgeltlich zu erteilen. [5]Bei anbieterverantworteten ambulant betreuten Wohngemeinschaften hat der Leistungsanbieter die Aufzeichnungen nach § 9 grundsätzlich am Ort der Wohngemeinschaft zur Prüfung vorzuhalten.

(5) [1]Die von der zuständigen Behörde mit der Prüfung beauftragten Personen sind berechtigt, die im Zusammenhang mit der ambulant betreuten Wohngemeinschaft nutzbaren Grundstücke und Räume zu betreten. [2]Die zuständige Behörde darf die Räumlichkeiten, die die Bewohnerinnen und Bewohner jeweils individuell als persönliche Wohnräume nutzen, nur mit deren Einwilligung betreten. [3]Abweichend von Satz 1 darf die zuständige Behörde bei selbstverantworteten ambulant betreuten Wohngemeinschaften die Gemeinschaftsräume und -bereiche betreten, wenn die Einwilligung lediglich einer Bewohnerin oder eines Bewohners vorliegt.

(6) § 17 Absatz 1, Absatz 6 Satz 1 Nummer 2 bis 6, Satz 2 und 3 sowie Absatz 7 bis 13 gilt entsprechend.

§ 24
Zuordnungsprüfungen

(1) [1]Ambulant betreute Wohngemeinschaften werden von der zuständigen Behörde dahingehend überprüft, ob es sich um eine selbstverantwortete oder anbieterverantwortete Wohngemeinschaft oder Einrichtung im Sinne des § 2 Absatz 1 handelt. [2]Die zuständige Behörde nimmt hierfür innerhalb von acht Wochen, nachdem sie Kenntnis von der Inbetriebnahme erlangt hat, Kontakt mit dem Leistungsanbieter sowie dem Selbstbestimmungsgremium oder den Bewohnerinnen und Bewohnern sowie im Bedarfsfall mit weiteren für die Beurteilung erforderlichen Personen und Institutionen auf.

(2) [1]Bei ambulant betreuten Wohngemeinschaften, die gemäß Absatz 5 als selbstverantwortet festgestellt wurden, nimmt die zuständige Behörde im Abstand von höchstens vier Jahren eine erneute Zuordnungsprüfung vor. [2]Ist in den letzten vier Jahren eine anlassbezogene Zuordnungsprüfung nach Absatz 3 durchgeführt worden, so kann der Zeitpunkt der erneuten Zuordnungsprüfung entsprechend verschoben werden.

(3) Die zuständige Behörde kann eine anlassbezogene Zuordnungsprüfung durchführen, wenn sich bei Wohnformen für ältere Menschen, pflegebedürftige Volljährige und Volljährige mit psychischen Erkrankungen oder mit Behinderungen Zweifel an der Art der Wohnform ergeben.

(4) [1]Die von der zuständigen Behörde mit der Prüfung beauftragten Personen sind berechtigt, die im Zusammenhang mit der zu überprüfenden Wohnform nutzbaren Grundstücke und Räume zu betreten. [2]Die zuständige Behörde darf die Räumlichkeiten, welche die Bewohnerinnen und Bewohner jeweils individuell als persönlichen Wohnraum nutzen, nur mit deren Einwilligung betreten. [3]§ 17 Absatz 6 Satz 1 Nummer 2 bis 4 und 6, Satz 2 und 3 sowie Absatz 7 bis 11 und 13 gilt entsprechend. [4]Soweit zur Durchführung der Zuordnungsprüfung erforderlich, gilt gegenüber dem Anbieter des Raums zum Wohnen § 17 Absatz 6 Satz 1 Nummer 1 bis 4, Satz 2 und 3 sowie Absatz 9 bis 11 entsprechend.

(5) [1]Über das Ergebnis der Zuordnungsprüfung ergeht ein Feststellungsbescheid. [2]Adressaten des Bescheides sind die für die Wohnform rechtlich Verantwortlichen. [3]Widerspruch und Klage gegen den Bescheid haben keine aufschiebende Wirkung.

TEIL 3
Maßnahmen der zuständigen Behörde

§ 25
Aufklärung und Beratung bei Mängeln

(1) Die zuständige Behörde ist berechtigt und verpflichtet, alle notwendigen Maßnahmen zur Aufklärung zu ergreifen, wenn tatsächliche Anhaltspunkte dafür bestehen, dass die Qualitätsanforderungen an den Betrieb von Einrichtungen und ambulant betreuten Wohngemeinschaften im Sinne dieses Gesetzes nicht erfüllt sind.

(2) [1]Sind in einer Einrichtung oder in einer ambulant betreuten Wohngemeinschaft Abweichungen von den Anforderungen (Mängel) festgestellt worden, soll die zuständige Behörde zunächst den Träger, den Leistungsanbieter oder das Selbstbestimmungsgremium über die Möglichkeiten zur Abstellung beraten. [2]Das gleiche gilt, wenn nach einer Anzeige nach § 7 vor der Aufnahme des Betriebs der Einrichtung oder der ambulant betreuten Wohngemeinschaft Mängel festgestellt werden. [3]§ 26 Absatz 2 bleibt unberührt.

(3) Ist den Bewohnerinnen und Bewohnern aufgrund der festgestellten Mängel eine Fortsetzung des Vertrags mit dem Träger oder Leistungsanbieter nicht zuzumuten, hat die zuständige Behörde sie dabei zu unterstützen, eine angemessene anderweitige Unterkunft und Betreuung zu zumutbaren Bedingungen zu finden.

(4) [1]An einer Beratung nach Absatz 2 soll der Träger der Sozialhilfe, mit dem Vereinbarungen nach § 76 des Zwölften Buches Sozialgesetzbuch bestehen, sowie der Träger der Eingliederungshilfe, mit dem Vereinbarungen nach § 125 des Neunten Buches Sozialgesetzbuch bestehen, beteiligt werden. [2]Der Träger der Sozialhilfe oder der Träger der Eingliederungshilfe ist zu beteiligen,

wenn die Abstellung der Mängel Auswirkungen auf Entgelte und Vergütungen haben kann. [3]Die Sätze 1 und 2 gelten entsprechend für die Kranken- und Pflegekassen sowie die sonstigen Sozialversicherungsträger, sofern mit ihnen oder ihren Landesverbänden Vereinbarungen nach § 72, § 75 Absatz 1 oder § 85 des Elften Buches Sozialgesetzbuch oder § 39a oder § 132l des Fünften Buches Sozialgesetzbuch bestehen. [4]Die Sätze 1 bis 3 gelten nicht bei einer Gefahr für Leben, Gesundheit oder Freiheit der Bewohnerinnen und Bewohner.

§ 26
Anordnungen bei Mängeln

(1) [1]Werden festgestellte Mängel nach einer Beratung gemäß § 25 Absatz 2 nicht abgestellt, kann die zuständige Behörde gegenüber dem Träger oder Leistungsanbieter Anordnungen erlassen, die zur Beseitigung einer eingetretenen oder zur Abwendung einer drohenden Beeinträchtigung oder einer Gefährdung des Wohls der Bewohnerinnen und Bewohner oder zur Sicherung der Einhaltung der dem Träger oder Leistungsanbieter gegenüber den Bewohnerinnen und Bewohnern obliegenden Pflichten erforderlich sind. [2]Werden erhebliche Mängel festgestellt, können Anordnungen gemäß Satz 1 sofort ergehen. [3]Das Gleiche gilt, wenn Mängel nach einer Anzeige nach § 7 Absatz 1 bis 3 vor Aufnahme des Betriebs festgestellt werden.

(2) [1]Anordnungen gegenüber Trägern von Einrichtungen für Menschen mit Behinderungen gemäß § 2 sind so weit wie möglich in Übereinstimmung mit Vereinbarungen nach § 125 des Neunten Buches Sozialgesetzbuch oder nach § 76 des Zwölften Buches Sozialgesetzbuch auszugestalten. [2]Wenn Anordnungen eine Erhöhung der Vergütung nach § 125 des Neunten Buches Sozialgesetzbuch oder nach § 76 des Zwölften Buches Sozialgesetzbuch zur Folge haben können, ist über die Anordnung Einvernehmen mit dem Träger der Eingliederungshilfe oder mit dem Träger der Sozialhilfe, mit dem Vereinbarungen nach diesen Vorschriften bestehen, herzustellen. [3]Satz 2 gilt nicht, wenn die Anordnungen zur Abwehr einer Gefahr für Leben, Gesundheit oder Freiheit der Bewohnerinnen und Bewohner erforderlich sind. [4]Der Träger der Eingliederungshilfe oder der Träger der Sozialhilfe ist in diesem Fall von der Anordnung schriftlich in Kenntnis zu setzen.

(3) [1]Wenn Anordnungen gegenüber zugelassenen stationären Pflegeeinrichtungen eine Erhöhung der nach dem Elften Buch Sozialgesetzbuch vereinbarten oder festgesetzten Entgelte zur Folge haben können, ist Einvernehmen mit der betroffenen Pflegekasse und sonstigen Sozialleistungsträgern herzustellen. [2]Für Anordnungen nach Satz 1 gilt für die Pflegesatzparteien Absatz 2 Satz 3 und 4 entsprechend. [3]Satz 1 gilt nicht, wenn die Anordnungen zur Abwehr einer Gefahr für Leben, Gesundheit oder Freiheit der Bewohnerinnen und Bewohner erforderlich sind.

(4) Widerspruch und Anfechtungsklage gegen Anordnungen nach den Absätzen 1 bis 3 haben keine aufschiebende Wirkung.

§ 27
Beschäftigungsverbot, kommissarische Leitung

(1) Die zuständige Behörde kann dem Träger oder Leistungsanbieter einer anbieterverantworteten ambulant betreuten Wohngemeinschaft die weitere Beschäftigung der Leiterin, des Leiters, einer oder eines Beschäftigten, einer sonstigen Mitarbeiterin oder eines sonstigen Mitarbeiters ganz oder für bestimmte Funktionen oder Tätigkeiten untersagen, wenn Tatsachen die Annahme rechtfertigen, dass diese Personen die für ihre Tätigkeit erforderliche Eignung nicht besitzen.

(2) [1]Hat die zuständige Behörde ein Beschäftigungsverbot nach Absatz 1 für die Leiterin oder den Leiter der Einrichtung ausgesprochen und der Träger eine neue geeignete Leiterin oder einen neuen geeigneten Leiter nicht ohne schuldhaftes Zögern eingesetzt, kann die zuständige Behörde, um den Betrieb der Einrichtung aufrechtzuerhalten, auf Kosten des Trägers eine kommissarische Leiterin oder einen kommissarischen Leiter für eine begrenzte Zeit einsetzen, wenn die Maßnahmen nach den §§ 17, 25 und 26 nicht ausreichen und die Voraussetzungen für

die Untersagung des Betriebs der Einrichtung vorliegen. [2]Die kommissarische Leiterin oder der kommissarische Leiter übernimmt die Rechte und Pflichten der bisherigen Leiterin oder des bisherigen Leiters. [3]Ihre oder seine Tätigkeit endet, wenn der Träger mit Zustimmung der zuständigen Behörde eine geeignete Leiterin oder einen geeigneten Leiter der Einrichtung bestimmt.

(3) Widerspruch und Anfechtungsklage gegen Maßnahmen nach den Absätzen 1 und 2 Satz 1 haben keine aufschiebende Wirkung.

§ 28
Aufnahmestopp

(1) [1]Kann wegen erheblicher Mängel in einer Einrichtung oder einer anbieterverantworteten ambulant betreuten Wohngemeinschaft eine den Anforderungen dieses Gesetzes entsprechende Pflege und Betreuung oder Assistenz der Bewohnerinnen und Bewohner nicht sichergestellt werden, so kann die zuständige Behörde bis zur Mängelbeseitigung die Aufnahme weiterer Bewohnerinnen und Bewohner ganz oder teilweise untersagen. [2]Die Untersagung ist aufzuheben, wenn die entscheidungserheblichen Mängel nachweislich abgestellt wurden.

(2) Widerspruch und Anfechtungsklage gegen Maßnahmen nach Absatz 1 haben keine aufschiebende Wirkung.

§ 29
Untersagung

(1) Die zuständige Behörde hat den Betrieb einer Einrichtung zu untersagen, wenn die Anforderungen nach den §§ 13 bis 15 nicht erfüllt sind und Anordnungen nicht ausreichen.

(2) Die zuständige Behörde kann den Betrieb einer Einrichtung untersagen, wenn der Träger der Einrichtung

1. die Anzeige nach § 7 Absatz 1 unterlassen oder unvollständige Angaben gemacht hat,
2. Anordnungen nach § 26 Absatz 1 nicht innerhalb der gesetzten Frist befolgt oder
3. Personen entgegen einem nach § 27 Absatz 1 ergangenen Verbot beschäftigt.

(3) [1]Die Aufnahme des Betriebs einer Einrichtung kann vorläufig untersagt werden, wenn der Untersagungsgrund nach Absatz 1 oder 2 beseitigt werden kann. [2]Die vorläufige Untersagung wird mit der schriftlichen Erklärung der zuständigen Behörde unwirksam, dass die Voraussetzungen für die Untersagung entfallen sind.

(4) [1]Ambulanten Betreuungs- oder Pflegediensten, die in einer ambulant betreuten Wohngemeinschaft tätig sind, kann diese Tätigkeit untersagt werden, wenn die von ihnen erbrachten Leistungen den Qualitätsanforderungen der §§ 19 bis 21 nicht genügen und Anordnungen nicht ausreichen. [2]Dem Leistungsanbieter einer ambulant betreuten Wohngemeinschaft kann der Betrieb dieser Wohnform untersagt werden, wenn die Anforderungen nach Absatz 2 oder die Qualitätsanforderungen der §§ 19 bis 21 nicht erfüllt sind und Anordnungen nicht ausreichen. [3]Die Bewohnerinnen und Bewohner sind vor der Untersagung zu hören.

(5) Widerspruch und Anfechtungsklage gegen eine Untersagung nach Absatz 1 bis 4 haben keine aufschiebende Wirkung.

§ 30
Erprobungs- und Befreiungsregelungen

(1) [1]Die zuständige Behörde kann eine Einrichtung auf schriftlichen oder elektronischen Antrag des Trägers von den Vorgaben des § 16 befreien, wenn die Mitwirkung in anderer Weise gesichert ist oder die Konzeption sie nicht erforderlich macht. [2]Sie kann von den Anforderungen der Rechtsverordnungen nach § 34 befreien, wenn dies im Sinne der Erprobung neuer Betreuungs- oder Wohnformen geboten erscheint und hierdurch der Zweck dieses Gesetzes nach § 1 nicht gefährdet wird.

(2) Zur Entwicklung und Erprobung neuer Wohnformen kann die zuständige Behörde auf schriftlichen oder elektronischen Antrag den Leistungsanbieter im Einzelfall von einzelnen

Anforderungen dieses Gesetzes und der nach § 34 erlassenen Rechtsverordnungen ganz oder teilweise befreien, wenn dies im Interesse der Erprobung neuer Wohnformen geboten erscheint und eine bedarfsgerechte Pflege und Betreuung der Bewohnerinnen und Bewohner unter Beachtung des § 1 gewährleistet ist.

(3) [1]Die Entscheidung der zuständigen Behörde über die Zulassung einer Erprobung ergeht durch Bescheid und soll zunächst auf fünf Jahre befristet werden. [2]Die Frist kann um weitere fünf Jahre verlängert werden. [3]Sofern der Zweck des § 1 nicht gefährdet ist, kann die zuständige Behörde die Einrichtung oder ambulant betreute Wohngemeinschaft dauerhaft von den in Absatz 1 genannten Vorgaben befreien. [4]Die Befreiung kann ganz oder teilweise widerrufen werden, wenn eine bedarfsgerechte Pflege, Betreuung oder Assistenz unter Beachtung des § 1 nicht oder nicht mehr gewährleistet ist. [5]Die Rechte der zuständigen Behörde nach den §§ 17 und 23 bis 32 werden durch die Befreiung nicht berührt.

(4) [1]Der Träger und der Leistungsanbieter sind verpflichtet, die Ergebnisse der Erprobungen zu evaluieren. [2]Hierzu ist ein Abschlussbericht anzufertigen und schriftlich zu veröffentlichen.

TEIL 4
Zuständigkeiten, Zusammenarbeit

§ 31
Zuständigkeiten

(1) Zuständige Behörde für die Durchführung dieses Gesetzes und der nach § 34 erlassenen Rechtsverordnungen ist der Kommunale Sozialverband Sachsen gemäß § 3 Absatz 1 Satz 2 Nummer 12 des Gesetzes über den Kommunalen Sozialverband Sachsen in der Fassung der Bekanntmachung vom 13. Februar 2024 (SächsGVBl. S. 160), das durch Artikel 2 des Gesetzes vom 20. März 2024 (SächsGVBl. S. 325) geändert worden ist, in der jeweils geltenden Fassung.

(2) Aufsichtsbehörde ist das Staatsministerium für Soziales und Gesellschaftlichen Zusammenhalt.

(3) [1]Die zuständige Behörde ist verpflichtet, der Aufsichtsbehörde alle zwei Jahre über ihre Tätigkeit zu berichten. [2]Diese erstellt insbesondere unter Berücksichtigung der diversitäts- und geschlechtsspezifischen Belange einen zusammenfassenden Tätigkeitsbericht und veröffentlicht ihn.

§ 32
Zusammenarbeit, Arbeitsgemeinschaften

(1) [1]Bei der Wahrnehmung ihrer Aufgaben zum Schutz der Interessen und Bedürfnisse der Bewohnerinnen und Bewohner und zur Sicherung einer angemessenen Qualität des Wohnens, der Pflege und Betreuung oder Assistenz in Einrichtungen und ambulant betreuten Wohngemeinschaften im Sinne dieses Gesetzes sowie zur Sicherung einer angemessenen Qualität der Überwachung sind die für die Ausführung nach diesem Gesetz zuständigen Behörden, die Pflegekassen, deren Landesverbände, der Medizinische Dienst Sachsen sowie der Prüfdienst des Verbandes der Privaten Krankenversicherung e. V., die zuständigen Träger der Sozialhilfe und die Träger der Eingliederungshilfe verpflichtet, zusammenzuarbeiten. [2]Im Rahmen der Zusammenarbeit informieren sich die in Satz 1 genannten Beteiligten gegenseitig und vereinbaren Verfahren zur inhaltlichen und zeitlichen Koordination der Prüftätigkeiten, zur Anerkennung der Prüfergebnisse sowie zur Abstimmung von Prüfinhalten.

(2) [1]Die in Absatz 1 Satz 1 genannten Beteiligten sind berechtigt und verpflichtet, die für ihre Zusammenarbeit erforderlichen Angaben einschließlich der bei der Überwachung gewonnenen Erkenntnisse untereinander auszutauschen. [2]Im Übrigen gelten die Regelungen des Sozialdatenschutzes.

(3) [1]Daten nach § 67 Absatz 2 des Zehnten Buches Sozialgesetzbuch dürfen in nicht anonymisierter Form an die zuständige Behörde, die Pflegekassen, den Medizinischen Dienst Sachsen und den Prüfdienst des Verbandes der Privaten Krankenversicherung e. V. übermittelt werden, soweit dies für Zwecke nach diesem Gesetz, dem Elften Buch Sozialgesetzbuch oder nach § 275b des

Fünften Buches Sozialgesetzbuch erforderlich ist. [2]Auf Absatz 2 Satz 2 wird verwiesen.

(4) [1]Zur Durchführung der Aufgaben nach Absatz 1 wird eine Arbeitsgemeinschaft gebildet. [2]Den Vorsitz und die Geschäfte der Arbeitsgemeinschaft führt die Aufsichtsbehörde. [3]Die Beteiligten tragen die ihnen durch die Zusammenarbeit entstehenden Kosten selbst.

(5) Die Arbeitsgemeinschaft nach Absatz 4 arbeitet neben den in Absatz 1 genannten Behörden und Institutionen mit den Trägern der Einrichtungen sowie deren Vereinigungen, mit den Leistungsanbietern der ambulant betreuten Wohngemeinschaften, mit den Bewohner- und Wohngemeinschaftsvertretungen oder den Gremien, die nach § 16 Absatz 3 an deren Stelle treten, und den Verbänden der Pflegeberufe sowie den Betreuungsbehörden und den Besuchskommissionen nach § 14 des Sächsischen Inklusionsgesetzes vom 2. Juli 2019 (SächsGVBl. S. 542), in der jeweils geltenden Fassung, sowie nach § 4 des Sächsischen Psychisch-Kranken-Hilfe-Gesetzes vom 22. Juli 2024 (SächsGVBl. S. 673), in der jeweils geltenden Fassung, zusammen.[1]

TEIL 5
Ordnungswidrigkeiten, Verordnungsermächtigung

§ 33
Ordnungswidrigkeiten

(1) Mit einer Geldbuße bis zu fünfundzwanzigtausend Euro kann belegt werden, wer vorsätzlich oder fahrlässig
1. entgegen § 7 Absatz 1 den Betrieb einer Einrichtung oder entgegen § 7 Absatz 5 die Betriebseinstellung einer Einrichtung oder anbieterverantworteten ambulant betreuten Wohngemeinschaft nicht, nicht vollständig, nicht richtig oder nicht rechtzeitig anzeigt,
2. entgegen § 10 Absatz 1 sich Geld oder geldwerte Leistungen versprechen oder gewähren lässt,
3. entgegen § 17 Absatz 6, § 23 Absatz 4 und 5 oder § 24 Absatz 4 eine Maßnahme zur behördlichen Qualitätssicherung oder Zuordnungsprüfung nicht duldet,
4. sich entgegen § 23 Absatz 2 nicht vor der Inbetriebnahme beraten lässt,
5. eine Einrichtung oder eine ambulant betreute Wohngemeinschaft betreibt, obwohl ihm dies nach § 29 Absatz 1 bis 3 oder Absatz 4 Satz 2 untersagt worden ist,
6. einer vollziehbaren Anordnung nach § 26 Absatz 1, § 27 Absatz 1, § 28 Absatz 1 oder § 29 Absatz 4 Satz 1 zuwiderhandelt.

(2) Mit einer Geldbuße bis zu zehntausend Euro kann belegt werden, wer vorsätzlich oder fahrlässig
1. entgegen § 7 Absatz 2 bis 4 die Anzeige einer anbieterverantworteten Wohngemeinschaft nicht, nicht richtig oder nicht rechtzeitig erstattet,
2. entgegen § 7 Absatz 5 die Betriebseinstellung einer selbstverantworteten ambulant betreuten Wohngemeinschaft nicht, nicht vollständig, nicht richtig oder nicht rechtzeitig anzeigt,
3. entgegen § 8 Absatz 1 Nummer 3 den Prüfbericht nicht vorhält oder vorlegt,
4. entgegen § 10 Absatz 4 sich Geld oder geldwerte Leistungen versprechen oder gewähren lässt,
5. entgegen § 17 Absatz 9 Satz 2 oder § 23 Absatz 4 Satz 4 und 5 eine Auskunft nicht, nicht richtig, nicht vollständig oder nicht rechtzeitig erteilt oder Aufzeichnungen nach § 9 nicht oder nicht rechtzeitig zur Verfügung stellt,
6. einer Rechtsverordnung nach § 34 zuwiderhandelt, soweit sie für einen bestimmten Tatbestand auf diese Bußgeldvorschrift verweist.

§ 34
Rechtsverordnung

Das Staatsministerium für Soziales und Gesellschaftlichen Zusammenhalt wird ermächtigt,

1 § 32 geändert durch Artikel 2 Absatz 2 des Gesetzes vom 22. Juli 2024 (SächsGVBl. S. 673)

durch Rechtsverordnung Regelungen zur Durchführung dieses Gesetzes zu erlassen

1. für die Wohnqualität, insbesondere die Anforderungen an Wohn-, Aufenthalts-, Therapie- und Wirtschaftsräume, für die Verkehrsflächen sowie die sanitären und technischen Anlagen in Einrichtungen und anbieterverantworteten ambulant betreuten Wohngemeinschaften,
2. für die Eignung der Leiterin oder des Leiters der Einrichtung, der Pflegedienstleitung und der Fachkräfte, die weiteren personellen Voraussetzungen nach § 15 und die Befreiung von den Anforderungen nach § 15 Absatz 9 sowie für die personellen Voraussetzungen an anbieterverantwortete ambulant betreute Wohngemeinschaften nach § 21,
3. über die Wahl der Bewohnervertretung in Einrichtungen sowie über die Wahl der Wohngemeinschaftsvertretung in ambulant betreuten Wohngemeinschaften sowie über Art, Umfang und Form ihrer Mitwirkung, wobei sicherzustellen ist, dass auch Angehörige, Betreuerinnen und Betreuer und sonstige Vertrauenspersonen der Bewohnerinnen und Bewohner, von den Behörden vorgeschlagene Personen sowie Mitglieder der örtlichen Seniorenvertretungen und Mitglieder von örtlichen Behindertenorganisationen in angemessenem Umfang in die Bewohnervertretung sowie die Wohngemeinschaftsvertretung gewählt werden können,
4. über die Bestellung der Bewohnersprecherinnen und Bewohnersprecher sowie über Art, Umfang und Form ihrer Mitwirkung,
5. zur näheren Bestimmung des Begriffs der oder des unabhängigen Sachverständigen im Sinne des § 17 Absatz 3 Satz 5.

TEIL 6
Schlussvorschriften

§ 35
Übergangsregelungen

(1) Einrichtungen, die zum Zeitpunkt des Inkrafttretens dieses Gesetzes einen gültigen Bestandsschutz haben, genießen diesen im Hinblick auf die Anforderungen an die Wohnqualität nach § 14 weiterhin für längstens 25 Jahre.

(2) [1]Die Aufgabe einer Nutzung, ein wesentlicher Umbau oder ein Ersatzbau führen zum Verlust des Bestandsschutzes im Sinne des Absatzes 1. [2]Bei Umbau- oder Ersatzbaumaßnahmen, die zur Erfüllung der Anforderungen nach § 14 vorgenommen werden, müssen die umgebauten Zimmer den Anforderungen dieses Gesetzes entsprechen. [3]Der Wechsel des Trägers sowie zuwendungsrechtliche Bestimmungen bleiben hiervon unberührt.

(3) Ambulant betreute Wohngemeinschaften, die mit Inkrafttreten dieses Gesetzes nach § 3 Absatz 3 Satz 3 Einrichtungen geworden sind, weil in ihnen mehr als zwölf Bewohnerinnen und Bewohner wohnen oder der Leistungsanbieter in unmittelbarer räumlicher Nähe Wohnraum für mehr als 24 Bewohnerinnen und Bewohner in ambulant betreuten Wohngemeinschaften bereitstellt, gelten bis zum 5. Juli 2029 als anbieterverantwortete ambulant betreute Wohngemeinschaften im Sinne des § 3 Absatz 3 Satz 1, wenn nicht weitere Kriterien des Anwendungsbereiches nach § 2 Absatz 1 erfüllt sind.

(4) Ambulant betreute Wohngemeinschaften nach § 2 Absatz 2 des Sächsischen Betreuungs- und Wohnqualitätsgesetzes vom 12. Juli 2012 (SächsGVBl. S. 397), das zuletzt durch das Gesetz vom 6. Juni 2019 (SächsGVBl. S. 466) geändert worden ist, die bis zum Zeitpunkt des Inkrafttretens dieses Gesetzes nach § 20 Satz 1 Sächsischen Betreuungs- und Wohnqualitätsgesetzes ein Gremium eingerichtet und durch einen Träger gegründet oder begleitet im Sinne des § 19 Absatz 5 Satz 1 Sächsischen Betreuungs- und Wohnqualitätsgesetzes waren, gelten als anbieterverantwortete ambulant betreute Wohngemeinschaften nach § 3 Absatz 3 Satz 1, sofern nicht innerhalb eines Zeitraumes von sechs Monaten nach Inkrafttreten dieses Gesetzes eine Anzeige als selbstverantwortete ambulant betreute Wohngemeinschaft nach § 3 Absatz 2 erfolgt.

(5) Für bestehende ambulant betreute Wohngemeinschaften für Volljährige mit Behinderungen, die mit Inkrafttreten dieses Gesetzes als

Einrichtungen im Sinne des § 2 Absatz 1 zählen, weil in der ambulant betreuten Wohngemeinschaft mehr als zwölf Bewohnerinnen und Bewohner mit Behinderung leben, gelten bis zum 5. Juli 2029 die Regelungen für ambulant betreute Wohngemeinschaften.

§ 36
Bestandsregelungen für personelle Anforderungen

(1) Beschäftigte, die keine Fachkräfte sind, aber nach dem Heimgesetz in der Fassung der Bekanntmachung vom 5. November 2001 (BGBl. I S. 2970), das zuletzt durch Artikel 3 Satz 2 des Gesetzes vom 29. Juli 2009 (BGBl. I S. 2319) geändert worden ist, der Heimpersonalverordnung vom 19. Juli 1993 (BGBl. I S. 1205), die zuletzt durch Artikel 1 der Verordnung vom 22. Juni 1998 (BGBl. I S. 1506) geändert worden ist, dem Sächsischen Betreuungs- und Wohnqualitätsgesetzes sowie der Verordnung des Sächsischen Staatsministeriums für Soziales und Verbraucherschutz zur Durchführung des Sächsischen Betreuungs- und Wohnqualitätsgesetzes vom 5. September 2014 (SächsGVBl. S. 504), die zuletzt durch Artikel 2 der Verordnung vom 2. November 2020 (SächsGVBl. S. 627) geändert worden ist, als Fachkräfte bei der Ermittlung der Fachkraftquote berücksichtigt worden sind, werden auch weiterhin berücksichtigt, soweit und solange ihre Tätigkeit nicht Anlass zur Beanstandung in Form von entsprechenden ordnungsbehördlichen Anordnungen gibt.

(2) Von der zuständigen Behörde erteilte Befreiungen nach § 3 Absatz 3 Nummer 2 vierter Teilsatz des Sächsischen Betreuungs- und Wohnqualitätsgesetzes haben weiterhin Bestand.

Sächsische Wohnteilhabeverordnung (SächsWTVO)

vom 18. Dezember 2024 (SächsGVBl. 2025 S. 6)

– Fassung ab 11. Januar 2025 –

Auf Grund des § 34 des Sächsischen Wohnteilhabegesetzes vom 20. März 2024 (SächsGVBl. S. 325) verordnet das Staatsministerium für Soziales und Gesellschaftlichen Zusammenhalt:

Inhaltsübersicht

**Unterabschnitt 3
Anforderungen an Einrichtungen für Menschen mit psychischen Erkrankungen oder mit Behinderungen**

**Abschnitt 3
Besondere Anforderungen an anbieterverantwortete ambulant betreute und Intensivpflege-Wohngemeinschaften**

**Teil 4
Mitwirkung der Bewohnerinnen und Bewohner**

**Abschnitt 1
Allgemeines**

**Abschnitt 2
Bewohnervertretung**

**Abschnitt 3
Bewohnersprecherin, Bewohnersprecher**

**Abschnitt 4
Wohngemeinschaftsvertretung**

**Teil 5
Befreiungen**

**Teil 6
Sonstige Bestimmungen**

**Teil 7
Ordnungswidrigkeiten, Ersetzung von Bundesrecht, Inkrafttreten, Außerkrafttreten**

TEIL 1
Allgemeine Bestimmungen

§ 1
Anwendungsbereich

Diese Verordnung gilt für

1. Einrichtungen im Sinne des § 2 Absatz 1 Satz 1 bis 4 des Sächsischen Wohnteilhabegesetzes,
2. anbieterverantwortete ambulant betreute und Intensivpflege-Wohngemeinschaften im Sinne der § 3 Absatz 3 Satz 1 und § 4 Absatz 1 des Sächsischen Wohnteilhabegesetzes.

§ 2
Zuständigkeit

Zuständige Behörde im Sinne dieser Verordnung ist der Kommunale Sozialverband Sachsen.

Teil 2
Bauliche Anforderungen

ABSCHNITT 1
Allgemeine Anforderungen

§ 3
Allgemeine Grundsätze

[1]Die bauliche und räumliche Gestaltung sowie Ausstattung der Gebäude und Räume hat der fachlichen Konzeption Rechnung zu tragen sowie die pflegerischen, behinderungs- und altersbedingten Bedürfnisse der Bewohnerinnen und Bewohner zu berücksichtigen, insbesondere im Hinblick auf Wohnlichkeit, Raumangebot, Sicherheit, Barrierefreiheit, Möglichkeit der Orientierung, Selbständigkeit und Privatsphäre. [2]Bei dem notwendigen Raumangebot nach Satz 1 sind auch die nach der fachlichen Konzeption erforderlichen Therapieräume einzuplanen. [3]Die Räume und Verkehrsflächen sollen so beschaffen sein, dass sich die Bewohnerinnen und Bewohner darin ohne fremde Hilfe sicher bewegen und möglichst selbständig am Gemeinschaftsleben teilnehmen können.

§ 4
Technische Anlagen und Raumklima

(1) [1]In allen Räumen und Verkehrsflächen, die von Bewohnerinnen und Bewohnern genutzt werden, ist eine dem allgemeinen Standard entsprechende Be- und Entlüftung sowie ein angemessenes Raumklima jederzeit zu gewährleisten. [2]Die Raumtemperatur in den Wohn- und Sanitärräumen der Bewohnerinnen und Bewohner muss jeweils reguliert werden können. [3]Es sind bauliche, technische und organisatorische Maßnahmen zu entwickeln, um einen wirksamen Hitzeschutz zu gewährleisten.

(2) [1]In allen Räumen und Verkehrsflächen ist eine den Bedürfnissen der Bewohnerinnen und Bewohner angemessene Beleuchtung zu gewährleisten. [2]Anzustreben sind Tageslicht und eine helle gleichmäßige Beleuchtung. [3]Bei Dunkelheit muss in Fluren und Treppenräumen eine Nachtbeleuchtung in Betrieb sein. [4]In Wohnräumen müssen die Bewohnerinnen und Bewohner die Beleuchtung selbst regulieren und auch von ihrem Bett aus bedienen können. [5]Räume und Bedienelemente sollen kontrastreich gestaltet werden.

(3) [1]Im Wohnraum und im Gemeinschaftsbereich muss für die Bewohnerinnen und Bewohner die Nutzung von Rundfunk, Fernsehen und Internet sichergestellt sein. [2]Zusätzlich ist im Wohnraum auf Wunsch für jede Bewohnerin und jeden Bewohner ein Telefonanschluss zu ermöglichen.

(4) [1]In Gebäuden, in denen bei regelmäßiger Benutzung von den Bewohnerinnen und Bewohnern ein oder mehrere Stockwerke zu überwinden sind oder in denen Bewohnerinnen und Bewohner, welche in ihrer Mobilität eingeschränkt sind, in nicht stufenlos zugänglichen Stockwerken wohnen, muss mindestens ein Aufzug vorhanden sein. [2]In anbieterverantworteten ambulant betreuten Wohngemeinschaften kann davon abgewichen werden, wenn in anderer Form eine barrierearme Vertikalverbindung vorgehalten wird. [3]Aufzüge für Personen müssen in Art, Größe und Ausstattung den Bedürfnissen der Bewohnerinnen und Bewohner entsprechen sowie bei Einrichtungen für pflegebedürftige Menschen und bei anbieterverantworteten

Intensivpflege-Wohngemeinschaften auch einen liegenden Transport von Bewohnerinnen und Bewohnern ermöglichen.

(5) Der Träger oder Leistungsanbieter hat für die Aufrechterhaltung der lebensnotwendigen Versorgung von Bewohnerinnen und Bewohnern mit intensivpflegerischem Bedarf eine Notstromversorgung von bis zu 24 Stunden zu gewährleisten.

§ 5
Wohnräume

(1) [1]Der Wohnraum dient dem Wohnen der Bewohnerinnen und Bewohner sowie ihrer Betreuung und Versorgung. [2]Bei der Gestaltung der Wohnräume soll den Wünschen und Bedürfnissen der Bewohnerinnen und Bewohner soweit wie möglich entsprochen werden. [3]Dies gilt auch für die Verwendung eigener Möbel und sonstiger persönlicher Ausstattungsgegenstände einschließlich Hilfsmittel.

(2) [1]Der Wohnraum für eine Person muss mindestens eine Wohnfläche von 14 Quadratmetern und der Wohnraum für zwei Personen mindestens eine Wohnfläche von 22 Quadratmetern umfassen. [2]Ein zugehöriger Sanitärraum oder Vorraum zählt nicht zur Wohnfläche. [3]Wohnräume für mehr als zwei Bewohnerinnen oder Bewohner und Wohnräume in Durchgangszimmern sind unzulässig. [4]Die Türen zu den Wohnräumen müssen abschließbar und im Notfall von außen zugänglich sein.

(3) [1]Für die Berechnung der Wohnfläche gelten die Vorschriften der Wohnflächenverordnung vom 25. November 2003 (BGBl. I S. 2346), soweit diese Verordnung nichts anderes bestimmt. [2]Wintergärten und ähnliche nach allen Seiten geschlossene Räume sowie Balkone, Loggien, Dachgärten und Terrassen werden nicht angerechnet.

§ 6
Gemeinschaftsbereiche

(1) [1]Es muss ein Gemeinschaftsraum zur Begegnung der Bewohnerinnen und Bewohner mit ihren Besucherinnen und Besuchern vorhanden sein. [2]Gemeinschaftsräume dienen unter anderem dem gemeinschaftlichen Wohnen, der Tagesgestaltung und der Einnahme von Speisen. [3]Die Nutzfläche des Gemeinschaftsraumes pro Wohnbereich muss mindestens 2 Quadratmeter je Bewohnerin oder Bewohner, mindestens jedoch insgesamt 20 Quadratmeter betragen. [4]Der Gemeinschaftsraum muss so angelegt sein, dass grundsätzlich alle Bewohnerinnen und Bewohner des Wohnbereiches, auch wenn sie in ihrer Mobilität eingeschränkt oder auf Hilfsmittel angewiesen sind, an Zusammenkünften und Veranstaltungen teilnehmen können. [5]Gemeinschaftsräume müssen sich in räumlicher Nähe zu den Wohnräumen befinden. [6]Bei mehreren Gebäuden muss jedes Gebäude mindestens über einen Gemeinschaftsraum verfügen.

(2) [1]Den Bewohnerinnen und Bewohnern ist die eigenständige Nutzung einer Küche zu ermöglichen. [2]Diese kann Teil eines Gemeinschaftsraumes sein.

(3) [1]Sofern sie nach Größe und Ausstattung dafür geeignet sind, können Speiseräume, in Ausnahmefällen auch andere Räume und Flure, insbesondere Wohnflure, bei der Berechnung der Fläche nach Absatz 1 angerechnet werden. [2]Treppen, sonstige Verkehrsflächen, Loggien und Balkone sind nicht anrechenbar.

ABSCHNITT 2
Besondere Anforderungen an Einrichtungen

§ 7
Barrierefreiheit

[1]In Einrichtungen müssen Wohn-, Aufenthalts-, Therapie- und Wirtschaftsräume, Verkehrsflächen sowie die sanitären und technischen Anlagen, die von Bewohnerinnen und Bewohnern genutzt werden, im Sinne von § 3 des Sächsischen Inklusionsgesetzes barrierefrei sein. [2]Die Wohnräume der Bewohnerinnen und Bewohner sowie die zugehörigen Sanitärräume müssen den Planungsempfehlungen der DIN 18040-2, Barrierefreies Bauen – Planungsgrundlagen – Teil 2: Wohnungen, Ausgabe September 2011, die bei der Beuth-Verlag GmbH, Berlin, zu beziehen und bei

der Deutschen Nationalbibliothek archivmäßig gesichert niedergelegt ist, zu Anforderungen an barrierefrei und uneingeschränkt mit dem Rollstuhl nutzbaren Wohnungen entsprechen, sofern die Konzeption der Einrichtung und die Bewohnerstruktur im Einzelfall keinen Verzicht auf diese Anforderung rechtfertigen. [3]Die Anforderungen an die Barrierefreiheit gelten nicht für Räume, die ausschließlich für das Personal zugänglich sind.

§ 8
Funktions- und Arbeitsräume, Abstellflächen

(1) [1]In Einrichtungen muss für die pflegerische Versorgung mindestens ein Funktions- und Arbeitsraum vorhanden sein. [2]Funktions- und Arbeitsräume müssen bedarfsgerecht ausgestattet und in ausreichender Anzahl und Größe vorhanden sein.

(2) In Einrichtungen, in denen Wohnraum für zwei Personen vorgehalten wird, muss mindestens ein Reservezimmer für bereits in der Einrichtung wohnende Bewohnerinnen und Bewohner zur vorübergehenden Nutzung vorhanden sein.

(3) In Einrichtungen müssen ausreichend und gut zugängliche Abstellflächen für Mobilitätshilfen der Bewohnerinnen und Bewohner sowie entsprechende Ladevorrichtungen vorhanden sein.

§ 9
Sanitäre Anlagen und Sanitärobjekte

(1) Zu den sanitären Anlagen gehören

1. Sanitärräume für Bewohnerinnen und Bewohner sowie
2. Pflegebäder.

(2) [1]In Einrichtungen muss für jeden Wohnraum ein Sanitärraum zur Verfügung stehen, in dem eine Nutzung für höchstens zwei Bewohnerinnen oder Bewohner vorgesehen ist. [2]Jeder Wohnraum muss einen direkten Zugang oder einen Zugang über einen Vorraum zu einem Sanitärraum haben. [3]Der Sanitärraum muss mindestens mit einer Dusche, einer Toilette und einem Waschtisch ausgestattet sein. [4]Türen von Sanitärräumen müssen abschließbar und im Notfall von außen zugänglich sein. [5]Sie dürfen nicht nach innen schlagen. [6]Alle Sanitärobjekte müssen über Haltegriffe verfügen. [7]Bei Toiletten sind diese beidseitig anzubringen. [8]Bei Badewannen- und Duscharmaturen ist ein Verbrühschutz erforderlich.

(3) [1]In Einrichtungen muss für jeweils bis zu 40 Bewohnerinnen und Bewohner mindestens ein Pflegebad zur Verfügung stehen. [2]Satz 1 gilt in Einrichtungen für Menschen mit Behinderungen, sofern die Konzeption der Einrichtung im Einzelfall eine pflegerische Versorgung im Pflegebad nicht ausschließt. [3]Das Pflegebad muss mindestens mit einer Toilette sowie einer dreiseitig freistehenden und mit einem Personenlifter nutzbaren Pflegebadewanne ausgestattet sein.

(4) [1]In Einrichtungen für pflegebedürftige Menschen muss in jedem Stockwerk mit Wohnräumen mindestens ein Fäkalienspülraum vorhanden sein. [2]In Einrichtungen für Menschen mit Behinderungen müssen Fäkalienspülräume in ausreichender Zahl vorhanden sein, wenn die Konzeption der Einrichtung eine pflegerische Versorgung nicht ausschließt oder der pflegerische Bedarf der Bewohnerinnen und Bewohner es erfordert.

§ 10
Rufanlage

[1]Wohn-, Sanitär-, Gemeinschafts- und Therapieräume, die von Bewohnerinnen und Bewohnern genutzt werden, müssen jeweils mit einer Rufanlage ausgestattet sein. [2]In Wohnräumen für pflegebedürftige Bewohnerinnen und Bewohner muss die Rufanlage von jedem Bett aus bedient werden können.

§ 11
Besondere Anforderungen an Hospize

(1) [1]Abweichend von § 5 Absatz 2 Satz 1 sind ausschließlich Einzelzimmer vorzuhalten. [2]Die Wohnfläche muss mindestens 16 Quadratmeter betragen.

(2) [1]Die Wohnräume müssen so gestaltet sein, dass die Übernachtung von Zugehörigen auf Wunsch der Bewohnerin oder des Bewohners möglich ist. [2]Es ist ein Gästezimmer vorzuhalten.

ABSCHNITT 3
Besondere Vorschriften für anbieterverantwortete ambulant betreute und Intensivpflege-Wohngemeinschaften

§ 12
Wohnräume

[1]In anbieterverantworteten ambulant betreuten Wohngemeinschaften sind grundsätzlich Einzelzimmer vorzusehen. [2]Werden auf Wunsch von Bewohnerinnen und Bewohnern zwei Zimmer zu einer Nutzungseinheit zusammengelegt oder ein Zimmer als Doppelzimmer genutzt, muss die Wohnfläche mindestens 22 Quadratmeter betragen.

§ 13
Sanitäre Anlagen und Sanitärobjekte

(1) [1]In anbieterverantworteten ambulant betreuten Wohngemeinschaften muss für jeweils vier Bewohnerinnen und Bewohner mindestens eine Dusche, eine Toilette und ein Waschtisch vorhanden sein. [2]Es muss mindestens ein Sanitärraum barrierefrei nutzbar und mit einer Badewanne oder einer Dusche, einer Toilette und einem Waschtisch ausgestattet sein.

(2) § 9 Absatz 2 Satz 4 bis 8 gilt entsprechend.

§ 14
Rufanlage

[1]§ 10 gilt entsprechend. [2]Es ist keine Rufanlage erforderlich, sofern die Konzeption und die Bewohnerstruktur dies nicht erfordern.

§ 15
Besondere Anforderungen an anbieterverantwortete Intensivpflege-Wohngemeinschaften

(1) § 9 Absatz 2 Satz 4 bis 8 sowie die §§ 12 und 14 gelten entsprechend.

(2) [1]In anbieterverantworteten ambulant betreuten Intensivpflege-Wohngemeinschaften muss für jeweils bis zu sechs Bewohnerinnen und Bewohner mindestens ein barrierefrei nutzbarer Sanitärraum mit einer Dusche, einer Toilette und einem Waschtisch zur Verfügung stehen. [2]Ein Sanitärraum muss mit dem Rollstuhl nutzbar sein. [3]Bei von mehreren Bewohnerinnen und Bewohnern genutzten Sanitärräumen ist eine Fäkalienspüle vorzusehen. [4]Für Gäste und Personal ist ein separater Sanitärbereich mit Toilette und Händewaschplatz vorzuhalten.

TEIL 3
Personelle Anforderungen

ABSCHNITT 1
Allgemeine Anforderungen

§ 16
Fachkräfte

(1) Der Träger oder Leistungsanbieter darf als Fachkräfte nur Personen beschäftigen, die einen Fachkraftstatus nach § 20 oder § 25 besitzen.

(2) [1]Für Tätigkeiten, deren Ausübung eine besondere pflegerische Fachkunde erfordert, dürfen nur Personen eingesetzt werden, welche Fachkräfte gemäß § 20 Absatz 1 Nummer 1 bis 4 sind. [2]Solche Tätigkeiten sind insbesondere

1. die Beratung der Bewohnerinnen und Bewohner, ihrer Vertretung und Angehöriger über fachlich begründete Maßnahmen zur Sicherung der gesundheitlichen und psychosozialen Versorgung sowie die Mitwirkung bei Entscheidungen über deren Anwendung,
2. die Kommunikation mit den Ärztinnen und Ärzten im Hinblick auf die Steuerung des Pflegeprozesses,

3. die Einarbeitung, Anleitung und Überwachung der pflegerischen Tätigkeiten von Beschäftigten, die nicht Pflegefachkräfte sind,
4. die Betreuung und Anleitung von Schülerinnen und Schülern,
5. der Wechsel und die Pflege der Trachealkanüle sowie das Absaugen der oberen Luftwege und Bronchialtoilette,
6. die Bedienung und die Überwachung von Beatmungsgeräten sowie die Überwachung der Beatmung,
7. das Legen und Wechseln von Ernährungssonden,
8. die Pflege von Drainagen,
9. die Pflege von Colo- und Ileostoma bei nichtintakter Umgebung,
10. die Katheterisierung der Harnblase,
11. die Spülung der Harnblase,
12. das Schmerzmanagement,
13. die Portversorgung sowie
14. die Versorgung und Wundheilungskontrolle bei infizierten und chronischen Wunden einschließlich Dekubitusbehandlung.

[3]§ 4 des Pflegeberufegesetzes bleibt hiervon unberührt.

§ 17
Fort- und Weiterbildung

(1) [1]Der Träger oder Leistungsanbieter hat sicherzustellen, dass seine Beschäftigten durch den Besuch von Fort- und Weiterbildungen, die sie zur Ausübung der Betreuung, Assistenz und Pflege benötigen, stets die aktuellen fachlichen Erkenntnisse erlangen. [2]Eine ausreichende Fort- und Weiterbildungsmöglichkeit wird vermutet, wenn ein Fort- und Weiterbildungskonzept nachgewiesen wird, das insbesondere die Themenfelder Betreuung, Assistenz und Pflege sowie spezifische auf die Konzeption der Einrichtung, anbieterverantworteten ambulant betreuten oder Intensivpflege-Wohngemeinschaft bezogene Themen beinhaltet. [3]Die Beschäftigten sind auch hinsichtlich des Hygiene- und Infektionsschutzes zu schulen. [4]Beschäftigten in Einrichtungen oder anbieterverantworteten ambulant betreuten oder Intensivpflege-Wohngemeinschaften, in denen pflegebedürftig gewordene Menschen mit Behinderungen leben, ist Gelegenheit zu einer pflegerischen Qualifizierung zu geben. [5]Der Träger oder der Leistungsanbieter hat darauf hinzuwirken, dass bei der Auswahl von Fort- und Weiterbildungen der von der zuständigen Behörde festgestellte Qualifizierungsbedarf berücksichtigt wird. [6]Für Intensivpflege-Wohngemeinschaften gelten die weiteren Anforderungen des auf der Internetseite des Spitzenverbandes Bund der Krankenkassen veröffentlichten § 10 Absatz 12 der Rahmenempfehlungen nach § 132l Abs. 1 SGB V zur Versorgung mit außerklinischer Intensivpflege vom 3. April 20231, in der jeweils geltenden Fassung.

(2) [1]Die Schulungen zum Gewaltschutzkonzept nach § 11 des Sächsischen Wohnteilhabegesetzes sollen insbesondere Maßnahmen zum Umgang mit herausfordernden Verhaltensweisen, Gewaltprävention und Maßnahmen zur Deeskalation enthalten. [2]In den Schulungen sollen Möglichkeiten zur Vermeidung freiheitsbeschränkender und freiheitsentziehender Maßnahmen aufgezeigt werden.

ABSCHNITT 2
Besondere Anforderungen an Einrichtungen

UNTERABSCHNITT 1
Gemeinsame Anforderungen an Einrichtungen

§ 18
Persönliche Ausschlussgründe

(1) [1]Die Einrichtungsleitung, die verantwortliche Pflegefachkraft im Sinne des § 71 Absatz 3 des Elften Buches Sozialgesetzbuch und die zur Leistungserbringung direkt eingesetzten Personen dürfen nicht eingesetzt oder beschäftigt werden, wenn Tatsachen vorliegen, die die Annahme rechtfertigen, dass sie für die Leitung oder die Ausübung ihrer Tätigkeit ungeeignet sind. [2]Der Träger hat die persönliche Eignung festzustellen. [3]Ungeeignet ist insbesondere,

1. wer wegen einer Straftat gegen das Leben, die körperliche Unversehrtheit, die sexuelle Selbstbestimmung oder die persönliche Freiheit, Diebstahl, Erpressung, Urkundenfälschung, Untreue, Unterschlagung, Betrug, Hehlerei, einer gemeingefährlichen Straftat oder einer Straftat nach den §§ 29 bis 30b des

Betäubungsmittelgesetzes zu einer Freiheitsstrafe von mindestens drei Monaten oder zu einer Geldstrafe von mindestens 90 Tagessätzen verurteilt worden ist, sofern die Tilgung im Zentralregister noch nicht erledigt ist,

2. wer in Wahrnehmung der Einrichtungsleitung oder als verantwortliche Pflegefachkraft wegen einer Insolvenzstraftat zu einer Freiheitsstrafe von mindestens drei Monaten oder zu einer Geldstrafe von mindestens 90 Tagessätzen verurteilt worden ist, sofern die Tilgung im Zentralregister noch nicht erledigt ist, oder
3. wer in den letzten fünf Jahren wegen einer sonstigen Straftat verurteilt worden ist, die befürchten lässt, dass sie oder er die Vorschriften des Sächsischen Wohnteilhabegesetzes oder einer auf Grund dieses Gesetzes erlassenen Rechtsverordnung nicht beachten wird.

(2) Zur Wahrnehmung der Einrichtungsleitung oder als verantwortliche Pflegefachkraft ist auch ungeeignet, wer wegen einer Ordnungswidrigkeit nach § 21 des Sächsischen Betreuungs- und Wohnqualitätsgesetzes vom 12. Juli 2012 (SächsGVBl. S. 397), das zuletzt durch das Gesetz vom 6. Juni 2019 (SächsGVBl. S. 466) geändert worden ist, oder nach § 33 des Sächsischen Wohnteilhabegesetzes mehr als zweimal mit einer Geldbuße rechtskräftig belegt worden ist, soweit nicht fünf Jahre seit Rechtskraft des letzten Bußgeldbescheides vergangen sind.

(3) [1]Der Träger einer Einrichtung für pflegebedürftige Menschen hat sich bei der Einstellung und bei begründeten Zweifeln der Eignung der in Absatz 1 Satz 1 genannten Personen ein Führungszeugnis vorlegen zu lassen, das nicht älter als drei Monate ist. [2]Nimmt der Träger Einsicht in ein solches Führungszeugnis, so speichert er nur den Umstand der Einsichtnahme, das Datum des Führungszeugnisses und die Information, ob die das Führungszeugnis betreffende Person wegen einer der genannten Straftaten rechtskräftig verurteilt worden ist. [3]Der Träger darf diese Daten nur verändern und nutzen, soweit dies zur Prüfung der Eignung einer Person erforderlich ist. [4]Die Daten sind vor dem Zugriff Unbefugter zu schützen. [5]Sie sind unverzüglich zu löschen, wenn im Anschluss an die Einsichtnahme keine Tätigkeit für den Träger wahrgenommen wird. [6]Sie sind spätestens drei Monate nach der letztmaligen Ausübung einer Tätigkeit für den Träger zu löschen.

(4) In Einrichtungen für Menschen mit psychischen Erkrankungen oder mit Behinderungen gilt für Personen, die für Aufgaben mit Kontakt zu den Bewohnerinnen und Bewohnern beschäftigt oder ehrenamtlich eingesetzt werden, § 124 Absatz 2 Satz 3 bis 9 des Neunten Buches Sozialgesetzbuch entsprechend.

(5) [1]Personen, die in vertretungsberechtigter Funktion die Geschäfte in Einrichtungen führen, müssen die erforderliche persönliche Eignung für die von ihnen ausgeübte Funktion und Tätigkeit besitzen. [2]Sie müssen nach ihrer Persönlichkeit die Gewähr dafür bieten, dass die jeweilige Einrichtung entsprechend den Interessen und Bedürfnissen der Bewohnerinnen und Bewohner sachgerecht geleitet wird.

(6) [1]Gegen Personen, die in vertretungsberechtigter Funktion eine Einrichtung betreiben, dürfen keine Tatsachen vorliegen, die die Annahme rechtfertigen, dass die jeweilige Einrichtung insbesondere hinsichtlich der wirtschaftlichen Leistungsfähigkeit nicht ordnungsgemäß betrieben wird. [2]Dabei ist unerheblich, ob ihnen hinsichtlich der wirtschaftlichen Leistungsfähigkeit ein Verschulden zuzurechnen ist.

§ 19
Leitung mehrerer Einrichtungen

(1) [1]Soll eine Person zwei oder mehr Einrichtungen leiten oder in mehreren Einrichtungen als verantwortliche Pflegefachkraft eingesetzt werden, muss diese der zuständigen Behörde nach § 7 Absatz 1 Satz 2 Nummer 4 oder Absatz 4 Nummer 2 des Sächsischen Wohnteilhabegesetzes angezeigt werden. [2]Die Anzeige hat Angaben zu enthalten, wie die Einhaltung der Anforderungen nach Teil 2 des Sächsischen Wohnteilhabegesetzes trotz des vorgesehenen Personaleinsatzes sichergestellt werden soll.

(2) [1]Soll eine Person in einer Einrichtung zugleich die Aufgaben der Einrichtungsleitung wahrnehmen und als verantwortliche Pflegefachkraft eingesetzt werden, muss dies der zuständigen Behörde nach § 7 Absatz 1 Satz 2 Nummer 4 oder Absatz 4 Nummer 2 des Sächsischen Wohnteilhabegesetzes angezeigt werden. [2]Absatz 1 Satz 2 gilt entsprechend.

(3) Die zuständige Behörde kann den Personaleinsatz nach Absatz 1 Satz 1 oder Absatz 2 Satz 1 untersagen, wenn Anhaltspunkte dafür bestehen, dass die Betreuung, Assistenz oder Pflege für die Bewohnerinnen und Bewohner dadurch beeinträchtigt werden können.

UNTERABSCHNITT 2
Personelle Anforderungen an Einrichtungen für pflegebedürftige Menschen

§ 20
Fachkräfte

(1) Fachkräfte für pflegerische Tätigkeiten müssen zur Führung von einer der nachfolgenden Berufsbezeichnungen berechtigt sein:
1. Pflegefachfrau, Pflegefachmann und Pflegefachperson,
2. Gesundheits- und Krankenpflegerin, Gesundheits- und Krankenpfleger sowie Gesundheits- und Krankenpflegefachperson,
3. Altenpflegerin, Altenpfleger und Altenpflegefachperson,
4. Gesundheits- und Kinderkrankenpflegerin, Gesundheits- und Kinderkrankenpfleger sowie Gesundheits- und Kinderkrankenpflegefachperson sowie
5. Staatlich anerkannte Heilerziehungspflegerin und Staatlich anerkannter Heilerziehungspfleger mit einem erfolgreich abgeschlossenen Lehrgang Behandlungspflege nach § 34 Absatz 2 in Verbindung mit Anlage 25 der Weiterbildungsverordnung Gesundheitsfachberufe vom 22. Mai 2007 (SächsGVBl. S. 209), die zuletzt durch die Verordnung vom 1. März 2022 (SächsGVBl. S. 189) geändert worden ist.

(2) Fachkraft für pflegerische Tätigkeiten ist ebenfalls, wer die Eignung durch einen Bachelor- oder Diplomabschluss eines nach deutschem Recht anerkannten Studiums an einer in- oder ausländischen Hochschule in einem Studiengang der Pflegewissenschaften mit einem angemessenen fachpraktischen Umfang nachgewiesen hat, der die Dauer der praktischen Weiterbildung des Lehrgangs Behandlungspflege nach § 34 Absatz 2 in Verbindung mit Anlage 25 der Weiterbildungsverordnung Gesundheitsfachberufe, nicht unterschreiten sollte.

(3) Fachkräfte für betreuende Tätigkeiten sind insbesondere:
1. Staatlich anerkannte Heilerziehungspflegerin und Staatlich anerkannter Heilerziehungspfleger,
2. Staatlich anerkannte Erzieherin und Staatlich anerkannter Erzieher,
3. Ergotherapeutin und Ergotherapeut,
4. Physiotherapeutin und Physiotherapeut,
5. Logopädin und Logopäde,
6. Staatlich anerkannte Heilpädagogin und Staatlich anerkannter Heilpädagoge,
7. Krankengymnastin und Krankengymnast,
8. Sozialtherapeutin und Sozialtherapeut sowie
9. Altentherapeutin und Altentherapeut.

(4) Fachkräfte für betreuende Tätigkeiten sind konzeptionsabhängig auch:
1. Hauswirtschafterin und Hauswirtschafter,
2. Familienpflegerin und Familienpfleger,
3. Haus- und Familienpflegerin sowie Haus- und Familienpfleger sowie
4. Diätassistentin und Diätassistent.

(5) Fachkraft für betreuende Tätigkeiten ist ebenfalls, wer die Eignung durch einen Bachelor- oder Diplomabschluss eines nach deutschem Recht anerkannten vergleichbaren Studiums an einer in- oder ausländischen Hochschule nachweist
1. in einem Studiengang der Gesundheits-, Rehabilitations- oder Pflegewissenschaft oder
2. in einem Studiengang für einen Therapieberuf oder
3. in einem psychologischen oder pädagogischen Studiengang, der sozial-, sonder-, förder- oder heilpädagogische Inhalte im Umfang von mindestens 60 Leistungspunkten nach dem

Europäischen System zur Übertragung und Akkumulierung von Studienleistungen (Leistungspunkte) umfasst.

(6) [1]Auf Antrag kann die zuständige Behörde auch andere Personen als Fachkräfte für betreuende Tätigkeiten anerkennen, wenn diese im Einzelfall über eine für die Bewohnerstruktur und die fachliche Konzeption geeignete Ausbildung aufweisen. [2]Die Anerkennung setzt entweder einen Bachelor- oder Diplomabschluss eines nach deutschem Recht anerkannten Studiums an einer in- oder ausländischen Hochschule oder eine abgeschlossene Berufsausbildung im Umfang von mindestens 3 600 Stunden in der Summe von theoretischem und praktischem Unterricht sowie praktischer Ausbildung voraus.

§ 21
Pflegehilfskräfte oder Pflegeassistenzkräfte

(1) [1]Der Träger darf als Pflegehilfskräfte oder Pflegeassistenzkräfte im Sinne des § 113c Absatz 1 Nummer 2 des Elften Buches Sozialgesetzbuch nur Personen mit einer Qualifikation nach Satz 2 beschäftigen. [2]Das sind

1. Personen mit erfolgreichem Abschluss einer landesrechtlich geregelten Helfer- oder Assistenzausbildung in der Pflege mit einer Ausbildungsdauer von mindestens einem Jahr,
2. Personen mit einer erfolgreich abgeschlossenen, der Nummer 1 gleichwertigen oder gleichgestellten Ausbildung in der Pflegehilfe oder Pflegeassistenz oder
3. Personen, die über die Erlaubnis zur Führung einer der Berufsbezeichnungen nach einer bundesrechtlich geregelten Pflegefachassistenzausbildung verfügen.

(2) Soweit der auf der Internetseite der Allgemeinen Ortskrankenkasse2 veröffentlichte Landesrahmenvertrag gemäß § 75 Abs. 1 SGB XI zur vollstationären Pflege im Freistaat Sachsen Vorgaben nach § 113c Absatz 5 Satz 1 Nummer 1 bis 3 des Elften Buches Sozialgesetzbuch regelt, gelten diese vorrangig.

§ 22
Personaleinsatz

(1) Der Träger und die Leitung einer Einrichtung haben durch entsprechende Personalplanung sicherzustellen, dass auch ungeplante Ausfälle von Pflege- und Betreuungskräften ausgeglichen werden können.

(2) Für die Überprüfung der Erforderlichkeit, Eignung und Angemessenheit sowie die Überwachung der Anwendung freiheitsbeschränkender und freiheitsentziehender Maßnahmen dürfen nur Personen eingesetzt werden, welche Fachkräfte gemäß § 20 Absatz 1 und 2 sind.

(3) Besteht die Einrichtung aus mehreren abgeschlossenen Gebäuden, muss in jedem Gebäude als Nachtwache eine Fachkraft eingesetzt werden.

(4) Der Träger und die Leitung einer Einrichtung dürfen die Beschäftigten während ihrer Dienstzeit in Einrichtungen nicht in weiteren Wohnformen im Sinne des Sächsischen Wohnteilhabegesetzes, in Wohnformen außerhalb des Anwendungsbereiches des Sächsischen Wohnteilhabegesetzes oder in anderen Tätigkeitsfeldern der ambulanten Pflege außerhalb der Einrichtung einsetzen.

(5) Auf der Grundlage von § 43b des Elften Buches Sozialgesetzbuch in Verbindung mit § 84 Absatz 8 und § 85 Absatz 8 des Elften Buches Sozialgesetzbuch eingesetzte Betreuungskräfte werden bei der personellen Ausstattung mit Pflege- und Betreuungspersonal nicht berücksichtigt.

(6) Ehrenamtlich Tätige nach § 82b des Elften Buches Sozialgesetzbuch sind keine Beschäftigten im Sinne des § 15 Absatz 3 und 4 des Sächsischen Wohnteilhabegesetzes.

(7) Die zuständige Behörde kann höhere Anforderungen festlegen, soweit diese zur Sicherstellung der Versorgung der Bewohnerinnen und Bewohner erforderlich sind.

§ 23
Fachliche Eignung der Leitung

(1) [1]Als Leitung einer Einrichtung für pflegebedürftige Menschen dürfen nur fachlich geeignete Personen beschäftigt werden, die

1. eine abgeschlossene Ausbildung in einem staatlich anerkannten Beruf im Bereich des Sozial- und Gesundheitswesens, im kaufmännischen Bereich oder in der öffentlichen Verwaltung, ein abgeschlossenes Studium in einem der genannten Fachbereiche oder ein Studium der Rechtswissenschaft nachweisen können, wodurch ihnen die tätigkeitsbezogenen Kenntnisse und Fähigkeiten zur selbstständigen eigenverantwortlichen Wahrnehmung der ausgeübten Funktion vermittelt wurden, und
2. durch eine mindestens zweijährige hauptberufliche Tätigkeit in einer stationären, teilstationären oder ambulanten Pflegeeinrichtung oder in einer vergleichbaren Einrichtung die weiteren für die Leitung erforderlichen Kenntnisse und Fähigkeiten erworben haben.

[2]Ein nachgewiesener Lehrgang für leitende Funktionen von mindestens 460 Präsenzstunden mit theoretischem und praktischem Unterricht verkürzt die erforderliche zweijährige hauptberufliche Tätigkeit um ein Jahr.

(2) Bei Personen mit einer Qualifikation nach § 20 Absatz 1 oder 2, die zusätzlich über einen psychologischen, pädagogischen, gesundheits-, rehabilitations- oder pflegewissenschaftlichen Masterabschluss oder einen vergleichbaren Diplomabschluss verfügen, verkürzt sich die erforderliche zweijährige hauptberufliche Tätigkeit um ein Jahr.

(3) Bei Fachkräften mit erfolgreichem Abschluss einer Weiterbildung, die sie als Fachkraft für Leitungsaufgaben in Gesundheitseinrichtungen oder als Fachpflegeexpertin oder Fachpflegeexperte für Leitungsaufgaben in Pflegeeinrichtungen im Sinne der Weiterbildungsverordnung Gesundheitsfachberufe ausweist, entfällt die Voraussetzung nach Absatz 1 Satz 1 Nummer 2.

§ 24
Eignung der verantwortlichen Pflegefachkraft

Als verantwortliche Pflegefachkraft dürfen nur fachlich geeignete Personen beschäftigt werden, die die Anforderungen nach § 71 Absatz 3 des Elften Buches Sozialgesetzbuch mit der Maßgabe erfüllen, dass die hiernach erforderliche praktische Berufserfahrung in einer hauptberuflichen Tätigkeit nachgewiesen wird.

UNTERABSCHNITT 3
Anforderungen an Einrichtungen für Menschen mit psychischen Erkrankungen oder mit Behinderungen

§ 25
Fachkräfte

(1) Fachkräfte in Einrichtungen für Menschen mit psychischen Erkrankungen oder mit Behinderungen müssen zur Führung von einer der nachfolgenden Berufsbezeichnungen berechtigt sein:

1. Staatlich anerkannte Heilerziehungspflegerin oder Staatlich anerkannter Heilerziehungspfleger,
2. Staatlich anerkannte Erzieherin oder Staatlich anerkannter Erzieher,
3. Staatlich anerkannte Heilpädagogin oder Staatlich anerkannter Heilpädagoge,
4. Pflegefachfrau, Pflegefachmann oder Pflegefachperson,
5. Gesundheits- und Krankenpflegerin, Gesundheits- und Krankenpfleger oder Gesundheits- und Krankenpflegefachperson,
6. Gesundheits- und Kinderkrankenpflegerin, Gesundheits- und Kinderkrankenpfleger oder Gesundheits- und Kinderkrankenpflegefachperson,
7. Altenpflegerin, Altenpfleger oder Altenpflegefachperson,
8. Ergotherapeutin oder Ergotherapeut,
9. Physiotherapeutin oder Physiotherapeut.

(2) Fachkraft ist ebenfalls, wer die Eignung durch einen Bachelor- oder Diplomabschluss

eines nach deutschem Recht anerkannten Studiums an einer in- oder ausländischen Hochschule

1. in einem Studiengang der Gesundheits-, Rehabilitations- oder Pflegewissenschaft,
2. in einem Studiengang für einen Therapieberuf oder
3. in einem psychologischen oder pädagogischen Studiengang nachweist, der sozial-, sonder-, förder- oder heilpädagogische Inhalte im Umfang von mindestens 60 Leistungspunkten umfasst.

(3) [1]Auf Antrag kann die zuständige Behörde auch andere Personen als Fachkräfte anerkennen, wenn diese im Einzelfall über eine für die Bewohnerstruktur und die fachliche Konzeption geeignete Ausbildung aufweisen. [2]Die Anerkennung setzt entweder einen Bachelor- oder Diplomabschluss eines nach deutschem Recht anerkannten Studiums an einer in- oder ausländischen Hochschule oder eine abgeschlossene Berufsausbildung im Umfang von mindestens 3 600 Stunden in der Summe von theoretischem und praktischem Unterricht sowie praktischer Ausbildung voraus.

§ 26
Qualifizierte Assistenzen und vorbehaltene Aufgaben

(1) [1]In Einrichtungen für Menschen mit psychischen Erkrankungen oder mit Behinderungen dürfen für qualifizierte Assistenzen nur Fachkräfte eingesetzt werden. [2]Qualifizierte Assistenzen umfassen die Befähigung der Bewohnerinnen und Bewohner zu einer selbstbestimmten und eigenständigen Alltagsbewältigung, insbesondere Anleitungen und Übungen für die allgemeinen Erledigungen des Alltags.

(2) [1]Fachkräfte sind auch für die folgenden vorbehaltenen Aufgaben einzusetzen

1. Planung, Organisation, Gestaltung und Steuerung des personenzentrierten Assistenz- und Betreuungsprozesses entsprechend dem leistungsrechtlich festgestellten Bedarf der Bewohnerinnen und Bewohner,
2. Analyse, Evaluation, Sicherung und Entwicklung personenzentriert geplanter und durchgeführter Assistenz- und Betreuungsmaßnahmen sowie deren Wirksamkeitskontrolle und
3. Sicherung und Entwicklung der Qualität der Assistenz- und Betreuungsleistungen.

[2]§ 4 des Pflegeberufegesetzes bleibt hiervon unberührt.

§ 27
Personaleinsatz

(1) [1]In Einrichtungen für Menschen mit psychischen Erkrankungen oder mit Behinderungen, in denen Bewohnerinnen und Bewohner bei der selbstbestimmten und eigenständigen Bewältigung des Alltags unterstützt werden, muss zwischen 6 und 20 Uhr mindestens eine Fachkraft im aktiven Dienst sein. [2]Der Träger ist verpflichtet, jederzeit für eine ausreichende Präsenz von Beschäftigten für weitere Unterstützungsleistungen zu sorgen.

(2) [1]Kann dem selbstgefährdenden Verhalten von Bewohnerinnen und Bewohnern nicht anders als durch freiheitsentziehende Maßnahmen begegnet werden, müssen Vereinbarungen mit Betreuern oder Bevollmächtigten zur Umsetzung und Auswertung der gerichtlich genehmigten Maßnahmen für die mitwirkenden Beschäftigten bestehen. [2]Die Leitung der Einrichtung darf die Verantwortung für die Einhaltung dieser Vereinbarungen und deren regelmäßige Überprüfung nicht an andere Beschäftigte delegieren.

§ 28
Fachliche Eignung der Leitung

(1) [1]Als Leitung einer Einrichtung für Menschen mit psychischen Erkrankungen oder mit Behinderungen dürfen nur fachlich geeignete Personen beschäftigt werden, die

1. die Qualifikation einer Fachkraft gemäß § 25 Absatz 1 oder 2 besitzen und
2. eine mindestens zweijährige hauptberufliche Tätigkeit als Fachkraft in einer Einrichtung, einer anbieterverantworteten ambulant betreuten Wohngemeinschaft oder in einem psychiatrischen Krankenhaus nachweisen können.

[2]Ein nachgewiesener Lehrgang für leitende Funktionen von mindestens 460 Präsenzstunden mit

theoretischem und praktischem Unterricht verkürzt die erforderliche zweijährige hauptberufliche Tätigkeit um ein Jahr. [3]Dasselbe gilt für einen psychologischen, pädagogischen, gesundheits-, rehabilitations- oder pflegewissenschaftlichen Masterabschluss und für einen vergleichbaren Diplomabschluss.

(2) Bei Fachkräften mit erfolgreichem Abschluss einer Weiterbildung, die sie als Fachkraft für Leitungsaufgaben in Gesundheitseinrichtungen oder als Fachpflegeexpertin oder Fachpflegeexperte für Leitungsaufgaben in Pflegeeinrichtungen im Sinne der Weiterbildungsverordnung Gesundheitsfachberufe ausweist, entfällt die Voraussetzung nach Absatz 1 Satz 1 Nummer 2.

ABSCHNITT 3
Besondere Anforderungen an anbieterverantwortete ambulant betreute und Intensivpflege-Wohngemeinschaften

§ 29
Personelle Anforderungen

(1) Für Leistungsanbieter von anbieterverantworteten ambulant betreuten und Intensivpflege-Wohngemeinschaften für pflegebedürftige Menschen gelten die Regelungen des § 18 Absatz 1 bis 3, 5 und 6 sowie der §§ 20 und 21 entsprechend.

(2) Für Leistungsanbieter von anbieterverantworteten ambulant betreuten Wohngemeinschaften für Menschen mit psychischen Erkrankungen oder mit Behinderungen gelten die Regelungen des § 18 Absatz 1, 2 und 4 bis 6 sowie der §§ 25 und 26 entsprechend.

§ 30
Personaleinsatz

(1) [1]Der Leistungsanbieter muss jederzeit ausreichend Personal einsetzen, um die Betreuung, Assistenz oder Pflege für die Bewohnerinnen und Bewohner entsprechend der fachlichen Konzeption und der Bewohnerstruktur der anbieterverantworteten ambulant betreuten oder Intensivpflege-Wohngemeinschaft zu gewährleisten. [2]Er hat durch entsprechende Personalplanung zu gewährleisten, dass auch ungeplante Ausfälle von Pflege- und Betreuungskräften ausgeglichen werden können.

(2) [1]In anbieterverantworteten ambulant betreuten Wohngemeinschaften müssen Fachkräfte so eingesetzt werden, dass durch sie eine Wahrnehmung ihrer Aufgaben ausreichend sichergestellt ist. [2]In Zeiten, in denen keine Fachkraft in anbieterverantworteten ambulant betreuten Wohngemeinschaften für pflegebedürftige Menschen anwesend ist, ist die Rufbereitschaft einer Fachkraft sicherzustellen.

(3) [1]Der Leistungsanbieter hat eine qualifizierte Einarbeitung neuer Beschäftigter für Betreuungs-, Assistenz- oder Pflegeleistungen unter der Verantwortung einer Fachkraft sicherzustellen. [2]Maßgeblich für die Dauer und Intensität der Einarbeitung ist insbesondere der Ausbildungsstand und die Berufserfahrung bezogen auf das Arbeitsfeld der einzuarbeitenden Personen sowie der Unterstützungsbedarf der betreffenden Bewohnerinnen und Bewohner.

(4) Die zuständige Behörde kann höhere Anforderungen festlegen, soweit diese zur Sicherstellung der Betreuung, Assistenz oder Pflege für die Bewohnerinnen und Bewohner erforderlich sind.

TEIL 4
Mitwirkung der Bewohnerinnen und Bewohner

ABSCHNITT 1
Allgemeines

§ 31
Allgemeines

(1) Die Mitglieder der Bewohnervertretung und Wohngemeinschaftsvertretung dürfen bei der Erfüllung ihrer Aufgaben nicht behindert werden und wegen ihrer Tätigkeit nicht benachteiligt oder begünstigt werden.

(2) [1]Die Mitglieder der Bewohnervertretung und der Wohngemeinschaftsvertretung sowie

die Unterstützungspersonen nach § 33 Absatz 2 Nummer 6 haben über die ihnen bei Ausübung des Amtes bekannt gewordenen Angelegenheiten und Tatsachen Stillschweigen zu bewahren. [2]Dies gilt nicht gegenüber den übrigen in Satz 1 genannten Personen sowie für Angelegenheiten oder Tatsachen, die offenkundig sind oder ihrer Art nach keiner vertraulichen Behandlung bedürfen. [3]Offenkundige Tatsachen liegen beispielsweise in den Bereichen der Betreuung, der Verpflegung oder des Wohnens sowie für die Weitergabe von Informationen über Mängel an die zuständige Behörde vor. [4]Die Pflicht zur Verschwiegenheit gilt auch nach Ende der Tätigkeit.

§ 32
Neue Mitwirkungsmodelle

(1) Träger von Einrichtungen können auf Antrag bei der zuständigen Behörde andere als die in § 16 Absatz 1 und 3 des Sächsischen Wohnteilhabegesetzes geregelten Mitwirkungsmodelle erproben, einführen oder weiterführen, wenn dies dem Wohl der Bewohnerinnen und Bewohner dient und dadurch eine wirksame Interessenvertretung aller Bewohnerinnen und Bewohner gewährleistet ist.

(2) [1]Den Bewohnerinnen und Bewohnern ist im Vorfeld der Erprobung, Einführung oder Weiterführung neuer Mitwirkungsmodelle Gelegenheit zur Abgabe einer Stellungnahme zu geben. [2]Ihnen sind dazu alle relevanten Informationen in verständlicher Sprache zur Verfügung zu stellen. [3]Abgegebene Stellungnahmen sind in die Entscheidung über die Erprobung, Einführung oder Weiterführung neuer Mitwirkungsmodelle einzubeziehen.

ABSCHNITT 2
Bewohnervertretung

§ 33
Aufgaben des Trägers und der Einrichtungsleitung

(1) Der Träger und die Einrichtungsleitung haben zu gewährleisten, dass

1. die Bewohnerinnen und Bewohner über ihre individuellen Mitwirkungsrechte im Rahmen ihrer Tätigkeit als Mitglieder der Bewohnervertretung informiert sind und bei der Ausübung ihres Amtes unterstützt werden,
2. das Interesse und die Bereitschaft von Bewohnerinnen und Bewohnern sowie von ehrenamtlich engagierten Personen an der Mitarbeit in der Bewohnervertretung gefördert wird und
3. vor der Bestellung einer Bewohnersprecherin oder eines Bewohnersprechers alle zumutbaren Bemühungen zur Bildung einer Bewohnervertretung ausgeschöpft werden.

(2) [1]Die Mitwirkung soll im gegenseitigen Vertrauen und Verständnis zwischen der Bewohnervertretung und dem Träger sowie der Einrichtungsleitung erfolgen. [2]Hierbei haben der Träger und die Einrichtungsleitung insbesondere

1. der Bewohnervertretung die zur Wahrnehmung ihrer Aufgaben erforderlichen mündlichen und schriftlichen Informationen unverzüglich und vollständig zur Verfügung zu stellen,
2. die Bewohnervertretung bei baulichen Veränderungen oder einer umfassenden Instandsetzung der Einrichtung mit Beginn der Planungen rechtzeitig zu beteiligen,
3. der Bewohnervertretung die zur Erfüllung ihrer Aufgaben erforderlichen Hilfen zu gewähren und insbesondere technische Hilfsmittel und Räumlichkeiten für Treffen der Mitglieder zur Verfügung zu stellen,
4. die Bewohnervertretung über Änderungen des Entgelts der Einrichtung zu informieren,
5. der Bewohnervertretung in der Einrichtung Möglichkeiten zu eröffnen, um eigene Mitteilungen zu veröffentlichen, den Informationsaustausch mit den Bewohnerinnen und Bewohnern sowie die Möglichkeit der eigenständigen Kontaktaufnahme der Bewohnerinnen und Bewohner zur Bewohnervertretung sicherzustellen,
6. darauf hinzuwirken, dass der Bewohnervertretung bei Bedarf die Hinzuziehung einer vom Träger unabhängigen außenstehenden Unterstützungsperson ermöglicht wird, die bei der Vorbereitung und Durchführung der Wahl, dem Verfassen von Schreiben und der Verbreitung von Informationen hilft,
7. der Bewohnervertretung zur Hinzuziehung fach- und sachkundiger Personen sowie für

Mitgliedsbeiträge für Interessenverbände einen angemessenen Betrag zur Verfügung zu stellen, der zumindest die Kosten für eine Rechtsberatung im Jahr sowie für die Mitgliedschaft in einem Interessenverband deckt,
8. Vorschläge, Anträge und Beschwerden der Bewohnervertretung innerhalb einer angemessenen Frist, spätestens nach sechs Wochen zu beantworten und Ablehnungen zu begründen,
9. die Bewohnervertretung über die Durchführung und das Ergebnis einer Qualitätsprüfung durch einen außenstehenden Dritten zu informieren und dieser das abschließende Prüfergebnis unverzüglich vorzulegen,
10. die Bewohnervertretung rechtzeitig vor der Aufnahme von Verhandlungen über Vergütungsvereinbarungen mit den Pflegekassen oder Leistungs- und Vergütungsvereinbarungen mit dem Träger der Eingliederungshilfe zu informieren sowie ihr unter Vorlage der Unterlagen die wirtschaftliche Notwendigkeit und Angemessenheit der geplanten Erhöhung zu erläutern.

[3]Der Bewohnervertretung ist Gelegenheit zu einer schriftlichen Stellungnahme zu den Vergütungsvereinbarungen mit den Pflegekassen nach Satz 2 Nummer 10 zu geben. [4]Die Stellungnahme ist den Kostenträgern rechtzeitig vor Beginn der Verhandlungen zuzuleiten.

(3) [1]Der Träger oder die Einrichtungsleitung hat die Wahl einer Bewohnervertretung unverzüglich, spätestens innerhalb von vier Wochen nach Ablauf der in § 36 Absatz 6 genannten Anfechtungsfrist der zuständigen Behörde anzuzeigen. [2]Kann keine Bewohnervertretung gebildet werden, ist dies unter Angabe der Gründe der zuständigen Behörde unverzüglich mitzuteilen.

§ 34 Zusammensetzung

(1) Die Bewohnervertretung besteht
1. bei bis zu 80 Bewohnerinnen und Bewohnern aus drei Mitgliedern,
2. bei mehr als 80 Bewohnerinnen und Bewohnern aus fünf Mitgliedern.

(2) Für Teile der Einrichtung können eigene Bewohnervertretungen gebildet werden, wenn dadurch die Mitwirkung der Bewohnerinnen und Bewohner besser gewährleistet wird.

(3) Die zuständige Behörde kann auf Antrag des Trägers abweichende Anforderungen von Absatz 1 festlegen, wenn dadurch die Bildung einer Bewohnervertretung ermöglicht und eine wirksame Interessenvertretung aller Bewohnerinnen und Bewohner gewährleistet wird.

(4) Die Mitgliedschaft in der Bewohnervertretung endet mit
1. Ablauf der Amtszeit,
2. Rücktritt vom Amt,
3. Wegfall der Voraussetzungen zur Wählbarkeit nach § 16 Absatz 2 des Sächsischen Wohnteilhabegesetzes oder
4. Feststellung der zuständigen Behörde auf Antrag von zwei Dritteln der Mitglieder der Bewohnervertretung, dass das Mitglied der Bewohnervertretung seinen Pflichten nicht mehr nachkommt oder nicht mehr nachkommen kann oder eine vertrauensvolle Zusammenarbeit nicht möglich ist.

§ 35 Wahlausschuss

(1) [1]Die Wahl wird vom Wahlausschuss vorbereitet und durchgeführt. [2]Der Wahlausschuss besteht aus drei Wahlberechtigten. [3]Sie werden von der Bewohnervertretung spätestens acht Wochen vor Ablauf ihrer Amtszeit bestellt. [4]Die erforderlichen Kosten der Wahl übernimmt der Träger der Einrichtung. [5]Die Bewohnerinnen und Bewohner können nach § 33 Absatz 2 Nummer 6 eine vom Träger unabhängige Unterstützungsperson in den Wahlausschuss berufen.

(2) [1]Besteht keine Bewohnervertretung oder besteht sechs Wochen vor Ablauf der Amtszeit der Bewohnervertretung kein Wahlausschuss, so hat die Einrichtungsleitung einen Wahlausschuss zu bestellen. [2]Soweit hierfür Wahlberechtigte nicht in der erforderlichen Zahl zur Verfügung stehen, hat die Leitung Mitarbeiterinnen und Mitarbeiter der

Einrichtung zu Mitgliedern im Wahlausschuss zu bestellen.

(3) Der Wahlausschuss wählt aus seiner Mitte die Vorsitzende oder den Vorsitzenden und trifft seine Entscheidungen mit einfacher Mehrheit.

(4) Der Träger und die Einrichtungsleitung haben die Vorbereitung und Durchführung der Wahl im erforderlichen Maß personell und mit Sachmitteln zu unterstützen und die erforderlichen Auskünfte zu erteilen.

(5) [1]Der Wahlausschuss bestimmt Ort und Zeit der Wahl und informiert die Bewohnerinnen und Bewohner über die bevorstehende Wahl. [2]Der Wahltermin ist mindestens vier Wochen vor der Wahl bekannt zu geben. [3]Der Wahlausschuss holt die Wahlvorschläge und die Zustimmungserklärung der vorgeschlagenen Personen ein. [4]Er erstellt eine Liste mit Wahlvorschlägen und gibt diese sowie den Ablauf der Wahl mindestens eine Woche vor dem Wahltermin bekannt.

(6) [1]Der Wahlausschuss hat die Wahl zu überwachen, die Stimmen auszuzählen und das Wahlergebnis in einer Niederschrift festzuhalten. [2]Das Ergebnis der Wahl hat er in Textform in der Einrichtung bekannt zu machen. [3]Der Wahlausschuss informiert unverzüglich die gewählten Mitglieder der Bewohnervertretung über das Wahlergebnis.

(7) [1]Ist die Bewohnervertretung neu gewählt, lädt der Wahlausschuss zur ersten Sitzung der Bewohnervertretung ein. [2]Dies gilt auch, wenn über Einwände zu dem Wahlergebnis noch nicht entschieden ist. [3]Zwischen der Wahl und der ersten Sitzung sollen nicht mehr als 14 Tage liegen.

(8) [1]Die Mitglieder des Wahlausschusses haben über die ihnen bei der Ausübung des Amtes bekannt gewordenen Angelegenheiten oder Tatsachen Stillschweigen zu bewahren. [2]Dies gilt nicht gegenüber den anderen Mitgliedern des Wahlausschusses. [3]Die Pflicht zur Verschwiegenheit gilt auch nach Ende der Tätigkeit. 4Sie besteht nicht für Angelegenheiten oder Tatsachen, die offenkundig sind.

(9) Die Berufung des Wahlausschusses endet mit der Erfüllung seiner Dokumentations- und Informationspflichten nach Absatz 6 und der Einladung zur ersten Sitzung der Bewohnervertretung nach Absatz 7 Satz 1.

§ 36
Wahlverfahren

(1) Die Bewohnervertretung wird in gleicher, geheimer und unmittelbarer Wahl gewählt.

(2) Wahlberechtigten, die am Tag der Wahl an der persönlichen Stimmabgabe gehindert sind, ist auf deren Verlangen die schriftliche Stimmabgabe zu ermöglichen.

(3) [1]Jeder Wahlberechtigte hat so viele Stimmen, wie Mitglieder der Bewohnervertretung zu wählen sind. [2]Es kann für jede Person, die sich bewirbt, nur eine Stimme abgegeben werden. [3]Gewählt ist jeweils, wer die meisten Stimmen erhält. [4]Bei Stimmengleichheit von Kandidatinnen oder Kandidaten ist gewählt, wer in der Einrichtung wohnt. [5]Im Übrigen entscheidet das Los. [6]Kandidatinnen und Kandidaten, die nicht gewählt wurden, kommen auf eine Ersatzliste.

(4) Die Wahl findet statt, wenn

1. noch keine Bewohnervertretung besteht,
2. die Amtszeit der Bewohnervertretung nach § 38 Absatz 1 endet,
3. die Zahl der Mitglieder um mehr als die Hälfte der nach § 34 Absatz 1 vorgeschriebenen Zahl gesunken ist,
4. die Bewohnervertretung mit einfacher Mehrheit ihre Auflösung beschlossen hat.

(5) Die Wahl der Bewohnervertretung darf nicht behindert oder durch Zufügung oder Androhung von Nachteilen oder Gewährung oder Versprechen von Vorteilen beeinflusst werden.

(6) [1]Mindestens drei Wahlberechtigte können innerhalb einer Frist von zwei Wochen ab dem Tag der Bekanntmachung des Wahlergebnisses nach § 35 Absatz 6 die Wahl bei der zuständigen Behörde anfechten, wenn gegen wesentliche

Vorschriften über das Wahlrecht, die Wählbarkeit oder das Wahlverfahren verstoßen wurde und eine Berichtigung nicht erfolgt ist. [2]Eine Anfechtung ist unzulässig, wenn durch den Verstoß das Wahlergebnis nicht geändert oder beeinflusst wird. [3]Über die Anfechtung entscheidet die zuständige Behörde.

§ 37
Wahlversammlung

(1) [1]Im vereinfachten Wahlverfahren kann abweichend von § 36 in Einrichtungen mit bis zu 50 Bewohnerinnen und Bewohnern auch auf einer Wahlversammlung gewählt werden. [2]Die Bewohnerinnen und Bewohner können ihre Stimme in dieser persönlich abgeben. [3]Der Wahlausschuss entscheidet, ob ein solches vereinfachtes Wahlverfahren durchgeführt wird.

(2) [1]Bewohnerinnen und Bewohnern, die an der Wahlversammlung nicht teilnehmen, ist innerhalb einer angemessenen Frist Gelegenheit zur Stimmabgabe zu geben. [2]Die Stimmen dürfen erst nach Ablauf der Frist ausgezählt werden.

(3) [1]Der Wahlausschuss hat mindestens 14 Tage vor der geplanten Wahlversammlung einzuladen. [2]In der Wahlversammlung können noch Wahlvorschläge gemacht werden.

(4) [1]Die Einrichtungsleitung kann an der Wahlversammlung teilnehmen. [2]Der Wahlausschuss kann sie jedoch durch Beschluss von der Wahlversammlung ausschließen.

§ 38
Amtszeit

(1) [1]Die regelmäßige Amtszeit der Bewohnervertretung beträgt zwei Jahre, in Einrichtungen für Menschen mit Behinderungen vier Jahre. [2]Eine vorübergehende Weiterführung der Amtsgeschäfte ist bis zu einem Zeitraum von vier Wochen nach Ablauf der Amtszeit ausnahmsweise möglich, sofern das Wahlverfahren zur Bildung einer Bewohnervertretung bis dahin noch nicht abgeschlossen wurde oder die Bestellung einer Bewohnersprecherin oder eines Bewohnersprechers noch nicht erfolgt ist.

(2) [1]Scheidet ein Mitglied aus der Bewohnervertretung aus oder ist es länger als sechs Monate verhindert, rückt die Kandidatin oder der Kandidat mit der höchsten Stimmenzahl aus der Ersatzliste nach. [2]Sinkt die Anzahl der Mitglieder in der Bewohnervertretung um mehr als die Hälfte, ist eine Neuwahl erforderlich.

§ 39
Vorsitz

[1]Die Bewohnervertretung wählt mit der Mehrheit ihrer Mitglieder die Vorsitzende oder den Vorsitzenden und deren oder dessen Stellvertretung. [2]Stimmenthaltungen bleiben bei der Ermittlung des Abstimmungsergebnisses unberücksichtigt. [3]Den Vorsitz soll eine Bewohnerin oder ein Bewohner innehaben. [4]Sie oder er hat die Aufgabe, die Beschlüsse der Bewohnervertretung sowie die Interessen der Bewohnerinnen und Bewohner gegenüber der Einrichtungsleitung und dem Träger zu vertreten.

§ 40
Sitzungen und Beschlüsse

(1) [1]Die oder der Vorsitzende der Bewohnervertretung lädt zu Sitzungen ein, legt die Tagesordnungen fest und leitet die Sitzungen. [2]Die Einladung erfolgt unter Mitteilung der Tagesordnung sieben Werktage vor Sitzungsbeginn. [3]Die Sitzungen sollen mindestens einmal im Jahr stattfinden.

(2) Auf Antrag eines Viertels der Mitglieder der Bewohnervertretung oder der Einrichtungsleitung hat die oder der Vorsitzende eine Sitzung über den betreffenden Gegenstand einzuberufen.

(3) [1]Beschlüsse trifft die Bewohnervertretung mit einfacher Mehrheit. [2]Bei Stimmengleichheit entscheidet die Stimme der oder des Vorsitzenden. [3]Die Bewohnervertretung ist beschlussfähig, wenn mindestens die Hälfte der Mitglieder anwesend ist. [4]Über jede Sitzung ist ein Protokoll anzufertigen, das mindestens die Sitzungsteilnehmer, die

gefassten Beschlüsse und das jeweilige Abstimmungsergebnis enthält. [5]Das Protokoll ist von der oder dem Vorsitzenden sowie von einem weiteren Mitglied durch Wort oder Schrift zu bestätigen. [6]Beschlüsse der Bewohnervertretung müssen den Bewohnerinnen und Bewohnern bekannt gegeben werden.

(4) [1]Die Bewohnervertretung kann beschließen, zur Wahrnehmung ihrer Aufgaben fach- und sachkundige Personen zu einem bestimmten Thema einzuladen. [2]Die Einrichtungsleitung ist hierüber zu unterrichten.

(5) Die Einrichtungsleitung ist vom Zeitpunkt der Sitzungen zu unterrichten und hat auf Einladung teilzunehmen.

(6) [1]Die Bewohnervertretung kann Arbeitsgruppen bilden. [2]Das weitere Verfahren regelt die Bewohnervertretung.

§ 41
Aufgaben und Gegenstand der Mitwirkung

(1) Die Bewohnervertretung hat folgende Aufgaben:

1. auf die Durchführung von Maßnahmen, die dem Wohl der Bewohnerinnen und Bewohner dienen, insbesondere solcher zur Förderung der Qualität im Bereich der Betreuung, der Verpflegung oder des Wohnens, bei der Einrichtungsleitung oder dem Träger der Einrichtung hinzuwirken,
2. Anregungen und Beschwerden von Bewohnerinnen und Bewohnern entgegenzunehmen und erforderlichenfalls bei der Einrichtungsleitung oder in besonderen Fällen beim Träger auf deren Erledigung hinzuwirken,
3. neuen Bewohnerinnen und Bewohnern auf deren Wunsch zu helfen, sich in der Einrichtung einzuleben,
4. bei Entscheidungen in Angelegenheiten nach Absatz 2 mitzuwirken,
5. auf deren Wunsch eine Stellungnahme zum Prüfbericht der zuständigen Behörde abzugeben,
6. Versammlungen der Bewohnerinnen und Bewohner durchzuführen sowie
7. vor Ablauf der Amtszeit einen Wahlausschuss zu bilden.

(2) Die Bewohnervertretung wirkt bei Entscheidungen der Einrichtungsleitung oder des Trägers der Einrichtung in folgenden Angelegenheiten mit:

1. Aufstellung oder Änderung der Musterverträge für Bewohnerinnen und Bewohner sowie der Hausordnung,
2. Änderungen des Entgelts der Einrichtung,
3. Maßnahmen zur Verhütung von Unfällen,
4. Unterkunft, Betreuung, Verpflegung und Teilhabe,
5. Alltags- und Freizeitgestaltung,
6. Planung oder Durchführung von Veranstaltungen,
7. Maßnahmen des Beschwerdemanagements der Einrichtung, sofern diese Auswirkungen auf die Qualität der Betreuung, der Verpflegung oder des Wohnens haben oder der Weiterentwicklung der Versorgungsqualität dienen,
8. Erweiterung, Einschränkung oder Einstellung des Betriebs der Einrichtung,
9. der Änderung der Art und des Zwecks der Einrichtung oder ihrer Teile,
10. dem Zusammenschluss mit einer anderen Einrichtung,
11. baulichen Veränderungen oder einer umfassenden Instandsetzung der Einrichtung,
12. Vergütungsvereinbarungen mit den Pflegekassen,
13. Leistungs- und Vergütungsvereinbarungen mit dem Träger der Eingliederungshilfe,
14. Maßnahmen zur Förderung einer angemessenen Qualität der Betreuung und Teilhabe.

(3) [1]Die Bewohnervertretung wird von der Einrichtungsleitung und dem Träger rechtzeitig in die Entscheidungsfindung der Angelegenheiten nach Absatz 2 einbezogen und nach Möglichkeit auch fachlich beraten. [2]Sie hat das Recht, die Vorstellungen der Bewohnerinnen und Bewohner darzulegen sowie Vorschläge zu unterbreiten.

(4) [1]Die Bewohnervertretung kann sich jederzeit an die zuständige Behörde mit der Bitte um Beratung hinsichtlich der Wahrnehmung ihrer Rechte wenden. [2]In Einrichtungen für Menschen

mit Behinderungen ist der Bewohnervertretung die Gelegenheit zu geben, mit der Besuchskommission nach § 14 des Sächsischen Inklusionsgesetzes sowie nach § 4 des Sächsischen Psychisch-Kranken-Hilfe-Gesetzes vom 22. Juli 2024 (SächsGVBl. S. 673) zu sprechen und Wünsche oder Beschwerden vorzutragen.

§ 42
Bewohnerversammlung

[1]Auf der nach § 16 Absatz 5 des Sächsischen Wohnteilhabegesetzes einmal jährlich stattfindenden Bewohnerversammlung hat die Bewohnervertretung über ihre Tätigkeit im vergangenen Jahr zu berichten. [2]Auf Verlangen der Bewohnervertretung hat der Träger oder die Einrichtungsleitung an der Bewohnerversammlung teilzunehmen. [3]Teilbewohnerversammlungen sind zulässig.

ABSCHNITT 3
Bewohnersprecherin, Bewohnersprecher

§ 43
Bestellung und Mitwirkung

(1) [1]Im Fall von § 16 Absatz 3 Satz 1 des Sächsischen Wohnteilhabegesetzes hat die zuständige Behörde unverzüglich eine Bewohnersprecherin oder einen Bewohnersprecher zu bestimmen. [2]In Einrichtungen mit mehr als 80 Plätzen können zwei Bewohnersprecherinnen oder Bewohnersprecher eingesetzt werden. [3]Diese stimmen ihre Tätigkeit untereinander ab und legen fest, welche Bewohnersprecherin oder welcher Bewohnersprecher die Interessen der Bewohnerinnen und Bewohner gegenüber dem Träger oder der Einrichtungsleitung und außerhalb der Einrichtung vertritt.

(2) Für Teile der Einrichtung können eigene Bewohnersprecherinnen oder Bewohnersprecher eingesetzt werden, wenn dadurch die Mitwirkung der Bewohnerinnen und Bewohner besser gewährleistet wird.

(3) Zur Bewohnersprecherin oder zum Bewohnersprecher kann nur bestellt werden, wer nach seiner Persönlichkeit und seinen Fähigkeiten zur Ausübung des Amtes geeignet, von der zuständigen Behörde, dem Träger und seinen Verbänden und den Leistungsträgern unabhängig und mit der Bestellung einverstanden ist.

(4) [1]Die regelmäßige Amtszeit beträgt zwei Jahre. [2]Eine Wiederbestellung ist zulässig, sofern in der Einrichtung keine Bewohnervertretung gebildet werden kann.

(5) [1]Die Bestellung der Bewohnersprecherin oder des Bewohnersprechers ist dem Träger oder der Einrichtungsleitung schriftlich mitzuteilen. [2]Der Träger oder die Einrichtungsleitung hat die Bewohnerinnen und Bewohner über die Bestellung zu informieren.

(6) [1]Die Bewohnersprecherin oder der Bewohnersprecher hat die gleichen Rechte und Pflichten wie die Bewohnervertretung. [2]Die Bewohnersprecherin oder der Bewohnersprecher hat auf die Bildung einer Bewohnervertretung hinzuwirken.

(7) [1]Der Träger oder die Einrichtungsleitung hat die Bewohnersprecherin oder den Bewohnersprecher bei der Erfüllung ihrer oder seiner Aufgaben zu unterstützen. [2]Er hat der Bewohnersprecherin oder dem Bewohnersprecher insbesondere Zutritt zur Einrichtung zu gewähren und ihr oder ihm zu ermöglichen, sich mit den Bewohnerinnen und Bewohnern in Verbindung zu setzen. [3]Für die Tätigkeit der Bewohnersprecherin oder des Bewohnersprechers gelten die §§ 31, 33, 41 und 42 entsprechend.

§ 44
Aufhebung der Bestellung

(1) [1]Die Tätigkeit der Bewohnersprecherin oder des Bewohnersprechers endet mit
1. Ablauf der Amtszeit oder
2. Aufhebung der Bestellung durch die zuständige Behörde.

[2]Eine vorübergehende Weiterführung der Amtsgeschäfte ist bis zu einem Zeitraum von vier Wochen nach Ablauf der Amtszeit nach § 43 Absatz 4 Satz 1 ausnahmsweise möglich, sofern das Wahlverfahren zur Bildung einer Bewohnervertretung bis dahin noch nicht abgeschlossen wurde oder die

Bestellung einer Bewohnersprecherin oder eines Bewohnersprechers noch nicht erfolgt ist.

(2) [1]Die zuständige Behörde hat die Bestellung aufzuheben, wenn eine Bewohnersprecherin oder ein Bewohnersprecher

1. die Voraussetzungen für das Amt nicht mehr erfüllt,
2. ihren oder seinen Aufgaben nach § 41 Absatz 1 nicht mehr nachkommt oder nicht mehr nachkommen kann,
3. das Amt niedergelegt hat oder
4. eine Bewohnervertretung entsprechend § 16 Absatz 1 des Sächsischen Wohnteilhabegesetzes gebildet worden ist.

[2]Die zuständige Behörde kann die Bestellung aufheben, wenn eine Zusammenarbeit zwischen der Bewohnersprecherin oder dem Bewohnersprecher und den Bewohnerinnen und Bewohnern nicht mehr möglich ist. [3]In den Fällen des Satzes 1 Nummer 1 bis 3 hat die Behörde eine neue Bewohnersprecherin oder einen neuen Bewohnersprecher zu bestellen.

ABSCHNITT 4
Wohngemeinschaftsvertretung

§ 45
Mitwirkung

(1) [1]Die Wohngemeinschaftsvertretung nach § 22 Absatz 1 des Sächsischen Wohnteilhabegesetzes wählt mit einfacher Mehrheit der abgegebenen Stimmen eine Vorsitzende oder einen Vorsitzenden. [2]Stimmenthaltungen bleiben bei der Ermittlung des Abstimmungsergebnisses unberücksichtigt. [3]Die oder der Vorsitzende vertritt die Interessen der Wohngemeinschaftsvertretung gegenüber dem Leistungsanbieter.

(2) Die Wohngemeinschaftsvertretung wirkt bei Angelegenheiten nach § 22 Absatz 3 des Sächsischen Wohnteilhabegesetzes mit.

§ 46
Aufgaben des Leistungsanbieters

(1) [1]Vorschläge, Anträge und Beschwerden der Wohngemeinschaftsvertretung sind von dem Leistungsanbieter innerhalb von sechs Wochen zu beantworten. [2]Wird einem Anliegen nicht entsprochen, sind die Gründe in der Antwort und bei Bedarf in leicht verständlicher Sprache darzulegen.

(2) Wird gemäß § 22 des Sächsischen Wohnteilhabegesetzes eine Wohngemeinschaftsvertretung gebildet, gilt bezogen auf den Leistungsanbieter § 33 Absatz 1 Nummer 1 und 2 sowie Absatz 2 Nummer 1, 2, 5 und 9 entsprechend.

TEIL 5
Befreiungen

§ 47
Befreiung von baulichen Anforderungen

(1) Die zuständige Behörde kann auf Antrag des Trägers oder Leistungsanbieters aus wichtigem Grund diesen von den in dieser Verordnung genannten baulichen Anforderungen befreien, wenn die Befreiung mit den Interessen und Bedürfnissen der Bewohnerinnen und Bewohner vereinbar ist und die Art und Schwere der Pflegebedürftigkeit oder Behinderung der Bewohnerinnen und Bewohner sowie die fachliche Konzeption der Einrichtung, der anbieterverantworteten ambulant betreuten oder Intensivpflege-Wohngemeinschaften einer solchen nicht entgegen stehen.

(2) Die Befreiung von einzelnen Anforderungen kann zugleich die Verpflichtung zur Angleichung an andere Anforderungen enthalten.

§ 48
Allgemeine Regelungen zur Befreiung von den personellen Anforderungen

[1]Die zuständige Behörde kann auf Antrag des Trägers oder Leistungsanbieters diesen von den in dieser Verordnung genannten personellen Anforderungen befreien, wenn dies zur Weiterentwicklung des Pflege- und Betreuungskonzeptes dient

und die weiteren personellen Anforderungen des § 15 oder 21 des Sächsischen Wohnteilhabegesetzes sowie dieser Verordnung eingehalten werden. [2]Hierzu ist ein mit den zuständigen Leistungsträgern abgestimmtes Pflege- und Betreuungskonzept vorzulegen. [3]Der Betreuungsbedarf der Bewohnerinnen und Bewohner muss gedeckt und die Betreuungsqualität und -kontinuität sichergestellt sein. [4]Der Antrag ist zu begründen.

§ 49 Spezielle Regelung zur Befreiung von personellen Anforderungen für anbieterverantwortete ambulant betreute Wohngemeinschaften

(1) [1]Leistungsanbieter von anbieterverantworteten ambulant betreuten Wohngemeinschaften für pflegebedürftige Bewohnerinnen und Bewohner können ein Nachtbetreuungskonzept vorlegen. [2]Sind die Voraussetzungen nach Absatz 2 vollständig erfüllt und wird das Nachtbetreuungskonzept entsprechend der Transparenzregelungen des Absatzes 4 bekannt gemacht, kann der Leistungsanbieter auch ohne Ausnahmegenehmigung in dem Zeitraum von 20 bis 6 Uhr für bis zu 24 Bewohnerinnen und Bewohner in mehreren Wohngemeinschaften eine gemeinsame Nachtwache einsetzen.

(2) Die Nutzung eines Nachtbetreuungskonzeptes ist nur unter folgenden Voraussetzungen möglich:

1. die Wohngemeinschaften befinden sich im gleichen Gebäude in unmittelbarer räumlicher Nähe zueinander,
2. in den Wohngemeinschaften sind alle Wohnräume und Sanitärräume, welche von pflegebedürftigen Bewohnerinnen und Bewohnern genutzt werden, mit einer Rufanlage ausgestattet und
3. das im Zeitraum von 20 bis 6 Uhr eingesetzte Personal verfügt nachweislich über einen aktuellen Nachweis zu einer Erste-Hilfe-Schulung, welche mindestens alle zwei Jahre aktualisiert wird.

(3) Das Nachtbetreuungskonzept muss folgende Angaben enthalten:

1. die Anzahl der ambulant betreuten Wohngemeinschaften und Gesamtanzahl der Wohnplätze bezüglich aller ambulant betreuten Wohngemeinschaften, welche vom Nachtbetreuungskonzept umfasst sind,
2. die Beschreibung der vorliegenden Voraussetzungen nach Absatz 2,
3. Angaben zum genauen Zeitrahmen, in dem das Nachtbetreuungskonzept in der Zeitspanne von 20 bis 6 Uhr Anwendung findet.

(4) Das Nachtbetreuungskonzept muss in seiner aktuellen Fassung wie folgt bekannt gegeben werden:

1. es ist im Gemeinschaftsraum jeder ambulant betreuten Wohngemeinschaft, auf welche es sich bezieht, an gut sichtbarer Stelle zur Einsichtnahme auszuhängen,
2. es ist in leicht verständlicher Sprache zu formulieren,
3. die Bewohnerinnen und Bewohner sind in Textform über das Nachtbetreuungskonzept zu informieren,
4. künftige Bewohnerinnen und Bewohner sind rechtzeitig vor Abgabe ihrer Vertragserklärung in Textform über das Nachtbetreuungskonzept zu informieren,
5. das Nachtbetreuungskonzept ist der zuständigen Behörde bekannt zu machen; Änderungen sind unverzüglich mitzuteilen.

(5) Die zuständige Behörde kann die Nutzung des Nachtbetreuungskonzeptes untersagen, wenn Anhaltspunkte dafür bestehen, dass die Betreuung und Versorgung der Bewohnerinnen und Bewohner unter Nutzung des Nachtbetreuungskonzeptes beeinträchtigt ist.

TEIL 6 Sonstige Bestimmungen

§ 50 Sachverständige

(1) Sachverständige oder Sachverständiger im Sinne des § 17 Absatz 3 Satz 5 des Sächsischen Wohnteilhabegesetzes ist, wer unabhängig und aufgrund besonderer Sachkunde sowie fachlicher Expertise geeignet ist, die Ergebnis-, Prozess- und

Strukturqualität von Leistungen in Einrichtungen festzustellen.

(2) Von besonderer Sachkunde ist insbesondere auszugehen, wenn die Eignung als Prüferin oder Prüfer nach den Richtlinien des GKV-Spitzenverbandes für die Qualitätsprüfungs-Richtlinien für die vollstationäre Pflege vom 17. Dezember 2018, veröffentlicht auf der Internetseite des Spitzenverbandes Bund der Krankenkassen3, in der jeweils geltenden Fassung, vorliegt.

(3) Unabhängig ist nicht, wer bei einem Einrichtungsträger, einem Verband von Einrichtungsträgern, einem Leistungsträger oder der zuständigen Behörde gegen Entgelt oder als Mitglied des Vorstands, des Aufsichtsrats oder eines gleichartigen Organs eines Trägers oder mit einer mit ihm wirtschaftlich oder rechtlich verbundenen Organisation tätig ist.

§ 51
Bestandsschutz- und Übergangsregelungen

(1) Bestehende Einrichtungen im Sinne des § 2 Absatz 1 des Sächsischen Wohnteilhabegesetzes, für die vor dem 6. September 2014
1. die Anzeige der Betriebsaufnahme nach § 12 Absatz 1 des Heimgesetzes in der Fassung der Bekanntmachung vom 5. November 2001 (BGBl. I S. 2970), das zuletzt durch Artikel 3 Satz 2 des Gesetzes vom 29. Juli 2009 (BGBl. I S. 2319) geändert worden ist, oder § 4 Absatz 1 des Sächsischen Betreuungs- und Wohnqualitätsgesetzes vorliegt oder
2. die Feststellung der Anwendbarkeit des Heimgesetzes oder des Sächsischen Betreuungs- und Wohnqualitätsgesetzes bestandskräftig oder rechtskräftig entschieden ist,

und noch nicht in Betrieb befindliche Einrichtungen, für die vor dem 6. September 2014 eine Baugenehmigung beantragt worden ist, dürfen nur betrieben werden, wenn sie die Anforderungen erfüllen nach der Heimmindestbauverordnung in der Fassung der Bekanntmachung vom 3. Mai 1983 (BGBl. I S. 550), die durch Artikel 5 der Verordnung vom 25. November 2003 (BGBl. I S. 2346) geändert worden ist, und nicht nach § 31 der Heimmindestbauverordnung oder § 35 Absatz 1 des Sächsischen Wohnteilhabegesetzes etwas anderes bestimmt ist.

(2) Zum 6. September 2014 bestehende Einrichtungen, für die bei Inkrafttreten dieser Verordnung
1. die Anzeige der Betriebsaufnahme nach § 4 Absatz 1 des Sächsischen Betreuungs- und Wohnqualitätsgesetzes vorliegt oder
2. die Feststellung der Anwendbarkeit des Sächsischen Betreuungs- und Wohnqualitätsgesetzes bestandskräftig oder rechtskräftig entschieden ist,

und noch nicht in Betrieb befindliche Einrichtungen, für die im Zeitraum vom 6. September 2014 bis zum Inkrafttreten dieser Verordnung eine Baugenehmigung beantragt worden ist, dürfen nur betrieben werden, wenn sie die Anforderungen erfüllen nach den §§ 2 bis 13 der Verordnung des Sächsischen Staatsministeriums für Soziales und Verbraucherschutz zur Durchführung des Sächsischen Betreuungs- und Wohnqualitätsgesetzes vom 5. September 2014 (SächsGVBl. S. 504), die zuletzt durch Artikel 2 der Verordnung vom 2. November 2020 (SächsGVBl. S. 627) geändert worden ist, soweit nicht nach § 22 Absatz 1 der Verordnung des Sächsischen Staatsministeriums für Soziales und Verbraucherschutz zur Durchführung des Sächsischen Betreuungs- und Wohnqualitätsgesetzes oder § 35 Absatz 1 des Sächsischen Wohnteilhabegesetzes etwas anderes bestimmt ist.

(3) Für zum Zeitpunkt des Inkrafttretens dieser Verordnung in Betrieb befindliche anbieterverantwortete ambulant betreute und Intensivpflege-Wohngemeinschaften gelten die räumlichen Anforderungen dieser Verordnung nach einer Übergangsfrist von zehn Jahren, soweit § 20 des Sächsischen Wohnteilhabegesetzes nichts anderes bestimmt.

(4) Absatz 3 gilt entsprechend für anbieterverantwortete ambulant betreute und Intensivpflege-Wohngemeinschaften, für die bei Inkrafttreten dieser Verordnung bereits Folgendes vorlag:
1. die Anzeige der Betriebsaufnahme nach § 2 Absatz 2 Satz 4 in Verbindung mit § 4 Absatz 1 oder § 19 Absatz 1 des Sächsischen Betreuungs- und Wohnqualitätsgesetzes oder

2. der Antrag auf Erteilung einer Baugenehmigung.

(5) Abweichend von den Absätzen 1 bis 4 richten sich für Neubauten, wesentliche Umbauten und Ersatzbauten an Einrichtungen sowie anbieterverantworteten ambulant betreuten und Intensivpflege-Wohngemeinschaften die Anforderungen ohne Übergangsfrist nach dieser Verordnung.

(6) Personen, die bis zum Inkrafttreten dieser Verordnung entsprechend der bisherigen Rechtslage als Leitung, verantwortliche Pflegefachkraft oder Fachkräfte eingesetzt waren, ohne die fachlichen Voraussetzungen dieser Verordnung zu erfüllen, gelten für diese Tätigkeiten auch weiterhin als fachlich geeignet.

TEIL 7 Ordnungswidrigkeiten, Ersetzung von Bundesrecht, Inkrafttreten, Außerkrafttreten

§ 52 Ordnungswidrigkeiten

Nach § 33 Absatz 2 Nummer 6 des Sächsischen Wohnteilhabegesetzes kann mit Geldbuße bis zu zehntausend Euro belegt werden, wer widerrechtlich vorsätzlich oder fahrlässig

1. eine Einrichtung betreibt, in der entgegen
   a) § 5 Absatz 2 Satz 1 die Wohnflächen der Wohnräume nicht eingehalten sind,
   b) § 5 Absatz 2 Satz 3 die Wohnräume für mehr als zwei Bewohnerinnen oder Bewohner und Wohnräume in Durchgangszimmern bereitgestellt sind,
   c) § 5 Absatz 2 Satz 4 die Türen zu den Wohnräumen nicht abschließbar oder nicht im Notfall von außen zugänglich sind,
   d) § 6 Absatz 1 Satz 1 kein Gemeinschaftsraum vorhanden ist,
   e) § 6 Absatz 1 Satz 3 die Nutzfläche des Gemeinschaftsraumes nicht eingehalten ist,
   f) § 6 Absatz 1 Satz 6 nicht jedes Gebäude mindestens über einen Gemeinschaftsraum verfügt,
   g) § 7 Satz 1 die Wohn-, Aufenthalts-, Therapie- oder Wirtschaftsräume, Verkehrsflächen oder die sanitären oder technischen Anlagen, die von Bewohnerinnen und Bewohnern genutzt werden, nicht im Sinne von § 3 des Sächsischen Inklusionsgesetzes barrierefrei sind,
   h) § 8 Absatz 2 nicht mindestens ein Reservezimmer für bereits in der Einrichtung wohnende Bewohnerinnen und Bewohner zur vorübergehenden Nutzung vorhanden ist, wenn Wohnraum für zwei Personen vorgehalten wird,
   i) § 9 Absatz 2 Satz 1 nicht für jeden Wohnraum ein Sanitärraum zur Verfügung steht, in dem eine Nutzung für höchstens zwei Bewohnerinnen oder Bewohner vorgesehen ist,
   j) § 9 Absatz 2 Satz 2 nicht jeder Wohnraum einen direkten Zugang oder einen Zugang über einen Vorraum zu einem Sanitärraum hat,
   k) § 9 Absatz 2 Satz 3 der Sanitärraum nicht mit einer Dusche, einer Toilette oder einem Waschtisch ausgestattet ist,
   l) § 9 Absatz 2 Satz 4 die Türen von Sanitärräumen nicht abschließbar oder nicht im Notfall von außen zugänglich sind,
   m) § 9 Absatz 2 Satz 5 die Türen in Sanitärräumen nach innen schlagen,
   n) § 9 Absatz 2 Satz 6 Sanitärobjekte nicht über Haltegriffe verfügen,
   o) § 9 Absatz 2 Satz 8 bei Badewannen- oder Duscharmaturen kein Verbrühschutz vorhanden ist,
   p) § 9 Absatz 3 Satz 1 nicht für jeweils bis zu 40 Bewohnerinnen und Bewohner mindestens ein Pflegebad zur Verfügung steht,
   q) § 9 Absatz 3 Satz 3 das Pflegebad nicht mit einer Toilette oder einer dreiseitig freistehenden und mit einem Personenlifter nutzbaren Pflegebadewanne ausgestattet ist,
   r) § 9 Absatz 4 Satz 1 nicht in jedem Stockwerk mit Wohnräumen mindestens ein Fäkalienspülraum vorhanden ist,
   s) § 10 Satz 1 Wohn-, Sanitär-, Gemeinschafts- und Therapieräume, die von Bewohnerinnen und Bewohnern genutzt

werden, nicht jeweils mit einer Rufanlage ausgestattet sind oder
    t) § 10 Satz 2 die Rufanlage in Wohnräumen für pflegebedürftige Bewohnerinnen und Bewohner nicht von jedem Bett aus bedient werden kann,
2. eine anbieterverantwortete ambulant betreute oder Intensivpflege-Wohngemeinschaft führt, in der entgegen
    a) § 5 Absatz 2 Satz 1 die Wohnflächen der Wohnräume nicht eingehalten sind,
    b) § 5 Absatz 2 Satz 3 die Wohnräume für mehr als zwei Bewohnerinnen oder Bewohner und Wohnräume in Durchgangszimmern bereitgestellt sind,
    c) § 5 Absatz 2 Satz 4 die Türen zu den Wohnräumen nicht abschließbar oder nicht im Notfall von außen zugänglich sind,
    d) § 6 Absatz 1 Satz 1 kein Gemeinschaftsraum vorhanden ist,
    e) § 6 Absatz 1 Satz 3 die Nutzfläche des Gemeinschaftsraumes nicht eingehalten ist,
    f) § 6 Absatz 1 Satz 6 nicht jedes Gebäude mindestens über einen Gemeinschaftsraum verfügt,
    g) § 15 Absatz 1 in Verbindung mit § 9 Absatz 2 Satz 8 bei Badewannen- oder Duscharmaturen kein Verbrühschutz vorhanden ist,
    h) § 15 Absatz 1 in Verbindung mit § 14 Satz 1 und § 10 Satz 1 Wohn-, Sanitär-, Gemeinschafts- und Therapieräume, die von Bewohnerinnen und Bewohnern genutzt werden, nicht jeweils mit einer Rufanlage ausgestattet sind oder
    i) § 15 Absatz 1 in Verbindung mit § 14 Satz 1 und § 10 Satz 2 die Rufanlage in Wohnräumen für pflegebedürftige Bewohnerinnen und Bewohner nicht von jedem Bett aus bedient werden kann,
3. eine anbieterverantwortete ambulant betreute Wohngemeinschaft führt, in der entgegen
    a) § 13 Absatz 1 Satz 1 nicht für jeweils vier Bewohnerinnen oder Bewohner mindestens eine Dusche, eine Toilette und ein Waschtisch vorhanden ist,
    b) § 13 Absatz 1 Satz 2 nicht mindestens ein Sanitärraum barrierefrei nutzbar und mit einer Badewanne oder einer Dusche, einer Toilette oder einem Waschtisch ausgestattet ist,
4. eine anbieterverantwortete Intensivpflege-Wohngemeinschaft führt, in der entgegen
    a) § 15 Absatz 2 Satz 1 nicht mindestens für jeweils sechs Bewohnerinnen und Bewohner mindestens ein barrierefrei nutzbarer Sanitärraum zur Verfügung gestellt wird,
    b) § 15 Absatz 2 Satz 2 nicht mindestens ein Sanitärraum mit dem Rollstuhl nutzbar ist,
    c) § 15 Absatz 2 Satz 3 bei von mehreren Bewohnerinnen und Bewohnern genutzten Sanitärraumen keine Fäkalienspüle vorgesehen ist,
5. in Einrichtungen für pflegebedürftige Menschen entgegen
    a) § 16 Absatz 1 Personen als Fachkräfte beschäftigt, die den Fachkraftstatus nach § 20 nicht besitzen,
    b) § 16 Absatz 2 Satz 1 Personen, die den Fachkraftstatus nach § 20 Absatz 1 Nummer 1 bis 4 nicht besitzen, für Tätigkeiten einsetzt, deren Ausübung eine besondere pflegerische Fachkunde erfordern,
    c) § 18 Absatz 1 oder 2 Personen, die Aufgaben der Einrichtungsleitung wahrnehmen, als verantwortliche Pflegefachkraft oder direkt zur Leistungserbringung einsetzt oder beschäftigt, die für die Leitung oder die Ausübung ihrer Tätigkeit ungeeignet sind,
    d) § 21 Absatz 1 Satz 1 Personen als Pflegehilfskräfte oder Pflegeassistenzkräfte beschäftigt, die nicht über eine Qualifikation nach § 21 Absatz 1 Satz 2 verfügen,
    e) § 22 Absatz 3 nicht in jedem Gebäude als Nachtwache eine Fachkraft einsetzt,
    f) § 22 Absatz 4 Personen als Beschäftigte während ihrer Dienstzeit in Einrichtungen in weiteren Wohnformen im Sinne des Sächsischen Wohnteilhabegesetzes, in Wohnformen außerhalb des Anwendungsbereiches des Sächsischen Wohnteilhabegesetzes oder in anderen Tätigkeitsfeldern der ambulanten Pflege außerhalb der Einrichtung einsetzt,

g) § 23 Absatz 1 Personen als Leitung beschäftigt, ohne dass diese fachlich geeignet sind, oder
h) § 24 Personen als verantwortliche Pflegefachkraft beschäftigt, ohne dass diese fachlich geeignet sind,

6. in Einrichtungen für Menschen mit psychischen Erkrankungen oder mit Behinderungen entgegen
   a) § 16 Absatz 1 Personen als Fachkräfte beschäftigt, die den Fachkraftstatus nach § 25 nicht besitzen,
   b) § 18 Absatz 1 oder 2 Personen, die Aufgaben der Einrichtungsleitung wahrnehmen, als verantwortliche Pflegefachkraft oder direkt zur Leistungserbringung einsetzt oder beschäftigt, die für die Leitung oder die Ausübung ihrer Tätigkeit ungeeignet sind,
   c) § 26 Absatz 1 Satz 1 oder Absatz 2 Personen für qualifizierte Assistenzen oder vorbehaltene Aufgaben einsetzt, die nicht Fachkräfte sind,
   d) § 27 Absatz 1 Satz 1 nicht zwischen 6 und 20 Uhr mindestens eine Fachkraft im aktiven Dienst einsetzt, oder
   e) § 28 Personen als Leitung beschäftigt, ohne dass diese fachlich geeignet sind,
7. in anbieterverantworteten ambulant betreuten oder Intensivpflege-Wohngemeinschaften für pflegebedürftige Menschen entgegen
   a) § 16 Absatz 1 Personen als Fachkräfte beschäftigt, die den Fachkraftstatus nach § 20 nicht besitzen,
   b) § 29 Absatz 1 in Verbindung mit § 18 Absatz 1 oder 2 Personen einsetzt oder beschäftigt, die für die Leitung oder die Ausübung ihrer Tätigkeit ungeeignet sind,
   c) § 29 Absatz 1 in Verbindung mit § 21 Absatz 1 Satz 1 Personen als Pflegehilfskräfte oder Pflegeassistenzkräfte beschäftigt, die nicht über eine Qualifikation nach § 21 Absatz 1 Satz 2 verfügen,
   d) § 30 Absatz 2 Satz 2 nicht sicherstellt, dass in Zeiten, in denen keine Fachkraft anwesend ist, die Rufbereitschaft einer Fachkraft gegeben ist, oder
8. in anbieterverantworteten ambulant betreuten oder Intensivpflege-Wohngemeinschaften für Menschen mit psychischen Erkrankungen oder mit Behinderungen entgegen
   a) § 16 Absatz 1 als Fachkräfte beschäftigt, die den Fachkraftstatus nach § 25 nicht besitzen,
   b) § 29 Absatz 2 in Verbindung mit § 18 Absatz 1 oder 2 Personen, die Aufgaben der Einrichtungsleitung wahrnehmen, als verantwortliche Pflegefachkraft oder direkt zur Leistungserbringung einsetzt oder beschäftigt, die für die Leitung oder die Ausübung ihrer Tätigkeit ungeeignet sind,
   c) § 30 Absatz 2 Satz 2 nicht sicherstellt, dass in Zeiten, in denen keine Fachkraft anwesend ist, die Rufbereitschaft einer Fachkraft gegeben ist, oder
9. in Einrichtungen entgegen
   a) § 33 Absatz 2 Nummer 8 den Mitgliedern der Bewohnervertretung oder entgegen § 43 Absatz 7 Satz 3 in Verbindung mit § 33 Absatz 2 Nummer 8 der Bewohnersprecherin oder dem Bewohnersprecher nicht innerhalb von sechs Wochen die Vorschläge, Anträge oder Beschwerden beantwortet oder Ablehnungen nicht begründet,
   b) § 33 Absatz 3 Satz 1 nicht innerhalb von vier Wochen nach Ablauf der in § 36 Absatz 6 genannten Anfechtungsfrist der Anzeigepflicht gegenüber der zuständigen Behörde nachkommt, oder
   c) § 35 Absatz 2 nicht den Wahlausschuss bestellt,
10. in anbieterverantworteten ambulant betreuten oder Intensivpflege-Wohngemeinschaften entgegen § 46 Absatz 1 Satz 1 Vorschläge, Anträge oder Beschwerden der Wohngemeinschaftsvertretung nicht innerhalb von sechs Wochen beantwortet.

§ 53
Ersetzung von Bundesrecht

Diese Verordnung ersetzt im Freistaat Sachsen gemäß Artikel 125a Absatz 1 Satz 2 des Grundgesetzes für die Bundesrepublik Deutschland die Heimmitwirkungsverordnung.

§ 54
Inkrafttreten, Außerkrafttreten

[1]Diese Verordnung tritt am Tag nach der Verkündung in Kraft. [2]Gleichzeitig tritt die Verordnung des Sächsischen Staatsministeriums für Soziales und Verbraucherschutz zur Durchführung des Sächsischen Betreuungs- und Wohnqualitätsgesetzes vom 5. September 2014 (SächsGVBl. S. 504), die zuletzt durch Artikel 2 der Verordnung vom 2. November 2020 (SächsGVBl. S. 627) geändert worden ist, außer Kraft.

Sächsisches Verwaltungskostengesetz (SächsVwKG)

vom 5. April 2019 (SächsGVBl. S. 245)

– Fassung ab 27. April 2019 –

Inhaltsübersicht

ABSCHNITT 1
Verwaltungskosten für individuell zurechenbare öffentlich-rechtliche Leistungen

§ 1
Anwendungsbereich

(1) [1]Dieses Gesetz gilt für die Erhebung von Gebühren und Auslagen (Verwaltungskosten) für individuell zurechenbare öffentlich-rechtliche Leistungen der Behörden des Freistaates Sachsen und anderer Behörden, die derartige Leistungen zur Erfüllung von Weisungsaufgaben oder als staatliche Aufgabe erbringen und dabei der Aufsicht von Behörden des Freistaates Sachsen unterliegen. [2]Beliehene sind im Umfang ihrer Beleihung Behörden im Sinne dieses Gesetzes.

(2) Dieses Gesetz findet auf die Erhebung von Verwaltungskosten nach anderen Rechtsvorschriften einschließlich der unmittelbar geltenden Rechtsakte der Europäischen Union ergänzende Anwendung, soweit dort nichts Abweichendes bestimmt ist.

(3) Dieses Gesetz gilt nicht für den Bereich der Justizverwaltung.

§ 2
Begriffsbestimmungen

(1) Öffentlich-rechtliche Leistungen sind

1. Tätigkeiten, die eine Behörde im Sinne des § 1 Absatz 1 in Ausübung hoheitlicher Gewalt mit Außenwirkung vornimmt (Amtshandlungen); eine Amtshandlung liegt auch dann vor, wenn das Einverständnis einer Behörde, insbesondere eine Genehmigung oder eine Erlaubnis, nach Ablauf einer bestimmten Frist auf Grund einer Rechtsvorschrift als erteilt gilt,
2. sonstige Leistungen, die eine Behörde im Sinne des § 1 Absatz 1 im Rahmen einer öffentlich-rechtlichen Verwaltungstätigkeit mit Außenwirkung erbringt, insbesondere die Bereitstellung öffentlicher Einrichtungen zur Benutzung.

(2) Individuell zurechenbar ist eine Leistung, die

1. beantragt, sonst willentlich in Anspruch genommen oder zugunsten des Leistungsempfängers erbracht wird oder
2. durch einen Tatbestand ausgelöst wird, an den eine Rechtsnorm die Befugnis zum Tätigwerden der Behörde knüpft und die in einem spezifischen Bezug zum Tun, Dulden oder Unterlassen einer Person oder zu dem von einer Person zu vertretenden Zustand einer Sache steht.

§ 3
Verwaltungskostenpflicht

(1) Die Verwaltungskostenpflicht individuell zurechenbarer öffentlich-rechtlicher Leistungen von Behörden im Sinne des § 1 Absatz 1 und die Höhe der Gebühren ergeben sich grundsätzlich aus dem Kostenverzeichnis.

(2) [1]Amtshandlungen sind auch dann verwaltungskostenpflichtig, wenn sie nicht im Kostenverzeichnis enthalten sind. [2]In diesen Fällen wird eine Gebühr erhoben, die nach im Kostenverzeichnis bewerteten vergleichbaren Amtshandlungen zu bemessen ist. [3]Fehlt eine vergleichbare Amtshandlung, wird eine Gebühr bis zu 50 000 Euro erhoben.

(3) Für öffentlich-rechtliche Leistungen im Sinne des § 2 Absatz 1 Nummer 2 werden Gebühren nur dann erhoben, wenn dies im Kostenverzeichnis bestimmt ist.

(4) Die Gebühr fällt für die jeweilige öffentlich-rechtliche Leistung einzeln an, auch wenn diese zusammen mit anderen vorgenommen wird.

(5) Die Gebühr fällt für die jeweilige öffentlich-rechtliche Leistung ohne Rücksicht auf die Zahl der beteiligten Personen nur einmal an.

(6) Eine Verwaltungskostenpflicht besteht auch, wenn ein auf die Vornahme einer öffentlichrechtlichen Leistung gerichteter Antrag oder ein Rechtsbehelf zurückgenommen wird oder sich auf andere Art und Weise erledigt.

§ 4
Kostenverzeichnis, Höhe der Gebühr

(1) Das Staatsministerium der Finanzen wird ermächtigt, im Einvernehmen mit den jeweils zuständigen Staatsministerien durch Rechtsverordnung das Kostenverzeichnis zu erlassen und fortzuschreiben.

(2) [1]Die Höhe der Gebühr im Kostenverzeichnis ist nach dem Verwaltungsaufwand aller an der öffentlich-rechtlichen Leistung beteiligten Behörden und Stellen (Kostendeckungsgebot) und nach der Bedeutung der Angelegenheit für die Personen, denen nach § 2 Absatz 2 die öffentlichrechtliche Leistung zuzurechnen ist, zu bemessen. [2]Verwaltungsaufwand sind die regelmäßig bei der Erbringung der öffentlich-rechtlichen Leistung anfallenden Aufwendungen, insbesondere Personal- und Sachaufwendungen. [3]Ausnahmen vom Kostendeckungsgebot sind nur zulässig, wenn dies aus Gründen der Billigkeit erforderlich ist. [4]Die Gebühr darf nicht in einem Missverhältnis zur öffentlich-rechtlichen Leistung stehen. [5]Die im Kostenverzeichnis festgelegte Gebühr enthält nicht die Umsatzsteuer, sofern in anderen Rechtsvorschriften nichts Abweichendes bestimmt ist.

(3) Die Gebühren sind durch feste Sätze (Festgebühren), nach dem Wert des Gegenstandes, auf den sich die öffentlich-rechtliche Leistung bezieht (Wertgebühren), nach dem Zeitaufwand für die öffentlich-rechtliche Leistung (Zeitgebühr) oder durch Rahmensätze (Rahmengebühren) zu bestimmen.

(4) Das Staatsministerium der Finanzen kann für bestimmte Arten von Fällen im Kostenverzeichnis bestimmen, dass Verwaltungskosten nicht erhoben werden, soweit ihre Erhebung unbillig wäre.

(5) Soweit in Rechtsakten der Europäischen Union inhaltlich bestimmte Gebührenregelungen enthalten sind, die von diesem Gesetz abweichen, finden diese bei der Bestimmung der Gebühren im Kostenverzeichnis Anwendung.

§ 5
Mindestgebühr

Die Mindestgebühr beträgt 10 Euro, sofern im Kostenverzeichnis nichts Abweichendes bestimmt ist oder sich dies aus § 3 Absatz 2 Satz 2 ergibt.

§ 6
Rahmengebühren

Bei Rahmengebühren hat die Festsetzungsbehörde die Gebühren gemäß § 4 Absatz 2 und 5 zu bemessen.

§ 7
Verwaltungskosten in besonderen Fällen

(1) [1]Wird ein Antrag zurückgenommen oder erledigt er sich auf andere Art und Weise, bevor die Leistung vollständig erbracht ist, ist eine Gebühr von 10 bis 75 Prozent der für die beantragte öffentlich-rechtliche Leistung festzusetzenden Gebühr je nach Fortgang der Sachbehandlung zu erheben. [2]Von der Festsetzung der Gebühr ist abzusehen, wenn durch die Zurücknahme des Antrags oder seine Erledigung auf andere Art und Weise das Verfahren besonders schnell und mit geringem Verwaltungsaufwand abgeschlossen werden kann und dies der Billigkeit nicht widerspricht; hatte die Behörde mit der sachlichen Bearbeitung noch nicht begonnen, ist keine Gebühr zu erheben.

(2) [1]Bei der vollständigen oder teilweisen Ablehnung eines Antrags kann die für die beantragte öffentlich-rechtliche Leistung festzusetzende Gebühr bis auf 10 Prozent ermäßigt werden. [2]Wird ein Antrag wegen Unzuständigkeit abgelehnt, ist keine Gebühr zu erheben.

(3) [1]Für die Rücknahme oder den Widerruf eines Verwaltungsaktes ist eine Gebühr bis zur Höhe der für den zurückgenommenen oder widerrufenen Verwaltungsakt im Zeitpunkt der Rücknahme oder des Widerrufs festzusetzenden Gebühr zu erheben. [2]Ist für den zurückgenommenen oder widerrufenen Verwaltungsakt keine Gebühr angefallen, ist eine Gebühr bis zu 3 000 Euro zu erheben.

(4) [1]Verwaltungskosten, die bei richtiger Sachbehandlung durch die Behörde nicht entstanden wären, werden nicht erhoben. [2]Das gleiche gilt für Auslagen, die durch die Verlegung eines Termins oder durch die Vertagung einer Verhandlung entstanden sind, soweit dies nicht vom Auslagenschuldner verursacht ist.

§ 8
Verwaltungskosten im Rechtsbehelfsverfahren

(1) [1]Für die Entscheidung über einen Rechtsbehelf ist, soweit dieser erfolglos geblieben ist, eine Gebühr bis zu 150 Prozent der für den angefochtenen Verwaltungsakt festzusetzenden Gebühr zu erheben. [2]Ist für den angefochtenen Verwaltungsakt keine Gebühr angefallen oder hat ein Dritter den Rechtsbehelf eingelegt, ist eine Gebühr bis zu 5 000 Euro zu erheben. [3]Hat ein Rechtsbehelf vollen Erfolg, werden keine Verwaltungskosten erhoben.

(2) [1]Wird ein Rechtsbehelf zurückgenommen oder erledigt er sich auf andere Art und Weise bevor die Entscheidung über den Rechtsbehelf

erlassen ist, beträgt die Gebühr 10 bis 75 Prozent der nach Absatz 1 Satz 1 oder Satz 2 festzusetzenden Gebühr. 2§ 7 Absatz 1 Satz 2 gilt entsprechend.

(3) Hat ein Rechtsbehelf ganz oder teilweise Erfolg und wird auf diesen hin eine öffentlich-rechtliche Leistung vorgenommen oder ein Antrag abgelehnt, bleibt die Erhebung der dafür vorgeschriebenen Verwaltungskosten unberührt.

§ 9
Verwaltungskostenschuldner

(1) Zur Zahlung der Verwaltungskosten ist derjenige verpflichtet,
1. dem die öffentlich-rechtliche Leistung individuell zuzurechnen ist,
2. der die Verwaltungskosten durch eine vor der zuständigen Behörde abgegebene oder mitgeteilte Erklärung übernommen hat oder
3. der für die Verwaltungskostenschuld eines anderen kraft Gesetzes haftet.

(2) Mehrere Verwaltungskostenschuldner haften als Gesamtschuldner.

(3) Auslagen im Sinne des § 13, die durch unbegründete Einwendungen eines Beteiligten oder durch schuldhaftes Verhalten eines Beteiligten oder eines Dritten entstanden sind, hat dieser zu tragen.

§ 10
Verwaltungskostengläubiger

[1]Gläubiger der Verwaltungskosten für die individuell zurechenbaren öffentlich-rechtlichen Leistungen der Behörden des Freistaates Sachsen ist der Freistaat Sachsen. [2]Gläubiger der Verwaltungskosten für die individuell zurechenbaren öffentlich-rechtlichen Leistungen, die andere Behörden zur Erfüllung von Weisungsaufgaben oder als staatliche Aufgabe unter der Aufsicht des Freistaates Sachsen erbringen, ist deren jeweiliger Rechtsträger. [3]Gläubiger der Verwaltungskosten in den Fällen eines zurückgenommenen oder auf andere Art und Weise erledigten Antrags oder Rechtsbehelfs ist der Rechtsträger der Behörde, die über den Antrag oder Rechtsbehelf zu entscheiden hat.

§ 11
Sachliche Verwaltungskostenfreiheit

(1) Verwaltungskosten werden nicht erhoben für
1. Amtshandlungen der Rechts- und Fachaufsicht gegenüber Körperschaften, Anstalten und Stiftungen des öffentlichen Rechts,
2. durch Gesetz oder Rechtsverordnung geregelte Überwachungsmaßnahmen, die auf Grund eines Verdachts oder einer Beschwerde durchgeführt werden, wenn kein Verstoß gegen eine Rechtsvorschrift festgestellt wird,
3. die Rücknahme oder den Widerruf eines Verwaltungsaktes, wenn diese auf Gründen beruhen, die der Betroffene nicht zu vertreten hat,
4. die Anforderung von Verwaltungskosten, Verwaltungskostenvorschüssen, Beiträgen und die Aufforderung zur Zahlung von Säumniszuschlägen sowie die Festsetzung von Entschädigungen oder Vergütungen im Sinne des § 27 und die Festsetzung der in einem Vorverfahren nach § 68 der Verwaltungsgerichtsordnung zur zweckentsprechenden Rechtsverfolgung oder Rechtsverteidigung notwendigen Aufwendungen,
5. öffentlich-rechtliche Leistungen, die ausschließlich oder überwiegend im öffentlichen Interesse von Amts wegen vorgenommen werden; sind sie einem Beteiligten individuell zuzurechnen, sind ihm dafür die Verwaltungskosten aufzuerlegen, soweit dies der Billigkeit nicht widerspricht,
6. Auskünfte einfacher Art; dies gilt nicht für Auskünfte aus Registern oder Dateien,
7. Verfahren über die Stundung, den Erlass oder die Erstattung öffentlicher Abgaben,
8. Verfahren über Anträge auf Unterstützungen, Beihilfen, Zuschüsse, Stipendien, Freiplätze und ähnliche Vergünstigungen sowie über die Erteilung von Bescheinigungen und Zeugnissen zur Festsetzung von Ruhegehalt, Witwen- und Waisengeld und zur Bewilligung von Prozesskostenhilfe,

9. öffentlich-rechtliche Leistungen in Gnadensachen,
10. Amtshandlungen im Rahmen eines bestehenden oder früheren öffentlich-rechtlichen Dienst- oder Amtsverhältnisses einschließlich des Widerspruchsverfahrens; diese Verwaltungskostenfreiheit erstreckt sich auch auf beamtenrechtliche Prüfungen der Angehörigen der Behörden und Gerichte des Freistaates Sachsen,
11. Verfahren wegen Ablehnung eines Amtsträgers,
12. Entscheidungen über Gegenvorstellungen, Aufsichtsbeschwerden, Dienstaufsichtsbeschwerden und andere Petitionen,
13. Amtshandlungen in Angelegenheiten des Wahlrechts, des Volksantrags, des Volksbegehrens und des Volksentscheids,
14. Verfahren über die Anordnung der sofortigen Vollziehung und über die Aussetzung der Vollziehung nach den §§ 80 und 80a der Verwaltungsgerichtsordnung,
15. Amtshandlungen
    a) der Hochschulen, der Schulen im Sinne des Sächsischen Schulgesetzes in der Fassung der Bekanntmachung vom 27. September 2018 (SächsGVBl. S. 648), das durch Artikel 14 des Gesetzes vom 14. Dezember 2018 (SächsGVBl. S. 782) geändert worden ist, in der jeweils geltenden Fassung, und der Schulaufsichtsbehörden zur Begründung oder im Rahmen eines bestehenden Studien- oder Schulverhältnisses,
    b) anlässlich des Besuchs von Schulen und der Teilnahme an Lehrgängen, die der Aus- oder Weiterbildung von Angehörigen des öffentlichen Dienstes und von im Vorbereitungsdienst hierzu befindlichen Personen dienen,
16. öffentlich-rechtliche Leistungen im Sinne des § 2 Absatz 1 Nummer 2
    a) anlässlich des Besuchs von Schulen im Sinne des Sächsischen Schulgesetzes, deren Träger der Freistaat Sachsen ist, soweit andere gesetzliche Regelungen nichts Abweichendes bestimmen,
    b) anlässlich des Besuchs staatlicher Schulen, verwaltungsinterner Fachhochschulen und der Teilnahme an staatlichen Lehrgängen, die der Aus- oder Weiterbildung von Angehörigen des öffentlichen Dienstes und von im Vorbereitungsdienst hierzu befindlichen Personen dienen, wenn die Schulungs- oder Lehrgangsteilnehmer Angehörige der Behörden und Gerichte des Freistaates Sachsen sind; die Erhebung von Verwaltungskosten für die Gewährung von Unterkunft und Verpflegung sowie anderer Sonderleistungen und für Sonderveranstaltungen dieser Einrichtungen bleibt unberührt,
17. die Zulassung zu einer Prüfung, die Abnahme einer Prüfung oder die Erteilung eines Zeugnisses über eine Prüfung, sofern im Kostenverzeichnis nichts Abweichendes bestimmt ist; soweit nichts Abweichendes bestimmt ist, wird für die Zulassung zu einer Prüfung, die Abnahme dieser Prüfung und die Erteilung eines Zeugnisses darüber nur eine Gebühr erhoben.

(2) Soweit in Absatz 1 oder in anderen Rechtsvorschriften nichts Abweichendes bestimmt ist, wird das Rechtsbehelfsverfahren von der sachlichen Verwaltungskostenfreiheit nicht erfasst.

(3) Auch bei Verwaltungskostenfreiheit nach Absatz 1 sind Auslagen im Sinne des § 13, die durch unbegründete Einwendungen eines Beteiligten oder durch schuldhaftes Verhalten eines Beteiligten oder eines Dritten entstanden sind, von diesem zu tragen.

§ 12
Persönliche Gebührenfreiheit

(1) [1]Von der Zahlung der Gebühren für individuell zurechenbare öffentlich-rechtliche Leistungen sind befreit:
1. die Bundesrepublik Deutschland und die juristischen Personen des öffentlichen Rechts, deren Ausgaben auf Grund gesetzlicher Verpflichtung ganz oder überwiegend aus dem Haushalt des Bundes getragen werden;
2. der Freistaat Sachsen und die juristischen Personen des öffentlichen Rechts, deren Ausgaben auf Grund gesetzlicher Verpflichtung

ganz oder überwiegend aus dem Haushalt des Freistaates Sachsen getragen werden;
3. die Gemeinden, die Landkreise und sonstigen kommunalen Körperschaften des öffentlichen Rechts, die der Rechtsaufsicht des Freistaates Sachsen unterstehen sowie die juristischen Personen des öffentlichen Rechts, deren Ausgaben auf Grund gesetzlicher Verpflichtung ganz oder überwiegend aus dem Haushalt der genannten kommunalen Körperschaften getragen werden; soweit kommunale Körperschaften des öffentlichen Rechts, die der Rechtsaufsicht des Freistaates Sachsen unterstehen, bei der Wahrnehmung von Weisungsaufgaben öffentlich-rechtliche Leistungen des Freistaates Sachsen im Sinne des § 2 Absatz 1 Nummer 2 in Anspruch nehmen, gilt diese Befreiung auch für Auslagen;
4. die anderen Länder der Bundesrepublik Deutschland, soweit Gegenseitigkeit gewährleistet ist; der Leistungsempfänger hat dazu entsprechende Angaben von Amts wegen zu machen;
5. die Kirchen und die Religionsgemeinschaften, soweit sie die Rechtsstellung einer Körperschaft des öffentlichen Rechts haben.

[2]Die Befreiung tritt nicht ein, wenn die Gebühr einem Dritten auferlegt werden kann. [3]Die in Satz 1 Genannten haben dazu entsprechende Angaben von Amts wegen zu machen.

(2) Nicht befreit sind
1. die Sondervermögen,
2. die Bundesbetriebe sowie die Staatsbetriebe und Landesbetriebe des Freistaates Sachsen und der anderen Länder der Bundesrepublik Deutschland,
3. sonstige wirtschaftliche Unternehmen der juristischen Personen des öffentlichen Rechts.

§ 13
Auslagen

(1) [1]Aufwendungen, die nicht regelmäßig im Zusammenhang mit der Erbringung der öffentlich-rechtlichen Leistung anfallen und deshalb nicht nach § 4 Absatz 2 zu dem in die Gebühr einzubeziehenden Verwaltungsaufwand gehören, werden in der tatsächlich entstandenen Höhe als Auslagen erhoben. [2]Als Auslagen können unter den Voraussetzungen von Satz 1 insbesondere erhoben werden:
1. Vergütungen und Entschädigungen, die Sachverständigen, Dolmetschern, Übersetzern, Zeugen und sonstigen Personen zustehen,
2. Aufwendungen für Post- und Telekommunikationsdienstleistungen,
3. Reisekosten im Sinne der Reisekostenvorschriften und sonstige Aufwendungen bei der Ausführung von Dienstgeschäften außerhalb der Dienststelle,
4. Aufwendungen anderer Behörden oder Personen.

(2) Abweichend von Absatz 1 kann im Kostenverzeichnis bestimmt werden, dass Auslagen pauschal, nicht oder nicht in voller Höhe erhoben werden.

(3) Inhaltlich bestimmte Auslagenregelungen in Rechtsakten der Europäischen Union, die von diesem Gesetz abweichen, sind in das Kostenverzeichnis aufzunehmen.

(4) Auslagen werden auch dann erhoben, wenn die kostenerhebende Behörde aus Gründen der Gegenseitigkeit, der Verwaltungsvereinfachung oder aus ähnlichen Gründen an die anderen Behörden, Einrichtungen oder Personen Zahlungen nicht zu leisten hat.

(5) [1]Aufwendungen für die auf besonderen Antrag erteilten Vervielfältigungen werden gesondert als Schreibauslagen erhoben. [2]Die Höhe der Schreibauslagen wird im Kostenverzeichnis bestimmt.

§ 14
Umsatzsteuer

Unterliegt die öffentlich-rechtliche Leistung der Umsatzsteuer, werden die Verwaltungskosten zuzüglich der gesetzlichen Umsatzsteuer erhoben.

§ 15
Entstehung des Verwaltungskostenanspruchs

(1) [1]Der Verwaltungskostenanspruch entsteht mit Beendigung der verwaltungskostenpflichtigen öffentlich-rechtlichen Leistung, in den Fällen des § 3 Absatz 6 mit Zurücknahme oder Erledigung des Antrags oder Rechtsbehelfs und in den Fällen des § 2 Absatz 1 Nummer 1 Halbsatz 2 zu dem Zeitpunkt, zu dem das Einverständnis als erteilt gilt. [2]Bedarf die öffentlich-rechtliche Leistung einer Zustellung, Eröffnung oder sonstigen Bekanntgabe, ist sie damit beendet.

(2) Wird die verwaltungskostenpflichtige öffentlich-rechtliche Leistung elektronisch erbracht und wird der Leistungsempfänger innerhalb des elektronischen Verfahrens zur sofortigen Zahlung aufgefordert, entsteht der Verwaltungskostenanspruch abweichend von Absatz 1 im Zeitpunkt dieser Aufforderung.

(3) Absatz 2 gilt entsprechend, wenn die Behörde vor Beendigung einer öffentlich-rechtlichen Leistung, für die nach dem Kostenverzeichnis eine Festgebühr bis zu 100 Euro zu erheben ist, zur Zahlung auffordert.

§ 16
Verwaltungskostenvorschuss

(1) [1]Die Behörde kann eine öffentlich-rechtliche Leistung, die auf Antrag vorgenommen wird, von der Zahlung eines angemessenen Vorschusses abhängig machen. [2]Dem Antragsteller ist eine angemessene Frist zur Zahlung des Vorschusses zu setzen. [3]Wird der Vorschuss nicht binnen dieser Frist eingezahlt, kann die Behörde den Antrag als zurückgenommen behandeln; darauf ist der Antragsteller bei der Anforderung des Vorschusses hinzuweisen. [4]Satz 3 gilt nicht im Rechtsbehelfsverfahren.

(2) [1]Ein Vorschuss ist nicht anzufordern, wenn dem Antragsteller oder einem Dritten dadurch ein wesentlicher Nachteil entstehen würde oder wenn es aus sonstigen Gründen der Billigkeit entspricht. [2]Bei Personen, die außerstande sind, ohne Beeinträchtigung des für sie und ihre Familie notwendigen Unterhalts die Verwaltungskosten vorzuschießen, darf ein Vorschuss nur gefordert werden, wenn der Antrag keine hinreichende Aussicht auf Erfolg bietet.

§ 17
Verwaltungskostenfestsetzung

(1) [1]Verwaltungskosten werden von Amts wegen festgesetzt. [2]Die Festsetzung soll schriftlich oder elektronisch erfolgen. [3]Sie kann auch mündlich ergehen. [4]In diesem Fall ist sie auf Antrag schriftlich oder elektronisch zu bestätigen. [5]Die Verwaltungskostenfestsetzung soll zusammen mit der Sachentscheidung erfolgen. [6]Sie ist von Amts wegen innerhalb der Festsetzungsfrist nachzuholen, wenn sie bei der Vornahme der verwaltungskostenpflichtigen öffentlich-rechtlichen Leistung unterblieben ist.

(2) Der Verwaltungskostenschuldner ist verpflichtet, die zur Festsetzung der Verwaltungskosten erforderlichen Angaben wahrheitsgemäß und vollständig zu machen sowie die notwendigen Unterlagen in Urschrift oder beglaubigter Abschrift beizubringen.

(3) Die Verwaltungskostenfestsetzung kann zusammen mit der Sachentscheidung oder selbständig nach Maßgabe der Verwaltungsgerichtsordnung angefochten werden.

(4) Fehlerhafte Verwaltungskostenfestsetzungen können von der Verwaltungskostenfestsetzungsbehörde oder den übergeordneten Behörden innerhalb der Festsetzungsfrist geändert werden.

(5) [1]Die Festsetzung sowie ihre Aufhebung oder Änderung ist nicht mehr zulässig, wenn die Festsetzungsfrist abgelaufen ist. [2]Die Festsetzungsfrist beträgt vier Jahre. [3]Sie beginnt mit Ablauf des Kalenderjahres, in dem der Kostenanspruch entstanden ist. [4]Die Festsetzungsfrist läuft nicht ab, solange

1. über einen vor Ablauf der Frist gestellten Antrag auf Aufhebung oder Änderung der Festsetzung oder einen eingelegten Rechtsbehelf nicht unanfechtbar entschieden worden ist oder

2. der Anspruch wegen höherer Gewalt innerhalb der letzten sechs Monate der Festsetzungsfrist nicht verfolgt werden kann.

[5]Werden nach Ablauf der Festsetzungsfrist noch nicht festgesetzte Kosten im Insolvenzverfahren angemeldet, läuft die Festsetzungsfrist insoweit nicht vor Ablauf von drei Monaten nach Beendigung des Insolvenzverfahrens ab.

§ 18
Fälligkeit der Verwaltungskosten

Die Verwaltungskosten werden einen Monat nach der Bekanntgabe der Verwaltungskostenfestsetzung an den Verwaltungskostenschuldner fällig, wenn nicht die Behörde einen anderen Zeitpunkt bestimmt oder die Fälligkeit abweichend durch Vertrag geregelt ist.

§ 19
Zurückbehaltungsrecht

Bis zur Zahlung der geschuldeten Verwaltungskosten können Urkunden, sonstige Schriftstücke und andere Sachen, an denen die Behörde im Zusammenhang mit der verwaltungskostenpflichtigen öffentlich-rechtlichen Leistung Gewahrsam begründet hat, zurückbehalten werden.

§ 20
Reihenfolge der Tilgung

(1) [1]Schuldet ein Verwaltungskostenschuldner mehrere Beträge und reicht bei freiwilliger Zahlung der gezahlte Betrag nicht zur Tilgung sämtlicher Schulden aus, wird die Schuld getilgt, die der Verwaltungskostenschuldner bei der Zahlung bestimmt. [2]Trifft der Verwaltungskostenschuldner keine Bestimmung, werden zunächst die Geldbußen, sodann nacheinander die Zwangsgelder, die Gebühren, die Auslagen, die Kosten der Mahnung und der Vollstreckung, die Zinsen und die Säumniszuschläge getilgt. [3]Innerhalb dieser Reihenfolge sind die einzelnen Schulden nach ihrer Fälligkeit zu ordnen; bei gleichzeitig fällig gewordenen Beträgen und bei den Säumniszuschlägen bestimmt der Verwaltungskostengläubiger die Reihenfolge der Tilgung.

(2) Wird die Zahlung nach dem Verwaltungsvollstreckungsgesetz für den Freistaat Sachsen in der Fassung der Bekanntmachung vom 10. September 2003 (SächsGVBl. S. 614, 913), das zuletzt durch das Gesetz vom 6. Oktober 2013 (SächsGVBl. S. 802) geändert worden ist, in der jeweils geltenden Fassung, erzwungen und reicht der verfügbare Betrag nicht zur Tilgung aller Schulden aus, derentwegen die Vollstreckung oder die Verwertung der Sicherheiten erfolgt ist, bestimmt der Verwaltungskostengläubiger die Reihenfolge der Tilgung.

§ 21
Stundung, Niederschlagung und Erlass

[1]Für die Stundung, die Niederschlagung und den Erlass von Verwaltungskosten und Nebenleistungen gelten die Vorschriften der Sächsischen Haushaltsordnung in der Fassung der Bekanntmachung vom 10. April 2001 (SächsGVBl. S. 153), die zuletzt durch Artikel 1 des Gesetzes vom 14. Dezember 2018 (SächsGVBl. S. 782) geändert worden ist, in der jeweils geltenden Fassung. [2]In den Fällen des § 10 Satz 2 gelten die für diese Behörden verbindlichen entsprechenden Vorschriften.

§ 22
Säumniszuschläge

(1) [1]Werden Verwaltungskosten nicht bis zum Ablauf des Fälligkeitstages entrichtet, ist für jeden angefangenen Monat der Säumnis ein Säumniszuschlag von 1 Prozent des abgerundeten rückständigen Kostenbetrags zu entrichten; abzurunden ist auf den nächsten durch 50 Euro teilbaren Betrag. [2]Bei Zahlung im Lastschriftverfahren gelten die Kosten als am Fälligkeitstag entrichtet.

(2) [1]Ein Säumniszuschlag wird bei einer Säumnis von bis zu drei Tagen nicht erhoben. [2]Dies gilt nicht bei Barzahlung und bei garantierter oder mittels abstraktem Schuldversprechen abgesicherter Kartenzahlung.

(3) [1]Sind mehrere Verwaltungskostenschuldner hinsichtlich der Verwaltungskostenschuld als Gesamtschuldner in Anspruch genommen worden, entstehen Säumniszuschläge gegenüber jedem säumigen Gesamtschuldner. [2]In diesem Fall besteht auch hinsichtlich der für den gleichen Zeitraum verwirklichten Säumniszuschläge ein Gesamtschuldverhältnis. [3]Insgesamt ist kein höherer Säumniszuschlag zu entrichten, als wenn die Säumnis nur bei einem Gesamtschuldner eingetreten wäre.

(4) § 7 Absatz 4 und § 23 gelten sinngemäß.

§ 23 Zahlungsverjährung

(1) [1]Ein festgesetzter Kostenanspruch erlischt durch Verjährung. [2]Die Verjährungsfrist beträgt fünf Jahre. [3]Sie beginnt mit Ablauf des Kalenderjahres, in dem der Anspruch erstmals fällig geworden ist.

(2) Die Verjährung ist gehemmt, solange der Anspruch wegen höherer Gewalt innerhalb der letzten sechs Monate der Verjährungsfrist nicht verfolgt werden kann.

(3) Die Verjährung wird unterbrochen durch

1. Stundung, Aussetzung der Vollziehung oder Vollstreckungsaufschub,
2. Sicherheitsleistung,
3. eine Vollstreckungsmaßnahme,
4. Anmeldung im Insolvenzverfahren,
5. Eintritt des Vollstreckungsverbotes nach § 294 Absatz 1 der Insolvenzordnung,
6. Aufnahme in einen Insolvenzplan oder einen gerichtlichen Schuldenbereinigungsplan,
7. Ermittlungen der Behörde nach dem Wohnsitz oder dem Aufenthaltsort des Verwaltungskostenschuldners,
8. schriftliche Geltendmachung des Anspruchs.

(4) Die Unterbrechung der Verjährung durch eine der in Absatz 3 genannten Maßnahmen dauert fort, bis

1. die Stundung, die Aussetzung der Vollziehung oder der Vollstreckungsaufschub beendet ist,
2. zum Erlöschen der Sicherheit,
3. zum Erlöschen des Pfändungspfandrechts, der Zwangshypothek oder des sonstigen Vorzugsrechts auf Befriedigung,
4. zur Beendigung des Insolvenzverfahrens,
5. zum Wegfall des Vollstreckungsverbotes nach § 294 Absatz 1 der Insolvenzordnung,
6. der Insolvenzplan oder der gerichtliche Schuldenbereinigungsplan erfüllt ist oder hinfällig wird.

(5) Mit Ablauf des Kalenderjahres, in dem die Unterbrechung geendet hat, beginnt eine neue Verjährungsfrist.

(6) Die Verjährung wird nur in Höhe des Betrags unterbrochen, auf den sich die Unterbrechungshandlung bezieht.

§ 24 Zuwiderhandlungen

(1) Ordnungswidrig handelt, wer vorsätzlich oder leichtfertig der Verwaltungskostenfestsetzungsbehörde oder anderen Behörden über verwaltungskostenrechtlich erhebliche Tatsachen unrichtige oder unvollständige Angaben macht oder sie pflichtwidrig über verwaltungskostenrechtlich erhebliche Tatsachen in Unkenntnis lässt und dadurch Verwaltungskosten verkürzt oder für sich oder eine andere Person nicht gerechtfertigte Verwaltungskostenvorteile erlangt.

(2) Die Ordnungswidrigkeit kann mit einer Geldbuße bis zu fünfundzwanzigtausend Euro geahndet werden.

(3) Verwaltungsbehörden im Sinne des § 36 Absatz 1 Nummer 1 des Gesetzes über Ordnungswidrigkeiten für die Verfolgung und Ahndung von Ordnungswidrigkeiten nach Absatz 1 sind die Verwaltungskostenfestsetzungsbehörden.

(4) Gläubiger der Geldbuße ist der Rechtsträger der nach Absatz 3 zuständigen Verwaltungsbehörde.

ABSCHNITT 2
Kurtaxe

§ 25
Kurtaxe in den Staatsbädern

(1) [1]Der Freistaat Sachsen unterhält in Bad Elster und Bad Brambach Staatsbäder. [2]Der Sächsischen Staatsbäder GmbH obliegt als Beliehene die staatliche Aufgabe des Staatsbadbetriebes durch Bereitstellung und Betrieb ihrer Kur- und Erholungseinrichtungen in Bad Elster und Bad Brambach. [3]Soweit in den folgenden Absätzen nichts Abweichendes bestimmt ist, erfüllt die Sächsische Staatsbäder GmbH diese Aufgabe privatrechtlich. [4]Zur Durchführung von Veranstaltungen kann sich die Sächsische Staatsbäder GmbH Dritter bedienen oder an Drittgesellschaften beteiligen.

(2) [1]Für die Aufwendungen, die durch die Bereitstellung, den Betrieb und die Förderung von Einrichtungen und Veranstaltungen, die in einem Staatsbad zu Kur- und Erholungszwecken unterhalten oder durchgeführt werden, entstehen, kann die Sächsische Staatsbäder GmbH auf Grund einer Kurtaxordnung als Beliehene eine Kurtaxe erheben. [2]Die Sächsische Staatsbäder GmbH ist befugt, die zu diesem Zweck notwendigen Verwaltungsakte als Festsetzungsbehörde zu erlassen. [3]Die Kurtaxen dürfen höchstens so bemessen sein, dass die einmaligen und laufenden Aufwendungen für die Einrichtungen und Veranstaltungen gedeckt werden können. [4]Sind die Vorteile, die den Kurtaxschuldnern aus den Einrichtungen erwachsen können, verschieden groß, ist das durch eine entsprechende Abstufung der Kurtaxhöhe zu berücksichtigen.

(3) [1]Die Aufsicht über die ordnungsgemäße Erfüllung der staatlichen Aufgaben durch die Sächsische Staatsbäder GmbH übt das Staatsministerium der Finanzen als Rechtsaufsicht aus. [2]Hinsichtlich des Umfanges der Eingriffs- und Kontrollrechte des Staatsministeriums der Finanzen finden die §§ 113 bis 116 der Sächsischen Gemeindeordnung in der Fassung der Bekanntmachung vom 9. März 2018 (SächsGVBl. S. 62), in der jeweils geltenden Fassung, sinngemäß Anwendung. [3]Für die im Rahmen der Rechtsaufsicht vorgenommenen Amtshandlungen werden keine Verwaltungskosten erhoben.

(4) [1]Schuldner der Kurtaxe ist, wer im Kurbezirk, ohne dort seine Hauptwohnung zu haben, Unterkunft nimmt oder Kur- oder Erholungseinrichtungen der Staatsbäder in Anspruch nimmt. [2]Die Kurtaxe wird von Personen, die sich ausschließlich zu anderen als zu Kur- oder Erholungszwecken im Kurbezirk aufhalten, nicht erhoben.

(5) [1]Die Kurtaxordnungen für die einzelnen Staatsbäder erlässt das Staatsministerium der Finanzen als Rechtsverordnungen. [2]Die Kurtaxordnungen haben insbesondere Kurbezirke festzulegen und die Höhe der Kurtaxen, den Kreis der Kurtaxpflichtigen und das Entstehen des Kurtaxanspruchs zu bestimmen. [3]Sie können aus sozialen und sonstigen wichtigen Gründen eine völlige Befreiung von der Kurtaxpflicht oder eine Abstufung der Kurtaxhöhe vorsehen und nähere Bestimmungen über die Erhebung und Verwendung der Kurtaxen sowie Durchführungsvorschriften enthalten. [4]Es kann bestimmt werden, dass derjenige, der Personen gegen Entgelt beherbergt, zu Heil- und Kurzwecken betreut oder einen Campingplatz betreibt, gegenüber der Sächsischen Staatsbäder GmbH zur Meldung der bei ihm verweilenden oder in Behandlung befindlichen Kurtaxpflichtigen und zur Einziehung und Abführung der Kurtaxe verpflichtet ist und gesamtschuldnerisch für die korrekte Einziehung der Kurtaxe haftet. [5]Die in Satz 4 genannten Pflichten können auch Reiseunternehmen auferlegt werden, wenn die Kurtaxe in dem Entgelt enthalten ist, das die Reiseteilnehmer an die Reiseunternehmer zu entrichten haben. [6]Die Kurtaxordnungen können die zur Einziehung der Kurtaxe erforderliche Datenerhebung und -speicherung durch die Einziehungsverpflichteten sowie die Einsichts- und Prüfrechte der Sächsischen Staatsbäder GmbH hinsichtlich dieser Aufzeichnungen regeln. [7]§ 93 Absatz 1 bis 6, §§ 97 bis 99, 101, 103 und 104 der Abgabenordnung in der Fassung der Bekanntmachung vom 1. Oktober 2002 (BGBl. I S. 3866; 2003 I S. 61), die zuletzt durch Artikel 6 des Gesetzes vom 18. Juli 2017 (BGBl. I S. 2745) geändert worden ist, in der am 1. Januar 2018 geltenden Fassung, finden sinngemäß Anwendung mit der Maßgabe, dass an Stelle der Finanzbehörde die Sächsische

Staatsbäder GmbH und an Stelle der Besteuerung die Erhebung der staatlichen Kurtaxe tritt. [8]§ 93 Absatz 1 Satz 3 und § 104 Absatz 1 Satz 2 der Abgabenordnung finden keine Anwendung. [9]Berufsspezifische Geheimhaltungspflichten, wie insbesondere die ärztliche Schweigepflicht, stehen den in den Kurtaxordnungen konkretisierten Melde- und Auskunftspflichten der Kliniken nicht entgegen. [10]Das Grundrecht auf informationelle Selbstbestimmung (Artikel 33 der Verfassung des Freistaates Sachsen) wird insoweit eingeschränkt.

(6) [1]Sofern in der Kurtaxordnung eine Einziehungsverpflichtung bestimmt ist, ist die Sächsische Staatsbäder GmbH befugt, mit einzelnen Kliniken Sondervereinbarungen über eine pauschale Kurtaxerhebung zu treffen, soweit die Klinik auf Grund des Rechtsverhältnisses zum Versicherungsträger zur Freistellung der kurtaxpflichtigen Patienten verpflichtet ist. [2]In den Sondervereinbarungen kann auch der Zeitpunkt der Meldung der Kurtaxpflichtigen und der Abführung der Kurtaxe bestimmt werden.

(7) [1]Soweit in der Kurtaxordnung nichts Abweichendes bestimmt wird, gelten die Vorschriften des Abschnitts 1 entsprechend. [2]Bei der Anwendung des § 24 Absatz 3 tritt die Landesdirektion Sachsen als Bußgeldbehörde an die Stelle der Verwaltungskostenfestsetzungsbehörde.

ABSCHNITT 3
Sonstige Vorschriften

§ 26
Kostenverwaltung

(1) Die Kostenverwaltung steht unter der Leitung des Staatsministeriums der Finanzen.

(2) Das Staatsministerium der Finanzen erlässt im Einvernehmen mit den jeweils zuständigen Staatsministerien die Verwaltungsvorschriften zur Ausführung dieses Gesetzes.

(3) Verwaltungsvorschriften zur Anwendung einzelner Gebührentatbestände im Kostenverzeichnis erlässt das zuständige Staatsministerium im Benehmen mit dem Staatsministerium der Finanzen.

§ 27
Vergütungen und Entschädigungen

Soweit nicht besondere Vorschriften entgegenstehen, können die zuständigen Staatsministerien im Einvernehmen mit dem Staatsministerium der Finanzen Rechtsverordnungen erlassen über die angemessene Vergütung oder Entschädigung der Sachverständigen, Dolmetscher, Übersetzer, Zeugen und sonstigen Personen, die in einem Verwaltungsverfahren tätig werden.

§ 28
Übergangsvorschriften

(1) [1]Für individuell zurechenbare öffentlich-rechtliche Leistungen, die vor dem 27. April 2019 beendet wurden, ist das Verwaltungskostengesetz des Freistaates Sachsen in der bis zum 26. April 2019 geltenden Fassung weiter anzuwenden. [2]In den Fällen des § 3 Absatz 6 ist anstelle auf den Zeitpunkt der Beendigung der öffentlich-rechtlichen Leistung auf den Zeitpunkt der Rücknahme oder der anderweitigen Erledigung abzustellen.

(2) Bis zum 1. Oktober 2021 ist § 27 Absatz 1 Satz 1 und 2 des Verwaltungskostengesetzes des Freistaates Sachsen in der bis zum 26. April 2019 geltenden Fassung für die in Artikel 3 Absatz 1, 2 und 5 bis 9 des Sächsischen Verwaltungskostenrechtsneuordnungsgesetzes vom 5. April 2019 (SächsGVBl. S. 245) aufgeführten Benutzungsgebührenregelungen weiterhin anzuwenden.

(3) Bis zum 1. Oktober 2021 ist § 11 Absatz 1 Nummer 17 für die in Artikel 3 Absatz 5 bis 9 des Sächsischen Verwaltungskostenrechtsneuordnungsgesetzes aufgeführten Benutzungsgebührenregelungen nicht anzuwenden.

Zehntes Sächsisches Kostenverzeichnis (SächsKVZ)

vom 16. August 2021 (SächsGVBl. S. 898), das zuletzt durch die Verordnung vom 26. März 2025 (SächsGVBl. S. 115) geändert worden ist

– Fassung ab 9. April 2025 –

Auszug: Anlage 1 (zu § 1) lfd. Nr. 31

§ 1
Anwendungsbereich

Die Anlagen 1 bis 4 regeln

1. die Höhe der Verwaltungsgebühren gemäß § 3 Absatz 1 des Sächsischen Verwaltungskostengesetzes,
2. die Kostenpflichtigkeit von öffentlich-rechtlichen Leistungen im Sinne von § 2 Absatz 1 Nummer 2 des Sächsischen Verwaltungskostengesetzes gemäß § 3 Absatz 3 des Sächsischen Verwaltungskostengesetzes und von Zulassungen zu einer Prüfung, Abnahmen einer Prüfung sowie Erteilungen eines Zeugnisses über eine Prüfung gemäß § 11 Absatz 1 Nummer 17 des Sächsischen Verwaltungskostengesetzes,
3. Fälle der Nichterhebung von Kosten gemäß § 4 Absatz 4 des Sächsischen Verwaltungskostengesetzes,
4. die besonderen Auslagenregelungen gemäß § 13 Absatz 2 und 3 des Sächsischen Verwaltungskostengesetzes und
5. die Höhe der Schreibauslagen gemäß § 13 Absatz 5 des Sächsischen Verwaltungskostengesetzes.

Anlage 1
(zu § 1)

Lfd. Nr.	Tarif-stelle	Gegenstand	Gebühren EUR	Schlicht-hoheit-liche Leistung
31		**Einrichtungen nach dem Sächsischen Betreuungs- und Wohnqualitätsgesetz**		
		Sächsisches Betreuungs- und Wohnqualitätsgesetz (SächsBeWoG)		
		Verordnung des Sächsischen Staatsministeriums für Soziales und Verbraucherschutz zur Durchführung des Sächsischen Betreuungs- und Wohnqualitätsgesetzes (SächsBeWoGDVO)		
	1.	Befreiung nach § 3 Abs. 3 Nr. 2 Hs. 4 SächsBeWoG	200	
	2.	Feststellung nach § 4 Abs. 1 SächsBeWoG, dass eine Einrichtung eine stationäre Einrichtung im Sinne des § 2 Abs. 1 SächsBeWoG ist	539 bis 2 425	
	3.	Zulassung einer Ausnahme nach § 7 Abs. 5 SächsBeWoG	70 bis 350	
			Anmerkung: Innerhalb des vorgegebenen Rahmens soll die Gebühr nach Möglichkeit nicht mehr als 75 Prozent des Betrages, für den die Ausnahme zugelassen wurde, betragen.	
	4.	Überwachung nach § 9 Abs. 1 Satz 1 SächsBeWoG	135 bis 1 482	
			Anmerkung: Für Regelprüfungen ist § 11 Abs. 1 Nr. 5 SächsVwKG und für anlassbezogene Prüfungen § 11 Abs. 1 Nr. 2 SächsVwKG zu beachten.	
	5.	Erteilung einer Anordnung nach § 11 Abs. 1 SächsBeWoG	168 bis 539	
	6.	Beschäftigungsverbot, kommissarische Leitung		
	6.1	Untersagung der Beschäftigung nach § 12 Abs. 1 SächsBeWoG	168 bis 1 078	
	6.2	Einsetzen einer kommissarischen Leitung nach § 12 Abs. 2 Satz 1 SächsBeWoG	539 bis 1 078	
	7.	Untersagung nach § 13 Abs. 1 bis 3 SächsBeWoG	539 bis 2 694	

Lfd. Nr.	Tarif-stelle	Gegenstand	Gebühren EUR	Schlicht-hoheit-liche Leistung
	8.	Erteilung einer Befreiung nach § 15 Abs. 1 SächsBeWoG	110 bis 380	
	9.	Zulassung einer Abweichung nach § 11a der Heimmitwirkungsverordnung (HeimmwV) in Verbindung mit § 25 Abs. 1 SächsBeWoG	40 bis 125	
	10.	Bestellung eines Bewohnerfürsprechers nach § 25 Abs. 1 Satz 1 HeimmwV in Verbindung mit § 25 Abs. 1 SächsBeWoG	42	
	11.	Befreiung nach § 31 Abs. 1 der Heimmindestbauverordnung in Verbindung mit § 21 Abs. 1 Satz 2 oder Abs. 2 Satz 2 SächsBeWoGDVO	175 bis 515	
	12.	Befreiung nach § 22 Abs. 1 Satz 1 SächsBeWoGDVO	175 bis 515	
	13.	Durchführung einer Beratung nach § 14 Abs. 1 Nr. 3 SächsBeWoG	67 je angefangene Stunde	
			Anmerkungen: (1) Erforderliche Fahr- und Wartezeiten sind der Arbeitszeit hinzuzurechnen. (2) Für jede angefangene halbe Stunde ist der halbe Stundensatz zu erheben. (3) Für Beratungen bis zu einer Viertelstunde werden keine Gebühren erhoben. (4) Auskünfte einfacher Art bleiben gemäß § 11 Abs. 1 Nr. 6 SächsVwKG kostenfrei.	
	14.	Überprüfung einer ambulant betreuten Wohngemeinschaft im Sinne des § 2 Abs. 2 SächsBeWoG nach § 19 Abs. 2 Satz 1 SächsBeWoG	67 bis 1 482	
			Anmerkung: Für Regelprüfungen ist § 11 Abs. 1 Nr. 5 SächsVwKG und für anlassbezogene Prüfungen § 11 Abs. 1 Nr. 2 SächsVwKG zu beachten.	

Verwaltungsvollstreckungsgesetz für den Freistaat Sachsen (SächsVwVG)

in der Fassung der Bekanntmachung vom 11. April 2024 (SächsGVBl. S. 396)

– Fassung ab 31. Dezember 2023 –

Inhaltsübersicht

ERSTER TEIL
Allgemeine Vorschriften

§ 1
Geltungsbereich

(1) Dieses Gesetz gilt für die Vollstreckung von Verwaltungsakten

1. der Behörden des Freistaates Sachsen und der seiner Aufsicht unterstehenden Körperschaften, Anstalten und Stiftungen des öffentlichen Rechts,
2. sonstiger Behörden durch die in Nummer 1 genannten Behörden im Wege der Vollstreckungshilfe.

(2) Die Vorschriften über die Vollstreckung von Verwaltungsakten gelten entsprechend für die Vollstreckung aus öffentlich-rechtlichen Verträgen zu Gunsten der in Absatz 1 Nummer 1 genannten Behörden, wenn sich der Schuldner in dem Vertrag der sofortigen Vollstreckung unterworfen hat.

(3) Privatrechtliche Forderungen können nach Maßgabe von § 17b nach den Vorschriften dieses Gesetzes vollstreckt werden.

(4) [1]Dieses Gesetz gilt nicht, soweit auf die Verwaltungsvollstreckung Bundesrecht anzuwenden ist. [2]Es gilt jedoch, soweit Bundesrecht die Länder ermächtigt, zu bestimmen, dass die landesrechtlichen Vorschriften über die Verwaltungsvollstreckung anzuwenden sind.

§ 2
Allgemeine Voraussetzungen der Verwaltungsvollstreckung

Ein Verwaltungsakt, der zu einer Zahlung, einer sonstigen Handlung, einer Duldung oder Unterlassung verpflichtet, kann vollstreckt werden, wenn er

1. unanfechtbar geworden ist oder
2. ein gegen ihn gerichteter Rechtsbehelf keine aufschiebende Wirkung hat.

§ 2a
Einstellung und Beschränkung der Vollstreckung

(1) Die Vollstreckung ist insbesondere dann einzustellen oder zu beschränken, wenn

1. ihr Zweck erreicht wurde oder sich zeigt, dass er durch Anwendung von Zwangsmitteln nicht erreicht werden kann,
2. der zu vollstreckende Verwaltungsakt aufgehoben wurde,
3. die Vollziehbarkeit des Verwaltungsaktes nachträglich entfallen ist,
4. der mit dem Verwaltungsakt geltend gemachte Anspruch erloschen ist,
5. die mit dem Verwaltungsakt geforderte Leistung gestundet wurde.

(2) [1]In den Fällen des Absatzes 1 Nummer 2 und 4 sind bereits getroffene Vollstreckungsmaßnahmen aufzuheben. [2]Wurde der Verwaltungsakt durch eine gerichtliche Entscheidung aufgehoben, sind bereits getroffene Vollstreckungsmaßnahmen nur insoweit aufzuheben, als die Entscheidung unanfechtbar geworden ist und nicht aufgrund der Entscheidung ein neuer Verwaltungsakt zu erlassen ist. [3]Im Übrigen bleiben die Vollstreckungsmaßnahmen bestehen, soweit nicht ihre Aufhebung ausdrücklich angeordnet ist.

§ 3
Vollstreckungsschuldner

(1) Als Vollstreckungsschuldner kann in Anspruch genommen werden, wer

1. eine Leistung aufgrund des zu vollstreckenden Verwaltungsaktes schuldet,
2. für eine Leistung, die ein anderer aufgrund des zu vollstreckenden Verwaltungsaktes schuldet, persönlich haftet, oder
3. in den Fällen des § 1 Absatz 3 in der Zahlungsaufforderung nach § 17b Absatz 2 Satz 1 als zahlungspflichtig benannt ist.

(2) Wer zur Duldung der Vollstreckung verpflichtet ist, steht dem Vollstreckungsschuldner gleich, soweit seine Duldungspflicht reicht.

(3) [1]Gegen den Rechtsnachfolger kann die Vollstreckung eingeleitet oder fortgesetzt werden, soweit er durch den Verwaltungsakt verpflichtet wird und die Voraussetzungen der Vollstreckung für seine Person vorliegen. [2]Ist die Vollstreckung beim Tode des Vollstreckungsschuldners bereits eingeleitet, so kann sie in den Nachlass fortgesetzt werden, auch wenn die Voraussetzungen der Vollstreckung für den Rechtsnachfolger nicht vorliegen.

§ 4
Vollstreckungsbehörden, Vollstreckungshilfe

(1) [1]Vollstreckungsbehörden sind:

1. die Finanzämter für die Vollstreckung von Verwaltungsakten, die zu einer Zahlung verpflichten (Leistungsbescheide), soweit diese von einer Behörde des Freistaates Sachsen erlassen worden sind,
2. für Leistungsbescheide der übrigen Behörden diese selbst,
3. für sonstige Verwaltungsakte die Behörden, die die Verwaltungsakte erlassen haben,
4. die Behörden, die von anderen Behörden erlassene Verwaltungsakte im Wege der Vollstreckungshilfe vollstrecken,
5. die Behörden, die für die Zahlungsaufforderung nach § 17b Absatz 2 Satz 1 zuständig sind.

[2]In den Fällen des Satzes 1 Nummer 2 bis 5 gelten für die Kosten der Mahnung und der Vollstreckung die Vorschriften des Sächsischen Verwaltungskostengesetzes vom 5. April 2019 (SächsGVBl. S. 245) und der hierzu erlassenen Rechtsverordnungen.

(2) [1]Soweit nach Absatz 1 die Finanzämter vollstrecken, gelten der erste bis siebente Teil der Abgabenordnung in der Fassung der Bekanntmachung vom 1. Oktober 2002 (BGBl. I S. 3866; 2003 I S. 61), die zuletzt durch Artikel 4 des Gesetzes vom 20. Dezember 2022 (BGBl. I S. 2730) geändert worden ist, in der jeweils geltenden Fassung entsprechend. [2]Die Mitteilung von Daten, die außerhalb des Besteuerungsverfahrens bekannt geworden sind, an die ersuchende Behörde ist zulässig, soweit sie für die Aufgabenerfüllung der ersuchenden Behörde erforderlich ist.

(3) [1]Inländischen Behörden ist auf Ersuchen Vollstreckungshilfe zu leisten, wenn die Voraussetzungen für die Gewährung von Amtshilfe erfüllt sind. [2]Ausländischen Behörden darf Vollstreckungshilfe nur geleistet werden, wenn dies in einer völkerrechtlichen Vereinbarung oder in einem Rechtsakt der Europäischen Gemeinschaften vorgesehen ist.

(4) [1]Ein Vollstreckungsersuchen nach Absatz 3 kann, soweit im Folgenden nichts anderes bestimmt ist, von der Vollstreckungsbehörde zurückgewiesen werden, wenn es nicht die folgenden Voraussetzungen erfüllt:

1. die Bezeichnung der ersuchenden Behörde sowie die Unterschrift der Behördenleitung oder der von ihr beauftragten Person; bei einem Vollstreckungsersuchen, das mit Hilfe automatischer Einrichtungen erstellt worden ist, kann die Unterschrift fehlen und durch die Namenswiedergabe oder die Signatur der Behördenleitung oder der von ihr beauftragten Person ersetzt werden,
2. die Bezeichnung des zu vollstreckenden Verwaltungsaktes unter Angabe der erlassenden Behörde, des Datums und des Aktenzeichens,
3. die Angabe der Verpflichtung des Vollstreckungsschuldners, im Falle der Beitreibung die Angabe des Grundes und der Höhe der Geldforderung,
4. die Bestätigung der ersuchenden Behörde, dass die Vollstreckungsvoraussetzungen vorliegen,
5. die Bezeichnung der Person, gegen die sich die Vollstreckung richten soll,
6. im Falle der Beitreibung die Angabe, wann der Schuldner gemahnt worden ist oder aus welchem Grund die Mahnung unterblieben ist.

[2]Die ersuchende Behörde ist zur Übermittlung der in Satz 1 genannten Daten an die Vollstreckungsbehörden befugt. [3]Treten Umstände ein, die die Einstellung, Beschränkung oder Aufhebung der Vollstreckung notwendig machen, ist die Vollstreckungsbehörde unverzüglich zu unterrichten. [4]Die Sätze 1 bis 3 gelten in den Fällen des Absatzes 1 Satz 1 Nummer 1 entsprechend. [5]Ein Ersuchen nach Satz 4 soll unterbleiben, wenn die zu vollstreckende Forderung nicht mindestens 36 Euro beträgt.

(5) [1]In den Fällen des Absatzes 1 Satz 1 Nummer 1 und 4 hat die ersuchende Behörde der Vollstreckungsbehörde im Vollstreckungsersuchen mitzuteilen, ob Informationen vorliegen, aus denen sich eine Gefahr für Leben oder Gesundheit bei der Durchführung der Vollstreckungsmaßnahmen ergeben kann. [2]Auf Anforderung der Vollstreckungsbehörde hat die ersuchende Behörde Auskunft zu den Sachverhalten zu geben, aus denen sich eine solche Gefahr ableiten lässt.

(6) [1]Vollstreckt die Vollstreckungsbehörde zu Gunsten einer anderen Körperschaft, Anstalt oder Stiftung des öffentlichen Rechts oder einer beliehenen natürlichen oder juristischen Person, hat diese die uneinbringlichen Vollstreckungskosten zu erstatten. [2]Die Vollstreckungsbehörde soll auf die Geltendmachung verzichten, sofern die uneinbringlichen Vollstreckungskosten im Einzelfall 35 Euro nicht übersteigen. [3]Bei Behörden des Bundes oder der anderen Bundesländer hat die Vollstreckungsbehörde auf die Erhebung der uneinbringlichen Vollstreckungskosten zu verzichten, soweit auch jene nach dem für sie geltenden Recht auf die Erhebung uneinbringlicher Vollstreckungskosten verzichten. [4]Leisten sich kommunale Körperschaften des Freistaates Sachsen gegenseitig Vollstreckungshilfe, so kann die Vollstreckungsbehörde auf die Geltendmachung der uneinbringlichen Vollstreckungskosten verzichten, soweit die ersuchende Behörde ihrerseits darauf verzichtet. [5]Die uneinbringlichen Vollstreckungskosten sind durch Verwaltungsakt festzusetzen; soweit die Finanzämter vollstrecken, gilt Absatz 2 Satz 1. [6]Soweit die ersuchende Behörde gegenüber der Vollstreckungsbehörde Ersatz leistet, geht die Kostenforderung gegen den Vollstreckungsschuldner auf die ersuchende Behörde über.

(7) [1]Die Vollstreckungsbehörde entnimmt bei der Beitreibung die Gebühren und Auslagen der Vollstreckung aus den beigetriebenen und eingezahlten Geldern. [2]Reicht der Erlös einer Vollstreckung oder die Zahlung zur Deckung der beizutreibenden Forderung nicht aus, sind zunächst die in Ansatz gebrachten Gebühren und Auslagen der Vollstreckung, dann die Gebühren und Auslagen der Mahnung, dann die Nebenforderungen und dann die Hauptforderung zu decken, soweit nicht für die Reihenfolge der Anrechnung anderweitige Bestimmungen maßgebend sind.

§ 5
Vollstreckungsauftrag

(1) [1]Die oder der gemäß § 14 Absatz 1 Satz 2 mit der Vollstreckung beauftragte Bedienstete der Vollstreckungsbehörde (Vollstreckungsbedienstete oder Vollstreckungsbediensteter) wird der Vollstreckungsschuldnerin oder dem Vollstreckungsschuldner und Dritten gegenüber durch schriftlichen oder elektronischen Auftrag der Vollstreckungsbehörde zur Vollstreckung ermächtigt. [2]Die oder der Vollstreckungsbedienstete hat auf Verlangen den Vollstreckungsauftrag vorzuzeigen und sich auszuweisen.

(2) Der Vollstreckungsauftrag muss mindestens enthalten:

1. die Bezeichnung und das Dienstsiegel der Vollstreckungsbehörde, den Namen und die Unterschrift der oder des ausstellenden Bediensteten und den Namen der oder des beauftragten Bediensteten; bei einem Vollstreckungsauftrag, der elektronisch erteilt oder mit Hilfe automatischer Einrichtungen erstellt wurde, kann die Unterschrift fehlen,
2. die Bezeichnung des zu vollstreckenden Verwaltungsaktes unter Angabe der erlassenden Behörde, des Datums und des Aktenzeichens,
3. die Bestätigung, dass die Vollstreckungsvoraussetzungen vorliegen,
4. die Bezeichnung der Person, gegen die sich die Vollstreckung richten soll.

§ 5a
Ermittlung des Aufenthaltsorts des Vollstreckungsschuldners

(1) Ist der Wohnsitz oder der gewöhnliche Aufenthaltsort des Vollstreckungsschuldners nicht durch Anfrage bei der Meldebehörde zu ermitteln, darf die Vollstreckungsbehörde folgende Angaben erheben:

1. beim Ausländerzentralregister die Angaben zur aktenführenden Ausländerbehörde und die Angaben zum Zuzug oder Fortzug des

Vollstreckungsschuldners sowie bei der Ausländerbehörde, die nach der Auskunft aus dem Ausländerzentralregister aktenführend ist, den Aufenthaltsort des Vollstreckungsschuldners,
2. bei den Trägern der gesetzlichen Rentenversicherung und bei einer berufsständischen Versorgungseinrichtung im Sinne des § 6 Absatz 1 Satz 1 Nummer 1 des Sechsten Buches Sozialgesetzbuch die dort bekannte derzeitige Anschrift und den derzeitigen oder zukünftigen Aufenthaltsort des Vollstreckungsschuldners sowie
3. beim Kraftfahrt-Bundesamt die Halterdaten nach § 35 Absatz 4c Nummer 2 des Straßenverkehrsgesetzes in der Fassung der Bekanntmachung vom 5. März 2003 (BGBl. I S. 310, 919), das zuletzt durch Artikel 8 des Gesetzes vom 21. November 2023 (BGBl. I Nr. 315) geändert worden ist, in der jeweils geltenden Fassung.

(2) Die Vollstreckungsbehörde darf die gegenwärtigen Anschriften, den Ort der Hauptniederlassung oder den Sitz des Vollstreckungsschuldners erheben
1. durch Einsicht in das Handels-, Genossenschafts-, Partnerschafts-, Unternehmens- oder Vereinsregister,
2. durch Einholung von Auskünften bei den Behörden, welche für die Durchführung der Aufgaben nach § 14 Absatz 1 der Gewerbeordnung in der Fassung der Bekanntmachung vom 22. Februar 1999 (BGBl. I S. 202), die zuletzt durch Artikel 11 des Gesetzes vom 28. Juni 2023 (BGBl. I Nr. 172) geändert worden ist, in der jeweils geltenden Fassung, zuständig sind.

(3) Nach Absatz 1 Nummer 2 und Absatz 2 erhobene Daten, die innerhalb der letzten drei Monate bei der Vollstreckungsbehörde eingegangen sind, darf sie einer weiteren Vollstreckungsbehörde übermitteln, wenn die Voraussetzungen für die Datenerhebung auch bei dieser vorliegen.

(4) [1]Ist der Vollstreckungsschuldner Unionsbürgerin oder Unionsbürger, so darf die Vollstreckungsbehörde die Daten nach Absatz 1 Nummer 1 nur erheben, wenn ihr tatsächliche Anhaltspunkte für die Vermutung vorliegen, dass bei der betroffenen Person das Nichtbestehen oder der Verlust des Freizügigkeitsrechts festgestellt worden ist. [2]Eine Übermittlung der Daten an die Vollstreckungsbehörde ist ausgeschlossen, wenn eine solche Feststellung nicht vorliegt.

§ 6
Betreten und Durchsuchen

(1) [1]Die oder der Vollstreckungsbedienstete ist befugt, das Besitztum des Vollstreckungsschuldners zu betreten und zu durchsuchen, soweit der Zweck der Vollstreckung dies erfordert. [2]Sie oder er kann dabei verschlossene Räume und Behältnisse öffnen oder öffnen lassen.

(2) [1]Wohnungen, Geschäfts- und Betriebsräume und sonstiges befriedetes Besitztum kann die oder der Vollstreckungsbedienstete ohne Einwilligung des Vollstreckungsschuldners nur auf Anordnung des Amtsgerichts, in dessen Bezirk die Durchsuchung erfolgen soll, durchsuchen. [2]Eine Anordnung des Amtsgerichts ist nicht erforderlich, wenn die dadurch eintretende Verzögerung den Zweck der Vollstreckung gefährden würde.

(3) Willigt der Vollstreckungsschuldner in die Durchsuchung ein oder ist eine Anordnung gegen ihn nach Absatz 2 Satz 1 ergangen oder nach Absatz 2 Satz 2 entbehrlich, so haben Personen, die Mitgewahrsam an der Wohnung des Schuldners haben, die Durchsuchung zu dulden.

§ 7
Widerstand gegen Vollstreckungshandlungen

[1]Die oder der Vollstreckungsbedienstete ist bei Widerstand gegen eine Vollstreckungshandlung befugt, einfache körperliche Gewalt anzuwenden. [2]Sie oder er kann eine Polizeidienststelle um Unterstützung ersuchen. [3]§ 757a der Zivilprozessordnung gilt entsprechend.

§ 8
Zuziehung von Zeuginnen oder Zeugen

Ist bei einer Vollstreckungshandlung in den Räumen des Vollstreckungsschuldners weder dieser noch eine zu seinem Haushalt oder Geschäftsbetrieb gehörende Person anwesend, so hat die oder der Vollstreckungsbedienstete eine erwachsene Person als Zeugin oder Zeugen zuzuziehen.

§ 9
Vollstreckung zur Nachtzeit und an Sonn- und Feiertagen

(1) [1]Zur Nachtzeit sowie an Sonntagen und gesetzlichen Feiertagen darf die oder der Vollstreckungsbedienstete nur mit schriftlicher oder elektronischer Erlaubnis der Vollstreckungsbehörde vollstrecken. [2]Die Erlaubnis darf nur erteilt werden, soweit der Zweck der Vollstreckung dies erfordert. [3]Sie ist auf Verlangen vorzuzeigen.

(2) Die Nachtzeit umfasst die Stunden von 21.00 Uhr bis 6.00 Uhr.

§ 10
Niederschrift

(1) Die oder der Vollstreckungsbedienstete hat über jede Vollstreckungshandlung, die nicht schriftlich vorgenommen wird, eine Niederschrift aufzunehmen.

(2) Die Niederschrift soll enthalten:
1. die Bezeichnung der Vollstreckungsbehörde und des zu vollstreckenden Verwaltungsaktes,
2. Ort und Zeit der Niederschrift,
3. die Vollstreckungshandlung,
4. die Namen der Personen, mit denen verhandelt wurde,
5. die Namen der als Zeuginnen oder Zeugen zugezogenen Personen,
6. eine kurze Darstellung der wesentlichen Vorgänge,
7. die Namen der an der Vollstreckung beteiligten Bediensteten,
8. die Unterschrift der oder des die Vollstreckung leitenden Bediensteten.

(3) War der Vollstreckungsschuldner bei der Vollstreckungshandlung nicht anwesend, so hat ihm die Vollstreckungsbehörde eine Abschrift der Niederschrift zuzusenden.

§ 11
Wegfall der aufschiebenden Wirkung

[1]Rechtsbehelfe gegen Maßnahmen der Verwaltungsvollstreckung haben keine aufschiebende Wirkung. [2]§ 80 Absatz 4 bis 8 der Verwaltungsgerichtsordnung in der Fassung der Bekanntmachung vom 19. März 1991 (BGBl. I S. 686), die zuletzt durch Artikel 2 Absatz 4 des Gesetzes vom 4. Dezember 2023 (BGBl. I Nr. 344) geändert worden ist, in der jeweils geltenden Fassung, gilt entsprechend.

ZWEITER TEIL
Vollstreckung wegen Geldforderungen

§ 12
Art und Umfang der Vollstreckung

(1) Leistungsbescheide werden durch Beitreibung vollstreckt.

(2) [1]Mit der Hauptforderung können beigetrieben werden:
1. die Kosten der Mahnung und der Vollstreckung,
2. Zinsen, Säumniszuschläge und andere Nebenforderungen, wenn der Vollstreckungsschuldner im Leistungsbescheid oder in der Mahnung auf die dem Grunde nach bestehende Verpflichtung zur Leistung der Nebenforderungen zuvor schriftlich oder elektronisch hingewiesen worden ist.

[2]Die Beitreibung ist auch dann ohne gesonderte Festsetzung zulässig, wenn die Hauptforderung nach der Mahnung erfüllt wurde.

§ 12a
Vermögensermittlung, Datenverarbeitung und Auskunftspflichten

(1) [1]Zur Vorbereitung der Vollstreckung kann die Vollstreckungsbehörde die Einkommens- und Vermögensverhältnisse des Vollstreckungsschuldners ermitteln. [2]Die Vollstreckungsbehörde darf ihr bekannte, nach § 3 Absatz 1 Nummer 1 Buchstabe d des Sächsischen Kommunalabgabengesetzes in der Fassung der Bekanntmachung vom 9. März 2018 (SächsGVBl. S. 116), das zuletzt durch Artikel 2 des Gesetzes vom 13. Dezember 2023 (SächsGVBl. S. 876) geändert worden ist, in der jeweils geltenden Fassung, in Verbindung mit § 30 der Abgabenordnung geschützte Daten, die sie bei der Vollstreckung wegen Kommunalabgaben verwenden darf, auch bei der Vollstreckung wegen anderer Geldleistungen und Nebenleistungen, die denselben Vollstreckungsschuldner betreffen, verwenden. [3]Die Vollstreckungsbehörde darf darüber hinaus ihr bekannte, personenbezogene Daten, die sie im Rahmen der Vollstreckung eines nicht unter Satz 2 fallenden Leistungsbescheides verwenden darf, auch zu Zwecken der Vollstreckung wegen anderer Geldleistungen und Nebenleistungen, die dieselbe Vollstreckungsschuldnerin oder denselben Vollstreckungsschuldner betreffen, verwenden, soweit gesetzliche Vorschriften nicht entgegenstehen.

(2) [1]Der Vollstreckungsschuldner hat der Vollstreckungsbehörde die zur Feststellung eines für die Vollstreckung erheblichen Sachverhaltes erforderlichen Auskünfte zu erteilen. [2]Dies gilt auch für nicht rechtsfähige Vereinigungen, Vermögensmassen, Behörden und Betriebe gewerblicher Art der Körperschaften öffentlichen Rechts; § 34 sowie § 79 Absatz 1 Nummer 3 und 4 der Abgabenordnung gelten entsprechend.

(3) [1]Kommt der Vollstreckungsschuldner seiner Pflicht, eine Auskunft nach Absatz 2 zu erteilen, nicht nach oder ist bei einer Vollstreckung in die in der Auskunft nach Absatz 2 angeführten Vermögensgegenstände eine vollständige Befriedigung der Forderung, wegen der die Auskunft nach Absatz 2 verlangt wird, voraussichtlich nicht zu erwarten, so darf die Vollstreckungsbehörde

1. bei den Trägern der gesetzlichen Rentenversicherung und bei einer berufsständischen Versorgungseinrichtung im Sinne des § 6 Absatz 1 Satz 1 Nummer 1 des Sechsten Buches Sozialgesetzbuch den Namen und die Vornamen oder die Firma sowie die Anschriften der derzeitigen Arbeitgeber eines versicherungspflichtigen Beschäftigungsverhältnisses der Vollstreckungsschuldnerin oder des Vollstreckungsschuldners erheben und
2. beim Kraftfahrt-Bundesamt die Fahrzeug- und Halterdaten nach § 35 Absatz 1 Nummer 17 des Straßenverkehrsgesetzes.

[2]Nach Satz 1 erhobene Daten, die innerhalb der letzten drei Monate bei der Vollstreckungsbehörde eingegangen sind, dürfen von der Vollstreckungsbehörde auch einer weiteren Vollstreckungsbehörde übermittelt werden, wenn die Voraussetzungen für die Datenerhebung auch bei der weiteren Vollstreckungsbehörde vorliegen.

§ 13
Fälligkeit, Mahnung

(1) Die Beitreibung ist nur zulässig, soweit die beizutreibende Forderung fällig ist.

(2) Vor der Beitreibung ist der Schuldner von der Behörde, die den Verwaltungsakt erlassen hat, durch verschlossenes Schreiben zu mahnen.

(3) Bei regelmäßig wiederkehrenden Geldleistungen kann die Mahnung durch ortsübliche Bekanntmachung erfolgen.

(4) In der Mahnung ist für die Zahlung eine Frist von mindestens einer Woche zu bestimmen.

(5) Einer Mahnung bedarf es nicht, wenn dadurch der Zweck der Vollstreckung gefährdet würde oder wenn Zwangsgeld, Kosten der Vollstreckung sowie Nebenforderungen beigetrieben werden sollen.

§ 14
Beitreibung durch Vollstreckung in bewegliche Sachen

(1) [1]Die Beitreibung kann im Wege der Vollstreckung in bewegliche Sachen erfolgen. [2]Hierfür gelten die §§ 281 bis 283, § 285 Absatz 1, § 286 und die §§ 292 bis 308 der Abgabenordnung entsprechend mit der Maßgabe, dass an die Stelle des Vollziehungsbeamten die Vollstreckungsbedienstete und der Vollstreckungsbedienstete treten.

(2) [1]Die Vollstreckungsbehörden können die Gerichtsvollzieherinnen oder Gerichtsvollzieher um Beitreibung durch Vollstreckung in bewegliche Sachen ersuchen; dies gilt auch für inländische Vollstreckungsbehörden, die diesem Gesetz nicht unterliegen. [2]Wird die Beitreibung durch Gerichtsvollzieherinnen oder Gerichtsvollzieher durchgeführt, gelten die Vorschriften des Achten Buches der Zivilprozessordnung entsprechend mit der Maßgabe, dass an die Stelle der vollstreckbaren Ausfertigung des Schuldtitels das schriftliche oder elektronische Vollstreckungsersuchen der Vollstreckungsbehörde tritt und eine Zustellung des Vollstreckungsersuchens nicht erforderlich ist. [3]Für das Vollstreckungsersuchen gilt § 4 Absatz 4 entsprechend.

§ 15
Beitreibung durch Vollstreckung in sonstige Vermögensgegenstände

(1) Erfolgt die Beitreibung durch Vollstreckung in sonstige Vermögensgegenstände, so gelten folgende Vorschriften der Abgabenordnung entsprechend:

1. §§ 281 bis 283 für die Vollstreckung in das bewegliche Vermögen im allgemeinen;
2. §§ 309 bis 314, § 315 Absatz 1 und Absatz 2 Satz 1, §§ 316 bis 321 für die Vollstreckung in Forderungen und andere Vermögensrechte;
3. §§ 322 und 323 für die Vollstreckung in das unbewegliche Vermögen.

(2) [1]Wird die Vollstreckung wegen eines Zwangsgeldes einschließlich Gebühren und Auslagen betrieben, kann die Vollstreckungsbehörde den pfändbaren Teil des Arbeitseinkommens ohne Rücksicht auf die in § 850c der Zivilprozessordnung vorgesehene Beschränkung bestimmen. [2]Bei Pfändungsschutzkonten kann die Vollstreckungsbehörde von § 899 Absatz 1 und 2 sowie § 902 der Zivilprozessordnung abweichende pfändungsfreie Beträge festsetzen. [3]Der Vollstreckungsschuldnerin oder dem Vollstreckungsschuldner ist jedoch so viel zu belassen, wie sie oder er für ihren oder seinen notwendigen Unterhalt und zur Erfüllung ihrer oder seiner laufenden gesetzlichen Unterhaltspflichten bedarf.

(3) Die Vollstreckungsbehörde kann die Pfändungs- und die Einziehungsverfügung auch dann selbst erlassen und durch die Post zustellen, wenn der Vollstreckungsschuldner oder der Drittschuldner außerhalb des Freistaates Sachsen, jedoch im Inland seinen Wohnsitz, Sitz oder gewöhnlichen Aufenthaltsort hat, sofern das dort geltende Landesrecht dies zulässt.

(4) Vollstreckungsbehörden im Inland, die diesem Gesetz nicht unterliegen, können gegen Vollstreckungsschuldner und Drittschuldner, die ihren Wohnsitz, Sitz oder gewöhnlichen Aufenthalt im Freistaat Sachsen haben, selbst Pfändungs- und Einziehungsverfügungen erlassen und durch die Post zustellen.

§ 16
Sonstige Vorschriften für die Beitreibung

Im Übrigen gelten für die Beitreibung § 251 Absatz 2 Satz 2, die §§ 258, 260, 262 bis 264, 266, 267 und 324 bis 327 der Abgabenordnung entsprechend.

§ 17
Vermögensauskunft

(1) [1]Der Vollstreckungsschuldner hat der Gerichtsvollzieherin oder dem Gerichtsvollzieher eine Vermögensauskunft nach § 802c der Zivilprozessordnung zu erteilen, wenn die Vollstreckungsbehörde der Gerichtsvollzieherin oder dem Gerichtsvollzieher ein schriftliches oder elektronisches Vollstreckungsersuchen übermittelt und ihr oder ihm einen Auftrag nach § 802a Absatz 2

Satz 1 Nummer 2 der Zivilprozessordnung erteilt hat. [2]Für das Vollstreckungsersuchen gilt § 4 Absatz 4 entsprechend.

(2) [1]Hat die Vollstreckungsbehörde die Gerichtsvollzieherin oder den Gerichtsvollzieher um die Vornahme der Pfändung beim Vollstreckungsschuldner ersucht und hat

1. der Vollstreckungsschuldner die Durchsuchung verweigert oder
2. die Pfändung nicht zu einer vollständigen Befriedigung des Gläubigers geführt,

kann die Gerichtsvollzieherin oder der Gerichtsvollzieher dem Vollstreckungsschuldner die Vermögensauskunft auf Antrag der Vollstreckungsbehörde abweichend von § 802f Absatz 1 bis 4 der Zivilprozessordnung sofort abnehmen. [2]§ 802f Absatz 5 und 6 sowie § 807 Absatz 2 der Zivilprozessordnung finden entsprechende Anwendung.

(3) Für die Handlungen nach den Absätzen 1 und 2 gelten die §§ 802c bis 802i, 802k, 802l und 807 sowie 882b bis 882e der Zivilprozessordnung entsprechend.

(4) [1]Gegen die Ablehnung des Auftrags zur Abnahme der Vermögensauskunft durch die Gerichtsvollzieherin oder den Gerichtsvollzieher kann die Vollstreckungsbehörde die Erinnerung nach § 766 der Zivilprozessordnung einlegen; das gilt ebenso, wenn der Vollstreckungsschuldner die Verpflichtung zur Abgabe der Vermögensauskunft nach Absatz 1 bestreitet. [2]Erlässt das Gericht den Haftbefehl gegen den Schuldner nach § 802g Absatz 1 Satz 1 der Zivilprozessordnung nicht, ist dagegen die sofortige Beschwerde entsprechend § 793 der Zivilprozessordnung gegeben.

(5) [1]Die Landkreise, Kreisfreien Städte und Gemeinden können, anstatt den Auftrag nach Absatz 1 Satz 1 an die Gerichtsvollzieherin oder den Gerichtsvollzieher zu erteilen, verlangen, dass der Vollstreckungsschuldner die Auskunft über sein Vermögen ihnen gegenüber erteilt. [2]Die Vermögensauskunft des Vollstreckungsschuldners gegenüber den in Satz 1 genannten Körperschaften erfolgt in entsprechender Anwendung des § 284 der Abgabenordnung. [3]Für die Versicherung an Eides statt nach § 284 Absatz 3 Satz 1 der Abgabenordnung gilt § 27 Absatz 2 des Verwaltungsverfahrensgesetzes in der Fassung der Bekanntmachung vom 23. Januar 2003 (BGBl. I S. 102), das zuletzt durch Artikel 1 des Gesetzes vom 4. Dezember 2023 (BGBl. I Nr. 344) geändert worden ist, in der jeweils geltenden Fassung, entsprechend.

§ 17a
Auskunftsrechte der Vollstreckungsbehörde

(1) Kommt der Vollstreckungsschuldner seiner Pflicht, eine Vermögensauskunft nach § 17 Absatz 5 zu erteilen, nicht nach oder ist bei einer Vollstreckung in die in der Vermögensauskunft angeführten Vermögensgegenstände eine vollständige Befriedigung der Forderung voraussichtlich nicht zu erwarten, darf die nach § 17 Absatz 5 Satz 1 zuständige Vollstreckungsbehörde folgende Daten erheben:

1. bei den Trägern der gesetzlichen Rentenversicherung und bei einer berufsständischen Versorgungseinrichtung im Sinne des § 6 Absatz 1 Satz 1 Nummer 1 des Sechsten Buches Sozialgesetzbuch den Namen und die Vornamen oder die Firma sowie die Anschriften der derzeitigen Arbeitgeber eines versicherungspflichtigen Beschäftigungsverhältnisses des Vollstreckungsschuldners und
2. beim Kraftfahrt-Bundesamt die Fahrzeug- und Halterdaten nach § 35 Absatz 1 Nummer 17 des Straßenverkehrsgesetzes.

(2) Die innerhalb der letzten drei Monate erhobenen Daten darf die Vollstreckungsbehörde einer weiteren Vollstreckungsbehörde übermitteln, wenn die Voraussetzungen für die Datenerhebung auch bei dieser vorliegen.

§ 17b
Vollstreckung wegen privatrechtlicher Geldforderungen

(1) Die Bestimmungen über die Vollstreckung von Leistungsbescheiden gelten entsprechend für die Vollstreckung von privatrechtlichen Forderungen, die entstanden sind aus Forderungsübergängen nach

1. § 7 Absatz 1 des Unterhaltsvorschussgesetzes in der Fassung der Bekanntmachung vom 17. Juli 2007 (BGBl. I S. 1446), das zuletzt durch Artikel 13 des Gesetzes vom 23. Mai 2022 (BGBl. I S. 760) geändert worden ist, in der jeweils geltenden Fassung,
2. § 33 des Zweiten Buches Sozialgesetzbuch,
3. § 95 des Achten Buches Sozialgesetzbuch,
4. § 141 des Neunten Buches Sozialgesetzbuch,
5. den §§ 115 und 116 des Zehnten Buches Sozialgesetzbuch,
6. den §§ 93 und 94 des Zwölften Buches Sozialgesetzbuch,
7. § 37 des Bundesausbildungsförderungsgesetzes in der Fassung der Bekanntmachung vom 7. Dezember 2010 (BGBl. I S. 1952; 2012 I S. 197), das zuletzt durch Artikel 3 des Gesetzes vom 21. Dezember 2022 (BGBl. I S. 2847) geändert worden ist, in der jeweils geltenden Fassung, oder
8. den §§ 27g und 27h des Bundesversorgungsgesetzes in der Fassung der Bekanntmachung vom 22. Januar 1982 (BGBl. I S. 21), das zuletzt durch Artikel 1 der Verordnung vom 21. Juni 2023 (BGBl. I Nr. 165) geändert worden ist, in der jeweils geltenden Fassung.

(2) [1]An die Stelle des Leistungsbescheids tritt die Zahlungsaufforderung. [2]Zu der Forderung gehören auch die Zinsen, die Kosten der Zahlungsaufforderung und die sonstigen Nebenforderungen.

(3) [1]Die Vollstreckung ist einzustellen, sobald der Vollstreckungsschuldner bei der Vollstreckungsbehörde gegen die Forderung als solche schriftlich, elektronisch oder zur Niederschrift Einwendungen erhebt. [2]Der Vollstreckungsschuldner ist über dieses Recht zu belehren. [3]Bereits getroffene Vollstreckungsmaßnahmen sind unverzüglich aufzuheben, wenn der Gläubiger
1. nicht binnen eines Monats nach Geltendmachung der Einwendungen wegen seiner Ansprüche vor den ordentlichen Gerichten Klage erhoben oder den Erlass eines Mahnbescheids beantragt hat oder
2. mit der Klage rechtskräftig abgewiesen worden ist.

[4]Ist die Vollstreckung eingestellt worden, kann sie nur nach Maßgabe der Zivilprozessordnung fortgesetzt werden.

§ 18
Beitreibung gegen juristische Personen des öffentlichen Rechts

(1) Die Beitreibung bedarf der Zulassung durch
1. die Staatsregierung, wenn sie sich gegen eine oberste Landesbehörde richtet,
2. die zuständige oberste Landesbehörde, wenn sie sich gegen eine andere Behörde des Freistaates Sachsen richtet,
3. die Aufsichtsbehörde, wenn sie sich gegen eine der Aufsicht des Freistaates Sachsen unterstehende Körperschaft, Anstalt oder Stiftung des öffentlichen Rechts richtet; dies gilt nicht für öffentlich-rechtliche Unternehmen, die am Wettbewerb teilnehmen.

(2) Die Zulassung hat zu erfolgen, soweit es sich nicht um Vermögensgegenstände handelt, die für die Erfüllung von Pflichtaufgaben des Schuldners unentbehrlich sind oder deren Veräußerung ein überwiegendes öffentliches Interesse entgegensteht.

(3) In der Zulassungsverfügung sind der Zeitpunkt der Beitreibung und die Vermögensgegenstände, in die vollstreckt werden darf, zu bestimmen.

DRITTER TEIL
Vollstreckung sonstiger Verwaltungsakte

1. ABSCHNITT
Allgemeine Vorschriften

§ 19
Zwangsmittel

(1) Verwaltungsakte, die zu einer sonstigen Handlung, einer Duldung oder einer Unterlassung verpflichten, werden mit Zwangsmitteln vollstreckt.

(2) Zwangsmittel sind
1. Zwangsgeld und Zwangshaft,
2. Ersatzvornahme und Fiktion der Abgabe einer Erklärung,
3. unmittelbarer Zwang einschließlich Zwangsräumung und Wegnahme.

(3) Kommen mehrere Zwangsmittel in Betracht, so hat die Vollstreckungsbehörde dasjenige Zwangsmittel anzuwenden, das den Vollstreckungsschuldner und die Allgemeinheit voraussichtlich am wenigsten beeinträchtigt.

(4) Durch die Anwendung eines Zwangsmittels darf kein Nachteil herbeigeführt werden, der erkennbar außer Verhältnis zum Zweck der Vollstreckung steht.

(5) [1]Zwangsmittel dürfen wiederholt und solange angewandt werden, bis der Verwaltungsakt vollzogen oder auf andere Weise erledigt ist. [2]Zur Erzwingung einer Duldung oder Unterlassung dürfen Zwangsmittel nicht mehr angewandt werden, wenn eine weitere Zuwiderhandlung nicht mehr zu befürchten ist.

§ 20
Androhung

(1) [1]Zwangsmittel sind vor ihrer Anwendung von der Vollstreckungsbehörde schriftlich anzudrohen. [2]Dem Vollstreckungsschuldner ist in der Androhung zur Erfüllung der Verpflichtung eine angemessene Frist zu bestimmen. [3]Eine Frist braucht nicht bestimmt zu werden, wenn eine Duldung oder Unterlassung erzwungen werden soll.

(2) [1]Die Androhung kann mit dem Verwaltungsakt, der vollstreckt werden soll, verbunden werden. [2]Sie soll mit ihm verbunden werden, wenn Rechtsbehelfen keine aufschiebende Wirkung zukommt.

(3) [1]Die Androhung muss sich auf bestimmte Zwangsmittel beziehen. [2]Werden mehrere Zwangsmittel angedroht, ist anzugeben, in welcher Reihenfolge sie angewandt werden sollen.

(4) Zwangsgeld ist in bestimmter Höhe anzudrohen.

(5) Wird Ersatzvornahme angedroht, so sind in der Androhung die voraussichtlichen Kosten anzugeben.

§ 21
Vollstreckung bei Gefahr im Verzug

Von § 3 Absatz 3, §§ 5, 8, 9 und 20 Absatz 1 kann abgewichen werden, soweit dies zur Verhinderung einer unmittelbar bevorstehenden Störung der öffentlichen Sicherheit oder zur Beseitigung einer bereits eingetretenen Störung erforderlich ist.

2. ABSCHNITT
Die einzelnen Zwangsmittel

§ 22
Zwangsgeld

(1) Die Höhe des Zwangsgeldes beträgt mindestens 5 EUR und höchstens 25 000 EUR.

(2) Das Zwangsgeld ist vor der Beitreibung schriftlich festzusetzen.

§ 23
Zwangshaft

(1) [1]Ist das Zwangsgeld uneinbringlich, so kann das Amtsgericht auf Antrag der Vollstreckungsbehörde nach Anhörung des Vollstreckungsschuldners einen Haftbefehl erlassen, wenn bei der Androhung des Zwangsgeldes oder nachträglich auf die Zulässigkeit der Zwangshaft hingewiesen worden ist. [2]In dem Haftbefehl sind der Gläubiger, der Schuldner und der Grund der Verhaftung zu bezeichnen.

(2) Die Zwangshaft beträgt mindestens einen Tag und höchstens zwei Wochen.

(3) [1]Die Zwangshaft ist auf Antrag der Vollstreckungsbehörde von der Justizverwaltung zu

vollstrecken. [2]§ 802g Absatz 2 sowie die §§ 802h und 802j Absatz 2 der Zivilprozessordnung gelten entsprechend.

§ 24 Ersatzvornahme

(1) [1]Wird die Verpflichtung, eine Handlung vorzunehmen, deren Vornahme durch einen anderen möglich ist (vertretbare Handlung), nicht erfüllt, so kann die Vollstreckungsbehörde auf Kosten des Vollstreckungsschuldners einen anderen mit der Vornahme der Handlung beauftragen oder die Handlung selbst vornehmen. [2]Der Vollstreckungsschuldner sowie Personen, die Mitgewahrsam an den Räumen und beweglichen Sachen des Vollstreckungsschuldners haben, sind zur Duldung der Ersatzvornahme verpflichtet.

(2) Die Vollstreckungsbehörde kann vom Vollstreckungsschuldner die Vorauszahlung der voraussichtlichen Kosten der Ersatzvornahme verlangen.

(3) [1]Die Kosten der Ersatzvornahme und die Vorauszahlung werden von der Vollstreckungsbehörde durch Leistungsbescheid festgesetzt. [2]Der Leistungsbescheid ist sofort vollziehbar.

(4) [1]Die Kosten sind innerhalb von zwei Wochen nach Zustellung des Leistungsbescheides zu zahlen. [2]Von diesem Zeitpunkt an sind die Kosten der Ersatzvornahme zu verzinsen. [3]Die Vorauszahlung ist zu verzinsen, soweit sie die tatsächlichen Kosten der Ersatzvornahme übersteigt. [4]Der Zinssatz beträgt fünf Prozentpunkte über dem jeweiligen Basiszinssatz nach § 247 des Bürgerlichen Gesetzbuches. [5]Änderungen des Basiszinssatzes nach § 247 des Bürgerlichen Gesetzbuches sind für die Verzinsung ab dem Tag wirksam, an dem die Deutsche Bundesbank die Änderung im Bundesanzeiger bekannt gemacht hat. [6]Neben den Zinsen werden keine Säumniszuschläge erhoben.

(5) [1]Grundstücksbezogene Kosten der Ersatzvornahme ruhen als öffentliche Last auf dem Grundstück oder auf den grundstücksgleichen Rechten. [2]Der Eigentümer hat diesbezüglich die Zwangsvollstreckung in den Grundbesitz zu dulden. [3]Zugunsten der Vollstreckungsbehörde gilt als Eigentümer, wer als solcher im Grundbuch eingetragen ist. [4]Der Eigentümer kann durch einen Duldungsbescheid in Anspruch genommen werden. [5]Das Recht des nicht eingetragenen Eigentümers, die ihm gegen die öffentliche Last zustehenden Einwendungen geltend zu machen, bleibt unberührt.

§ 24a Fiktion der Abgabe einer Erklärung

(1) [1]Ist jemand durch einen Verwaltungsakt verpflichtet, eine bestimmte Erklärung abzugeben, so gilt die Erklärung als abgegeben, sobald der Verwaltungsakt unanfechtbar geworden ist. [2]Voraussetzung ist, dass

1. der Inhalt der Erklärung in dem Verwaltungsakt festgelegt worden ist,
2. der Vollstreckungsschuldner in dem Verwaltungsakt auf die Bestimmung des Satzes 1 hingewiesen worden ist und
3. er im Zeitpunkt des Eintritts der Unanfechtbarkeit des Verwaltungsaktes die Erklärung rechtswirksam abgeben kann.

(2) [1]Die Behörde, die den Verwaltungsakt erlassen hat, teilt den Beteiligten mit, in welchem Zeitpunkt der Verwaltungsakt unanfechtbar geworden ist. [2]Sie ist berechtigt, die zur Wirksamkeit der Erklärung erforderlichen Genehmigungen und Zustimmungen einzuholen und Anträge auf Eintragung in öffentliche Bücher und Register zu stellen. [3]Bedarf die Behörde dazu einer Urkunde, die der betroffenen Person auf Antrag von einer anderen Behörde, einer Notarin oder einem Notar zu erteilen ist, kann sie die Erteilung anstelle der betroffenen Person verlangen.

§ 25 Unmittelbarer Zwang

(1) [1]Unmittelbarer Zwang ist jede Einwirkung auf Personen oder Sachen durch einfache körperliche Gewalt sowie durch Waffengebrauch oder andere Hilfsmittel der körperlichen Gewalt. [2]Waffengebrauch ist nur zulässig, soweit dies durch Gesetz ausdrücklich gestattet ist.

(2) Unmittelbarer Zwang darf nur angewandt werden, wenn Zwangsgeld und Ersatzvornahme nicht zum Erfolg geführt haben oder deren Anwendung untunlich ist.

(3) [1]Gegenüber Personen darf unmittelbarer Zwang nur angewandt werden, wenn der Zweck der Vollstreckung durch unmittelbaren Zwang gegen Sachen nicht erreichbar erscheint. [2]Das angewandte Mittel muss nach Art und Maß dem Alter und dem Zustand der Personen angemessen sein.

§ 26
Zwangsräumung

(1) [1]Hat der Vollstreckungsschuldner eine unbewegliche Sache, einen Raum oder ein Schiff zu räumen, zu überlassen oder herauszugeben, so können er und die Personen, die zu seinem Haushalt oder Geschäftsbetrieb gehören, aus dem Besitz gesetzt werden. [2]Der Zeitpunkt der Zwangsräumung soll dem Vollstreckungsschuldner angemessene Zeit vorher mitgeteilt werden.

(2) Bewegliche Sachen, die nicht Gegenstand der Vollstreckung sind, werden dem Vollstreckungsschuldner oder, wenn dieser nicht anwesend ist, der ihn vertretenden Person oder einer zu seinem Haushalt oder Geschäftsbetrieb gehörenden erwachsenen Person übergeben.

(3) [1]Weigert sich die empfangsberechtigte Person nach Absatz 2, die Sachen in Empfang zu nehmen, sind sie zu verwahren. [2]Der Vollstreckungsschuldner ist aufzufordern, die Sachen binnen einer bestimmen Frist abzuholen. [3]Kommt er der Aufforderung nicht nach, so kann die Vollstreckungsbehörde die Sachen verwerten. [4]Die §§ 296 bis 300 der Abgabenordnung gelten entsprechend. [5]Unverwertbare Sachen kann die Vollstreckungsbehörde auf Kosten des Vollstreckungsschuldners vernichten, wenn sie ihn auf diese Möglichkeit hingewiesen hat.

§ 27
Wegnahme

(1) Hat der Vollstreckungsschuldner eine bewegliche Sache herauszugeben oder vorzulegen, so kann die oder der Vollstreckungsbedienstete sie ihm wegnehmen.

(2) [1]Wird die Sache beim Vollstreckungsschuldner nicht vorgefunden, so hat er über ihren Verbleib Auskunft zu geben oder auf Ersuchen der Vollstreckungsbehörde gegenüber der Gerichtsvollzieherin oder dem Gerichtsvollzieher zu Protokoll an Eides statt zu versichern, dass er die Sache nicht in seinem Besitz habe und er nicht wisse, wo die Sache sich befinde. [2]Die Gerichtsvollzieherin oder der Gerichtsvollzieher kann eine der Sachlage entsprechende Änderung der eidesstattlichen Versicherung beschließen.

(3) [1]Dem Auftrag der Vollstreckungsbehörde ist eine beglaubigte Abschrift des zu vollstreckenden Verwaltungsakts beizufügen. [2]Für das Verfahren gelten § 802c Absatz 3 und § 802e der Zivilprozessordnung entsprechend. [3]Die Vorschriften der §§ 802g und 802h der Zivilprozessordnung finden entsprechende Anwendung für den Fall, dass der Vollstreckungsschuldner sich weigert, die Versicherung an Eides statt nach Absatz 2 Satz 1 zu leisten.

VIERTER TEIL
Schlussvorschriften

§ 28
Einschränkung von Grundrechten

Durch Maßnahmen aufgrund dieses Gesetzes können das Recht auf körperliche Unversehrtheit (Artikel 2 Absatz 2 Satz 1 des Grundgesetzes und Artikel 16 Absatz 1 Satz 1 der Verfassung des Freistaates Sachsen), die Freiheit der Person (Artikel 2 Absatz 2 Satz 2 des Grundgesetzes und Artikel 16 Absatz 1 Satz 2 der Verfassung des Freistaates Sachsen), die Unverletzlichkeit der Wohnung (Artikel 13 des Grundgesetzes und Artikel 30 der Verfassung des Freistaates Sachsen) und das Recht auf Datenschutz (Artikel 33 der Verfassung des Freistaates Sachsen) eingeschränkt werden.

§ 29
Übergangsvorschrift

§ 24 Absatz 5 gilt auch für Kosten von Ersatzvornahmen, die vor dem 31. Dezember 2023 festgesetzt wurden, es sei denn, der Vollstreckungsschuldner ist zu diesem Zeitpunkt kein Eigentümer des Grundstückes beziehungsweise Berechtigter des grundstücksgleichen Rechts mehr.

§ 30
(In-Kraft-Treten)

Verordnung (EU) 2016/679 des Europäischen Parlaments und des Rates vom 27. April 2016 zum Schutz natürlicher Personen bei der Verarbeitung personenbezogener Daten, zum freien Datenverkehr und zur Aufhebung der Richtlinie 95/46/EG (Datenschutz-Grundverordnung – DSGVO)

vom 27. April 2016 (ABl. L 119, 04.05.2016, S. 1; zuletzt berichtigt durch ABl. L 74, 04.03.2021, S. 35)

– Fassung ab 25. Mai 2018 –

KAPITEL I
Allgemeine Bestimmungen

Artikel 1
Gegenstand und Ziele

(1) Diese Verordnung enthält Vorschriften zum Schutz natürlicher Personen bei der Verarbeitung personenbezogener Daten und zum freien Verkehr solcher Daten.

(2) Diese Verordnung schützt die Grundrechte und Grundfreiheiten natürlicher Personen und insbesondere deren Recht auf Schutz personenbezogener Daten.

(3) Der freie Verkehr personenbezogener Daten in der Union darf aus Gründen des Schutzes natürlicher Personen bei der Verarbeitung personenbezogener Daten weder eingeschränkt noch verboten werden.

Artikel 2
Sachlicher Anwendungsbereich

(1) Diese Verordnung gilt für die ganz oder teilweise automatisierte Verarbeitung personenbezogener Daten sowie für die nichtautomatisierte Verarbeitung personenbezogener Daten, die in einem Dateisystem gespeichert sind oder gespeichert werden sollen.

(2) Diese Verordnung findet keine Anwendung auf die Verarbeitung personenbezogener Daten

a) im Rahmen einer Tätigkeit, die nicht in den Anwendungsbereich des Unionsrechts fällt,
b) durch die Mitgliedstaaten im Rahmen von Tätigkeiten, die in den Anwendungsbereich von Titel V Kapitel 2 EUV fallen,
c) durch natürliche Personen zur Ausübung ausschließlich persönlicher oder familiärer Tätigkeiten,
d) durch die zuständigen Behörden zum Zwecke der Verhütung, Ermittlung, Aufdeckung oder Verfolgung von Straftaten oder der Strafvollstreckung, einschließlich des Schutzes vor und der Abwehr von Gefahren für die öffentliche Sicherheit.

(3) [1]Für die Verarbeitung personenbezogener Daten durch die Organe, Einrichtungen, Ämter und Agenturen der Union gilt die Verordnung (EG) Nr. 45/2001. [2]Die Verordnung (EG) Nr. 45/2001 und sonstige Rechtsakte der Union, die diese Verarbeitung personenbezogener Daten regeln, werden im Einklang mit Artikel 98 an die Grundsätze und Vorschriften der vorliegenden Verordnung angepasst.

(4) Die vorliegende Verordnung lässt die Anwendung der Richtlinie 2000/31/EG und speziell die Vorschriften der Artikel 12 bis 15 dieser Richtlinie zur Verantwortlichkeit der Vermittler unberührt.

Artikel 3
Räumlicher Anwendungsbereich

(1) Diese Verordnung findet Anwendung auf die Verarbeitung personenbezogener Daten, soweit diese im Rahmen der Tätigkeiten einer Niederlassung eines Verantwortlichen oder eines Auftragsverarbeiters in der Union erfolgt, unabhängig davon, ob die Verarbeitung in der Union stattfindet.

(2) Diese Verordnung findet Anwendung auf die Verarbeitung personenbezogener Daten von betroffenen Personen, die sich in der Union befinden, durch einen nicht in der Union niedergelassenen Verantwortlichen oder Auftragsverarbeiter, wenn die Datenverarbeitung im Zusammenhang damit steht

a) betroffenen Personen in der Union Waren oder Dienstleistungen anzubieten, unabhängig davon, ob von diesen betroffenen Personen eine Zahlung zu leisten ist;
b) das Verhalten betroffener Personen zu beobachten, soweit ihr Verhalten in der Union erfolgt.

(3) Diese Verordnung findet Anwendung auf die Verarbeitung personenbezogener Daten durch einen nicht in der Union niedergelassenen Verantwortlichen an einem Ort, der aufgrund Völkerrechts dem Recht eines Mitgliedstaats unterliegt.

Artikel 4
Begriffsbestimmungen

Im Sinne dieser Verordnung bezeichnet der Ausdruck:

1. „personenbezogene Daten" alle Informationen, die sich auf eine identifizierte oder identifizierbare natürliche Person (im Folgenden „betroffene Person") beziehen; als identifizierbar wird eine natürliche Person angesehen, die direkt oder indirekt, insbesondere mittels Zuordnung zu einer Kennung wie einem Namen, zu einer Kennnummer, zu Standortdaten, zu einer Online-Kennung oder zu einem oder mehreren besonderen Merkmalen, die Ausdruck der physischen, physiologischen, genetischen, psychischen, wirtschaftlichen, kulturellen oder sozialen Identität dieser natürlichen Person sind, identifiziert werden kann;
2. „Verarbeitung" jeden mit oder ohne Hilfe automatisierter Verfahren ausgeführten Vorgang oder jede solche Vorgangsreihe im Zusammenhang mit personenbezogenen Daten wie das Erheben, das Erfassen, die Organisation, das Ordnen, die Speicherung, die Anpassung oder Veränderung, das Auslesen, das Abfragen, die Verwendung, die Offenlegung durch Übermittlung, Verbreitung oder eine andere Form der Bereitstellung, den Abgleich oder die Verknüpfung, die Einschränkung, das Löschen oder die Vernichtung;
3. „Einschränkung der Verarbeitung" die Markierung gespeicherter personenbezogener Daten mit dem Ziel, ihre künftige Verarbeitung einzuschränken;
4. „Profiling" jede Art der automatisierten Verarbeitung personenbezogener Daten, die darin besteht, dass diese personenbezogenen Daten verwendet werden, um bestimmte persönliche Aspekte, die sich auf eine natürliche Person beziehen, zu bewerten, insbesondere um Aspekte bezüglich Arbeitsleistung, wirtschaftliche Lage, Gesundheit, persönliche Vorlieben, Interessen, Zuverlässigkeit, Verhalten, Aufenthaltsort oder Ortswechsel dieser natürlichen Person zu analysieren oder vorherzusagen;
5. „Pseudonymisierung" die Verarbeitung personenbezogener Daten in einer Weise, dass die personenbezogenen Daten ohne Hinzuziehung zusätzlicher Informationen nicht mehr einer spezifischen betroffenen Person zugeordnet werden können, sofern diese zusätzlichen Informationen gesondert aufbewahrt werden und technischen und organisatorischen Maßnahmen unterliegen, die gewährleisten, dass die personenbezogenen Daten nicht einer identifizierten oder

identifizierbaren natürlichen Person zugewiesen werden;
6. „Dateisystem" jede strukturierte Sammlung personenbezogener Daten, die nach bestimmten Kriterien zugänglich sind, unabhängig davon, ob diese Sammlung zentral, dezentral oder nach funktionalen oder geografischen Gesichtspunkten geordnet geführt wird;
7. „Verantwortlicher" die natürliche oder juristische Person, Behörde, Einrichtung oder andere Stelle, die allein oder gemeinsam mit anderen über die Zwecke und Mittel der Verarbeitung von personenbezogenen Daten entscheidet; sind die Zwecke und Mittel dieser Verarbeitung durch das Unionsrecht oder das Recht der Mitgliedstaaten vorgegeben, so kann der Verantwortliche beziehungsweise können die bestimmten Kriterien seiner Benennung nach dem Unionsrecht oder dem Recht der Mitgliedstaaten vorgesehen werden;
8. „Auftragsverarbeiter" eine natürliche oder juristische Person, Behörde, Einrichtung oder andere Stelle, die personenbezogene Daten im Auftrag des Verantwortlichen verarbeitet;
9. [1]„Empfänger" eine natürliche oder juristische Person, Behörde, Einrichtung oder andere Stelle, der personenbezogene Daten offengelegt werden, unabhängig davon, ob es sich bei ihr um einen Dritten handelt oder nicht. [2]Behörden, die im Rahmen eines bestimmten Untersuchungsauftrags nach dem Unionsrecht oder dem Recht der Mitgliedstaaten möglicherweise personenbezogene Daten erhalten, gelten jedoch nicht als Empfänger; die Verarbeitung dieser Daten durch die genannten Behörden erfolgt im Einklang mit den geltenden Datenschutzvorschriften gemäß den Zwecken der Verarbeitung;
10. „Dritter" eine natürliche oder juristische Person, Behörde, Einrichtung oder andere Stelle, außer der betroffenen Person, dem Verantwortlichen, dem Auftragsverarbeiter und den Personen, die unter der unmittelbaren Verantwortung des Verantwortlichen oder des Auftragsverarbeiters befugt sind, die personenbezogenen Daten zu verarbeiten;
11. „Einwilligung" der betroffenen Person jede freiwillig für den bestimmten Fall, in informierter Weise und unmissverständlich abgegebene Willensbekundung in Form einer Erklärung oder einer sonstigen eindeutigen bestätigenden Handlung, mit der die betroffene Person zu verstehen gibt, dass sie mit der Verarbeitung der sie betreffenden personenbezogenen Daten einverstanden ist;
12. „Verletzung des Schutzes personenbezogener Daten" eine Verletzung der Sicherheit, die, ob unbeabsichtigt oder unrechtmäßig, zur Vernichtung, zum Verlust, zur Veränderung, oder zur unbefugten Offenlegung von beziehungsweise zum unbefugten Zugang zu personenbezogenen Daten führt, die übermittelt, gespeichert oder auf sonstige Weise verarbeitet wurden;
13. „genetische Daten" personenbezogene Daten zu den ererbten oder erworbenen genetischen Eigenschaften einer natürlichen Person, die eindeutige Informationen über die Physiologie oder die Gesundheit dieser natürlichen Person liefern und insbesondere aus der Analyse einer biologischen Probe der betreffenden natürlichen Person gewonnen wurden;
14. „biometrische Daten" mit speziellen technischen Verfahren gewonnene personenbezogene Daten zu den physischen, physiologischen oder verhaltenstypischen Merkmalen einer natürlichen Person, die die eindeutige Identifizierung dieser natürlichen Person ermöglichen oder bestätigen, wie Gesichtsbilder oder daktyloskopische Daten;
15. „Gesundheitsdaten" personenbezogene Daten, die sich auf die körperliche oder geistige Gesundheit einer natürlichen Person, einschließlich der Erbringung von Gesundheitsdienstleistungen, beziehen und aus denen Informationen über deren Gesundheitszustand hervorgehen;
16. „Hauptniederlassung"
    a) im Falle eines Verantwortlichen mit Niederlassungen in mehr als einem Mitgliedstaat den Ort seiner Hauptverwaltung in der Union, es sei denn, die Entscheidungen hinsichtlich der Zwecke und Mittel der Verarbeitung personenbezogener Daten werden in einer anderen Niederlassung des Verantwortlichen in der Union getroffen und diese Niederlassung ist befugt, diese Entscheidungen umsetzen zu lassen; in diesem Fall gilt die

Niederlassung, die derartige Entscheidungen trifft, als Hauptniederlassung;

b) im Falle eines Auftragsverarbeiters mit Niederlassungen in mehr als einem Mitgliedstaat den Ort seiner Hauptverwaltung in der Union oder, sofern der Auftragsverarbeiter keine Hauptverwaltung in der Union hat, die Niederlassung des Auftragsverarbeiters in der Union, in der die Verarbeitungstätigkeiten im Rahmen der Tätigkeiten einer Niederlassung eines Auftragsverarbeiters hauptsächlich stattfinden, soweit der Auftragsverarbeiter spezifischen Pflichten aus dieser Verordnung unterliegt;

17. „Vertreter" eine in der Union niedergelassene natürliche oder juristische Person, die von dem Verantwortlichen oder Auftragsverarbeiter schriftlich gemäß Artikel 27 bestellt wurde und den Verantwortlichen oder Auftragsverarbeiter in Bezug auf die ihnen jeweils nach dieser Verordnung obliegenden Pflichten vertritt;
18. „Unternehmen" eine natürliche oder juristische Person, die eine wirtschaftliche Tätigkeit ausübt, unabhängig von ihrer Rechtsform, einschließlich Personengesellschaften oder Vereinigungen, die regelmäßig einer wirtschaftlichen Tätigkeit nachgehen;
19. „Unternehmensgruppe" eine Gruppe, die aus einem herrschenden Unternehmen und den von diesem abhängigen Unternehmen besteht;
20. „verbindliche interne Datenschutzvorschriften" Maßnahmen zum Schutz personenbezogener Daten, zu deren Einhaltung sich ein im Hoheitsgebiet eines Mitgliedstaats niedergelassener Verantwortlicher oder Auftragsverarbeiter verpflichtet im Hinblick auf Datenübermittlungen oder eine Kategorie von Datenübermittlungen personenbezogener Daten an einen Verantwortlichen oder Auftragsverarbeiter derselben Unternehmensgruppe oder derselben Gruppe von Unternehmen, die eine gemeinsame Wirtschaftstätigkeit ausüben, in einem oder mehreren Drittländern;
21. „Aufsichtsbehörde" eine von einem Mitgliedstaat gemäß Artikel 51 eingerichtete unabhängige staatliche Stelle;
22. „betroffene Aufsichtsbehörde" eine Aufsichtsbehörde, die von der Verarbeitung personenbezogener Daten betroffen ist, weil
    a) der Verantwortliche oder der Auftragsverarbeiter im Hoheitsgebiet des Mitgliedstaats dieser Aufsichtsbehörde niedergelassen ist,
    b) diese Verarbeitung erhebliche Auswirkungen auf betroffene Personen mit Wohnsitz im Mitgliedstaat dieser Aufsichtsbehörde hat oder haben kann oder
    c) eine Beschwerde bei dieser Aufsichtsbehörde eingereicht wurde;
23. „grenzüberschreitende Verarbeitung" entweder
    a) eine Verarbeitung personenbezogener Daten, die im Rahmen der Tätigkeiten von Niederlassungen eines Verantwortlichen oder eines Auftragsverarbeiters in der Union in mehr als einem Mitgliedstaat erfolgt, wenn der Verantwortliche oder Auftragsverarbeiter in mehr als einem Mitgliedstaat niedergelassen ist, oder
    b) eine Verarbeitung personenbezogener Daten, die im Rahmen der Tätigkeiten einer einzelnen Niederlassung eines Verantwortlichen oder eines Auftragsverarbeiters in der Union erfolgt, die jedoch erhebliche Auswirkungen auf betroffene Personen in mehr als einem Mitgliedstaat hat oder haben kann;
24. „maßgeblicher und begründeter Einspruch" einen Einspruch gegen einen Beschlussentwurf im Hinblick darauf, ob ein Verstoß gegen diese Verordnung vorliegt oder ob beabsichtigte Maßnahmen gegen den Verantwortlichen oder den Auftragsverarbeiter im Einklang mit dieser Verordnung steht, wobei aus diesem Einspruch die Tragweite der Risiken klar hervorgeht, die von dem Beschlussentwurf in Bezug auf die Grundrechte und Grundfreiheiten der betroffenen Personen und gegebenenfalls den freien Verkehr personenbezogener Daten in der Union ausgehen;

25. „Dienst der Informationsgesellschaft“ eine Dienstleistung im Sinne des Artikels 1 Nummer 1 Buchstabe b der Richtlinie (EU) 2015/1535 des Europäischen Parlaments und des Rates;[1]
26. „internationale Organisation“ eine völkerrechtliche Organisation und ihre nachgeordneten Stellen oder jede sonstige Einrichtung, die durch eine zwischen zwei oder mehr Ländern geschlossene Übereinkunft oder auf der Grundlage einer solchen Übereinkunft geschaffen wurde.

KAPITEL II
Grundsätze

Artikel 5
Grundsätze für die Verarbeitung personenbezogener Daten

(1) Personenbezogene Daten müssen

a) auf rechtmäßige Weise, nach Treu und Glauben und in einer für die betroffene Person nachvollziehbaren Weise verarbeitet werden („Rechtmäßigkeit, Verarbeitung nach Treu und Glauben, Transparenz“);
b) für festgelegte, eindeutige und legitime Zwecke erhoben werden und dürfen nicht in einer mit diesen Zwecken nicht zu vereinbarenden Weise weiterverarbeitet werden; eine Weiterverarbeitung für im öffentlichen Interesse liegende Archivzwecke, für wissenschaftliche oder historische Forschungszwecke oder für statistische Zwecke gilt gemäß Artikel 89 Absatz 1 nicht als unvereinbar mit den ursprünglichen Zwecken („Zweckbindung“);
c) dem Zweck angemessen und erheblich sowie auf das für die Zwecke der Verarbeitung notwendige Maß beschränkt sein („Datenminimierung“);
d) sachlich richtig und erforderlichenfalls auf dem neuesten Stand sein; es sind alle angemessenen Maßnahmen zu treffen, damit personenbezogene Daten, die im Hinblick auf die Zwecke ihrer Verarbeitung unrichtig sind, unverzüglich gelöscht oder berichtigt werden („Richtigkeit“);
e) in einer Form gespeichert werden, die die Identifizierung der betroffenen Personen nur so lange ermöglicht, wie es für die Zwecke, für die sie verarbeitet werden, erforderlich ist; personenbezogene Daten dürfen länger gespeichert werden, soweit die personenbezogenen Daten vorbehaltlich der Durchführung geeigneter technischer und organisatorischer Maßnahmen, die von dieser Verordnung zum Schutz der Rechte und Freiheiten der betroffenen Person gefordert werden, ausschließlich für im öffentlichen Interesse liegende Archivzwecke oder für wissenschaftliche und historische Forschungszwecke oder für statistische Zwecke gemäß Artikel 89 Absatz 1 verarbeitet werden („Speicherbegrenzung“);
f) in einer Weise verarbeitet werden, die eine angemessene Sicherheit der personenbezogenen Daten gewährleistet, einschließlich Schutz vor unbefugter oder unrechtmäßiger Verarbeitung und vor unbeabsichtigtem Verlust, unbeabsichtigter Zerstörung oder unbeabsichtigter Schädigung durch geeignete technische und organisatorische Maßnahmen („Integrität und Vertraulichkeit“);

(2) Der Verantwortliche ist für die Einhaltung des Absatzes 1 verantwortlich und muss dessen Einhaltung nachweisen können („Rechenschaftspflicht“).

Artikel 6
Rechtmäßigkeit der Verarbeitung

(1) [1]Die Verarbeitung ist nur rechtmäßig, wenn mindestens eine der nachstehenden Bedingungen erfüllt ist:

a) Die betroffene Person hat ihre Einwilligung zu der Verarbeitung der sie betreffenden personenbezogenen Daten für einen oder mehrere bestimmte Zwecke gegeben;
b) die Verarbeitung ist für die Erfüllung eines Vertrags, dessen Vertragspartei die betroffene

1 Richtlinie (EU) 2015/1535 des Europäischen Parlaments und des Rates vom 9. September 2015 über ein Informationsverfahren auf dem Gebiet der technischen Vorschriften und der Vorschriften für die Dienste der Informationsgesellschaft (ABl. L 241 vom 17.9.2015, S. 1).

Person ist, oder zur Durchführung vorvertraglicher Maßnahmen erforderlich, die auf Anfrage der betroffenen Person erfolgen;
c) die Verarbeitung ist zur Erfüllung einer rechtlichen Verpflichtung erforderlich, der der Verantwortliche unterliegt;
d) die Verarbeitung ist erforderlich, um lebenswichtige Interessen der betroffenen Person oder einer anderen natürlichen Person zu schützen;
e) die Verarbeitung ist für die Wahrnehmung einer Aufgabe erforderlich, die im öffentlichen Interesse liegt oder in Ausübung öffentlicher Gewalt erfolgt, die dem Verantwortlichen übertragen wurde;
f) die Verarbeitung ist zur Wahrung der berechtigten Interessen des Verantwortlichen oder eines Dritten erforderlich, sofern nicht die Interessen oder Grundrechte und Grundfreiheiten der betroffenen Person, die den Schutz personenbezogener Daten erfordern, überwiegen, insbesondere dann, wenn es sich bei der betroffenen Person um ein Kind handelt.

[2]Unterabsatz 1 Buchstabe f gilt nicht für die von Behörden in Erfüllung ihrer Aufgaben vorgenommene Verarbeitung.

(2) Die Mitgliedstaaten können spezifischere Bestimmungen zur Anpassung der Anwendung der Vorschriften dieser Verordnung in Bezug auf die Verarbeitung zur Erfüllung von Absatz 1 Buchstaben c und e beibehalten oder einführen, indem sie spezifische Anforderungen für die Verarbeitung sowie sonstige Maßnahmen präziser bestimmen, um eine rechtmäßig und nach Treu und Glauben erfolgende Verarbeitung zu gewährleisten, einschließlich für andere besondere Verarbeitungssituationen gemäß Kapitel IX.

(3) [1]Die Rechtsgrundlage für die Verarbeitungen gemäß Absatz 1 Buchstaben c und e wird festgelegt durch
a) Unionsrecht oder
b) das Recht der Mitgliedstaaten, dem der Verantwortliche unterliegt.

[2]Der Zweck der Verarbeitung muss in dieser Rechtsgrundlage festgelegt oder hinsichtlich der Verarbeitung gemäß Absatz 1 Buchstabe e für die Erfüllung einer Aufgabe erforderlich sein, die im öffentlichen Interesse liegt oder in Ausübung öffentlicher Gewalt erfolgt, die dem Verantwortlichen übertragen wurde. [3]Diese Rechtsgrundlage kann spezifische Bestimmungen zur Anpassung der Anwendung der Vorschriften dieser Verordnung enthalten, unter anderem Bestimmungen darüber, welche allgemeinen Bedingungen für die Regelung der Rechtmäßigkeit der Verarbeitung durch den Verantwortlichen gelten, welche Arten von Daten verarbeitet werden, welche Personen betroffen sind, an welche Einrichtungen und für welche Zwecke die personenbezogenen Daten offengelegt werden dürfen, welcher Zweckbindung sie unterliegen, wie lange sie gespeichert werden dürfen und welche Verarbeitungsvorgänge und -verfahren angewandt werden dürfen, einschließlich Maßnahmen zur Gewährleistung einer rechtmäßig und nach Treu und Glauben erfolgenden Verarbeitung, wie solche für sonstige besondere Verarbeitungssituationen gemäß Kapitel IX. [4]Das Unionsrecht oder das Recht der Mitgliedstaaten müssen ein im öffentlichen Interesse liegendes Ziel verfolgen und in einem angemessenen Verhältnis zu dem verfolgten legitimen Zweck stehen.

(4) Beruht die Verarbeitung zu einem anderen Zweck als zu demjenigen, zu dem die personenbezogenen Daten erhoben wurden, nicht auf der Einwilligung der betroffenen Person oder auf einer Rechtsvorschrift der Union oder der Mitgliedstaaten, die in einer demokratischen Gesellschaft eine notwendige und verhältnismäßige Maßnahme zum Schutz der in Artikel 23 Absatz 1 genannten Ziele darstellt, so berücksichtigt der Verantwortliche – um festzustellen, ob die Verarbeitung zu einem anderen Zweck mit demjenigen, zu dem die personenbezogenen Daten ursprünglich erhoben wurden, vereinbar ist – unter anderem
a) jede Verbindung zwischen den Zwecken, für die die personenbezogenen Daten erhoben wurden, und den Zwecken der beabsichtigten Weiterverarbeitung,
b) den Zusammenhang, in dem die personenbezogenen Daten erhoben wurden, insbesondere hinsichtlich des Verhältnisses zwischen den betroffenen Personen und dem Verantwortlichen,
c) die Art der personenbezogenen Daten, insbesondere ob besondere Kategorien personenbezogener Daten gemäß Artikel 9 verarbeitet

werden oder ob personenbezogene Daten über strafrechtliche Verurteilungen und Straftaten gemäß Artikel 10 verarbeitet werden,

d) die möglichen Folgen der beabsichtigten Weiterverarbeitung für die betroffenen Personen,

e) das Vorhandensein geeigneter Garantien, wozu Verschlüsselung oder Pseudonymisierung gehören kann.

Artikel 7
Bedingungen für die Einwilligung

(1) Beruht die Verarbeitung auf einer Einwilligung, muss der Verantwortliche nachweisen können, dass die betroffene Person in die Verarbeitung ihrer personenbezogenen Daten eingewilligt hat.

(2) [1]Erfolgt die Einwilligung der betroffenen Person durch eine schriftliche Erklärung, die noch andere Sachverhalte betrifft, so muss das Ersuchen um Einwilligung in verständlicher und leicht zugänglicher Form in einer klaren und einfachen Sprache so erfolgen, dass es von den anderen Sachverhalten klar zu unterscheiden ist. [2]Teile der Erklärung sind dann nicht verbindlich, wenn sie einen Verstoß gegen diese Verordnung darstellen.

(3) [1]Die betroffene Person hat das Recht, ihre Einwilligung jederzeit zu widerrufen. [2]Durch den Widerruf der Einwilligung wird die Rechtmäßigkeit der aufgrund der Einwilligung bis zum Widerruf erfolgten Verarbeitung nicht berührt. [3]Die betroffene Person wird vor Abgabe der Einwilligung hiervon in Kenntnis gesetzt. [4]Der Widerruf der Einwilligung muss so einfach wie die Erteilung der Einwilligung sein.

(4) Bei der Beurteilung, ob die Einwilligung freiwillig erteilt wurde, muss dem Umstand in größtmöglichem Umfang Rechnung getragen werden, ob unter anderem die Erfüllung eines Vertrags, einschließlich der Erbringung einer Dienstleistung, von der Einwilligung zu einer Verarbeitung von personenbezogenen Daten abhängig ist, die für die Erfüllung des Vertrags nicht erforderlich sind.

Artikel 8
Bedingungen für die Einwilligung eines Kindes in Bezug auf Dienste der Informationsgesellschaft

(1) [1]Gilt Artikel 6 Absatz 1 Buchstabe a bei einem Angebot von Diensten der Informationsgesellschaft, das einem Kind direkt gemacht wird, so ist die Verarbeitung der personenbezogenen Daten des Kindes rechtmäßig, wenn das Kind das sechzehnte Lebensjahr vollendet hat. [2]Hat das Kind noch nicht das sechzehnte Lebensjahr vollendet, so ist diese Verarbeitung nur rechtmäßig, sofern und soweit diese Einwilligung durch den Träger der elterlichen Verantwortung für das Kind oder mit dessen Zustimmung erteilt wird. [3]Die Mitgliedstaaten können durch Rechtsvorschriften zu diesen Zwecken eine niedrigere Altersgrenze vorsehen, die jedoch nicht unter dem vollendeten dreizehnten Lebensjahr liegen darf.

(2) Der Verantwortliche unternimmt unter Berücksichtigung der verfügbaren Technik angemessene Anstrengungen, um sich in solchen Fällen zu vergewissern, dass die Einwilligung durch den Träger der elterlichen Verantwortung für das Kind oder mit dessen Zustimmung erteilt wurde.

(3) Absatz 1 lässt das allgemeine Vertragsrecht der Mitgliedstaaten, wie etwa die Vorschriften zur Gültigkeit, zum Zustandekommen oder zu den Rechtsfolgen eines Vertrags in Bezug auf ein Kind, unberührt.

Artikel 9
Verarbeitung besonderer Kategorien personenbezogener Daten

(1) Die Verarbeitung personenbezogener Daten, aus denen die rassische und ethnische Herkunft, politische Meinungen, religiöse oder weltanschauliche Überzeugungen oder die Gewerkschaftszugehörigkeit hervorgehen, sowie die Verarbeitung von genetischen Daten, biometrischen Daten zur eindeutigen Identifizierung einer natürlichen Person, Gesundheitsdaten oder Daten zum Sexualleben oder der sexuellen Orientierung einer natürlichen Person ist untersagt.

(2) Absatz 1 gilt nicht in folgenden Fällen:

a) Die betroffene Person hat in die Verarbeitung der genannten personenbezogenen Daten für einen oder mehrere festgelegte Zwecke ausdrücklich eingewilligt, es sei denn, nach Unionsrecht oder dem Recht der Mitgliedstaaten kann das Verbot nach Absatz 1 durch die Einwilligung der betroffenen Person nicht aufgehoben werden,

b) die Verarbeitung ist erforderlich, damit der Verantwortliche oder die betroffene Person die ihm bzw. ihr aus dem Arbeitsrecht und dem Recht der sozialen Sicherheit und des Sozialschutzes erwachsenden Rechte ausüben und seinen bzw. ihren diesbezüglichen Pflichten nachkommen kann, soweit dies nach Unionsrecht oder dem Recht der Mitgliedstaaten oder einer Kollektivvereinbarung nach dem Recht der Mitgliedstaaten, das geeignete Garantien für die Grundrechte und die Interessen der betroffenen Person vorsieht, zulässig ist,

c) die Verarbeitung ist zum Schutz lebenswichtiger Interessen der betroffenen Person oder einer anderen natürlichen Person erforderlich und die betroffene Person ist aus körperlichen oder rechtlichen Gründen außerstande, ihre Einwilligung zu geben,

d) die Verarbeitung erfolgt auf der Grundlage geeigneter Garantien durch eine politisch, weltanschaulich, religiös oder gewerkschaftlich ausgerichtete Stiftung, Vereinigung oder sonstige Organisation ohne Gewinnerzielungsabsicht im Rahmen ihrer rechtmäßigen Tätigkeiten und unter der Voraussetzung, dass sich die Verarbeitung ausschließlich auf die Mitglieder oder ehemalige Mitglieder der Organisation oder auf Personen, die im Zusammenhang mit deren Tätigkeitszweck regelmäßige Kontakte mit ihr unterhalten, bezieht und die personenbezogenen Daten nicht ohne Einwilligung der betroffenen Personen nach außen offengelegt werden,

e) die Verarbeitung bezieht sich auf personenbezogene Daten, die die betroffene Person offensichtlich öffentlich gemacht hat,

f) die Verarbeitung ist zur Geltendmachung, Ausübung oder Verteidigung von Rechtsansprüchen oder bei Handlungen der Gerichte im Rahmen ihrer justiziellen Tätigkeit erforderlich,

g) die Verarbeitung ist auf der Grundlage des Unionsrechts oder des Rechts eines Mitgliedstaats, das in angemessenem Verhältnis zu dem verfolgten Ziel steht, den Wesensgehalt des Rechts auf Datenschutz wahrt und angemessene und spezifische Maßnahmen zur Wahrung der Grundrechte und Interessen der betroffenen Person vorsieht, aus Gründen eines erheblichen öffentlichen Interesses erforderlich,

h) die Verarbeitung ist für Zwecke der Gesundheitsvorsorge oder der Arbeitsmedizin, für die Beurteilung der Arbeitsfähigkeit des Beschäftigten, für die medizinische Diagnostik, die Versorgung oder Behandlung im Gesundheits- oder Sozialbereich oder für die Verwaltung von Systemen und Diensten im Gesundheits- oder Sozialbereich auf der Grundlage des Unionsrechts oder des Rechts eines Mitgliedstaats oder aufgrund eines Vertrags mit einem Angehörigen eines Gesundheitsberufs und vorbehaltlich der in Absatz 3 genannten Bedingungen und Garantien erforderlich,

i) die Verarbeitung ist aus Gründen des öffentlichen Interesses im Bereich der öffentlichen Gesundheit, wie dem Schutz vor schwerwiegenden grenzüberschreitenden Gesundheitsgefahren oder zur Gewährleistung hoher Qualitäts- und Sicherheitsstandards bei der Gesundheitsversorgung und bei Arzneimitteln und Medizinprodukten, auf der Grundlage des Unionsrechts oder des Rechts eines Mitgliedstaats, das angemessene und spezifische Maßnahmen zur Wahrung der Rechte und Freiheiten der betroffenen Person, insbesondere des Berufsgeheimnisses, vorsieht, erforderlich, oder

j) die Verarbeitung ist auf der Grundlage des Unionsrechts oder des Rechts eines Mitgliedstaats, das in angemessenem Verhältnis zu dem verfolgten Ziel steht, den Wesensgehalt des Rechts auf Datenschutz wahrt und angemessene und spezifische Maßnahmen zur Wahrung der Grundrechte und Interessen der betroffenen Person vorsieht, für im öffentlichen Interesse liegende Archivzwecke, für wissenschaftliche oder historische Forschungszwecke oder für statistische Zwecke gemäß Artikel 89 Absatz 1 erforderlich.

(3) Die in Absatz 1 genannten personenbezogenen Daten dürfen zu den in Absatz 2 Buchstabe h genannten Zwecken verarbeitet werden, wenn diese Daten von Fachpersonal oder unter dessen Verantwortung verarbeitet werden und dieses Fachpersonal nach dem Unionsrecht oder dem Recht eines Mitgliedstaats oder den Vorschriften nationaler zuständiger Stellen dem Berufsgeheimnis unterliegt, oder wenn die Verarbeitung durch eine andere Person erfolgt, die ebenfalls nach dem Unionsrecht oder dem Recht eines Mitgliedstaats oder den Vorschriften nationaler zuständiger Stellen einer Geheimhaltungspflicht unterliegt.

(4) Die Mitgliedstaaten können zusätzliche Bedingungen, einschließlich Beschränkungen, einführen oder aufrechterhalten, soweit die Verarbeitung von genetischen, biometrischen oder Gesundheitsdaten betroffen ist.

Artikel 10
Verarbeitung von personenbezogenen Daten über strafrechtliche Verurteilungen und Straftaten

[1]Die Verarbeitung personenbezogener Daten über strafrechtliche Verurteilungen und Straftaten oder damit zusammenhängende Sicherungsmaßregeln aufgrund von Artikel 6 Absatz 1 darf nur unter behördlicher Aufsicht vorgenommen werden oder wenn dies nach dem Unionsrecht oder dem Recht der Mitgliedstaaten, das geeignete Garantien für die Rechte und Freiheiten der betroffenen Personen vorsieht, zulässig ist. [2]Ein umfassendes Register der strafrechtlichen Verurteilungen darf nur unter behördlicher Aufsicht geführt werden.

Artikel 11
Verarbeitung, für die eine Identifizierung der betroffenen Person nicht erforderlich ist

(1) Ist für die Zwecke, für die ein Verantwortlicher personenbezogene Daten verarbeitet, die Identifizierung der betroffenen Person durch den Verantwortlichen nicht oder nicht mehr erforderlich, so ist dieser nicht verpflichtet, zur bloßen Einhaltung dieser Verordnung zusätzliche Informationen aufzubewahren, einzuholen oder zu verarbeiten, um die betroffene Person zu identifizieren.

(2) [1]Kann der Verantwortliche in Fällen gemäß Absatz 1 des vorliegenden Artikels nachweisen, dass er nicht in der Lage ist, die betroffene Person zu identifizieren, so unterrichtet er die betroffene Person hierüber, sofern möglich. [2]In diesen Fällen finden die Artikel 15 bis 20 keine Anwendung, es sei denn, die betroffene Person stellt zur Ausübung ihrer in diesen Artikeln niedergelegten Rechte zusätzliche Informationen bereit, die ihre Identifizierung ermöglichen.

KAPITEL III
Rechte der betroffenen Person

ABSCHNITT 1
Transparenz und Modalitäten

Artikel 12
Transparente Information, Kommunikation und Modalitäten für die Ausübung der Rechte der betroffenen Person

(1) [1]Der Verantwortliche trifft geeignete Maßnahmen, um der betroffenen Person alle Informationen gemäß den Artikeln 13 und 14 und alle Mitteilungen gemäß den Artikeln 15 bis 22 und Artikel 34, die sich auf die Verarbeitung beziehen, in präziser, transparenter, verständlicher und leicht zugänglicher Form in einer klaren und einfachen Sprache zu übermitteln; dies gilt insbesondere für Informationen, die sich speziell an Kinder richten. [2]Die Übermittlung der Informationen erfolgt schriftlich oder in anderer Form, gegebenenfalls auch elektronisch. [3]Falls von der betroffenen Person verlangt, kann die Information

mündlich erteilt werden, sofern die Identität der betroffenen Person in anderer Form nachgewiesen wurde.

(2) [1]Der Verantwortliche erleichtert der betroffenen Person die Ausübung ihrer Rechte gemäß den Artikeln 15 bis 22. [2]In den in Artikel 11 Absatz 2 genannten Fällen darf sich der Verantwortliche nur dann weigern, aufgrund des Antrags der betroffenen Person auf Wahrnehmung ihrer Rechte gemäß den Artikeln 15 bis 22 tätig zu werden, wenn er glaubhaft macht, dass er nicht in der Lage ist, die betroffene Person zu identifizieren.

(3) [1]Der Verantwortliche stellt der betroffenen Person Informationen über die auf Antrag gemäß den Artikeln 15 bis 22 ergriffenen Maßnahmen unverzüglich, in jedem Fall aber innerhalb eines Monats nach Eingang des Antrags zur Verfügung. [2]Diese Frist kann um weitere zwei Monate verlängert werden, wenn dies unter Berücksichtigung der Komplexität und der Anzahl von Anträgen erforderlich ist. [3]Der Verantwortliche unterrichtet die betroffene Person innerhalb eines Monats nach Eingang des Antrags über eine Fristverlängerung, zusammen mit den Gründen für die Verzögerung. [4]Stellt die betroffene Person den Antrag elektronisch, so ist sie nach Möglichkeit auf elektronischem Weg zu unterrichten, sofern sie nichts anderes angibt.

(4) Wird der Verantwortliche auf den Antrag der betroffenen Person hin nicht tätig, so unterrichtet er die betroffene Person ohne Verzögerung, spätestens aber innerhalb eines Monats nach Eingang des Antrags über die Gründe hierfür und über die Möglichkeit, bei einer Aufsichtsbehörde Beschwerde einzulegen oder einen gerichtlichen Rechtsbehelf einzulegen.

(5) [1]Informationen gemäß den Artikeln 13 und 14 sowie alle Mitteilungen und Maßnahmen gemäß den Artikeln 15 bis 22 und Artikel 34 werden unentgeltlich zur Verfügung gestellt. [2]Bei offenkundig unbegründeten oder – insbesondere im Fall von häufiger Wiederholung – exzessiven Anträgen einer betroffenen Person kann der Verantwortliche entweder

a) ein angemessenes Entgelt verlangen, bei dem die Verwaltungskosten für die Unterrichtung oder die Mitteilung oder die Durchführung der beantragten Maßnahme berücksichtigt werden, oder
b) sich weigern, aufgrund des Antrags tätig zu werden.

[3]Der Verantwortliche hat den Nachweis für den offenkundig unbegründeten oder exzessiven Charakter des Antrags zu erbringen.

(6) Hat der Verantwortliche begründete Zweifel an der Identität der natürlichen Person, die den Antrag gemäß den Artikeln 15 bis 21 stellt, so kann er unbeschadet des Artikels 11 zusätzliche Informationen anfordern, die zur Bestätigung der Identität der betroffenen Person erforderlich sind.

(7) [1]Die Informationen, die den betroffenen Personen gemäß den Artikeln 13 und 14 bereitzustellen sind, können in Kombination mit standardisierten Bildsymbolen bereitgestellt werden, um in leicht wahrnehmbarer, verständlicher und klar nachvollziehbarer Form einen aussagekräftigen Überblick über die beabsichtigte Verarbeitung zu vermitteln. [2]Werden die Bildsymbole in elektronischer Form dargestellt, müssen sie maschinenlesbar sein.

(8) Der Kommission wird die Befugnis übertragen, gemäß Artikel 92 delegierte Rechtsakte zur Bestimmung der Informationen, die durch Bildsymbole darzustellen sind, und der Verfahren für die Bereitstellung standardisierter Bildsymbole zu erlassen.

ABSCHNITT 2
Informationspflicht und Recht auf Auskunft zu personenbezogenen Daten

Artikel 13
Informationspflicht bei Erhebung von personenbezogenen Daten bei der betroffenen Person

(1) Werden personenbezogene Daten bei der betroffenen Person erhoben, so teilt der

Verantwortliche der betroffenen Person zum Zeitpunkt der Erhebung dieser Daten Folgendes mit:

a) den Namen und die Kontaktdaten des Verantwortlichen sowie gegebenenfalls seines Vertreters;
b) gegebenenfalls die Kontaktdaten des Datenschutzbeauftragten;
c) die Zwecke, für die die personenbezogenen Daten verarbeitet werden sollen, sowie die Rechtsgrundlage für die Verarbeitung;
d) wenn die Verarbeitung auf Artikel 6 Absatz 1 Buchstabe f beruht, die berechtigten Interessen, die von dem Verantwortlichen oder einem Dritten verfolgt werden;
e) gegebenenfalls die Empfänger oder Kategorien von Empfängern der personenbezogenen Daten und
f) gegebenenfalls die Absicht des Verantwortlichen, die personenbezogenen Daten an ein Drittland oder eine internationale Organisation zu übermitteln, sowie das Vorhandensein oder das Fehlen eines Angemessenheitsbeschlusses der Kommission oder im Falle von Übermittlungen gemäß Artikel 46 oder Artikel 47 oder Artikel 49 Absatz 1 Unterabsatz 2 einen Verweis auf die geeigneten oder angemessenen Garantien und die Möglichkeit, wie eine Kopie von ihnen zu erhalten ist, oder wo sie verfügbar sind.

(2) Zusätzlich zu den Informationen gemäß Absatz 1 stellt der Verantwortliche der betroffenen Person zum Zeitpunkt der Erhebung dieser Daten folgende weitere Informationen zur Verfügung, die notwendig sind, um eine faire und transparente Verarbeitung zu gewährleisten:

a) die Dauer, für die die personenbezogenen Daten gespeichert werden oder, falls dies nicht möglich ist, die Kriterien für die Festlegung dieser Dauer;
b) das Bestehen eines Rechts auf Auskunft seitens des Verantwortlichen über die betreffenden personenbezogenen Daten sowie auf Berichtigung oder Löschung oder auf Einschränkung der Verarbeitung oder eines Widerspruchsrechts gegen die Verarbeitung sowie des Rechts auf Datenübertragbarkeit;
c) wenn die Verarbeitung auf Artikel 6 Absatz 1 Buchstabe a oder Artikel 9 Absatz 2 Buchstabe a beruht, das Bestehen eines Rechts, die Einwilligung jederzeit zu widerrufen, ohne dass die Rechtmäßigkeit der aufgrund der Einwilligung bis zum Widerruf erfolgten Verarbeitung berührt wird;
d) das Bestehen eines Beschwerderechts bei einer Aufsichtsbehörde;
e) ob die Bereitstellung der personenbezogenen Daten gesetzlich oder vertraglich vorgeschrieben oder für einen Vertragsabschluss erforderlich ist, ob die betroffene Person verpflichtet ist, die personenbezogenen Daten bereitzustellen, und welche mögliche Folgen die Nichtbereitstellung hätte und
f) das Bestehen einer automatisierten Entscheidungsfindung einschließlich Profiling gemäß Artikel 22 Absätze 1 und 4 und – zumindest in diesen Fällen – aussagekräftige Informationen über die involvierte Logik sowie die Tragweite und die angestrebten Auswirkungen einer derartigen Verarbeitung für die betroffene Person.

(3) Beabsichtigt der Verantwortliche, die personenbezogenen Daten für einen anderen Zweck weiterzuverarbeiten als den, für den die personenbezogenen Daten erhoben wurden, so stellt er der betroffenen Person vor dieser Weiterverarbeitung Informationen über diesen anderen Zweck und alle anderen maßgeblichen Informationen gemäß Absatz 2 zur Verfügung.

(4) Die Absätze 1, 2 und 3 finden keine Anwendung, wenn und soweit die betroffene Person bereits über die Informationen verfügt.

Artikel 14
Informationspflicht, wenn die personenbezogenen Daten nicht bei der betroffenen Person erhoben wurden

(1) Werden personenbezogene Daten nicht bei der betroffenen Person erhoben, so teilt der Verantwortliche der betroffenen Person Folgendes mit:

a) den Namen und die Kontaktdaten des Verantwortlichen sowie gegebenenfalls seines Vertreters;
b) zusätzlich die Kontaktdaten des Datenschutzbeauftragten;

c) die Zwecke, für die die personenbezogenen Daten verarbeitet werden sollen, sowie die Rechtsgrundlage für die Verarbeitung;
d) die Kategorien personenbezogener Daten, die verarbeitet werden;
e) gegebenenfalls die Empfänger oder Kategorien von Empfängern der personenbezogenen Daten;
f) gegebenenfalls die Absicht des Verantwortlichen, die personenbezogenen Daten an einen Empfänger in einem Drittland oder einer internationalen Organisation zu übermitteln, sowie das Vorhandensein oder das Fehlen eines Angemessenheitsbeschlusses der Kommission oder im Falle von Übermittlungen gemäß Artikel 46 oder Artikel 47 oder Artikel 49 Absatz 1 Unterabsatz 2 einen Verweis auf die geeigneten oder angemessenen Garantien und die Möglichkeit, eine Kopie von ihnen zu erhalten, oder wo sie verfügbar sind.

(2) Zusätzlich zu den Informationen gemäß Absatz 1 stellt der Verantwortliche der betroffenen Person die folgenden Informationen zur Verfügung, die erforderlich sind, um der betroffenen Person gegenüber eine faire und transparente Verarbeitung zu gewährleisten:
a) die Dauer, für die die personenbezogenen Daten gespeichert werden oder, falls dies nicht möglich ist, die Kriterien für die Festlegung dieser Dauer;
b) wenn die Verarbeitung auf Artikel 6 Absatz 1 Buchstabe f beruht, die berechtigten Interessen, die von dem Verantwortlichen oder einem Dritten verfolgt werden;
c) das Bestehen eines Rechts auf Auskunft seitens des Verantwortlichen über die betreffenden personenbezogenen Daten sowie auf Berichtigung oder Löschung oder auf Einschränkung der Verarbeitung und eines Widerspruchsrechts gegen die Verarbeitung sowie des Rechts auf Datenübertragbarkeit;
d) wenn die Verarbeitung auf Artikel 6 Absatz 1 Buchstabe a oder Artikel 9 Absatz 2 Buchstabe a beruht, das Bestehen eines Rechts, die Einwilligung jederzeit zu widerrufen, ohne dass die Rechtmäßigkeit der aufgrund der Einwilligung bis zum Widerruf erfolgten Verarbeitung berührt wird;
e) das Bestehen eines Beschwerderechts bei einer Aufsichtsbehörde;
f) aus welcher Quelle die personenbezogenen Daten stammen und gegebenenfalls ob sie aus öffentlich zugänglichen Quellen stammen;
g) das Bestehen einer automatisierten Entscheidungsfindung einschließlich Profiling gemäß Artikel 22 Absätze 1 und 4 und – zumindest in diesen Fällen – aussagekräftige Informationen über die involvierte Logik sowie die Tragweite und die angestrebten Auswirkungen einer derartigen Verarbeitung für die betroffene Person.

(3) Der Verantwortliche erteilt die Informationen gemäß den Absätzen 1 und 2
a) unter Berücksichtigung der spezifischen Umstände der Verarbeitung der personenbezogenen Daten innerhalb einer angemessenen Frist nach Erlangung der personenbezogenen Daten, längstens jedoch innerhalb eines Monats,
b) falls die personenbezogenen Daten zur Kommunikation mit der betroffenen Person verwendet werden sollen, spätestens zum Zeitpunkt der ersten Mitteilung an sie, oder,
c) falls die Offenlegung an einen anderen Empfänger beabsichtigt ist, spätestens zum Zeitpunkt der ersten Offenlegung.

(4) Beabsichtigt der Verantwortliche, die personenbezogenen Daten für einen anderen Zweck weiterzuverarbeiten als den, für den die personenbezogenen Daten erlangt wurden, so stellt er der betroffenen Person vor dieser Weiterverarbeitung Informationen über diesen anderen Zweck und alle anderen maßgeblichen Informationen gemäß Absatz 2 zur Verfügung.

(5) Die Absätze 1 bis 4 finden keine Anwendung, wenn und soweit
a) die betroffene Person bereits über die Informationen verfügt,
b) die Erteilung dieser Informationen sich als unmöglich erweist oder einen unverhältnismäßigen Aufwand erfordern würde; dies gilt insbesondere für die Verarbeitung für im öffentlichen Interesse liegende Archivzwecke, für wissenschaftliche oder historische Forschungszwecke oder für statistische Zwecke

vorbehaltlich der in Artikel 89 Absatz 1 genannten Bedingungen und Garantien oder soweit die in Absatz 1 des vorliegenden Artikels genannte Pflicht voraussichtlich die Verwirklichung der Ziele dieser Verarbeitung unmöglich macht oder ernsthaft beeinträchtigt In diesen Fällen ergreift der Verantwortliche geeignete Maßnahmen zum Schutz der Rechte und Freiheiten sowie der berechtigten Interessen der betroffenen Person, einschließlich der Bereitstellung dieser Informationen für die Öffentlichkeit,

c) die Erlangung oder Offenlegung durch Rechtsvorschriften der Union oder der Mitgliedstaaten, denen der Verantwortliche unterliegt und die geeignete Maßnahmen zum Schutz der berechtigten Interessen der betroffenen Person vorsehen, ausdrücklich geregelt ist oder
d) die personenbezogenen Daten gemäß dem Unionsrecht oder dem Recht der Mitgliedstaaten dem Berufsgeheimnis, einschließlich einer satzungsmäßigen Geheimhaltungspflicht, unterliegen und daher vertraulich behandelt werden müssen.

Artikel 15
Auskunftsrecht der betroffenen Person

(1) Die betroffene Person hat das Recht, von dem Verantwortlichen eine Bestätigung darüber zu verlangen, ob sie betreffende personenbezogene Daten verarbeitet werden; ist dies der Fall, so hat sie ein Recht auf Auskunft über diese personenbezogenen Daten und auf folgende Informationen:
a) die Verarbeitungszwecke;
b) die Kategorien personenbezogener Daten, die verarbeitet werden;
c) die Empfänger oder Kategorien von Empfängern, gegenüber denen die personenbezogenen Daten offengelegt worden sind oder noch offengelegt werden, insbesondere bei Empfängern in Drittländern oder bei internationalen Organisationen;
d) falls möglich die geplante Dauer, für die die personenbezogenen Daten gespeichert werden, oder, falls dies nicht möglich ist, die Kriterien für die Festlegung dieser Dauer;
e) das Bestehen eines Rechts auf Berichtigung oder Löschung der sie betreffenden personenbezogenen Daten oder auf Einschränkung der Verarbeitung durch den Verantwortlichen oder eines Widerspruchsrechts gegen diese Verarbeitung;
f) das Bestehen eines Beschwerderechts bei einer Aufsichtsbehörde;
g) wenn die personenbezogenen Daten nicht bei der betroffenen Person erhoben werden, alle verfügbaren Informationen über die Herkunft der Daten;
h) das Bestehen einer automatisierten Entscheidungsfindung einschließlich Profiling gemäß Artikel 22 Absätze 1 und 4 und – zumindest in diesen Fällen – aussagekräftige Informationen über die involvierte Logik sowie die Tragweite und die angestrebten Auswirkungen einer derartigen Verarbeitung für die betroffene Person.

(2) Werden personenbezogene Daten an ein Drittland oder an eine internationale Organisation übermittelt, so hat die betroffene Person das Recht, über die geeigneten Garantien gemäß Artikel 46 im Zusammenhang mit der Übermittlung unterrichtet zu werden.

(3) [1]Der Verantwortliche stellt eine Kopie der personenbezogenen Daten, die Gegenstand der Verarbeitung sind, zur Verfügung. [2]Für alle weiteren Kopien, die die betroffene Person beantragt, kann der Verantwortliche ein angemessenes Entgelt auf der Grundlage der Verwaltungskosten verlangen. [3]Stellt die betroffene Person den Antrag elektronisch, so sind die Informationen in einem gängigen elektronischen Format zur Verfügung zu stellen, sofern sie nichts anderes angibt.

(4) Das Recht auf Erhalt einer Kopie gemäß Absatz 3 darf die Rechte und Freiheiten anderer Personen nicht beeinträchtigen.

ABSCHNITT 3
Berichtigung und Löschung

Artikel 16
Recht auf Berichtigung

[1]Die betroffene Person hat das Recht, von dem Verantwortlichen unverzüglich die Berichtigung sie betreffender unrichtiger personenbezogener Daten zu verlangen. [2]Unter Berücksichtigung der Zwecke der Verarbeitung hat die betroffene Person das Recht, die Vervollständigung unvollständiger personenbezogener Daten – auch mittels einer ergänzenden Erklärung – zu verlangen.

Artikel 17
Recht auf Löschung
(„Recht auf Vergessenwerden")

(1) Die betroffene Person hat das Recht, von dem Verantwortlichen zu verlangen, dass sie betreffende personenbezogene Daten unverzüglich gelöscht werden, und der Verantwortliche ist verpflichtet, personenbezogene Daten unverzüglich zu löschen, sofern einer der folgenden Gründe zutrifft:

a) Die personenbezogenen Daten sind für die Zwecke, für die sie erhoben oder auf sonstige Weise verarbeitet wurden, nicht mehr notwendig.
b) Die betroffene Person widerruft ihre Einwilligung, auf die sich die Verarbeitung gemäß Artikel 6 Absatz 1 Buchstabe a oder Artikel 9 Absatz 2 Buchstabe a stützte, und es fehlt an einer anderweitigen Rechtsgrundlage für die Verarbeitung.
c) Die betroffene Person legt gemäß Artikel 21 Absatz 1 Widerspruch gegen die Verarbeitung ein und es liegen keine vorrangigen berechtigten Gründe für die Verarbeitung vor, oder die betroffene Person legt gemäß Artikel 21 Absatz 2 Widerspruch gegen die Verarbeitung ein.
d) Die personenbezogenen Daten wurden unrechtmäßig verarbeitet.
e) Die Löschung der personenbezogenen Daten ist zur Erfüllung einer rechtlichen Verpflichtung nach dem Unionsrecht oder dem Recht der Mitgliedstaaten erforderlich, dem der Verantwortliche unterliegt.
f) Die personenbezogenen Daten wurden in Bezug auf angebotene Dienste der Informationsgesellschaft gemäß Artikel 8 Absatz 1 erhoben.

(2) Hat der Verantwortliche die personenbezogenen Daten öffentlich gemacht und ist er gemäß Absatz 1 zu deren Löschung verpflichtet, so trifft er unter Berücksichtigung der verfügbaren Technologie und der Implementierungskosten angemessene Maßnahmen, auch technischer Art, um für die Datenverarbeitung Verantwortliche, die die personenbezogenen Daten verarbeiten, darüber zu informieren, dass eine betroffene Person von ihnen die Löschung aller Links zu diesen personenbezogenen Daten oder von Kopien oder Replikationen dieser personenbezogenen Daten verlangt hat.

(3) Die Absätze 1 und 2 gelten nicht, soweit die Verarbeitung erforderlich ist

a) zur Ausübung des Rechts auf freie Meinungsäußerung und Information;
b) zur Erfüllung einer rechtlichen Verpflichtung, die die Verarbeitung nach dem Recht der Union oder der Mitgliedstaaten, dem der Verantwortliche unterliegt, erfordert, oder zur Wahrnehmung einer Aufgabe, die im öffentlichen Interesse liegt oder in Ausübung öffentlicher Gewalt erfolgt, die dem Verantwortlichen übertragen wurde;
c) aus Gründen des öffentlichen Interesses im Bereich der öffentlichen Gesundheit gemäß Artikel 9 Absatz 2 Buchstaben h und i sowie Artikel 9 Absatz 3;
d) für im öffentlichen Interesse liegende Archivzwecke, wissenschaftliche oder historische Forschungszwecke oder für statistische Zwecke gemäß Artikel 89 Absatz 1, soweit das in Absatz 1 genannte Recht voraussichtlich die Verwirklichung der Ziele dieser Verarbeitung unmöglich macht oder ernsthaft beeinträchtigt, oder
e) zur Geltendmachung, Ausübung oder Verteidigung von Rechtsansprüchen.

Artikel 18
Recht auf Einschränkung der Verarbeitung

(1) Die betroffene Person hat das Recht, von dem Verantwortlichen die Einschränkung der Verarbeitung zu verlangen, wenn eine der folgenden Voraussetzungen gegeben ist:

a) die Richtigkeit der personenbezogenen Daten von der betroffenen Person bestritten wird, und zwar für eine Dauer, die es dem Verantwortlichen ermöglicht, die Richtigkeit der personenbezogenen Daten zu überprüfen,
b) die Verarbeitung unrechtmäßig ist und die betroffene Person die Löschung der personenbezogenen Daten ablehnt und stattdessen die Einschränkung der Nutzung der personenbezogenen Daten verlangt;
c) der Verantwortliche die personenbezogenen Daten für die Zwecke der Verarbeitung nicht länger benötigt, die betroffene Person sie jedoch zur Geltendmachung, Ausübung oder Verteidigung von Rechtsansprüchen benötigt, oder
d) die betroffene Person Widerspruch gegen die Verarbeitung gemäß Artikel 21 Absatz 1 eingelegt hat, solange noch nicht feststeht, ob die berechtigten Gründe des Verantwortlichen gegenüber denen der betroffenen Person überwiegen.

(2) Wurde die Verarbeitung gemäß Absatz 1 eingeschränkt, so dürfen diese personenbezogenen Daten – von ihrer Speicherung abgesehen – nur mit Einwilligung der betroffenen Person oder zur Geltendmachung, Ausübung oder Verteidigung von Rechtsansprüchen oder zum Schutz der Rechte einer anderen natürlichen oder juristischen Person oder aus Gründen eines wichtigen öffentlichen Interesses der Union oder eines Mitgliedstaats verarbeitet werden.

(3) Eine betroffene Person, die eine Einschränkung der Verarbeitung gemäß Absatz 1 erwirkt hat, wird von dem Verantwortlichen unterrichtet, bevor die Einschränkung aufgehoben wird.

Artikel 19
Mitteilungspflicht im Zusammenhang mit der Berichtigung oder Löschung personenbezogener Daten oder der Einschränkung der Verarbeitung

[1]Der Verantwortliche teilt allen Empfängern, denen personenbezogenen Daten offengelegt wurden, jede Berichtigung oder Löschung der personenbezogenen Daten oder eine Einschränkung der Verarbeitung nach Artikel 16, Artikel 17 Absatz 1 und Artikel 18 mit, es sei denn, dies erweist sich als unmöglich oder ist mit einem unverhältnismäßigen Aufwand verbunden. [2]Der Verantwortliche unterrichtet die betroffene Person über diese Empfänger, wenn die betroffene Person dies verlangt.

Artikel 20
Recht auf Datenübertragbarkeit

(1) Die betroffene Person hat das Recht, die sie betreffenden personenbezogenen Daten, die sie einem Verantwortlichen bereitgestellt hat, in einem strukturierten, gängigen und maschinenlesbaren Format zu erhalten, und sie hat das Recht, diese Daten einem anderen Verantwortlichen ohne Behinderung durch den Verantwortlichen, dem die personenbezogenen Daten bereitgestellt wurden, zu übermitteln, sofern

a) die Verarbeitung auf einer Einwilligung gemäß Artikel 6 Absatz 1 Buchstabe a oder Artikel 9 Absatz 2 Buchstabe a oder auf einem Vertrag gemäß Artikel 6 Absatz 1 Buchstabe b beruht und
b) die Verarbeitung mithilfe automatisierter Verfahren erfolgt.

(2) Bei der Ausübung ihres Rechts auf Datenübertragbarkeit gemäß Absatz 1 hat die betroffene Person das Recht, zu erwirken, dass die personenbezogenen Daten direkt von einem Verantwortlichen einem anderen Verantwortlichen übermittelt werden, soweit dies technisch machbar ist.

(3) [1]Die Ausübung des Rechts nach Absatz 1 des vorliegenden Artikels lässt Artikel 17 unberührt. [2]Dieses Recht gilt nicht für eine Verarbeitung, die für die Wahrnehmung einer Aufgabe

erforderlich ist, die im öffentlichen Interesse liegt oder in Ausübung öffentlicher Gewalt erfolgt, die dem Verantwortlichen übertragen wurde.

(4) Das Recht gemäß Absatz 1 darf die Rechte und Freiheiten anderer Personen nicht beeinträchtigen.

ABSCHNITT 4
Widerspruchsrecht und automatisierte Entscheidungsfindung im Einzelfall

Artikel 21
Widerspruchsrecht

(1) [1]Die betroffene Person hat das Recht, aus Gründen, die sich aus ihrer besonderen Situation ergeben, jederzeit gegen die Verarbeitung sie betreffender personenbezogener Daten, die aufgrund von Artikel 6 Absatz 1 Buchstaben e oder f erfolgt, Widerspruch einzulegen; dies gilt auch für ein auf diese Bestimmungen gestütztes Profiling. [2]Der Verantwortliche verarbeitet die personenbezogenen Daten nicht mehr, es sei denn, er kann zwingende schutzwürdige Gründe für die Verarbeitung nachweisen, die die Interessen, Rechte und Freiheiten der betroffenen Person überwiegen, oder die Verarbeitung dient der Geltendmachung, Ausübung oder Verteidigung von Rechtsansprüchen.

(2) Werden personenbezogene Daten verarbeitet, um Direktwerbung zu betreiben, so hat die betroffene Person das Recht, jederzeit Widerspruch gegen die Verarbeitung sie betreffender personenbezogener Daten zum Zwecke derartiger Werbung einzulegen; dies gilt auch für das Profiling, soweit es mit solcher Direktwerbung in Verbindung steht.

(3) Widerspricht die betroffene Person der Verarbeitung für Zwecke der Direktwerbung, so werden die personenbezogenen Daten nicht mehr für diese Zwecke verarbeitet.

(4) Die betroffene Person muss spätestens zum Zeitpunkt der ersten Kommunikation mit ihr ausdrücklich auf das in den Absätzen 1 und 2 genannte Recht hingewiesen werden; dieser Hinweis hat in einer verständlichen und von anderen Informationen getrennten Form zu erfolgen.

(5) Im Zusammenhang mit der Nutzung von Diensten der Informationsgesellschaft kann die betroffene Person ungeachtet der Richtlinie 2002/58/EG ihr Widerspruchsrecht mittels automatisierter Verfahren ausüben, bei denen technische Spezifikationen verwendet werden.

(6) Die betroffene Person hat das Recht, aus Gründen, die sich aus ihrer besonderen Situation ergeben, gegen die sie betreffende Verarbeitung sie betreffender personenbezogener Daten, die zu wissenschaftlichen oder historischen Forschungszwecken oder zu statistischen Zwecken gemäß Artikel 89 Absatz 1 erfolgt, Widerspruch einzulegen, es sei denn, die Verarbeitung ist zur Erfüllung einer im öffentlichen Interesse liegenden Aufgabe erforderlich.

Artikel 22
Automatisierte Entscheidungen im Einzelfall einschließlich Profiling

(1) Die betroffene Person hat das Recht, nicht einer ausschließlich auf einer automatisierten Verarbeitung – einschließlich Profiling – beruhenden Entscheidung unterworfen zu werden, die ihr gegenüber rechtliche Wirkung entfaltet oder sie in ähnlicher Weise erheblich beeinträchtigt.

(2) Absatz 1 gilt nicht, wenn die Entscheidung
a) für den Abschluss oder die Erfüllung eines Vertrags zwischen der betroffenen Person und dem Verantwortlichen erforderlich ist,
b) aufgrund von Rechtsvorschriften der Union oder der Mitgliedstaaten, denen der Verantwortliche unterliegt, zulässig ist und diese Rechtsvorschriften angemessene Maßnahmen zur Wahrung der Rechte und Freiheiten sowie der berechtigten Interessen der betroffenen Person enthalten oder
c) mit ausdrücklicher Einwilligung der betroffenen Person erfolgt.

(3) In den in Absatz 2 Buchstaben a und c genannten Fällen trifft der Verantwortliche angemessene Maßnahmen, um die Rechte und Freiheiten

sowie die berechtigten Interessen der betroffenen Person zu wahren, wozu mindestens das Recht auf Erwirkung des Eingreifens einer Person seitens des Verantwortlichen, auf Darlegung des eigenen Standpunkts und auf Anfechtung der Entscheidung gehört.

(4) Entscheidungen nach Absatz 2 dürfen nicht auf besonderen Kategorien personenbezogener Daten nach Artikel 9 Absatz 1 beruhen, sofern nicht Artikel 9 Absatz 2 Buchstabe a oder g gilt und angemessene Maßnahmen zum Schutz der Rechte und Freiheiten sowie der berechtigten Interessen der betroffenen Person getroffen wurden.

ABSCHNITT 5
Beschränkungen

Artikel 23
Beschränkungen

(1) Durch Rechtsvorschriften der Union oder der Mitgliedstaaten, denen der Verantwortliche oder der Auftragsverarbeiter unterliegt, können die Pflichten und Rechte gemäß den Artikeln 12 bis 22 und Artikel 34 sowie Artikel 5, insofern dessen Bestimmungen den in den Artikeln 12 bis 22 vorgesehenen Rechten und Pflichten entsprechen, im Wege von Gesetzgebungsmaßnahmen beschränkt werden, sofern eine solche Beschränkung den Wesensgehalt der Grundrechte und Grundfreiheiten achtet und in einer demokratischen Gesellschaft eine notwendige und verhältnismäßige Maßnahme darstellt, die Folgendes sicherstellt:

a) die nationale Sicherheit;
b) die Landesverteidigung;
c) die öffentliche Sicherheit;
d) die Verhütung, Ermittlung, Aufdeckung oder Verfolgung von Straftaten oder die Strafvollstreckung, einschließlich des Schutzes vor und der Abwehr von Gefahren für die öffentliche Sicherheit;
e) den Schutz sonstiger wichtiger Ziele des allgemeinen öffentlichen Interesses der Union oder eines Mitgliedstaats, insbesondere eines wichtigen wirtschaftlichen oder finanziellen Interesses der Union oder eines Mitgliedstaats, etwa im Währungs-, Haushalts- und Steuerbereich sowie im Bereich der öffentlichen Gesundheit und der sozialen Sicherheit;
f) den Schutz der Unabhängigkeit der Justiz und den Schutz von Gerichtsverfahren;
g) die Verhütung, Aufdeckung, Ermittlung und Verfolgung von Verstößen gegen die berufsständischen Regeln reglementierter Berufe;
h) Kontroll-, Überwachungs- und Ordnungsfunktionen, die dauernd oder zeitweise mit der Ausübung öffentlicher Gewalt für die unter den Buchstaben a bis e und g genannten Zwecke verbunden sind;
i) den Schutz der betroffenen Person oder der Rechte und Freiheiten anderer Personen;
j) die Durchsetzung zivilrechtlicher Ansprüche.

(2) Jede Gesetzgebungsmaßnahme im Sinne des Absatzes 1 muss insbesondere gegebenenfalls spezifische Vorschriften enthalten zumindest in Bezug auf

a) die Zwecke der Verarbeitung oder die Verarbeitungskategorien,
b) die Kategorien personenbezogener Daten,
c) den Umfang der vorgenommenen Beschränkungen,
d) die Garantien gegen Missbrauch oder unrechtmäßigen Zugang oder unrechtmäßige Übermittlung;
e) die Angaben zu dem Verantwortlichen oder den Kategorien von Verantwortlichen,
f) die jeweiligen Speicherfristen sowie die geltenden Garantien unter Berücksichtigung von Art, Umfang und Zwecken der Verarbeitung oder der Verarbeitungskategorien,
g) die Risiken für die Rechte und Freiheiten der betroffenen Personen und
h) das Recht der betroffenen Personen auf Unterrichtung über die Beschränkung, sofern dies nicht dem Zweck der Beschränkung abträglich ist.

KAPITEL IV
Verantwortlicher und Auftragsverarbeiter

ABSCHNITT 1
Allgemeine Pflichten

Artikel 24
Verantwortung des für die Verarbeitung Verantwortlichen

(1) [1]Der Verantwortliche setzt unter Berücksichtigung der Art, des Umfangs, der Umstände und der Zwecke der Verarbeitung sowie der unterschiedlichen Eintrittswahrscheinlichkeit und Schwere der Risiken für die Rechte und Freiheiten natürlicher Personen geeignete technische und organisatorische Maßnahmen um, um sicherzustellen und den Nachweis dafür erbringen zu können, dass die Verarbeitung gemäß dieser Verordnung erfolgt. [2]Diese Maßnahmen werden erforderlichenfalls überprüft und aktualisiert.

(2) Sofern dies in einem angemessenen Verhältnis zu den Verarbeitungstätigkeiten steht, müssen die Maßnahmen gemäß Absatz 1 die Anwendung geeigneter Datenschutzvorkehrungen durch den Verantwortlichen umfassen.

(3) Die Einhaltung der genehmigten Verhaltensregeln gemäß Artikel 40 oder eines genehmigten Zertifizierungsverfahrens gemäß Artikel 42 kann als Gesichtspunkt herangezogen werden, um die Erfüllung der Pflichten des Verantwortlichen nachzuweisen.

Artikel 25
Datenschutz durch Technikgestaltung und durch datenschutzfreundliche Voreinstellungen

(1) Unter Berücksichtigung des Stands der Technik, der Implementierungskosten und der Art, des Umfangs, der Umstände und der Zwecke der Verarbeitung sowie der unterschiedlichen Eintrittswahrscheinlichkeit und Schwere der mit der Verarbeitung verbundenen Risiken für die Rechte und Freiheiten natürlicher Personen trifft der Verantwortliche sowohl zum Zeitpunkt der Festlegung der Mittel für die Verarbeitung als auch zum Zeitpunkt der eigentlichen Verarbeitung geeignete technische und organisatorische Maßnahmen – wie z. B. Pseudonymisierung –, die dafür ausgelegt sind, die Datenschutzgrundsätze wie etwa Datenminimierung wirksam umzusetzen und die notwendigen Garantien in die Verarbeitung aufzunehmen, um den Anforderungen dieser Verordnung zu genügen und die Rechte der betroffenen Personen zu schützen.

(2) [1]Der Verantwortliche trifft geeignete technische und organisatorische Maßnahmen, die sicherstellen, dass durch Voreinstellung nur personenbezogene Daten, deren Verarbeitung für den jeweiligen bestimmten Verarbeitungszweck erforderlich ist, verarbeitet werden. [2]Diese Verpflichtung gilt für die Menge der erhobenen personenbezogenen Daten, den Umfang ihrer Verarbeitung, ihre Speicherfrist und ihre Zugänglichkeit. [3]Solche Maßnahmen müssen insbesondere sicherstellen, dass personenbezogene Daten durch Voreinstellungen nicht ohne Eingreifen der Person einer unbestimmten Zahl von natürlichen Personen zugänglich gemacht werden.

(3) Ein genehmigtes Zertifizierungsverfahren gemäß Artikel 42 kann als Faktor herangezogen werden, um die Erfüllung der in den Absätzen 1 und 2 des vorliegenden Artikels genannten Anforderungen nachzuweisen.

Artikel 26
Gemeinsam Verantwortliche

(1) [1]Legen zwei oder mehr Verantwortliche gemeinsam die Zwecke der und die Mittel zur Verarbeitung fest, so sind sie gemeinsam Verantwortliche. [2]Sie legen in einer Vereinbarung in transparenter Form fest, wer von ihnen welche Verpflichtung gemäß dieser Verordnung erfüllt, insbesondere was die Wahrnehmung der Rechte der betroffenen Person angeht, und wer welchen Informationspflichten gemäß den Artikeln 13 und 14 nachkommt, sofern und soweit die jeweiligen Aufgaben der Verantwortlichen nicht durch Rechtsvorschriften der Union oder der Mitgliedstaaten, denen die Verantwortlichen unterliegen, festgelegt sind. [3]In der Vereinbarung kann eine

Anlaufstelle für die betroffenen Personen angegeben werden.

(2) [1]Die Vereinbarung gemäß Absatz 1 muss die jeweiligen tatsächlichen Funktionen und Beziehungen der gemeinsam Verantwortlichen gegenüber betroffenen Personen gebührend widerspiegeln. [2]Das wesentliche der Vereinbarung wird der betroffenen Person zur Verfügung gestellt.

(3) Ungeachtet der Einzelheiten der Vereinbarung gemäß Absatz 1 kann die betroffene Person ihre Rechte im Rahmen dieser Verordnung bei und gegenüber jedem einzelnen der Verantwortlichen geltend machen.

Artikel 27 Vertreter von nicht in der Union niedergelassenen Verantwortlichen oder Auftragsverarbeitern

(1) In den Fällen gemäß Artikel 3 Absatz 2 benennt der Verantwortliche oder der Auftragsverarbeiter schriftlich einen Vertreter in der Union.

(2) Die Pflicht gemäß Absatz 1 des vorliegenden Artikels gilt nicht für

a) eine Verarbeitung, die gelegentlich erfolgt, nicht die umfangreiche Verarbeitung besonderer Datenkategorien im Sinne des Artikels 9 Absatz 1 oder die umfangreiche Verarbeitung von personenbezogenen Daten über strafrechtliche Verurteilungen und Straftaten im Sinne des Artikels 10 einschließt und unter Berücksichtigung der Art, der Umstände, des Umfangs und der Zwecke der Verarbeitung voraussichtlich nicht zu einem Risiko für die Rechte und Freiheiten natürlicher Personen führt, oder
b) Behörden oder öffentliche Stellen.

(3) Der Vertreter muss in einem der Mitgliedstaaten niedergelassen sein, in denen die betroffenen Personen, deren personenbezogene Daten im Zusammenhang mit den ihnen angebotenen Waren oder Dienstleistungen verarbeitet werden oder deren Verhalten beobachtet wird, sich befinden.

(4) Der Vertreter wird durch den Verantwortlichen oder den Auftragsverarbeiter beauftragt, zusätzlich zu diesem oder an seiner Stelle insbesondere für Aufsichtsbehörden und betroffene Personen bei sämtlichen Fragen im Zusammenhang mit der Verarbeitung zur Gewährleistung der Einhaltung dieser Verordnung als Anlaufstelle zu dienen.

(5) Die Benennung eines Vertreters durch den Verantwortlichen oder den Auftragsverarbeiter erfolgt unbeschadet etwaiger rechtlicher Schritte gegen den Verantwortlichen oder den Auftragsverarbeiter selbst.

Artikel 28 Auftragsverarbeiter

(1) Erfolgt eine Verarbeitung im Auftrag eines Verantwortlichen, so arbeitet dieser nur mit Auftragsverarbeitern, die hinreichend Garantien dafür bieten, dass geeignete technische und organisatorische Maßnahmen so durchgeführt werden, dass die Verarbeitung im Einklang mit den Anforderungen dieser Verordnung erfolgt und den Schutz der Rechte der betroffenen Person gewährleistet.

(2) [1]Der Auftragsverarbeiter nimmt keinen weiteren Auftragsverarbeiter ohne vorherige gesonderte oder allgemeine schriftliche Genehmigung des Verantwortlichen in Anspruch. [2]Im Fall einer allgemeinen schriftlichen Genehmigung informiert der Auftragsverarbeiter den Verantwortlichen immer über jede beabsichtigte Änderung in Bezug auf die Hinzuziehung oder die Ersetzung anderer Auftragsverarbeiter, wodurch der Verantwortliche die Möglichkeit erhält, gegen derartige Änderungen Einspruch zu erheben.

(3) [1]Die Verarbeitung durch einen Auftragsverarbeiter erfolgt auf der Grundlage eines Vertrags oder eines anderen Rechtsinstruments nach dem Unionsrecht oder dem Recht der Mitgliedstaaten, der bzw. das den Auftragsverarbeiter in Bezug auf den Verantwortlichen bindet und in dem Gegenstand und Dauer der Verarbeitung, Art und Zweck der Verarbeitung, die Art der personenbezogenen Daten, die Kategorien betroffener Personen und die Pflichten und Rechte des

Verantwortlichen festgelegt sind. [2]Dieser Vertrag bzw. dieses andere Rechtsinstrument sieht insbesondere vor, dass der Auftragsverarbeiter

a) die personenbezogenen Daten nur auf dokumentierte Weisung des Verantwortlichen – auch in Bezug auf die Übermittlung personenbezogener Daten an ein Drittland oder eine internationale Organisation – verarbeitet, sofern er nicht durch das Recht der Union oder der Mitgliedstaaten, dem der Auftragsverarbeiter unterliegt, hierzu verpflichtet ist; in einem solchen Fall teilt der Auftragsverarbeiter dem Verantwortlichen diese rechtlichen Anforderungen vor der Verarbeitung mit, sofern das betreffende Recht eine solche Mitteilung nicht wegen eines wichtigen öffentlichen Interesses verbietet;
b) gewährleistet, dass sich die zur Verarbeitung der personenbezogenen Daten befugten Personen zur Vertraulichkeit verpflichtet haben oder einer angemessenen gesetzlichen Verschwiegenheitspflicht unterliegen;
c) alle gemäß Artikel 32 erforderlichen Maßnahmen ergreift;
d) die in den Absätzen 2 und 4 genannten Bedingungen für die Inanspruchnahme der Dienste eines weiteren Auftragsverarbeiters einhält;
e) angesichts der Art der Verarbeitung den Verantwortlichen nach Möglichkeit mit geeigneten technischen und organisatorischen Maßnahmen dabei unterstützt, seiner Pflicht zur Beantwortung von Anträgen auf Wahrnehmung der in Kapitel III genannten Rechte der betroffenen Person nachzukommen;
f) unter Berücksichtigung der Art der Verarbeitung und der ihm zur Verfügung stehenden Informationen den Verantwortlichen bei der Einhaltung der in den Artikeln 32 bis 36 genannten Pflichten unterstützt;
g) nach Abschluss der Erbringung der Verarbeitungsleistungen alle personenbezogenen Daten nach Wahl des Verantwortlichen entweder löscht oder zurückgibt und die vorhandenen Kopien löscht, sofern nicht nach dem Unionsrecht oder dem Recht der Mitgliedstaaten eine Verpflichtung zur Speicherung der personenbezogenen Daten besteht;
h) dem Verantwortlichen alle erforderlichen Informationen zum Nachweis der Einhaltung der in diesem Artikel niedergelegten Pflichten zur Verfügung stellt und Überprüfungen – einschließlich Inspektionen –, die vom Verantwortlichen oder einem anderen von diesem beauftragten Prüfer durchgeführt werden, ermöglicht und dazu beiträgt.

[3]Mit Blick auf Unterabsatz 1 Buchstabe h informiert der Auftragsverarbeiter den Verantwortlichen unverzüglich, falls er der Auffassung ist, dass eine Weisung gegen diese Verordnung oder gegen andere Datenschutzbestimmungen der Union oder der Mitgliedstaaten verstößt.

(4) [1]Nimmt der Auftragsverarbeiter die Dienste eines weiteren Auftragsverarbeiters in Anspruch, um bestimmte Verarbeitungstätigkeiten im Namen des Verantwortlichen auszuführen, so werden diesem weiteren Auftragsverarbeiter im Wege eines Vertrags oder eines anderen Rechtsinstruments nach dem Unionsrecht oder dem Recht des betreffenden Mitgliedstaats dieselben Datenschutzpflichten auferlegt, die in dem Vertrag oder anderen Rechtsinstrument zwischen dem Verantwortlichen und dem Auftragsverarbeiter gemäß Absatz 3 festgelegt sind, wobei insbesondere hinreichende Garantien dafür geboten werden muss, dass die geeigneten technischen und organisatorischen Maßnahmen so durchgeführt werden, dass die Verarbeitung entsprechend den Anforderungen dieser Verordnung erfolgt. [2]Kommt der weitere Auftragsverarbeiter seinen Datenschutzpflichten nicht nach, so haftet der erste Auftragsverarbeiter gegenüber dem Verantwortlichen für die Einhaltung der Pflichten jenes anderen Auftragsverarbeiters.

(5) Die Einhaltung genehmigter Verhaltensregeln gemäß Artikel 40 oder eines genehmigten Zertifizierungsverfahrens gemäß Artikel 42 durch einen Auftragsverarbeiter kann als Faktor herangezogen werden, um hinreichende Garantien im Sinne der Absätze 1 und 4 des vorliegenden Artikels nachzuweisen.

(6) Unbeschadet eines individuellen Vertrags zwischen dem Verantwortlichen und dem Auftragsverarbeiter kann der Vertrag oder das andere Rechtsinstrument im Sinne der Absätze 3 und 4 des vorliegenden Artikels ganz oder teilweise auf den in den Absätzen 7 und 8 des vorliegenden Artikels genannten Standardvertragsklauseln

beruhen, auch wenn diese Bestandteil einer dem Verantwortlichen oder dem Auftragsverarbeiter gemäß den Artikeln 42 und 43 erteilten Zertifizierung sind.

(7) Die Kommission kann im Einklang mit dem Prüfverfahren gemäß Artikel 93 Absatz 2 Standardvertragsklauseln zur Regelung der in den Absätzen 3 und 4 des vorliegenden Artikels genannten Fragen festlegen.

(8) Eine Aufsichtsbehörde kann im Einklang mit dem Kohärenzverfahren gemäß Artikel 63 Standardvertragsklauseln zur Regelung der in den Absätzen 3 und 4 des vorliegenden Artikels genannten Fragen festlegen.

(9) Der Vertrag oder das andere Rechtsinstrument im Sinne der Absätze 3 und 4 ist schriftlich abzufassen, was auch in einem elektronischen Format erfolgen kann.

(10) Unbeschadet der Artikel 82, 83 und 84 gilt ein Auftragsverarbeiter, der unter Verstoß gegen diese Verordnung die Zwecke und Mittel der Verarbeitung bestimmt, in Bezug auf diese Verarbeitung als Verantwortlicher.

Artikel 29
Verarbeitung unter der Aufsicht des Verantwortlichen oder des Auftragsverarbeiters

Der Auftragsverarbeiter und jede dem Verantwortlichen oder dem Auftragsverarbeiter unterstellte Person, die Zugang zu personenbezogenen Daten hat, dürfen diese Daten ausschließlich auf Weisung des Verantwortlichen verarbeiten, es sei denn, dass sie nach dem Unionsrecht oder dem Recht der Mitgliedstaaten zur Verarbeitung verpflichtet sind.

Artikel 30
Verzeichnis von Verarbeitungstätigkeiten

(1) [1]Jeder Verantwortliche und gegebenenfalls sein Vertreter führen ein Verzeichnis aller Verarbeitungstätigkeiten, die ihrer Zuständigkeit unterliegen. [2]Dieses Verzeichnis enthält sämtliche folgenden Angaben:

a) den Namen und die Kontaktdaten des Verantwortlichen und gegebenenfalls des gemeinsam mit ihm Verantwortlichen, des Vertreters des Verantwortlichen sowie eines etwaigen Datenschutzbeauftragten;
b) die Zwecke der Verarbeitung;
c) eine Beschreibung der Kategorien betroffener Personen und der Kategorien personenbezogener Daten;
d) die Kategorien von Empfängern, gegenüber denen die personenbezogenen Daten offengelegt worden sind oder noch offengelegt werden, einschließlich Empfänger in Drittländern oder internationalen Organisationen;
e) gegebenenfalls Übermittlungen von personenbezogenen Daten an ein Drittland oder an eine internationale Organisation, einschließlich der Angabe des betreffenden Drittlands oder der betreffenden internationalen Organisation, sowie bei den in Artikel 49 Absatz 1 Unterabsatz 2 genannten Datenübermittlungen die Dokumentierung geeigneter Garantien;
f) wenn möglich, die vorgesehenen Fristen für die Löschung der verschiedenen Datenkategorien;
g) wenn möglich, eine allgemeine Beschreibung der technischen und organisatorischen Maßnahmen gemäß Artikel 32 Absatz 1.

(2) Jeder Auftragsverarbeiter und gegebenenfalls sein Vertreter führen ein Verzeichnis zu allen Kategorien von im Auftrag eines Verantwortlichen durchgeführten Tätigkeiten der Verarbeitung, das Folgendes enthält:

a) den Namen und die Kontaktdaten des Auftragsverarbeiters oder der Auftragsverarbeiter und jedes Verantwortlichen, in dessen Auftrag der Auftragsverarbeiter tätig ist, sowie gegebenenfalls des Vertreters des Verantwortlichen oder des Auftragsverarbeiters und eines etwaigen Datenschutzbeauftragten;
b) die Kategorien von Verarbeitungen, die im Auftrag jedes Verantwortlichen durchgeführt werden;
c) gegebenenfalls Übermittlungen von personenbezogenen Daten an ein Drittland oder an eine internationale Organisation,

einschließlich der Angabe des betreffenden Drittlands oder der betreffenden internationalen Organisation, sowie bei den in Artikel 49 Absatz 1 Unterabsatz 2 genannten Datenübermittlungen die Dokumentierung geeigneter Garantien;

d) wenn möglich, eine allgemeine Beschreibung der technischen und organisatorischen Maßnahmen gemäß Artikel 32 Absatz 1.

(3) Das in den Absätzen 1 und 2 genannte Verzeichnis ist schriftlich zu führen, was auch in einem elektronischen Format erfolgen kann.

(4) Der Verantwortliche oder der Auftragsverarbeiter sowie gegebenenfalls der Vertreter des Verantwortlichen oder des Auftragsverarbeiters stellen der Aufsichtsbehörde das Verzeichnis auf Anfrage zur Verfügung.

(5) Die in den Absätzen 1 und 2 genannten Pflichten gelten nicht für Unternehmen oder Einrichtungen, die weniger als 250 Mitarbeiter beschäftigen, es sei denn, die von ihnen vorgenommene Verarbeitung birgt ein Risiko für die Rechte und Freiheiten der betroffenen Personen, die Verarbeitung erfolgt nicht nur gelegentlich oder es erfolgt eine Verarbeitung besonderer Datenkategorien gemäß Artikel 9 Absatz 1 bzw. die Verarbeitung von personenbezogenen Daten über strafrechtliche Verurteilungen und Straftaten im Sinne des Artikels 10.

Artikel 31
Zusammenarbeit mit der Aufsichtsbehörde

Der Verantwortliche und der Auftragsverarbeiter und gegebenenfalls deren Vertreter arbeiten auf Anfrage mit der Aufsichtsbehörde bei der Erfüllung ihrer Aufgaben zusammen.

ABSCHNITT 2
Sicherheit personenbezogener Daten

Artikel 32
Sicherheit der Verarbeitung

(1) Unter Berücksichtigung des Stands der Technik, der Implementierungskosten und der Art, des Umfangs, der Umstände und der Zwecke der Verarbeitung sowie der unterschiedlichen Eintrittswahrscheinlichkeit und Schwere des Risikos für die Rechte und Freiheiten natürlicher Personen treffen der Verantwortliche und der Auftragsverarbeiter geeignete technische und organisatorische Maßnahmen, um ein dem Risiko angemessenes Schutzniveau zu gewährleisten; diese Maßnahmen schließen gegebenenfalls unter anderem Folgendes ein:

a) die Pseudonymisierung und Verschlüsselung personenbezogener Daten;

b) die Fähigkeit, die Vertraulichkeit, Integrität, Verfügbarkeit und Belastbarkeit der Systeme und Dienste im Zusammenhang mit der Verarbeitung auf Dauer sicherzustellen;

c) die Fähigkeit, die Verfügbarkeit der personenbezogenen Daten und den Zugang zu ihnen bei einem physischen oder technischen Zwischenfall rasch wiederherzustellen;

d) ein Verfahren zur regelmäßigen Überprüfung, Bewertung und Evaluierung der Wirksamkeit der technischen und organisatorischen Maßnahmen zur Gewährleistung der Sicherheit der Verarbeitung.

(2) Bei der Beurteilung des angemessenen Schutzniveaus sind insbesondere die Risiken zu berücksichtigen, die mit der Verarbeitung verbunden sind, insbesondere durch – ob unbeabsichtigt oder unrechtmäßig – Vernichtung, Verlust, Veränderung oder unbefugte Offenlegung von beziehungsweise unbefugten Zugang zu personenbezogenen Daten, die übermittelt, gespeichert oder auf andere Weise verarbeitet wurden.

(3) Die Einhaltung genehmigter Verhaltensregeln gemäß Artikel 40 oder eines genehmigten Zertifizierungsverfahrens gemäß Artikel 42 kann als Faktor herangezogen werden, um die Erfüllung der in Absatz 1 des vorliegenden Artikels genannten Anforderungen nachzuweisen.

(4) Der Verantwortliche und der Auftragsverarbeiter unternehmen Schritte, um sicherzustellen, dass ihnen unterstellte natürliche Personen, die Zugang zu personenbezogenen Daten haben, diese nur auf Anweisung des Verantwortlichen verarbeiten, es sei denn, sie sind nach dem Recht der Union oder der Mitgliedstaaten zur Verarbeitung verpflichtet.

Artikel 33
Meldung von Verletzungen des Schutzes personenbezogener Daten an die Aufsichtsbehörde

(1) [1]Im Falle einer Verletzung des Schutzes personenbezogener Daten meldet der Verantwortliche unverzüglich und möglichst binnen 72 Stunden, nachdem ihm die Verletzung bekannt wurde, diese der gemäß Artikel 55 zuständigen Aufsichtsbehörde, es sei denn, dass die Verletzung des Schutzes personenbezogener Daten voraussichtlich nicht zu einem Risiko für die Rechte und Freiheiten natürlicher Personen führt. [2]Erfolgt die Meldung an die Aufsichtsbehörde nicht binnen 72 Stunden, so ist ihr eine Begründung für die Verzögerung beizufügen.

(2) Wenn dem Auftragsverarbeiter eine Verletzung des Schutzes personenbezogener Daten bekannt wird, meldet er diese dem Verantwortlichen unverzüglich.

(3) Die Meldung gemäß Absatz 1 enthält zumindest folgende Informationen:

a) eine Beschreibung der Art der Verletzung des Schutzes personenbezogener Daten, soweit möglich mit Angabe der Kategorien und der ungefähren Zahl der betroffenen Personen, der betroffenen Kategorien und der ungefähren Zahl der betroffenen personenbezogenen Datensätze;
b) den Namen und die Kontaktdaten des Datenschutzbeauftragten oder einer sonstigen Anlaufstelle für weitere Informationen;
c) eine Beschreibung der wahrscheinlichen Folgen der Verletzung des Schutzes personenbezogener Daten;
d) eine Beschreibung der von dem Verantwortlichen ergriffenen oder vorgeschlagenen Maßnahmen zur Behebung der Verletzung des Schutzes personenbezogener Daten und gegebenenfalls Maßnahmen zur Abmilderung ihrer möglichen nachteiligen Auswirkungen.

(4) Wenn und soweit die Informationen nicht zur gleichen Zeit bereitgestellt werden können, kann der Verantwortliche diese Informationen ohne unangemessene weitere Verzögerung schrittweise zur Verfügung stellen.

(5) [1]Der Verantwortliche dokumentiert Verletzungen des Schutzes personenbezogener Daten einschließlich aller im Zusammenhang mit der Verletzung des Schutzes personenbezogener Daten stehenden Fakten, ihrer Auswirkungen und der ergriffenen Abhilfemaßnahmen. [2]Diese Dokumentation muss der Aufsichtsbehörde die Überprüfung der Einhaltung der Bestimmungen dieses Artikels ermöglichen.

Artikel 34
Benachrichtigung der von einer Verletzung des Schutzes personenbezogener Daten betroffenen Person

(1) Hat die Verletzung des Schutzes personenbezogener Daten voraussichtlich ein hohes Risiko für die persönlichen Rechte und Freiheiten natürlicher Personen zur Folge, so benachrichtigt der Verantwortliche die betroffene Person unverzüglich von der Verletzung.

(2) Die in Absatz 1 genannte Benachrichtigung der betroffenen Person beschreibt in klarer und einfacher Sprache die Art der Verletzung des Schutzes personenbezogener Daten und enthält zumindest die in Artikel 33 Absatz 3 Buchstaben b, c und d genannten Informationen und Maßnahmen.

(3) Die Benachrichtigung der betroffenen Person gemäß Absatz 1 ist nicht erforderlich, wenn eine der folgenden Bedingungen erfüllt ist:

a) der Verantwortliche hat geeignete technische und organisatorische Sicherheitsvorkehrungen getroffen und diese Vorkehrungen wurden auf die von der Verletzung betroffenen personenbezogenen Daten angewandt, insbesondere solche, durch die die personenbezogenen Daten für alle Personen, die nicht zum Zugang zu den personenbezogenen Daten befugt sind, unzugänglich gemacht werden, etwa durch Verschlüsselung;

b) der Verantwortliche hat durch nachfolgende Maßnahmen sichergestellt, dass das hohe Risiko für die Rechte und Freiheiten der betroffenen Personen gemäß Absatz 1 aller Wahrscheinlichkeit nach nicht mehr besteht;

c) 1die Benachrichtigung wäre mit einem unverhältnismäßigen Aufwand verbunden. 2In diesem Fall hat stattdessen eine öffentliche Bekanntmachung oder eine ähnliche Maßnahme zu erfolgen, durch die die betroffenen Personen vergleichbar wirksam informiert werden.

(4) Wenn der Verantwortliche die betroffene Person nicht bereits über die Verletzung des Schutzes personenbezogener Daten benachrichtigt hat, kann die Aufsichtsbehörde unter Berücksichtigung der Wahrscheinlichkeit, mit der die Verletzung des Schutzes personenbezogener Daten zu einem hohen Risiko führt, von dem Verantwortlichen verlangen, dies nachzuholen, oder sie kann mit einem Beschluss feststellen, dass bestimmte der in Absatz 3 genannten Voraussetzungen erfüllt sind.

ABSCHNITT 3
Datenschutz-Folgenabschätzung und vorherige Konsultation

Artikel 35
Datenschutz-Folgenabschätzung

(1) [1]Hat eine Form der Verarbeitung, insbesondere bei Verwendung neuer Technologien, aufgrund der Art, des Umfangs, der Umstände und der Zwecke der Verarbeitung voraussichtlich ein hohes Risiko für die Rechte und Freiheiten natürlicher Personen zur Folge, so führt der Verantwortliche vorab eine Abschätzung der Folgen der vorgesehenen Verarbeitungsvorgänge für den Schutz personenbezogener Daten durch. [2]Für die Untersuchung mehrerer ähnlicher Verarbeitungsvorgänge mit ähnlich hohen Risiken kann eine einzige Abschätzung vorgenommen werden.

(2) Der Verantwortliche holt bei der Durchführung einer Datenschutz-Folgenabschätzung den Rat des Datenschutzbeauftragten, sofern ein solcher benannt wurde, ein.

(3) Eine Datenschutz-Folgenabschätzung gemäß Absatz 1 ist insbesondere in folgenden Fällen erforderlich:

a) systematische und umfassende Bewertung persönlicher Aspekte natürlicher Personen, die sich auf automatisierte Verarbeitung einschließlich Profiling gründet und die ihrerseits als Grundlage für Entscheidungen dient, die Rechtswirkung gegenüber natürlichen Personen entfalten oder diese in ähnlich erheblicher Weise beeinträchtigen;

b) umfangreiche Verarbeitung besonderer Kategorien von personenbezogenen Daten gemäß Artikel 9 Absatz 1 oder von personenbezogenen Daten über strafrechtliche Verurteilungen und Straftaten gemäß Artikel 10 oder

c) systematische umfangreiche Überwachung öffentlich zugänglicher Bereiche.

(4) [1]Die Aufsichtsbehörde erstellt eine Liste der Verarbeitungsvorgänge, für die gemäß Absatz 1 eine Datenschutz-Folgenabschätzung durchzuführen ist, und veröffentlicht diese. [2]Die Aufsichtsbehörde übermittelt diese Listen dem in Artikel 68 genannten Ausschuss.

(5) [1]Die Aufsichtsbehörde kann des Weiteren eine Liste der Arten von Verarbeitungsvorgängen erstellen und veröffentlichen, für die keine Datenschutz-Folgenabschätzung erforderlich ist. [2]Die Aufsichtsbehörde übermittelt diese Listen dem Ausschuss.

(6) Vor Festlegung der in den Absätzen 4 und 5 genannten Listen wendet die zuständige Aufsichtsbehörde das Kohärenzverfahren gemäß Artikel 63 an, wenn solche Listen Verarbeitungstätigkeiten umfassen, die mit dem Angebot von Waren oder Dienstleistungen für betroffene Personen oder der Beobachtung des Verhaltens dieser Personen in mehreren Mitgliedstaaten im Zusammenhang stehen oder die den freien Verkehr personenbezogener Daten innerhalb der Union erheblich beeinträchtigen könnten.

(7) Die Folgenabschätzung enthält zumindest Folgendes:

a) eine systematische Beschreibung der geplanten Verarbeitungsvorgänge und der Zwecke der Verarbeitung, gegebenenfalls einschließlich der von dem Verantwortlichen verfolgten berechtigten Interessen;
b) eine Bewertung der Notwendigkeit und Verhältnismäßigkeit der Verarbeitungsvorgänge in Bezug auf den Zweck;
c) eine Bewertung der Risiken für die Rechte und Freiheiten der betroffenen Personen gemäß Absatz 1 und
d) die zur Bewältigung der Risiken geplanten Abhilfemaßnahmen, einschließlich Garantien, Sicherheitsvorkehrungen und Verfahren, durch die der Schutz personenbezogener Daten sichergestellt und der Nachweis dafür erbracht wird, dass diese Verordnung eingehalten wird, wobei den Rechten und berechtigten Interessen der betroffenen Personen und sonstiger Betroffener Rechnung getragen wird.

(8) Die Einhaltung genehmigter Verhaltensregeln gemäß Artikel 40 durch die zuständigen Verantwortlichen oder die zuständigen Auftragsverarbeiter ist bei der Beurteilung der Auswirkungen der von diesen durchgeführten Verarbeitungsvorgänge, insbesondere für die Zwecke einer Datenschutz-Folgenabschätzung, gebührend zu berücksichtigen.

(9) Der Verantwortliche holt gegebenenfalls den Standpunkt der betroffenen Personen oder ihrer Vertreter zu der beabsichtigten Verarbeitung unbeschadet des Schutzes gewerblicher oder öffentlicher Interessen oder der Sicherheit der Verarbeitungsvorgänge ein.

(10) Falls die Verarbeitung gemäß Artikel 6 Absatz 1 Buchstabe c oder e auf einer Rechtsgrundlage im Unionsrecht oder im Recht des Mitgliedstaats, dem der Verantwortliche unterliegt, beruht und falls diese Rechtsvorschriften den konkreten Verarbeitungsvorgang oder die konkreten Verarbeitungsvorgänge regeln und bereits im Rahmen der allgemeinen Folgenabschätzung im Zusammenhang mit dem Erlass dieser Rechtsgrundlage eine Datenschutz-Folgenabschätzung erfolgte, gelten die Absätze 1 bis 7 nur, wenn es nach dem Ermessen der Mitgliedstaaten erforderlich ist, vor den betreffenden Verarbeitungstätigkeiten eine solche Folgenabschätzung durchzuführen.

(11) Erforderlichenfalls führt der Verantwortliche eine Überprüfung durch, um zu bewerten, ob die Verarbeitung gemäß der Datenschutz-Folgenabschätzung durchgeführt wird; dies gilt zumindest, wenn hinsichtlich des mit den Verarbeitungsvorgängen verbundenen Risikos Änderungen eingetreten sind.

Artikel 36
Vorherige Konsultation

(1) Der Verantwortliche konsultiert vor der Verarbeitung die Aufsichtsbehörde, wenn aus einer Datenschutz-Folgenabschätzung gemäß Artikel 35 hervorgeht, dass die Verarbeitung ein hohes Risiko zur Folge hätte, sofern der Verantwortliche keine Maßnahmen zur Eindämmung des Risikos trifft.

(2) [1]Falls die Aufsichtsbehörde der Auffassung ist, dass die geplante Verarbeitung gemäß Absatz 1 nicht im Einklang mit dieser Verordnung stünde, insbesondere weil der Verantwortliche das Risiko nicht ausreichend ermittelt oder nicht ausreichend eingedämmt hat, unterbreitet sie dem Verantwortlichen und gegebenenfalls dem Auftragsverarbeiter innerhalb eines Zeitraums von bis zu acht Wochen nach Erhalt des Ersuchens um Konsultation entsprechende schriftliche Empfehlungen und kann ihre in Artikel 58 genannten Befugnisse ausüben. [2]Diese Frist kann unter Berücksichtigung der Komplexität der geplanten Verarbeitung um sechs Wochen verlängert werden. [3]Die Aufsichtsbehörde unterrichtet den Verantwortlichen oder gegebenenfalls den Auftragsverarbeiter über eine solche Fristverlängerung innerhalb eines Monats nach Eingang des Antrags auf Konsultation zusammen mit den Gründen für die Verzögerung. [4]Diese Fristen können ausgesetzt werden, bis die Aufsichtsbehörde die für die Zwecke der Konsultation angeforderten Informationen erhalten hat.

(3) Der Verantwortliche stellt der Aufsichtsbehörde bei einer Konsultation gemäß Absatz 1 folgende Informationen zur Verfügung:

a) gegebenenfalls Angaben zu den jeweiligen Zuständigkeiten des Verantwortlichen, der gemeinsam Verantwortlichen und der an der Verarbeitung beteiligten Auftragsverarbeiter, insbesondere bei einer Verarbeitung innerhalb einer Gruppe von Unternehmen;
b) die Zwecke und die Mittel der beabsichtigten Verarbeitung;
c) die zum Schutz der Rechte und Freiheiten der betroffenen Personen gemäß dieser Verordnung vorgesehenen Maßnahmen und Garantien;
d) gegebenenfalls die Kontaktdaten des Datenschutzbeauftragten;
e) die Datenschutz-Folgenabschätzung gemäß Artikel 35 und
f) alle sonstigen von der Aufsichtsbehörde angeforderten Informationen.

(4) Die Mitgliedstaaten konsultieren die Aufsichtsbehörde bei der Ausarbeitung eines Vorschlags für von einem nationalen Parlament zu erlassende Gesetzgebungsmaßnahmen oder von auf solchen Gesetzgebungsmaßnahmen basierenden Regelungsmaßnahmen, die die Verarbeitung betreffen.

(5) Ungeachtet des Absatzes 1 können Verantwortliche durch das Recht der Mitgliedstaaten verpflichtet werden, bei der Verarbeitung zur Erfüllung einer im öffentlichen Interesse liegenden Aufgabe, einschließlich der Verarbeitung zu Zwecken der sozialen Sicherheit und der öffentlichen Gesundheit, die Aufsichtsbehörde zu konsultieren und deren vorherige Genehmigung einzuholen.

ABSCHNITT 4
Datenschutzbeauftragter

Artikel 37
Benennung eines Datenschutzbeauftragten

(1) Der Verantwortliche und der Auftragsverarbeiter benennen auf jeden Fall einen Datenschutzbeauftragten, wenn

a) die Verarbeitung von einer Behörde oder öffentlichen Stelle durchgeführt wird, mit Ausnahme von Gerichten, soweit sie im Rahmen ihrer justiziellen Tätigkeit handeln,
b) die Kerntätigkeit des Verantwortlichen oder des Auftragsverarbeiters in der Durchführung von Verarbeitungsvorgängen besteht, welche aufgrund ihrer Art, ihres Umfangs und/oder ihrer Zwecke eine umfangreiche regelmäßige und systematische Überwachung von betroffenen Personen erforderlich machen, oder
c) die Kerntätigkeit des Verantwortlichen oder des Auftragsverarbeiters in der umfangreichen Verarbeitung besonderer Kategorien von Daten gemäß Artikel 9 oder von personenbezogenen Daten über strafrechtliche Verurteilungen und Straftaten gemäß Artikel 10 besteht.

(2) Eine Unternehmensgruppe darf einen gemeinsamen Datenschutzbeauftragten ernennen, sofern von jeder Niederlassung aus der Datenschutzbeauftragte leicht erreicht werden kann.

(3) Falls es sich bei dem Verantwortlichen oder dem Auftragsverarbeiter um eine Behörde oder öffentliche Stelle handelt, kann für mehrere solcher Behörden oder Stellen unter Berücksichtigung ihrer Organisationsstruktur und ihrer Größe ein gemeinsamer Datenschutzbeauftragter benannt werden.

(4) [1]In anderen als den in Absatz 1 genannten Fällen können der Verantwortliche oder der Auftragsverarbeiter oder Verbände und andere Vereinigungen, die Kategorien von Verantwortlichen oder Auftragsverarbeitern vertreten, einen Datenschutzbeauftragten benennen; falls dies nach dem Recht der Union oder der Mitgliedstaaten vorgeschrieben ist, müssen sie einen solchen benennen. [2]Der Datenschutzbeauftragte kann für derartige Verbände und andere Vereinigungen, die Verantwortliche oder Auftragsverarbeiter vertreten, handeln.

(5) Der Datenschutzbeauftragte wird auf der Grundlage seiner beruflichen Qualifikation und insbesondere des Fachwissens benannt, das er auf dem Gebiet des Datenschutzrechts und der Datenschutzpraxis besitzt, sowie auf der Grundlage

seiner Fähigkeit zur Erfüllung der in Artikel 39 genannten Aufgaben.

(6) Der Datenschutzbeauftragte kann Beschäftigter des Verantwortlichen oder des Auftragsverarbeiters sein oder seine Aufgaben auf der Grundlage eines Dienstleistungsvertrags erfüllen.

(7) Der Verantwortliche oder der Auftragsverarbeiter veröffentlicht die Kontaktdaten des Datenschutzbeauftragten und teilt diese Daten der Aufsichtsbehörde mit.

Artikel 38
Stellung des Datenschutzbeauftragten

(1) Der Verantwortliche und der Auftragsverarbeiter stellen sicher, dass der Datenschutzbeauftragte ordnungsgemäß und frühzeitig in alle mit dem Schutz personenbezogener Daten zusammenhängenden Fragen eingebunden wird.

(2) Der Verantwortliche und der Auftragsverarbeiter unterstützen den Datenschutzbeauftragten bei der Erfüllung seiner Aufgaben gemäß Artikel 39, indem sie die für die Erfüllung dieser Aufgaben erforderlichen Ressourcen und den Zugang zu personenbezogenen Daten und Verarbeitungsvorgängen sowie die zur Erhaltung seines Fachwissens erforderlichen Ressourcen zur Verfügung stellen.

(3) [1]Der Verantwortliche und der Auftragsverarbeiter stellen sicher, dass der Datenschutzbeauftragte bei der Erfüllung seiner Aufgaben keine Anweisungen bezüglich der Ausübung dieser Aufgaben erhält. [2]Der Datenschutzbeauftragte darf von dem Verantwortlichen oder dem Auftragsverarbeiter wegen der Erfüllung seiner Aufgaben nicht abberufen oder benachteiligt werden. [3]Der Datenschutzbeauftragte berichtet unmittelbar der höchsten Managementebene des Verantwortlichen oder des Auftragsverarbeiters.

(4) Betroffene Personen können den Datenschutzbeauftragten zu allen mit der Verarbeitung ihrer personenbezogenen Daten und mit der Wahrnehmung ihrer Rechte gemäß dieser Verordnung im Zusammenhang stehenden Fragen zu Rate ziehen.

(5) Der Datenschutzbeauftragte ist nach dem Recht der Union oder der Mitgliedstaaten bei der Erfüllung seiner Aufgaben an die Wahrung der Geheimhaltung oder der Vertraulichkeit gebunden.

(6) [1]Der Datenschutzbeauftragte kann andere Aufgaben und Pflichten wahrnehmen. [2]Der Verantwortliche oder der Auftragsverarbeiter stellt sicher, dass derartige Aufgaben und Pflichten nicht zu einem Interessenkonflikt führen.

Artikel 39
Aufgaben des Datenschutzbeauftragten

(1) Dem Datenschutzbeauftragten obliegen zumindest folgende Aufgaben:

a) Unterrichtung und Beratung des Verantwortlichen oder des Auftragsverarbeiters und der Beschäftigten, die Verarbeitungen durchführen, hinsichtlich ihrer Pflichten nach dieser Verordnung sowie nach sonstigen Datenschutzvorschriften der Union bzw. der Mitgliedstaaten;
b) Überwachung der Einhaltung dieser Verordnung, anderer Datenschutzvorschriften der Union bzw. der Mitgliedstaaten sowie der Strategien des Verantwortlichen oder des Auftragsverarbeiters für den Schutz personenbezogener Daten einschließlich der Zuweisung von Zuständigkeiten, der Sensibilisierung und Schulung der an den Verarbeitungsvorgängen beteiligten Mitarbeiter und der diesbezüglichen Überprüfungen;
c) Beratung – auf Anfrage – im Zusammenhang mit der Datenschutz-Folgenabschätzung und Überwachung ihrer Durchführung gemäß Artikel 35;
d) Zusammenarbeit mit der Aufsichtsbehörde;
e) Tätigkeit als Anlaufstelle für die Aufsichtsbehörde in mit der Verarbeitung zusammenhängenden Fragen, einschließlich der vorherigen Konsultation gemäß Artikel 36, und gegebenenfalls Beratung zu allen sonstigen Fragen.

(2) Der Datenschutzbeauftragte trägt bei der Erfüllung seiner Aufgaben dem mit den Verarbeitungsvorgängen verbundenen Risiko gebührend Rechnung, wobei er die Art, den Umfang, die Umstände und die Zwecke der Verarbeitung berücksichtigt.

ABSCHNITT 5
Verhaltensregeln und Zertifizierung

Artikel 40
Verhaltensregeln

(1) Die Mitgliedstaaten, die Aufsichtsbehörden, der Ausschuss und die Kommission fördern die Ausarbeitung von Verhaltensregeln, die nach Maßgabe der Besonderheiten der einzelnen Verarbeitungsbereiche und der besonderen Bedürfnisse von Kleinstunternehmen sowie kleinen und mittleren Unternehmen zur ordnungsgemäßen Anwendung dieser Verordnung beitragen sollen.

(2) Verbände und andere Vereinigungen, die Kategorien von Verantwortlichen oder Auftragsverarbeitern vertreten, können Verhaltensregeln ausarbeiten oder ändern oder erweitern, mit denen die Anwendung dieser Verordnung beispielsweise zu dem Folgenden präzisiert wird:

a) faire und transparente Verarbeitung;
b) die berechtigten Interessen des Verantwortlichen in bestimmten Zusammenhängen;
c) Erhebung personenbezogener Daten;
d) Pseudonymisierung personenbezogener Daten;
e) Unterrichtung der Öffentlichkeit und der betroffenen Personen;
f) Ausübung der Rechte betroffener Personen;
g) Unterrichtung und Schutz von Kindern und Art und Weise, in der die Einwilligung des Trägers der elterlichen Verantwortung für das Kind einzuholen ist;
h) die Maßnahmen und Verfahren gemäß den Artikeln 24 und 25 und die Maßnahmen für die Sicherheit der Verarbeitung gemäß Artikel 32;
i) die Meldung von Verletzungen des Schutzes personenbezogener Daten an Aufsichtsbehörden und die Benachrichtigung der betroffenen Person von solchen Verletzungen des Schutzes personenbezogener Daten;
j) die Übermittlung personenbezogener Daten an Drittländer oder an internationale Organisationen oder
k) außergerichtliche Verfahren und sonstige Streitbeilegungsverfahren zur Beilegung von Streitigkeiten zwischen Verantwortlichen und betroffenen Personen im Zusammenhang mit der Verarbeitung, unbeschadet der Rechte betroffener Personen gemäß den Artikeln 77 und 79.

(3) [1]Zusätzlich zur Einhaltung durch die unter diese Verordnung fallenden Verantwortlichen oder Auftragsverarbeiter können Verhaltensregeln, die gemäß Absatz 5 des vorliegenden Artikels genehmigt wurden und gemäß Absatz 9 des vorliegenden Artikels allgemeine Gültigkeit besitzen, auch von Verantwortlichen oder Auftragsverarbeitern, die gemäß Artikel 3 nicht unter diese Verordnung fallen, eingehalten werden, um geeignete Garantien im Rahmen der Übermittlung personenbezogener Daten an Drittländer oder internationale Organisationen nach Maßgabe des Artikels 46 Absatz 2 Buchstabe e zu bieten. [2]Diese Verantwortlichen oder Auftragsverarbeiter gehen mittels vertraglicher oder sonstiger rechtlich bindender Instrumente die verbindliche und durchsetzbare Verpflichtung ein, die geeigneten Garantien anzuwenden, auch im Hinblick auf die Rechte der betroffenen Personen.

(4) Die Verhaltensregeln gemäß Absatz 2 des vorliegenden Artikels müssen Verfahren vorsehen, die es der in Artikel 41 Absatz 1 genannten Stelle ermöglichen, die obligatorische Überwachung der Einhaltung ihrer Bestimmungen durch die Verantwortlichen oder die Auftragsverarbeiter, die sich zur Anwendung der Verhaltensregeln verpflichten, vorzunehmen, unbeschadet der Aufgaben und Befugnisse der Aufsichtsbehörde, die nach Artikel 55 oder 56 zuständig ist.

(5) [1]Verbände und andere Vereinigungen gemäß Absatz 2 des vorliegenden Artikels, die beabsichtigen, Verhaltensregeln auszuarbeiten oder bestehende Verhaltensregeln zu ändern oder zu erweitern, legen den Entwurf der Verhaltensregeln bzw. den Entwurf zu deren Änderung oder

Erweiterung der Aufsichtsbehörde vor, die nach Artikel 55 zuständig ist. [2]Die Aufsichtsbehörde gibt eine Stellungnahme darüber ab, ob der Entwurf der Verhaltensregeln bzw. der Entwurf zu deren Änderung oder Erweiterung mit dieser Verordnung vereinbar ist und genehmigt diesen Entwurf der Verhaltensregeln bzw. den Entwurf zu deren Änderung oder Erweiterung, wenn sie der Auffassung ist, dass er ausreichende geeignete Garantien bietet.

(6) Wird durch die Stellungnahme nach Absatz 5 der Entwurf der Verhaltensregeln bzw. der Entwurf zu deren Änderung oder Erweiterung genehmigt und beziehen sich die betreffenden Verhaltensregeln nicht auf Verarbeitungstätigkeiten in mehreren Mitgliedstaaten, so nimmt die Aufsichtsbehörde die Verhaltensregeln in ein Verzeichnis auf und veröffentlicht sie.

(7) Bezieht sich der Entwurf der Verhaltensregeln auf Verarbeitungstätigkeiten in mehreren Mitgliedstaaten, so legt die nach Artikel 55 zuständige Aufsichtsbehörde – bevor sie den Entwurf der Verhaltensregeln bzw. den Entwurf zu deren Änderung oder Erweiterung genehmigt – ihn nach dem Verfahren gemäß Artikel 63 dem Ausschuss vor, der zu der Frage Stellung nimmt, ob der Entwurf der Verhaltensregeln bzw. der Entwurf zu deren Änderung oder Erweiterung mit dieser Verordnung vereinbar ist oder – im Fall nach Absatz 3 dieses Artikels – geeignete Garantien vorsieht.

(8) Wird durch die Stellungnahme nach Absatz 7 bestätigt, dass der Entwurf der Verhaltensregeln bzw. der Entwurf zu deren Änderung oder Erweiterung mit dieser Verordnung vereinbar ist oder – im Fall nach Absatz 3 – geeignete Garantien vorsieht, so übermittelt der Ausschuss seine Stellungnahme der Kommission.

(9) [1]Die Kommission kann im Wege von Durchführungsrechtsakten beschließen, dass die ihr gemäß Absatz 8 übermittelten genehmigten Verhaltensregeln bzw. deren genehmigte Änderung oder Erweiterung allgemeine Gültigkeit in der Union besitzen. [2]Diese Durchführungsrechtsakte werden gemäß dem Prüfverfahren nach Artikel 93 Absatz 2 erlassen.

(10) Die Kommission trägt dafür Sorge, dass die genehmigten Verhaltensregeln, denen gemäß Absatz 9 allgemeine Gültigkeit zuerkannt wurde, in geeigneter Weise veröffentlicht werden.

(11) Der Ausschuss nimmt alle genehmigten Verhaltensregeln bzw. deren genehmigte Änderungen oder Erweiterungen in ein Register auf und veröffentlicht sie in geeigneter Weise.

Artikel 41
Überwachung der genehmigten Verhaltensregeln

(1) Unbeschadet der Aufgaben und Befugnisse der zuständigen Aufsichtsbehörde gemäß den Artikeln 57 und 58 kann die Überwachung der Einhaltung von Verhaltensregeln gemäß Artikel 40 von einer Stelle durchgeführt werden, die über das geeignete Fachwissen hinsichtlich des Gegenstands der Verhaltensregeln verfügt und die von der zuständigen Aufsichtsbehörde zu diesem Zweck akkreditiert wurde.

(2) Eine Stelle gemäß Absatz 1 kann zum Zwecke der Überwachung der Einhaltung von Verhaltensregeln akkreditiert werden, wenn sie

a) ihre Unabhängigkeit und ihr Fachwissen hinsichtlich des Gegenstands der Verhaltensregeln zur Zufriedenheit der zuständigen Aufsichtsbehörde nachgewiesen hat;
b) Verfahren festgelegt hat, die es ihr ermöglichen, zu bewerten, ob Verantwortliche und Auftragsverarbeiter die Verhaltensregeln anwenden können, die Einhaltung der Verhaltensregeln durch die Verantwortlichen und Auftragsverarbeiter zu überwachen und die Anwendung der Verhaltensregeln regelmäßig zu überprüfen;
c) Verfahren und Strukturen festgelegt hat, mit denen sie Beschwerden über Verletzungen der Verhaltensregeln oder über die Art und Weise, in der die Verhaltensregeln von dem Verantwortlichen oder dem Auftragsverarbeiter angewendet werden oder wurden, nachgeht und diese Verfahren und Strukturen für betroffene Personen und die Öffentlichkeit transparent macht, und

d) zur Zufriedenheit der zuständigen Aufsichtsbehörde nachgewiesen hat, dass ihre Aufgaben und Pflichten nicht zu einem Interessenkonflikt führen.

(3) Die zuständige Aufsichtsbehörde übermittelt den Entwurf der Anforderungen an die Akkreditierung einer Stelle nach Absatz 1 gemäß dem Kohärenzverfahren nach Artikel 63 an den Ausschuss.

(4) [1]Unbeschadet der Aufgaben und Befugnisse der zuständigen Aufsichtsbehörde und der Bestimmungen des Kapitels VIII ergreift eine Stelle gemäß Absatz 1 vorbehaltlich geeigneter Garantien im Falle einer Verletzung der Verhaltensregeln durch einen Verantwortlichen oder einen Auftragsverarbeiter geeignete Maßnahmen, einschließlich eines vorläufigen oder endgültigen Ausschlusses des Verantwortlichen oder Auftragsverarbeiters von den Verhaltensregeln. [2]Sie unterrichtet die zuständige Aufsichtsbehörde über solche Maßnahmen und deren Begründung.

(5) Die zuständige Aufsichtsbehörde widerruft die Akkreditierung einer Stelle gemäß Absatz 1, wenn die Anforderungen an ihre Akkreditierung nicht oder nicht mehr erfüllt sind oder wenn die Stelle Maßnahmen ergreift, die nicht mit dieser Verordnung vereinbar sind.

(6) Dieser Artikel gilt nicht für die Verarbeitung durch Behörden oder öffentliche Stellen.

Artikel 42
Zertifizierung

(1) [1]Die Mitgliedstaaten, die Aufsichtsbehörden, der Ausschuss und die Kommission fördern insbesondere auf Unionsebene die Einführung von datenschutzspezifischen Zertifizierungsverfahren sowie von Datenschutzsiegeln und -prüfzeichen, die dazu dienen, nachzuweisen, dass diese Verordnung bei Verarbeitungsvorgängen von Verantwortlichen oder Auftragsverarbeitern eingehalten wird. [2]Den besonderen Bedürfnissen von Kleinstunternehmen sowie kleinen und mittleren Unternehmen wird Rechnung getragen.

(2) [1]Zusätzlich zur Einhaltung durch die unter diese Verordnung fallenden Verantwortlichen oder Auftragsverarbeiter können auch datenschutzspezifische Zertifizierungsverfahren, Siegel oder Prüfzeichen, die gemäß Absatz 5 des vorliegenden Artikels genehmigt worden sind, vorgesehen werden, um nachzuweisen, dass die Verantwortlichen oder Auftragsverarbeiter, die gemäß Artikel 3 nicht unter diese Verordnung fallen, im Rahmen der Übermittlung personenbezogener Daten an Drittländer oder internationale Organisationen nach Maßgabe von Artikel 46 Absatz 2 Buchstabe f geeignete Garantien bieten. [2]Diese Verantwortlichen oder Auftragsverarbeiter gehen mittels vertraglicher oder sonstiger rechtlich bindender Instrumente die verbindliche und durchsetzbare Verpflichtung ein, diese geeigneten Garantien anzuwenden, auch im Hinblick auf die Rechte der betroffenen Personen.

(3) Die Zertifizierung muss freiwillig und über ein transparentes Verfahren zugänglich sein.

(4) Eine Zertifizierung gemäß diesem Artikel mindert nicht die Verantwortung des Verantwortlichen oder des Auftragsverarbeiters für die Einhaltung dieser Verordnung und berührt nicht die Aufgaben und Befugnisse der Aufsichtsbehörden, die gemäß Artikel 55 oder 56 zuständig sind.

(5) [1]Eine Zertifizierung nach diesem Artikel wird durch die Zertifizierungsstellen nach Artikel 43 oder durch die zuständige Aufsichtsbehörde anhand der von dieser zuständigen Aufsichtsbehörde gemäß Artikel 58 Absatz 3 oder – gemäß Artikel 63 – durch den Ausschuss genehmigten Kriterien erteilt. [2]Werden die Kriterien vom Ausschuss genehmigt, kann dies zu einer gemeinsamen Zertifizierung, dem Europäischen Datenschutzsiegel, führen.

(6) Der Verantwortliche oder der Auftragsverarbeiter, der die von ihm durchgeführte Verarbeitung dem Zertifizierungsverfahren unterwirft, stellt der Zertifizierungsstelle nach Artikel 43 oder gegebenenfalls der zuständigen Aufsichtsbehörde alle für die Durchführung des Zertifizierungsverfahrens erforderlichen Informationen zur Verfügung und gewährt ihr den in diesem

Zusammenhang erforderlichen Zugang zu seinen Verarbeitungstätigkeiten.

(7) [1]Die Zertifizierung wird einem Verantwortlichen oder einem Auftragsverarbeiter für eine Höchstdauer von drei Jahren erteilt und kann unter denselben Bedingungen verlängert werden, sofern die einschlägigen Kriterien weiterhin erfüllt werden. [2]Die Zertifizierung wird gegebenenfalls durch die Zertifizierungsstellen nach Artikel 43 oder durch die zuständige Aufsichtsbehörde widerrufen, wenn die Kriterien für die Zertifizierung nicht oder nicht mehr erfüllt werden.

(8) Der Ausschuss nimmt alle Zertifizierungsverfahren und Datenschutzsiegel und -prüfzeichen in ein Register auf und veröffentlicht sie in geeigneter Weise.

Artikel 43
Zertifizierungsstellen

(1) [1]Unbeschadet der Aufgaben und Befugnisse der zuständigen Aufsichtsbehörde gemäß den Artikeln 57 und 58 erteilen oder verlängern Zertifizierungsstellen, die über das geeignete Fachwissen hinsichtlich des Datenschutzes verfügen, nach Unterrichtung der Aufsichtsbehörde – damit diese erforderlichenfalls von ihren Befugnissen gemäß Artikel 58 Absatz 2 Buchstabe h Gebrauch machen kann – die Zertifizierung. [2]Die Mitgliedstaaten stellen sicher, dass diese Zertifizierungsstellen von einer oder beiden der folgenden Stellen akkreditiert werden:

a) der gemäß Artikel 55 oder 56 zuständigen Aufsichtsbehörde;
b) der nationalen Akkreditierungsstelle, die gemäß der Verordnung (EG) Nr. 765/2008 des Europäischen Parlaments und des Rates[2] im Einklang mit EN-ISO/IEC 17065/2012 und mit den zusätzlichen von der gemäß Artikel 55 oder 56 zuständigen Aufsichtsbehörde festgelegten Anforderungen benannt wurde.

(2) Zertifizierungsstellen nach Absatz 1 dürfen nur dann gemäß dem genannten Absatz akkreditiert werden, wenn sie

a) ihre Unabhängigkeit und ihr Fachwissen hinsichtlich des Gegenstands der Zertifizierung zur Zufriedenheit der zuständigen Aufsichtsbehörde nachgewiesen haben;
b) sich verpflichtet haben, die Kriterien nach Artikel 42 Absatz 5, die von der gemäß Artikel 55 oder 56 zuständigen Aufsichtsbehörde oder – gemäß Artikel 63 – von dem Ausschuss genehmigt wurden, einzuhalten;
c) Verfahren für die Erteilung, die regelmäßige Überprüfung und den Widerruf der Datenschutzzertifizierung sowie der Datenschutzsiegel und -prüfzeichen festgelegt haben;
d) Verfahren und Strukturen festgelegt haben, mit denen sie Beschwerden über Verletzungen der Zertifizierung oder die Art und Weise, in der die Zertifizierung von dem Verantwortlichen oder dem Auftragsverarbeiter umgesetzt wird oder wurde, nachgehen und diese Verfahren und Strukturen für betroffene Personen und die Öffentlichkeit transparent machen, und
e) zur Zufriedenheit der zuständigen Aufsichtsbehörde nachgewiesen haben, dass ihre Aufgaben und Pflichten nicht zu einem Interessenkonflikt führen.

(3) [1]Die Akkreditierung von Zertifizierungsstellen nach den Absätzen 1 und 2 erfolgt anhand der Anforderungen, die von der gemäß Artikel 55 oder 56 zuständigen Aufsichtsbehörde oder – gemäß Artikel 63 – von dem Ausschuss genehmigt wurden. [2]Im Fall einer Akkreditierung nach Absatz 1 Buchstabe b des vorliegenden Artikels ergänzen diese Anforderungen diejenigen, die in der Verordnung (EG) Nr. 765/2008 und in den technischen Vorschriften, in denen die Methoden und Verfahren der Zertifizierungsstellen beschrieben werden, vorgesehen sind.

(4) [1]Die Zertifizierungsstellen nach Absatz 1 sind unbeschadet der Verantwortung, die der Verantwortliche oder der Auftragsverarbeiter für die

2 Verordnung (EG) Nr. 765/2008 des Europäischen Parlaments und des Rates vom 9. Juli 2008 über die Vorschriften für die Akkreditierung und Marktüberwachung im Zusammenhang mit der Vermarktung von Produkten und zur Aufhebung der Verordnung (EWG) Nr. 339/93 des Rates (ABl. L 218 vom 13.8.2008, S. 30).

Einhaltung dieser Verordnung hat, für die angemessene Bewertung, die der Zertifizierung oder dem Widerruf einer Zertifizierung zugrunde liegt, verantwortlich. [2]Die Akkreditierung wird für eine Höchstdauer von fünf Jahren erteilt und kann unter denselben Bedingungen verlängert werden, sofern die Zertifizierungsstelle die Anforderungen dieses Artikels erfüllt.

(5) Die Zertifizierungsstellen nach Absatz 1 teilen den zuständigen Aufsichtsbehörden die Gründe für die Erteilung oder den Widerruf der beantragten Zertifizierung mit.

(6) [1]Die Anforderungen nach Absatz 3 des vorliegenden Artikels und die Kriterien nach Artikel 42 Absatz 5 werden von der Aufsichtsbehörde in leicht zugänglicher Form veröffentlicht. [2]Die Aufsichtsbehörden übermitteln diese Anforderungen und Kriterien auch dem Ausschuss.

(7) Unbeschadet des Kapitels VIII widerruft die zuständige Aufsichtsbehörde oder die nationale Akkreditierungsstelle die Akkreditierung einer Zertifizierungsstelle nach Absatz 1, wenn die Voraussetzungen für die Akkreditierung nicht oder nicht mehr erfüllt sind oder wenn eine Zertifizierungsstelle Maßnahmen ergreift, die nicht mit dieser Verordnung vereinbar sind.

(8) Der Kommission wird die Befugnis übertragen, gemäß Artikel 92 delegierte Rechtsakte zu erlassen, um die Anforderungen festzulegen, die für die in Artikel 42 Absatz 1 genannten datenschutzspezifischen Zertifizierungsverfahren zu berücksichtigen sind.

(9) [1]Die Kommission kann Durchführungsrechtsakte erlassen, mit denen technische Standards für Zertifizierungsverfahren und Datenschutzsiegel und -prüfzeichen sowie Mechanismen zur Förderung und Anerkennung dieser Zertifizierungsverfahren und Datenschutzsiegel und -prüfzeichen festgelegt werden. [2]Diese Durchführungsrechtsakte werden gemäß dem in Artikel 93 Absatz 2 genannten Prüfverfahren erlassen.

KAPITEL V
Übermittlungen personenbezogener Daten an Drittländer oder an internationale Organisationen

Artikel 44
Allgemeine Grundsätze der Datenübermittlung

[1]Jedwede Übermittlung personenbezogener Daten, die bereits verarbeitet werden oder nach ihrer Übermittlung an ein Drittland oder eine internationale Organisation verarbeitet werden sollen, ist nur zulässig, wenn der Verantwortliche und der Auftragsverarbeiter die in diesem Kapitel niedergelegten Bedingungen einhalten und auch die sonstigen Bestimmungen dieser Verordnung eingehalten werden; dies gilt auch für die etwaige Weiterübermittlung personenbezogener Daten aus dem betreffenden Drittland oder der betreffenden internationalen Organisation an ein anderes Drittland oder eine andere internationale Organisation. [2]Alle Bestimmungen dieses Kapitels sind anzuwenden, um sicherzustellen, dass das durch diese Verordnung gewährleistete Schutzniveau für natürliche Personen nicht untergraben wird.

Artikel 45
Datenübermittlung auf der Grundlage eines Angemessenheitsbeschlusses

(1) [1]Eine Übermittlung personenbezogener Daten an ein Drittland oder eine internationale Organisation darf vorgenommen werden, wenn die Kommission beschlossen hat, dass das betreffende Drittland, ein Gebiet oder ein oder mehrere spezifische Sektoren in diesem Drittland oder die betreffende internationale Organisation ein angemessenes Schutzniveau bietet. [2]Eine solche Datenübermittlung bedarf keiner besonderen Genehmigung.

(2) Bei der Prüfung der Angemessenheit des gebotenen Schutzniveaus berücksichtigt die Kommission insbesondere das Folgende:

a) die Rechtsstaatlichkeit, die Achtung der Menschenrechte und Grundfreiheiten, die in dem betreffenden Land bzw. bei der betreffenden internationalen Organisation geltenden einschlägigen Rechtsvorschriften sowohl allgemeiner als auch sektoraler Art – auch in Bezug auf öffentliche Sicherheit, Verteidigung, nationale Sicherheit und Strafrecht sowie Zugang der Behörden zu personenbezogenen Daten – sowie die Anwendung dieser Rechtsvorschriften, Datenschutzvorschriften, Berufsregeln und Sicherheitsvorschriften einschließlich der Vorschriften für die Weiterübermittlung personenbezogener Daten an ein anderes Drittland bzw. eine andere internationale Organisation, die Rechtsprechung sowie wirksame und durchsetzbare Rechte der betroffenen Person und wirksame verwaltungsrechtliche und gerichtliche Rechtsbehelfe für betroffene Personen, deren personenbezogene Daten übermittelt werden,

b) die Existenz und die wirksame Funktionsweise einer oder mehrerer unabhängiger Aufsichtsbehörden in dem betreffenden Drittland oder denen eine internationale Organisation untersteht und die für die Einhaltung und Durchsetzung der Datenschutzvorschriften, einschließlich angemessener Durchsetzungsbefugnisse, für die Unterstützung und Beratung der betroffenen Personen bei der Ausübung ihrer Rechte und für die Zusammenarbeit mit den Aufsichtsbehörden der Mitgliedstaaten zuständig sind, und

c) die von dem betreffenden Drittland bzw. der betreffenden internationalen Organisation eingegangenen internationalen Verpflichtungen oder andere Verpflichtungen, die sich aus rechtsverbindlichen Übereinkünften oder Instrumenten sowie aus der Teilnahme des Drittlands oder der internationalen Organisation an multilateralen oder regionalen Systemen insbesondere in Bezug auf den Schutz personenbezogener Daten ergeben.

(3) [1]Nach der Beurteilung der Angemessenheit des Schutzniveaus kann die Kommission im Wege eines Durchführungsrechtsaktes beschließen, dass ein Drittland, ein Gebiet oder ein oder mehrere spezifische Sektoren in einem Drittland oder eine internationale Organisation ein angemessenes Schutzniveau im Sinne des Absatzes 2 des vorliegenden Artikels bieten. [2]In dem Durchführungsrechtsakt ist ein Mechanismus für eine regelmäßige Überprüfung, die mindestens alle vier Jahre erfolgt, vorzusehen, bei der allen maßgeblichen Entwicklungen in dem Drittland oder bei der internationalen Organisation Rechnung getragen wird. [3]Im Durchführungsrechtsakt werden der territoriale und der sektorale Anwendungsbereich sowie gegebenenfalls die in Absatz 2 Buchstabe b des vorliegenden Artikels genannte Aufsichtsbehörde bzw. genannten Aufsichtsbehörden angegeben. [4]Der Durchführungsrechtsakt wird gemäß dem in Artikel 93 Absatz 2 genannten Prüfverfahren erlassen.

(4) Die Kommission überwacht fortlaufend die Entwicklungen in Drittländern und bei internationalen Organisationen, die die Wirkungsweise der nach Absatz 3 des vorliegenden Artikels erlassenen Beschlüsse und der nach Artikel 25 Absatz 6 der Richtlinie 95/46/EG erlassenen Feststellungen beeinträchtigen könnten.

(5) [1]Die Kommission widerruft, ändert oder setzt die in Absatz 3 des vorliegenden Artikels genannten Beschlüsse im Wege von Durchführungsrechtsakten aus, soweit dies nötig ist und ohne rückwirkende Kraft, soweit entsprechende Informationen – insbesondere im Anschluss an die in Absatz 3 des vorliegenden Artikels genannte Überprüfung – dahingehend vorliegen, dass ein Drittland, ein Gebiet oder ein oder mehrere spezifischer Sektor in einem Drittland oder eine internationale Organisation kein angemessenes Schutzniveau im Sinne des Absatzes 2 des vorliegenden Artikels mehr gewährleistet. [2]Diese Durchführungsrechtsakte werden gemäß dem Prüfverfahren nach Artikel 93 Absatz 2 erlassen. [3]In hinreichend begründeten Fällen äußerster Dringlichkeit erlässt die Kommission gemäß dem in Artikel 93 Absatz 3 genannten Verfahren sofort geltende Durchführungsrechtsakte.

(6) Die Kommission nimmt Beratungen mit dem betreffenden Drittland bzw. der betreffenden internationalen Organisation auf, um Abhilfe für die Situation zu schaffen, die zu dem gemäß Absatz 5 erlassenen Beschluss geführt hat.

(7) Übermittlungen personenbezogener Daten an das betreffende Drittland, das Gebiet oder einen oder mehrere spezifische Sektoren in diesem Drittland oder an die betreffende

internationale Organisation gemäß den Artikeln 46 bis 49 werden durch einen Beschluss nach Absatz 5 des vorliegenden Artikels nicht berührt.

(8) Die Kommission veröffentlicht im Amtsblatt der Europäischen Union und auf ihrer Website eine Liste aller Drittländer beziehungsweise Gebiete und spezifischen Sektoren in einem Drittland und aller internationalen Organisationen, für die sie durch Beschluss festgestellt hat, dass sie ein angemessenes Schutzniveau gewährleisten bzw. nicht mehr gewährleisten.

(9) Von der Kommission auf der Grundlage von Artikel 25 Absatz 6 der Richtlinie 95/46/EG erlassene Feststellungen bleiben so lange in Kraft, bis sie durch einen nach dem Prüfverfahren gemäß den Absätzen 3 oder 5 des vorliegenden Artikels erlassenen Beschluss der Kommission geändert, ersetzt oder aufgehoben werden.

Artikel 46
Datenübermittlung vorbehaltlich geeigneter Garantien

(1) Falls kein Beschluss nach Artikel 45 Absatz 3 vorliegt, darf ein Verantwortlicher oder ein Auftragsverarbeiter personenbezogene Daten an ein Drittland oder eine internationale Organisation nur übermitteln, sofern der Verantwortliche oder der Auftragsverarbeiter geeignete Garantien vorgesehen hat und sofern den betroffenen Personen durchsetzbare Rechte und wirksame Rechtsbehelfe zur Verfügung stehen.

(2) Die in Absatz 1 genannten geeigneten Garantien können, ohne dass hierzu eine besondere Genehmigung einer Aufsichtsbehörde erforderlich wäre, bestehen in
a) einem rechtlich bindenden und durchsetzbaren Dokument zwischen den Behörden oder öffentlichen Stellen,
b) verbindlichen internen Datenschutzvorschriften gemäß Artikel 47,
c) Standarddatenschutzklauseln, die von der Kommission gemäß dem Prüfverfahren nach Artikel 93 Absatz 2 erlassen werden,
d) von einer Aufsichtsbehörde angenommenen Standarddatenschutzklauseln, die von der Kommission gemäß dem Prüfverfahren nach Artikel 93 Absatz 2 genehmigt wurden,
e) genehmigten Verhaltensregeln gemäß Artikel 40 zusammen mit rechtsverbindlichen und durchsetzbaren Verpflichtungen des Verantwortlichen oder des Auftragsverarbeiters in dem Drittland zur Anwendung der geeigneten Garantien, einschließlich in Bezug auf die Rechte der betroffenen Personen, oder
f) einem genehmigten Zertifizierungsmechanismus gemäß Artikel 42 zusammen mit rechtsverbindlichen und durchsetzbaren Verpflichtungen des Verantwortlichen oder des Auftragsverarbeiters in dem Drittland zur Anwendung der geeigneten Garantien, einschließlich in Bezug auf die Rechte der betroffenen Personen.

(3) Vorbehaltlich der Genehmigung durch die zuständige Aufsichtsbehörde können die geeigneten Garantien gemäß Absatz 1 auch insbesondere bestehen in
a) Vertragsklauseln, die zwischen dem Verantwortlichen oder dem Auftragsverarbeiter und dem Verantwortlichen, dem Auftragsverarbeiter oder dem Empfänger der personenbezogenen Daten im Drittland oder der internationalen Organisation vereinbart wurden, oder
b) Bestimmungen, die in Verwaltungsvereinbarungen zwischen Behörden oder öffentlichen Stellen aufzunehmen sind und durchsetzbare und wirksame Rechte für die betroffenen Personen einschließen.

(4) Die Aufsichtsbehörde wendet das Kohärenzverfahren nach Artikel 63 an, wenn ein Fall gemäß Absatz 3 des vorliegenden Artikels vorliegt.

(5) [1]Von einem Mitgliedstaat oder einer Aufsichtsbehörde auf der Grundlage von Artikel 26 Absatz 2 der Richtlinie 95/46/EG erteilte Genehmigungen bleiben so lange gültig, bis sie erforderlichenfalls von dieser Aufsichtsbehörde geändert, ersetzt oder aufgehoben werden. [2]Von der Kommission auf der Grundlage von Artikel 26 Absatz 4 der Richtlinie 95/46/EG erlassene Feststellungen bleiben so lange in Kraft, bis sie erforderlichenfalls mit einem nach Absatz 2 des vorliegenden Artikels

erlassenen Beschluss der Kommission geändert, ersetzt oder aufgehoben werden.

Artikel 47
Verbindliche interne Datenschutzvorschriften

(1) Die zuständige Aufsichtsbehörde genehmigt gemäß dem Kohärenzverfahren nach Artikel 63 verbindliche interne Datenschutzvorschriften, sofern diese

a) rechtlich bindend sind, für alle betreffenden Mitglieder der Unternehmensgruppe oder einer Gruppe von Unternehmen, die eine gemeinsame Wirtschaftstätigkeit ausüben, gelten und von diesen Mitgliedern durchgesetzt werden, und dies auch für ihre Beschäftigten gilt,
b) den betroffenen Personen ausdrücklich durchsetzbare Rechte in Bezug auf die Verarbeitung ihrer personenbezogenen Daten übertragen und
c) die in Absatz 2 festgelegten Anforderungen erfüllen.

(2) Die verbindlichen internen Datenschutzvorschriften nach Absatz 1 enthalten mindestens folgende Angaben:

a) Struktur und Kontaktdaten der Unternehmensgruppe oder Gruppe von Unternehmen, die eine gemeinsame Wirtschaftstätigkeit ausüben, und jedes ihrer Mitglieder;
b) die betreffenden Datenübermittlungen oder Reihen von Datenübermittlungen einschließlich der betreffenden Arten personenbezogener Daten, Art und Zweck der Datenverarbeitung, Art der betroffenen Personen und das betreffende Drittland beziehungsweise die betreffenden Drittländer;
c) interne und externe Rechtsverbindlichkeit der betreffenden internen Datenschutzvorschriften;
d) die Anwendung der allgemeinen Datenschutzgrundsätze, insbesondere Zweckbindung, Datenminimierung, begrenzte Speicherfristen, Datenqualität, Datenschutz durch Technikgestaltung und durch datenschutzfreundliche Voreinstellungen, Rechtsgrundlage für die Verarbeitung, Verarbeitung besonderer Kategorien von personenbezogenen Daten, Maßnahmen zur Sicherstellung der Datensicherheit und Anforderungen für die Weiterübermittlung an nicht an diese internen Datenschutzvorschriften gebundene Stellen;
e) die Rechte der betroffenen Personen in Bezug auf die Verarbeitung und die diesen offenstehenden Mittel zur Wahrnehmung dieser Rechte einschließlich des Rechts, nicht einer ausschließlich auf einer automatisierten Verarbeitung – einschließlich Profiling – beruhenden Entscheidung nach Artikel 22 unterworfen zu werden sowie des in Artikel 79 niedergelegten Rechts auf Beschwerde bei der zuständigen Aufsichtsbehörde beziehungsweise auf Einlegung eines Rechtsbehelfs bei den zuständigen Gerichten der Mitgliedstaaten und im Falle einer Verletzung der verbindlichen internen Datenschutzvorschriften Wiedergutmachung und gegebenenfalls Schadenersatz zu erhalten;
f) die von dem in einem Mitgliedstaat niedergelassenen Verantwortlichen oder Auftragsverarbeiter übernommene Haftung für etwaige Verstöße eines nicht in der Union niedergelassenen betreffenden Mitglieds der Unternehmensgruppe gegen die verbindlichen internen Datenschutzvorschriften; der Verantwortliche oder der Auftragsverarbeiter ist nur dann teilweise oder vollständig von dieser Haftung befreit, wenn er nachweist, dass der Umstand, durch den der Schaden eingetreten ist, dem betreffenden Mitglied nicht zur Last gelegt werden kann;
g) die Art und Weise, wie die betroffenen Personen über die Bestimmungen der Artikel 13 und 14 hinaus über die verbindlichen internen Datenschutzvorschriften und insbesondere über die unter den Buchstaben d, e und f dieses Absatzes genannten Aspekte informiert werden;
h) die Aufgaben jedes gemäß Artikel 37 benannten Datenschutzbeauftragten oder jeder anderen Person oder Einrichtung, die mit der Überwachung der Einhaltung der verbindlichen internen Datenschutzvorschriften in der Unternehmensgruppe oder Gruppe von Unternehmen, die eine gemeinsame Wirtschaftstätigkeit ausüben, sowie mit der

Überwachung der Schulungsmaßnahmen und dem Umgang mit Beschwerden befasst ist;

i) die Beschwerdeverfahren;

j) 1die innerhalb der Unternehmensgruppe oder Gruppe von Unternehmen, die eine gemeinsame Wirtschaftstätigkeit ausüben, bestehenden Verfahren zur Überprüfung der Einhaltung der verbindlichen internen Datenschutzvorschriften. 2Derartige Verfahren beinhalten Datenschutzüberprüfungen und Verfahren zur Gewährleistung von Abhilfemaßnahmen zum Schutz der Rechte der betroffenen Person. 3Die Ergebnisse derartiger Überprüfungen sollten der in Buchstabe h genannten Person oder Einrichtung sowie dem Verwaltungsrat des herrschenden Unternehmens einer Unternehmensgruppe oder der Gruppe von Unternehmen, die eine gemeinsame Wirtschaftstätigkeit ausüben, mitgeteilt werden und sollten der zuständigen Aufsichtsbehörde auf Anfrage zur Verfügung gestellt werden;

k) die Verfahren für die Meldung und Erfassung von Änderungen der Vorschriften und ihre Meldung an die Aufsichtsbehörde;

l) die Verfahren für die Zusammenarbeit mit der Aufsichtsbehörde, die die Befolgung der Vorschriften durch sämtliche Mitglieder der Unternehmensgruppe oder Gruppe von Unternehmen, die eine gemeinsame Wirtschaftstätigkeit ausüben, gewährleisten, insbesondere durch Offenlegung der Ergebnisse von Überprüfungen der unter Buchstabe j genannten Maßnahmen gegenüber der Aufsichtsbehörde;

m) die Meldeverfahren zur Unterrichtung der zuständigen Aufsichtsbehörde über jegliche für ein Mitglied der Unternehmensgruppe oder Gruppe von Unternehmen, die eine gemeinsame Wirtschaftstätigkeit ausüben, in einem Drittland geltenden rechtlichen Bestimmungen, die sich nachteilig auf die Garantien auswirken könnten, die die verbindlichen internen Datenschutzvorschriften bieten, und

n) geeignete Datenschutzschulungen für Personal mit ständigem oder regelmäßigem Zugang zu personenbezogenen Daten.

(3) [1]Die Kommission kann das Format und die Verfahren für den Informationsaustausch über verbindliche interne Datenschutzvorschriften im Sinne des vorliegenden Artikels zwischen Verantwortlichen, Auftragsverarbeitern und Aufsichtsbehörden festlegen. [2]Diese Durchführungsrechtsakte werden gemäß dem Prüfverfahren nach Artikel 93 Absatz 2 erlassen.

Artikel 48
Nach dem Unionsrecht nicht zulässige Übermittlung oder Offenlegung

Jegliches Urteil eines Gerichts eines Drittlands und jegliche Entscheidung einer Verwaltungsbehörde eines Drittlands, mit denen von einem Verantwortlichen oder einem Auftragsverarbeiter die Übermittlung oder Offenlegung personenbezogener Daten verlangt wird, dürfen unbeschadet anderer Gründe für die Übermittlung gemäß diesem Kapitel jedenfalls nur dann anerkannt oder vollstreckbar werden, wenn sie auf eine in Kraft befindliche internationale Übereinkunft wie etwa ein Rechtshilfeabkommen zwischen dem ersuchenden Drittland und der Union oder einem Mitgliedstaat gestützt sind.

Artikel 49
Ausnahmen für bestimmte Fälle

(1) [1]Falls weder ein Angemessenheitsbeschluss nach Artikel 45 Absatz 3 vorliegt noch geeignete Garantien nach Artikel 46, einschließlich verbindlicher interner Datenschutzvorschriften, bestehen, ist eine Übermittlung oder eine Reihe von Übermittlungen personenbezogener Daten an ein Drittland oder an eine internationale Organisation nur unter einer der folgenden Bedingungen zulässig:

a) die betroffene Person hat in die vorgeschlagene Datenübermittlung ausdrücklich eingewilligt, nachdem sie über die für sie bestehenden möglichen Risiken derartiger Datenübermittlungen ohne Vorliegen eines Angemessenheitsbeschlusses und ohne geeignete Garantien unterrichtet wurde,

b) die Übermittlung ist für die Erfüllung eines Vertrags zwischen der betroffenen Person und

dem Verantwortlichen oder zur Durchführung von vorvertraglichen Maßnahmen auf Antrag der betroffenen Person erforderlich,
c) die Übermittlung ist zum Abschluss oder zur Erfüllung eines im Interesse der betroffenen Person von dem Verantwortlichen mit einer anderen natürlichen oder juristischen Person geschlossenen Vertrags erforderlich,
d) die Übermittlung ist aus wichtigen Gründen des öffentlichen Interesses notwendig,
e) die Übermittlung ist zur Geltendmachung, Ausübung oder Verteidigung von Rechtsansprüchen erforderlich,
f) die Übermittlung ist zum Schutz lebenswichtiger Interessen der betroffenen Person oder anderer Personen erforderlich, sofern die betroffene Person aus physischen oder rechtlichen Gründen außerstande ist, ihre Einwilligung zu geben,
g) die Übermittlung erfolgt aus einem Register, das gemäß dem Recht der Union oder der Mitgliedstaaten zur Information der Öffentlichkeit bestimmt ist und entweder der gesamten Öffentlichkeit oder allen Personen, die ein berechtigtes Interesse nachweisen können, zur Einsichtnahme offensteht, aber nur soweit die im Recht der Union oder der Mitgliedstaaten festgelegten Voraussetzungen für die Einsichtnahme im Einzelfall gegeben sind.

[2]Falls die Übermittlung nicht auf eine Bestimmung der Artikel 45 oder 46 – einschließlich der verbindlichen internen Datenschutzvorschriften – gestützt werden könnte und keine der Ausnahmen für einen bestimmten Fall gemäß dem ersten Unterabsatz anwendbar ist, darf eine Übermittlung an ein Drittland oder eine internationale Organisation nur dann erfolgen, wenn die Übermittlung nicht wiederholt erfolgt, nur eine begrenzte Zahl von betroffenen Personen betrifft, für die Wahrung der zwingenden berechtigten Interessen des Verantwortlichen erforderlich ist, sofern die Interessen oder die Rechte und Freiheiten der betroffenen Person nicht überwiegen, und der Verantwortliche alle Umstände der Datenübermittlung beurteilt und auf der Grundlage dieser Beurteilung geeignete Garantien in Bezug auf den Schutz personenbezogener Daten vorgesehen hat. [3]Der Verantwortliche setzt die Aufsichtsbehörde von der Übermittlung in Kenntnis. [4]Der Verantwortliche unterrichtet die betroffene Person über die Übermittlung und seine zwingenden berechtigten Interessen; dies erfolgt zusätzlich zu den der betroffenen Person nach den Artikeln 13 und 14 mitgeteilten Informationen.

(2) [1]Datenübermittlungen gemäß Absatz 1 Unterabsatz 1 Buchstabe g dürfen nicht die Gesamtheit oder ganze Kategorien der im Register enthaltenen personenbezogenen Daten umfassen. [2]Wenn das Register der Einsichtnahme durch Personen mit berechtigtem Interesse dient, darf die Übermittlung nur auf Anfrage dieser Personen oder nur dann erfolgen, wenn diese Personen die Adressaten der Übermittlung sind.

(3) Absatz 1 Unterabsatz 1 Buchstaben a, b und c und sowie Absatz 1 Unterabsatz 2 gelten nicht für Tätigkeiten, die Behörden in Ausübung ihrer hoheitlichen Befugnisse durchführen.

(4) Das öffentliche Interesse im Sinne des Absatzes 1 Unterabsatz 1 Buchstabe d muss im Unionsrecht oder im Recht des Mitgliedstaats, dem der Verantwortliche unterliegt, anerkannt sein.

(5) [1]Liegt kein Angemessenheitsbeschluss vor, so können im Unionsrecht oder im Recht der Mitgliedstaaten aus wichtigen Gründen des öffentlichen Interesses ausdrücklich Beschränkungen der Übermittlung bestimmter Kategorien von personenbezogenen Daten an Drittländer oder internationale Organisationen vorgesehen werden. [2]Die Mitgliedstaaten teilen der Kommission derartige Bestimmungen mit.

(6) Der Verantwortliche oder der Auftragsverarbeiter erfasst die von ihm vorgenommene Beurteilung sowie die angemessenen Garantien im Sinne des Absatzes 1 Unterabsatz 2 des vorliegenden Artikels in der Dokumentation gemäß Artikel 30.

Artikel 50
Internationale Zusammenarbeit zum Schutz personenbezogener Daten

In Bezug auf Drittländer und internationale Organisationen treffen die Kommission und die Aufsichtsbehörden geeignete Maßnahmen zur

a) Entwicklung von Mechanismen der internationalen Zusammenarbeit, durch die die wirksame Durchsetzung von Rechtsvorschriften zum Schutz personenbezogener Daten erleichtert wird,
b) gegenseitigen Leistung internationaler Amtshilfe bei der Durchsetzung von Rechtsvorschriften zum Schutz personenbezogener Daten, unter anderem durch Meldungen, Beschwerdeverweisungen, Amtshilfe bei Untersuchungen und Informationsaustausch, sofern geeignete Garantien für den Schutz personenbezogener Daten und anderer Grundrechte und Grundfreiheiten bestehen,
c) Einbindung maßgeblicher Interessenträger in Diskussionen und Tätigkeiten, die zum Ausbau der internationalen Zusammenarbeit bei der Durchsetzung von Rechtsvorschriften zum Schutz personenbezogener Daten dienen,
d) Förderung des Austauschs und der Dokumentation von Rechtsvorschriften und Praktiken zum Schutz personenbezogener Daten einschließlich Zuständigkeitskonflikten mit Drittländern.

KAPITEL VI
Unabhängige Aufsichtsbehörden

ABSCHNITT 1
Unabhängigkeit

Artikel 51
Aufsichtsbehörde

(1) Jeder Mitgliedstaat sieht vor, dass eine oder mehrere unabhängige Behörden für die Überwachung der Anwendung dieser Verordnung zuständig sind, damit die Grundrechte und Grundfreiheiten natürlicher Personen bei der Verarbeitung geschützt werden und der freie Verkehr personenbezogener Daten in der Union erleichtert wird (im Folgenden „Aufsichtsbehörde").

(2) [1]Jede Aufsichtsbehörde leistet einen Beitrag zur einheitlichen Anwendung dieser Verordnung in der gesamten Union. [2]Zu diesem Zweck arbeiten die Aufsichtsbehörden untereinander sowie mit der Kommission gemäß Kapitel VII zusammen.

(3) Gibt es in einem Mitgliedstaat mehr als eine Aufsichtsbehörde, so bestimmt dieser Mitgliedstaat die Aufsichtsbehörde, die diese Behörden im Ausschuss vertritt, und führt ein Verfahren ein, mit dem sichergestellt wird, dass die anderen Behörden die Regeln für das Kohärenzverfahren nach Artikel 63 einhalten.

(4) Jeder Mitgliedstaat teilt der Kommission bis spätestens 25. Mai 2018 die Rechtsvorschriften, die er aufgrund dieses Kapitels erlässt, sowie unverzüglich alle folgenden Änderungen dieser Vorschriften mit.

Artikel 52
Unabhängigkeit

(1) Jede Aufsichtsbehörde handelt bei der Erfüllung ihrer Aufgaben und bei der Ausübung ihrer Befugnisse gemäß dieser Verordnung völlig unabhängig.

(2) Das Mitglied oder die Mitglieder jeder Aufsichtsbehörde unterliegen bei der Erfüllung ihrer Aufgaben und der Ausübung ihrer Befugnisse gemäß dieser Verordnung weder direkter noch indirekter Beeinflussung von außen und ersuchen weder um Weisung noch nehmen sie Weisungen entgegen.

(3) Das Mitglied oder die Mitglieder der Aufsichtsbehörde sehen von allen mit den Aufgaben ihres Amtes nicht zu vereinbarenden Handlungen ab und üben während ihrer Amtszeit keine andere mit ihrem Amt nicht zu vereinbarende entgeltliche oder unentgeltliche Tätigkeit aus.

(4) Jeder Mitgliedstaat stellt sicher, dass jede Aufsichtsbehörde mit den personellen,

technischen und finanziellen Ressourcen, Räumlichkeiten und Infrastrukturen ausgestattet wird, die sie benötigt, um ihre Aufgaben und Befugnisse auch im Rahmen der Amtshilfe, Zusammenarbeit und Mitwirkung im Ausschuss effektiv wahrnehmen zu können.

(5) Jeder Mitgliedstaat stellt sicher, dass jede Aufsichtsbehörde ihr eigenes Personal auswählt und hat, das ausschließlich der Leitung des Mitglieds oder der Mitglieder der betreffenden Aufsichtsbehörde untersteht.

(6) Jeder Mitgliedstaat stellt sicher, dass jede Aufsichtsbehörde einer Finanzkontrolle unterliegt, die ihre Unabhängigkeit nicht beeinträchtigt und dass sie über eigene, öffentliche, jährliche Haushaltspläne verfügt, die Teil des gesamten Staatshaushalts oder nationalen Haushalts sein können.

Artikel 53
Allgemeine Bedingungen für die Mitglieder der Aufsichtsbehörde

(1) Die Mitgliedstaaten sehen vor, dass jedes Mitglied ihrer Aufsichtsbehörden im Wege eines transparenten Verfahrens ernannt wird, und zwar

- vom Parlament,
- von der Regierung,
- vom Staatsoberhaupt oder
- von einer unabhängigen Stelle, die nach dem Recht des Mitgliedstaats mit der Ernennung betraut wird.

(2) Jedes Mitglied muss über die für die Erfüllung seiner Aufgaben und Ausübung seiner Befugnisse erforderliche Qualifikation, Erfahrung und Sachkunde insbesondere im Bereich des Schutzes personenbezogener Daten verfügen.

(3) Das Amt eines Mitglieds endet mit Ablauf der Amtszeit, mit seinem Rücktritt oder verpflichtender Versetzung in den Ruhestand gemäß dem Recht des betroffenen Mitgliedstaats.

(4) Ein Mitglied wird seines Amtes nur enthoben, wenn es eine schwere Verfehlung begangen hat oder die Voraussetzungen für die Wahrnehmung seiner Aufgaben nicht mehr erfüllt.

Artikel 54
Errichtung der Aufsichtsbehörde

(1) Jeder Mitgliedstaat sieht durch Rechtsvorschriften Folgendes vor:

a) die Errichtung jeder Aufsichtsbehörde;
b) die erforderlichen Qualifikationen und sonstigen Voraussetzungen für die Ernennung zum Mitglied jeder Aufsichtsbehörde;
c) die Vorschriften und Verfahren für die Ernennung des Mitglieds oder der Mitglieder jeder Aufsichtsbehörde;
d) die Amtszeit des Mitglieds oder der Mitglieder jeder Aufsichtsbehörde von mindestens vier Jahren; dies gilt nicht für die erste Amtszeit nach 24. Mai 2016, die für einen Teil der Mitglieder kürzer sein kann, wenn eine zeitlich versetzte Ernennung zur Wahrung der Unabhängigkeit der Aufsichtsbehörde notwendig ist;
e) die Frage, ob und – wenn ja – wie oft das Mitglied oder die Mitglieder jeder Aufsichtsbehörde wiederernannt werden können;
f) die Bedingungen im Hinblick auf die Pflichten des Mitglieds oder der Mitglieder und der Bediensteten jeder Aufsichtsbehörde, die Verbote von Handlungen, beruflichen Tätigkeiten und Vergütungen während und nach der Amtszeit, die mit diesen Pflichten unvereinbar sind, und die Regeln für die Beendigung des Beschäftigungsverhältnisses.

(2) [1]Das Mitglied oder die Mitglieder und die Bediensteten jeder Aufsichtsbehörde sind gemäß dem Unionsrecht oder dem Recht der Mitgliedstaaten sowohl während ihrer Amts- beziehungsweise Dienstzeit als auch nach deren Beendigung verpflichtet, über alle vertraulichen Informationen, die ihnen bei der Wahrnehmung ihrer Aufgaben oder der Ausübung ihrer Befugnisse bekannt geworden sind, Verschwiegenheit zu wahren. [2]Während dieser Amts- beziehungsweise Dienstzeit gilt diese Verschwiegenheitspflicht insbesondere für die von natürlichen Personen gemeldeten Verstößen gegen diese Verordnung.

ABSCHNITT 2
Zuständigkeit, Aufgaben und Befugnisse

Artikel 55
Zuständigkeit

(1) Jede Aufsichtsbehörde ist für die Erfüllung der Aufgaben und die Ausübung der Befugnisse, die ihr mit dieser Verordnung übertragen wurden, im Hoheitsgebiet ihres eigenen Mitgliedstaats zuständig.

(2) [1]Erfolgt die Verarbeitung durch Behörden oder private Stellen auf der Grundlage von Artikel 6 Absatz 1 Buchstabe c oder e, so ist die Aufsichtsbehörde des betroffenen Mitgliedstaats zuständig. [2]In diesem Fall findet Artikel 56 keine Anwendung.

(3) Die Aufsichtsbehörden sind nicht zuständig für die Aufsicht über die von Gerichten im Rahmen ihrer justiziellen Tätigkeit vorgenommenen Verarbeitungen.

Artikel 56
Zuständigkeit der federführenden Aufsichtsbehörde

(1) Unbeschadet des Artikels 55 ist die Aufsichtsbehörde der Hauptniederlassung oder der einzigen Niederlassung des Verantwortlichen oder des Auftragsverarbeiters gemäß dem Verfahren nach Artikel 60 die zuständige federführende Aufsichtsbehörde für die von diesem Verantwortlichen oder diesem Auftragsverarbeiter durchgeführte grenzüberschreitende Verarbeitung.

(2) Abweichend von Absatz 1 ist jede Aufsichtsbehörde dafür zuständig, sich mit einer bei ihr eingereichten Beschwerde oder einem etwaigen Verstoß gegen diese Verordnung zu befassen, wenn der Gegenstand nur mit einer Niederlassung in ihrem Mitgliedstaat zusammenhängt oder betroffene Personen nur ihres Mitgliedstaats erheblich beeinträchtigt.

(3) [1]In den in Absatz 2 des vorliegenden Artikels genannten Fällen unterrichtet die Aufsichtsbehörde unverzüglich die federführende Aufsichtsbehörde über diese Angelegenheit. [2]Innerhalb einer Frist von drei Wochen nach der Unterrichtung entscheidet die federführende Aufsichtsbehörde, ob sie sich mit dem Fall gemäß dem Verfahren nach Artikel 60 befasst oder nicht, wobei sie berücksichtigt, ob der Verantwortliche oder der Auftragsverarbeiter in dem Mitgliedstaat, dessen Aufsichtsbehörde sie unterrichtet hat, eine Niederlassung hat oder nicht.

(4) [1]Entscheidet die federführende Aufsichtsbehörde, sich mit dem Fall zu befassen, so findet das Verfahren nach Artikel 60 Anwendung. [2]Die Aufsichtsbehörde, die die federführende Aufsichtsbehörde unterrichtet hat, kann dieser einen Beschlussentwurf vorlegen. [3]Die federführende Aufsichtsbehörde trägt diesem Entwurf bei der Ausarbeitung des Beschlussentwurfs nach Artikel 60 Absatz 3 weitestgehend Rechnung.

(5) Entscheidet die federführende Aufsichtsbehörde, sich mit dem Fall nicht selbst zu befassen, so befasst die Aufsichtsbehörde, die die federführende Aufsichtsbehörde unterrichtet hat, sich mit dem Fall gemäß den Artikeln 61 und 62.

(6) Die federführende Aufsichtsbehörde ist der einzige Ansprechpartner der Verantwortlichen oder der Auftragsverarbeiter für Fragen der von diesem Verantwortlichen oder diesem Auftragsverarbeiter durchgeführten grenzüberschreitenden Verarbeitung.

Artikel 57
Aufgaben

(1) Unbeschadet anderer in dieser Verordnung dargelegter Aufgaben muss jede Aufsichtsbehörde in ihrem Hoheitsgebiet

a) die Anwendung dieser Verordnung überwachen und durchsetzen;
b) 1die Öffentlichkeit für die Risiken, Vorschriften, Garantien und Rechte im Zusammenhang mit der Verarbeitung sensibilisieren und sie darüber aufklären. 2Besondere Beachtung finden dabei spezifische Maßnahmen für Kinder;
c) im Einklang mit dem Recht des Mitgliedsstaats das nationale Parlament, die Regierung

und andere Einrichtungen und Gremien über legislative und administrative Maßnahmen zum Schutz der Rechte und Freiheiten natürlicher Personen in Bezug auf die Verarbeitung beraten;

d) die Verantwortlichen und die Auftragsverarbeiter für die ihnen aus dieser Verordnung entstehenden Pflichten sensibilisieren;
e) auf Anfrage jeder betroffenen Person Informationen über die Ausübung ihrer Rechte aufgrund dieser Verordnung zur Verfügung stellen und gegebenenfalls zu diesem Zweck mit den Aufsichtsbehörden in anderen Mitgliedstaaten zusammenarbeiten;
f) sich mit Beschwerden einer betroffenen Person oder Beschwerden einer Stelle, einer Organisation oder eines Verbandes gemäß Artikel 80 befassen, den Gegenstand der Beschwerde in angemessenem Umfang untersuchen und den Beschwerdeführer innerhalb einer angemessenen Frist über den Fortgang und das Ergebnis der Untersuchung unterrichten, insbesondere, wenn eine weitere Untersuchung oder Koordinierung mit einer anderen Aufsichtsbehörde notwendig ist;
g) mit anderen Aufsichtsbehörden zusammenarbeiten, auch durch Informationsaustausch, und ihnen Amtshilfe leisten, um die einheitliche Anwendung und Durchsetzung dieser Verordnung zu gewährleisten;
h) Untersuchungen über die Anwendung dieser Verordnung durchführen, auch auf der Grundlage von Informationen einer anderen Aufsichtsbehörde oder einer anderen Behörde;
i) maßgebliche Entwicklungen verfolgen, soweit sie sich auf den Schutz personenbezogener Daten auswirken, insbesondere die Entwicklung der Informations- und Kommunikationstechnologie und der Geschäftspraktiken;
j) Standardvertragsklauseln im Sinne des Artikels 28 Absatz 8 und des Artikels 46 Absatz 2 Buchstabe d festlegen;
k) eine Liste der Verarbeitungsarten erstellen und führen, für die gemäß Artikel 35 Absatz 4 eine Datenschutz-Folgenabschätzung durchzuführen ist;
l) Beratung in Bezug auf die in Artikel 36 Absatz 2 genannten Verarbeitungsvorgänge leisten;
m) die Ausarbeitung von Verhaltensregeln gemäß Artikel 40 Absatz 1 fördern und zu diesen Verhaltensregeln, die ausreichende Garantien im Sinne des Artikels 40 Absatz 5 bieten müssen, Stellungnahmen abgeben und sie billigen;
n) die Einführung von Datenschutzzertifizierungsmechanismen und von Datenschutzsiegeln und -prüfzeichen nach Artikel 42 Absatz 1 anregen und Zertifizierungskriterien nach Artikel 42 Absatz 5 billigen;
o) gegebenenfalls die nach Artikel 42 Absatz 7 erteilten Zertifizierungen regelmäßig überprüfen;
p) die Anforderungen an die Akkreditierung einer Stelle für die Überwachung der Einhaltung der Verhaltensregeln gemäß Artikel 41 und einer Zertifizierungsstelle gemäß Artikel 43 abfassen und veröffentlichen;
q) die Akkreditierung einer Stelle für die Überwachung der Einhaltung der Verhaltensregeln gemäß Artikel 41 und einer Zertifizierungsstelle gemäß Artikel 43 vornehmen;
r) Vertragsklauseln und Bestimmungen im Sinne des Artikels 46 Absatz 3 genehmigen;
s) verbindliche interne Vorschriften gemäß Artikel 47 genehmigen;
t) Beiträge zur Tätigkeit des Ausschusses leisten;
u) interne Verzeichnisse über Verstöße gegen diese Verordnung und gemäß Artikel 58 Absatz 2 ergriffene Maßnahmen und
v) jede sonstige Aufgabe im Zusammenhang mit dem Schutz personenbezogener Daten erfüllen.

(2) Jede Aufsichtsbehörde erleichtert das Einreichen von in Absatz 1 Buchstabe f genannten Beschwerden durch Maßnahmen wie etwa die Bereitstellung eines Beschwerdeformulars, das auch elektronisch ausgefüllt werden kann, ohne dass andere Kommunikationsmittel ausgeschlossen werden.

(3) Die Erfüllung der Aufgaben jeder Aufsichtsbehörde ist für die betroffene Person und gegebenenfalls für den Datenschutzbeauftragten unentgeltlich.

(4) [1]Bei offenkundig unbegründeten oder – insbesondere im Fall von häufiger Wiederholung – exzessiven Anfragen kann die Aufsichtsbehörde

eine angemessene Gebühr auf der Grundlage der Verwaltungskosten verlangen oder sich weigern, aufgrund der Anfrage tätig zu werden. [2]In diesem Fall trägt die Aufsichtsbehörde die Beweislast für den offenkundig unbegründeten oder exzessiven Charakter der Anfrage.

Artikel 58
Befugnisse

(1) Jede Aufsichtsbehörde verfügt über sämtliche folgenden Untersuchungsbefugnisse, die es ihr gestatten,

a) den Verantwortlichen, den Auftragsverarbeiter und gegebenenfalls den Vertreter des Verantwortlichen oder des Auftragsverarbeiters anzuweisen, alle Informationen bereitzustellen, die für die Erfüllung ihrer Aufgaben erforderlich sind,
b) Untersuchungen in Form von Datenschutzüberprüfungen durchzuführen,
c) eine Überprüfung der nach Artikel 42 Absatz 7 erteilten Zertifizierungen durchzuführen,
d) den Verantwortlichen oder den Auftragsverarbeiter auf einen vermeintlichen Verstoß gegen diese Verordnung hinzuweisen,
e) von dem Verantwortlichen und dem Auftragsverarbeiter Zugang zu allen personenbezogenen Daten und Informationen, die zur Erfüllung ihrer Aufgaben notwendig sind, zu erhalten,
f) gemäß dem Verfahrensrecht der Union oder dem Verfahrensrecht des Mitgliedstaats Zugang zu den Räumlichkeiten, einschließlich aller Datenverarbeitungsanlagen und -geräte, des Verantwortlichen und des Auftragsverarbeiters zu erhalten.

(2) Jede Aufsichtsbehörde verfügt über sämtliche folgenden Abhilfebefugnisse, die es ihr gestatten,

a) einen Verantwortlichen oder einen Auftragsverarbeiter zu warnen, dass beabsichtigte Verarbeitungsvorgänge voraussichtlich gegen diese Verordnung verstoßen,
b) einen Verantwortlichen oder einen Auftragsverarbeiter zu verwarnen, wenn er mit Verarbeitungsvorgängen gegen diese Verordnung verstoßen hat,
c) den Verantwortlichen oder den Auftragsverarbeiter anzuweisen, den Anträgen der betroffenen Person auf Ausübung der ihr nach dieser Verordnung zustehenden Rechte zu entsprechen,
d) den Verantwortlichen oder den Auftragsverarbeiter anzuweisen, Verarbeitungsvorgänge gegebenenfalls auf bestimmte Weise und innerhalb eines bestimmten Zeitraums in Einklang mit dieser Verordnung zu bringen,
e) den Verantwortlichen anzuweisen, die von einer Verletzung des Schutzes personenbezogener Daten betroffene Person entsprechend zu benachrichtigen,
f) eine vorübergehende oder endgültige Beschränkung der Verarbeitung, einschließlich eines Verbots, zu verhängen,
g) die Berichtigung oder Löschung von personenbezogenen Daten oder die Einschränkung der Verarbeitung gemäß den Artikeln 16, 17 und 18 und die Unterrichtung der Empfänger, an die diese personenbezogenen Daten gemäß Artikel 17 Absatz 2 und Artikel 19 offengelegt wurden, über solche Maßnahmen anzuordnen,
h) eine Zertifizierung zu widerrufen oder die Zertifizierungsstelle anzuweisen, eine gemäß den Artikel 42 und 43 erteilte Zertifizierung zu widerrufen, oder die Zertifizierungsstelle anzuweisen, keine Zertifizierung zu erteilen, wenn die Voraussetzungen für die Zertifizierung nicht oder nicht mehr erfüllt werden,
i) eine Geldbuße gemäß Artikel 83 zu verhängen, zusätzlich zu oder anstelle von in diesem Absatz genannten Maßnahmen, je nach den Umständen des Einzelfalls,
j) die Aussetzung der Übermittlung von Daten an einen Empfänger in einem Drittland oder an eine internationale Organisation anzuordnen.

(3) Jede Aufsichtsbehörde verfügt über sämtliche folgenden Genehmigungsbefugnisse und beratenden Befugnisse, die es ihr gestatten,

a) gemäß dem Verfahren der vorherigen Konsultation nach Artikel 36 den Verantwortlichen zu beraten,

b) zu allen Fragen, die im Zusammenhang mit dem Schutz personenbezogener Daten stehen, von sich aus oder auf Anfrage Stellungnahmen an das nationale Parlament, die Regierung des Mitgliedstaats oder im Einklang mit dem Recht des Mitgliedstaats an sonstige Einrichtungen und Stellen sowie an die Öffentlichkeit zu richten,
c) die Verarbeitung gemäß Artikel 36 Absatz 5 zu genehmigen, falls im Recht des Mitgliedstaats eine derartige vorherige Genehmigung verlangt wird,
d) eine Stellungnahme abzugeben und Entwürfe von Verhaltensregeln gemäß Artikel 40 Absatz 5 zu billigen,
e) Zertifizierungsstellen gemäß Artikel 43 zu akkreditieren,
f) im Einklang mit Artikel 42 Absatz 5 Zertifizierungen zu erteilen und Kriterien für die Zertifizierung zu billigen,
g) Standarddatenschutzklauseln nach Artikel 28 Absatz 8 und Artikel 46 Absatz 2 Buchstabe d festzulegen,
h) Vertragsklauseln gemäß Artikel 46 Absatz 3 Buchstabe a zu genehmigen,
i) Verwaltungsvereinbarungen gemäß Artikel 46 Absatz 3 Buchstabe b zu genehmigen
j) verbindliche interne Vorschriften gemäß Artikel 47 zu genehmigen.

(4) Die Ausübung der der Aufsichtsbehörde gemäß diesem Artikel übertragenen Befugnisse erfolgt vorbehaltlich geeigneter Garantien einschließlich wirksamer gerichtlicher Rechtsbehelfe und ordnungsgemäßer Verfahren gemäß dem Unionsrecht und dem Recht des Mitgliedstaats im Einklang mit der Charta.

(5) Jeder Mitgliedstaat sieht durch Rechtsvorschriften vor, dass seine Aufsichtsbehörde befugt ist, Verstöße gegen diese Verordnung den Justizbehörden zur Kenntnis zu bringen und gegebenenfalls die Einleitung eines gerichtlichen Verfahrens zu betreiben oder sich sonst daran zu beteiligen, um die Bestimmungen dieser Verordnung durchzusetzen.

(6) [1]Jeder Mitgliedstaat kann durch Rechtsvorschriften vorsehen, dass seine Aufsichtsbehörde neben den in den Absätzen 1, 2 und 3 aufgeführten Befugnissen über zusätzliche Befugnisse verfügt. [2]Die Ausübung dieser Befugnisse darf nicht die effektive Durchführung des Kapitels VII beeinträchtigen.

Artikel 59
Tätigkeitsbericht

[1]Jede Aufsichtsbehörde erstellt einen Jahresbericht über ihre Tätigkeit, der eine Liste der Arten der gemeldeten Verstöße und der Arten der getroffenen Maßnahmen nach Artikel 58 Absatz 2 enthalten kann. [2]Diese Berichte werden dem nationalen Parlament, der Regierung und anderen nach dem Recht der Mitgliedstaaten bestimmten Behörden übermittelt. [3]Sie werden der Öffentlichkeit, der Kommission und dem Ausschuss zugänglich gemacht.

KAPITEL VII
Zusammenarbeit und Kohärenz

ABSCHNITT 1
Zusammenarbeit

Artikel 60
Zusammenarbeit zwischen der federführenden Aufsichtsbehörde und den anderen betroffenen Aufsichtsbehörden

(1) [1]Die federführende Aufsichtsbehörde arbeitet mit den anderen betroffenen Aufsichtsbehörden im Einklang mit diesem Artikel zusammen und bemüht sich dabei, einen Konsens zu erzielen. [2]Die federführende Aufsichtsbehörde und die betroffenen Aufsichtsbehörden tauschen untereinander alle zweckdienlichen Informationen aus.

(2) Die federführende Aufsichtsbehörde kann jederzeit andere betroffene Aufsichtsbehörden um Amtshilfe gemäß Artikel 61 ersuchen und gemeinsame Maßnahmen gemäß Artikel 62 durchführen, insbesondere zur Durchführung von Untersuchungen oder zur Überwachung der Umsetzung einer Maßnahme in Bezug auf einen Verantwortlichen oder einen Auftragsverarbeiter, der in einem anderen Mitgliedstaat niedergelassen ist.

(3) [1]Die federführende Aufsichtsbehörde übermittelt den anderen betroffenen Aufsichtsbehörden unverzüglich die zweckdienlichen Informationen zu der Angelegenheit. [2]Sie legt den anderen betroffenen Aufsichtsbehörden unverzüglich einen Beschlussentwurf zur Stellungnahme vor und trägt deren Standpunkten gebührend Rechnung.

(4) Legt eine der anderen betroffenen Aufsichtsbehörden innerhalb von vier Wochen, nachdem sie gemäß Absatz 3 des vorliegenden Artikels konsultiert wurde, gegen diesen Beschlussentwurf einen maßgeblichen und begründeten Einspruch ein und schließt sich die federführende Aufsichtsbehörde dem maßgeblichen und begründeten Einspruch nicht an oder ist der Ansicht, dass der Einspruch nicht maßgeblich oder nicht begründet ist, so leitet die federführende Aufsichtsbehörde das Kohärenzverfahren gemäß Artikel 63 für die Angelegenheit ein.

(5) [1]Beabsichtigt die federführende Aufsichtsbehörde, sich dem maßgeblichen und begründeten Einspruch anzuschließen, so legt sie den anderen betroffenen Aufsichtsbehörden einen überarbeiteten Beschlussentwurf zur Stellungnahme vor. [2]Der überarbeitete Beschlussentwurf wird innerhalb von zwei Wochen dem Verfahren nach Absatz 4 unterzogen.

(6) Legt keine der anderen betroffenen Aufsichtsbehörden Einspruch gegen den Beschlussentwurf ein, der von der federführenden Aufsichtsbehörde innerhalb der in den Absätzen 4 und 5 festgelegten Frist vorgelegt wurde, so gelten die federführende Aufsichtsbehörde und die betroffenen Aufsichtsbehörden als mit dem Beschlussentwurf einverstanden und sind an ihn gebunden.

(7) [1]Die federführende Aufsichtsbehörde erlässt den Beschluss und teilt ihn der Hauptniederlassung oder der einzigen Niederlassung des Verantwortlichen oder gegebenenfalls des Auftragsverarbeiters mit und setzt die anderen betroffenen Aufsichtsbehörden und den Ausschuss von dem betreffenden Beschluss einschließlich einer Zusammenfassung der maßgeblichen Fakten und Gründe in Kenntnis. [2]Die Aufsichtsbehörde, bei der eine Beschwerde eingereicht worden ist, unterrichtet den Beschwerdeführer über den Beschluss.

(8) Wird eine Beschwerde abgelehnt oder abgewiesen, so erlässt die Aufsichtsbehörde, bei der die Beschwerde eingereicht wurde, abweichend von Absatz 7 den Beschluss, teilt ihn dem Beschwerdeführer mit und setzt den Verantwortlichen in Kenntnis.

(9) [1]Sind sich die federführende Aufsichtsbehörde und die betreffenden Aufsichtsbehörden darüber einig, Teile der Beschwerde abzulehnen oder abzuweisen und bezüglich anderer Teile dieser Beschwerde tätig zu werden, so wird in dieser Angelegenheit für jeden dieser Teile ein eigener Beschluss erlassen. [2]Die federführende Aufsichtsbehörde erlässt den Beschluss für den Teil, der das Tätigwerden in Bezug auf den Verantwortlichen betrifft, teilt ihn der Hauptniederlassung oder einzigen Niederlassung des Verantwortlichen oder des Auftragsverarbeiters im Hoheitsgebiet ihres Mitgliedstaats mit und setzt den Beschwerdeführer hiervon in Kenntnis, während die für den Beschwerdeführer zuständige Aufsichtsbehörde den Beschluss für den Teil erlässt, der die Ablehnung oder Abweisung dieser Beschwerde betrifft, und ihn diesem Beschwerdeführer mitteilt und den Verantwortlichen oder den Auftragsverarbeiter hiervon in Kenntnis setzt.

(10) [1]Nach der Unterrichtung über den Beschluss der federführenden Aufsichtsbehörde gemäß den Absätzen 7 und 9 ergreift der Verantwortliche oder der Auftragsverarbeiter die erforderlichen Maßnahmen, um die Verarbeitungstätigkeiten all seiner Niederlassungen in der Union mit dem Beschluss in Einklang zu bringen. [2]Der Verantwortliche oder der Auftragsverarbeiter teilt der federführenden Aufsichtsbehörde die Maßnahmen mit, die zur Einhaltung des Beschlusses ergriffen wurden; diese wiederum unterrichtet die anderen betroffenen Aufsichtsbehörden.

(11) Hat – in Ausnahmefällen – eine betroffene Aufsichtsbehörde Grund zu der Annahme, dass zum Schutz der Interessen betroffener Personen dringender Handlungsbedarf besteht, so kommt das Dringlichkeitsverfahren nach Artikel 66 zur Anwendung.

(12) Die federführende Aufsichtsbehörde und die anderen betroffenen Aufsichtsbehörden übermitteln einander die nach diesem Artikel geforderten Informationen auf elektronischem Wege unter Verwendung eines standardisierten Formats.

Artikel 61
Gegenseitige Amtshilfe

(1) [1]Die Aufsichtsbehörden übermitteln einander maßgebliche Informationen und gewähren einander Amtshilfe, um diese Verordnung einheitlich durchzuführen und anzuwenden, und treffen Vorkehrungen für eine wirksame Zusammenarbeit. [2]Die Amtshilfe bezieht sich insbesondere auf Auskunftsersuchen und aufsichtsbezogene Maßnahmen, beispielsweise Ersuchen um vorherige Genehmigungen und eine vorherige Konsultation, um Vornahme von Nachprüfungen und Untersuchungen.

(2) [1]Jede Aufsichtsbehörde ergreift alle geeigneten Maßnahmen, um einem Ersuchen einer anderen Aufsichtsbehörde unverzüglich und spätestens innerhalb eines Monats nach Eingang des Ersuchens nachzukommen. [2]Dazu kann insbesondere auch die Übermittlung maßgeblicher Informationen über die Durchführung einer Untersuchung gehören.

(3) [1]Amtshilfeersuchen enthalten alle erforderlichen Informationen, einschließlich Zweck und Begründung des Ersuchens. [2]Die übermittelten Informationen werden ausschließlich für den Zweck verwendet, für den sie angefordert wurden.

(4) Die ersuchte Aufsichtsbehörde lehnt das Ersuchen nur ab, wenn
a) sie für den Gegenstand des Ersuchens oder für die Maßnahmen, die sie durchführen soll, nicht zuständig ist oder
b) ein Eingehen auf das Ersuchen gegen diese Verordnung verstoßen würde oder gegen das Unionsrecht oder das Recht der Mitgliedstaaten, dem die Aufsichtsbehörde, bei der das Ersuchen eingeht, unterliegt.

(5) [1]Die ersuchte Aufsichtsbehörde informiert die ersuchende Aufsichtsbehörde über die Ergebnisse oder gegebenenfalls über den Fortgang der Maßnahmen, die getroffen wurden, um dem Ersuchen nachzukommen. [2]Die ersuchte Aufsichtsbehörde erläutert gemäß Absatz 4 die Gründe für die Ablehnung des Ersuchens.

(6) Die ersuchten Aufsichtsbehörden übermitteln die Informationen, um die von einer anderen Aufsichtsbehörde ersucht wurde, in der Regel auf elektronischem Wege unter Verwendung eines standardisierten Formats.

(7) [1]Ersuchte Aufsichtsbehörden verlangen für Maßnahmen, die sie aufgrund eines Amtshilfeersuchens getroffen haben, keine Gebühren. [2]Die Aufsichtsbehörden können untereinander Regeln vereinbaren, um einander in Ausnahmefällen besondere aufgrund der Amtshilfe entstandene Ausgaben zu erstatten.

(8) [1]Erteilt eine ersuchte Aufsichtsbehörde nicht binnen eines Monats nach Eingang des Ersuchens einer anderen Aufsichtsbehörde die Informationen gemäß Absatz 5, so kann die ersuchende Aufsichtsbehörde eine einstweilige Maßnahme im Hoheitsgebiet ihres Mitgliedstaats gemäß Artikel 55 Absatz 1 ergreifen. [2]In diesem Fall wird von einem dringenden Handlungsbedarf gemäß Artikel 66 Absatz 1 ausgegangen, der einen im Dringlichkeitsverfahren angenommenen verbindlichen Beschluss des Ausschuss gemäß Artikel 66 Absatz 2 erforderlich macht.

(9) [1]Die Kommission kann im Wege von Durchführungsrechtsakten Form und Verfahren der Amtshilfe nach diesem Artikel und die Ausgestaltung des elektronischen Informationsaustauschs zwischen den Aufsichtsbehörden sowie zwischen den Aufsichtsbehörden und dem Ausschuss, insbesondere das in Absatz 6 des vorliegenden Artikels genannte standardisierte Format, festlegen. [2]Diese Durchführungsrechtsakte werden gemäß dem in Artikel 93 Absatz 2 genannten Prüfverfahren erlassen.

Artikel 62 Gemeinsame Maßnahmen der Aufsichtsbehörden

(1) Die Aufsichtsbehörden führen gegebenenfalls gemeinsame Maßnahmen einschließlich gemeinsamer Untersuchungen und gemeinsamer Durchsetzungsmaßnahmen durch, an denen Mitglieder oder Bedienstete der Aufsichtsbehörden anderer Mitgliedstaaten teilnehmen.

(2) [1]Verfügt der Verantwortliche oder der Auftragsverarbeiter über Niederlassungen in mehreren Mitgliedstaaten oder werden die Verarbeitungsvorgänge voraussichtlich auf eine bedeutende Zahl betroffener Personen in mehr als einem Mitgliedstaat erhebliche Auswirkungen haben, ist die Aufsichtsbehörde jedes dieser Mitgliedstaaten berechtigt, an den gemeinsamen Maßnahmen teilzunehmen. [2]Die gemäß Artikel 56 Absatz 1 oder Absatz 4 zuständige Aufsichtsbehörde lädt die Aufsichtsbehörde jedes dieser Mitgliedstaaten zur Teilnahme an den gemeinsamen Maßnahmen ein und antwortet unverzüglich auf das Ersuchen einer Aufsichtsbehörde um Teilnahme.

(3) [1]Eine Aufsichtsbehörde kann gemäß dem Recht des Mitgliedstaats und mit Genehmigung der unterstützenden Aufsichtsbehörde den an den gemeinsamen Maßnahmen beteiligten Mitgliedern oder Bediensteten der unterstützenden Aufsichtsbehörde Befugnisse einschließlich Untersuchungsbefugnisse übertragen oder, soweit dies nach dem Recht des Mitgliedstaats der einladenden Aufsichtsbehörde zulässig ist, den Mitgliedern oder Bediensteten der unterstützenden Aufsichtsbehörde gestatten, ihre Untersuchungsbefugnisse nach dem Recht des Mitgliedstaats der unterstützenden Aufsichtsbehörde auszuüben. [2]Diese Untersuchungsbefugnisse können nur unter der Leitung und in Gegenwart der Mitglieder oder Bediensteten der einladenden Aufsichtsbehörde ausgeübt werden. [3]Die Mitglieder oder Bediensteten der unterstützenden Aufsichtsbehörde unterliegen dem Recht des Mitgliedstaats der einladenden Aufsichtsbehörde.

(4) Sind gemäß Absatz 1 Bedienstete einer unterstützenden Aufsichtsbehörde in einem anderen Mitgliedstaat im Einsatz, so übernimmt der Mitgliedstaat der einladenden Aufsichtsbehörde nach Maßgabe des Rechts des Mitgliedstaats, in dessen Hoheitsgebiet der Einsatz erfolgt, die Verantwortung für ihr Handeln, einschließlich der Haftung für alle von ihnen bei ihrem Einsatz verursachten Schäden.

(5) [1]Der Mitgliedstaat, in dessen Hoheitsgebiet der Schaden verursacht wurde, ersetzt diesen Schaden so, wie er ihn ersetzen müsste, wenn seine eigenen Bediensteten ihn verursacht hätten. [2]Der Mitgliedstaat der unterstützenden Aufsichtsbehörde, deren Bedienstete im Hoheitsgebiet eines anderen Mitgliedstaats einer Person Schaden zugefügt haben, erstattet diesem anderen Mitgliedstaat den Gesamtbetrag des Schadenersatzes, den dieser an die Berechtigten geleistet hat.

(6) Unbeschadet der Ausübung seiner Rechte gegenüber Dritten und mit Ausnahme des Absatzes 5 verzichtet jeder Mitgliedstaat in dem Fall des Absatzes 1 darauf, den in Absatz 4 genannten Betrag des erlittenen Schadens anderen Mitgliedstaaten gegenüber geltend zu machen.

(7) [1]Ist eine gemeinsame Maßnahme geplant und kommt eine Aufsichtsbehörde binnen eines Monats nicht der Verpflichtung nach Absatz 2 Satz 2 des vorliegenden Artikels nach, so können die anderen Aufsichtsbehörden eine einstweilige Maßnahme im Hoheitsgebiet ihres Mitgliedstaats gemäß Artikel 55 ergreifen. [2]In diesem Fall wird von einem dringenden Handlungsbedarf gemäß Artikel 66 Absatz 1 ausgegangen, der eine im Dringlichkeitsverfahren angenommene Stellungnahme oder einen im Dringlichkeitsverfahren angenommenen verbindlichen Beschluss des Ausschusses gemäß Artikel 66 Absatz 2 erforderlich macht.

Abschnitt 2 Kohärenz

Artikel 63 Kohärenzverfahren

Um zur einheitlichen Anwendung dieser Verordnung in der gesamten Union beizutragen, arbeiten die Aufsichtsbehörden im Rahmen des in diesem Abschnitt beschriebenen

Kohärenzverfahrens untereinander und gegebenenfalls mit der Kommission zusammen.

Artikel 64
Stellungnahme des Ausschusses

(1) [1]Der Ausschuss gibt eine Stellungnahme ab, wenn die zuständige Aufsichtsbehörde beabsichtigt, eine der nachstehenden Maßnahmen zu erlassen. [2]Zu diesem Zweck übermittelt die zuständige Aufsichtsbehörde dem Ausschuss den Entwurf des Beschlusses, wenn dieser

a) der Annahme einer Liste der Verarbeitungsvorgänge dient, die der Anforderung einer Datenschutz-Folgenabschätzung gemäß Artikel 35 Absatz 4 unterliegen,
b) eine Angelegenheit gemäß Artikel 40 Absatz 7 und damit die Frage betrifft, ob ein Entwurf von Verhaltensregeln oder eine Änderung oder Ergänzung von Verhaltensregeln mit dieser Verordnung in Einklang steht,
c) der Billigung der Anforderungen an die Akkreditierung einer Stelle nach Artikel 41 Absatz 3, einer Zertifizierungsstelle nach Artikel 43 Absatz 3 oder der Kriterien für die Zertifizierung gemäß Artikel 42 Absatz 5 dient,
d) der Festlegung von Standard-Datenschutzklauseln gemäß Artikel 46 Absatz 2 Buchstabe d und Artikel 28 Absatz 8 dient,
e) der Genehmigung von Vertragsklauseln gemäß Artikels 46 Absatz 3 Buchstabe a dient, oder
f) der Annahme verbindlicher interner Vorschriften im Sinne von Artikel 47 dient.

(2) Jede Aufsichtsbehörde, der Vorsitz des Ausschuss oder die Kommission können beantragen, dass eine Angelegenheit mit allgemeiner Geltung oder mit Auswirkungen in mehr als einem Mitgliedstaat vom Ausschuss geprüft wird, um eine Stellungnahme zu erhalten, insbesondere wenn eine zuständige Aufsichtsbehörde den Verpflichtungen zur Amtshilfe gemäß Artikel 61 oder zu gemeinsamen Maßnahmen gemäß Artikel 62 nicht nachkommt.

(3) [1]In den in den Absätzen 1 und 2 genannten Fällen gibt der Ausschuss eine Stellungnahme zu der Angelegenheit ab, die ihm vorgelegt wurde, sofern er nicht bereits eine Stellungnahme zu derselben Angelegenheit abgegeben hat. [2]Diese Stellungnahme wird binnen acht Wochen mit der einfachen Mehrheit der Mitglieder des Ausschusses angenommen. [3]Diese Frist kann unter Berücksichtigung der Komplexität der Angelegenheit um weitere sechs Wochen verlängert werden. [4]Was den in Absatz 1 genannten Beschlussentwurf angeht, der gemäß Absatz 5 den Mitgliedern des Ausschusses übermittelt wird, so wird angenommen, dass ein Mitglied, das innerhalb einer vom Vorsitz angegebenen angemessenen Frist keine Einwände erhoben hat, dem Beschlussentwurf zustimmt.

(4) Die Aufsichtsbehörden und die Kommission übermitteln unverzüglich dem Ausschuss auf elektronischem Wege unter Verwendung eines standardisierten Formats alle zweckdienlichen Informationen, einschließlich – je nach Fall – einer kurzen Darstellung des Sachverhalts, des Beschlussentwurfs, der Gründe, warum eine solche Maßnahme ergriffen werden muss, und der Standpunkte anderer betroffener Aufsichtsbehörden.

(5) Der Vorsitz des Ausschusses unterrichtet unverzüglich auf elektronischem Wege

a) [1]unter Verwendung eines standardisierten Formats die Mitglieder des Ausschusses und die Kommission über alle zweckdienlichen Informationen, die ihm zugegangen sind. [2]Soweit erforderlich stellt das Sekretariat des Ausschusses Übersetzungen der zweckdienlichen Informationen zur Verfügung und
b) je nach Fall die in den Absätzen 1 und 2 genannte Aufsichtsbehörde und die Kommission über die Stellungnahme und veröffentlicht sie.

(6) Die in Absatz 1 genannte zuständige Aufsichtsbehörde nimmt den in Absatz 1 genannten Beschlussentwurf nicht vor Ablauf der in Absatz 3 genannten Frist an.

(7) Die in Absatz 1 genannte zuständige Aufsichtsbehörde trägt der Stellungnahme des Ausschusses weitestgehend Rechnung und teilt dessen Vorsitz binnen zwei Wochen nach Eingang der Stellungnahme auf elektronischem Wege unter Verwendung eines standardisierten Formats mit,

ob sie den Beschlussentwurf beibehalten oder ändern wird; gegebenenfalls übermittelt sie den geänderten Beschlussentwurf.

(8) Teilt die in Absatz 1 genannte zuständige Aufsichtsbehörde dem Vorsitz des Ausschusses innerhalb der Frist nach Absatz 7 des vorliegenden Artikels unter Angabe der maßgeblichen Gründe mit, dass sie beabsichtigt, der Stellungnahme des Ausschusses insgesamt oder teilweise nicht zu folgen, so gilt Artikel 65 Absatz 1.

Artikel 65
Streitbeilegung durch den Ausschuss

(1) Um die ordnungsgemäße und einheitliche Anwendung dieser Verordnung in Einzelfällen sicherzustellen, erlässt der Ausschuss in den folgenden Fällen einen verbindlichen Beschluss:

a) [1]wenn eine betroffene Aufsichtsbehörde in einem Fall nach Artikel 60 Absatz 4 einen maßgeblichen und begründeten Einspruch gegen einen Beschlussentwurf der federführenden Aufsichtsbehörde eingelegt hat und sich die federführende Aufsichtsbehörde dem Einspruch nicht angeschlossen hat oder den Einspruch als nicht maßgeblich oder nicht begründet abgelehnt hat. [2]Der verbindliche Beschluss betrifft alle Angelegenheiten, die Gegenstand des maßgeblichen und begründeten Einspruchs sind, insbesondere die Frage, ob ein Verstoß gegen diese Verordnung vorliegt;
b) wenn es widersprüchliche Standpunkte dazu gibt, welche der betroffenen Aufsichtsbehörden für die Hauptniederlassung zuständig ist,
c) [1]wenn eine zuständige Aufsichtsbehörde in den in Artikel 64 Absatz 1 genannten Fällen keine Stellungnahme des Ausschusses einholt oder der Stellungnahme des Ausschusses gemäß Artikel 64 nicht folgt. [2]In diesem Fall kann jede betroffene Aufsichtsbehörde oder die Kommission die Angelegenheit dem Ausschuss vorlegen.

(2) [1]Der in Absatz 1 genannte Beschluss wird innerhalb eines Monats nach der Befassung mit der Angelegenheit mit einer Mehrheit von zwei Dritteln der Mitglieder des Ausschusses angenommen. [2]Diese Frist kann wegen der Komplexität der Angelegenheit um einen weiteren Monat verlängert werden. [3]Der in Absatz 1 genannte Beschluss wird begründet und an die federführende Aufsichtsbehörde und alle betroffenen Aufsichtsbehörden übermittelt und ist für diese verbindlich.

(3) [1]War der Ausschuss nicht in der Lage, innerhalb der in Absatz 2 genannten Fristen einen Beschluss anzunehmen, so nimmt er seinen Beschluss innerhalb von zwei Wochen nach Ablauf des in Absatz 2 genannten zweiten Monats mit einfacher Mehrheit der Mitglieder des Ausschusses an. [2]Bei Stimmengleichheit zwischen den Mitgliedern des Ausschusses gibt die Stimme des Vorsitzes den Ausschlag.

(4) Die betroffenen Aufsichtsbehörden nehmen vor Ablauf der in den Absätzen 2 und 3 genannten Fristen keinen Beschluss über die dem Ausschuss vorgelegte Angelegenheit an.

(5) [1]Der Vorsitz des Ausschusses unterrichtet die betroffenen Aufsichtsbehörden unverzüglich über den in Absatz 1 genannten Beschluss. [2]Er setzt die Kommission hiervon in Kenntnis. [3]Der Beschluss wird unverzüglich auf der Website des Ausschusses veröffentlicht, nachdem die Aufsichtsbehörde den in Absatz 6 genannten endgültigen Beschluss mitgeteilt hat.

(6) [1]Die federführende Aufsichtsbehörde oder gegebenenfalls die Aufsichtsbehörde, bei der die Beschwerde eingereicht wurde, trifft den endgültigen Beschluss auf der Grundlage des in Absatz 1 des vorliegenden Artikels genannten Beschlusses unverzüglich und spätestens einen Monat, nachdem der Europäische Datenschutzausschuss seinen Beschluss mitgeteilt hat. [2]Die federführende Aufsichtsbehörde oder gegebenenfalls die Aufsichtsbehörde, bei der die Beschwerde eingereicht wurde, setzt den Ausschuss von dem Zeitpunkt, zu dem ihr endgültiger Beschluss dem Verantwortlichen oder dem Auftragsverarbeiter bzw. der betroffenen Person mitgeteilt wird, in Kenntnis. [3]Der endgültige Beschluss der betroffenen Aufsichtsbehörden wird gemäß Artikel 60 Absätze 7, 8 und 9 angenommen. [4]Im endgültigen Beschluss wird auf den in Absatz 1 genannten Beschluss verwiesen und festgelegt, dass der in

Absatz 1 des vorliegenden Artikels genannte Beschluss gemäß Absatz 5 auf der Website des Ausschusses veröffentlicht wird. [5]Dem endgültigen Beschluss wird der in Absatz 1 des vorliegenden Artikels genannte Beschluss beigefügt.

Artikel 66
Dringlichkeitsverfahren

(1) [1]Unter außergewöhnlichen Umständen kann eine betroffene Aufsichtsbehörde abweichend vom Kohärenzverfahren nach Artikel 63, 64 und 65 oder dem Verfahren nach Artikel 60 sofort einstweilige Maßnahmen mit festgelegter Geltungsdauer von höchstens drei Monaten treffen, die in ihrem Hoheitsgebiet rechtliche Wirkung entfalten sollen, wenn sie zu der Auffassung gelangt, dass dringender Handlungsbedarf besteht, um Rechte und Freiheiten von betroffenen Personen zu schützen. [2]Die Aufsichtsbehörde setzt die anderen betroffenen Aufsichtsbehörden, den Ausschuss und die Kommission unverzüglich von diesen Maßnahmen und den Gründen für deren Erlass in Kenntnis.

(2) Hat eine Aufsichtsbehörde eine Maßnahme nach Absatz 1 ergriffen und ist sie der Auffassung, dass dringend endgültige Maßnahmen erlassen werden müssen, kann sie unter Angabe von Gründen im Dringlichkeitsverfahren um eine Stellungnahme oder einen verbindlichen Beschluss des Ausschusses ersuchen.

(3) Jede Aufsichtsbehörde kann unter Angabe von Gründen, auch für den dringenden Handlungsbedarf, im Dringlichkeitsverfahren um eine Stellungnahme oder gegebenenfalls einen verbindlichen Beschluss des Ausschusses ersuchen, wenn eine zuständige Aufsichtsbehörde trotz dringenden Handlungsbedarfs keine geeignete Maßnahme getroffen hat, um die Rechte und Freiheiten von betroffenen Personen zu schützen.

(4) Abweichend von Artikel 64 Absatz 3 und Artikel 65 Absatz 2 wird eine Stellungnahme oder ein verbindlicher Beschluss im Dringlichkeitsverfahren nach den Absätzen 2 und 3 binnen zwei Wochen mit einfacher Mehrheit der Mitglieder des Ausschusses angenommen.

Artikel 67
Informationsaustausch

[1]Die Kommission kann Durchführungsrechtsakte von allgemeiner Tragweite zur Festlegung der Ausgestaltung des elektronischen Informationsaustauschs zwischen den Aufsichtsbehörden sowie zwischen den Aufsichtsbehörden und dem Ausschuss, insbesondere des standardisierten Formats nach Artikel 64, erlassen. [2]Diese Durchführungsrechtsakte werden gemäß dem Prüfverfahren nach Artikel 93 Absatz 2 erlassen.

ABSCHNITT 3
Europäischer Datenschutzausschuss

Artikel 68
Europäischer Datenschutzausschuss

(1) Der Europäische Datenschutzausschuss (im Folgenden „Ausschuss“) wird als Einrichtung der Union mit eigener Rechtspersönlichkeit eingerichtet.

(2) Der Ausschuss wird von seinem Vorsitz vertreten.

(3) Der Ausschuss besteht aus dem Leiter einer Aufsichtsbehörde jedes Mitgliedstaats und dem Europäischen Datenschutzbeauftragten oder ihren jeweiligen Vertretern.

(4) Ist in einem Mitgliedstaat mehr als eine Aufsichtsbehörde für die Überwachung der Anwendung der nach Maßgabe dieser Verordnung erlassenen Vorschriften zuständig, so wird im Einklang mit den Rechtsvorschriften dieses Mitgliedstaats ein gemeinsamer Vertreter benannt.

(5) [1]Die Kommission ist berechtigt, ohne Stimmrecht an den Tätigkeiten und Sitzungen des Ausschusses teilzunehmen. [2]Die Kommission benennt einen Vertreter. [3]Der Vorsitz des Ausschusses unterrichtet die Kommission über die Tätigkeiten des Ausschusses.

(6) In den in Artikel 65 genannten Fällen ist der Europäische Datenschutzbeauftragte nur bei Beschlüssen stimmberechtigt, die Grundsätze

und Vorschriften betreffen, die für die Organe, Einrichtungen, Ämter und Agenturen der Union gelten und inhaltlich den Grundsätzen und Vorschriften dieser Verordnung entsprechen.

Artikel 69
Unabhängigkeit

(1) Der Ausschuss handelt bei der Erfüllung seiner Aufgaben oder in Ausübung seiner Befugnisse gemäß den Artikeln 70 und 71 unabhängig.

(2) Unbeschadet der Ersuchen der Kommission gemäß Artikel 70 Absätze 1 und 2 ersucht der Ausschuss bei der Erfüllung seiner Aufgaben oder in Ausübung seiner Befugnisse weder um Weisung noch nimmt er Weisungen entgegen.

Artikel 70
Aufgaben des Ausschusses

(1) [1]Der Ausschuss stellt die einheitliche Anwendung dieser Verordnung sicher. [2]Hierzu nimmt der Ausschuss von sich aus oder gegebenenfalls auf Ersuchen der Kommission insbesondere folgende Tätigkeiten wahr:

a) Überwachung und Sicherstellung der ordnungsgemäßen Anwendung dieser Verordnung in den in den Artikeln 64 und 65 genannten Fällen unbeschadet der Aufgaben der nationalen Aufsichtsbehörden;
b) Beratung der Kommission in allen Fragen, die im Zusammenhang mit dem Schutz personenbezogener Daten in der Union stehen, einschließlich etwaiger Vorschläge zur Änderung dieser Verordnung;
c) Beratung der Kommission über das Format und die Verfahren für den Austausch von Informationen zwischen den Verantwortlichen, den Auftragsverarbeitern und den Aufsichtsbehörden in Bezug auf verbindliche interne Datenschutzvorschriften;
d) Bereitstellung von Leitlinien, Empfehlungen und bewährten Verfahren zu Verfahren für die Löschung gemäß Artikel 17 Absatz 2 von Links zu personenbezogenen Daten oder Kopien oder Replikationen dieser Daten aus öffentlich zugänglichen Kommunikationsdiensten;
e) Prüfung – von sich aus, auf Antrag eines seiner Mitglieder oder auf Ersuchen der Kommission – von die Anwendung dieser Verordnung betreffenden Fragen und Bereitstellung von Leitlinien, Empfehlungen und bewährten Verfahren zwecks Sicherstellung einer einheitlichen Anwendung dieser Verordnung;
f) Bereitstellung von Leitlinien, Empfehlungen und bewährten Verfahren gemäß Buchstabe e des vorliegenden Absatzes zur näheren Bestimmung der Kriterien und Bedingungen für die auf Profiling beruhenden Entscheidungen gemäß Artikel 22 Absatz 2;
g) Bereitstellung von Leitlinien, Empfehlungen und bewährten Verfahren gemäß Buchstabe e des vorliegenden Absatzes für die Feststellung von Verletzungen des Schutzes personenbezogener Daten und die Festlegung der Unverzüglichkeit im Sinne des Artikels 33 Absätze 1 und 2, und zu den spezifischen Umständen, unter denen der Verantwortliche oder der Auftragsverarbeiter die Verletzung des Schutzes personenbezogener Daten zu melden hat;
h) Bereitstellung von Leitlinien, Empfehlungen und bewährten Verfahren gemäß Buchstabe e des vorliegenden Absatzes zu den Umständen, unter denen eine Verletzung des Schutzes personenbezogener Daten voraussichtlich ein hohes Risiko für die Rechte und Freiheiten natürlicher Personen im Sinne des Artikels 34 Absatz 1 zur Folge hat;
i) Bereitstellung von Leitlinien, Empfehlungen und bewährten Verfahren gemäß Buchstabe e des vorliegenden Absatzes zur näheren Bestimmung der in Artikel 47 aufgeführten Kriterien und Anforderungen für die Übermittlungen personenbezogener Daten, die auf verbindlichen internen Datenschutzvorschriften von Verantwortlichen oder Auftragsverarbeitern beruhen, und der dort aufgeführten weiteren erforderlichen Anforderungen zum Schutz personenbezogener Daten der betroffenen Personen;
j) Bereitstellung von Leitlinien, Empfehlungen und bewährten Verfahren gemäß Buchstabe e des vorliegenden Absatzes zur näheren Bestimmung der Kriterien und Bedingungen

für die Übermittlungen personenbezogener Daten gemäß Artikel 49 Absatz 1;

k) Ausarbeitung von Leitlinien für die Aufsichtsbehörden in Bezug auf die Anwendung von Maßnahmen nach Artikel 58 Absätze 1, 2 und 3 und die Festsetzung von Geldbußen gemäß Artikel 83;

l) Überprüfung der praktischen Anwendung der Leitlinien, Empfehlungen und bewährten Verfahren;

m) Bereitstellung von Leitlinien, Empfehlungen und bewährten Verfahren gemäß Buchstabe e des vorliegenden Absatzes zur Festlegung gemeinsamer Verfahren für die von natürlichen Personen vorgenommene Meldung von Verstößen gegen diese Verordnung gemäß Artikel 54 Absatz 2;

n) Förderung der Ausarbeitung von Verhaltensregeln und der Einrichtung von datenschutzspezifischen Zertifizierungsverfahren sowie Datenschutzsiegeln und -prüfzeichen gemäß den Artikeln 40 und 42;

o) Genehmigung der Zertifizierungskriterien gemäß Artikel 42 Absatz 5 und Führung eines öffentlichen Registers der Zertifizierungsverfahren sowie von Datenschutzsiegeln und -prüfzeichen gemäß Artikel 42 Absatz 8 und der in Drittländern niedergelassenen zertifizierten Verantwortlichen oder Auftragsverarbeiter gemäß Artikel 42 Absatz 7;

p) Genehmigung der in Artikel 43 Absatz 3 genannten Anforderungen im Hinblick auf die Akkreditierung von Zertifizierungsstellen gemäß Artikel 43;

q) Abgabe einer Stellungnahme für die Kommission zu den Zertifizierungsanforderungen gemäß Artikel 43 Absatz 8;

r) Abgabe einer Stellungnahme für die Kommission zu den Bildsymbolen gemäß Artikel 12 Absatz 7;

s) [1]Abgabe einer Stellungnahme für die Kommission zur Beurteilung der Angemessenheit des in einem Drittland oder einer internationalen Organisation gebotenen Schutzniveaus einschließlich zur Beurteilung der Frage, ob das Drittland, das Gebiet, ein oder mehrere spezifische Sektoren in diesem Drittland oder eine internationale Organisation kein angemessenes Schutzniveau mehr gewährleistet. [2]Zu diesem Zweck gibt die Kommission dem Ausschuss alle erforderlichen Unterlagen, darunter den Schriftwechsel mit der Regierung des Drittlands, dem Gebiet oder spezifischen Sektor oder der internationalen Organisation;

t) Abgabe von Stellungnahmen im Kohärenzverfahren gemäß Artikel 64 Absatz 1 zu Beschlussentwürfen von Aufsichtsbehörden, zu Angelegenheiten, die nach Artikel 64 Absatz 2 vorgelegt wurden und um Erlass verbindlicher Beschlüsse gemäß Artikel 65, einschließlich der in Artikel 66 genannten Fälle;

u) Förderung der Zusammenarbeit und eines wirksamen bilateralen und multilateralen Austauschs von Informationen und bewährten Verfahren zwischen den Aufsichtsbehörden;

v) Förderung von Schulungsprogrammen und Erleichterung des Personalaustausches zwischen Aufsichtsbehörden sowie gegebenenfalls mit Aufsichtsbehörden von Drittländern oder mit internationalen Organisationen;

w) Förderung des Austausches von Fachwissen und von Dokumentationen über Datenschutzvorschriften und -praxis mit Datenschutzaufsichtsbehörden in aller Welt;

x) Abgabe von Stellungnahmen zu den auf Unionsebene erarbeiteten Verhaltensregeln gemäß Artikel 40 Absatz 9 und

y) Führung eines öffentlich zugänglichen elektronischen Registers der Beschlüsse der Aufsichtsbehörden und Gerichte in Bezug auf Fragen, die im Rahmen des Kohärenzverfahrens behandelt wurden.

(2) Die Kommission kann, wenn sie den Ausschuss um Rat ersucht, unter Berücksichtigung der Dringlichkeit des Sachverhalts eine Frist angeben.

(3) Der Ausschuss leitet seine Stellungnahmen, Leitlinien, Empfehlungen und bewährten Verfahren an die Kommission und an den in Artikel 93 genannten Ausschuss weiter und veröffentlicht sie.

(4) [1]Der Ausschuss konsultiert gegebenenfalls interessierte Kreise und gibt ihnen Gelegenheit, innerhalb einer angemessenen Frist Stellung zu nehmen. [2]Unbeschadet des Artikels 76 macht der Ausschuss die Ergebnisse der Konsultation der Öffentlichkeit zugänglich.

Artikel 71
Berichterstattung

(1) [1]Der Ausschuss erstellt einen Jahresbericht über den Schutz natürlicher Personen bei der Verarbeitung in der Union und gegebenenfalls in Drittländern und internationalen Organisationen. [2]Der Bericht wird veröffentlicht und dem Europäischen Parlament, dem Rat und der Kommission übermittelt.

(2) Der Jahresbericht enthält eine Überprüfung der praktischen Anwendung der in Artikel 70 Absatz 1 Buchstabe l genannten Leitlinien, Empfehlungen und bewährten Verfahren sowie der in Artikel 65 genannten verbindlichen Beschlüsse.

Artikel 72
Verfahrensweise

(1) Sofern in dieser Verordnung nichts anderes bestimmt ist, fasst der Ausschuss seine Beschlüsse mit einfacher Mehrheit seiner Mitglieder.

(2) Der Ausschuss gibt sich mit einer Mehrheit von zwei Dritteln seiner Mitglieder eine Geschäftsordnung und legt seine Arbeitsweise fest.

Artikel 73
Vorsitz

(1) Der Ausschuss wählt aus dem Kreis seiner Mitglieder mit einfacher Mehrheit einen Vorsitzenden und zwei stellvertretende Vorsitzende.

(2) Die Amtszeit des Vorsitzenden und seiner beiden Stellvertreter beträgt fünf Jahre; ihre einmalige Wiederwahl ist zulässig.

Artikel 74
Aufgaben des Vorsitzes

(1) Der Vorsitz hat folgende Aufgaben:
a) Einberufung der Sitzungen des Ausschusses und Erstellung der Tagesordnungen,
b) Übermittlung der Beschlüsse des Ausschusses nach Artikel 65 an die federführende Aufsichtsbehörde und die betroffenen Aufsichtsbehörden,
c) Sicherstellung einer rechtzeitigen Ausführung der Aufgaben des Ausschusses, insbesondere der Aufgaben im Zusammenhang mit dem Kohärenzverfahren nach Artikel 63.

(2) Der Ausschuss legt die Aufteilung der Aufgaben zwischen dem Vorsitzenden und dessen Stellvertretern in seiner Geschäftsordnung fest.

Artikel 75
Sekretariat

(1) Der Ausschuss wird von einem Sekretariat unterstützt, das von dem Europäischen Datenschutzbeauftragten bereitgestellt wird.

(2) Das Sekretariat führt seine Aufgaben ausschließlich auf Anweisung des Vorsitzes des Ausschusses aus.

(3) Das Personal des Europäischen Datenschutzbeauftragten, das an der Wahrnehmung der dem Ausschuss gemäß dieser Verordnung übertragenen Aufgaben beteiligt ist, unterliegt anderen Berichtspflichten als das Personal, das an der Wahrnehmung der dem Europäischen Datenschutzbeauftragten übertragenen Aufgaben beteiligt ist.

(4) Soweit angebracht, erstellen und veröffentlichen der Ausschuss und der Europäische Datenschutzbeauftragte eine Vereinbarung zur Anwendung des vorliegenden Artikels, in der die Bedingungen ihrer Zusammenarbeit festgelegt sind und die für das Personal des Europäischen Datenschutzbeauftragten gilt, das an der Wahrnehmung der dem Ausschuss gemäß dieser Verordnung übertragenen Aufgaben beteiligt ist.

(5) Das Sekretariat leistet dem Ausschuss analytische, administrative und logistische Unterstützung.

(6) Das Sekretariat ist insbesondere verantwortlich für
a) das Tagesgeschäft des Ausschusses,

b) die Kommunikation zwischen den Mitgliedern des Ausschusses, seinem Vorsitz und der Kommission,
c) die Kommunikation mit anderen Organen und mit der Öffentlichkeit,
d) den Rückgriff auf elektronische Mittel für die interne und die externe Kommunikation,
e) die Übersetzung sachdienlicher Informationen,
f) die Vor- und Nachbereitung der Sitzungen des Ausschusses,
g) die Vorbereitung, Abfassung und Veröffentlichung von Stellungnahmen, von Beschlüssen über die Beilegung von Streitigkeiten zwischen Aufsichtsbehörden und von sonstigen vom Ausschuss angenommenen Dokumenten.

Artikel 76 Vertraulichkeit

(1) Die Beratungen des Ausschusses sind gemäß seiner Geschäftsordnung vertraulich, wenn der Ausschuss dies für erforderlich hält.

(2) Der Zugang zu Dokumenten, die Mitgliedern des Ausschusses, Sachverständigen und Vertretern von Dritten vorgelegt werden, wird durch die Verordnung (EG) Nr. 1049/2001 des Europäischen Parlaments und des Rates[3] geregelt.

KAPITEL VIII
Rechtsbehelfe, Haftung und Sanktionen

Artikel 77
Recht auf Beschwerde bei einer Aufsichtsbehörde

(1) Jede betroffene Person hat unbeschadet eines anderweitigen verwaltungsrechtlichen oder gerichtlichen Rechtsbehelfs das Recht auf Beschwerde bei einer Aufsichtsbehörde, insbesondere in dem Mitgliedstaat ihres gewöhnlichen Aufenthaltsorts, ihres Arbeitsplatzes oder des Orts des mutmaßlichen Verstoßes, wenn die betroffene Person der Ansicht ist, dass die Verarbeitung der sie betreffenden personenbezogenen Daten gegen diese Verordnung verstößt.

(2) Die Aufsichtsbehörde, bei der die Beschwerde eingereicht wurde, unterrichtet den Beschwerdeführer über den Stand und die Ergebnisse der Beschwerde einschließlich der Möglichkeit eines gerichtlichen Rechtsbehelfs nach Artikel 78.

Artikel 78
Recht auf wirksamen gerichtlichen Rechtsbehelf gegen eine Aufsichtsbehörde

(1) Jede natürliche oder juristische Person hat unbeschadet eines anderweitigen verwaltungsrechtlichen oder außergerichtlichen Rechtsbehelfs das Recht auf einen wirksamen gerichtlichen Rechtsbehelf gegen einen sie betreffenden rechtsverbindlichen Beschluss einer Aufsichtsbehörde.

(2) Jede betroffene Person hat unbeschadet eines anderweitigen verwaltungsrechtlichen oder außergerichtlichen Rechtbehelfs das Recht auf einen wirksamen gerichtlichen Rechtsbehelf, wenn die nach den Artikeln 55 und 56 zuständige Aufsichtsbehörde sich nicht mit einer Beschwerde befasst oder die betroffene Person nicht innerhalb von drei Monaten über den Stand oder das Ergebnis der gemäß Artikel 77 erhobenen Beschwerde in Kenntnis gesetzt hat.

(3) Für Verfahren gegen eine Aufsichtsbehörde sind die Gerichte des Mitgliedstaats zuständig, in dem die Aufsichtsbehörde ihren Sitz hat.

(4) Kommt es zu einem Verfahren gegen den Beschluss einer Aufsichtsbehörde, dem eine Stellungnahme oder ein Beschluss des Ausschusses im Rahmen des Kohärenzverfahrens vorangegangen ist, so leitet die Aufsichtsbehörde diese Stellungnahme oder diesen Beschluss dem Gericht zu.

3 Verordnung (EG) Nr. 1049/2001 des Europäischen Parlaments und des Rates vom 30. Mai 2001 über den Zugang der Öffentlichkeit zu Dokumenten des Europäischen Parlaments, des Rates und der Kommission (ABl. L 145 vom 31.5.2001, S. 43).

Artikel 79
Recht auf wirksamen gerichtlichen Rechtsbehelf gegen Verantwortliche oder Auftragsverarbeiter

(1) Jede betroffene Person hat unbeschadet eines verfügbaren verwaltungsrechtlichen oder außergerichtlichen Rechtsbehelfs einschließlich des Rechts auf Beschwerde bei einer Aufsichtsbehörde gemäß Artikel 77 das Recht auf einen wirksamen gerichtlichen Rechtsbehelf, wenn sie der Ansicht ist, dass die ihr aufgrund dieser Verordnung zustehenden Rechte infolge einer nicht im Einklang mit dieser Verordnung stehenden Verarbeitung ihrer personenbezogenen Daten verletzt wurden.

(2) [1]Für Klagen gegen einen Verantwortlichen oder gegen einen Auftragsverarbeiter sind die Gerichte des Mitgliedstaats zuständig, in dem der Verantwortliche oder der Auftragsverarbeiter eine Niederlassung hat. [2]Wahlweise können solche Klagen auch bei den Gerichten des Mitgliedstaats erhoben werden, in dem die betroffene Person ihren gewöhnlichen Aufenthaltsort hat, es sei denn, es handelt sich bei dem Verantwortlichen oder dem Auftragsverarbeiter um eine Behörde eines Mitgliedstaats, die in Ausübung ihrer hoheitlichen Befugnisse tätig geworden ist.

Artikel 80
Vertretung von betroffenen Personen

(1) Die betroffene Person hat das Recht, eine Einrichtung, Organisationen oder Vereinigung ohne Gewinnerzielungsabsicht, die ordnungsgemäß nach dem Recht eines Mitgliedstaats gegründet ist, deren satzungsmäßige Ziele im öffentlichem Interesse liegen und die im Bereich des Schutzes der Rechte und Freiheiten von betroffenen Personen in Bezug auf den Schutz ihrer personenbezogenen Daten tätig ist, zu beauftragen, in ihrem Namen eine Beschwerde einzureichen, in ihrem Namen die in den Artikeln 77, 78 und 79 genannten Rechte wahrzunehmen und das Recht auf Schadensersatz gemäß Artikel 82 in Anspruch zu nehmen, sofern dieses im Recht der Mitgliedstaaten vorgesehen ist.

(2) Die Mitgliedstaaten können vorsehen, dass jede der in Absatz 1 des vorliegenden Artikels genannten Einrichtungen, Organisationen oder Vereinigungen unabhängig von einem Auftrag der betroffenen Person in diesem Mitgliedstaat das Recht hat, bei der gemäß Artikel 77 zuständigen Aufsichtsbehörde eine Beschwerde einzulegen und die in den Artikeln 78 und 79 aufgeführten Rechte in Anspruch zu nehmen, wenn ihres Erachtens die Rechte einer betroffenen Person gemäß dieser Verordnung infolge einer Verarbeitung verletzt worden sind.

Artikel 81
Aussetzung des Verfahrens

(1) Erhält ein zuständiges Gericht in einem Mitgliedstaat Kenntnis von einem Verfahren zu demselben Gegenstand in Bezug auf die Verarbeitung durch denselben Verantwortlichen oder Auftragsverarbeiter, das vor einem Gericht in einem anderen Mitgliedstaat anhängig ist, so nimmt es mit diesem Gericht Kontakt auf, um sich zu vergewissern, dass ein solches Verfahren existiert.

(2) Ist ein Verfahren zu demselben Gegenstand in Bezug auf die Verarbeitung durch denselben Verantwortlichen oder Auftragsverarbeiter vor einem Gericht in einem anderen Mitgliedstaat anhängig, so kann jedes später angerufene zuständige Gericht das bei ihm anhängige Verfahren aussetzen.

(3) Sind diese Verfahren in erster Instanz anhängig, so kann sich jedes später angerufene Gericht auf Antrag einer Partei auch für unzuständig erklären, wenn das zuerst angerufene Gericht für die betreffenden Klagen zuständig ist und die Verbindung der Klagen nach seinem Recht zulässig ist.

Artikel 82
Haftung und Recht auf Schadenersatz

(1) Jede Person, der wegen eines Verstoßes gegen diese Verordnung ein materieller oder immaterieller Schaden entstanden ist, hat Anspruch

auf Schadenersatz gegen den Verantwortlichen oder gegen den Auftragsverarbeiter.

(2) [1]Jeder an einer Verarbeitung beteiligte Verantwortliche haftet für den Schaden, der durch eine nicht dieser Verordnung entsprechende Verarbeitung verursacht wurde. [2]Ein Auftragsverarbeiter haftet für den durch eine Verarbeitung verursachten Schaden nur dann, wenn er seinen speziell den Auftragsverarbeitern auferlegten Pflichten aus dieser Verordnung nicht nachgekommen ist oder unter Nichtbeachtung der rechtmäßig erteilten Anweisungen des für die Datenverarbeitung Verantwortlichen oder gegen diese Anweisungen gehandelt hat.

(3) Der Verantwortliche oder der Auftragsverarbeiter wird von der Haftung gemäß Absatz 2 befreit, wenn er nachweist, dass er in keinerlei Hinsicht für den Umstand, durch den der Schaden eingetreten ist, verantwortlich ist.

(4) Ist mehr als ein Verantwortlicher oder mehr als ein Auftragsverarbeiter bzw. sowohl ein Verantwortlicher als auch ein Auftragsverarbeiter an derselben Verarbeitung beteiligt und sind sie gemäß den Absätzen 2 und 3 für einen durch die Verarbeitung verursachten Schaden verantwortlich, so haftet jeder Verantwortliche oder jeder Auftragsverarbeiter für den gesamten Schaden, damit ein wirksamer Schadensersatz für die betroffene Person sichergestellt ist.

(5) Hat ein Verantwortlicher oder Auftragsverarbeiter gemäß Absatz 4 vollständigen Schadenersatz für den erlittenen Schaden gezahlt, so ist dieser Verantwortliche oder Auftragsverarbeiter berechtigt, von den übrigen an derselben Verarbeitung beteiligten für die Datenverarbeitung Verantwortlichen oder Auftragsverarbeitern den Teil des Schadenersatzes zurückzufordern, der unter den in Absatz 2 festgelegten Bedingungen ihrem Anteil an der Verantwortung für den Schaden entspricht.

(6) Mit Gerichtsverfahren zur Inanspruchnahme des Rechts auf Schadenersatz sind die Gerichte zu befassen, die nach den in Artikel 79 Absatz 2 genannten Rechtsvorschriften des Mitgliedstaats zuständig sind.

Artikel 83
Allgemeine Bedingungen für die Verhängung von Geldbußen

(1) Jede Aufsichtsbehörde stellt sicher, dass die Verhängung von Geldbußen gemäß diesem Artikel für Verstöße gegen diese Verordnung gemäß den Absätzen 4, 5 und 6 in jedem Einzelfall wirksam, verhältnismäßig und abschreckend ist.

(2) [1]Geldbußen werden je nach den Umständen des Einzelfalls zusätzlich zu oder anstelle von Maßnahmen nach Artikel 58 Absatz 2 Buchstaben a bis h und j verhängt. [2]Bei der Entscheidung über die Verhängung einer Geldbuße und über deren Betrag wird in jedem Einzelfall Folgendes gebührend berücksichtigt:

a) Art, Schwere und Dauer des Verstoßes unter Berücksichtigung der Art, des Umfangs oder des Zwecks der betreffenden Verarbeitung sowie der Zahl der von der Verarbeitung betroffenen Personen und des Ausmaßes des von ihnen erlittenen Schadens;
b) Vorsätzlichkeit oder Fahrlässigkeit des Verstoßes;
c) jegliche von dem Verantwortlichen oder dem Auftragsverarbeiter getroffenen Maßnahmen zur Minderung des den betroffenen Personen entstandenen Schadens;
d) Grad der Verantwortung des Verantwortlichen oder des Auftragsverarbeiters unter Berücksichtigung der von ihnen gemäß den Artikeln 25 und 32 getroffenen technischen und organisatorischen Maßnahmen;
e) etwaige einschlägige frühere Verstöße des Verantwortlichen oder des Auftragsverarbeiters;
f) Umfang der Zusammenarbeit mit der Aufsichtsbehörde, um dem Verstoß abzuhelfen und seine möglichen nachteiligen Auswirkungen zu mindern;
g) Kategorien personenbezogener Daten, die von dem Verstoß betroffen sind;
h) Art und Weise, wie der Verstoß der Aufsichtsbehörde bekannt wurde, insbesondere ob und gegebenenfalls in welchem Umfang der Verantwortliche oder der Auftragsverarbeiter den Verstoß mitgeteilt hat;
i) Einhaltung der nach Artikel 58 Absatz 2 früher gegen den für den betreffenden

Verantwortlichen oder Auftragsverarbeiter in Bezug auf denselben Gegenstand angeordneten Maßnahmen, wenn solche Maßnahmen angeordnet wurden;

j) Einhaltung von genehmigten Verhaltensregeln nach Artikel 40 oder genehmigten Zertifizierungsverfahren nach Artikel 42 und

k) jegliche anderen erschwerenden oder mildernden Umstände im jeweiligen Fall, wie unmittelbar oder mittelbar durch den Verstoß erlangte finanzielle Vorteile oder vermiedene Verluste.

(3) Verstößt ein Verantwortlicher oder ein Auftragsverarbeiter bei gleichen oder miteinander verbundenen Verarbeitungsvorgängen vorsätzlich oder fahrlässig gegen mehrere Bestimmungen dieser Verordnung, so übersteigt der Gesamtbetrag der Geldbuße nicht den Betrag für den schwerwiegendsten Verstoß.

(4) Bei Verstößen gegen die folgenden Bestimmungen werden im Einklang mit Absatz 2 Geldbußen von bis zu 10.000.000 EUR oder im Fall eines Unternehmens von bis zu 2 % seines gesamten weltweit erzielten Jahresumsatzes des vorangegangenen Geschäftsjahrs verhängt, je nachdem, welcher der Beträge höher ist:

a) die Pflichten der Verantwortlichen und der Auftragsverarbeiter gemäß den Artikeln 8, 11, 25 bis 39, 42 und 43;

b) die Pflichten der Zertifizierungsstelle gemäß den Artikeln 42 und 43;

c) die Pflichten der Überwachungsstelle gemäß Artikel 41 Absatz 4.

(5) Bei Verstößen gegen die folgenden Bestimmungen werden im Einklang mit Absatz 2 Geldbußen von bis zu 20.000.000 EUR oder im Fall eines Unternehmens von bis zu 4 % seines gesamten weltweit erzielten Jahresumsatzes des vorangegangenen Geschäftsjahrs verhängt, je nachdem, welcher der Beträge höher ist:

a) die Grundsätze für die Verarbeitung, einschließlich der Bedingungen für die Einwilligung, gemäß den Artikeln 5, 6, 7 und 9;

b) die Rechte der betroffenen Person gemäß den Artikeln 12 bis 22;

c) die Übermittlung personenbezogener Daten an einen Empfänger in einem Drittland oder an eine internationale Organisation gemäß den Artikeln 44 bis 49;

d) alle Pflichten gemäß den Rechtsvorschriften der Mitgliedstaaten, die im Rahmen des Kapitels IX erlassen wurden;

e) Nichtbefolgung einer Anweisung oder einer vorübergehenden oder endgültigen Beschränkung oder Aussetzung der Datenübermittlung durch die Aufsichtsbehörde gemäß Artikel 58 Absatz 2 oder Nichtgewährung des Zugangs unter Verstoß gegen Artikel 58 Absatz 1.

(6) Bei Nichtbefolgung einer Anweisung der Aufsichtsbehörde gemäß Artikel 58 Absatz 2 werden im Einklang mit Absatz 2 des vorliegenden Artikels Geldbußen von bis zu 20.000.000 EUR oder im Fall eines Unternehmens von bis zu 4 % seines gesamten weltweit erzielten Jahresumsatzes des vorangegangenen Geschäftsjahrs verhängt, je nachdem, welcher der Beträge höher ist.

(7) Unbeschadet der Abhilfebefugnisse der Aufsichtsbehörden gemäß Artikel 58 Absatz 2 kann jeder Mitgliedstaat Vorschriften dafür festlegen, ob und in welchem Umfang gegen Behörden und öffentliche Stellen, die in dem betreffenden Mitgliedstaat niedergelassen sind, Geldbußen verhängt werden können.

(8) Die Ausübung der eigenen Befugnisse durch eine Aufsichtsbehörde gemäß diesem Artikel muss angemessenen Verfahrensgarantien gemäß dem Unionsrecht und dem Recht der Mitgliedstaaten, einschließlich wirksamer gerichtlicher Rechtsbehelfe und ordnungsgemäßer Verfahren, unterliegen.

(9) [1]Sieht die Rechtsordnung eines Mitgliedstaats keine Geldbußen vor, kann dieser Artikel so angewandt werden, dass die Geldbuße von der zuständigen Aufsichtsbehörde in die Wege geleitet und von den zuständigen nationalen Gerichten verhängt wird, wobei sicherzustellen ist, dass diese Rechtsbehelfe wirksam sind und die gleiche Wirkung wie die von Aufsichtsbehörden verhängten Geldbußen haben. [2]In jeden Fall müssen die verhängten Geldbußen wirksam, verhältnismäßig und abschreckend sein. [3]Die betreffenden Mitgliedstaaten teilen der Kommission bis zum 25. Mai 2018 die Rechtsvorschriften mit, die sie

aufgrund dieses Absatzes erlassen, sowie unverzüglich alle späteren Änderungsgesetze oder Änderungen dieser Vorschriften.

Artikel 84
Sanktionen

(1) [1]Die Mitgliedstaaten legen die Vorschriften über andere Sanktionen für Verstöße gegen diese Verordnung – insbesondere für Verstöße, die keiner Geldbuße gemäß Artikel 83 unterliegen – fest und treffen alle zu deren Anwendung erforderlichen Maßnahmen. [2]Diese Sanktionen müssen wirksam, verhältnismäßig und abschreckend sein.

(2) Jeder Mitgliedstaat teilt der Kommission bis zum 25. Mai 2018 die Rechtsvorschriften, die er aufgrund von Absatz 1 erlässt, sowie unverzüglich alle späteren Änderungen dieser Vorschriften mit.

KAPITEL IX
Vorschriften für besondere Verarbeitungssituationen

Artikel 85
Verarbeitung und Freiheit der Meinungsäußerung und Informationsfreiheit

(1) Die Mitgliedstaaten bringen durch Rechtsvorschriften das Recht auf den Schutz personenbezogener Daten gemäß dieser Verordnung mit dem Recht auf freie Meinungsäußerung und Informationsfreiheit, einschließlich der Verarbeitung zu journalistischen Zwecken und zu wissenschaftlichen, künstlerischen oder literarischen Zwecken, in Einklang.

(2) Für die Verarbeitung, die zu journalistischen Zwecken oder zu wissenschaftlichen, künstlerischen oder literarischen Zwecken erfolgt, sehen die Mitgliedstaaten Abweichungen oder Ausnahmen von Kapitel II (Grundsätze), Kapitel III (Rechte der betroffenen Person), Kapitel IV (Verantwortlicher und Auftragsverarbeiter), Kapitel V (Übermittlung personenbezogener Daten an Drittländer oder an internationale Organisationen), Kapitel VI (Unabhängige Aufsichtsbehörden), Kapitel VII (Zusammenarbeit und Kohärenz) und Kapitel IX (Vorschriften für besondere Verarbeitungssituationen) vor, wenn dies erforderlich ist, um das Recht auf Schutz der personenbezogenen Daten mit der Freiheit der Meinungsäußerung und der Informationsfreiheit in Einklang zu bringen.

(3) Jeder Mitgliedstaat teilt der Kommission die Rechtsvorschriften, die er aufgrund von Absatz 2 erlassen hat, sowie unverzüglich alle späteren Änderungsgesetze oder Änderungen dieser Vorschriften mit.

Artikel 86
Verarbeitung und Zugang der Öffentlichkeit zu amtlichen Dokumenten

Personenbezogene Daten in amtlichen Dokumenten, die sich im Besitz einer Behörde oder einer öffentlichen Einrichtung oder einer privaten Einrichtung zur Erfüllung einer im öffentlichen Interesse liegenden Aufgabe befinden, können von der Behörde oder der Einrichtung gemäß dem Unionsrecht oder dem Recht des Mitgliedstaats, dem die Behörde oder Einrichtung unterliegt, offengelegt werden, um den Zugang der Öffentlichkeit zu amtlichen Dokumenten mit dem Recht auf Schutz personenbezogener Daten gemäß dieser Verordnung in Einklang zu bringen.

Artikel 87
Verarbeitung der nationalen Kennziffer

[1]Die Mitgliedstaaten können näher bestimmen, unter welchen spezifischen Bedingungen eine nationale Kennziffer oder andere Kennzeichen von allgemeiner Bedeutung Gegenstand einer Verarbeitung sein dürfen. [2]In diesem Fall darf die nationale Kennziffer oder das andere Kennzeichen von allgemeiner Bedeutung nur unter Wahrung geeigneter Garantien für die Rechte und Freiheiten der betroffenen Person gemäß dieser Verordnung verwendet werden.

Artikel 88
Datenverarbeitung im Beschäftigungskontext

(1) Die Mitgliedstaaten können durch Rechtsvorschriften oder durch Kollektivvereinbarungen spezifischere Vorschriften zur Gewährleistung des Schutzes der Rechte und Freiheiten hinsichtlich der Verarbeitung personenbezogener Beschäftigtendaten im Beschäftigungskontext, insbesondere für Zwecke der Einstellung, der Erfüllung des Arbeitsvertrags einschließlich der Erfüllung von durch Rechtsvorschriften oder durch Kollektivvereinbarungen festgelegten Pflichten, des Managements, der Planung und der Organisation der Arbeit, der Gleichheit und Diversität am Arbeitsplatz, der Gesundheit und Sicherheit am Arbeitsplatz, des Schutzes des Eigentums der Arbeitgeber oder der Kunden sowie für Zwecke der Inanspruchnahme der mit der Beschäftigung zusammenhängenden individuellen oder kollektiven Rechte und Leistungen und für Zwecke der Beendigung des Beschäftigungsverhältnisses vorsehen.

(2) Diese Vorschriften umfassen geeignete und besondere Maßnahmen zur Wahrung der menschlichen Würde, der berechtigten Interessen und der Grundrechte der betroffenen Person, insbesondere im Hinblick auf die Transparenz der Verarbeitung, die Übermittlung personenbezogener Daten innerhalb einer Unternehmensgruppe oder einer Gruppe von Unternehmen, die eine gemeinsame Wirtschaftstätigkeit ausüben, und die Überwachungssysteme am Arbeitsplatz.

(3) Jeder Mitgliedstaat teilt der Kommission bis zum 25. Mai 2018 die Rechtsvorschriften, die er aufgrund von Absatz 1 erlässt, sowie unverzüglich alle späteren Änderungen dieser Vorschriften mit.

Artikel 89
Garantien und Ausnahmen in Bezug auf die Verarbeitung zu im öffentlichen Interesse liegenden Archivzwecken, zu wissenschaftlichen oder historischen Forschungszwecken und zu statistischen Zwecken

(1) [1]Die Verarbeitung zu im öffentlichen Interesse liegenden Archivzwecken, zu wissenschaftlichen oder historischen Forschungszwecken oder zu statistischen Zwecken unterliegt geeigneten Garantien für die Rechte und Freiheiten der betroffenen Person gemäß dieser Verordnung. [2]Mit diesen Garantien wird sichergestellt, dass technische und organisatorische Maßnahmen bestehen, mit denen insbesondere die Achtung des Grundsatzes der Datenminimierung gewährleistet wird. [3]Zu diesen Maßnahmen kann die Pseudonymisierung gehören, sofern es möglich ist, diese Zwecke auf diese Weise zu erfüllen. 4In allen Fällen, in denen diese Zwecke durch die Weiterverarbeitung, bei der die Identifizierung von betroffenen Personen nicht oder nicht mehr möglich ist, erfüllt werden können, werden diese Zwecke auf diese Weise erfüllt.

(2) Werden personenbezogene Daten zu wissenschaftlichen oder historischen Forschungszwecken oder zu statistischen Zwecken verarbeitet, können vorbehaltlich der Bedingungen und Garantien gemäß Absatz 1 des vorliegenden Artikels im Unionsrecht oder im Recht der Mitgliedstaaten insoweit Ausnahmen von den Rechten gemäß der Artikel 15, 16, 18 und 21 vorgesehen werden, als diese Rechte voraussichtlich die Verwirklichung der spezifischen Zwecke unmöglich machen oder ernsthaft beeinträchtigen und solche Ausnahmen für die Erfüllung dieser Zwecke notwendig sind.

(3) Werden personenbezogene Daten für im öffentlichen Interesse liegende Archivzwecke verarbeitet, können vorbehaltlich der Bedingungen und Garantien gemäß Absatz 1 des vorliegenden Artikels im Unionsrecht oder im Recht der Mitgliedstaaten insoweit Ausnahmen von den Rechten gemäß der Artikel 15, 16, 18, 19, 20 und 21 vorgesehen werden, als diese Rechte voraussichtlich die Verwirklichung der spezifischen Zwecke unmöglich machen oder ernsthaft beeinträchtigen und solche Ausnahmen für die Erfüllung dieser Zwecke notwendig sind.

(4) Dient die in den Absätzen 2 und 3 genannte Verarbeitung gleichzeitig einem anderen Zweck, gelten die Ausnahmen nur für die Verarbeitung zu den in diesen Absätzen genannten Zwecken.

Artikel 90
Geheimhaltungspflichten

(1) [1]Die Mitgliedstaaten können die Befugnisse der Aufsichtsbehörden im Sinne des Artikels 58 Absatz 1 Buchstaben e und f gegenüber den Verantwortlichen oder den Auftragsverarbeitern, die nach Unionsrecht oder dem Recht der Mitgliedstaaten oder nach einer von den zuständigen nationalen Stellen erlassenen Verpflichtung dem Berufsgeheimnis oder einer gleichwertigen Geheimhaltungspflicht unterliegen, regeln, soweit dies notwendig und verhältnismäßig ist, um das Recht auf Schutz der personenbezogenen Daten mit der Pflicht zur Geheimhaltung in Einklang zu bringen. [2]Diese Vorschriften gelten nur in Bezug auf personenbezogene Daten, die der Verantwortliche oder der Auftragsverarbeiter bei einer Tätigkeit erlangt oder erhoben hat, die einer solchen Geheimhaltungspflicht unterliegt.

(2) Jeder Mitgliedstaat teilt der Kommission bis zum 25. Mai 2018 die Vorschriften mit, die er aufgrund von Absatz 1 erlässt, und setzt sie unverzüglich von allen weiteren Änderungen dieser Vorschriften in Kenntnis.

Artikel 91
Bestehende Datenschutzvorschriften von Kirchen und religiösen Vereinigungen oder Gemeinschaften

(1) Wendet eine Kirche oder eine religiöse Vereinigung oder Gemeinschaft in einem Mitgliedstaat zum Zeitpunkt des Inkrafttretens dieser Verordnung umfassende Regeln zum Schutz natürlicher Personen bei der Verarbeitung an, so dürfen diese Regeln weiter angewandt werden, sofern sie mit dieser Verordnung in Einklang gebracht werden.

(2) Kirchen und religiöse Vereinigungen oder Gemeinschaften, die gemäß Absatz 1 umfassende Datenschutzregeln anwenden, unterliegen der Aufsicht durch eine unabhängige Aufsichtsbehörde, die spezifischer Art sein kann, sofern sie die in Kapitel VI niedergelegten Bedingungen erfüllt.

KAPITEL X
Delegierte Rechtsakte und Durchführungsrechtsakte

Artikel 92
Ausübung der Befugnisübertragung

(1) Die Befugnis zum Erlass delegierter Rechtsakte wird der Kommission unter den in diesem Artikel festgelegten Bedingungen übertragen.

(2) Die Befugnis zum Erlass delegierter Rechtsakte gemäß Artikel 12 Absatz 8 und Artikel 43 Absatz 8 wird der Kommission auf unbestimmte Zeit ab dem 24. Mai 2016 übertragen.

(3) [1]Die Befugnisübertragung gemäß Artikel 12 Absatz 8 und Artikel 43 Absatz 8 kann vom Europäischen Parlament oder vom Rat jederzeit widerrufen werden. [2]Der Beschluss über den Widerruf beendet die Übertragung der in diesem Beschluss angegebenen Befugnis. [3]Er wird am Tag nach seiner Veröffentlichung im Amtsblatt der Europäischen Union oder zu einem im Beschluss über den Widerruf angegebenen späteren Zeitpunkt wirksam. [4]Die Gültigkeit von delegierten Rechtsakten, die bereits in Kraft sind, wird von dem Beschluss über den Widerruf nicht berührt.

(4) Sobald die Kommission einen delegierten Rechtsakt erlässt, übermittelt sie ihn gleichzeitig dem Europäischen Parlament und dem Rat.

(5) [1]Ein delegierter Rechtsakt, der gemäß Artikel 12 Absatz 8 und Artikel 43 Absatz 8 erlassen wurde, tritt nur in Kraft, wenn weder das Europäische Parlament noch der Rat innerhalb einer Frist von drei Monaten nach Übermittlung dieses Rechtsakts an das Europäische Parlament und den Rat Einwände erhoben haben oder wenn vor Ablauf dieser Frist das Europäische Parlament und der Rat beide der Kommission mitgeteilt haben, dass sie keine Einwände erheben werden. [2]Auf Veranlassung des Europäischen Parlaments oder des Rates wird diese Frist um drei Monate verlängert.

Artikel 93
Ausschussverfahren

(1) [1]Die Kommission wird von einem Ausschuss unterstützt. [2]Dieser Ausschuss ist ein Ausschuss im Sinne der Verordnung (EU) Nr. 182/2011.

(2) Wird auf diesen Absatz Bezug genommen, so gilt Artikel 5 der Verordnung (EU) Nr. 182/2011.

(3) Wird auf diesen Absatz Bezug genommen, so gilt Artikel 8 der Verordnung (EU) Nr. 182/2011 in Verbindung mit deren Artikel 5.

KAPITEL XI
Schlussbestimmungen

Artikel 94
Aufhebung der Richtlinie 95/46/EG

(1) Die Richtlinie 95/46/EG wird mit Wirkung vom 25. Mai 2018 aufgehoben.

(2) [1]Verweise auf die aufgehobene Richtlinie gelten als Verweise auf die vorliegende Verordnung. [2]Verweise auf die durch Artikel 29 der Richtlinie 95/46/EG eingesetzte Gruppe für den Schutz von Personen bei der Verarbeitung personenbezogener Daten gelten als Verweise auf den kraft dieser Verordnung errichteten Europäischen Datenschutzausschuss.

Artikel 95
Verhältnis zur Richtlinie 2002/58/EG

Diese Verordnung erlegt natürlichen oder juristischen Personen in Bezug auf die Verarbeitung in Verbindung mit der Bereitstellung öffentlich zugänglicher elektronischer Kommunikationsdienste in öffentlichen Kommunikationsnetzen in der Union keine zusätzlichen Pflichten auf, soweit sie besonderen in der Richtlinie 2002/58/EG festgelegten Pflichten unterliegen, die dasselbe Ziel verfolgen.

Artikel 96
Verhältnis zu bereits geschlossenen Übereinkünften

Internationale Übereinkünfte, die die Übermittlung personenbezogener Daten an Drittländer oder internationale Organisationen mit sich bringen, die von den Mitgliedstaaten vor dem 24. Mai 2016 abgeschlossen wurden und die im Einklang mit dem vor diesem Tag geltenden Unionsrecht stehen, bleiben in Kraft, bis sie geändert, ersetzt oder gekündigt werden.

Artikel 97
Berichte der Kommission

(1) [1]Bis zum 25. Mai 2020 und danach alle vier Jahre legt die Kommission dem Europäischen Parlament und dem Rat einen Bericht über die Bewertung und Überprüfung dieser Verordnung vor. [2]Die Berichte werden öffentlich gemacht.

(2) Im Rahmen der Bewertungen und Überprüfungen nach Absatz 1 prüft die Kommission insbesondere die Anwendung und die Wirkungsweise

a) des Kapitels V über die Übermittlung personenbezogener Daten an Drittländer oder an internationale Organisationen insbesondere im Hinblick auf die gemäß Artikel 45 Absatz 3 der vorliegenden Verordnung erlassenen Beschlüsse sowie die gemäß Artikel 25 Absatz 6 der Richtlinie 95/46/EG erlassenen Feststellungen,
b) des Kapitels VII über Zusammenarbeit und Kohärenz.

(3) Für den in Absatz 1 genannten Zweck kann die Kommission Informationen von den Mitgliedstaaten und den Aufsichtsbehörden anfordern.

(4) Bei den in den Absätzen 1 und 2 genannten Bewertungen und Überprüfungen berücksichtigt die Kommission die Standpunkte und Feststellungen des Europäischen Parlaments, des Rates und anderer einschlägiger Stellen oder Quellen.

(5) Die Kommission legt erforderlichenfalls geeignete Vorschläge zur Änderung dieser

Verordnung vor und berücksichtigt dabei insbesondere die Entwicklungen in der Informationstechnologie und die Fortschritte in der Informationsgesellschaft.

Artikel 98
Überprüfung anderer Rechtsakte der Union zum Datenschutz

[1]Die Kommission legt gegebenenfalls Gesetzgebungsvorschläge zur Änderung anderer Rechtsakte der Union zum Schutz personenbezogener Daten vor, damit ein einheitlicher und kohärenter Schutz natürlicher Personen bei der Verarbeitung sichergestellt wird. [2]Dies betrifft insbesondere die Vorschriften zum Schutz natürlicher Personen bei der Verarbeitung solcher Daten durch die Organe, Einrichtungen, Ämter und Agenturen der Union und zum freien Verkehr solcher Daten.

Artikel 99
Inkrafttreten und Anwendung

(1) Diese Verordnung tritt am zwanzigsten Tag nach ihrer Veröffentlichung im Amtsblatt der Europäischen Union in Kraft.

(2) Sie gilt ab dem 25. Mai 2018.

Schlussformel

Diese Verordnung ist in allen ihren Teilen verbindlich und gilt unmittelbar in jedem Mitgliedstaat.

Stichwortverzeichnis